Manfred Bruhn/Bernd Stauss (Hrsg.)

Internationalisierung von Dienstleistungen

Manfred Bruhn/Bernd Stauss (Hrsg.)

Internationalisierung von Dienstleistungen

Forum Dienstleistungsmanagement

GABLER

Bibliografische Information Der Deutschen Bibliothek
Die Deutsche Bibliothek verzeichnet diese Publikation in der Deutschen Nationalbibliografie;
detaillierte bibliografische Daten sind im Internet über <http://dnb.ddb.de> abrufbar.

Univ.-Prof. Dr. Manfred Bruhn ist Ordinarius für Betriebswirtschaftslehre, insbesondere Marketing
und Unternehmensführung, am Wirtschaftswissenschaftlichen Zentrum (WWZ) der Universität Basel
und Honorarprofessor an der Technischen Universität München.

Anschrift:
Universität Basel (WWZ), Lehrstuhl für Marketing und Unternehmensführung,
Petersgraben 51, CH-4003 Basel
Tel: +41 (0) 61 267 32 22   E-Mail: manfred.bruhn@unibas.ch
Fax: +41 (0) 61 267 28 38   www.wwz.unibas.ch/marketing

Univ.-Prof. Dr. Bernd Stauss ist Inhaber des Lehrstuhls für Allgemeine Betriebswirtschaftslehre und
Dienstleistungsmanagement der Wirtschaftswissenschaftlichen Fakultät an der Katholischen Universität Eichstätt-Ingolstadt.

Anschrift:
Katholische Universität Eichstätt-Ingolstadt, Wirtschaftswissenschaftliche Fakultät,
Lehrstuhl für ABWL und Dienstleistungsmanagement,
Auf der Schanz 49, D-85049 Ingolstadt
Tel: +49 (0) 841-9 37 18 61   E-Mail: bernd.stauss@dlm-stauss.de
Fax: +49 (0) 841-9 37 19 70   www.dlm-stauss.de

1. Auflage März 2005

Alle Rechte vorbehalten
© Betriebswirtschaftlicher Verlag Dr. Th. Gabler/GWV Fachverlage GmbH, Wiesbaden 2005

Lektorat: Barbara Roscher / Jutta Hinrichsen

Der Gabler Verlag ist ein Unternehmen von Springer Science+Business Media.
www.gabler.de

Konzeption und Layout des Umschlags: Regine Zimmer, Dipl.-Designerin, Frankfurt/Main
Druck und buchbinderische Verarbeitung: Wilhelm & Adam, Heusenstamm
Gedruckt auf säurefreiem und chlorfrei gebleichtem Papier
Printed in Germany

ISBN 3-409-12664-3

Vorwort

Internationalisierung und Globalisierung sind schon lange nicht mehr Themen, die nur für Industrieunternehmen relevant sind. Das am Umsatz gemessen größte Unternehmen der Welt (Wal-Mart) ist ebenso ein international agierendes Dienstleistungsunternehmen wie das weltweit gewinnstärkste (Citigroup). Auch in den Rankings von Marken nach ihrem Markenwert gehören international agierende Dienstleister aus ganz unterschiedlichen Branchen (wie Microsoft oder McDonald's) zur Spitzengruppe. Darüber hinaus ist der Trend festzustellen, dass – wie im industriellen Sektor – auch im Dienstleistungsbereich nicht nur Großunternehmen international agieren, sondern dass auch kleinere und mittelgroße Unternehmen ihren Wirkungskreis über die nationalen Grenzen hinaus ausdehnen. Dementsprechend weist der internationale Handel von Dienstleistungen überdurchschnittliche Wachstumsraten aus und folglich steigt dessen Anteil am gesamten Welthandel.

In fortgeschrittenen Volkswirtschaften beläuft sich der Anteil der Dienstleistungen an der Bruttowertschöpfung und der Beschäftigtenzahl auf durchschnittlich mehr als 70 Prozent. Wenn nun der Anteil des Dienstleistungshandels am Welthandel auf ca. 25 Prozent geschätzt wird, dann wird deutlich, dass der internationale Dienstleistungsverkehr trotz seines Anstiegs noch keineswegs der realen Bedeutung der Dienstleistungswirtschaft entspricht. Das gilt selbst für wirtschaftlich stark verflochtene Wirtschaftsräume wie für den europäischen Binnenmarkt. So kommt die Kommission der Europäischen Gemeinschaften zu dem Schluss, dass das beachtliche Potenzial des Dienstleistungssektors für Wachstum und Beschäftigung im Binnenmarkt noch kaum ausgeschöpft ist, und sie bemüht sich durch die Vorlage des Entwurfs einer Richtlinie des europäischen Parlaments und des Rates über Dienstleistungen vor allem darum, bestehende rechtliche Hindernisse des internationalen Dienstleistungsverkehrs zu beseitigen.

Spezifische politisch-rechtliche Barrieren stellen eine der besonderen Herausforderungen dar, denen sich Dienstleistungsunternehmen gegenübersehen, wenn sie in neuen internationalen Märkten agieren wollen. Noch grundsätzlicher ist die Frage, inwieweit die für Industrieunternehmen gewonnenen Erkenntnisse im internationalen Management unmodifiziert auf Dienstleistungsunternehmen übertragen werden können. Hier ist vor allem zu untersuchen, ob und inwiefern die charakteristischen Merkmale einer Dienstleistung – wie Intangibilität und Kundenbeteiligung – den Internationalisierungsprozess generell erschweren, den Handlungsspielraum einengen oder spezifische Anforderungen an die Vorgehensweise stellen. In diesem Zusammenhang ist zu prüfen, inwieweit eine Typologie von Dienstleistungen zu einer sinnvollen Unterscheidung verschiedener Anforderungsbündel führt, die jeweils differenzierte Aussagen zur Vermarktung und zum Management internationaler Dienstleistungen ermöglichen. Erst unter Berücksichtigung dieser

Aspekte wird es auch möglich, die „klassischen" strategischen Fragen einer jeden Internationalisierung wie beispielsweise die Wahl der Markteintrittsstrategie oder die Entscheidung über den Grad einer internationalen Standardisierung bzw. Differenzierung dienstleistungsbezogen zu reflektieren. In den Rahmen dieser grundlegenden strategischen Reflexionen sind dann Überlegungen zu spezifischen Bedingungslagen in verschiedenen Dienstleistungsbranchen sowie zum Instrumenteeinsatz in Marketing und Management anzustellen.

All diese relevanten Fragen werden in den 19 Beiträgen dieses Sammelbandes erörtert, die sich inhaltlich fünf Themenkreisen zuordnen lassen.

Grundlegende Überlegungen zur Internationalisierung von Dienstleistungen sind Gegenstand des ersten Kapitels. Im Zentrum steht die Betrachtung von Internationalisierungsprozessen von Dienstleistungsunternehmen unter unterschiedlichen wissenschaftlichen Perspektiven sowie im Hinblick auf deren systematische Unterstützung durch Methodeneinsatz in der Praxis.

Im zweiten Kapitel werden *Basisentscheidungen der Internationalisierung von Dienstleistungen* diskutiert. In diesem Zusammenhang werden zunächst allgemeine strategische Optionen für Dienstleistungsunternehmen erörtert. Zu den Basisentscheidungen gehören ferner die grundsätzliche Prüfung einer Multiplizierbarkeit von Dienstleistungen, die Selektion relevanter Ländermärkte sowie die internationale Standortplanung, die in diesem Kapitel eine nähere Betrachtung erfahren.

Fragestellungen der *Bearbeitung von internationalen Märkten* werden im dritten Kapitel behandelt. Im Rahmen der Marktbearbeitung wird untersucht, welche Konsequenzen eine internationale Tätigkeit für die Marketingstandardisierung, das Markenmanagement und die Messung der Dienstleistungsqualität ergeben.

Viele Dienstleistungen werden in direkten Interaktionen zwischen Mitarbeitern des Unternehmens und Kunden erstellt, so dass die Sicherstellung eines serviceorientierten Mitarbeiterverhaltens zu den zentralen Zielen des in diesem Kontext besonders relevanten personalorientierten *Internen Marketing* gehört. In verschiedenen Beiträgen des fünften Kapitels werden die spezifische Problematik des Mitarbeitereinsatzes in international agierenden Dienstleistungsunternehmen und Möglichkeiten eines internationalen Internen Marketing reflektiert.

Branchenbezogene Betrachtungen stehen im Mittelpunkt der Beiträge des sechsten Kapitels. Internationalisierungsprozesse, -strategien und -probleme werden an Beispielen aus unterschiedlichen Dienstleistungsbranchen thematisiert. Dabei werden nicht nur traditionelle Dienstleistungsbranchen wie Tourismus und Einzelhandel sowie industrielle oder wissensintensive Dienstleistungen berücksichtigt, sondern auch neu entstandene Internetdienstleistungen und Nonprofit-Organisationen wie transnationale Nichtregierungsinstitutionen.

Die wissenschaftlichen Beiträge werden ergänzt durch einen *Literatur-Service*, der eine thematisch geordnete Zusammenstellung wichtiger Veröffentlichungen zum Themengebiet beinhaltet.

Für die Betreuung und Koordination des Sammelbandes danken wir Herrn Dr. Matthias Gouthier vom Lehrstuhl für Dienstleistungsmanagement der Katholischen Universität Eichstätt-Ingolstadt, Herrn Dr. Karsten Hadwich und Herrn lic.rer.pol. Dirk Steffen vom Lehrstuhl für Marketing und Unternehmensführung der Universität Basel. Den Studierenden Frau Marina Bogdanovic und Herrn Kerem Taskin von der Universität Basel danken wir für die Erstellung der druckfertigen Vorlage.

Besonderer Dank gilt auch der UBS AG, die durch ihre Unterstützung die Publikation dieses Sammelbandes in der vorliegenden Form ermöglicht hat.

Wir sind überzeugt, dass dieser neueste Band in der Reihe „Forum Dienstleistungsmanagement" wie seine Vorgänger nicht nur einen aktuellen Einblick in die deutschsprachige wissenschaftliche Diskussion zum Schwerpunktthema liefert, sondern zugleich auch stimulierend für die weitere Forschungsarbeit in diesem Feld wirkt. Auf diese Weise erhalten auch jene Dienstleistungsunternehmen, die mit Internationalisierungsfragen konfrontiert sind, wichtige Anregungen. Insofern hoffen wir, dass der Sammelband mit dazu beiträgt, das ökonomische Potenzial der Internationalisierung von Dienstleistungen noch genauer zu erkennen und zukünftig noch stärker zu nutzen.

Basel und Ingolstadt, im Februar 2005   Manfred Bruhn
                                                                      Bernd Stauss

Inhaltsverzeichnis

Teil A: Wissenschaftliche Beiträge

1. Grundlagen und Modelle der Internationalisierung von Dienstleistungen

2. Basisentscheidungen der Internationalisierung von Dienstleistungen

3. Bearbeitung von internationalen Dienstleistungsmärkten

4. Internes Marketing in internationalen Dienstleistungsunternehmen

5. Branchenspezifische Besonderheiten der Internationalisierung von Dienstleistungen

Teil B: Serviceteil

Verzeichnisse

Teil A:
Wissenschaftliche Beiträge

1. Grundlagen und Modelle der
   Internationalisierung von Dienstleistungen

Manfred Bruhn

Internationalisierung von Dienstleistungen – eine Einführung in den Sammelband

---

Prof. Dr. *Manfred Bruhn* ist Ordinarius für Betriebswirtschaftslehre, insbesondere Marketing und Unternehmensführung am Wirtschaftswissenschaftlichen Zentrum (WWZ) der Universität Basel.

1. Grundlagen des internationalen Dienstleistungsmarketing

1.1 Bedeutung und Entwicklung des internationalen Dienstleistungsmarketing

Innerhalb der vergangenen zwei Jahrzehnte sind umfassende Entwicklungen in Bezug auf die Deregulierung des internationalen Handels festzustellen. Es werden insgesamt eine Vielzahl von Anstrengungen hinsichtlich einer stärkeren *Liberalisierung und Deregulierung* internationaler Dienstleistungsmärkte unternommen. Die Abkommen zur Erleichterung des internationalen Handels mit Dienstleistungen, die 1986 im Rahmen der GATT-Verhandlungen (Uruguay-Runde) beschlossen wurden, stellen ein einschneidendes Ereignis dar (Mößlang 1999, S. 108; Javalgi et al. 2003, S. 185), obgleich sie sich zu Beginn einer starken Opposition einer Vielzahl teilnehmender Nationen gegenüber sahen (Samiee 1999, S. 320, 325). Dementsprechend waren nur langsame Fortschritte in Bezug auf den internationalen Dienstleistungshandel zu verzeichnen. Jedoch verpflichteten sich die teilnehmenden Staaten, eine Vielzahl von Dienstleistungsmärkten für den internationalen Handel weiter zu öffnen, so dass 1995 das Abkommen über den internationalen Handel mit Dienstleistungen (General Agreement on Trade in Services; GATS) in Kraft treten konnte. Durch die Integration von Dienstleistungen unter das Dach der – ebenfalls als Ergebnis der Uruguay-Runde initiierten Welthandelsorganisation (WTO) – erfolgte ein erster Schritt in Richtung einer zunehmenden Internationalisierung von Dienstleistungen (Mößlang 1999, S. 109).

Im Jahre 2001 wurden schließlich weitergehende Liberalisierungen im Dienstleistungsbereich in die multilateralen Verhandlungen der Doha-Runde im Golfstaat Katar integriert. Insgesamt wird angestrebt, die Verhandlungen zusammen mit der gesamten Doha-Runde im Januar 2005 zu beenden. Im Zentrum der Dienstleistungsverhandlungen stehen Finanz- und Transportdienstleistungen, Telekommunikation und Vertrieb. Neue Schwerpunkte bilden die Bereiche Post- und Kurierdienstleistungen sowie Umwelt- und Energiedienstleistungen (Decker 2004) (vgl. zur Entwicklung des multilateralen Handelsabkommen GATS auch den Beitrag von *Mike Peters* und *Klaus Weiermair* in diesem Sammelband sowie Hibbert 2003).

Artikel I des GATS definiert vier Bereiche bzw. Arten („Modes of Supply of Services") des internationalen Handels mit Dienstleistungen (Hibbert 2003, S. 69; Decker 2004):

(1) Der erste Bereich sieht die grenzüberschreitende Erbringung von Dienstleistungen vor.

(2) Der zweite Bereich umfasst die Nutzung von Dienstleistungen im Ausland.

(3) Der dritte Bereich bezieht sich auf die Erbringung von Dienstleistungen durch Auslandsniederlassungen.

(4) Der vierte Bereich betrifft den grenzüberschreitenden Verkehr natürlicher Personen bei der Erbringung von Dienstleistungen.

Die Bemühungen der World Trade Organisation haben dazu geführt, den internationalen Handel mit Dienstleistungen zu erleichtern sowie zu fördern und bieten somit attraktive Möglichkeiten für Dienstleistungsunternehmen, z.B. neue Märkte zu erschließen (vgl. Javalgi/White 2002, S. 565). Dementsprechend sind sämtliche Dienstleister gefordert, sich systematisch mit den Chancen – aber auch Risiken – eines internationalen Engagements auseinanderzusetzen.

Abbildung 1 zeigt die Entwicklungen des internationalen Handels mit Dienstleistungen zwischen 1995 und 2003. Es lässt sich feststellen, dass der Handel mit Dienstleistungen im Jahre 2003 insgesamt, d.h. weltweit, um 13 Prozent zugenommen hat. Besonders fällt das hohe Wachstum des Dienstleistungshandels Europas (exklusiv dem innergemeinschaftlichen EU-Handel), des Nahen Ostens sowie Afrikas und Chinas auf – wenngleich das wertmäßige Volumen des Dienstleistungshandels dieser Regionen noch relativ gering ist. In diesem Zusammenhang gilt es zu beachten, dass der Handel innerhalb der EU-Mitgliedstaaten in dieser Statistik nicht erfasst wird. In diesem Zusammenhang ist ebenfalls anzumerken, dass die Zahlen zum Dienstleistungshandel auf Länder- und Regionenebene aufgrund häufiger Überarbeitungen und Anpassungen der Daten z.T. Unterbrechungen und Diskontinuitäten aufweisen (World Trade Organization 2004).

Weltweit erreichen die grenzüberschreitend erbrachten Dienstleistungen einen Gesamtwert in Höhe von 1.795 Mrd. USD. Im Zeitraum von 1995 bis 2000 ist ein Wachstum des gesamten Dienstleistungshandels von durchschnittlich 4 Prozent festzustellen (Abbildung 1).

Die starke Zunahme des internationalen Dienstleistungshandels ist dabei auf mehrere *Ursachen* zurückzuführen. Eine zentrale Ursache, die in der Praxis beobachtet wird, ist das so genannte „Client-Follower"-Motiv von Dienstleistern, die als Zulieferer der Industrie ebenfalls internationalisieren (z.B. Finanzierung, Marktforschung, Rechts- und Unternehmensberatung, Versicherungen, Fort- und Weiterbildung) (Erramilli 1989, S. 53). So wird im Zuge einer allgemein stärkeren Vernetzung der Weltwirtschaft und einem zunehmendem internationalen Handel eine stärkere Internationalisierung von Dienstleistungsbranchen festgestellt.

Neben dem Abbau von Handelsbarrieren im Dienstleistungssektor begünstigen insbesondere die fortschreitenden Entwicklungen in Bezug auf international einsetzbare *Informations- und Kommunikationstechnologien* dabei weiter die Entwicklungen hinsichtlich einer stärkeren Globalisierung sowie Vernetzung und Verflechtung der Weltwirtschaft (Mößlang 1995, S. 110). Der fortschreitende Prozess der internationalen Integration kann dabei anhand von Indikatoren festgestellt werden, wie z.B. die zunehmenden globalen Investitionen, globale Netzwerke sowie die Finanzierung von Unternehmen auf dem internationalen Kapitalmarkt (Meffert et al. 2003, S. 10).

Exporte					Importe			
Wert*	Jährliche prozentuale Änderung				Wert*	Jährliche prozentuale Änderung		
2003	1995-2000	2002	2003		2003	1995-2000	2002	2003
1.795	4	7	13	Welt	1.780	4	5	13
330	7	3	5	Nord Amerika	279	9	3	9
61	6	-3	7	Latein Amerika	68	6	-9	4
916	4	9	19	Westeuropa	852	4	8	18
823	4	10	18	Europäische Union (15)	794	4	8	18
69	2	10	16	Mittel- und Osteuropa/Baltische Staaten	78	2	14	17
39	3	4	21	Afrika	48	2	5	16
30	11	-3	10	Naher Osten	56	6	1	23
352	3	7	8	Asien	402	2	4	7
71	1	2	9	Japan**	110	-1	0	3
46	10	20	18	China	55	8	18	19

* Gemessen in Mrd. USD.
** Die Ermittlung der Exporte in 2003 basiert auf der Methode, die bis 2002 von der Japanischen Nationalbank verwendet wurde.

Abbildung 1: Wertmäßiges Wachstum des Welthandels mit Dienstleistungen (exklusive intra EU-Handel) 2003
(Quelle: World Trade Organization 2004)

Neben den angeführten Ursachen können insgesamt eine Vielzahl weiterer Gründe und Motive für die *Bedeutungszunahme des internationalen Dienstleistungshandels* festgestellt werden (Porter 1991, S. 274ff.; Czinkota/Ronkainen 1993, S. 736f.; Hermanns/ Wißmeier 2001, S. 527f.; Javalgi/White 2002, S. 565):

▪ Ähnlichkeit der Dienstleistungsbedürfnisse, d.h. die Globalisierung der Märkte erhöht die Nachfrage nach international verfügbaren Dienstleistungen.

▪ Eine komplementäre Beziehung zwischen Sachgütern und Dienstleistungen bedingt, dass ein verstärkter internationaler Warenhandel auch eine Zunahme des internationalen Dienstleistungshandels verursacht (Behofsics 1998, S. 37) („Follow-the-Customer").

▨ Im Rahmen der Internationalisierung erzielen Dienstleister Effizienzvorteile wie Economies of Scale bzw. Scope.

▨ Größere Mobilität der Mitarbeiter (z.B. durch Personenfreizügigkeitsabkommen innerhalb der EU-Mitgliedsstaaten).

▨ International mobile Dienstleistungskunden, d.h., ein problemloser Informationsfluss und Transportmöglichkeiten erhöhen die Bereitschaft zur internationalen Dienstleistungsbeschaffung („Global Sourcing").

▨ Verbesserte internationale Kommunikationsmöglichkeiten mit entfernten Kunden.

▨ Deregulierungen von Märkten, Abbau von Handelshemmnissen (insbesondere Liberalisierung des Dienstleistungshandels durch die Etablierung der World Trade Organisation (WTO) und ihrem Fokus auf Liberalisierung von Dienstleistungsmärkten (GATS)).

▨ Kosten- und Qualitätsunterschiede der in den einzelnen Ländern erbrachten Dienstleistungen induzieren Handelsströme.

▨ Streuung des Unternehmensrisikos durch Diversifikation.

▨ Demographische Veränderungen in einer Vielzahl von Volkswirtschaften.

Neben marktbezogenen Gründen sind aber auch unternehmensinterne, d.h. betriebswirtschaftliche Motive und Zielsetzungen für Internationalisierungsentscheidungen von Dienstleistungsunternehmen von hoher Bedeutung (Meffert/Wolter 2000, S. 18f.). Der Beitrag von *Christian Blümelhuber* und *Roland Kantsperger* in diesem Sammelband setzt an dem Motiv eines Dienstleisters an, einen unternehmensspezifischen (nationalen) Wettbewerbsvorteil ebenfalls auf internationaler Ebene umzusetzen. Ihre Überlegungen stützen sich dabei auf ein vorhandenes Leistungskonzept, das im Rahmen einer Multiplikationsstrategie auf andere Ländermärkte vervielfältigt wird.

Der internationale Dienstleistungshandel findet seinen Niederschlag in der *Handelsbilanz* einer Volkswirtschaft, die die wertmäßigen Aus- und Einfuhren von Dienst- und Faktorleistungen innerhalb einer Periode gegenüberstellt. Die Ausfuhr an Dienstleistungen durch deutsche Unternehmen betrug im Jahre 2002 ca. 99,62 Mrd. USD (World Trade Organization 2004). Von 1995-2002 wurde für die Dienstleistungsexporte ein Wachstum von jährlich vier Prozent und für die Dienstleistungsimporte zwei Prozent verzeichnet (World Trade Organization 2004). Es wird dennoch deutlich, dass Deutschland in Bezug auf seine Dienstleistungshandelsbilanz einen negativen Saldo aufweist. So werden wertmäßig ca. ein Drittel mehr Dienstleistungen importiert (149,11 Mrd. USD) als exportiert (World Trade Organization 2004). Abbildung 2 gibt die Dienstleistungshandelsbilanzsalden ausgewählter Länder im internationalen Vergleich wieder. Während beispielsweise die USA und europäische Länder wie Frankreich und Spanien einen deutlichen Überschuss aufweisen, verzeichnen Japan und Deutschland ein Dienstleistungshandelsdefizit. Dieser Sachverhalt zeigt, dass diese beiden traditionellen Industrieländer Nachholbedarf bezüglich der Exporttätigkeiten ihrer Dienstleistungsindustrien haben. Insbesondere das als serviceorientiert geltende Japan exportiert einen nur sehr geringen Teil seiner erstellten Dienstleistungen. Dies kann jedoch auf die kulturelle und sprachliche Spezifität der Leistungen zurückgeführt werden.

Insgesamt können die Exporte als die Kosten und die Importe als die Erlöse des internationalen Handels betrachet werden. Für Länder wie Deutschland, die eine hohe Einfuhrquote von Dienstleistungen aufweisen, ist es eine zentrale Aufgabe, die Finanzierung dieser Importe über Ausfuhren von anderen (industriellen) Produkten sicherzustellen. Insgesamt stellt sich somit vor dem Hintergrund der zunehmend geringer werdenden Wettbewerbsfähigkeit deutscher Industrien die Herausforderung, die Finanzierung der Dienstleistungsimporte zu sichern oder diese Dienstleistungen selbst zu erstellen. Dazu ist jedoch ein Umdenken in Richtung einer stärkeren Serviceorientierung erforderlich.

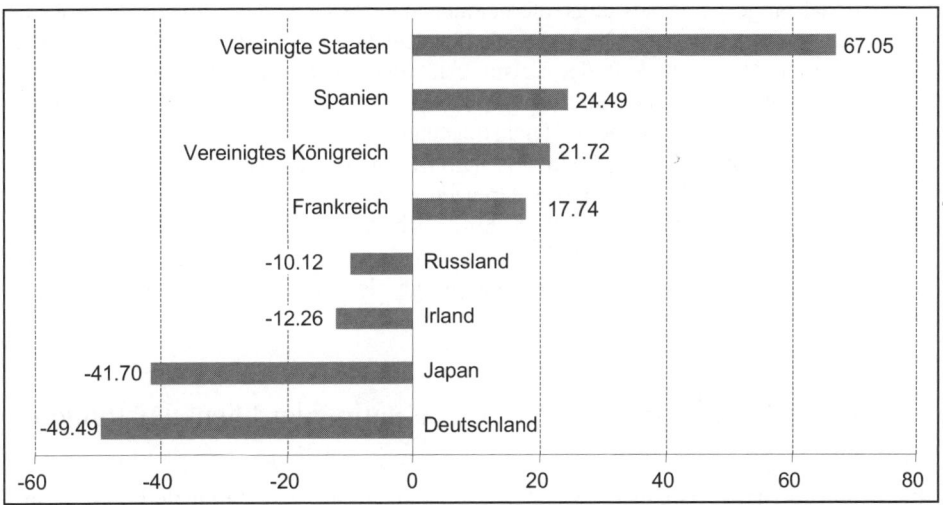

Abbildung 2: Dienstleistungsimport- bzw. -exportüberschüsse ausgewählter Länder 2002
(in Mrd. USD)
(Quelle: Eigene Darstellung auf Grundlage der WTO International Trade
Statistics 2004).

Die Aussagekraft von statistischen Daten in Bezug auf den internationalen Dienstleistungshandel ist jedoch nur eingeschränkt zuverlässig, da z.T. erhebliche Zuordnungs- und Abgrenzungsprobleme einzelner Dienstleistungsbranchen – z.B. industrielle Dienstleistungen – bestehen (Mößlang 1995, S. 31ff.; Hübner 1996, S. 62; Corsten 2001, S. 2ff.; World Trade Organisation 2004). Der hohe Aggregationsgrad der Daten erschwert darüber hinaus die Möglichkeit differenzierterer Aussagen (Hermanns/ Wißmeier 1995, S. 243).

Im Rahmen der zunehmenden Internationalisierung begegnen Dienstleistungsunternehmen insgesamt einer zunehmenden Komplexität und Dynamik des Umfeldes, die einen Einfluss auf die internationale Wettbewerbsfähigkeit ausüben. Eine zentrale Voraussetzung für die erfolgreiche Internationalisierung stellt dementsprechend die Schaffung und Erhaltung wettbewerbsfähiger Strukturen dar, um erfolgreich im internationalen Wettbewerb zu bestehen. Im Zentrum des internationalen Dienstleistungsmarketing steht somit – neben dem externen Markt – insbesondere das Unternehmen mit seinen Mitarbeitern (Nicoulaud 1989, S. 60).

Die Umsetzung von Internationalisierungsstrategien bedeutet insbesondere für Dienstleistungsunternehmen oftmals eine geografische Verteilung von Wertschöpfungsaktivitäten auf verschiedene Ländermärkte. Im Rahmen der Internationalisierung stoßen Dienstleister auf Sprach- und Kulturgrenzen, die eine höhere Komplexität sämtlicher Geschäftsprozesse bedingen.

International tätige Dienstleistungsunternehmen sehen sich darüber hinaus einer Reihe von Herausforderungen gegenüber, die aus den *konstitutiven Dienstleistungsmerkmalen* (Immaterialität, Notwendigkeit der Leistungsfähigkeit und Integration eines externen Faktors) resultieren (Winsted/Patterson 1998, S. 295). Aus diesem Grund erfordern insbesondere stark personengebundene Dienstleistungskonzepte im internationalen Kontext Anpassungen an nationale Gegebenheiten. Die Besonderheiten von Dienstleistungen erfordern zusätzlich die Betrachtung der Grenzen einer internationalen Vermarktung von Dienstleistungen (Lovelock/Yip 1996, S. 66ff.; Winsted/Patterson 1998, S. 297; Samiee 1999, S. 325; Javalgi//White 2003, S. 566). Insgesamt resultieren aus den konstitutiven Dienstleistungsbesonderheiten sowohl strategische als auch operative Marketingimplikationen für Internationalisierungsentscheidungen.

1.2 Begriff und Typologisierung internationaler Dienstleistungen

Internationale Dienstleistungen bezeichnen Leistungen, die über nationale Grenzen hinweg in Kontakt mit ausländischen Kulturen erbracht werden (Clark/Rajaratnam/Smith 1996, S. 15). In Anlehnung an die Literatur zum internationalen Marketing wird internationales Dienstleistungsmarketing dementsprechend wie folgt definiert (Hermanns 1995, S. 25f.; Stauss 1995, S. 457; Wißmeier 1995, S. 49; S. 597ff.; Dahringer/Mühlbacher 1999, S. 401ff.; Backhaus et al. 2003, S. 44ff.):

> *Internationales Dienstleistungsmarketing* umfasst die Analyse, Planung, Koordination und Kontrolle aller auf die aktuellen und potenziellen internationalen Absatzmärkte ausgerichteten Unternehmensaktivitäten eines Dienstleistungsunternehmen.

Das zentrale Merkmal eines internationalen Dienstleistungsmarketing ist die Berücksichtigung der länderspezifischen sozialen, politischen, rechtlichen, ökonomischen und kulturellen Rahmenbedingungen. Darüber hinaus ergeben sich jedoch Besonderheiten des internationalen Dienstleistungsmarketing aus den konstitutiven Merkmalen von Dienstleistungen, die sowohl im Rahmen der Strategieentwicklung als auch dem Einsatz der Marketinginstrumente zu berücksichtigen sind (Dülfer 2001).

Grundsätzlich lassen sich allgemeine Handlungsempfehlungen für das internationale Dienstleistungsmarketing aus dem nationalen Dienstleistungsmarketing und dem industriellen, internationalen Marketing ableiten, da die nationalen *Prinzipien des Marketingmanagements* in der Regel auch Gültigkeit im internationalen Kontext haben. Grundlage des internationalen Dienstleistungsmarketing ist somit ebenfalls der Planungsprozess der strategischen Unternehmens- und Marketingplanung. Auf der Basis einer Unternehmens- und Umfeldanalyse werden dementsprechend Unternehmensziele für national übergreifende Segmente abgeleitet, um in einem weiteren Schritt Marktwahlentscheidungen zu treffen sowie das Ausmaß der möglichen Standardisierung und Markteintrittsstrategien festzulegen. Darauf aufbauend wird die Ausgestaltung der operativen Marketinginstrumente festgelegt, d.h. der internationale Marketingmix. Beispielsweise ist die Festlegung eines internationalen Preismix sowie eines internationalen Kommunikationsmix vor dem Hintergrund der Wahrnehmung internationaler Kunden zu treffen. In diesem Zusammenhang ist zu beachten, dass durch die Mehrzahl der bearbeiteten Länder eine Vielzahl von Schnittstellen auftreten, die im Rahmen eines internationalen Marketingmanagements zu koordinieren sind, um Inkonsistenzen und Widersprüche zu vermeiden. Die Steuerung dieser Schnittstellen ist für Dienstleister eine zentrale Aufgabe, da ein mangelhaftes Schnittstellenmanagement mit höheren Koordinationskosten und einem Effizienzverlust verbunden ist.

Obgleich die grundsätzlichen Marketingprinzipien Gültigkeit für ein internationales Dienstleistungsmarketing haben, bestehen fundamentale Unterschiede zum internationalen Produkt- bzw. nationalen Dienstleistungsmarketing aufgrund der konstitutiven Dienstleistungseigenschaften, so dass Planungsansätze nicht unreflektiert zu übertragen sind. Die Berücksichtigung dieser Besonderheiten im Rahmen operativer und strategischer Marketingentscheidungen hat dazu geführt, internationale Dienstleistungstypologien als Ausgangspunkt für ein systematisches internationales Dienstleistungsmarketing heranzuziehen, um der Heterogenität von Dienstleistungen im internationalen Kontext gerecht zu werden. Dementsprechend sind eine Vielzahl von *Typologien* entwickelt worden, die die Ableitung von Implikationen ermöglichen. Abbildung 3 gibt z.B. die Typologie von Vandermerwe/Chadwick (1991, S. 84) wieder, die zugleich mögliche Internationalisierungsformen aufzeigt.

Ferner hat die Typologie auf der Basis von Mobilitätsüberlegungen – die so genannte *Sampson-Snape-Box* – Beachtung gefunden (Sampson/Snape 1985, S. 173; Mößlang 1999, S. 148ff.; Meffert/Bruhn 2003, S. 694f.). Dabei wird die Mobilität des Anbieters und des Nachfragers berücksichtigt, so dass eine Matrix mit vier Dienstleistungstypen resultiert (Abbildung 4):

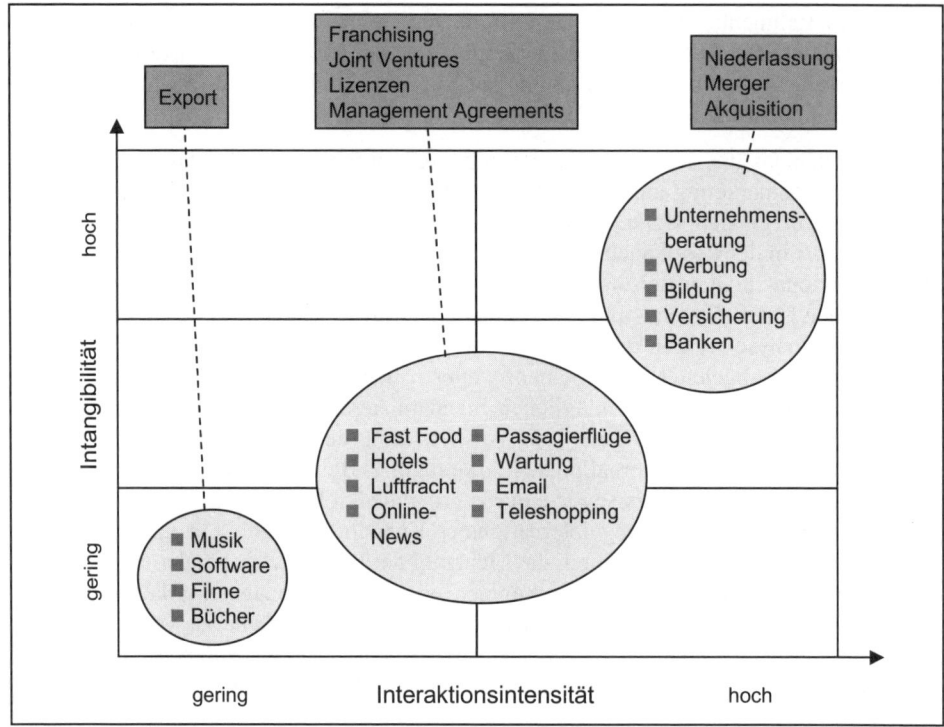

Abbildung 3: Typologisierung internationaler Dienstleistungen auf Basis konstitutiver
            Dienstleistungsmerkmale
            (Quelle: Vandermerwe/Chadwick 1991, S. 84)

(1) Across the Border Trade (Quasi-industrieller Dienstleistungshandel): Dieser Dienst-
    leistungstyp verlangt weder vom Anbieter noch vom Nachfrager Mobilität. Beispiele
    für diesen Dienstleistungstyp sind veredelte Dienstleistungen, die im klassischen
    Sinne gehandelt werden (CD, DVD usw.)

(2) Domestic Establishment Trade (Anbieterstandortbasierter Dienstleistungshandel):
    Dieser Dienstleistungstyp beschreibt einen mobilen Kunden, der die Leistung eines
    immobilen Anbieters in Anspruch nimmt (z.B. Tourismus).

(3) Foreign Earning Trade (Nachfragerstandortbasierter Dienstleistungshandel): Dieser
    Dienstleistungstyp beschreibt einen mobilen Anbieter, der eine Leistung beim Kun-
    den erstellt (z.B. Unternehmensberatung).

(4) Third Country Trade (Standortunabhängiger Dienstleistungshandel): Dieser Typ ist
    durch die Mobilität sowohl des Anbieters als auch des Nachfragers gekennzeichnet,

d.h. Anbieter und Nachfrager treffen sich in einem dritten Land (z.B. Eurodisney bei Paris für europäische Touristen).

Nachfrage Produk- tionsfaktoren	ortsfest	mobil
ortsfest	**Typ 1** Quasi-industrieller Dienstleistungshandel (Across the Border Trade)	**Typ 2** Anbieterstandort- basierter Dienstleistungshandel (Domestic Establishment Trade)
mobil	**Typ 3** Nachfragerstandort- basierter Dienstleistungshandel (Foreign Earning Trade)	**Typ 4** Standortunabhängiger Dienstleistungshandel (Third Country Trade)

Abbildung 4: Typologisierung internationaler Dienstleistungen auf Basis von Mobilitätsüberlegungen
(Quelle: Sampson/Snape 1985, S. 173; Meffert/Bruhn 2003, S. 693)

Insbesondere für *nachfragerstandortbasierte Dienstleistungen* (Typ 3) weist das Marketing Besonderheiten aufgrund der Kundenbeteiligung auf. Eine Differenzierung dieses internationalen Dienstleistungstyps nach der Interaktionsintensität, des Intangibilitätsgrades sowie der kulturellen Spezifität erleichtert somit die Ableitung von Marketingimplikationen (Stauss 1994, S. 11ff., 1995, S. 456). Auf Basis dieser drei Kriterien lassen sich dementsprechend die beiden generischen Dienstleistungstypen „Consulting" und „Fast-Food" ableiten (Abbildung 5).

Leistungen des Typs *„Consulting"* ist duch eine hohe Ausprägung der Interaktionsintensität, des Intangibilitätsgrades sowie der kulturellen Spezifität gekennzeichnet, die tendenziell die Präsenz am Erstellungsort erfordern. Beispiele für Consulting-Leistungen stellen in der Regel „Professional Services" wie Wirtschaftsprüfung und Unternehmensberatung dar.

Dienstleistungen des Typs *„Fast-Food"* zeichnen sich in der Regel durch einen mittleren bis niedrigen Grad an Interaktionsintensität, Intangibilität und Spezifität des Faktoreinsatzes aus. Beispiele für diesen Typ sind die Systemgastronomie, Hotels, Autovermietungen.

Typ Merkmal	„Consulting"	„Fast Food"
Interaktionsintensität	hoch	mittel/gering
Intangibilitätsgrad	hoch	mittel/gering
Spezifität des Faktoreinsatzes	hoch	mittel/gering

Abbildung 5: Typologisierung nachfragerstandortbasierter Dienstleistungen auf Basis
           konstitutiver Dienstleistungsmerkmale
           (Quelle: Stauss 1995, S. 458)

Die Überlegungen von Sampson und Snape (1985) werden in diesem Sammelband von
August-Wilhelm Scheer, Kristof Schneider und *Fabrice Zangl* herangezogen, um ein
Vorgehensmodell der Internationalisierung abzuleiten sowie von *Mike Peters* und *Klaus
Weiermair*, um Strategie- und Implementierungsprobleme der Internationalisierung touristischer Dienstleistungen zu verdeutlichen. *Christian Blümelhuber* und *Roland
Kantsperger* greifen auf diese Typologie zurück, um zu ermitteln, für welche Dienstleistungstypen die Option der Multiplikationsstrategie im Rahmen der Markterschließung
geeignet ist und *Tobias Specker* und *Johann Engelhard* analysieren auf dieser Grundlage
die Internationalisierungsprozesse wissensintensiver Dienstleistungsunternehmen (vgl.
zu Klassifikationsansätzen von Dienstleistungen auch Mößlang 1999, S. 118ff.; Samiee
1999, S. 324f.; ein Überblick über die Vielzahl von Dienstleistungstypologien findet sich
bei Meffert/Bruhn 2003, S. 690ff.).

Aufgrund der Integration eines externen Faktors in den Dienstleistungserstellungsprozess wird Dienstleistungen im Allgemeinen eine umfassende Standardisierung abgespro-
chen (Knight 1999, S. 349). *Joerg Dolski* und *Arnold Hermanns* beschäftigen sich in
diesem Sammelband mit dieser Kernfragestellung des Internationalen Marketing, die in
der Literatur zum Dienstleistungsmanagement bislang nur unzureichend berücksichtigt
worden ist. Sie analysieren in diesem Zusammenhang Einflussfaktoren der Marketingstandardisierbarkeit auf der Mikro- als auch der Makroumwelt für drei ausgewählte
Dienstleistungen (Fast-Food-Restaurants, Hoteldienstleistungen sowie Steuerberatung),
die sich insbesondere in Bezug auf den Integrations- und Immaterialitätsgrad unterscheiden. Darüber hinaus gehen die Verfasser der Frage nach, ob das Ausmaß der Standardisierbarkeit in Zusammenhang mit dem Materialitätsgrad einer Leistung steht.

Die Merkmale von Dienstleistungen – insbesondere Immaterialität und Interaktionsintensität durch die Einbeziehung eines externen Faktors im Rahmen der Leistungserstellung – erfordern die Entwicklung von spezifischen *Internationalisierungskonzepten* für
Dienstleistungsunternehmen. *Tobias Specker* und *Johann Engelhard* nehmen in diesem
Sammelband eine ausführliche Betrachtung so genannter wissensintensiver Dienstleis-

tungsunternehmen vor. Die Verfasser beleuchten insbesondere das Wissensmanagement von Dienstleistungsunternehmen im internationalen und interkulturellen Kontext anhand der Branche Unternehmensberatung („Consulting") als eine Ausprägung so genannter „Professional Service Firms", da in diesem Segment in den vergangenen zwei Jahrzehnten eine starke Zunahme grenzüberschreitender Aktivitäten zu verzeichnen ist (vgl. hierzu auch Mößlang 1995, S. 68ff.). Dienstleistungen dieses Typs stellen so genannte „Kontakt-Dienstleistungen" dar, bei denen die Produktionsfaktoren des Anbieters mobil sind und die Leistungserstellung beim Nachfrager erfolgt. Dieser wissensintensive Dienstleistungstyp wird ferner durch einen hohen Intangibilitätsgrad charakterisiert, der die Beurteilung des Leistungsergebnisses erschwert. Darüber hinaus begrenzt das hohe Ausmaß der Interaktionsintensität die Möglichkeiten zur Standardisierung einer Beratungsleistung und bedingt zugleich eine hohe kulturelle Spezifität des Faktoreinsatzes, d.h., im Rahmen der Internationalisierung dieser Dienstleistungskonzeption sind umfangreiche Anpassungen aufgrund landesbezogener kultureller Unterschiede erforderlich. Der Beitrag verdeutlicht, dass im Rahmen des internationalen Managements von Unternehmensberatungsleistungen Konstrukte zu betrachten sind, die in der bisherigen Forschung bisher vernachlässigt worden sind. Demzufolge rücken sie einen Wissens- und Lernbegriff in den Fokus ihrer Betrachtung, der interkulturellen Besonderheiten gerecht wird: die verschiedenen Lernstilkategorien wissensintensiver Dienstleistungen.

2.   Strategische Entscheidungstatbestände im Rahmen der Internationalisierung von Dienstleistungen

Die strategische Planungsebene in Bezug auf die Internationalisierung von Dienstleistungen umfasst sämtliche grundsätzliche, langfristig bedeutsame Basisentscheidungen.

Insgesamt sind Merkmale und Besonderheiten der Leistungen sowie des Unternehmens zu berücksichtigen, um eine Internationalisierungsstrategie erfolgreich umzusetzen. Beispielsweise ist es erforderlich, dass die – zumeist immateriellen – Leistungen durch die Mitarbeiter im Ausland erbracht werden oder dass der Nachfrager der Leistung den Anbieter aufsucht bzw. sich Anbieter und Nachfrager an einem dritten Ort treffen. Vor diesem Hintergrund sind beispielsweise ökonomische Restriktionen im Rahmen der Mobilitätsplanung zu beachten (z.B. Reise- und Transportkosten für die internen und externen Faktoren), damit die länderübergreifende Dienstleistungserbringung rentabel erfolgt.

Die grundsätzlichen *Entscheidungsprozesse* im Rahmen der Internationalisierung verdeutlicht der Beitrag von *Bernhard Swoboda* und *Thomas Foscht* in diesem Sammelband, indem sie zentrale Erklärungsansätze und -modelle aufzeigen, die die Entwicklung von Unternehmen auf Auslandsmärkten erfassen. Dabei handelt es sich in der Regel um Ansätze, die traditionell die Entwicklung industrieller Unternehmen beschreiben. Das

Ziel ihres Beitrages ist es, die Internationalisierungsprozesse von Dienstleistungsunternehmen in den Fokus dieser Erklärungsansätze zu rücken, um sie einer Erklärung
zugänglich zu machen. Eine Kategorisierung vier grundlegender Perspektiven bildet den
Ansatzpunkt, um daraufhin konstitutive Bedingungen der Internationalisierung von
Dienstleistungsunternehmen und geeignete Kriterien abzuleiten, die eine Beurteilung
dieser grundlegenden Perspektiven hinsichtlich ihres Erklärungsbeitrags für die Internationalisierungsprozesse von Dienstleistungsunternehmen ermöglichen. In diesem Zusammenhang stellen *August-Wilhelm Scheer*, *Kristof Schneider* und *Fabrice Zangl* in
ihrem Beitrag eine geeignete Methodenunterstützung zur Fundierung von Internationali-
sierungentscheidungen vor. Dabei greifen sie auf die Erkenntnisse des Service Engineering zurück, um ein Vorgehensmodell zur Unterstützung der Umsetzung einer Internationalisierungsstrategie zu entwickeln.

Manfred Bruhn und *Karsten Hadwich* nehmen in ihrem Beitrag eine kritische Würdigung möglicher Strategien zur Internationalisierung bestehender Dienstleistungskonzepte vor und zeigen verschiedene strategische Optionen der Internationalisierung von
Dienstleistungen auf. Primär werden die Möglichkeiten der Standardisierung und Differenzierung von Dienstleistungen im Rahmen länderübergreifender Strategien beleuchtet,
um daraufhin geeignete Formen der Markterschließung (z.B. Filialisierung, Akquisition,
Kooperation) zu diskutieren. Dabei werden insbesondere die grundsätzlichen Entscheidungsfelder im Rahmen einer Internationalisierungsstrategie hervorgehoben. Die Strate-
gieumsetzung innerhalb einer Organisation ist jedoch in der Regel durch eine Vielzahl
von Herausforderungen gekennzeichnet. Insbesondere kleinere und mittlere Unternehmen (KMU), die oftmals nicht über die notwendigen Ressourcen für die Entwicklung
und die Implementierung einer Internationalisierungsstrategie verfügen, sehen sich einer
Reihe von Schwierigkeiten gegenüber. *Mike Peters* und *Klaus Weiermair* setzen sich in
diesem Sammelband mit den Schwierigkeiten von KMUs im Tourismussektor auseinander, um Implikationen für deren Internationalisierungsprozess abzuleiten.

Die zentralen Entscheidungsfelder im Rahmen der strategischen Internationalisierungs-
planung stellen sowohl die *Ländermarktselektion* sowie die Auswahl einer geeigneten
Internationalisierungsstrategie, d.h. die *Markterschließungsstrategie*, dar (Vandermerwe/
Chadwick 1989, S. 90f.; Erramilli 1989, S. 52ff.; Erramilli/Rao 1993, S. 19; Javal-
gi/White 2002, S. 570). Darüber hinaus ist im Rahmen der strategischen Markteintritts-
planung das *Timing* des Markteintritts in ausländische Märkte festzulegen.

2.1   Internationale Marktwahlentscheidung

Dienstleistungsunternehmen entscheiden im Rahmen der Internationalisierung zunächst,
in welche Ländermärkte eine schwerpunktmäßige Expansion anzustreben ist. Eine Bewertung von Ländermärkten erfolgt dabei primär vor dem Hintergrund von Chancen-
und Risikobetrachtungen, wobei als Indikatoren insbesondere die Marktattraktivität so-

wie bestehende Marktbarrieren zu beachten sind. Dazu werden Kriterien, wie das Marktpotenzial des betreffenden Landes, Umfeldfaktoren und allgemeine Rahmenbedingungen, rechtliche Faktoren sowie kulturelle Besonderheiten, herangezogen (Berndt et al. 1999, S. 15; Hermanns/Wißmeier 2001, S. 541.; Backhaus et al. 2003, S. 124ff.). Verfahren, die in der Regel zur Ländermarktauswahl herangezogen werden, sind Checklisten, Scoringmodelle und Portfolioanalysen (Berndt et al. 1999, S. 99ff.). Die angeführten Kriterien sind gemäß des jeweiligen Dienstleistungstyps entsprechend zu gewichten, d.h., interkulturelle Besonderheiten sind beispielsweise bei hochgradig interaktiven Dienstleistungen in stärkerem Ausmaß zu berücksichtigen. Dementsprechend expandieren diese Dienstleister tendenziell in kulturell ähnliche Länder (Stauss 1994, S. 11; Westhead et al. 2001, S. 26).

Die *Marktwahlentscheidung* von Dienstleistern wird insgesamt durch neue Informations- und Kommunikationstechnologien begünstigt. Durch die globale Verfügbarkeit vernetzter Kommunikationstechnologien und zunehmende Faktormobilität, d.h. u.a. mobile Mitarbeiter, sind der Marktwahlentscheidung kaum Grenzen gesetzt. Diese Entwicklungen heben die Beschränkung für Dienstleister auf, zunächst in geografisch möglichst nah gelegene Ländermärkte zu expandieren. Insbesondere für Dienstleistungskonzepte, die auf dem Einsatz des Internet basieren (z.B. Online-Handel), ergeben sich viele Möglichkeiten, neue internationale Märkte zu erschließen (vgl. hierzu den Beitrag von *Peter Eberl* und *Björn Franke* in diesem Sammelband).

Tilmann Raff und *Peter Billen* betrachten in ihrem Beitrag das zentrale Thema Marktauswahlentscheidung im internationalen Kontext insbesondere vor dem Hintergrund der Dienstleistungsbesonderheiten, die – entsprechend ihrer Ausprägung – einen starken Einfluss auf die Internationalisierungsmöglichkeit einer Leistung haben. Sie analysieren, ob es für Dienstleister ausreichend ist, die bisherigen Ansätze zur Länderauswahl heranzuziehen oder ob neue Ansätze erforderlich sind, die den Besonderheiten von Dienstleistungen besser gerecht werden. Die Verfasser entwickeln daraufhin eine idealtypische Vorgehensweise zur Länderauswahl, differenziert nach verschiedenen Dienstleistungstypen.

2.2   Internationale Markteintrittsstrategie

2.2.1 Markterschließungsstrategie

Nach der Auswahl der grundsätzlich zu bearbeitenden Ländermärkte ist in einem zweiten Schritt die Frage zu beantworten, in welcher Form der jeweilige Markteintritt zu vollziehen ist, d.h. wie der neue Markt erschlossen wird. In diesem Zusammenhang werden in der Regel unterschiedliche *Kriterien* herangezogen, die eine Systematisierung der Markteintrittsformen ermöglichen (Kutschker 1992, S. 500ff.; Meissner 1995, S. 52f.):

■ Managementleistungen und Kapitaleinsatz im In- und Ausland,

■ Kontrollmöglichkeiten der Auslandsaktivitäten,

■ Kooperationsabhängigkeit,

■ Institutionelle Ansiedelung der Aktivitäten.

Die Differenzierung von *Markteintrittsformen* anhand der beiden Dimensionen Managementleistungen und Kapitaleinsatz im Stamm- und Gastland bietet sich aufgrund der hohen Entscheidungsrelevanz an, da der Ressourceneinsatz sowie die daraus resultierenden Eigentums- und Verfügungsrechte berücksichtigt werden (Abbildung 6). Implizit enthält diese Systematisierung zusätzlich die Umsetzungsformen Transaktion (z.B. Export), Kooperation (z.B. strategische Allianz) und Integration (z.B. Tochtergesellschaft). Auf dieser Grundlage werden neun Markteintrittsformen unterschieden, wobei die Chancen, Risiken und Kosten einer Markteintrittsstrategie mit zunehmendem Anteil von Leistungen im ausländischen Markt zunehmen. Diese Eintrittsformen können jedoch ebenfalls als Phasen eines mehrstufigen Internationalisierungsprozesses mit variabler Phasenanzahl und Phasenlänge aufgefasst werden (Roberts 1999, S. 84). Allerdings ist zu berücksichtigen, dass die Art der erbrachten Dienstleistung bestimmte Stufen ausschließt, d.h., dass kontaktintensive Dienstleistungen z.B. nicht exportiert werden bevor weitere Markteintrittsformen herangezogen werden (Stare 2002, S. 79f.).

Im Rahmen der Entscheidung hinsichtlich eines Markteintritts sind eine Vielzahl von Einflussfaktoren durch das Management einzuschätzen. Die Vielzahl der Faktoren erschwert jedoch die Ableitung eines allgemeinen Modells zur Auswahl einer geeigneten Markteintrittsstrategie (Kutschker/Schmid 2002, S. 896). Ferner hängt die Wahl einer bestimmten Markteintrittsform für Dienstleistungsunternehmen von den Ausprägungen der dienstleistungsspezifischen Besonderheiten ab. Es ist ersichtlich, dass sich nicht alle Dienstleistungsbranchen gleichermaßen für die Internationalisierungsformen eignen. Dementsprechend hat die betriebswirtschaftliche Forschung verschiedene Typologien zur Exportfähigkeit von Dienstleistungen entwickelt, um diesem Sachverhalt Rechnung zu tragen (Patterson/Cicic 1995, S. 65ff.).

Der *Direktexport* ist für Dienstleistungen – mit Ausnahme so genannter veredelter Dienstleistungen – nur eingeschränkt geeignet. Diese Markteintrittsform ist vornehmlich für handelbare Leistungen in Betracht zu ziehen, die über Datennetze oder physische Datenträger bzw. Speichermedien vertrieben werden. Beispiele dafür sind elektronische Bankdienstleistungen, Internet-Shopping, Ferndiagnoseleistungen sowie allgemein ein länderübergreifender Datenaustausch. Diese Markteintrittsform ist neben diesen veredelten Leistungen aber auch z.T. für intangiblere Leistungen möglich, sofern der Kundenkontakt zeitlich begrenzt ist. Ein Direktexport liegt beispielsweise auch vor, wenn ein Unternehmensberater in das Land des Mandanten reist, um ihn vor Ort zu beraten.

Für Dienstleistungen, die hingegen durch intensive und dauerhafte Kundenbeziehungen sowie einen unmittelbaren Kundenkontakt gekennzeichnet sind, empfiehlt es sich, einen *dauerhaften Standort* im Ausland zu errichten. Darüber hinaus sind Merkmale, wie ein großer Kundenstamm sowie die Notwendigkeit eines engen Kontaktes zu den Beschaffungsmärkten, ausschlaggebend für die Präsenz in den ausländischen Märkten (Köhler 1991, S. 175f.). Gängige Formen zur Erlangung einer ständigen Präsenz im Ausland, sind insbesondere die Vergabe von Lizenzen, Franchisesysteme, die Gründung von Joint Ventures sowie die Errichtung eigener Niederlassungen.

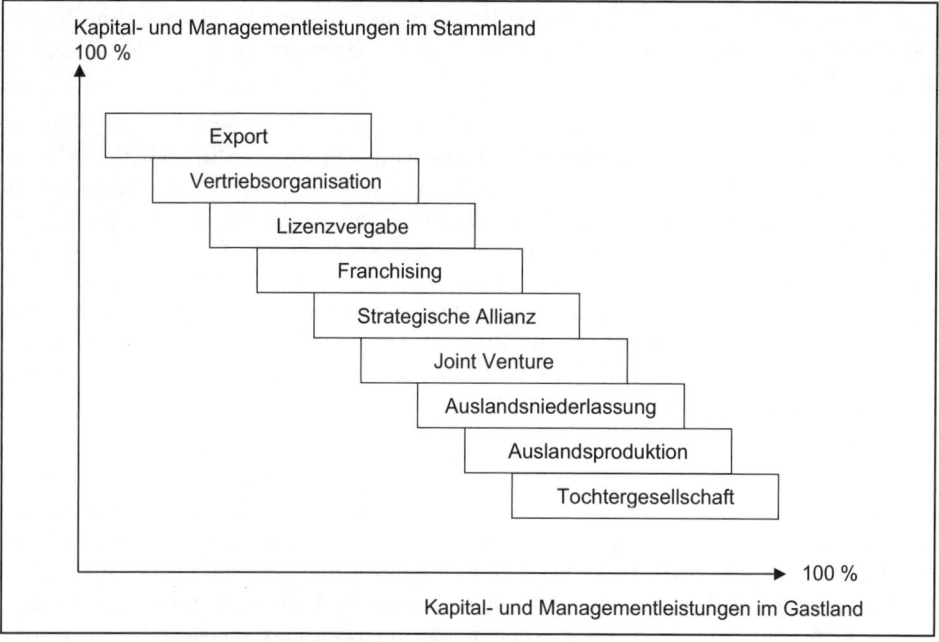

Abbildung 6: Formen internationaler Markteintrittsstrategien
              (Quelle: Meissner/Gerber 1980)

Die Entscheidung zugunsten einer bestimmten Markteintrittsform hat insbesondere vor dem Hintergrund von Kriterien, wie Möglichkeiten zur Überwachung und Kontrolle des Managementkonzeptes, Qualitätssicherung und der Realisierung von Größenvorteilen, zu erfolgen. Für kapitalintensive Dienstleistungen, die eher durch einen geringeren Interaktionsgrad gekennzeichnet sind (z.B. Hoteldienstleistungen, Autovermietungen), bieten sich beispielsweise Joint Ventures sowie Franchisingkonzepte an.

Dienstleistungen, die hingegen zu einem Großteil personalorientiert erstellt werden, profitieren von einer stärkeren Integration in das politisch-gesellschaftliche Umfeld des jeweiligen Landes, da das Verhalten der Mitarbeiter für die Leistungserstellung von hoher Bedeutung ist. Der Bedarf an erfahrenen Mitarbeitern, die über landesspezifisches Wissen und Know-how verfügen, erfordert daher die ständige Präsenz im Ausland, die in der Regel durch Akquisitionen oder Neugründungen erreicht wird und zugleich eine gute Kontrolle der Leistungserstellung bietet (Erramilli/Rao 1993, S. 21ff.). *Kooperative Markteintrittsformen*, wie z.B. Joint Ventures, bieten sich an, falls keine eigenen Mitarbeiter mit dem entsprechenden Auslands-Know-how verfügbar sind, eine große soziokulturelle Distanz zwischen Stamm- und Zielland vorhanden ist und das Länderrisiko als hoch einzuschätzen ist (Hübner 1996, S. 227ff.). Somit stellen Joint Ventures eine geeignete Möglichkeit dar, Unsicherheiten und Defizite in Bezug auf das internationale Know-how sowie die Technologie- und Ressourcenausstattung zu überwinden (Nicoulaud 1988, S. 62; Windsted/Patterson 1998, S. 306f.; Grönroos 1999, S. 294; Javalgi et al. 2003, S. 195).

Innerhalb der Europäischen Union wird der Markteintritt immer noch – vor allem für kleinere Unternehmen – durch unterschiedliche nationale Vorschriften, überholte Standesregeln sowie administrative Hürden erschwert (Höltschi 2004, S. 15). Deshalb zielt der Vorschlag der Kommission der Europäischen Gemeinschaften für eine Dienstleistungsrichtlinie darauf ab, diese Hemmnisse zu beseitigen und das Potenzial des Dienstleistungssektors für Wachstum und Beschäftigung im Binnenmarkt auszuschöpfen (Kommission 2004). In diesem Zusammenhang ist darüber hinaus zu analysieren, welche Auswirkungen – d.h. Chancen und Risiken – das GATS-Abkommen auf den internationalen Dienstleistungshandel und insbesondere auf bestimmte Dienstleistungsbranchen ausüben wird (Hibbert 2003).

Eine internationale Markteintrittsentscheidung (Erramilli 1990; Erramilli/Rao 1993) von Dienstleistungsunternehmen erfordert dementsprechend eine kritische Analyse der existierenden *Markteintrittsbarrieren*. In diesem Zusammenhang ist es für Dienstleistungsunternehmen erforderlich, sich mit institutionellen Barrieren, wie z.B. bestehenden Handelsbeschränkungen, auseinanderzusetzen, da Marktzugangsbarrieren und Wettbewerbsverzerrungen immer noch in vielen Variationen bestehen (Dahringer 1991; Zimmermann 1999). Dabei spielen tarifäre Handelshemmnisse für Dienstleistungen i.d.R. keine zentrale Rolle, da die Registrierung des Grenzübertritts nur schwer möglich ist – mit Ausnahme veredelter Dienstleistungen, die an physische Trägermedien gebunden sind. Die meisten staatlich bedingten Markteintrittsbarrieren resultieren bei Dienstleistugnen vielmehr aus einer Diskriminierung ausländischer Anbieter im inländischen Markt (Mößlang 1999, S. 98). So werden in vielen Branchen und -märkten Dienstleistungen durch staatliche Monopolanbieter bereitgestellt (z.B. Telekommunikation, Luftverkehr) (Winsted/Patterson 1998, S. 301) und ausländische Anbieter werden oftmals durch Subventionen, auferlegte Importquoten oder so genannte „Local-Content-Vorschriften" gegenüber inländischen diskriminiert (Mößlang 1999, S. 99f.; Zimmermann 1999, S. 218ff.; Stephenson 2002, S. 13ff.). Ferner bedeuten z.B. inländische Standards, Spezifikationen, erforderliche Zertifizierungen, Tests und Patente technische Restriktionen („Technical Barriers to Trade") und stellen häufig anzutreffende Marktzugangsbarrieren für ausländische Dienstleister dar (Winsted/Patterson 1998, S. 297; Vad/Henten 2003, S. 349). Preisfixierungen in Form von Höchst- und Mindestpreisen sowie Kapitalverkehrsbeschränkungen stellen eine zusätzliche Beschränkung für die Internationalisierung von Dienstleistungen dar (Kostecki/Nowakowski 1999).

Somit ist auf der einen Seite die Überwindung bestehender Markteintrittsbarrieren eine zentrale Aufgabe des internationalen Dienstleistungsmarketing, auf der anderen Seite aber auch deren Errichtung. Etablierte Dienstleistungsunternehmen setzen effektive Markteintrittsbarrieren ein, um sich vor zunehmendem Wettbewerb zu schützen. In diesem Zusammenhang kommt insbesondere dem Themenfeld „Dienstleistungsqualität" im internationalen Kontext eine hohe Bedeutung zu. Die Sicherstellung einer hohen Dienstleistungsqualität ist die Voraussetzung für Unternehmen, stabile und dauerhafte Kundenbeziehungen aufzubauen, die eine wirksame Markteintrittsbarriere darstellen.

Dementsprechend wird den Kundenerwartungen und der grenzüberschreitenden Wahrnehmung der *Leistungsqualität* im internationalen Vergleich besondere Aufmerksamkeit geschenkt, wobei insbesondere die unterschiedliche Relevanz von Qualitätsmerkmalen betrachtet wird (Lewis 1991; Sultan/Simpson 2000). Für Dienstleistungsunternehmen stellt sich somit die Aufgabe, ihre Dienstleistungsqualität in allen Märkten zu messen und gegebenenfalls länderspezifisch Anpassungen und Modifikationen im Dienstleistungskonzept vorzunehmen.

Aufgrund der z.T. hohen Bedeutungsunterschiede von Qualitätsmerkmalen stellt sich das Problem, eine objektive und standardisierte *Messung* vorzunehmen. Es stellt sich in diesem Zusammenhang die Frage, inwieweit beispielsweise Zufriedenheitsbarometer länderübergreifend eingesetzt werden können, um die Zufriedenheit internationaler Kunden zu ermitteln. Insgesamt ist kulturspezifischen Besonderheiten in Bezug auf die Wahrnehmung von Qualitätsmerkmalen eine besondere Beachtung zu schenken. *Martin Benkenstein* und *Ariane von Stenglin* stellen in ihrem Beitrag die gängigen merkmals- und ereignisorientierten Qualitätsmessverfahren dar, um deren Eignung für einen internationalen bzw. interkulturellen Einsatz herauszuarbeiten, indem sie Verzerrungen in Bezug auf Qualitätsurteile aufzeigen, die sich aufgrund der unterschiedlichen methodischen Ansätze ergeben. Es ist das Ziel dieses konzeptionellen Beitrags, eine Empfehlung für die internationale Anwendung eines der betrachteten Verfahren zu geben.

2.2.2 Timing des Markteintritts

Im Rahmen des Markteintritts-Timings bestimmt ein Dienstleister zum einen den relativen Zeitpunkt seines Markteintritts zum Wettbewerb sowie zum anderen die Reihenfolge des Markteintritts in mehrere Auslandsmärkte. Eine Timingstrategie kennzeichnet allgemein die Planung, Umsetzung und Realisation des Markteintrittszeitpunktes eines Unternehmens (Meffert/Bruhn 2003, S. 238).

Als *Grundtypen* der Timingstrategie werden insbesondere die Pionier- sowie die Folgerstrategie unterschieden. Der Anbieter, der eine neue Dienstleistung als erster in einem

Markt vermarktet, wird dabei als Pionier charakterisiert. Die nachfolgenden Anbieter werden entsprechend der benötigten Zeitspanne als früher Folger, der kurz nach dem Pionier in den Markt eintritt, bzw. später Folger, der relativ spät in den Markt eintritt, beschrieben.

Die Pionierstrategie bietet einem Dienstleister den Vorteil, den Markteintritt weiterer Anbieter durch den Aufbau von Markteintrittsbarrieren zu verhindern (z.B. durch den Aufbau eines dichten Filialnetzes sowie von stabilen Kundenbeziehungen). Die zentrale Schwierigkeit besteht darin, die aufgebauten Wettbewerbsvorteile langfristig abzusichern. Für die frühen und späten Folger bietet sich die Möglichkeit, sich an vorhandene Standards anzulehnen, die das Pionierunternehmen kostspielig aufgebaut hat, wobei der frühe Folger noch über die Möglichkeit verfügt, eigene Standards zu etablieren. Das zentrale Problem für die nachfolgenden Anbieter stellt im Allgemeinen die Überwindung der Markteintrittsbarrieren des Pioniers dar, insbesondere das Aufbrechen der bestehenden Präferenzstrukturen der Dienstleistungskunden (Meffert/Bruhn 2003, S. 240).

In Bezug auf die Reihenfolge der Markteintritte bezeichnet die so genannte „*Wasserfallstrategie*" einen sukzessiven Markteintritt in mehrere Märkte. Dabei werden in der Regel zunächst Länder erschlossen, die das größte Marktpotenzial aufweisen und dem angestammten Markt kulturell am ähnlichsten sind (Berndt et al. 1999, S. 142ff.). Dieses abgestufte Vorgehen berücksichtigt die Tatsache, dass Dienstleister aufgrund beschränkter Ressourcen oftmals nicht viele Ländermärkte parallel bedienen können. Darüber hinaus ermöglicht dieses schrittweise Vorgehen eine bessere Kontrolle des Risikos, da Unternehmen ihr Engagement jederzeit und auf jeder Stufe abbrechen können. Für leicht zu imitierende Leistungen ist diese Vorgehensweise aufgrund der Gefahr, dass Wettbewerber eine ähnliche Leistung früher einführen, mit Nachteilen behaftet.

Im Rahmen der so genannten „*Sprinklerstrategie*" werden die einzelnen Auslandsmärkte hingegen nicht sukzessive, sondern simultan erschlossen (Berndt et al. 1999, S. 142ff.). Dieses simultane Vorgehen bietet zum einen den Vorteil, Markteintrittsbarrieren für nachfolgende Unternehmen zu errichten (z.B. durch einen progessiven Imagevorteil) sowie zum anderen den Vorteil der Risikostreuung auf mehrere Märkte – insbesondere wenn Märkte mit hohem politischen und ökonomischen Risiko bearbeitet werden.

Insgesamt kommt der Zeit als strategischem Wettbewerbsvorteil eine steigende Bedeutung zu (Meffert/Bruhn 2003, S. 235), so dass die zeitlichen Abstimmung und Koordination der Markteintritte im Rahmen der strategischen Planung von international tätigen Dienstleistern mit großer Sorgfalt vorzunehmen ist.

3. Entscheidungstatbestände der operativen Marktbearbeitung

Planungsgegenstand des operativen internationalen Dienstleistungsmarketing ist der internationale Einsatz der *Marketinginstrumente*, d.h. die länderübergreifend aufeinander abgestimmte Marktbearbeitung. Die zentrale Fragestellung in diesem Zusammenhang betrifft die Möglichkeiten und Grenzen einer internationalen Vereinheitlichung des Marketingmix, d.h. die Bestimmung des Ausmaßes einer Standardisierung bzw. Differenzierung der Marketinginstrumente. Im Rahmen eines internationalen Engagements von Unternehmen ist es nicht zielführend, Ländermärkte vollkommen isoliert voneinander zu betrachten, da eine Gesamtbetrachtung die Realisierung von Synergieeffekten unterstützt (Meffert/Bolz 2001, S. 155f.). Die Standardisierung des gesamten Marketingmix ist länderübergreifend nur eingeschränkt möglich, aber in spezifischen kulturellen Märkten dennoch durchführbar. Im Allgemeinen bezieht sich die Standardisierung jedoch vornehmlich auf die Leistungs- und Kommunikationspolitik eines Unternehmens (Kustin 2004, S. 638).

Hinsichtlich einer länderübergreifenden Standardisierbarkeit des operativen Marketing sind insbesondere Besonderheiten aufgrund der konstitutiven Dienstleistungsmerkmale zu berücksichtigen. Beispielsweise führt die Integration des externen Faktors in den Leistungserstellungsprozess dazu, dass eine vollkommene Standardisierung des Leistungsergebnisses bzw. der eigentlichen Kernleistung in vielen Fällen nicht erreicht wird (Nicoulaud 1988, S. 62; Knight 1999, S. 349; Javalgi/White 2002, S. 572). Dementsprechend sind in erster Linie autonome Prozesse zu standardisieren, die ohne Kundenbeteiligung im Back-Office durchgeführt werden (Reis 1999, S.6). Dies gilt im internationalen Kontext gleichermaßen. Insgesamt stellen das Ausmaß der Interaktionsintensität, des Intangibilitätsgrades sowie die kulturelle Spezifizität einer Leistung die zentralen *Determinanten der Standardisierbarkeit* einer Leistung dar. Die kulturelle Spezifität einer Leistung bezieht sich auf die Erfordernis kultur- und länderspezifischen Wissens für die Erstellung einer Dienstleistung. Tendenziell ist das Standardisierungspotenzial einer Leistung umso geringer, je höher die Interaktionsintensität, der Intangibilitätsgrad und die kulturelle Spezifität der Leistung sind (Stauss 1995, S. 457ff.). Als Beispiele für standardisierte Dienstleistungen lassen sich Linienflüge, standardisierte Kredite, Hausrat- und Lebensversicherungen sowie Standardsoftware anführen. Es kann festgestellt werden, dass insbesondere Banken und Versicherungen ein hohes Standardisierungsstreben aufweisen (Corsten 2001, S. 350ff.).

Die Bestimmung des *optimalen Standardisierungsgrades* im internationalen Kontext ist eine vorrangige Aufgabe des Managements, um Vorteile (wie Synergieeffekte) möglichst gut auszuschöpfen (Reis 1999, S. 5ff.). In diesem Zusammenhang ist es erforderlich, den Trade-off zwischen einer höchst möglichen Standardisierung und der Berücksichtigung unterschiedlicher Bedürfnisse sowie kultureller Besonderheiten zu berücksichtigen. Der gravierende Nachteil einer Standardisierung ist dementsprechend die unzureichende Berücksichtigung länder- und kulturspezifischer Kundenbedürfnisse, die zu einer mangelhaften Zielgruppenansprache führt. Die Herausforderungen im Rahmen der operativen Marktbearbeitung resultieren vornehmlich aus der kulturellen Distanz zwischen Stamm- und Zielland, die entsprechende Anpassungen der Marketingmaßnahmen erfordern. Vor dem Hintergrund kultureller Unterschiede zwischen Ländermärkten ist eine vollständige Standardisierung sämtlicher Marketinginstrumente dementsprechend nicht zielführend (Samiee 1999, S. 327).

Neben der kulturellen Distanz zwischen den Ländermärkten hängt die Notwendigkeit zur lokalen Anpassung stark von der Art der angebotenen Dienstleistung ab (Perlitz 2004). Beispielsweise können Finanzdienstleistungsprodukte standardisiert in viele Länder exportiert werden, wohingegen Leistungen, die eine stärkere Integration des externen Faktors erfordern (z.B. Steuerberatung) nicht derart hochgradig standardisiert angeboten werden können. Im Rahmen der Dienstleistungsforschung sind eine Vielzahl von *Typologien* entwickelt worden, die diesen Besonderheiten Rechnung tragen und die Ableitung von Implikationen für das internationale Marketing ermöglichen. In diesem Zusammenhang wird in der Regel auf die idealtypischen Dienstleistungen „Fast Food" und „Consulting" Bezug genommen, die ein Kontinuum bezüglich der Standardisierbarkeit aufspannen. Leistungen vom Typ „Fast Food" verfügen zumeist über ein hohes Standardisierungspotenzial, während Dienstleistungen vom Typ „Consulting" in der Regel hochgradig individuell erstellt werden, so dass die Standardisierung des Leistungsprozesses sowie des Ergebnisses kaum möglich ist (Stauss 1995, S. 458).

Insgesamt stellen die konstitutiven Merkmale von Dienstleistungen Herausforderungen dar, die im Rahmen des operativen internationalen Dienstleistungsmarketing zu berücksichtigen sind. Abbildung 7 gibt die Implikationen für das operative Dienstleistungsmarketing im Überblick wieder.

3.1   Entscheidungen der internationalen Leistungspolitik

Es ist mittlerweile unbestritten, dass Qualitätsorientierung ein zentraler Erfolgsfaktor für Dienstleister ist, um im Wettbewerb nachhaltig zu bestehen. Eine Vielzahl von konzeptionellen und empirischen Untersuchungen verdeutlichen diesen Zusammenhang (vgl. Heskett et al. 1994; Cronin et al. 2000; Zeithaml 2000).

Im Rahmen der internationalen Leistungspolitik eines Dienstleisters ist die Sicherstellung einer hohen *Dienstleistungsqualität* dementsprechend eine zentrale Aufgabe. Sämtliche Leistungsbestandteile sind in Bezug auf die Erreichung eines konstant hohen Qualitätsniveaus zu gestalten, wobei international unterschiedliche Qualitätsstandards und -wahrnehmungen zu berücksichtigen sind. Insbesondere ist in diesem Zusammenhang auf mögliche Interpretationsunterschiede von Qualitätsindikatoren (z.B. tangibles Umfeld, Markenimage, Garantien) zu achten. Hinsichtlich des tangiblen Umfeldes und Markenimages beeinflussen kulturelle Unterschiede die Wahrnehmung und Bedeutung der eingesetzten Formen, Farben und Materialien, so dass beispielsweise die Sitzabstände eines Flugzeugs im internationalen Kontext unterschiedlich beurteilt werden (Stauss 1995, S. 464). In Bezug auf Servicegarantien verfügen z.B. Kunden in den USA tendenziell über andere rechtliche Maßnahmen, um eine bestimmte Leistungsqualität vom Unternehmen zu fordern, so dass diesem Instrument in verschiedenen Ländern ein jeweils anderer Stellenwert beigemessen wird.

Konstitutive Merkmale	Implikationen

Dokumentation und Sicherstellung der Leistungsfähigkeit des Anbieters	▪ Sicherstellung der länderspezifischen Leistungsfähigkeit durch
	
	- Leistungs-/Distributionspolitik:
	  Kooperationen, Nutzung internationaler Synergien.
	- Personalpolitik:
	  Länderspezifische Personalauswahl und -entwicklung,
	  Nutzung internationaler Synergien.
	
	▪ Dokumentation der länderspezifischen und länderübergreifenden Leistungsfähigkeit durch
	
	- Kommunikationspolitik:
	  Schaffung von Vertrauen durch Bekenntnis zum einheimischen Markt sowie die Realisierung internationaler Synergien.

Integration eines externen Faktors	▪ Vermeidung von Qualitätsschwankungen, ▪ Steuerung mitarbeiterbezogener Qualitätsdimensionen.
Immaterialität	▪ Berücksichtigung von Interpretationsunterschieden bezüglich Qualitätsindikatoren, ▪ Berücksichtigung des Länderimages, ▪ Überwindung der (internationalen) Nichttransportfähigkeit.

Abbildung 7: Implikationen für das operative internationale Dienstleistungsmarketing aufgrund konstitutiver Dienstleistungsmerkmale
(Quelle: Meffert/Bruhn 2003, S. 723ff.)

Die Standardisierung von Leistungselementen trägt dazu bei, Qualitätsschwankungen im internationalen Kontext teilweise einzudämmen. Allerdings stellt die Standardisierung von Leistungskonzepten und Leistungserstellungssystemen im internationalen Kontext eine große Herausforderung dar (Reiss 1999, S. 137ff.; Samiee 1999, S. 326). Es sind insbesondere solche Leistungsbestandteile bzw. -elemente zu standardisieren, die durch die Integration des internen Faktors nicht beeinflusst werden und von denen die Nachfrager keine kulturspezifische Anpassung erwarten (z.B. Back-Office-Aktivitäten). Gleichzeitig erhöht die Standardisierung zentraler Leistungselemente die Wiedererkennbarkeit eines internationalen Dienstleisters und unterstützt somit den Aufbau eines konsistenten Unternehmensimages. Eine Standardisierung ist jedoch nur sinnvoll, wenn die Bedürfnisstrukturen in den jeweiligen Ländern übereinstimmen (Stauss 1995, S. 458). So haben beispielsweise amerikanische Beratungs- und Wirtschaftsprüfungsgesellschaften versucht, ihre Standardberatungskonzepte in osteuropäischen Staaten einzuführen, ohne jedoch die Kundenbedürfnisse gründlich zu ermitteln. Dementsprechend scheiterten diese Beratungsfirmen auf diesen Märkten, da ihre Leistungen als zu teuer und zeitintensiv empfunden wurden. Es stellte sich das Problem des „Overservice", das die Notwendigkeit zur Leistungsdifferenzierung im internationalen Kontext hervorhebt (Lunsford/Fussell 1993, S. 17).

Es sind mittlerweile eine Vielzahl von Methoden und Verfahren entwickelt worden, um die Qualität von Dienstleistungen zu messen und im Rahmen systematischer *Qualitätsmanagementsysteme* zu verbessern (Bruhn 2004, S. 63ff.). Im Rahmen des operativen Dienstleistungsmarketing sind dementsprechend sämtliche Entscheidungen vor dem Hintergrund einer ausgeprägten Qualitätsorientierung zu treffen. Dies gilt im internationalen Kontext umso mehr, da in der Regel eine Vielzahl zusätzlicher Schnittstellen auftreten. Darüber hinaus unterstreicht der Vertrauensgutcharakter von Dienstleistungen die Notwendigkeit einer ausgeprägten Qualitätsorientierung, um auf Kundenseite das wahrgenommene Risiko zu reduzieren. Insgesamt ist es jedoch schwierig, die Qualität einer Dienstleistung objektiv zu bestimmen, so dass die Kundenzufriedenheit als subjektiver Maßstab für die wahrgenommene Qualität herangezogen wird. Dementsprechend sind Kenntnisse über das kulturabhängige Qualitätsempfinden der Kunden für international tätige Dienstleistungsanbieter erforderlich, um Leistungen entsprechend der Kundenanforderungen zu gestalten. Ferner erfordert ein international eingesetztes Qualitätsmanagementsystem die Messung der Qualitätswahrnehmung der Kunden in den bearbeiteten Ländermärkten (vgl. hierzu den Beitrag von *Benkenstein* und *von Stenglin* in diesem Sammelband).

Eine weitere bedeutende Aufgabe im Rahmen des internationalen Dienstleistungsmanagements ist die *Sicherstellung der internationalen Leistungsfähigkeit*. Kooperationen mit inländischen Anbietern ermöglichen es einem expandierenden Unternehmen, über länderspezifische Dienstleistungskompetenzen zu verfügen (Grönroos 1999, S. 294). Beispielsweise ist es für eine Versicherung, die das Ziel verfolgt, einen neuen Markt zu erschließen, sinnvoll, mit einer inländischen Bank zu kooperieren, um auf deren Kundenstamm zugreifen zu können. International tätigen Dienstleistungsunternehmen bietet sich im Rahmen der Leistungspolitik insgesamt die Möglichkeit, spezifische Erfahrungen und Kompetenzen aus anderen bearbeiteten Ländern zu nutzen (z.B. für die Planung von Leistungsvariationen, die in einem anderen Land erfolgreich vermarktet werden).

Die Tatsache, dass Dienstleistungen nur eingeschränkt rechtlich schutzfähig sind, führt zu der hohen Bedeutung eines *Innovationsmanagements für Dienstleistungsunternehmen*. Dementsprechend erhalten Anbieter ihre Wettbewerbsfähigkeit langfristig nur durch die kontinuierliche Verbesserung ihrer Leistungen und Anpassung an sich verändernde Rahmenbedingungen. Dies gilt für international tätige Dienstleister umso mehr, da sie über die Möglichkeit verfügen, Know-how und Erfahrungen aus anderen Ländern bzw. Märkten im Rahmen eines internationalen Innovationsmanagements zu nutzen. Beispielsweise ist es relativ einfach, aktuelle Trends und Verbesserungsvorschläge in Ideen für neue inländische sowie länderübergreifende Leistungsangebote zu überführen. *Ricarda B. Bouncken* und *Constanze Pick* analysieren in ihrem Beitrag die Einflüsse der Kulturmerkmale nach Hofstede (1984) auf die Innovativität von Dienstleistungsunternehmen. Zum einen werden konkrete Auswirkungen auf den Innovationsprozess eines Dienstleisters analysiert, zum anderen aber auch die Wirkungen, die durch das Zusammentreffen von Mitarbeitern mit unterschiedlichem kulturellen Hintergrund hervorgerufen werden.

3.2 Entscheidungen der internationalen Preispolitik

Dienstleistungen verfügen in der Regel über einen hohen Anteil an Glaubens- und Vertrauenseigenschaften, so dass es für Nachfrager oftmals schwierig ist, die Qualität einer Leistung vor ihrer Inanspruchnahme zu beurteilen. Diese Problematik verschärft sich im internationalen Umfeld, falls noch unbekannte Anbieter in einen neuen Auslandsmarkt eintreten.

Vor diesem Hintergrund sind Nachfrager auf *Ersatzindikatoren* angewiesen, die Schlussfolgerungen über die zu erwartende Qualität einer Dienstleistung ermöglichen. In diesem Zusammenhang kommt dem Preis eine zentrale Funktion zu. Insgesamt hat die Preisgestaltung unter Berücksichtigung des allgemeinen Preisniveaus des jeweiligen Ländermarktes zu erfolgen. In Bezug auf die Gestaltung der Preispolitik eines internationalen Dienstleisters steht die international einheitliche Wahrnehmung des *Preis-Leistungs-Verhältnisses* im Vordergrund (Stauss 1995, S. 464; Reiss 1999, S. 81). Jedoch ist es für Nachfrager in neuen Märkten oftmals schwierig, das Preis-Leistungs-Verhältnis einzuschätzen, so dass internationale Dienstleistungsunternehmen z.T. über große Spielräume hinsichtlich ihrer internationalen Preisgestaltung verfügen. Die Entwicklung und rasche Verbreitung des Internet trägt allerdings dazu bei, dass die *Preistransparenz* teilweise wieder erhöht wird, da es die Vergleichbarkeit von Dienstleistungsangeboten fördert (Kasper et al. 2000, S. 633) (vgl. z.B. für Versicherungen und Banken www.comparis.ch). Ein pragmatischer Ansatz der Preisgestaltung besteht darin, einen *Preiskorridor* für alle Ländermärkte oder Ländergruppen festzulegen, innerhalb dessen standortspezifische Anpassungsmöglichkeiten bestehen (Reiss 1999, S. 81).

Die grundsätzliche Entscheidung im Rahmen der Festlegung einer Preisstrategie bezieht sich auf das Abwägen der Vor- und Nachteile einer *Skimming- oder Penetrationsstrategie*. Diese Entscheidung hat vor dem Hintergrund der Marktlebenszyklusphase der entsprechenden Leistung sowie der Wettbewerbsintensität innerhalb des Marktes zu erfolgen. Ein Dienstleister, der in einem jungen Auslandsmarkt tätig ist und sich derzeit wenig Konkurrenz gegenübersieht, wird tendenziell eine Abschöpfungsstrategie durchsetzen können (z.B. Ableger renommierter Business Schools in der Volksrepublik China). In Bezug auf eine internationale Preisgestaltung bietet oftmals auch das Image des Herkunftslandes eines Anbieters Ansatzpunkte, um einen höheren Preis als andere Wettbewerber durchsetzen zu können (z.B. Japanische Restaurants, Französische Friseure, Schweizer Banken) (vgl. Dahringer/Mühlbacher 1999, S. 421).

Da Dienstleistungen z.T. nur eingeschränkt handelbar sind – falls Produktion und Inanspruchnahme getrennt werden können (Erramilli 1989, S. 52) – und Arbitragemöglichkeiten somit nur in wenigen Fällen ausgenutzt werden können, ist die Preisgestaltung für verschiedene Ländermärkte in Abhängigkeit der jeweiligen Situation vorzunehmen. Die *internationale Preisdifferenzierung* stellt somit das zentrale Instrument der internationalen Preispolitik dar. Ein internationaler Dienstleister schöpft auf der einen Seite dementsprechend Märkte mit einer besonders hohen Kaufkraft ab und berücksichtigt auf der anderen Seite staatliche Preisvorschriften, geringes Kaufkraftniveau sowie die starke Konkurrenzsiuation in anderen Märkten, indem er einen niedrigeren Preis für seine Leistungen verlangt.

3.3   Entscheidungen der internationalen Vertriebspolitik

Im Rahmen der internationalen Vertriebspolitik sind ebenfalls kulturelle Unterschiede zu berücksichtigen, die beispielsweise die *Akzeptanz bestimmter Vertriebsformen und -wege* betreffen. Dementsprechend ist auch die internationale Vertriebspolitik an länderspezifische Gegebenheiten anzupassen (z.B. Nutzung von Drive-in-Schaltern, kleinere Anwaltskanzleien u.Ä. in südeuropäischen Ländern). Weiterhin unterscheidet sich länderabhängig auch das Image bestimmter Vertriebskanäle (z.B. Bankfilialen, Warenhäuser). Insgesamt stellt die Gestaltung der Vertriebskanäle einen weiteren Qualitätsindikator dar und ist dementsprechend sorgfältig vorzunehmen.

Die konstitutiven Merkmale von Dienstleistungen bedingen im Allgemeinen, dass bestimmte Vertriebsformen vorrangig eingesetzt werden, da insbesondere der *„Nähe"* beim grenzüberschreitenden Dienstleistungshandel eine zentrale Bedeutung zukommt (Erramilli 1989, S. 57; Nicoulaud 1989, S. 60). So führt die gleichzeitige Erstellung und Inanspruchnahme einer Leistung (Uno-actu-Prinzip) zum einen dazu, dass Leistungen nicht bei Absatzmittlern „zwischengelagert" werden und im Bedarfsfall abgesetzt werden. Die Immaterialität und Nichttransportfähigkeit von Leistungsergebnissen führt zum anderen zu der Notwendigkeit eines direkten Kontakts zwischen Anbieter und Nachfrager (bzw. seinem Objekt). Dieser Kontakt erfordert die räumliche Nähe zwischen Anbieter und Nachfrager, d.h., entweder sucht der Kunde den Dienstleister auf oder die Dienstleistung wird beim Kunden erstellt. Diese Besonderheit erfordert daher zumeist direkte Vertriebswege. In der Regel werden lediglich so genannte Leistungsversprechen, die physisch transportiert werden (z.B. Flugtickets, Theaterkarten), indirekt über Zwischenhändler (z.B. Reisebüros) vertrieben. Die Nichttransportfähigkeit von Dienstleistungen unterstreicht die hohe Bedeutung der Standortpolitik im Rahmen der internationalen Vertriebspolitik von Dienstleistungsunternehmen.

Zur Überwindung der internationalen Nichttransportfähigkeit von Dienstleistungen werden i.d.R. vernetzte Kommunikationstechnologien eingesetzt, so dass Ländergrenzen oftmals keine explizite Betrachtung mehr erfahren (Meffert/Wolter 2000, S. 21f.). In Bezug auf den Einsatz neuer Kommunikationstechnologien werden zum Teil lediglich einzelne Prozesse über *neue Kanäle* vertrieben (z.B. Bestellung über das Internet), z.T. erfolgt aber auch der gesamte Vertrieb einer Leistung über das Internet (z.B. Online Broking, Informationsdienste und Medien). Dabei gilt es jedoch zu berücksichtigen, dass die Einsatzmöglichkeiten eines Online-Vertriebs beispielsweise von der allgemeinen Akzeptanz, Verbreitung und Nutzung dieses Mediums im entsprechenden Land abhängen (Quelch/Klein 1996).

Im Rahmen der internationalen Vertriebspolitik von Dienstleistungen hat insbesondere das Konzept des *Franchising* eine zentrale Bedeutung erlangt. Franchising eignet sich insbesondere zur Sicherstellung der internationalen Leistungsfähigkeit, da es Unternehmen in die Lage versetzt, mit begrenztem Kapitalaufwand – und somit Risiko – rasch in ausländische Märkte zu expandieren und eine bedeutende Marktabdeckung zu erreichen. Darüber hinaus ermöglicht Franchising die Kombination eines international einheitlichen Marktauftrittes mit länderspezifisch angepassten Komponenten aufgrund umfassender Weisungsbefugnisse durch den Franchisegeber.

Ein zentraler Entscheidungstatbestand im Rahmen der Internationalisierung ist somit die *Standortplanung der Dienstleistungsfilialen*. Aufgrund der Dienstleistungsbesonderheit der gleichzeitigen Erstellung und Inanspruchnahme einer Leistung (Uno-actu-Prinzip) resultiert eine nur eingeschränkte Exportfähigkeit für (immaterielle) Dienstleistungen. Dementsprechend ist es für eine erfolgreiche Markterschließung in vielen Fällen erforderlich, Dienstleistungsfilialen am Ort ihrer Inanspruchnahme zu errichten, so dass Angebot und Nachfrage räumlich zusammentreffen.

Herbert Woratschek, *Sven Pastowski* und *Stefan Roth* beleuchten aus diesem Grund in diesem Sammelband die Eignung des Franchising als Internationalisierungsstrategie für Dienstleistungsunternehmen vor dem Hintergrund der Besonderheiten, wie Individualität und Integrativität der Leistung, da Franchising i.d.R. für standardisierbare Leistungen eingesetzt wird. Darüber hinaus betrachten sie vertiefend Verfahren der Standortplanung und -bewertung von Dienstleistungsbetrieben, um einem potenziellen Franchisegeber Methoden zur Entscheidungsunterstützung im Rahmen der Auswahl geeigneter Standorte aufzuzeigen.

3.4   Entscheidungen der internationalen Kommunikationspolitik

Grundsätzlich stehen einem Dienstleistungsunternehmen im Rahmen der Kommunikationspolitik die Alternativen einer kulturunabhängigen sowie kulturabhängigen Gestaltung zur Verfügung. Eine *kulturunabhängige Kommunikation* vermeidet insgesamt Gestaltungselemente, bei denen kulturelle Unterschiede von Bedeutung sind. Eine *kulturangepasste Kommunikation* nimmt explizit Bezug auf kulturelle Besonderheiten des Ziellandes (z.B. Einsatz eines national bekannten Testimonials sowie Berücksichtigung länderbezogener Symbole).

Es ist im Rahmen einer *kulturangepassten Kommunikation* allerdings nicht ausreichend, Werbebotschaften lediglich in die Sprache des Ziellandes zu übersetzen, da bei der Gestaltung kommunikativer Botschaften im internationalen Zusammenhang unterschiedliche und länderspezifische Assoziationen und Konnotationen zu berücksichtigen sind. Beispielsweise sind beim Einsatz des Stilmittels „Humor" jeweils kulturabhängige Aspekte und Besonderheiten zu beachten, da die Auffassungen von Humor sich länder- und kulturabhängig stark unterscheiden. So ist der britische Humor im Allgemeinen sarkastisch, der amerikanische z.T. banal und der ostasiatische Humor z.T. eher infantil. Ferner sind kulturelle Unterschiede bezüglich der Wahrnehmung von Qualitätsindikatoren wie Musik, Personen (z.B. Testimonials) oder Farben zu berücksichtigen, die in der Kommunikation eines Dienstleisters eingesetzt werden (Bruhn 1992). In diesem Zusammenhang ist zu beachten, dass beispielsweise erotische Motive aufgrund religiöser oder moralischer Überzeugungen in manchen Ländern bzw. Kulturräumen nur bedingt einzusetzen sind (Pitts et al. 1991, S. 57ff.). Insgesamt ist beim Einsatz von Symbolen in der internationalen Werbemaßnahmen auf deren länderspezifische Bedeutung zu achten.

Es wird deutlich, dass insbesondere der Bereich der internationalen Kommunikationspolitik umfassende Abstimmungsmaßnahmen erfordert, um kulturellen Unterschieden und Besonderheiten gerecht zu werden. Insgesamt empfiehlt es sich jedoch, den höheren Aufwand einer kulturangepassten Kommunikationsstrategie zu realisieren (Javalgi/ White 2002, S. 568f.). Vorteilhaft im Rahmen der Mediawerbung sind *duale Kommunikationskampagnen*, die ein globales Thema mittels lokaler Botschaften umfassen (Lovelock/Yip 1996, S. 79; Reiss 1999, S. 80).

Für Dienstleistungsunternehmen ist neben der Massenkommunikation jedoch die *persönliche Kommunikation* während des Kundenkontakts das entscheidende Kommunikationsinstrument. Dementsprechend kommt den Kommunikationsfähigkeiten der Kundenkontaktmitarbeiter eine herausragende Bedeutung zu, da sie somit zur Erreichung der Kommunikationsziele (z.B. langfristige Gedächtniswirkungen, Einstellungsänderung, Vertrauensaufbau, Stimulierung von Mund-zu-Mund-Kommunikation) sowie der Kundenzufriedenheit eines Dienstleisters maßgeblich beitragen. Die Planung und Gestaltung einer internationalen persönlichen Kommunikation ist dementsprechend stärker als alle anderen Kommunikationsinstrumente auf die Erreichung einer hohen Kundenzufriedenheit auszurichten. In diesem Zusammenhang sind Kommunikationsregeln zu formulieren, die unterschiedlichen Verhaltensgrundsätzen des Kulturkreises und Erwartungen an die Servicebegegnung in den jeweiligen Ländern gerecht werden.

Bei internationalen Dienstleistungen empfiehlt es sich oftmals, das *Image des Ursprungslandes* in den Kommunikationsbotschaften aufzugreifen, um einen positiven Imagetransfer auszulösen (*Country-of-Origin-Effekt*), da das Herkunftsland auf ausländischen Märkten z.T. einen Qualitätsindikator darstellt. Diese Maßnahme ist beispielsweise bei Fluggesellschaften zu beobachten, die im Rahmen ihrer Kommunikationspolitik oftmals Motive des Herkunftslandes als Differenzierungsmerkmal einsetzen (Swiss Quality sowie „Swissness" bei der Fluggesellschaft SWISS: „No airline is more Swiss than SWISS. For our customers, this means such classic Swiss values as reliability, cleanliness and hospitality" (Swiss 2004)).

Ein zentrales Ziel der internationalen Kommunikationspolitik ist es, *Vertrauen* in die angebotenen Leistungen zu erzeugen, indem sich der Anbieter beispielsweise zur einheimischen Kultur bekennt (z.B. Berücksichtigung kultureller Sitten und Gebräuche). Dementsprechend ist die Leistungskompetenz und -fähigkeit des Anbieters im Rahmen der Kommunikationspolitik besonders herauszustellen, indem sich der Dienstleister im Ziel- bzw. Gastland als kompetenter Partner zur Problemlösung präsentiert. Im Rahmen der Dokumentation der internationalen Leistungsfähigkeit unterstreicht der Anbieter die Fähigkeit zur Bündelung seiner internationalen Kompetenzen und Erfahrungen, um sie daraufhin im Gastland zu konzentrieren. Auf diese Weise werden gleichzeitig Wettbewerbsvorteile zur Abgrenzung von einheimischen und anderen international tätigen Anbietern erreicht.

Die fehlende Schutzmöglichkeit und dementsprechend hohe Imitationsgefahr von Dienstleistungskonzepten erfordert insbesondere ein starkes und unverwechselbares Unternehmensimage sowie eine eindeutige Positionierung durch eine starke Marke (Nicoulaud 1989, S. 58; Krämer 2000, S. 220f.). Im Rahmen der internationalen Kommunikationspolitik kommt somit der *Markenstrategie* eine zentrale Bedeutung zu. Für einen länderübergreifend standardisierten Markenauftritt sprechen insbesondere Kostenaspekte, während eine differenzierte Markenstrategie in der Regel eine leichtere Erschließung von Nischenmärkten ermöglicht. In diesem Zusammenhang analysieren *Dieter Ahlert*, *Heiner Evanschitzky* und *David Woisetschläger* in diesem Sammelband, die Markterschließungsstrategien kleinerer und mittlerer Unternehmen (KMU). Sie untersuchen, ob die psychologische Distanz ein Kriterium im Rahmen der Markteintrittsentscheidung ist. Darüber hinaus gehen sie der Frage nach, ob Unterschiede in Bezug auf den Standardisierungsgrad der Markenstrategie zwischen Unternehmen existieren, die jeweils eine andere Expansionsstrategie verfolgen. Schließlich analysieren die Verfasser, ob es zwischen diesen Unternehmen signifikante strategieabhängige Erfolgsunterschiede gibt, um Implikationen für das internationale Markenmanagement von Dienstleistungsunternehmen abzuleiten.

3.5 Entscheidungen der internationalen Personalpolitik

Der Personalpolitik von Dienstleistungsunternehmen kommt aufgrund des direkten Kontakts von Anbieter und Nachfrager insgesamt eine hohe Bedeutung zu, da die *Mitarbeiter als Qualitätsdeterminanten* gelten können, die von den Kunden unmittelbar wahrgenommen werden. Im Rahmen der Personalpolitik eines internationalen Dienstleisters sind kulturelle Besonderheiten eines Landes sowie Bedeutungs- und Wahrnehmungsunterschiede ebenfalls zu beachten. In der Regel sind mitarbeiterbezogene Qualitätsmerkmale, d.h. Erscheinung, Kompetenz und Verhalten, unter Berücksichtigung möglicher Interpretations- und Wahrnehmungsunterschiede an kulturelle Besonderheiten des Gastlandes anzupassen (Malhotra et al. 1994). Beispielsweise existieren im internationalen Kontext z.B. Unterschiede in Bezug auf die Kundenerwartungen an das Interaktionsverhalten der Kundenkontaktmitarbeiter während einer Servicebegegnung (z.B. in einem chinesischen Restaurant oder einer japanischen Sprachschule).

Eine besondere Herausforderung für Maßnahmen der Personalpolitik stellen Leistungen dar, die länder- und kulturübergreifend erbracht werden, wie z.B. eine interkontinentale Flugreise. Dabei rufen z.B. Gestik und Mimik der Kundenkontaktmitarbeiter unterschiedliche Emotionen bei den Fluggästen verschiedener Kulturkreise hervor, so dass ein ausgeprägtes *Einfühlungsvermögen* auf seiten der Mitarbeiter notwendig ist (z.B. Flugbegleiterinnen arabischer Fluggesellschaften).

Zur Sicherstellung der internationalen Leistungsfähigkeit sind insbesondere die personalpolitischen Maßnahmen, wie Personalauswahl und Personalentwicklung, von hoher Bedeutung. Es empfiehlt sich für international tätige Dienstleister, im Rahmen der *Personalauswahl* auf inländische Mitarbeiter des Ziellandes zurückzugreifen, um kulturspezifischen Unterschieden besser gerecht zu werden (vgl. hierzu z.B. Schlosberger 1997, S. 179ff.). Diese Maßnahme ermöglicht es einem Unternehmen, relativ leicht über länderspezifisches Know-how zu verfügen. Neue Mitarbeiter sind jeweils unter Gesichtspunkten, wie Entwicklungspotenzial sowie sozialen Kompetenzen im Kundenkontakt, auszuwählen. Beispielsweise ist eine zentrale Erfolgsvoraussetzung des Eurodisneylandes bei Paris, den europäischen Mitarbeitern den amerikanischen Servicestil zu vermitteln.

Im Rahmen der *Personalentwicklung* sind neue Mitarbeiter aus- und weiterzubilden, um die Dienstleistungsqualität auf einem hohen Niveau zu erbringen und zu halten. Darüber hinaus stellt der Aufbau enger Kundenbeziehung ein zentrales Ziel des internationalen Dienstleistungsmarketing dar. Dementsprechend empfiehlt es sich insbesondere für personal- und kontaktintensive Dienstleistungen, die Steuerung der mitarbeiterbezogenen Qualitätsdimensionen (z.B. Empathie im persönlichen Verkauf) in das Zentrum der Aufmerksamkeit zu rücken. Den Personalentwicklungsmaßnahmen in Bezug auf den persönlichen Verkauf kommt somit ein besonderer Stellenwert zu (Nicoulaud 1988, S. 60).

Im Rahmen der *Entsendung von Mitarbeitern* aus dem Stammland in ausländische Filialen sind vornehmlich Mitarbeiter auszuwählen, die über die entsprechenden sozialen Fähigkeiten und kulturelle Kompetenzen für einen zufrieden stellenden internationalen Kundenkontakt verfügen (z.B. Einfühlungsvermögen in andere Kulturen, Fähigkeit zur Perspektivenübernahme). In diesem Zusammenhang empfiehlt es sich, den Mitarbeitern entsprechende Maßnahmen zur Weiterqualifizierung anzubieten, um ihre Fähigkeiten auszubauen und zu verbessern. Interne Kommunikationsmaßnahmen eignen sich darüber hinaus dazu, Mitarbeiter auf eine befristete Entsendung ins Ausland vorzubereiten, indem beispielsweise Erfahrungsberichte von Mitarbeitern in Handbüchern, Mitarbeiterzeitschriften oder dem Intranet veröffentlicht werden.

In diesem Zusammenhang stellt sich die Frage, inwieweit die Instrumente und Methoden des *Internen Marketing* einzusetzen sind, um Mitarbeiter für einen internationalen Einsatz zu qualifizieren. Das Interne Marketing verfolgt das Ziel, eine gleichzeitige Kunden- und Mitarbeiterorientierung im Unternehmen durchzusetzen, so dass marktgerichtete Ziele effizient erreicht werden. Dazu werden Instrumente des Marketing- und Personalmanagements eingesetzt (Bruhn 1999, S. 20).

Der erste Beitrag in diesem Sammelband der sich mit dem Thema „Internes Marketing" auseinandersetzt, liefert eine konzeptionelle Erweiterung der Theorie des Internen Marketing. *Christian Belz*, *Christian Schmitz* und *Tim Oliver Brexendorf* zeigen die Herausforderungen eines internationalen Internen Marketing auf und nehmen darauf aufbauend eine Erweiterung des Internen Marketing vor, indem sie die einzelnen Prozessschritte eines „Internationalen Internen Marketing" herausarbeiten. Ferner untersuchen *Martin Reckenfelderbäumer* und *Seon-Su Kim* in ihrem Beitrag, welche internen Voraussetzungen in Bezug auf den Internationalisierungsprozess von Bedeutung sind. Sie zeigen in diesem Zusammenhang notwendige Maßnahmen des Internen Marketing zur Steuerung von Internationalisierungsprozessen auf. In ihrem Beitrag berücksichtigen sie insbesondere die Bereiche Motivation und Mitarbeiterzufriedenheit, interfunktionale Koordination und Integration sowie die Implementierung von spezifischen Strategien auf der Ebene der Funktionsbereiche.

4.   Aktueller Stand der Forschung zu Internationalisierungsentscheidungen von Dienstleistungsunternehmen

Der Schwerpunkt der wissenschaftlichen Diskussionen in Bezug auf Internationalisierungsentscheidungen lag lange Zeit auf Fragestellungen im Zusammenhang mit Konsumgütern, die erst seit Ende der 1980er Jahre, auf den Dienstleistungssektor ausgeweitet wurden (Dahringer 1991; Erramilli/Rao 1993; Mösslang 1995, S. 1), obgleich die allgemeine Übertragbarkeit der industriellen Ansätze fraglich ist und z.T. angezweifelt wird (vgl. Javalgi et al. 2003, S. 187).

Gegen Mitte der 1990er Jahre kann ein ausgeprägtes Interesse an Fragestellungen des Internationalen Dienstleistungsmarketing festgestellt werden, das jedoch rasch abflachte (Knight 1999, S. 352). Die Forschung zum internationalen Dienstleistungsmarketing weist bis ca. 1995 folgende *Schwerpunkte* auf (Knight 1999, S. 349):

▪ Markteintrittsformen und damit verbundene Strategien (Erramilli 1990, 1992) sowie Markteintrittsbarrieren (Dahringer 1991),

▪ Internationalisierungsprozesse in spezifischen Dienstleistungsbranchen (z.B. Bhuian 1997; Terpstra/Yu 1988),

▪ Die Bedeutung von Dienstleistungen in verschiedenen Weltregionen (Kassem 1989),

▪ Unterschiede in Bezug auf Dienstleistungen sowie deren Implikationen für das operative Marketing und Marketingstrategien (z.B. Nicoulaud 1989; Patterson/Cicic 1995).

Insgesamt ist festzustellen, dass trotz der starken *Bedeutungszunahme des internationalen Dienstleistungsmarketing* in der wissenschaftlichen Literatur bzw. Forschung nach wie vor Forschungslücken bestehen (z.B. in Bezug auf Theorien, Modelle und Konstrukte) (Javalgi et al. 2003, S. 186), die dieser Sammelband z.T. aufgreift.

Internationale bzw. globale Themen in Bezug auf das Dienstleistungsmarketing stellen einen Bereich dar, dem zukünftig starke Unterstützung und Aufmerksamkeit als Forschungsgegenstand entgegenzubringen sind, da er bislang noch als „untererforscht" gilt (Grove et al. 2003, S. 115). Insbesondere ist eine *kulturübergreifende („cross cultural")* *Dienstleistungsforschung* zu intensivieren (Grove et al. 2003, S. 113), die insbesondere der Integration eines externen Faktors Rechnung trägt. Interaktionen während interkultureller Servicebegegnungen stellen somit ein zentrales Forschungfeld dar (Stauss 1999; Stauss/Mang 1999).

Die zentrale Frage des internationalen Dienstleistungsmarketing, d.h., wie Dienstleistungen am besten in unterschiedlichen Kulturen der Welt zu erbringen sind, ist bislang nur lückenhaft beantwortet worden. In diesem Zusammenhang sind beispielsweise genauere Kenntnisse hinsichtlich der Unterschiede in Bezug auf Dienstleistungserwartungen und Qualitätswahrnehmungen im interkulturellen Kontext wünschenswert, da eine Vielzahl der bisherigen Erkenntnisse des Dienstleistungsmarketing nicht kulturübergreifend zu übertragen sind (Grove et al. 2003, S. 115). *Martin Benkenstein* und *Ariane von Stenglin* widmen sich deshalb in ihrem Beitrag diesem zentralen Thema.

Es herrscht beispielsweise immer noch Forschungsbedarf über die Erlangung komparativer *Wettbewerbsvorteile im internationalen Wettbewerb*. Insbesondere aufgrund der Dienstleistungsbesonderheiten, die eine Standardisierung erschweren, sind langfristige

Wettbwerbsvorteile, die nicht nur auf Kostenvorteilen beruhen, für den Markterfolg zentral. Ein bedeutendes Motiv der Internationalisierung, das in der Literatur zum internationalen Dienstleistungsmanagement bisher vernachlässigt worden ist, ist das Bestreben, einen unternehmensspezifischen (nationalen) Wettbewerbsvorteil gleichermaßen auf internationaler Ebene zu erlangen.

In engem Zusammenhang mit der Erlangung nachhaltiger Wettbewerbsvorteile ist der Forschungschwerpunkt *Relationship Management* in Bezug auf internationale Dienstleistungskunden zu betrachten. Es besteht z.T. immer noch wenig Klarheit darüber, wie spezifische internationale Kundensegmente effizent gebunden werden und welche konkreten Maßnahmen im interkulturellen Kontext dazu erforderlich sind. In Bezug auf die Effizienz von Maßnahmen des Relationship Marketing im internationalen Kontext stellen die Implementierung von Controllingsystemen sowie die Ausgestaltung von Performance-Analysen zukünftige Forschungsfelder dar.

Insbesondere die rasch fortschreitende Entwicklung der Medien und *Kommunikationstechnologien* bewirken ferner neue Impulse für die Internationalisierungsentscheidungen von Unternehmen (Levitt 1983, S. 92). So ist immer noch auf die zunehmende Bedeutung des Internet für den Vertrieb von Dienstleistungen hinzuweisen, insbesondere auch auf die grenzüberschreitende Nutzung mobiler Dienstleistungen (M-Commerce).

Veränderte technologische Rahmenbedingungen führen dazu, dass z.B. Kooperationsmöglichkeiten sowie die *Standortwahl* für Dienstleistungsbetriebe erleichtert werden. Vernetzte und global verfügbare Kommunikationstechnologien werfen für Dienstleister generell die Frage auf, diese Technologien zu nutzen, um international Wettbewerbsvorteile zu erreichen. *Peter Eberl* und *Björn Franke* zeigen vor diesem Hintergrund in diesem Sammelband die Möglichkeiten einer internetgestützten Internationalisierung auf und betrachten retrospektiv das Vorgehen der Internetauktionsplattform Ebay Deutschland im Rahmen der Internationalisierung. In diesem Zusammenhang arbeiten die Verfasser insbesondere die hohe Bedeutung der Reputation eines Anbieters heraus, um das Vertrauen der Marktteilnehmer in ausländischen Märkten zu gewinnen. Dazu greifen sie auf den ressourcenorientierten Ansatz des strategischen Managements zurück.

Leistungen, die digitalisiert vertrieben werden können (z.B. Informationen, Verträge, Policen und Medien), werden in Zukunft von kostspieligen physischen Vertriebsrestriktionen entbunden, so dass die Internationalisierungsentscheidung eine relevante Strategieoption für sämtliche, d.h. auch kleinere, Dienstleistungsunternehmen darstellt. Neben „klassischen" Dienstleistungsbranchen betreffen die angeführten Entwicklungen auch den Einzelhandel und insbesondere den Versandhandel. Bereits heute erzielen deutsche Universalversender vor allem im Ausland Umsatzsteigerungen und die Erschließung neuer Auslandsmärkte stellt für diese Dienstleistungsbranche somit bereits seit einigen Jahren eine strategische Option dar und wird voraussichtlich zukünftig einen noch höheren Stellenwert einnehmen. Dementsprechend widmen sich *Michael Lingenfelder* und *Peter Loevenich* in ihrem Beitrag verschiedenen Problembereichen, denen sich Versandhandelsunternehmen im Rahmen der Internationalisierung ihrer Geschäftstätigkeit gegenüber sehen. Sie betrachten insbesondere die Ländermarktselektion, die verschiedenen Formen des Markteintritts für Versandhandelsunternehmen, die Timingstrategien des Markteintritts sowie die Bildung an internationale Bedingungen angepasste Sortimente.

Tobias Specker und *Johann Engelhard* betrachten in ihrem zweiten Beitrag in diesem Sammelband die Entwicklung so genannter „Transnational Non-Governmental Organizations (TNGO)", d.h. internationale Nichtregierungsorganisationen, die sie als eine zunehmend bedeutender werdende Dienstleistungsbranche begreifen, die bislang in der internationalen strategischen Managementforschung vernachlässigt worden ist. Das Ziel ihres Beitrages ist es, sowohl die Besonderheiten in Bezug auf den Internationalisierungsprozess dieses Dienstleistungstyps als auch die damit einhergehenden Effekte für grenzüberschreitend agierende Dienstleister im Allgemeinen aufzuzeigen.

Neben den angeführten Forschungsbereichen sind geeignete *Organisationsformen* für Dienstleistungsunternehmen zentrale Forschungsgebiete des internationalen Dienstleistungsmanagements. In diesem Zusammenhang sind verstärkt Entwicklungen von virtuellen Unternehmenszusammenschlüssen und Netzwerken sowie deren Management zu untersuchen (vgl. hierzu auch Bleicher 1997, S.585ff.). *Holger Luczak, Katrin Winkelmann* und *Hendrik Hoeck* betrachten in ihrem Beitrag insbesondere das Angebot zusätzlicher Dienstleistungen von Industriegüterherstellern, da die Internationalisierung industrieller Dienstleistungen Besonderheiten aufweist. Der Nutzen industrieller Dienstleistungen entsteht i.d.R. durch den engen Bezug an ein Produkt – die eigentliche Kernleistung – dessen langfristige Nutzung die begleitende Leistung unterstützt (z.B. Montage, Inbetriebnahme, Wartung, Instandhaltung, Ersatzteilversorgung oder Beratung). Somit zielen industrielle Dienstleistungen auf die „installierte Basis", erfordern ein sehr spezifisches Know-how und werden nahezu immer am Standort des eigentlichen Produktes erbracht. Dementsprechend stellt sich für Anbieter industrieller Dienstleistungen die Frage nach der optimalen Ausgestaltung ihres *Dienstleistungsnetzwerkes*. Die Verfasser stellen vor diesem Hintergrund die Ergebnisse einer Feldstudie zum derzeitigen Stand der Internationalisierung industrieller Dienstleistungsnetzwerke vor und entwickeln daraufhin ein Konzept zur Unterstützung von Internationalisierungsentscheidungen für den Aufbau und die Ausgestaltung internationaler Dienstleistungsnetzwerke. Dieses Thema ist insbesondere für die Beschaffungsstrategien von international tätigen Unternehmen von Relevanz.

Obgleich oftmals von einer tendenziellen Angleichung der Bedürfnisse in verschiedenen Märkten ausgegangen wird, sind dennoch z.T. erhebliche Unterschiede in Bezug auf die Inanspruchnahme von Dienstleistungen festzustellen, die dieser Anpasssungstheorie entgegenstehen (Backhaus et al. 2003, S. 220). Vielmehr erhöhen kulturelle Unterschiede sowie ein *international unterschiedliches Kaufverhalten* auch zukünftig die Notwendigkeit einer länderspezifisch differenzierten Marktbearbeitung.

Vor dem Hintergrund des steigenden Anteils von Dienstleistungen an der gesamten Wertschöpfung fortgeschrittener Volkswirtschaften ist eine Auseinandersetzung mit diesem Themenbereich nach wie vor erforderlich. Das Ziel des vorliegenden Sammelbandes mit seinen 19 wissenschaftlichen Beiträgen ist es, offene Fragen und Herausforderungen des internationalen Dienstleistungsmarketing aufzugreifen und Ansatzpunkte zur Schließung der aufgezeigten Defizite der bisherigen Forschung zum Dienstleistungsmarketing aufzuzeigen. Es ist auch weiterhin davon auszugehen, dass internationale und globale Dienstleistungsthemen zukünftig stark an Bedeutung zunehmen werden (Grove et al. 2003, S. 114).

Literatur

Backhaus, K./Büschken, J./Voeth, M. (2003): Internationales Marketing, 5. Aufl., Stuttgart.

Behofsics, J. (1998): Globalisierungstendenzen intermediärer Dienstleistungen, Wiesbaden.

Berndt, R./Fantapié Altobelli, C./Sander, M. (1999): Internationales Marketing-Management, Berlin u.a.

Bhuian, S. (1997): Exploring Market Orientation in Banks, in: an empirical Examination in Saudi Arabia, in: Journal of Services Marketing, Vol. 11, No. 5, S. 317-328.

Bleicher, K. (1997): Zwischen Vision und Realität: Die virtuelle Unternehmung als Motor der Internationalisierung, in: Krystek, U./Zur, E. (Hrsg.): Internationalisierung. Eine Herausforderung für die Unternehmensführung, Berlin u.a., S. 585-599.

Bruhn, M. (1992): Werbung und Kommunikation für internationale Märkte, in: Kumar, B.N./Haussmann, H. (Hrsg.): Handbuch der Internationalen Unternehmenstätigkeit, München, S. 703-734.

Bruhn, M. (1999): Internes Marketing als Forschungsgebiet der Marketingwissenschaft. Eine Einführung in die theoretischen und praktischen Probleme, in: Bruhn, M. (Hrsg.): Internes Marketing. Integration der Kunden- und Mitarbeiterorientierung. Grundlagen, Implementierung, Praxisbeispiele, Wiesbaden, S. 15-44.

Bruhn, M. (2004): Qualitätsmanagement für Dienstleistungen, 5. Aufl., Berlin u.a.

Clark, T./Rajaratnam, D./Smith, T. (1996): Toward a Theory of International Services: Marketing Intangibles in a World of Nations, in: Journal of International Marketing, Vol. 4, No. 2, S. 9-28.

Corsten, H. (2001): Dienstleistungsmanagement, 4. Aufl., München/Wien.

Cronin, J.J./Brady, M.K./Hult, G.T.M. (2000): Assessing the Effects of Quality, Value and Customer Satisfaction on Consumer Behavioral Intentions in Service Environments, in: Journal of Retailing, Vol. 76, No. 2, S. 193-218.

Czinkota, M.R./Ronkainen, I.A. (2000): International Marketing, 6. Aufl., Fort Worth u.a.

Dahringer, L.D. (1991): Marketing Services Internationally: Barriers and Management Strategies, in: Journal of Services Marketing, Vol. 54, No. 3, S. 5-17.

Dahringer, L.D./Mühlbacher, H. (1999): International Marketing. A Global Perspective, 2. Aufl., Reading u.a.

Decker, C. (2004): Die Doha-Runde: Der Stand der GATS-Verhandlungen und ihre Kritiker, in: Deutsche Gesellschaft für Auswärtige Politik (Hrsg.): http://www.weltpolitik.net/Sachgebiete/Weltwirtschaft (Zugriff am: 24.11.2004).

Dülfer, E. (2001): Internationales Management in unterschiedlichen Kulturbereichen, 6. Aufl., München/Wien.

Erramilli, M.K. (1990): Entry Mode Choice in Service Industries, in: International Marketing Review, Vol. 7, No. 5, S. 50-62.

Erramilli, M.K. (1992): Influence of some External and Internal Environmental Factors on Foreign Market Entry Mode Choice in Service Firms, in: Journal of Business Research, Vol. 25, No. 4, S. 263-276.

Erramilli, M.K./Rao, C.P. (1993): Service Firms' International Entry-Mode Choice: A Modified Transaction-Cost Analysis Approach, in: Journal of Marketing, Vol. 57, No. 3, S. 19-38.

Grönroos, C. (1999): Internationalization Strategies for Services, in: Journal of Services Marketing, Vol.13, No. 4/5, S. 290-297.

Grove, S.J./Fisk, R.P./John, J. (2003): The Future of Services Marketing: Forecasts from Ten Services Experts, in: Journal of Services Marketing, Vol. 17, No. 2, S. 107-121.

Hermanns, A. (1995): Aufgaben des internationalen Marketing-Managements, in: Hermanns, A./Wißmeier, U.K. (Hrsg.): Internationales Marketing-Management. Grundlagen, Strategien, Instrumente, Kontrolle und Organisation, München, S. 24-68.

Hermanns, A./Wißmeier, U.K. (Hrsg.) (1995): Internationales Marketing-Management. Grundlagen, Strategien, Instrumente, Kontrolle und Organisation, München.

Hermanns, A./Wißmeier, U.K. (2001): Internationalisierung von Dienstleistungen, in: Bruhn, M./Meffert, H. (Hrsg.): Handbuch Dienstleistungsmanagement, 2. Aufl., Wiesbaden, S. 525-545.

Heskett, J.L./Jones, T.O./Loveman, G.W./Sasser, W.E./Schlesinger, L.A. (1994): Putting the Service-Profit Chain to Work, in: Harvard Business Review, Vol. 72, No. 2, S. 164-174.

Hibbert, E. (2003): The New Framework for Global Trade in Services – All About GATS, in: The Service Industries Journal, Vol. 23, No. 2, S. 67-78.

Hofstede, G. (1984): Cultural Dimensions in Management and Planning, in: Asia Pacific Journal of Management, Vol. 1, No. 1, S. 81-99.

Höltschi, R. (2004): Heiss umkämpfte EU-Dienstleistungsmärkte, in: Neue Zürcher Zeitung NZZ, Nr. 267 vom 15.11.2004, S. 15.

Hübner, C.C. (1996): Internationalisierung von Dienstleisungsangeboten. Probleme und Lösungsansätze, München.

Javalgi, R.G./White, D.S. (2002): Strategic Challenges for the Marketing of Services Internationally, in: International Marketing Review, Vol. 19, No. 6, S. 563-581.

Javalgi, R.G./Griffith, D.A./White, D.S. (2003): An Empirical Examination of Factors Influencing the Internationalization of Service Firms, in: Journal of Services Marketing, Vol. 17, No. 2, S. 185-201.

Kaspar, H./Helsdingen, P. van/Vries, W. de jr. (2000): Services Marketing Management. An International Perspective, Chichester.

Knight, G. (1999): International Services Marketing: Review of Research, 1980-1998, in: Journal of Services Marketing, Vol. 13, No. 4/5, S. 347-360.

Köhler, L. (1991), Die Internationalisierung produzentenorientierter Dienstleistungsunternehmen, Hamburg.

Kommission (2004): Richtlinienvorschlag des Europäischen Parlaments und des Rates über Dienstleistungen im Binnenmarkt, in: EUR-Lex, http://europa.eu.int/eur-lex/de/com/pdf/ 2004/com2004_0002de02.pdf (Zugriff am: 16.12.2004).

Kostecki, M.M./Nowakowski, M. (1999): Regulatory Barriers to Export of Services: A Managerial Analysis of the Case of Poland, Neuchatel.

Krämer, H. (2000): Erfolgsfaktoren für globale Dienstleistungsunternehmen. Daten, Fakten und Perspektiven, in: Mangold, K. (Hrsg.): Dienstleistungen im Zeitalter globaler Märkte, Frankfurt/Main, S. 205-236.

Kustin, R.A. (2004): Marketing Mix Standardization: A Cross Cultural Study of Four Countries, in: International Business Review, Vol. 13, No. 5, S. 637-649.

Kutschker, M. (1992): Die Wahl der Eigentumsstrategie der Auslandsniederlassung in kleineren und mittleren Unternehmen, in: Kumar, B.N./Hausmann, H. (Hrsg.): Handbuch der internationalen Tätigkeit, München, S. 497–530.

Kutschker, M./Schmid, S. (2002): Internationales Management, München.

Levitt, T. (1983): The Globalization of Markets, in: Harvard Business Review, Vol. 61, No. 3, S. 92-102.

Lewis, B.R. (1991): Service Quality: An International Comparison of Bank Customers' Expectations and Perceptions, in: Journal of Marketing Management, Vol. 7, No. 1, S. 47-62.

Lovelock, C./Yip, G.S. (1996): Developing Global Strategies for Service Businesses, in: California Managament Review, Vol. 38, No. 2, S. 64-86.

Lunsford, D.A./Fussell, B.C. (1993): Marketing Business Services in Central Europe, in: Journal of Services Marketing, Vol. 7, No. 1, S. 13-21.

Malhotra, N.K./Ulgado, F.M./Agarwal, J./Baalbaki, I.B. (1994): International Services Marketing, in: International Marketing Review, Vol. 11, No. 2, S. 5-15.

Meffert, H./Bolz, J. (2001): Internationales Marketing-Management, 4. Aufl., Stuttgart

Meffert, H./Bruhn, M. (2003): Dienstleistungsmarketing. Grundlagen – Konzepte – Methoden. 4. Aufl., Wiesbaden.

Meffert, H./Wolter, F. (2000): Internationalisierungskonzepte im Dienstleistungsbereich – Bestandsaufnahme und Perspektiven, Arbeitspapier Nr. 136 der Wissenschaftlichen Gesellschaft für Marketing und Unternehmensführung, Münster.

Meffert, H./Backhaus, K./Becker, J. (Hrsg.) (2003): Entwicklungsperspektiven im internationalen Management – Was hat die Globalisierung gebracht? Dokumentationspapier Nr. 163 der Wissenschaftlichen Gesellschaft für Marketing und Unternehmensführung, Münster.

Meissner, H.G. (1995): Strategisches internationales Marketing, 2. Aufl., München/ Wien.

Meissner, H.G./Gerber, S. (1980): Die Auslandsinvestition als Entscheidungsproblem, in: Betriebswirtschaftliche Forschung und Praxis, 32. Jg., Nr. 3, S. 223-245.

Mößlang, A.M. (1995): Internationalisierung von Dienstleistungsunternehmen: empirische Relevanz, Systematisierung, Gestaltung, Wiesbaden.

Nicoulaud, B. (1988): Problems and Strategies in the International Marketing of Services, in: European Journal of Marketing, Vol. 23, No. 6, S. 55-66.

Patterson, P.G./Cicic, M. (1995): A Typology of Service Firms in International Markets: an empirical Investigation, in: Journal of International Marketing, Vol. 3, No. 4, S. 57-83.

Perlitz, M. (2004): Internationales Management, 5. Aufl., Stuttgart.

Pitts, R.E./Latour, M.S./Snook-Lother, D.C. (1991): Eroticism in Advertising. A Psycho-physio-Logical Explanation of Diverse Reactions, in: Werbeforschung und Praxis, 36. Jg., Nr. 2, S. 57-64.

Porter, M.E. (1991): Nationale Wettbewerbsvorteile. Erfolgreich konkurrieren auf dem Weltmarkt, München.

Quelch, J.A./Klein, L.R. (1996): The Internet and International Marketing, in: Sloan Management Review, Vol. 37, No. 1, S. 60-75.

Reis, T. (1999): Globales Marketing im Dienstleistungssektor. Determinanten, Ansatzpunkte, Erfolgsträchtigkeit, Wiesbaden.

Roberts, J. (1999): The Internationalisation of Business Service Firms: A Stages Approach, in: The Service Industries Journal, Vol. 19, No. 4, S. 68-88.

Samiee, S. (1999): The Internationalization of Services: Trends, Obstacles and Issues, in: Journal of Services Marketing, Vol. 13, No. 4/5, S. 319-328.

Sampson, G.P./Snape, R.H. (1985): Identifying the Issues in Trade in Services, in: The World Economy, Vol. 8, No. 2, S. 171-181.

Schlossberger, C. (1997): Personalentwicklung in Schlüsselmärkten am Beispiel China, in: Krystek, U./Zur, E. (Hrsg.): Internationalisierung. Eine Herausforderung für die Unternehmensführung, Berlin u.a., S. 177-188.

Stare, M. (2002): The Pattern of Internationalisation of Services in Central European Countries, Vol. 22, No. 1, S. 77-91.

Stauss, B. (1994): Markteintrittsstrategien im internationalen Dienstleistungsmarketing, in: Thexis, 11. Jg., Nr. 3, S. 10-16.

Stauss, B. (1995): Internationales Dienstleistungsmarketing, in: Hermanns, A./ Wißmeier, U.K. (Hrsg.): Internationales Marketingmanagement. Grundlagen, Strategien, Instrumente, Kontrolle und Organisation, München, S. 437-474.

Stauss, B. (1999): Management interkultureller Dienstleistungskontakte, in: Kutschker, M. (Hrsg.): Perspektiven der internationalen Wirtschaft, S. 269-304.

Stauss, B./Mang, P. (1999): „Culture shocks" in Inter-Cultural Service Encounters? in: Journal of Services Marketing, Vol. 13, No. 4/5, S. 329-346.

Stephenson, S.M. (2002): Non-Tariff Barriers and the Telecommunications Sector, Hamburg.

Sultan, F./Simpson, M.C. (2000): International Service Variants: Airline Passenger Expectations and Perceptions of Service Quality, in: Journal of Services Marketing, Vol. 14, No. 3, S. 188-216.

Swiss (Hrsg.) (2004): About Swiss, in: http:www.swiss.com/web/IE55/about-swiss.htm (Zugriff am. 22.11.2004).

Terpstra, V./Yu, C.-M. (1988): Determinants of Foreign Investment of US Advertising Agencies, in: Journal of International Business Studies, Vol. 19, No. 1, S. 33-46.

Vad, T./Henten, A. (2003): The Internationalisation of Services: Trends and Barriers, in: Economic Bulletin, Vol. 40, No. 10, S. 347-350.

Vanderwerwe, S./Chadwick, M. (1989): The Internationalization of Services, in: The Services Industries Journal, Vol. 9, No. 1, S. 79-94.

Westhead, P./Wright, M./Ucbasaran, D./Martin, F. (2001): International Market Selection Strategies of Manufacturing and Service Firms, in: Entrepreneurship & Regional Development, Vol. 13, No. 1, S. 17-46.

Winsted, K.F./Patterson, P.G. (1998): Internationalization of Services: The Service Exporting Decision, in: Journal of Services Marketing, Vol. 12, No. 4, S. 294-311.

Wißmeier, U.K. (1995): Internationales Marketing, Wiesbaden.

World Trade Organization (Hrsg.) (2004): WTO Trade Statistics 2004, in: http://stat.wto.org/CountryProfile/WSDBCountryPFReporter.aspx?Language=E (Zugriff am: 12.11.2004).

Zeithaml, V.A. (2000): Service Quality, Profitability and the Economic Worth of Customers: What We Know and What We Need to Learn, in: Journal of the Academy of Marketing Science, Vol. 28, No. 1, S. 67-85.

Zimmermann, A. (1999): Impacts of Services Trade Barriers: A Study of the Insurance Industry, in: Journal of Business & Industrial Marketing, Vol. 14, No. 3, S. 211-228.

Bernhard Swoboda und Thomas Foscht

Internationalisierungsprozesse von Dienstleistungsunternehmen – Erklärungsperspektiven traditioneller und neuerer Prozessansätze bzw. -modelle

Prof. Dr. *Bernhard Swoboda* ist Inhaber des Lehrstuhls für Handel und Marketing an der Universität Trier. Prof. Dr. *Thomas Foscht* ist Vorsteher des Instituts für Handel, Absatz und Marketing an der Universität Graz.

1. Einführung und Zielsetzung

In diesem Beitrag wird mit den *zeitlich-dynamischen Prozessen* ein Teilproblem der Internationalisierung von Unternehmen im Allgemeinen und von Dienstleistungsunternehmungen im Besonderen aufgegriffen. Es handelt sich um die Frage nach der Unternehmensentwicklung in internationalen Märkten, d.h. um eine interessante Perspektive, etwa im Hinblick auf eine zukünftige Prognose, eine frühe Antizipation der zukünftigen internationalen Situation usw. Es wird dabei die Sicht eines dynamischen Prozessmanagements eingenommen, die die engeren Perspektiven einer länderspezifischen und -übergreifenden Timing-Strategie-Entscheidung umfasst, zugleich aber unter anderem in der Betrachtung des internationalen Wandels von Strukturen, strategischen Prozessen und der Kultur darüber hinausgeht (Zentes/Swoboda/Morschett 2004, S. 965f.). Da zugleich die *Prozesse der Internationalisierung* und *Re-Nationalisierung* unter Bedingungen auftreten, die spezifischer sind als jene für die grundsätzliche Existenz von Unternehmungen, ist deren Entwicklung im Ausland als Teilbereich im Rahmen der Evolution von Unternehmen anzusehen.

Doch schon die Frage nach der Genese internationaler Unternehmen hat kontrastierende Beantwortungsversuche erfahren. Bereits Macharzina/Engelhard (1984, S. 4) führen als Beispiel die wohl am häufigsten vertretene Annahme an, wonach die Entstehung internationaler Unternehmen dem 19. Jahrhundert zugeschrieben und auf die Liberalisierung der Wirtschaftsordnung und die Freizügigkeit des Kapitalverkehrs zurückgeführt wird. Ferner zitieren sie Albach (1981), der diesen Standpunkt als ein historisches Missverständnis ansieht, indem er auf die bedeutsamen Handelsgesellschaften im Altertum, die Gesellschaften der Publicani und Argentarii sowie die Unternehmen des Prinzipats in Rom verweist. Nach moderner Begriffsfassung wäre in diesem Kontext von Außen- bzw. Großhandels- und damit Dienstleistungsunternehmen zu sprechen.

Heute werden Entwicklungen von Unternehmen auf Auslandsmärkten – jenseits von Außenhandels- oder Investitionsstatistiken – durch einige Erklärungsansätze erfasst. An diesen kontrastierenden Beantwortungsansätzen und den limitierten Bemühungen zu deren Evaluation – sowie einem Fehlen entsprechender Versuche im Dienstleistungsbereich – setzt der vorliegende Beitrag an. Das *Ziel* liegt darin, zentrale Erklärungsansätze bzw. -modelle, die traditionell international tätige Produktionsunternehmen im Fokus haben, der Erklärung der Internationalisierungsprozesse von Dienstleistungsunternehmen zugänglich zu machen. Die Vorgehensweise ist entsprechend gewählt. Den Ansatzpunkt bildet eine Kategorisierung von vier grundlegenden Perspektiven. Ferner werden konstitutive Bedingungen der Internationalisierung von Dienstleistungsunternehmen und geeignete Kriterien vorgeschlagen, um auf dieser Basis die grundlegenden Perspektiven hinsichtlich ihres Erklärungsbeitrags für die Internationalisierungsprozesse von Dienstleistungsunternehmen beurteilen zu können. Trotz der eher konzeptionellen Vorgehensweise wird im Ergebnis der Versuch einer Empfehlung für die Anwendung der Ansätze für Dienstleistungsunternehmen gewagt.

2. Vier grundlegende Perspektiven der Internationalisierungsprozessforschung

2.1 Überblick und Systematisierung

Die ersten Ansätze, die sich der Dynamik der Internationalisierung von Unternehmen widmen, liegen im volkswirtschaftlichen Bereich. Hervorzuheben sind

- die Theorien des internationalen Handels, z.b. die Theorie der technologischen Lücke oder die Lernkurventheorie (Posner 1961), die Produktlebenszyklustheorie (Vernon 1966),

- die Theorien der Direktinvestitionen, z.b. oligopolistisches Parallelverhalten (Caves 1971),

- die Ansätze der Wettbewerbstheorie und der Industrieökonomik (vgl. Aberle 1992, S. 38ff.),

die in einem unterschiedlichen Maße in ebenso unterschiedlich zu bewertende betriebswirtschaftliche Konzepte einfließen, z.b. in das EPRG-Konzept (Perlmutter 1993), die Globaliserungskonzepte (Ohmae 1985; Porter 1989, 1991) usw.

Es sind aber vor allem behavioristische *Theorien der Managementforschung*, die nicht zuletzt seit den Arbeiten von Aharoni (1966) die Basis der ersten Diskussion bilden und die weithin dominierenden betriebswirtschaftlichen Ansätze zu diesem Thema darstellen. Aharonis Beschreibung von Auslandsinvolvementprozessen US-amerikanischer Unternehmen war eine der ersten Studien, die die klassische ökonomische Rationalitätsannahme durch eine behavioristische Perspektive ablöste und Letztere in die Forschung zu Auslandsinvestitionen einbrachte. Die Studie mit dem wohl größten Einfluss war die von Johanson/Vahlne (1977), die unter anderem auf den Arbeiten von Aharoni (1966) und Cyert/March (1963) ansetzend ihr Prozessmodell entwickelten. Seit diesen Anfängen hat die Prozessforschung die Aufmerksamkeit einer Fülle von Forschern auf sich gezogen. Aus der beachtlichen Anzahl von Studien können *vier grundlegende Perspektiven* destilliert werden (Ansätze wie das „Eclectic or OLI Pradigm" von Dunning (1994), die „Transnational Solution" von Bartlett/Ghoshal (1991), der „Resource Based View" usw. werden nicht berücksichtigt, da die Erklärung von Internationalisierungsprozessen nicht in ihrem Fokus steht):

(1) Die „Experiential Learning Perspective", repräsentiert unter anderem durch das Uppsala-Modell und die so genannten „Innovation Related Models".

(2) Die „Systematic Planning Perspective", die im Kern auf der klassischen ökonomischen Rationalitätsannahme basiert.

(3) Die „Evolutionary Perspective", die im Internationalen Management vor allem von der Forschungsgruppe um Kutschker in jüngerer Vergangenheit (weiter-) entwickelt wurde.

(4) Die „Contingency Perspective", die vor allem kontextuelle Faktoren der internationalen Entwicklung in einer „ganzheitlichen" Perspektive berücksichtigt.

Insbesondere im anglo-amerikanischen Sprachraum wird fast ausschließlich auf die ersten beiden, traditionellen Perspektiven rekurriert. Demgegenüber erfolgt nachfolgend eine stärkere Gewichtung der neueren, bisher weniger beachteten Ansätze – nicht zuletzt aufgrund ihrer Potenziale.

2.2 Experiential Learning Perspective

Frühe Forschungsergebnisse, die die Beobachtung von Unternehmen aus nordeuropäischen Ländern zum Gegenstand haben, führten zur Entwicklung von Modellen, die mit Li et al. (2004, S. 98f.) als *„Incremental Internationalization Models"* (z.B. Uppsala-Model) zu bezeichnen sind und die unter anderem auf der *„Behavioral Theory of the Firm"* (Cyert/March 1963) und der *„Theory of Firm Growth"* (Penrose 1959) basieren. Postuliert wird eine schrittweise internationale Entwicklung von Unternehmen, bei der das Wissen über die ausländischen Märkte die Commitment-Entscheidungen bestimmt.

Im *Uppsala-Modell* wird das Zusammenwirken von vier Konstrukten modelliert: Der Aufbau von Wissen, die zunehmende Marktbindung und die (Bindungs-) Entscheidungen bedingen sich gegenseitig und führen, bei Berücksichtigung der laufenden Geschäftstätigkeit, zu einer zunehmenden Internationalisierung von Unternehmen (Johanson/Vahlne 1977, 1990; Vahlne/Nordström 1993). Voraussetzung und zugleich einschränkende Annahme ist die Sicht von Unternehmen als „lose gekoppelte Systeme" (Orton/Weick 1990), so dass der Internationalisierungsprozess eigendynamisch verläuft, d.h., sich einmal angestoßen selbstverstärkend fortsetzt. Auf dieser Basis werden zwei Arten bzw. Muster der inkrementalen Internationalisierung unterschieden, die als Beispiele verstanden werden und auf Erkenntnissen von Johanson/Wiedersheim-Paul (1975) fußen. Erstens erfolgt die Internationalisierung entlang der so genannten *„Establishment Chain"* und zwar von „keine regulären Exportaktivitäten", über „Export über einen unabhängigen Vertreter", „Aufbau von Verkaufsniederlassungen" bis zu „Produktion im Ausland". Zweitens erfolgt die Internationalisierung bezüglich der *Reihenfolge der bearbeiteten Ländermärkte* ebenfalls schrittweise, wobei auf das erstmals von Hörnell/Vahlne (im Jahre 1973) getestete, auf konzentrischen Kreisen um den Heimatmarkt basierende Konzept der psychischen Distanz rekurriert wird.

Das Uppsala-Modell bildete – auch aufgrund seiner „intuitiven Logik" – die Grundlage vielfacher Forschungsbemühungen entlang der „Experiential Learning Perspective". Dazu zählen im weiteren Sinne auch die *„Innovation Related Models"* (der so genannten

Wisconsin-Schule um Bilkey/Tesar 1977; Cavusgil 1980, 1984 sowie auch Czinkota 1982; Reid 1982, 1984) oder die *„Adaptive Choice Models"* (beispielsweise Lam/White 1999). Die erstgenannten begreifen die Internationalisierungsprozesse als Innovation für Unternehmen. Sie beschreiben den Prozess ähnlich wie die Sequenzen der Neutechnologieadaption, wobei aber die Betrachtungen in der Regel auf exportierende Unternehmen begrenzt und dabei einzelne (Export-) Stufen – empirisch oftmals anhand der relativen Exportumsätze erfasst – analysiert werden. Die „Adaptive Choice Models" betrachten den Internationalisierungsprozess als unternehmerische Versuche, verschiedene Probleme zu lösen, so „Strategic Dilemmas" (z.B. Standardisierung vs. Adaption), „Structural Dilemmas" (z.B. starke vs. schwache Steuerung durch die Muttergesellschaft) usw.

Autoren von Studien in vielen Ländern bezeichnen ihre Ergebnisse mit den Annahmen des Uppsala-Modells als grundsätzlich vereinbar (im Überblick Bäurle 1996, S. 71f.). Dies bezieht sich in der Regel auf die „Establishment Chain" und/oder die Ländersequenzen. Der Modellkern, d.h. das Zusammenwirken der erklärenden vier Konstrukte, ist ungetestet. Folgerichtig gehen weniger Arbeiten kritisch auf das Modell ein (Dichtl et al. 1990; Sullivan/Bauerschmidt 1990; Müller 1991; Andersen 1993; Calof/Beamish 1995; Schmid 2002). Die Forscher aus Uppsala sehen den Erklärungshorizont des Modells unter anderem für kleinere Unternehmungen, für erste Schritte im Ausland, für wenig dynamische Branchen und/oder für kleine Volkswirtschaften gegeben (z.B. Johanson/Vahlne 1992). Die Weiterentwicklungen des Modells (z.B. Bildung von Netzwerkstrukturen, Differenzierungen der Internationalisierungssituationen usw.) werden im Rahmen der folgenden Betrachtungen jedoch nicht thematisiert (im Überblick Swoboda 2002a, S. 89ff.).

2.3   Systematic Planning Perspective

Vor allem in vielen Lehrbüchern wird der Annahme einer systematischen Planung von Internationalisierungsschritten und (implizit) der Internationalisierungsprozesse gefolgt. Einzelne Forscher (z.B. Root 1987; Miller 1993; Johanson/Yip 1994; Yip et al. 2000) behaupten, dass die systematische internationale Planung, basierend auf Marktforschung und Scanning, den Erfolg der Unternehmen maßgeblich determiniert. Miller (1993) schlägt einen zehnstufigen Internationalisierungsprozess vor, in dem eine Evaluation und Selektion von verschiedenen Plänen erfolgt. Root (1987, 1994) konstruiert ein Internationalisierungsprozessmodell, das aus den Marktchancen, Markteintrittsobjekten, der Wahl der Märkte und Eintrittsstrategien, Formulierung der Marketingpläne und deren Evaluation und stützt es mit einer Reihe von Fallstudien und Evidenzüberlegungen, wobei klar ist, dass vor allem mittelständische Unternehmen dieses stringente Vorgehen kaum wählen. Das wohl bekannteste, KMU-spezifische *„Way Station Model"* von Yip et al. (2000) betrachtet dennoch sechs Entscheidungsstufen:

(1) Motivation,

(2) Strategische Planung,

(3) Marktforschung,

(4) Marktauswahl,

(5) Markteintrittsform,

(6) Problemplanung und „Post Entry Commitment".

Derartige Modelle erscheinen rational und logisch. So stehen in ihrem Zentrum die An-nahmen rationalen Denkens und der Verfügbarkeit, Sammlung und effizienten Verar-beitung von Marktinformationen. Vor dem Hintergrund der heute zunehmend zu beob-achtenden Tendenz zur schnellen und frühen Internationalisierung von Unternehmen, vor dem Hintergrund sich bietender Marktchancen und turbulenter Umfeldentwicklun-gen (OECD 1997), ist die Bedeutung der langfristigen Planung zunehmend in Frage zu stellen (Li et al. 2004). Des Weiteren ist vor dem Hintergrund der behavioristischen Perspektive der Entscheider zu konstatieren, dass die Entscheidungen vielfach simultan und nicht sequenziell zu treffen sind, sowie stark von den Attitüden des Managements beeinflusst werden. Schliesslich wird in diesen Modellen selten die dynamische Ent-wicklung der Unternehmen betrachtet. Eine Ausnahme bildet das an dieser Stelle zu er-wähnende „*Helsinki Model*" (Luostarinen 1989). Loustarinen rekurriert – wie die „Expe-riential Learning Models" – unter anderem auf system-, wachstums- und entscheidungs-theoretische Begründungen, führt aber einen Planungsprozess sowie ein um das Kons-trukt der (Entscheidungs-) Rigidität erweitertes Entscheidungsmodell ins Zentrum der Begründung ein. Je höher die subjektive „Laterally Rigidity of the Decision Process", desto unwahrscheinlicher ist es, dass beispielsweise eine internationale Entscheidung, trotz positiver Planungsgrundlage, gar nicht gefällt wird.

2.4 Evolutionary Perspective

Die Erklärung der Unternehmensentwicklung auf Basis *evolutionstheoretischer Ansätze* erscheint nahe liegend und könnte mit Schlagworten wie „Punctuated Equilibrium", „Competitive Survival" oder „Variation, Selection and Retention" verbunden werden (z.B. Van de Ven/Poole 1995).

Im internationalen Prozessbereich wurde diese Perspektive erst im jüngeren Three-Es-Ansatz (Evolution, Episoden und Epochen) aufgegriffen. Diesen stellt Kutschker (1994) auf Basis eigener Arbeiten, aber auch auf der Basis der Arbeiten von Kirsch vor, wobei eine wesentliche Annahme darin liegt, dass es unzweckmäßig ist, eine einzige (z.B. in-krementale) Sichtweise des Internationalisierungsprozesses zu verfolgen. Kirsch (1992, S. 545) postuliert zudem, dass Organisationen zu komplex sind, um vom Management

beherrscht werden zu können und dessen Zielvorstellungen entsprechend gestaltet werden müssen: Führung darf nicht davon ausgehen, dass die Evolution (der zu führenden
sozialen Gebilde) beherrschbar ist. Folgerichtig wird die Führung der Internationalisierungsprozesse als Problem der Integration bestehender Aktivitäten betrachtet. Der Internationalisierungsprozess ist – wie in Abbildung 1 wiedergegeben – zu charakterisieren.

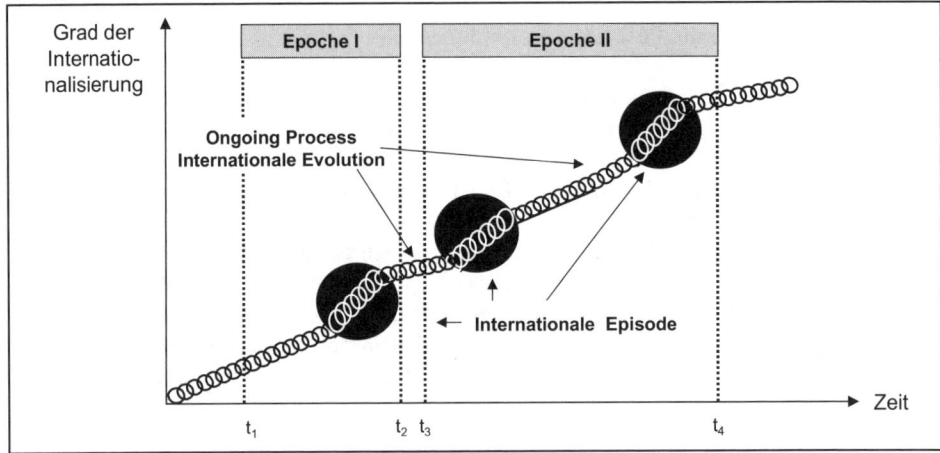

Abbildung 1: Beziehungen zwischen den „Three-Es" in der internationalen Entwicklung
              (Quelle: In Anlehnung an Bäurle 1996, S. 36)

■ *Evolution* steht für den „Ongoing Process". Dahinter steht ein Blick in die Realität,
  der zeigt, dass Unternehmungen auch durch kleine Internationalisierungsschritte variieren: Hier ändert sich die Aufbaustruktur einer Tochtergesellschaft durch die Einstellung eines Marktforschers, dort werden Informationen nicht mehr über physische
  Datenträger, sondern online ausgetauscht usw. Vor allem sei es die begrenzte Kontrollierbarkeit der Prozesse, die dazu führt, dass Strategien auch nicht-intendierte,
  emergente Effekte zeigen. „Demzufolge zieht die „revolutionäre" Internationalisierung viele inkrementale Veränderungen der Oberflächen- und Tiefenstruktur nach
  sich" (Kutschker 1996, S. 132). Viele der Schritte erfolgen im Wege der Selbstorganisation.

■ Der *Episode*nbegriff resultiert aus einem Ansatz des Beziehungsmarketing. Kutschker (1994, 1996) kennzeichnet Episoden als längere Zeitabschnitte mit erhöhtem Ak-
  tivitätsniveau in der internationalen Unternehmensentwicklung. Beispiele hierfür
  sind Eintritte in Ländermärkte, Gründungen von Landesgesellschaften, Übernahmen
  von Wettbewerbern oder Rekonfigurationen von Strukturen, Prozessen oder der
  (Unternehmens-) Kultur.

■ *Epochen* bilden längere Transitionen von Unternehmungen, die ihren Kern verändern. Sie sind Phasen starker Internationalisierung oder einer strategischen Neuorientierung, die im Gegensatz zu Episoden durch einen größeren Zeitverbrauch gekennzeichnet sind. Sie bestehen aus Teilprozessen, deren Umsetzung zumindest durch den Versuch einer Führung „von oben" charakterisiert ist. Dies ist selten mit klar umrissenen Zielen verbunden; vielmehr sind vage Maximen, Visionen oder Missionen typisch, wie z.B.: „Wir müssen internationaler werden".

Auf Basis dieser Systematik modelliert Kutschker (1996, S. 27), wie in Abbildung 2 dargestellt, die Effekte der Evolution, der Episoden oder der Epochen auf die Strukturen und Prozesse, i.e.S. auf die Reichweite des organisatorischen Wandels und auf unterschiedliche Intensität/Tiefe des organisatorischen Wandels der Geschäftsprozesse bzw. -strukturen. Die Abbildung macht deutlich, dass die Reichweite und Intensität des Wandels, ausgehend von Evolution über Episoden zu Epochen, zunehmen. Die Achsen sind als Guttman-Skalen konzipiert, d.h., das weiter Entfernte schließt das dem Ursprung näher Liegende mit ein. Schließlich zeichnet sich der Bezugsrahmen durch eine subjektivistische Komponente aus, die besonders die Bedeutung von Interpretations- und Wahrnehmungsprozessen der Organisationsmitglieder hervorhebt. Auch die Bestimmung von Evolution, Episoden und Epochen hat aus subjektiver Unternehmenssicht zu erfolgen, d.h., für das eine Unternehmen ist der Eintritt in einen neuen Markt ein „Ongoing Process", für ein anderes – z.B. geringer internationalisiertes – eine Episode.

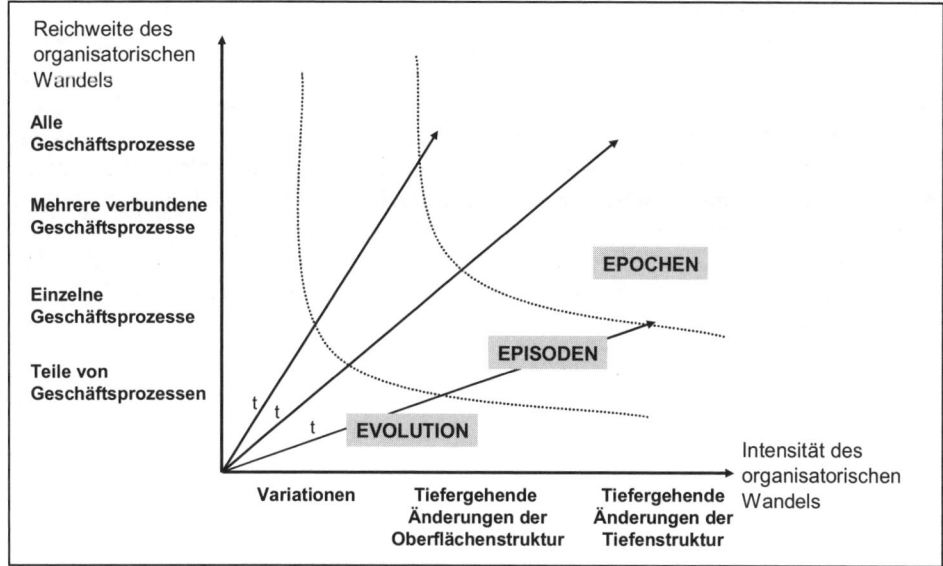

Abbildung 2: Effekte im „Three-Es-Modell"
          (Quelle: Kutschker 1996, S. 27)

Kutschker et al. (1997, S. 113ff.) diskutieren ausführlich, wie die internationale Evolution, Episoden oder Epochen im Hinblick auf die Strukturen und Geschäftsprozesse zu führen sind. Die empirische Überprüfung des Modells steht noch aus.

2.5   Contingency Perspective

Den Einfluss von Kontextfaktoren auf den Internationalisierungsprozess betonen kontingenztheoretische Ansätze. Bereits Turnbull (1987) zeigte aus seiner Kritik am Uppsala-Modell auf, dass die Internationalisierung wesentlich von der Umwelt- und Branchenentwicklung sowie der Unternehmensstrategie abhängt. Boter/Holmquist (1996) streichen die Bedeutung der Branchen ebenso heraus wie Arbeiten jüngeren Datums, die sich mit so genannten „Born Globals" beschäftigen, d.h. Unternehmen, die mit oder kurz nach ihrer Gründung international tätig sind bzw. sein müssen, weil sie etwa Potenziale in internationalen Netzwerken nutzen, in einer globalen Nische tätig sind usw. (siehe im Überblick Chetty/Campell-Hunt 2004; Zentes/Swoboda/Morschett 2004, S. 1012ff.).

Beispielsweise geht der Gestalt-Approach-of-Internationalisation-Ansatz (GAINS-Ansatz) von der holistischen Perspektive von kontingenz- bzw. konsistenztheoretischen und entscheidungsorientierten Modellen sowie von der Annahme aus, dass sich die internationale Entwicklung von Unternehmen auch in einem „Quantum View" (i.S.v. Miller/Friesen 1984) vollzieht. Die Grundlagen zu diesem Ansatz wurden von Macharzina (1982) in Anschluss an die Analyse von 38 Theorien, Ansätzen und Modellen gelegt. Vereinfacht ausgedrückt lautet die Annahme des *GAINS-Ansatzes*: In Abhängigkeit von der Umweltsituation nehmen Unternehmen *charakteristische Gestalten* im Sinne von Umwelt-Struktur-Strategie-Prozesskonstellationen ein. In einzelnen Situationen (i.S.v. Pfaden) der Internationalisierung weisen Unternehmen idealtypische Konstellationen auf (Abbildung 3). Diese sind z.B. bei ersten Exporten anders als etwa bei multinationalen Unternehmen (MNU). Empirisch betrachten Macharzina/Engelhard (1991) drei Stufen der Exporttätigkeit (aktueller Tesar/Moini 1998): Beispielsweise erfordert das Management der „Active Exporter" im Gegensatz zu dem der „Non Exporter" höhere Wachstumsbestrebungen, eine höhere Ausbildung und ein höheres Vertrauen in die Wettbewerbsvorteile.

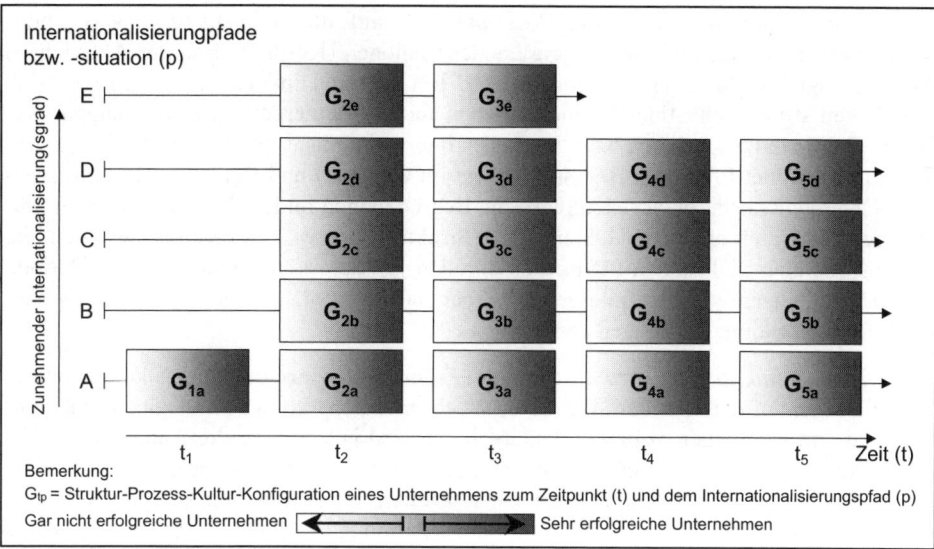

Abbildung 3: Entwicklungssituationen bzw. -pfade als Struktur-Prozess-Kultur-
Konfiguration
(Quelle: In Anlehnung an Swoboda 2002a, S. 290)

Swoboda (2002a, b) strebt einen Beitrag zur Integration an. Im *integrativen Ansatz* geht er davon aus, dass die internationale Entwicklung sich als Kompromiss aus einer Vielzahl unterschiedlicher Muster individueller und kollektiver wie bewusster und unbewusster Einzelentscheidungen herausbildet. Die dynamische Internationalisierung entfaltet sich dabei zwischen kontextualer Fremd- und institutioneller Selbstbestimmung („External Control" vs. „Strategic Choice"), absichtsvoll-initiierten und ungeplantspontanen Strategien („Pure Deliberate" vs. „Pure Emergent"), revolutionärem, diskontinuierlichem und inkrementalem, kontinuierlichem Vorgehen („Decision" und „Development") sowie individuell wie kollektiv begründbaren („subjektiven") Abweichungen idealer Rationalitätsanwendung (v.d. Oelsnitz 1999, S. 131; Swoboda 2002a, S. 241 f.). Die Varietät der Einzelentscheidungen wird dabei in einem *Ebenenmodell* durch drei Dimensionen kanalisiert:

(1) Auf der *Primärebene* durch situative Entscheidung bzw. „Positionen" der Unternehmen,
(2) auf der *Sekundär- bzw. Basisebene* durch den Wandel von Strukturen, Prozessen und Kultur,
(3) auf der *deterministischen Umfeldebene* durch unternehmensexterne und -interne Faktoren,

die sich in einer dynamischen Betrachtung ex definitione im Fluss befinden, d.h. ständigen, auch unregelmäßigen Veränderungen unterliegen.

Die *Primärebene der Internationalisierung* fußt auf den Dimensionen Wertschöpfungstransfer ins Ausland, bearbeitete Länder/Regionen (Konfiguration der Aktivitäten) und Betätigungs- bzw. Transaktionsformen. Bei diesen Dimensionen handelt es sich primär um strategische Entscheidungen, aber auch um emergente Entwicklungen. Auf dieser Basis sind Situationen bzw. Pfade der Internationalisierung bestimmbar (vgl. Abbildung 3), wobei Pfad A (z.B. erste Schritte im Ausland) und Pfad E (z.B. multinationale Unternehmenstätigkeit) exemplarische Begrenzungen bilden. In den jeweiligen Pfaden nehmen Unternehmen charakteristische Struktur-, Prozess- und Kultur-Gestalten ein. Sie müssen aber nicht jeden Pfad durchschreiten, sondern können sich in einer Periode unterschiedlich entwickeln (inkremental, aber auch episodisch oder epochal). Es sind auch Re-Internationalisierungen denkbar.

Die *Organisationsstruktur, Prozesse* und die *Kultur* bilden zusammen eine korrespondierende Ebene, auf der sich der Wandel in Wechselwirkung zu den Strategieentscheidungen und -entwicklungen vollzieht. Unternehmen sind bestrebt, so die Annahme, in Abhängigkeit von ihrer Internationalisierungssituation (Pfadzugehörigkeit) effiziente Strategie-, Struktur- und Kultur-Muster herzustellen, um erfolgreich zu agieren. Ferner müssten dynamische Entwicklungen in einer bestimmten Periode – z.B. die erstmalige Aufnahme der Auslandsproduktion – zu entsprechenden Veränderungen – und zwar zu intensiveren – führen als bei der erstmaligen Aufnahme der Exporttätigkeit. Auf der Sekundär- bzw. Basisebene des Wandels manifestieren sich zugleich auch die evolutorischen Entwicklungen, d.h. die täglichen Managementprozesse, aus denen heraus Impulse für Strategieentscheidungen auf der primären Ebene des Wandels erwachsen können. Insofern stehen beide Ebenen in einer Wechselwirkung zueinander.

Die *unternehmensinternen und -externen Determinanten* komplettieren das Modell. Sie weisen zumindest zwei Besonderheiten auf. Erstens können von ihnen Anforderungen, Änderungsschübe usw. erwachsen, wenn z.B. in oligopolistischen Märkten Konkurrenten das Unternehmen „zwingen", sich in einem Markt zu engagieren. Zweitens vollziehen Unternehmen ihre Entscheidungen und ihren Wandel stets innerhalb dieser sich wandelnden internen und externen Umwelt. Beispiele für Determinanten auf der unternehmensexternen Ebene sind die Branchen (-entwicklungen), die Wettbewerbsintensität usw. Auf der unternehmensinternen Ebene können unter anderem Unternehmensgröße, Produkt-Markt-Aktivitäten, Unternehmensressourcen usw. hervorgehoben werden.

Erste empirische Befunde erscheinen aufschlussreich. Erstens lassen sich Unternehmensgruppen identifizieren, die mit einzelnen Pfaden korrespondieren. Im Vergleich der Pfade liegen signifikante Unterschiede vor, in der Gestaltung der Strukturen (Primär- und Sekundärorganisation), der Prozesse (Zielsystem, Wettbewerbs-/Marktbearbeitungsstrategien, Informations-/Planungssysteme) und der Kultur (Management-/Führungskultur). Zweitens agieren in jedem Internationalisierungspfad erfolgreiche und weniger erfolgreiche Unternehmen, deren Struktur-Prozess-Kultur-Konstellation unterschiedlich ist. Drittens zeigt die Betrachtung über zehn Jahre, dass Unternehmen sich sowohl inkremental bzw. evolutorisch als auch revolutionär bzw. episodisch/epochal entwickeln. Bei gleicher Unternehmensentwicklung ist der Wandel in den Prozessen am stärksten ausgeprägt, gefolgt von den Strukturen. Demgegenüber vollzieht sich der Wandel der Kultur relativ langsam.

3. Diskussion der Erklärungsperspektiven im Hinblick auf Dienstleistungsunternehmen

3.1 Zwischenfazit und Evaluationskriterien

Wie hervorgehoben, liegen keine Arbeiten vor, die explizit die Internationalisierungsprozesse von Dienstleistungsunternehmen in einem mehrere Perspektiven berücksichtigenden Sinne zum Gegenstand haben. Da der vorliegende Beitrag den Zugang zu den grundlegenden Perspektiven öffnen soll, fasst Abbildung 4 die Kernaussagen der vier Perspektiven als Grundlage einer Evaluation zusammen.

Bezüglich der *Begriffsfassung von Dienstleistungsunternehmen* und ihren konstitutiven Merkmalen orientieren wir uns an Meffert/Bruhn (2003, S. 10; auch Mößlang 1995, S. 7ff.), wobei zur Eingrenzung von Dienstleistungsbranchen – pauschal – die zwölfteilige „*Services Sectoral Classification List*" der United Nations, der European Commission oder der World Trade Organization zugrunde gelegt wird. Die „Services Sectors" der WTO sind dabei im Einzelnen (United Nations 2002, S. 24): Business Services, Communication Services, Construction and Related Engineering Services, Distribution Services, Educational Services, Environmental Services, Financial Services, Health Related and Social Services, Tourism and Travel Services, Recreational, Cultural and Sports Services, Transportation Services, Other Services not Included Elsewhere.

Zur Evaluation der theoretischen Perspektiven im Hinblick auf die Internationalisierungsprozesse von Dienstleistungsunternehmen liegt ein Rückgriff auf einzelne Branchenuntersuchungen nahe, vorliegend beispielsweise aus der Perspektive mittelständischer Unternehmen in Hochtechnologiemärkten, bei Softwarefirmen, bei Hotelunternehmen, im Großhandel usw. Ebenso bieten die vergleichenden Studien von produzierenden Unternehmen und Servicefirmen einen denkbaren Ansatzpunkt (Vandermerwe/ Chadwick 1989; Thomson et al. 1998) sowie Versuche der dienstleistungsbranchenübergreifenden Stufenbetrachtung (Edvardson et al. 1993; Roberts 1999). Im Rahmen dieses Beitrages werden aus der Fülle denkbarer Beurteilungsdimensionen der Perspektiven (Swoboda 2002a, S. 154 ff.) vier Ansatzpunkte bzw. entsprechende Kriterien hervorgehoben:

(1) Charakteristika von Dienstleistungsunternehmen im Hinblick auf ihre Internationalisierung,

	Experiental Learning Perspective		Systematic Planning Perspective	Evolutionary Perspective	Contingency Perspective
	Uppsala Model	Innovation-Related Model			
Theoretische Basis	▪ Behavioristische Theorie: Begrenzte Rationalität ▪ Diffusions-, Wachstums- und Entscheidungstheorien ▪ Internationalisierung ist eingebettet in einen Prozess des organisationalen Lernens und der Adaption.		▪ Klassische ökonomische Theorie (vollständiger Rationalität) ▪ Annahme vorhandener Information und der Fähigkeiten, diese rational zu bewerten	▪ Evolutorisches Management ▪ Interaktionsansatz ▪ Oligopolistische/ressourcenbasierte Überlegungen	▪ Kontingenztheorien ▪ Behavioristische Entscheidungsmodelle ▪ Rationalität und Managementverhalten
Entwicklungszeit	Anfang und Mitte 70er	Ende 70er und Anfang 80er	Ende 80er und Anfang 90er	Mitte und Ende 90er	Anfang und Ende 90er
Internationalisierungsprozess: **- Erklärende Ebene**	▪ Zusammenspiel von vier sich selbstverstärkenden Komponenten: Wissen, zunehm. Marktbindung, Commitmententscheidung, laufende Geschäftstätigkeit	▪ Sequenzen von Stufen der Adaption ▪ Internationalisierungsentscheidung als Innovation für das Unternehmen	▪ Internationalisierungsprozess ist ein systematischer „Step-by-Step"-Planungsprozess ▪ Internationalisierungsprozess als Abfolge von Einzelentscheidungen	▪ Evolution, Episoden, Epochen ▪ Management der „Ongoing Processes"	▪ Strategische Managemententscheidungen ▪ (Eher) Diskontinuitäten, revolutionärer, deterministischer Wandel
- Verlaufsform/ Prozessverständnis	▪ Spiralförmig, linear inkremental	▪ Stufenförmig ▪ (Eher) revolutionär	▪ Stufenförmig bzw. -weise ▪ Als Einzelschritte geplant	▪ Spiralförmig/stufenförmig ▪ Inkremental/evolutionär	▪ Eher stufenförmig ▪ Konfigurational
- Resultierende Ebene	▪ Sequenzielle Wahl von Ländern (konzentrisch um Heimatmarkt), Betätigungsformen (Export → Produktion)	▪ I.d.R. Exportstufen ▪ Adaption von Umfeld- und Unternehmenssituationen	▪ Marktauswahl, Eintrittsstrategiewahl, Implementierung usw. ▪ Als sequenzielle Einzelschritte	▪ Variationen/Änderungen der Tiefen-/Oberflächenstruktur, der Geschäftsprozesse der Organisation	▪ Ganzheitliche Sichtweise ▪ Typische Konfigurationen (Struktur, Prozesse, Kultur)
Charakteristische Studien	Johanson/Wiedersheim-Paul (1975); Johanson/Vahlne (1977, 1990); viele (i.d.R.) nur zu den Sequenzen	Bilkey/Tesar (1977); Czinotka (1982); Cavusgil (1980, 1984, 1994), Reid (1984)	Root (1987, 1994); Miller (1993); Johanson/Yip (1994); Yip et al. (2000)	Kutschker (1994, 1996); Kutschker/Bäurle/Schmid (1997)	Macharzina/Engelhard (1991); Coviello/ Munro (1997); Welch/Welch (1999); Swoboda (2002a)
Generalisierbarkeit (empirische/intendierte Reichweite)	▪ Erste international.Schritte ▪ Nicht-dynamische Branchen ▪ Kleine Volkswirtschaften ▪ Gering internationalisierte, kleine Unternehmen	▪ Verschiedene Unternehmensgrößen, meist exportierende KMU	▪ Verschiedene Unternehmensgrößen ▪ Weniger geeignet für KMU und turbulente Umfeldsituationen	▪ Siehe oben ▪ Oligopolistische Märkte ▪ MNU ▪ Empirisch ungetestet	▪ Wandel (einschneidender) Struktur-Prozess/ Strategie-Kultur-Bündel ▪ Studie für Entwicklung von Export bis zu MNU
Managementimplikationen	▪ Unterschiedliche Adaption für exportgetriebene Firmen	▪ Systematische, strategische Planung für stark intern. Firmen	▪ Steuerung der Internationalität auf allen Ebenen	▪ Steuerung der Internationalität auf allen Ebenen	▪ Erfolgsrelevanz der Dynamik der Umfeldfaktoren

Abbildung 4: Gegenüberstellung der Perspektiven von Prozessansätzen bzw. -modellen der Internationalisierung

(2) situative Kriterien, wie z.B. die Internationalisierung von Dienstleistungsunternehmen und -branchen,

(3) Reichweite der im jeweiligen Ansatz angestrebten Betrachtung der Internationalisierungsprozesse, d.h. im engen Fall auf Kontextgrößen, Strategien bzw. Entscheidungen und im weiten Fall auf strukturelle und prozessuale Wertschöpfungseffekte fokussiert,

(4) weitere Kriterien, wie Verlaufsform, Prozessverständnis und Analyseebene.

Nicht explizit betrachtet werden nachfolgend die theoretische Grundsatzposition und Verankerung der Ansätze. Dies würde im Extremfall zu einer Grundsatzdiskussion zwischen einer theoriepluralen bzw. -monogamen Forschung führen, vor allem aber die Betrachtung der hinter den Ansätzen stehenden Theorien in einer enormen Breite erfordern (zu den vielfachen Strömungen der *sozialwissenschaftlichen Prozessforschung* vgl. umfassend Kutschker 2003, S. 237ff.).

3.2 Charakteristika der Internationalisierung von Dienstleistungsunternehmen

Bekanntlich gewinnt die Internationalisierung von Dienstleistungsunternehmen nicht zuletzt seit dem „General Agreement on Trade in Services" oder der Öffnung neuer mittel- und osteuropäischer und asiatischer Märkte seit Anfang der 1990 Jahre an praktischer wie wissenschaftlicher Aufmerksamkeit. Obwohl die Diskussion um Charakteristika (pauschal im internationalen Kontext: „Intangibility", „Inseparability", „Heterogeneity", „Perishability" (Bradley 2002, S. 230)) und Systematisierungen von Dienstleistungen (im Überblick Mößlang 1995, S. 115) als nicht abgeschlossen gilt, werden bezüglich der Internationalisierungsoptionen *Typologisierungen* auf Basis konstitutiver Dienstleistungsmerkmale, Markt-Ressourcen-Kombinationen, kulturellen Besonderheiten, Mobilitätsüberlegungen von Anbieter und Nachfrager usw. vorgeschlagen, zugleich aber die Möglichkeit einer strikten Zuordnung in Frage gestellt (Meffert/Bruhn 2003, S. 689ff.).

Die Typologisierungen bieten insofern aber Ansatzpunkte für eine dynamische Betrachtung der Internationalisierung von Dienstleistungsunternehmen, als durch sie z.B. deutlich werden:

- Das Potenzial von Dienstleistungen bzw. Dienstleistungsbranchen für den internationalen Marktauftritt (gemäß hoher bzw. niedriger Kultur- und Skaleneffekte bei Bradley 2002, S. 237).

- Die Option des „*Accross-the-Border-Trade*", wobei gemäß der „Sampson-Snape-Box" (Sampson/Snape 1985; Stauss 1994) handelbare Dienstleistungen getrennt vom Produktionsprozess exportiert werden können, während „nicht-handelbare" Dienstleistungen standortgebunden sind, d.h., ein Zusammentreffen von Anbieter und

Nachfrager im Stammland des Anbieters oder des Nachfragers erfordern (Morschett 2004, S. 438f.).

Vor allem der *Export durch Dienstleistungsunternehmen* steht im Fokus der Prozessbetrachtung, die der *„Learning Perspective"* folgen. Beispielsweise behandelt Roberts (1999, S. 71) nicht nur Beispiele für Exporte oder Direktinvestitionen, sondern analysiert rund 280 Serviceunternehmen aus vier Branchen. Hierbei wird belegt, dass vielfältige Formen des Exports eingesetzt werden (vor allem „Domestically Located Service Exports" sowie „Transhuman Exports", mit Abstand gefolgt von „Embodied Service Exports" usw.) und dass in den Branchen „Advertising", „Accounting", „Computer Services" und „Management Consultant" die geringere Zahl der befragten britischen Dienstleistungsunternehmen überhaupt nicht exportiert. Im Hinblick auf den Internationalisierungsprozess schließt Rogers (1999, S. 84) pauschal, dass die Stufen in der „Establishment Chain" bei Serviceunternehmen von denen der produzierenden Unternehmen abweichen. Noch pauschaler als die vielen Untersuchungen zu den „Establishment Chains" produzierender Unternehmen im Ausland vorgehend, schlägt sie dennoch fünf Stufen der Entwicklung der Transaktionsformen für Dienstleistungsunternehmen vor:

(1) „Non Exports",

(2) „Domestically Located Exports",

(3) „Transhuman/Embodied Exports",

(4) „Intra Firm Exports" sowie

(5) „Service Production Facility".

Leider werden auch in anderen Untersuchungen wieder, d.h. wie auch bei den Studien zu produzierenden Unternehmen, nur sequenziell zu durchlaufende Stufen im Bereich der Betätigungsformen gesucht. Nicht zuletzt aufgrund der vielfältigen Dienstleistungsbranchen und -typologien können indessen mühelos Beispiele gefunden werden, die diese zu pauschale Stufenbetrachtung zu widerlegen in der Lage sind. Beispielsweise behandelt Berger (1999, S. 208, im Zuge seiner Markt-Ressourcen-basierten Typologie zur Feststellung des Globalisierungspotenzials von Dienstleistungsbranchen) die technologisch ungenutzten Optionen und deutet dabei die Entwicklung von einer ortsgebundenen zu einer exportfähigen Branche an. Mit Unternehmensberatungen ist es eine Branche, die auch Roberts betrachtet. Pauschal dürfte für die meisten Dienstleistungsunternehmen eine mit dem Export beginnende *„Establishment Chain"* in Frage zu stellen sein. Nur bedingt hilfreich erscheinen dabei eingrenzende Betrachtungen, so etwa die von Erramilli (1990, S. 57) in Hard Services, die exportiert werden können, und Soft Services, die direkte Engagements erfordern (Stare 2002, S. 80).

Etwas vorsichtiger muss die stufenweise Auswahl der Ländermärkte beurteilt werden. Zwar deutet Stare (2002, S. 88) an, dass in ihrer Analyse „the major hosts for service sector OFDI [*Outward Foreign Direct Investment*] are neighbouring and culturally close countries". Freilich beruht diese Aussage auf Sekundärdaten ausgewählter Service-branchen in Slowenien, Tschechien und Ungarn. Auch Treadgold (1991, S. 5) zeigt einen Versuch der Stufenbetrachtung im „International Retail Business". Es ist fraglich, inwiefern die kulturelle Nähe in allen Servicebranchen gleichermaßen bedeutend wird, wenn beispielsweise die Unterschiede zwischen Tourismusunternehmen und Unternehmensberatungen berücksichtigt werden.

Schließlich wäre interessant zu fragen, inwiefern die „*Establishment Chain*" und die *Ländersequenzen* in den einzelnen Branchen bzw. bei den jeweiligen Unternehmen simultan auftreten. In diesem Kontext wäre zudem die Bedeutung der in der „*Experiential Learning Perspective*" ausgeklammerten kooperativen Strategien bzw. Transaktionsformen in Dienstleistungsunternehmen zu hinterfragen. Man denke nur an globale Franchisingsysteme, die von der WTO als separate Unterkategorie im Sektor „Distribution Services" geführt werden.

Insgesamt erscheint es für Dienstleistungsunternehmen – anders als in vielen Studien zu produzierenden Unternehmen – unzweckmäßig, Ländersequenzen oder „Establishment Chains" zu betrachten. Indessen erscheint der Kern der „ Learning Perspective", d.h. die Hervorhebung der Bedeutung von Wissen und Commitment für die Internationalisierung – und hier vor allem für die ersten Schritte von Unternehmen in internationalen Märkten generell oder in einem einzelnen neuen Markt – durchaus wertvoll (vgl. hierzu Hadjikhani 1997 und Pedersen/Pedersen 1998 mit entsprechenden Belegen). Eine alleinige Betrachtung der Länderachse und der Transaktionsformen wird kaum zielführend sein.

Im Hinblick auf die anderen Perspektiven der Internationalisierung erscheinen die Charakteristika von Dienstleistungsunternehmen nicht unmittelbar einschränkend. Weitere Bewertungskriterien sind notwendig.

3.3 Situativer Kontext von Dienstleistungsunternehmen und -branchen

Wie angedeutet, kann der situative Kontext der Ansätze mit zwei Ausprägungen verbunden werden: Unternehmens- und Branchensituation.

Die *Situation eines Unternehmens* wiederum ist mit Kontextgrößen bzw. Determinanten zu verbinden. Dies geschieht in Verbindung mit dem Fokus der vorgestellten Ansätze bzw. der getroffenen Aussagen, wobei hier die pauschalen Extrempunkte der ersten Internationalisierungsschritte von eher kleineren Unternehmen in der „Experiential Learning Perspective" und der multinationalen Unternehmenstätigkeit im Three-Es-Ansatz angeführt werden können. Die „Contingency Perspective" betrachtet sämtliche Übergänge von nationaler zur internationalen, multinationalen usw. Unternehmenstätigkeit.

In diesem Zusammenhang hat Roberts (1999) die Unternehmen isoliert, die ins Ausland lediglich exportieren und diese mit den anderen verglichen. Dass es sich bei den nur exportierenden Unternehmen um relativ kleine Firmen handelt, stimmt mit den vorliegenden Befunden anderer Branchen überein. Insofern kann in der Unternehmensgröße ein Anhaltspunkt bzw. ein bekannter Prädikator für die behavioristisch fundierten „*Experiential Learning Perspective*" gesehen werden. Andererseits präsentieren Contractor et al. (2002, S. 6ff.) im sekundärstatistisch errechneten direkten Zusammenhang zwischen dem „*Grad der Internationalität*" und dem Unternehmenserfolg einen S-förmigen-Kurvenverlauf, mit

- „a Negative Slope of the Early Internationalizers",

- „a Positive Slope of the Mid Stage Internationalizers" und

- „a Negative Slope oft the Highly Internationalized Firms".

Die Autoren bestätigen den Kurvenverlauf vor allem für „*Capital-based Service Sectors*" (wie Luftfahrt, Hotellerie, Einzel- und Großhandel, Transport). Demgegenüber wird ein eher progressiver Kurvenverlauf für „*Knowledge-based Service Sectors*" (wie Wirtschaftsprüfung, Werbung, Juristische Services, Marktforschung, Verlagswesen) vorgeschlagen. Dies erscheint interessant, denn gerade die zu Beginn der Internationalisierung in beiden Fällen schwache durchschnittliche Erfolgssituation wäre aus Sicht jeder Einzelunternehmung möglichst zu durchbrechen oder so schnell wie möglich mit einem höheren Internationalisierungsgrad zu überwinden. Freilich können die Autoren aufgrund ihres Black-Box-Ansatzes nur relativ wenig darüber sagen, wie die Führung der Internationalisierungsprozesse bei erfolgreichen Unternehmen aussieht.

Wie verdeutlicht, spricht einiges dafür, für kleinere Unternehmen und für die ersten Schritte der Internationalisierung beschreitende Unternehmen die „*Experiential Learning Perspective*" zugrunde zu legen, zumal gerade in dieser Situation dem Lernen oder dem Umgang mit unerwarteten (innovativen) Entwicklungen eine dominante Rolle zukommt. Wie empirisch belegt, verliert der alleinige Fokus auf diese Größen mit voranschreitender Internationalisierung an Bedeutung. Folgende Verbindung zum situativen Kontext einer jeweiligen Dienstleistungsbranche untermauert dies.

Hierbei ist die pauschale Kombination des situativen Kontextes von Dienstleistungsunternehmen und -branchen interessant. Sie geht über die branchenübergreifenden Typologisierungen hinaus. Johanson/Mattson (1986) betrachten verschiedene Internationalisierungssituationen anhand einer einfachen Matrix mit zwei Ausprägungen: hoher oder niedriger Internationalisierungsgrad der Unternehmen und hoher oder niedriger Internationalisierungsgrad der Branche. Die vier Felder der Matrix bezeichnen Johanson/Mattson als „Early Starter", „Late Starter", „Lonely International" und „International Among Others" (Abbildung 5). Übertragen auf die Dienstleistungsunternehmen sind diese wie folgt zu beschreiben:

- Die *„Early Starter"* sind auf Märkten mit geringer Internationalisierung tätig und verfügen selbst über eine geringe Erfahrung über ausländische Märkte. Ihre typischen Internationalisierungsmuster erfolgen – abgesehen von ressourcenstarken Unternehmen – inkremental durch eine schrittweise Erhöhung des Engagements in den Auslandsmärkten und durch eine sukzessive Verlagerung der Aktivitäten von nahen in weiter entfernte Märkte.

- Die *„Lonely International"* agieren zwar in einer Branche mit einem geringen Internationalisierungsgrad, nehmen darin aber eine führende Position ein. Sie verfügen über eine feste, internationale Netzwerkposition, über beachtliche Ressourcen und – aufgrund ihrer Erfahrung – auch über eine beachtliche Größe, die sie zu schnellen Schritten der Internationalisierung, z.B. Akquisitionen, nutzen. Der hohe Internationalisierungsgrad bildet einen Wettbewerbsvorteil.

- Die *„Late Starter"* sind in einem stark internationalisierten Umfeld tätig, in dem sie die Nachzügler darstellen. Aufgrund wettbewerbsstrategischer Überlegungen sind sie zu einer schnellen Internationalisierung gezwungen, die sie beispielsweise mittels Akquisitionen und Joint Ventures umsetzen. Das Timing des Markteintritts und die Integration in internationale Netzwerke sind die vordringlichen Aufgaben.

- Die *„International Among Others"* sind – wie die Branche, in der sie tätig sind – stark internationalisiert und agieren beispielsweise in internationalen, oligopolistisch strukturierten Netzwerken. Ihr Hauptaugenmerk im internationalen Bereich liegt daher nicht mehr primär auf der Erschließung neuer Märkte, sondern auf der Integration der Unternehmensaktivitäten, der Reorganisation der Netzwerkposition und der Nutzung von Externalisierungsmöglichkeiten.

		Degree of Internationalization of the Market	
		Low	High
Degree of Internationalization of the Firm	Low	Early Strater	Late Starter
	High	Lonely International	International Among Others

Abbildung 5: Internationalisierungssituationen nach Johanson/Mattson (Quelle: In Anlehnung an Johanson/Mattson 1986, S. 252)

Das *Modell der Internationalisierungssituationen* erscheint nicht nur hinsichtlich der Situation der Dienstleistungsunternehmen, sondern auch hinsichtlich der Bewertung der Eignung der Perspektiven für die Internationalisierungsprozesse in einzelnen Dienstleistungsbranchen hilfreich. Branchenspezifisch hat beispielsweise Bäurle (1996) die Entwicklung hin zu einer globalen Branche über Jahrzehnte mit interessanten Ergebnissen evaluiert. Daran anknüpfend beschreiben Liebmann/Zentes (2001, S. 257) die veränderten Internationalisierungsprozesse in Industrieunternehmen im Vergleich zu Handelsunternehmen heute und vor zehn/zwanzig Jahren. Es wird angedeutet, dass der Handel heute – gemessen an der Industrie – weniger internationalisiert ist, aber nicht mehr nur durch internationale Pioniere geprägt ist. „Early Starter" nutzen als Mittel der Internationalisierung Kooperationen, Akquisitionen und Gründungen, weisen darüber hinaus eine hohe Geschwindigkeit der internationalen Entwicklung auf und haben einen Länder- und Wertschöpfungsfokus.

Für Dienstleistungsunternehmen ist anzunehmen, dass solche in der Situation des „Early Starters" der *„Experiential Learning Perspective"* folgen. So haben Vahlne/Nordström (1993) – ganz ähnlich wie Berger (1999) – eine Neunfeldermatrix mit den Dimensionen nationale, regionale und globale Unternehmen sowie Branchen gebildet und gelangen dabei zum Schluss, dass die Gültigkeit ihrer Perspektive in regionalen bzw. globalen Unternehmen/Branchen abnimmt bzw. nicht gegeben ist. Gleichzeitig ist auch für Dienstleistungsunternehmen in einzelnen Branchen anzunehmen, dass die ersten Schritte eher nicht durchgängig geplant erfolgen. So zeigen Untersuchungen, dass bei zunehmender Internationalisierung die Bedeutung der strategischen Planung im Hinblick auf die internationalen Märkte zunimmt, die Strategien und Entwicklungen aber auch parallel zunehmend emergente Züge annehmen. Die gleiche Untersuchung zeigt, dass die Planungsprozesse in den ersten Schritten der Internationalisierung – neben kulturellen Faktoren – zu den entscheidenden Erfolgsdeterminanten zählen, nicht aber bei multinationalen Unternehmen (Swoboda 2002a).

Evolutorische Ansätzen weisen Parallelen zu den inkrementalen Ansätzen auf. Allerdings repräsentiert die Evolution – anders wie in den inkrementalen Ansätzen – nicht die Ebene der Eintritte in Ländermärkte oder die Wahl von Transaktionsformen. Inkrementalität in behavioristischen Ansätzen bezieht sich auf den Internationalisierungsprozess als Ganzes; bei Kutschker (1995) ist sie auf die Evolution beschränkt. Dennoch spielt bei den Unternehmen in der Position von *„International Among Others"* vor allem die Integration eine entscheidende Rolle. Die Branchenbesonderheiten betont nicht zuletzt Mößlang (1995, S. 46ff.). Das ganzheitliche Paradigma der „Contingency Perspective" birgt zwar einige Probleme im Hinblick auf die Identifikation der Konfigurationen von Unternehmungen. Dennoch können gebräuchliche Termini wie nationale, internationale, multinationale oder globale Unternehmung als ein Äquivalent für diese Idee interpretiert werden. Außerhalb der hier interessierenden Problemstellung finden sich entsprechende Überlegungen in Konzepten zur Bildung strategischer Gruppen, der Segmentbildung usw. Hier können aber alle vier Typen der Internationalisierungssituation durchgehend erklärt und analysiert werden.

3.4 Reichweite der Internationalisierungsbetrachtung

Das Kriterium der Reichweite umfasst die Beurteilung der im jeweiligen Ansatz *primär erfassten Internationalisierungsprozesse*. Der Fokus liegt dabei auf Entscheidungen bezüglich der eher marktorientierten Sequenzen der Internationalisierung und/oder der Führung der Wertschöpfungsprozesse insgesamt. Die Trennung zwischen den Ansätzen erscheint diesbezüglich vordergründig betrachtet einsichtig.

Während das Uppsala-Modell – wie auch weitgehend die *„Systematic Planning Perspective"* – eher auf die Strategien bzw. Entscheidungsdimensionen fokussieren und die Kontextgrößen bzw. situativen Determinanten des Wandels vernachlässigen, stehen demgegenüber im Fokus des Three-Es-Ansatzes die Evolutionen, Episoden und Epochen auf der Entscheidungsebene, die Effekte auf die Organisationsstruktur und die Geschäftsprozesse auf der sekundären Ebene. Ganz ähnlich ist dies bei den integrativen *kontingenztheoretischen Perspektiven*, die allerdings die Verlagerung der Wertschöpfung in einzelne Länder sowie Transaktionsformen auf der (Basis-) Entscheidungsebene und Strukturen, Prozesse und Kultur auf der komplementären (Sekundär-) Ebene betrachtet. Zugleich werden unternehmensinterne wie -externe Kontextgrößen berücksichtigt. Eine Parallele des GAINS-Ansatzes besteht zu einzelnen *„Innovation-Related Models"*, die, allerdings nur für exportierende Unternehmen angewandt, ebenfalls Umfeld-Strukturen-Strategie-Kombinationen betrachten.

Die Konsequenzen des Kriteriums Reichweite für die Anwendung der Perspektiven auf die Internationalisierungsprozesse von Dienstleistungsunternehmen erscheinen nahe liegend. Die *„Experiential Learning Perspective"* ist erneut hinsichtlich der Optionen zur Evaluation der Internationalisierungsprozesse von Dienstleistungsunternehmen dann limitiert, wenn auslandserfahrene, multinationale Unternehmen im Vordergrund stehen. Deren Internationalisierung erfolgt stärker über die Dimensionen der Integration bzw. Koordination und weniger über die Länderachse oder grundlegende Transaktionsformen wie Export und Gründung eigener Gesellschaften. Demgegenüber bietet die kontingenztheoretische Perspektive einen umfassenden Analyserahmen, erkauft diesen allerdings mit einer eher deterministischen Perspektive in Abgrenzung zum voluntaristischen Three-Es-Ansatz. Vieles spricht für einen dominanten Fokus auf die Integration der internationalen Aktivitäten bei Dienstleistungsunternehmen. Viel früher und umfassender als bei Industrieunternehmen sind – etwa im Handel – nicht nur einige wenige Tochtergesellschaften, sondern z.B. hunderte von Filialen zu koordinieren (siehe hierzu z.B. Swoboda/Foscht 2004). Wie angedeutet, vernachlässigt die *„Systematic Planing Perspective"* vor allem emergente Prozesse, Strategien und die Rolle der Selbstorganisation im Rahmen der Internationalisierungsprozesse.

Insgesamt begreifen vor allem neuere Ansätze die Internationalisierung als „Verlagerung" von Wertschöpfungsaktivitäten ins Ausland und zwar – in einer analytischen Sicht – durch Konfiguration der bearbeiteten Regionen/Länder, eine Wahl der Betätigungs-bzw. Transaktionsformen und die Integration/Koordination des Auslandsengagements.

In diesem Rahmen bewegen sich das Internationalisierungsgebirge bzw. der Three-Es-Ansatz von Kutschker (1994), der Ansatz von Jarillo/Martinez (1991) und Zentes (1992) sowie der vorgestellte integrative Ansatz (siehe auch Zentes/Swoboda/Morschett 2004, S. 288ff., 1022ff.).

3.5   Weitere Kriterien: Verlaufsform, Prozessverständnis und Analyseebene

Die abschließend anzusprechenden Kriterien betreffen vordergründig betrachtet eher nachgeordnete Entscheidungen bei der zu beurteilenden Wahl einer Erklärungsperspektive. Nachgeordnet ist dies allerdings lediglich bei einem relativ geringen Erkenntnisstand der objektspezifischen Forschung zu den Internationalisierungsprozessen.

Die so genannte *Bewegungskomponente* (Perich 1993) kann mit dem *Prozessverständnis* (Van de Van/Poole 1995; Swoboda 2002a) bzw. der angenommenen *Verlaufsform von Prozessen* (Bäurle 1997) verbunden werden. Als dichotome Ausprägungen werden oftmals die inkremental-evolutionäre und schubweise-revolutionäre Entwicklung gegenüber gestellt (vgl. auch Abbildung 4). Wie beschrieben, gehen vor allem neuere Ansätze von einer Kombination der Dichotomie aus, wobei Kutschker (1996, S. 19) die Gegensätzlichkeit zwischen „Inkrementalisten" und „Revolutionären" nicht unbegründet als überzeichnet ansieht. Anzunehmen ist allerdings, dass sich (Dienstleistungs-) Unternehmen – wie vor allem im Three-Es-Ansatz modelliert – nicht nur in Einzelschritten, sondern auch schubweise, netzwerkartig international entwickeln. Ganz ähnlich spiegelt der Three-Es-Ansatz die denkbaren *Verlaufsformen* des internationalen Wandels sowohl spiralförmig wie stufenförmig wider. Demgegenüber erscheinen die anderen Ansätze hier zu rigoros, wenngleich neuere „*Contingency Perspectives*" den Versuch einer Öffnung vorschlagen (Swoboda 2002a). In allen Ansätzen zu den Internationalisierungsprozessen fehlen zyklische Betrachtungen, wie sie von *Lebenszyklusmodellen* oder „*Loop-Modellen*" der Organisationsforschung bekannt sind (vgl. hierzu Scholz 2000). Eine besondere, zu erwähnende Verlaufsform bildet ferner die des „Punctuated Equilibrium".

Das zuletzt zu erwähnende Kriterium betrifft die so genannte *Analyseebene*. Darunter sind die Extremperspektiven einer Makroebene (d.h. Ebene von Populationen von Organisationen, Branchen usw.) und einer Mikroebene (d.h. einzelne Organisation oder auch Individuen) zu subsumieren. Zwar erscheinen die Übergänge zwischen beiden Ebenen als fließend. Sie sind aber dennoch relevant, denn es macht sehr wohl einen Unterschied, ob eher „rationales Verhalten" von in den Branchenwettbewerb eingebundenen Unternehmen betrachtet wird (z.B. bei der „Systematic Planning Perspective") oder eine behavioristische Perspektive von Managern in Kapitalgesellschaften (z.B. im Uppsala-Modell) oder auch von Entrepreneuren in Familienunternehmen (z.B. bei der „Learning Perspective") den Ansatzpunkt bilden. Auch hier scheint die „Evolutionary Perspective" in der Ausprägung der Münchener Schule ein gewisses Integrationspotenzial zu bieten.

4. Fazit und Ausblick

Im vorliegenden Beitrag wurde der Versuch unternommen, zentrale Erklärungsansätze bzw. -modelle, die traditionell international tätige Produktionsunternehmen im Fokus haben, für die Erklärung der Internationalisierungsprozesse von Dienstleistungsunternehmen zugänglich zu machen. Hierbei erfolgte eine sinnvoll erscheinende Kondensation von vier zentralen Perspektiven der Internationalisierungsprozessforschung, um diese anschließend mittels geeigneter Evaluationskriterien auf die Besonderheiten von Dienstleistungsunternehmen zumindest partiell übertragen zu können. Nach Kenntnis der Verfasser ist das Vorgehen originär, aber sicherlich auch nur ein Versuch, der in Zukunft vielfache Präzisierungen erfordert.

Ein Ansatzpunkt liegt im Bereich alternativer Perspektiven. So wurden hybride Modelle (z.B. Jones 1996; Li et al. 2004) ausgeklammert. Dabei zeigen z.B. Coviello/Munro (1997), die die inkrementale Perspektive mit Netzwerküberlegungen verbinden, auf, dass der Internationalisierungsprozess von Softwarefirmen stark von Netzwerkbeziehungen abhängt und anhand einer Kombination von inkrementalen und sequenziellen Stufen erklärbar erscheint. Demgegenüber hinterfragen im Kontext der Film- und Fernsehindustrie Sydow/Winderler/Wirth (2003) die Sinnhaftigkeit von Stufenbetrachtungen generell.

Ein zweiter Ansatzpunkt liegt in der empirischen Bewährung. Im Extremfall wäre zu beurteilen, ob der jeweilige Ansatz einer empirischen Prüfung unterzogen wurde, inwiefern diese zu validen Ergebnissen geführt und die Aussagen gestützt hat. Wie angedeutet, sind vor allem die neueren Perspektiven – auch aufgrund der Dominanz der anglo-amerikanischen Forschung – grundsätzlich nicht oder nur in Ansätzen getestet. Für Dienstleistungsunternehmen gilt dies – sieht man z.T. vom Uppsala-Modell ab – grundsätzlich. Insofern sind Aussagen über den Reifegrad der jeweiligen Perspektive heute noch schwierig, da letztlich erst eine – idealtypisch großzahlige – empirische Prüfung an der Realität über die Güte der vermeindlich theoretisch stringenten Überlegungen Aufschluss gibt. Die Arten von Prozessstudien, die hier denkbar sind, thematisiert beispielsweise Merlin (1991).

Literatur

Aberle, G. (1992): Wettbewerbstheorie und Wettbewerbspolitik, 2. Aufl., Stuttgart.

Aharoni, Y. (1966): The Foreign Investment Decision Process, Boston.

Albach, H. (1981): Die internationale Unternehmung als Gegenstand betriebswirtschaftlicher Forschung, in: Zeitschrift für Betriebswirtschaft, Ergänzungsheft, 51. Jg., Nr. 1, S. 13-24.

Andersen, O. (1993): On the Internationalization Process of Firms: A Critical Analysis, in: Journal of International Business Studies, Vol. 24, No. 2, S. 209-231.

Bartlett, C.A./Ghoshal, S. (1991): Managing Across Borders: The Transnational Solution, Boston.

Bäurle, I. (1996): Internationalisierung als Prozeßphänomen, Wiesbaden.

Berger, R. (1999): Die Dienstleistungsgesellschaft als Herausforderung und Chance, in: Beisheim, O. (Hrsg.): Distribution im Aufbruch, München, S. 199-215.

Bilkey, W.J./Tesar, G. (1977): The Export Behavior of Smaller-Sized Wisconsin Manufacturing Firms, in: Journal of International Business Studies, Vol. 8, No. 1, S. 93-98.

Boter, H./Holmquist, C. (1996): Industry Characteristics and Internationalization Process in Small Firms, in: Journal of Business Venturing, Vol. 11, No. 6, S. 471-487.

Bradley, F. (2002): International Marketing, 4. Aufl., Harlow.

Calof, J.L./Beamish, P.W. (1995): Adapting to Foreign Markets: Explaining Internationalization, in: International Business Review, Vol. 4, No. 2, S. 115-131.

Caves, R.E. (1971): International Corporations: The Industrial Economics of Foreign Investment, in: Economica, Vol. 38, No. 149, S. 1-27.

Cavusgil, S.T. (1980): On the Internationalisation Process of the Firm, in: European Research, Vol. 8, No. 6, S. 273-281.

Cavusgil, S.T. (1984): Differences Among Exporting Firms Based on Their Degree of Internationalization, in: Journal of Business Research, Vol. 12., o. Nr., S. 195-208.

Cavusgil, S.T./Zou, S. (1994): Marketing Strategy-Performance Relationship: An Investigation of the Empirical Link in Export Market Ventures, in: Journal of Marketing, Vol. 58, No. 1, S. 1-21.

Chetty, S./Campell-Hunt, C. (2004): A Strategic Approach to Internationalization: A Traditional Versus a „Born Global" Approach, in: Journal of International Marketing, Vol. 12, No. 1, S. 57-81.

Contractor, F.J./Kundu, S.K./Hsu, C.-C. (2002): A Three-stage Theory of International Expansion: The Link between Multinationality and Performance in the Service Sector, in: Journal of International Business Studies, Vol. 34, No. 1, S. 5-18.

Coviello, N.E./Munro, H. (1997): Network Relationships and the Internationalisation Process of Small Software Firms, in: International Business Review, Vol. 6, No. 4, S. 361-386.

Cyert, R.M./March, J.G. (1963): A Behavioral Theory of the Firm, Englewood Cliffs/N.J.

Czinkota, M.R. (1982): Export Development Strategies, New York.

Dichtl, E./Köglmayr, H.-G./Müller, S. (1990): International Orientation as a Precondition for Export Success, in: Journal of International Business Studies, Vol. 21, No. 1, S. 23-39.

Dunning, J.H. (1994): Multinational Enterprises and the Gobal Economy, Wokingham.

Edvardson, B./Edvardson, L./Nyström, H. (1993): Internationalisation of Service Firms, in: The Service Industries Journal, Vol. 13, No. 1, S. 80-97.

Erramilli, M.K. (1990): Entry Mode Choices in Service Industries, in: International Marketing Review, Vol. 7, No. 5, S. 50-62.

Hadjikhani, A. (1997): A Note on the Critism against the Internationalization Process Model, in: Management International Review, Vol. 37, No. 2, S. 43-66.

Jarillo, J.C./Martinez, J.I. (1991): The International Expansion of Spanish Firms: Towards an Integrative Framework for International Strategy, in: Mattson, L.-G./Stymne, B. (Hrsg.): Corporate and Industry Strategies for Europe, Amsterdam u.a., S. 283-302.

Johanson, J./Mattson, L.-G. (1986): International Marketing and Internationalization Processes – A Network Approach, in: Turnbull, P.W./Paliwoda, S.J. (Hrsg.): Research in International Marketing, London u.a., S. 234-265.

Johanson, J./Vahlne, J.-E. (1977): The Internationalization Process of the Firm – A Model of Knowledge Development and increasing Foreign Market Commitments, in: Journal of International Business Studies, Vol. 8, No. 1, S. 23-32.

Johanson, J./Vahlne, J.-E. (1990): The Mechanism of Internationalisation, in: International Marketing Review, Vol. 7, No. 4, S. 11-24.

Johanson, J./Vahlne, J.-E. (1992): Management of Internationalization, Arbeitspapier des Institute of International Business at the Stockholm School of Economics, RP 92/2, Stockholm.

Johanson, J./Wiedersheim-Paul, F. (1975): The Internationalization of the Firm – Four Swedish Cases, in: Journal of Management Studies, Vol. 12, No. 3, S. 305-322.

Johanson. J.K./Yip, G.S. (1994): Exploiting Globalization Potential: US and Japanese Strategies, in: Strategic Management Journal, Vol. 15, No. 8, S. 579-601.

Jones, G. (1996): The Evolution of International Business. An Introduction, London, New York.

Kirsch, W. (1992): Kommunikatives Handeln, Autopoiese, Rationalität, München.

Kutschker, M. (1994): Dynamische Internationalisierungsstrategie, in: Engelhard, J./Rehkugler, H. (Hrsg.): Strategien für nationale und internationale Märkte: Konzepte und praktische Gestaltung, Wiesbaden, S. 221-248.

Kutschker, M. (1996): Evolution, Episoden und Epochen: Die Führung von Internationalisierungsprozessen, in: Engelhard, J. (Hrsg.): Strategische Führung internationaler Unternehmen, Wiesbaden, S. 1-37.

Kutschker, M. (2003): Kooperation: Grundlagen der sozialwissenschaftlichen Prozessforschung, in: Zentes, J./Swoboda, B./Morschett, D. (Hrsg.): Kooperationen, Allianzen und Netzwerke, Wiesbaden, S. 235-254.

Kutschker, M./Bäurle, I./Schmid, S. (1997): International Evolution, International Episodes, and International Epochs – Implications for Managing Internationalization, in: Management International Review, Vol. 37, No. 2, S. 101-124.

Lam, L.W./White, L.P. (1999): An Adaptive Choice Model of the Internationalization Process, in: The International Journal of Organizational Analysis, Vol. 7, No. 2, S. 105-134.

Li, L./Li, D./Dalgic, T. (2004): Internationalization Process of Small and Medium-sized Enterprises: Toward a Hybrid Model of Learning and Planning, in: Management International Review, Vol. 44, No. 1, S. 93-116.

Liebmann, H.-P./Zentes, J. (2001): Handelsmanagement, München.

Luostarinen, R. (1989): Internationalization of the Firm, 3. Aufl., Helsinki.

Macharzina, K. (1982): Theorie der internationalen Unternehmenstätigkeit – Kritik und Ansätze einer integrativen Modellbildung, in: Lück, W./Trommsdorff, V. (Hrsg.): Internationalisierung der Unternehmung als Problem der Betriebswirtschaftslehre, Berlin, S. 111-143.

Macharzina, K./Engelhard, J. (1984): Internationalisierung der Unternehmenstätigkeit, Arbeitspapier Nr. 16 des Instituts für Betriebswirtschaftslehre an der Universität Hohenheim, Stuttgart.

Macharzina, K./Engelhard, J. (1991): Paradigm Shift in International Business Research: From Parties and Ecclectic Approaches to the GAINS Paradigm, in: Management International Review, Vol. 31, No. 4, S. 23-43.

Meffert H./Bruhn M. (2003): Dienstleistungsmarketing, 4. Aufl., Wiesbaden.

Merlin, L. (1991): Internationalization as a Strategy Process, in: Strategic Management Journal, Vol. 13, Special Issue, S. 99-118.

Miller, D./Friesen, P.H. (1984): Organizations – A Quantum View, Englewood Cliffs.

Miller, M.M. (1993): Executive Insights: The 10 Step Roadmap to Success in Foreign Markets, in: Journal of International Marketing, Vol. 1, Nr. 2, S. 90-100.

Morschett, D. (2004): Servicepolitik im Export: Die Perspektive der Industriegüterhersteller, in: Zentes, J./Morschett, D./Schramm-Klein, H. (Hrsg.): Außenhandel und Internationales Marketing, Wiesbaden, S. 431-454.

Mößlang, A.M. (1995): Internationalisierung von Dienstleistungsunternehmen, Wiesbaden.

Müller, S. (1991): Die Psyche des Managers als Determinante des Exporterfolges, Stuttgart.

OECD (1997): Globalisation and Small and Medium Enterprises, Bd. 1: Synthesis Report, Paris.

Oelsnitz, D.von der (1999): Marktorientierter Unternehmenswandel, Wiesbaden.

Ohmae, K. (1985): Macht der Triade: Die neue Form weltweiten Wettbewerbs, Wiesbaden.

Orton, J.D./Weick, K.E. (1990): Loosely Coupled Systems: A Reconceptualization, in: American Management Journal, Vol. 15, No. 2, S. 203-223.

Pedersen, T./Pedersen, B. (1998): Explaining Gradually Increasing Resource Commitment to a Foreign Market, in: International Business Review, Vol. 7, No. 5, S. 483-501.

Penrose, E.T. (1959): The Theory of the Growth of the Firm, Oxford.

Perich, R. (1993): Unternehmungsdynamik, 2. Aufl., Bern u.a.

Perlmutter, H.V. (1993): The Tortuous Evolution of the Multinational Corporation, in: Hedlund, G. (Hrsg.): Organization of Transnational Corporations, London – New York, S. 295-308.

Porter, M.E. (1989): Der Wettbewerb auf globalen Märkten: Ein Rahmenkonzept, in: Porter, M.E. (Hrsg.): Globaler Wettbewerb, Wiesbaden, S. 17-68.

Porter, M.E. (1991): Nationale Wettbewerbsvorteile, München.

Posner, M.V. (1961): International Trade and Technical Change, in: Oxford Economic Papers, Vol. 13, No. 3, S. 323-341.

Reid, S.D. (1982): The Impact of Size on Export Behavior in Small Firms, in: Czinkota, M.R./Tesar, G. (Hrsg.): Export Management, New York, S. 18-38.

Reid, S.D. (1984): Market Expansion and Firm Internationalization, in: Kaynak, E. (Hrsg.): International Marketing Management, New York, S. 197-206.

Roberts, J. (1999): The Internationalisation of Business Service Firms: A Stages Approach, in: The Service Industries Journal, Vol. 19, No. 4, S. 68-88.

Root, F.R. (1987): Entry Strategies for International Markets, Lexington.

Root, F.R. (1994): Entry Strategies for International Markets: Revised and Expanded, Lexington.

Sampson, G./Snape, R. (1985): Identifying Issues in Trade in Services, in: The World Economy, Vol. 8, No. 2, S. 171-181.

Schmid, S. (2002): Die Internationalisierung von Unternehmungen aus der Perspektive der Uppsala-Schule, in: Wirtschaftswissenschaftliches Studium, 31. Jg., Nr. 7, S. 387-392.

Scholz, C. (2000): Strategische Organisation, 2. Aufl., Landsberg/Lech.

Stare, M. (2002): The Pattern of Internationalisation of Services in Central European Countries, in: The Service Industries Journal, Vol. 22, No. 1, S. 77-91.

Stauss, B. (1994): Dienstleistungstypologie und Markteintrittsstrategien im internationalen Dienstleistungsmarketing, in: Schuster, L. (Hrsg.): Die Unternehmung im internationalen Wettbewerb, Berlin, S. 211-231.

Sullivan, D./Bauerschmidt, A. (1990): Incremental Internationalization: A Test of Johanson and Vahlne´s Thesis, in: Management International Review, Vol. 30, No. 1, S. 19-30.

Swoboda, B. (2002a): Dynamische Prozesse der Internationalisierung, Wiesbaden.

Swoboda, B. (2002b): The Relevance of Timing and Time in International Business, in: Scholz, C./ Zentes, J. (Hrsg.): Strategic Management – A European Approach, Band 3, Wiesbaden, S. 85-113.

Swoboda, B./Foscht, T. (2004): Internationales Handelsmanagement, in: Gabler-Verlag (Hrsg.): Gabler Wirtschaftslexikon, Wiesbaden, S. 1550-1552.

Sydow, J./Winderler, A./Wirth, A. (2003): Markteintritt als Netzwerkeintritt?, in: Die Unternehmung, 57. Jg., Nr. 3, S. 237-261.

Tesar, G./Moini, A.H. (1998): Longitudinal Study of Exporters and Nonexporters, in: International Business Review, Vol. 7, No. 3, S. 291-313.

Thomson, P./Dennis, N./Wallace, T. (1998): Internationalisation and Integration: A Comparison of Manufacturing and Service Firms, in: Competition & Change, Vol. 3, No. 4, S. 387-415.

Treadgold, A.D. (1991): The Emerging Internationalisation of Retailing: Present Status and Future Challenges, in: Irish Marketing Review, o.Jg., No. 5, S. 11-127.

Turnbull, P.W. (1987): A Challenge to the Stages Theory of the Internationalization Process, in: Rosson, P.J./Reid, S.D. (Hrsg.): Managing Export Entry and Expansion, New York, S. 21-40.

United Nations (Hrsg.) (2002): Manual on Statistics of International Trade in Services, New York u.a..

Vahlne, J.-E./Nordström, K.A. (1993): The Internationalization Process: Impact of Competition and Experience, in: International Trade Journal, Vol. 7, No. 5, S. 529-548.

Van de Ven, A.H./Poole, M.S. (1995): Explaining Development and Change in Organizations, in: American Management Journal, Vol. 20, No. 3, S. 510-540.

Vandermerwe, S./Chadwick, M. (1989): The Internationalisation of Services, in: The Service Industries Journal, Vol. 9, No. 1, S. 79-93.

Vernon, R. (1966): International Investment and International Trade in the Product Cycle, in: Quarterly Journal of Economics, Vol. 80, No. 2, S. 190-207.

Welch, D.E./Welch, L.S. (1995): The Internationalization Process and Networks, in: Journal of International Management, Vol. 4, No. 3, S. 11-28.

Yip, G.S./Biscarri, G./Monti, J.A. (2000): The Role of Internationalization Process in the Performance of Newly Internationalising Firms, in: Journal of International Marketing, Vol. 8, No. 3, S. 11-28.

Zentes, J. (1992): Ost-West Joint Ventures als Strategische Allianz, in: Zentes, J. (Hrsg.): Ost-West Joint Venture, Stuttgart, S. 3-23.

Zentes, J./Swoboda, B./Morschett, D. (2004): Internationales Wertschöpfungsmanagement, München.

August-Wilhelm Scheer, Kristof Schneider und Fabrice Zangl

Methodengestützte Internationalisierung von Dienstleistungen

Prof. Dr. Dr. h.c. mult. *August-Wilhelm Scheer* ist Direktor des Instituts für Wirtschaftsinformatik (IWi) im Deutschen Forschungszentrum für Künstliche Intelligenz (DFKI), Saarbrücken. Dipl.-Kfm. *Kristof Schneider* und Dipl.-Kfm. *Fabrice Zangl* sind Wissenschaftliche Mitarbeiter am dortigen Institut.

1. Einleitung

Die Erweiterung des Absatzmarktes und die Erschließung neuer Märkte durch Internationalisierung wird als eine der wesentlichen Wachstumschancen im Dienstleistungssektor gesehen. Langfristiger Unternehmenserfolg und adäquate Renditen sind in den gesättigten und durch hohen Wettbewerbsdruck gekennzeichneten inländischen Märkten kaum noch realisierbar. Vor dem Hintergrund dieser Umfeldbedingungen überrascht es, dass der Export von Dienstleistungen in Deutschland signifikant langsamer verläuft als in anderen westlichen Industrienationen. Während beispielsweise der Anteil der Dienstleistungen am gesamten Exportvolumen in Deutschland im Jahre 2003 13,2 Prozent betrug, lag er im gleichen Jahr in den USA bei 25 Prozent.

Die Bedeutung des tertiären Sektors für die deutsche Volkswirtschaft hat zur Folge, dass das Faktum der Dienstleistung seit Längerem intensive Aufmerksamkeit durch die wissenschaftliche Forschung erfährt (Hilke 1989; Maleri 1997; Corsten 2001). Diese Betrachtung erfolgt aktuell nicht mehr aus der Perspektive des Marketing, sondern es wird versucht, z.B. im Rahmen der Disziplin des Service Engineering, Dienstleistungen unter Verwendung geeigneter Methoden gezielt und planmäßig zu entwickeln. Die wissenschaftliche Untersuchung des Prozesses der Dienstleistungsinternationalisierung beschränkt sich gegenwärtig jedoch auf marketingorientierte Fragestellungen (Köhler 1991; Stauss 1995; Hübner 1996) und lässt die Möglichkeiten eines systematischen Vorgehens unberücksichtigt.

Bei der Internationalisierung von Dienstleistungen mangelt es den Anbietern häufig an Kenntnissen über die Besonderheiten der ausländischen Zielmärkte sowie an Informationen über die spezifischen Bedürfnisse und Anforderungen der Adressaten. Darüber hinaus fehlt es an einem standardisierten und strukturierten Vorgehen zum Export von Dienstleistungen sowie deren methodischer Gestaltung.

An diesen Punkten setzt der Beitrag an. Er zeigt auf, wie die Erkenntnisse des Service Engineering auf die Dienstleistungsinternationalisierung übertragen werden können. Dazu wird nach einer Einführung in Abschnitt 2, die Methodenunterstützung in Abschnitt 3 motiviert. Abschnitt 4 präsentiert ein Vorgehensmodell, das Dienstleistungsanbieter in einem zyklischen Prozess von der Ideenfindung bis hin zur Einführung im Zielmarkt und zum Monitoring der exportierten Dienstleistung unterstützt. Des Weiteren wird aufgezeigt, welche Methoden zur Unterstützung in den jeweiligen Phasen angewandt werden können. Ein Fazit in Abschnitt 5 schließt den Beitrag ab.

2. Dienstleistungsinternationalisierung

Gesättigte inländische Märkte zwingen Unternehmen zunehmend, neue Märkte zu betreten, um Gewinn und Umsatz zu steigern. Weiterhin gilt es zu verhindern, dass ausländische Unternehmen die im Inland entwickelten Produkte kopieren und später zu einem Konkurrenten auf dem Heimatmarkt werden. Für die Zielrealisierung ist die Internationalisierung für inländische Unternehmen erforderlich (Scheer 2000, S. 83). Jedoch eignet sich nicht jedes Unternehmen und nicht jede Leistung hierzu. Was unter Internationalisierung und insbesondere Dienstleistungsinternationalisierung zu verstehen ist und wie man internationale Dienstleistungen typologisieren kann, wird in diesem Abschnitt aufgezeigt.

Unter Internationalisierung wird die globale Integration der Ressourcen aus allen Unternehmensbereichen, bei gleichzeitiger hoher Anpassung an lokale Bedürfnisse und deren Eingliederung in eine langfristige Unternehmensstrategie verstanden (Köhler 1991, S. 74ff.; Berger 1997, S. 21). Sie ermöglicht es, den Markt (Absatz- und Beschaffungsmarkt) zu vergrößern, den Return on Investment (RoI) zu verbessern, Skaleneffekte zu erzielen und/oder ortsbedingte Vorteile durch den Absatz von Leistungen, der Lizenzierung, strategischen Allianzen, Akquisitionen und Tochtergesellschaften auf ausländischen Märkten zu erlangen (Hitt et al. 1999, S. 274). Hierbei ist zu beachten, dass die Mittel zur Internationalisierung unterschiedlich starke Bindungen mit dem Zielmarkt eingehen. So kann beispielsweise die relative Höhe der Direktinvestitionen im Verhältnis zur Gesamtinvestition stark variieren.

Die Dienstleistungsinternationalisierung ist folglich das grenzüberschreitende Anbieten von Dienstleistungen mittels auf dem Zielmarkt eingesetzter Ressourcen in der Dienstleitungsentwicklung, Dienstleistungserbringung oder eine Kombination aus beidem. Somit kann die Dienstleistungsinternationalisierung aus der Dienstleistungsentwicklung im Ausland (z.B. Softwareentwicklung in Indien), der Dienstleistungserbringung im Ausland (z.B. Hosting von Webseiten) als auch beider zugleich bestehen (z.B. Kreditentwicklung und -vergabe einer Bankfiliale im Ausland).

Ein weiteres Abgrenzungskriterium von Dienstleistungen besteht in den konstitutiven Merkmalen. Erstens sind Dienstleistungen durch ihre Immaterialität nicht lagerfähig und können daher nicht wie herkömmliche Güter aufbewahrt und transportiert werden, d.h., es ist auch nicht möglich, eine Dienstleistung zu lagern, bis die Marktverhältnisse günstig sind (Maleri 1997, S. 97f.). Zweitens haben Dienstleistungen zumeist die Eigenschaft, in dem Moment verbraucht zu werden, in dem sie produziert werden (Uno-Actu-Prinzip) (Hilke 1989, S. 10ff.). So können diese nur in wenigen Fällen im Inland „produziert" und im Ausland abgesetzt werden (z.B. Software). Drittens bedarf es bei Dienstleistungen der Einbindung eines externen Faktors, der entweder im Kunden selbst oder in einem ihm gehörenden Objekt besteht (Corsten 2001, S. 5ff.). Daher kann eine Dienstleistung im Ausland nicht unter den gleichen Prämissen bezüglich Kultur, Religion, gesellschaftlicher Formen sowie politischer, wirtschaftlicher und juristischer Systeme wie die der Sachgüter abgesetzt werden und bedarf gesonderter Berücksichtigung (Hitt et al. 1999, S. 46).

Damit Unternehmen bestimmen können, welche Dienstleistungen sich inwiefern zur Internationalisierung eignen, ist es sinnvoll, sie bezüglich ihrer Internationalisierungsfähigkeit und den daraus ableitbaren Anforderungen zu bewerten. Hierzu dienen Ansätze zur Typologisierung von Dienstleistungen (Meffert/Bruhn 2003, S. 32ff.). Zur Verdeutlichung soll hier als Beispiel der Ansatz der Differenzierung internationaler Dienstleistungen hinsichtlich ihrer Mobilitätsanforderungen nach Sampson/Snape (1985) vorgestellt werden. Dieser Ansatz beinhaltet vier Arten von Mobilitätsanforderungen an internationale Dienstleistungen (Abbildung 1). Sie werden differenziert in Anbieter und Kunde sowie in Mobilität und Immobilität. *Typ I („Across the Border Trade")* verlangt weder vom Anbieter noch vom Kunden Mobilität (z.B. telefonische Auslandsauskunft oder grenzüberschreitender Datenverkehr). Dieser Dienstleistungstypus kann nur internationalisiert werden, sofern kein unmittelbarer Kontakt beim Erstellungsprozess der Dienstleistung notwendig ist. Nur wenige Dienstleistungen gehören diesem Sektor an, wobei durch die andauernde technologische Entwicklung der Telekommunikation dessen Bedeutung zunimmt (Stauss 1995, S. 455). Beim *Typ II („Foreign Earnings Trade")* sind die Ressourcen des Anbieters mobil, der Kunde jedoch immobil. Die Erbringung der Dienstleistung erfolgt beim Kunden, was vermehrte Direktinvestitionen im Ausland erfordert (Jungnickel 1989, S. 308). Zu dieser Kategorie gehören beispielsweise Beratungsleistungen im Ausland. Weiterhin muss die Höhe der Ressourcenbildung im Ausland adäquat bestimmt werden. Durch die hohe Verbreitung existieren für diese Klasse weitere Untergliederungsansätze (Stauss 1995, S. 455f.). Dienstleistungen, bei denen der Kunde mobil und der Anbieter immobil – also ortsgebunden – ist, werden im *Typ III („Domestic Establishment Trade")* zusammengefasst. Inländische Anbieter erbringen ihre Leistungen hierbei an ausländische Nachfrager, so z.B. bei der Ausbildung ausländischer Studenten an einer inländischen Universität. Der Anbieter muss durch den festen Standort nur marginal auf internationale Marktstrategien eingehen. *Typ IV („Third Country Trade")* beinhaltet Dienstleistungen, bei denen sowohl Anbieter als auch Nachfrager mobil sind. Hierunter fallen z.B. wissenschaftliche Konferenzen in Drittländern, d.h. Ländern, in denen weder der Anbieter noch der Kunde heimisch sind. Dienstleistungen dieses Sektors erfordern durch die Mobilität des Anbieters ebenso wie Typus II höhere Direktinvestitionen im Ausland.

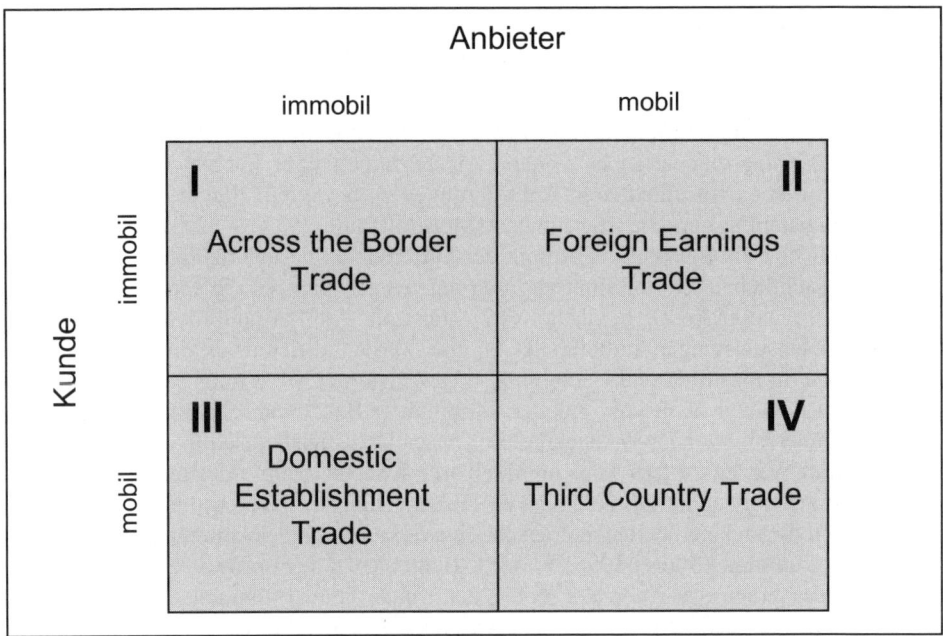

Abbildung 1: Typologisierung internationaler Dienstleistungen auf Basis von
              Mobilitätsüberlegungen
              (Quelle: Sampson/Snape 1985, S. 173; Stauss 1995, S. 455)

Aufgrund der Heterogenität der Dienstleistungen bietet der vorgestellte Ansatz keine allgemein gültige Typologisierung von internationalen Dienstleistungen. Eine Übersicht
weiterer Typologisierungsansätze findet sich bei Meffert/Bruhn (2003, S. 689ff.). Der
Ansatz der Mobilitätsanforderungen ermöglicht es jedoch in einem ersten Schritt, die zu
internationalisierenden Dienstleistungen zu differenzieren und zu bestimmen, welche
vom Unternehmen angebotenen Dienstleistungen sich für die gewünschten Zielmärkte
eignen.

3. Motivation für die methodengestützte Dienstleistungsinternationalisierung

Die im Abschnitt 2 dieses Beitrages geschilderten besonderen Eigenschaften ausländischer Zielmärkte sowie deren Einfluss auf internationalisierte Dienstleistungen können
zu zahlreichen Problemen führen. Die Internationalisierung von Dienstleistungsunternehmen geschieht oftmals ad hoc und ohne systematische Vorgehensweise aufgrund z.B.

externen Drucks (Wachstumsdrang, internationalisierende Kunden usw.), aber auch mangels geeigneter Vorgehensweisen. Die Anpassung an kulturelle und wirtschaftspolitische Gegebenheiten sowie an Kundenbedürfnisse auf den ausländischen Zielmärkten erfolgt dadurch zumeist unstrukturiert. Aus dieser Vorgehensweise können Fehler hinsichtlich des Dienstleistungspotenzials zur kundenindividuellen Bedürfnisbefriedigung resultieren, die den Erfolg auf dem Zielmarkt negativ beeinflussen.

Das GAP-Modell gestattet eine differenzierte Betrachtung potenzieller Fehlerquellen in der Beziehung zwischen Kunden und Anbietern im Rahmen der Dienstleistungserbringung bezüglich der wahrgenommenen Dienstleistungsqualität (Parasuraman et al. 2000, S. 121ff.). Es geht von einer Teilung der Interaktionsbeziehung zwischen dem Kunden und dem Dienstleistungsanbieter aus. In der betrachteten Beziehung wird von fünf möglichen Konfliktbereichen, so genannten „GAPs", ausgegangen, die in Abbildung 2 dargestellt sind.

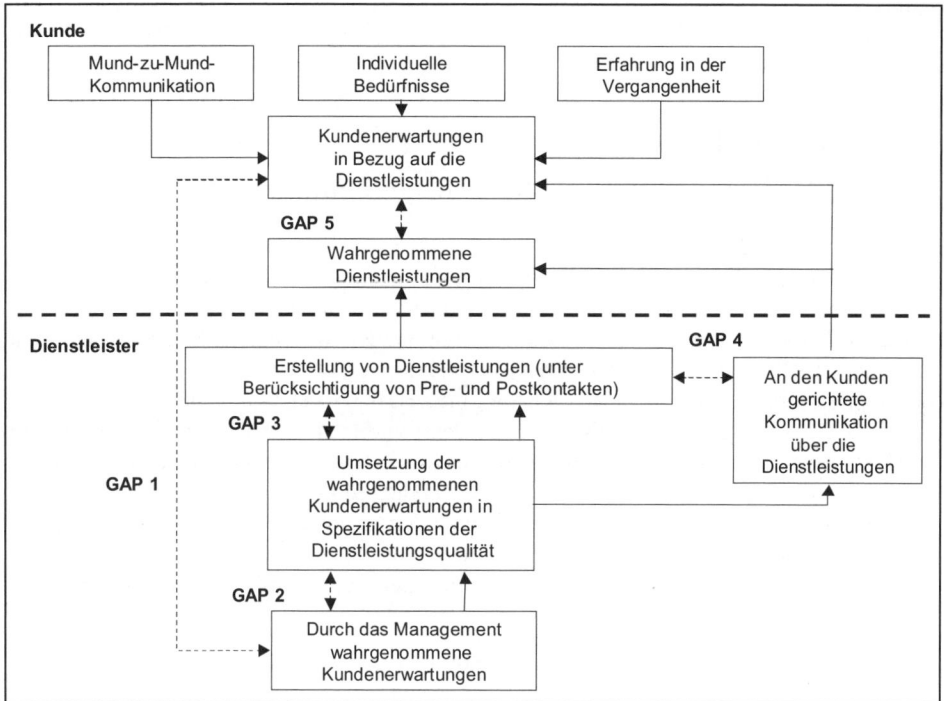

Abbildung 2: GAP-Modell
(Quelle: Parasuraman et al. 2000, S. 121)

Bei einer genaueren Betrachtung der Qualität einer internationalisierten Dienstleistung kann in jedem Konfliktbereich des GAP-Modells potenzielle Fehlerquellen entdeckt werden. In GAP 1 kann es z.B. durch kulturelle Unterschiede eher zu Abweichungen zwischen den eigentlichen Kundenerwartungen und den vom Management wahrgenommenen Kundenerwartungen kommen. Das GAP-Modell ermöglicht es, die Fehlerquellen in der gesamten Beziehung zwischen Kunde und Anbieter strukturiert zu identifizieren.

Die erkannten Fehler resultieren zumeist aus der bereits angesprochenen unsystematischen Vorgehensweise. Zur Behebung dieses Fehlerpotenzials wird im Rahmen der Dienstleistungsentwicklung versucht, für den inländischen Markt Methoden der Produktentwicklung an die konstitutiven Merkmale einer Dienstleistung anzupassen. Das damit verbundene Ziel ist eine Strukturierung des Entwicklungsprozesses. Damit wird dem Paradigma der industriellen Fertigung gefolgt, dass die Prozessqualität die Produktqualität bestimmt (Ehrlenspiel 1995, S. 2).

Die Internationalisierung einer Dienstleistung liefert durch die neu zu berücksichtigenden Zielmarktbedingungen zusätzliches Fehlerpotenzial, aber gleichzeitig weitere Ansatzpunkte, wie die Dienstleistungsinternationalisierung methodisch unterstützt werden kann.

4. Methodengestützte Dienstleistungsinternationalisierung

Der Einsatz spezifischer Methoden zur systematischen und strukturierten Dienstleistungsinternationalisierung wird aus zwei Perspektiven beleuchtet. Vor dem Hintergrund der angeführten Problematik kann die Internationalisierung einer Dienstleistung zum einen als ein Projekt (bzw. ein Prozess) betrachtet werden, das – ausgehend von einer bestimmten Idee – in einer für den Kunden interessanten Leistung enden soll. Die Verwendung eines Vorgehensmodells als ordnenden Rahmen der zu durchlaufenden Schritte erscheint sinnvoll. Zum anderen dient die Strukturierung des Internationalisierungsprozesses der systematischen Zuordnung von Methoden zu den einzelnen Phasen. Die Potenziale des Methodeneinsatzes können jedoch nur genutzt werden, wenn das Modell und die zugeordneten Methoden den Besonderheiten einer Dienstleistung als solche sowie den Merkmalen der Dienstleistungsinternationalisierung (vgl. Abschnitt 2) Rechnung tragen.

Ein Vorgehensmodell zur Internationalisierung von Dienstleistungen und die Methodenunterstützung werden im Folgenden näher betrachtet.

4.1 Vorgehensmodell zur Dienstleistungsinternationalisierung

Das Potenzial von Vorgehensmodellen zur Systematisierung des Entwicklungsprozesses wird seit Längerem sowohl in der Software- als auch in der Produktentwicklung genutzt (Chroust 1992; VDI 1993). Die Disziplin des Service Engineering beschäftigt sich seit Ende der 1990er Jahre mit der Übertragung dieser Möglichkeiten auf die Dienstleistungsentwicklung (DIN 1998; Krallmann/Hoffrichter 1998, S. 238ff.; Meiren et al. 1998; S. 20ff.). Hinsichtlich der Struktur der existierenden Vorgehensmodelle zur Dienstleistungsentwicklung lässt sich zwischen einer *linearen* Vorgehensweise, die den Entwicklungsprozess als eine nacheinander ablaufende Aneinanderreihung von Arbeitsschritten beschreibt, und einer *iterativen* Vorgehensweise, die einen zyklischen Ablauf vorschlägt, unterschieden. Eine umfassende Auflistung der in der Literatur zu findenden Vorgehensmodelle zur Dienstleistungsentwicklung findet sich unter anderem bei Schneider (2004, S. 164f.) und Daun/Klein (2004, S. 63f.). Das deutliche Übergewicht linearer Vorgehensmodelle ist auf deren intuitiver Verständlichkeit und der damit einhergehenden leichten Übertragbarkeit in die Praxis zurückzuführen (Bullinger/Meiren 2001, S. 163).

Die Wirksamkeit des Einsatzes von Vorgehensmodellen ist in enger Verbindung mit der Berücksichtigung wesentlicher Merkmale zu sehen. Dies sind sowohl allgemeine Kriterien für Vorgehensmodelle als auch spezifische Anforderungen, die sich direkt aus dem Service-Engineering-Ansatz sowie den Charakteristika der Dienstleistungsinternationalisierung ableiten lassen.

Die *allgemeinen Kriterien* lehnen sich an die Kriterien für Vorgehensmodelle der Softwareentwicklung an. Neben der Allgemeingültigkeit sind die Definition von Zwischenergebnissen, die Reduktion der Komplexität, die Vollständigkeit sowie die Praxistauglichkeit zu nennen (Pomberger/Blaschek 1996, S. 17ff.):

■ *Die Allgemeingültigkeit* fokussiert die Anwendbarkeit eines Modells für unterschiedliche Ausgangssituationen und Fragestellungen. Im Rahmen der Dienstleistungsinternationalisierung wird dies durch die Eignung zur Anwendung für unterschiedliche Dienstleistungstypen ausgedrückt.

■ Die *Definition von Zwischenergebnissen* in Form von Meilensteinen dient der Abgrenzung der einzelnen Entwicklungsphasen und der Erreichung einer deutlicheren Prozessstrukturierung.

■ Die *Reduktion der Komplexität* ergibt sich aus der systematischen Unterteilung des Entwicklungsvorgangs in klar strukturierte Schritte.

■ Die *Vollständigkeit* eines Modells liegt vor, wenn der komplette Entstehungsprozess bis hin zur Markteinführung auf dem Zielmarkt abgebildet ist.

■ Die *Praxistauglichkeit* ergibt sich aus dem Erfüllungsgrad der vorangegangenen Kriterien.

Neben den allgemeinen Kriterien lassen sich auf Basis der spezifischen Dienstleistungs-charakteristika folgende *Muss-Funktionen* für Vorgehensmodelle zur Internationalisie-rung von Dienstleistungen identifizieren (vgl. Abschnitt 2):

- Die *integrierte Betrachtung der Potenzial-, Prozess- sowie Ergebnisdimension* stellt heraus, dass zur erfolgreichen Dienstleistungsgestaltung die Berücksichtigung der kausalen Zusammenhänge der Dienstleistungsdimensionen unabdingbar ist. Speziell die Adaptation einer bereits bestehenden Dienstleistung an neue Länderspezifika muss dimensionsübergreifend erfolgen.

- Die Funktion der *Marktbearbeitungsstrategie* zielt auf die konzeptionelle Planung der Dienstleistungserbringung ab. In Anbetracht der Zielmarktspezifika und den Po-tenzialen des Dienstleistungsanbieters muss die Entscheidung getroffen werden, ob die Erbringung alleine oder in Kooperation mit externen Partnern erfolgen soll.

- Die *Einbeziehung der Mitarbeiter* in die Entwicklung ist vor dem Hintergrund der Ableitung des Ressourcenbedarfs als Differenz der vorhandenen und benötigten Res-sourcen erforderlich. Unter dem Aspekt der Internationalisierung ist der Abgleich der zielmarktspezifischen Anforderungen an die Mitarbeiter, z.B. hinsichtlich Fremd-sprachenkenntnissen oder Wissen über die kulturellen Besonderheiten des Landes, fundamental. Unterstrichen wird diese Forderung durch den direkten Kontakt der Mitarbeiter mit dem Kunden bei der Dienstleistungserbringung.

- Das *Kriterium* der *Kundenorientierung* fokussiert auf zwei Aspekte. Zum einen auf die Kundenintegration in den Entwicklungsprozess, die aus der unbedingten Aus-richtung an den Kundenbedürfnissen folgt. Im Besonderen lassen sich so Erkenntnis-se über kulturspezifische Eigenheiten der Kunden ableiten, deren Berücksichtigung für den Dienstleistungserfolg elementar ist. Zum anderen betont es die gebotene In-tegration des externen Faktors bei der Dienstleistungserstellung. Daraus lassen sich für die Gestaltung der Erbringungsprozesse Richtlinien ableiten, die in Abhängigkeit des Zielmarkts großen Schwankungen unterliegen können.

- Die *Methodenunterstützung* greift die Frage auf, wie der Dienstleistungsentwick-lungs- und -erbringungsprozess durch passende Methoden, z.B. Modellierungsme-thoden zur Visualisierung der Dienstleistungsdimensionen oder Methoden zur Kun-denintegration, wirksam zu unterstützen ist.

Das in Abbildung 3 illustrierte Vorgehensmodell stellt eine Mischform dar, die sowohl den iterativen als auch den sequenziellen Gedanken integriert. Darin wird die Internatio-nalisierung einer Dienstleistung nicht als einmalig ablaufender, sondern als kontinuierli-cher Prozess verstanden, der mit der Einführung der Dienstleistung am Zielmarkt keines-wegs beendet ist. Vielmehr wird dieser durch die Suche nach Verbesserungspotenzialen und neuen Ideen fortwährend angestoßen. Das Modell gliedert sich in vier Phasen, die den Internationalisierungsprozess einer Dienstleistung beschreiben: die Startphase-, die Dienstleistungsdesign-, die -erbringungs- sowie die -bewertungsphase. Jede dieser Oberphasen ist ihrerseits wiederum in einzelne Unterphasen unterteilt, die jeweils mit einem Phasenergebnis in Form eines Meilensteins enden.

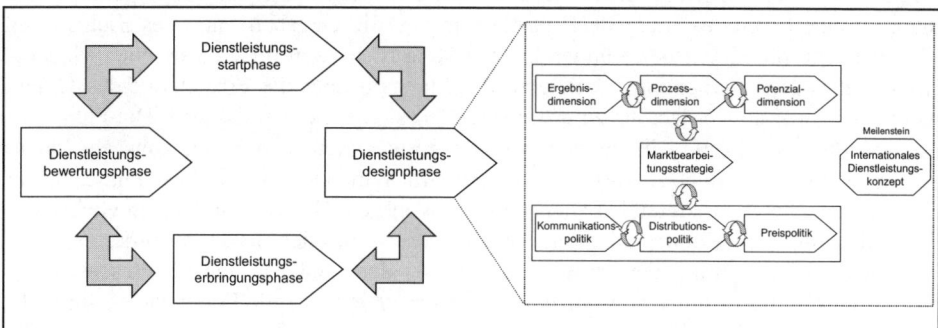

Abbildung 3: Vorgehensmodell zur Dienstleistungsinternationalisierung

Startphase

Der Prozess der Dienstleistungsinternationalisierung beginnt mit der Startphase, wird hier jedoch nicht initialisiert (Abbildung 4). Die Gründe des Internationalisierungsprozesses können beispielsweise Internationalisierungsaktivitäten eines wichtigen Kunden, veränderte Marktbedingungen oder die Streuung des Unternehmensrisikos durch Diversifikation sein (Meffert/Bruhn 2003, S. 683).

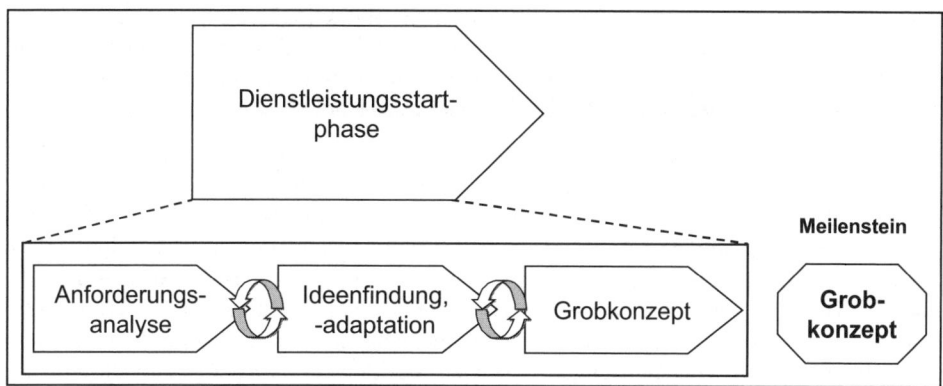

Abbildung 4: Startphase der Dienstleistungsinternationalisierung

Die Startphase untergliedert sich in drei Phasen. Die *Anforderungsanalyse* beschäftigt sich zum einen mit der Beschaffung relevanter Informationen über den Absatzmarkt.

Dabei spielen neben ökonomischen und politischen Faktoren im Besonderen kulturelle Fragestellungen eine entscheidende Rolle. Zum anderen müssen die Erwartungen der Kunden an die Dienstleistung erarbeitet werden. Darüber hinaus gilt es, die eigenen Stärken und Schwächen zu analysieren. Es muss beispielsweise die Frage geklärt werden, ob eine bereits existierende Dienstleistung an die Gegebenheiten des Zielmarktes und die Anforderungen der Kunden angepasst werden kann oder ob es einer Neuentwicklung bedarf. Ferner muss z.B. eine Abschätzung über die Finanzkraft des Unternehmens getroffen werden, die zu erwartenden Kosten decken zu können. Die Phase der *Ideenfindung/-adaptation* liefert zum einen bei einer Neuentwicklung konkrete Ideen, die es in einem iterativen Zyklus zu verfeinern gilt. Zum anderen soll diese Phase für die Verwendung einer existierenden Dienstleistung konkrete Hinweise liefern, inwiefern die Dienstleistungsdimensionen adaptiert werden müssen, um den neuen Anforderungen zu genügen. Aufbauend auf den gesammelten Daten der Analysen und der Beschreibung der geplanten Dienstleistung wird ein *Grobkonzept* entwickelt. Dabei ist es sinnvoll, nicht nur ein einziges Konzept zu erstellen, sondern unterschiedliche Konzeptansätze. Hintergrund ist der Gedanke, dass die verschiedenen Dienstleistungseigenschaften so in differierenden Ausprägungsstärken dargestellt werden können und sich aufgrund der gestellten Anforderungen Implikationen für den Erfolg der einzelnen Grobkonzepte ableiten lassen. Zusammen mit den Entscheidungsträgern erfolgt die Bewertung der Konzepte. Das beschlossene Grobkonzept bildet die Grundlage für die Detaillierung der Dienstleistung in der nächsten Hauptphase, der Designphase.

Designphase

Im Mittelpunkt der Designphase (Abbildung 5) steht die Detaillierung des Grobkonzeptes. Neben der Ausgestaltung der Ergebnis-, Prozess- und Potenzialdimension umfasst dies die Entwicklung eines leistungsspezifischen Marketingkonzepts sowie die Entwicklung einer Marktbearbeitungsstrategie. Die Verfeinerung der drei Bereiche erfolgt parallel, da aus den Ergebnissen der einzelnen Entwicklungsschritte gegenseitige Einflüsse resultieren, die entsprechend zu berücksichtigen sind.

Die Erstellung der Dienstleistungsmodelle erfolgt vom Produkt- über das Prozess- hin zum Ressourcenmodell. Eine teilweise überschneidende Erstellung der Modelle im Hinblick auf die Interdependenzen der Dimensionen und auf eine damit verbundene Verkürzung der „Time to Market" ist jedoch sinnvoll. Das *Produktmodell* zur Darstellung eines Dienstleistungsergebnisses setzt sich typischerweise zusammen aus der Strukturdarstellung der Dienstleistungsprodukte sowie der Definition von Leistungsinhalten (Bullinger/ Meiren 2001, S. 155). Hilfreich kann sich die Suche nach existierenden Produktmodellen bereits eingeführter Dienstleistungen erweisen. Sie können als Referenzmodelle herangezogen werden, bedürfen in den meisten Fällen jedoch einer Anpassung an die Merkmale des Zielmarktes (Thomas/Scheer 2003, S. 4f.). Hält das Produktmodell einer Überprüfung stand, kann mit dem Entwurf des *Prozessmodells* begonnen werden. Dies beinhaltet, aufbauend auf dem Produktmodell, die Beschreibung der zu durchlaufenden Prozessschritte zur Leistungserbringung. Die sinnvolle Abstimmung der einzelnen Phasen bedingt die Integration aller am Erbringungsprozess beteiligten Partner. In Abhängigkeit des Individualisierungsgrads der Dienstleistung ist die Absprache mit dem Kunden obligatorisch. Aus dieser Zusammenarbeit sollen konkrete Informationen zur Bestimmung der Reihenfolge der Prozessschritte, Meilensteine sowie Schnittstellen definiert werden. Es gilt zu beachten, dass die kulturellen Eigenheiten (z.B. Tagesabläufe in südlichen Ländern) in die Gestaltung der Erbringungsprozesse einfließen müssen. Von Bedeutung sind dabei die Implikationen, die sich aus der zwingenden Integration des externen Faktors in den Dienstleistungserbringungsprozess ableiten lassen. Zuletzt wird durch ein detailliertes *Ressourcenmodell* der Bedarf an technischen, materiellen und menschlichen Ressourcen erfasst und beschrieben. Der Ressourcenbedarf lässt sich aus den einzelnen Dienstleistungsfunktionen ableiten, die sowohl Qualität, Quantität als auch die zeitliche Komponente des Bedarfs beinhalten müssen. Im Zuge der Dienstleistungsinternationalisierung kommt der Berücksichtigung kultureller Besonderheiten, speziell bei der Planung der Humanressourcen, eine herausragende Rolle zu. Für notwendige Soll-Ist-Vergleiche im Rahmen der Bewertungsphase ist die Festlegung von Kennzahlen für die einzelnen Modelle (z.B. Sollzeiten für die Prozesse usw.) unumgänglich und ermöglichen die Abbildung relevanter, quantitativ messbarer Sachverhalte und stellen diese für Informationszwecke bereit (Schott 1988, S. 16f.; Schön 2001, S. 160f.).

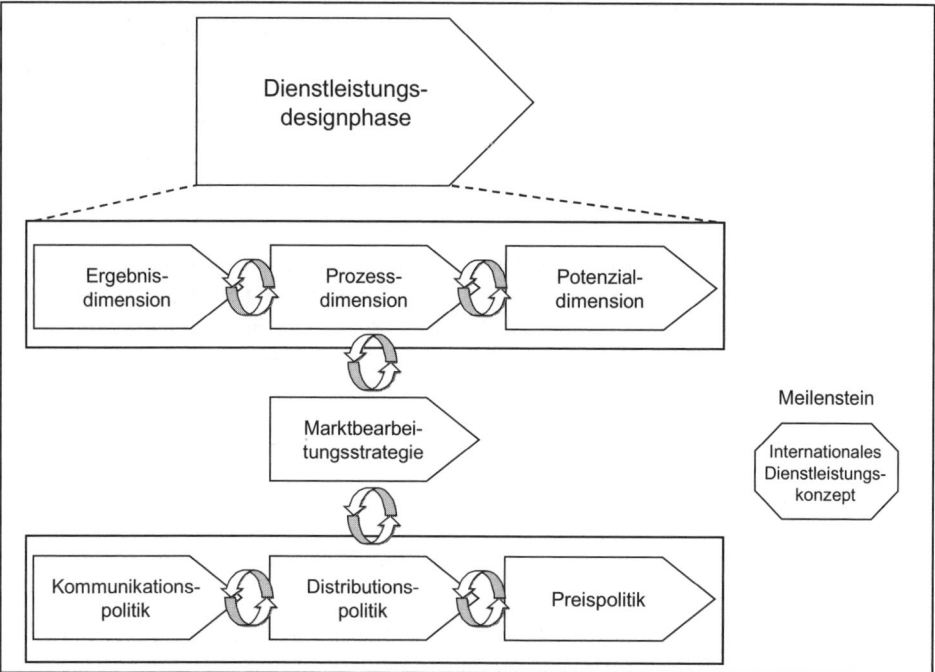

Abbildung 5: Designphase der Dienstleistungsinternationalisierung

Die Entwicklung einer geeigneten Kommunikations-, Distributions- und Preispolitik ist Ziel des Marketingkonzepts. Die *Kommunikationspolitik* umfasst sämtliche unternehmensinternen und -externen Maßnahmen, die auf Reaktionen von Marktteilnehmern auf die Unternehmensleistung einwirken. Ihr wird die schwierige Aufgabe zuteil, die immaterielle Dienstleistung verständlich und für den Kunden greifbar zu machen (Meyer 1999, S. 1066f.). Dabei muss im Besonderen bei der Gestaltung von Werbemitteln beispielsweise auf die zielmarktabhängige Interpretation verwendeter Farben Rücksicht genommen werden. Der Zweck der *Distributionspolitik* besteht in der Analyse der aktuellen Vertriebssituation hinsichtlich ihrer Eignung zur Verteilung der geplanten Dienstleistung auf dem Zielmarkt. In diesem Zusammenhang spielt die Akzeptanz beispielsweise neuer Technologien eine entscheidende Rolle, da diese die Vertriebsoptionen limitieren können (Meffert/Bruhn 2003, S. 729f.). Als dritter Schritt erfolgt die Wahl einer geeigneten *Preispolitik*. Diese bedarf im Vorfeld einer genauen Analyse des preispolitischen Spielraums. Die unterschiedlichen wirtschaftlichen Situationen in Stamm- und Zielmarkt eines Dienstleistungsanbieters können dabei einen erheblichen Einfluss auf die Preispolitik ausüben (Woratschek 1998, S. 44ff.). Des Weiteren haben die definierten Maßnahmen der Kommunikations- und Distributionspolitik sowie der Preis möglicher Konkurrenzprodukte einen großen Einfluss auf diese Entscheidung.

Die Festlegung der *Marktbearbeitungsstrategie* beinhaltet die Fragestellung nach der Art der Dienstleistungserbringung. Prinzipiell kann zwischen dem reinen Export und einer ständigen Präsenz im Ausland mit jeweils unterschiedlichen Ausprägungsgraden differenziert werden (Meissner/Gerber 1980, S. 224). Die Wahl der Strategie ist in enger Verbindung mit dem Potenzial des Dienstleistungsunternehmens zu sehen, die konzipierte Leistung in der erforderlichen Qualität zu erbringen. Sollte die Entscheidung zur Zusammenarbeit mit externen Partnern getroffen werden, müssen sowohl Anforderungsprofile für diese definiert als auch die von ihnen zu erbringenden Leistungen spezifiziert werden.

Die Integration der einzelnen Komponenten (Marketingkonzept, Dimensionsmodelle sowie Marktbearbeitungsstrategie) zu einem zusammenhängenden Dienstleistungskonzept steht am Ende der Designphase. Nach einer abschließenden Evaluierung durch die Entscheidungsträger und möglichen Verbesserungszyklen bildet das fertige Konzept die Grundlage für die Dienstleistungserbringung in der nächsten Phase.

Erbringungsphase

Im Mittelpunkt dieser Phase steht die Implementierung des zuvor entwickelten Dienstleistungskonzepts (Abbildung 6) auf dem Zielmarkt. Aufgrund der Immaterialität der Dienstleistung sowie des Uno-Actu-Prinzips ist eine reversive Umsetzung der entwickelten Modelle erforderlich.

Die im Ressourcenmodell beschriebenen menschlichen, technischen und materiellen Ressourcen gilt es zu beschaffen und zu integrieren. Gerade im Dienstleistungsbereich stellen die Mitarbeiter durch die direkte Schnittstelle zum Kunden einen wichtigen Erfolgsfaktor dar (Becker 2001, S. 753ff.). Um diese Mitarbeiter-Kunden-Beziehung optimal zu gestalten, sind bei Bedarf sowohl für neue als auch für erfahrene Mitarbeiter Schulungen durchzuführen. Dabei ist neben der Vermittlung wesentlicher kultureller Merkmale des Zielmarkts insbesondere das Wissen über die Merkmale des Dienstleistungsprodukts erfolgskritisch. Gleichzeitig muss mit der Realisierung des Marketingkonzepts und der Markteintrittsstrategie begonnen werden.

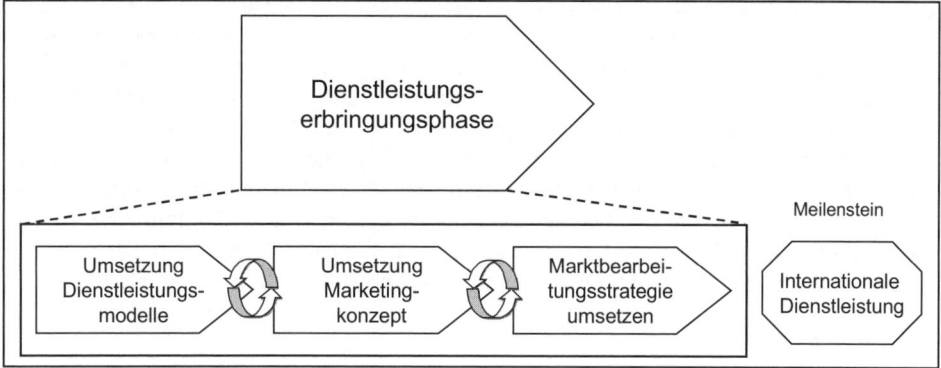

Abbildung 6: Erbringungsphase der Dienstleistungsinternationalisierung

Im Anschluss werden das Prozess- und Produktmodell umgesetzt. Die spezifischen Dienstleistungscharakteristika haben zur Folge, dass zur Umsetzung des Prozess- und Produktmodells die reale Dienstleistungserbringung notwendig ist. Zur Gewährleistung ist eine Evaluation eines Dienstleistungsprototyps im Rahmen von Pre-Tests empfehlenswert (Bruhn 2003, S. 246ff.). Nach dem Kreis der Beteiligten kann zwischen internen und externen Tests unterschieden werden:

▪ *Interne Tests* werden durchgeführt, um Qualität, Zuverlässigkeit und Performance der Dienstleistung unter kontrollierten Bedingungen zu messen. Die Rolle des externen Faktors in der Dienstleistungserstellung kann durch Mitarbeiter oder Verfügungsobjekte des Unternehmens besetzt werden. Den Unternehmensmitarbeitern ist so die Möglichkeit gegeben, Erfahrungen mit der Dienstleistung aus Anbieter- und Nachfragerperspektive zu sammeln (Bowers 1989, S. 19).

▪ *Externe Tests* beziehen den potenziellen Kunden mit ein und geben demnach detailliert Aufschluss über die Akzeptanz der Dienstleistung beim Zielkunden. Sie ermöglichen insbesondere Rückschlüsse über die korrekte Berücksichtigung der Landesspezifika. Der Individualisierungsgrad der Dienstleistung beeinflusst maßgeblich den Integrationsgrad der Vertreter der definierten Zielgruppe in diesen Evaluierungsprozess.

Verlaufen die Tests nicht zufrieden stellend, ist die Wiederaufnahme der Dienstleistungsentwicklung an dem entsprechenden Punkt des Prozesses zwingend erforderlich. Nach durchlaufener Testphase kann die Dienstleistung mit einem minimierten Risiko am Zielmarkt eingeführt werden.

Bewertungsphase

Mit der Einführung ist für das Unternehmen die Frage verbunden, ob sich die Dienstleistung unter „realen" Marktbedingungen auf dem Zielmarkt bewährt (Abbildung 7). Die notwendige Integration des externen Faktors in die Dienstleistungserbringung erfordert den konsequenten Einsatz eines *Customer Relationship Managements (CRM)*. Mit dem Einsatz eines *CRM* ist das Ziel der Implementierung einer fortwährenden und ertragreichen Kundenbeziehung verbunden (Heskett et al. 1997, S. 3ff.). Das Begreifen einer Beschwerde als Hinweis, um unternehmenseigene Schwächen zu identifizieren, und die Realisierung der damit verbundenen Erfolgspotenziale sind hierzu Grundvoraussetzungen (Stauss 1999, S. 1256f.). Die gelungene Verwendung von CRM impliziert für ein Unternehmen die Chance, die Diskrepanz zwischen beabsichtigter und tatsächlicher Qualität zu identifizieren und notwendige Verbesserungsmaßnahmen abzuleiten.

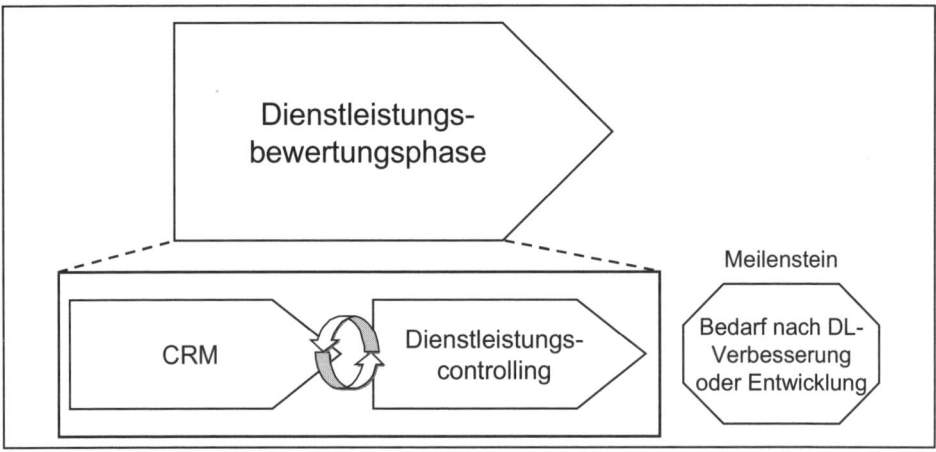

Abbildung 7: Bewertungsphase der Dienstleistungsinternationalisierung

Darüber hinaus ist die Durchführung eines *Dienstleistungscontrolling* überaus erfolgskritisch. Kern des *Dienstleistungscontrolling* ist eine kontinuierliche Bewertung der erbrachten Leistung (Fischer 2000, S. 2f.) im Sinne eines Soll-Ist-Vergleichs. Dies umfasst sowohl eine monetäre Wertung (z.B. Break Even Point) als auch eine Untersuchung der eingesetzten Kommunikationsmedien, Personalressourcen, Distributionskanäle und ein Preiscontrolling sowie die Überprüfung des Erbringungsprozesses und des Produktmodells. Die Folge ist zum einen die Überprüfung der Dienstleistungsfunktionalität. Zum anderen resultiert aus dieser aktiven Suche eine fortdauernde Weiterentwicklung der Dienstleistung, durch die dauerhafte Wettbewerbsvorteile im Zielmarkt erreicht werden können. Aus den in der Bewertungsphase erlangten Erkenntnissen resultiert entweder die Entwicklung einer gänzlich neuen Dienstleistung oder die Anpassung einer bereits existierenden Leistung für den Zielmarkt.

Die bisherigen Ausführungen in diesem Beitrag haben gezeigt, wie der Internationalisierungsprozess einer Dienstleistung durch den Einsatz eines Vorgehensmodells systematisiert werden kann. Im Anschluss daran wird nun die phasenbezogene Unterstützung durch Methoden erläutert.

4.2 Phasenbezogene Methodenunterstützung

Die Betrachtung setzt an den drei konstitutiven Dienstleistungscharakteristika Immaterialität, Uno-Actu-Prinzip und Integration des externen Faktors an. Diese Merkmale haben für das Unternehmen zur Folge, dass der Kunde im Gegensatz zur klassischen Produktion bei der Dienstleistungserbringung nicht nur das Ergebnis, sondern gleichsam den Erbringungsprozess sowie die Qualität der eingesetzten Ressourcen bis zu einem gewissen Grad beurteilen kann (Abbildung 8).

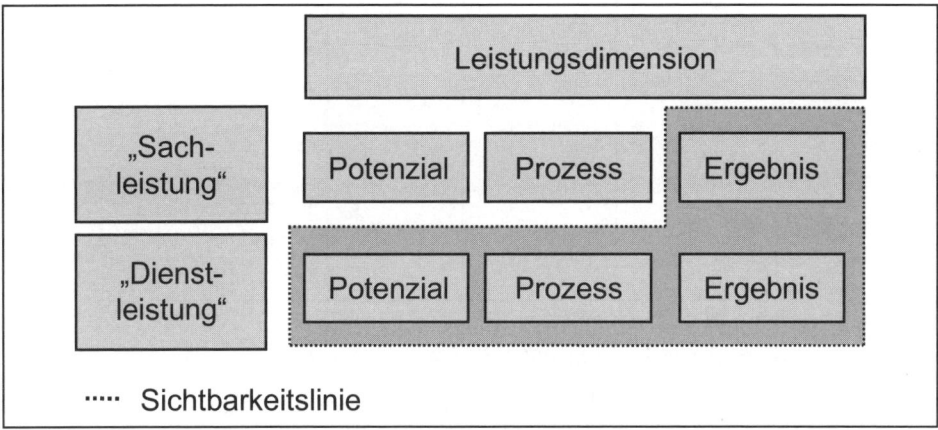

Abbildung 8: Wahrnehmung der Dienstleistungsdimensionen durch den Kunden
(Quelle: Reckenfelderbäumer/Busse 2003, S. 149f.)

Wie in Abschnitt 3 bereits erläutert, resultiert aus den Dienstleistungseigenschaften für die Unternehmen zum einen, dass diese ihre Leistungen nicht auf Vorrat produzieren können und daher einzig die Fähigkeit zur Leistungserbringung durch das Vorhalten der notwendigen personellen, maschinellen und EDV-technischen Ressourcen bereitstellen können. Zum anderen bedingen die konstitutiven Merkmale ein großes Risiko hinsichtlich einer Diskrepanz zwischen der tatsächlichen und der erwarteten Dienstleitungsqualität durch den Kunden.

Im Folgenden wird daher der Einsatz von Modellierungsmethoden motiviert und aufgezeigt, welche Potenziale sich daraus sowohl für die Entwicklung als auch die Erbringung in Rahmen des Internationalisierungsprozesses ableiten lassen. Ein ausführliches Rahmenwerk zur Dienstleistungsmodellierung liefern Grieble et al. (2002, S. 17ff.). Darin sind zum einen bestehende Modellierungsmethoden integriert, die an dienstleistungsspezifische Gegebenheiten angepasst wurden. Zum anderen sind bislang unberücksichtigte Informationen durch die Integration neuer Modelltypen miteinbezogen (Abbildung 9).

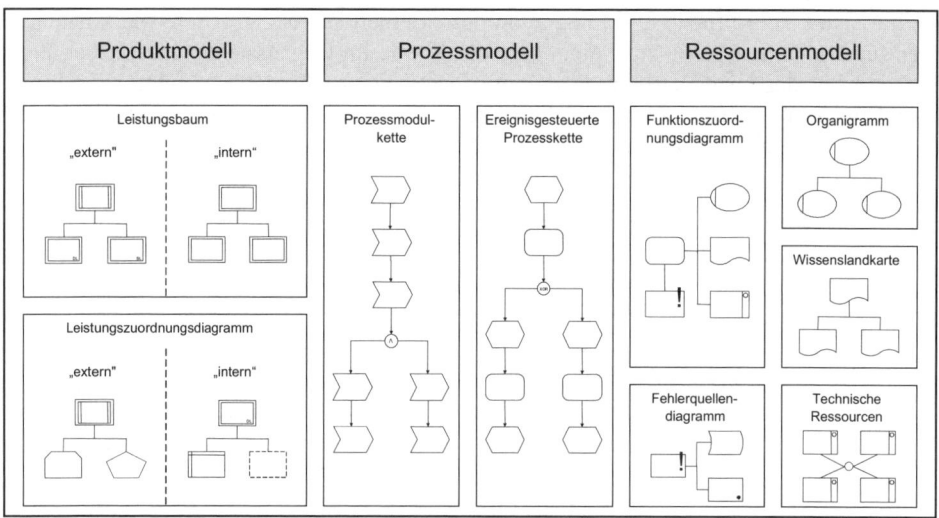

Abbildung 9: Rahmenwerk zur Dienstleistungsmodellierung
              (Quelle: Grieble et al. 2002, S. 17)

Im Rahmen des Dienstleistungsinternationalisierungsprozesses kann der Anwendungsnutzen von Modellierungsmethoden wie folgt beschrieben werden.

Der Nutzen in der *Startphase* liegt im Rahmen einer Neuentwicklung in der Erstellung erster grober Modelle der Dienstleistungsdimensionen und damit beispielsweise in einer ersten Abschätzung der zu erwartenden Ressourcenbedarfs für die Dienstleistungserbringung auf dem neuen Zielmarkt. Im Zuge der Anpassung eines bestehenden Dienstleistungsangebots an neue Zielmärkte dienen die Modelle als Ansatzpunkt für die Verdeutlichung des Angleichungsbedarfs der Dimensionen an die neuen Umfeldbedingungen.

Das Potenzial von Modellierungsmethoden in der *Designphase* des Dienstleistungsinternationalisierungsprozesses liegt in der Möglichkeit der detaillierten Visualisierung der Dienstleistungsdimensionen durch entsprechende Modelle und damit in deren Handhabbarkeit. Sie gestatten die Darstellung der dimensionenübergreifenden Wirkungszusammenhänge sowie die Nachvollziehbarkeit der Auswirkungen auf alle Aspekte der Dienstleistung beim Eintreten einer Veränderung (Scheer et al. 2004, S. 104). Abbildung 10 verdeutlicht dieses Potenzial für die Ergebnisdimension am Beispiel eines Leistungszuordnungsdiagramms. Dadurch ist es beispielsweise möglich, der Leistung direkt die Zielgruppe bzw. das zu befriedigende Primärbedürfnis zuzuordnen und entsprechende Implikationen für die Leistungserstellung abzuleiten.

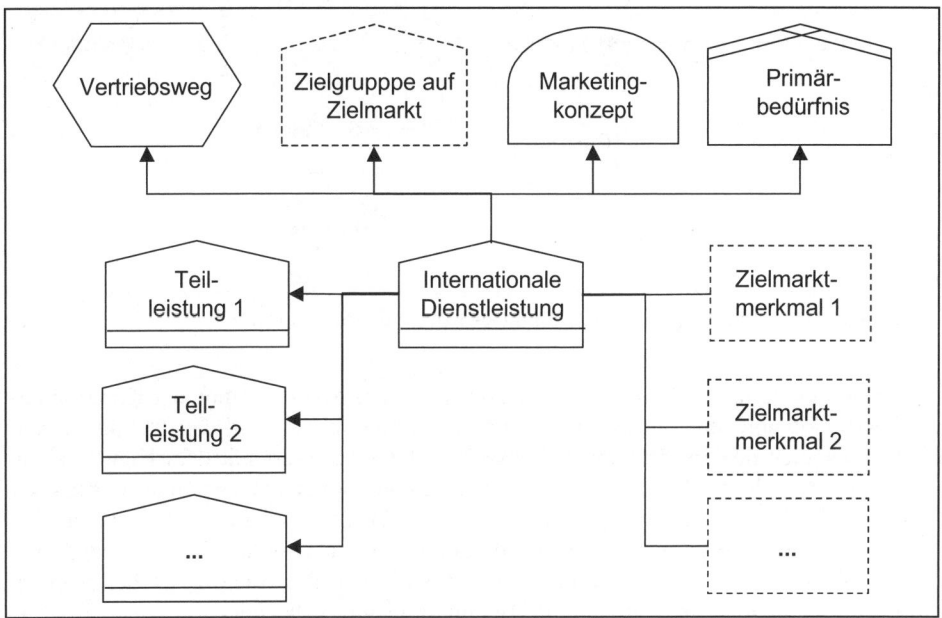

Abbildung 10:   Leistungszuordnungsdiagramm (Beispielmodell)
(Quelle: In Anlehnung an Grieble et al. 2002, S. 29)

Die Visualisierung des Erbringungsprozesses ermöglicht die Zuordnung der Prozessschritte zu den Prozessverantwortlichen. In Abhängigkeit der gewählten Marktbearbeitungsstrategie gestattet dies im Rahmen einer verteilten Dienstleistungserbringung die eindeutige Zuordnung der Verantwortungsbereiche. In dem visualisierten Beispielmodell (Abbildung 11) stellen die einzelnen Module die jeweils den Partnern zugeordneten

Teilprozesse der Dienstleistungserbringung dar. Ferner bildet die systematische Gestaltung der Dienstleistungsdimensionen in klar abgegrenzte Sektionen die Grundlage für ein zeitnahes (Re-)Design von Dienstleistungen im Rahmen von Service-Bundling-Aktivitäten. Eine individuelle Zusammenstellung einzelner Leistungen für eine kundenindividuelle Bedürfnisbefriedigung im Zielmarkt wird vereinfacht und die Entwicklungs- und Erbringungszeit verkürzt.

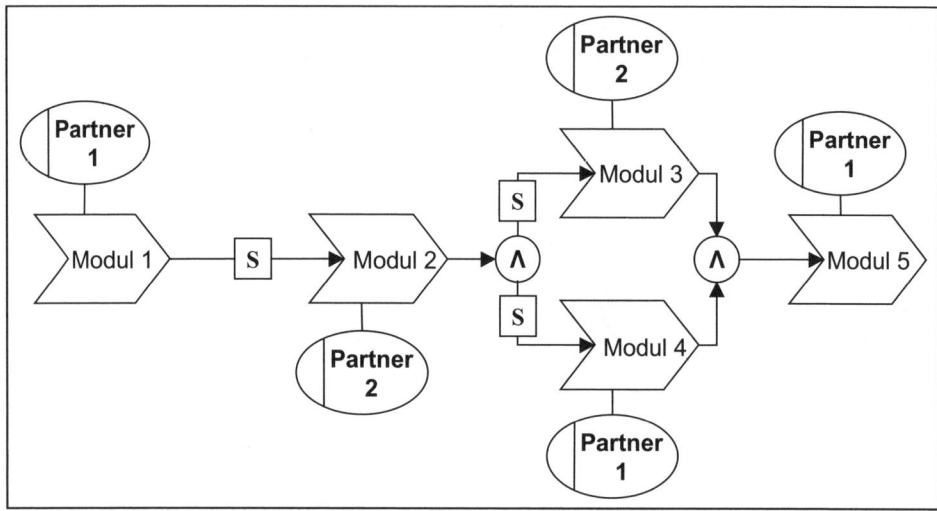

Abbildung 11:   Verteilte Dienstleistungserbringung (Beispielmodell)

Implikationen für die *Erbringungsphase* lassen sich aus der Illustration der Kundeninteraktionspunkte ableiten. Dadurch ist es zum einen möglich, sowohl die Interaktionshäufigkeit als auch den Interaktionsgrad sowie die Interaktionsart mit dem Kunden abzuschätzen. Detaillierte Ausführungen zur Kundenintegration bei der Dienstleistungserbringung finden sich bei Ernenputsch (1986, S. 32ff.). Zum anderen lassen sich aus diesen Erkenntnissen erfolgskritische Qualifikationsmerkmale für das Kundenkontaktpersonal ableiten. So stellt die informatorische Mitwirkung des Nachfragers bei einer informationsbedingten Integration (z.B. Beratungsleistung), beispielsweise per Telefon, bestimmte Anforderungen an die Kenntnis der Landessprache. Eine vermehrte produktionsbedingte/technische Integration verlangt vom Kundenkontaktpersonal darüber hinaus besondere Kenntnisse im Hinblick auf den persönlichen Umgang mit den Kunden auf dem Zielmarkt (z.B. Massage oder medizinische Betreuung).

In Abbildung 12 ist dies beispielhaft an dem Prozess einer Autoreparatur verdeutlicht. Der Prozess ist mit Hilfe der Methode der Ereignisgesteuerten Prozesskette (EPK) (Keller et al. 1992, S. 11ff.) dargestellt. Darüber hinaus erfolgt zur leichteren Ermittlung der Kundenaktivitäten die Darstellung der EPK in Swimlanes in Anlehnung an das Service Blueprinting (Shostack 1981, S. 223). Dieses Vorgehen vereinfacht die Identifikation der Prozessbausteine, an denen der Kunde sowohl alleine (*L1*) als auch zusammen mit dem Unternehmen beteiligt ist (*L2*). Idealtypisch ergibt sich der Kundenintegrationsgrad I(P) eines Erstellungsprozesses als Quotient aus der Summe der Arbeitschritte der Swimlanes *L1+L2* und der Summe aller Arbeitsschritte des Prozesses (Schneider/ Schreiner 2003, S. 54ff.; Schneider/Thomas 2003, S. 91).

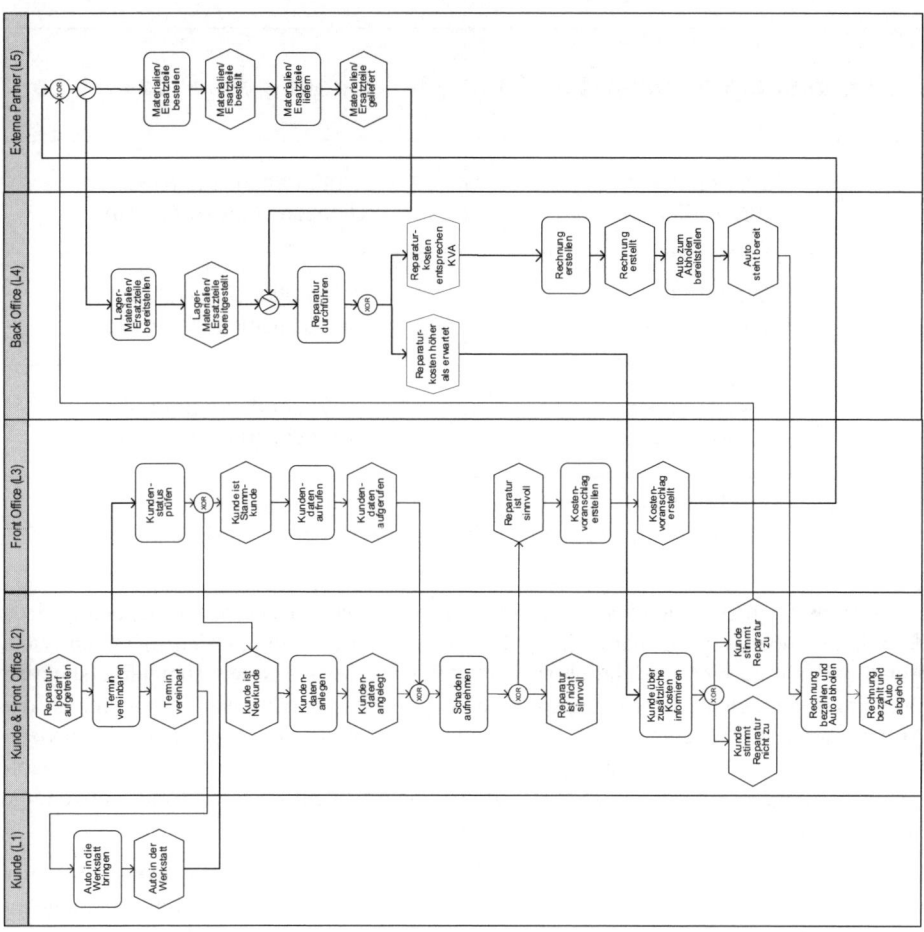

Abbildung 12:   Kundenintegration in der Dienstleistungserbringung am Beispiel einer Autoreparatur
(Quelle: In Anlehnung an Schneider/Thomas 2003, S. 90)

Aus der Definition folgt unmittelbar, dass der Wertebereich für einen Erstellungsprozess zwischen 0 und 1 liegt, wobei ein Kundenintegrationsgrad von 0 aufgrund der zwingenden Kundenintegration nicht angenommen werden kann.

Simplifiziert lassen sich aus diesen Überlegungen drei Wertebereiche für den Kundenintegrationsgrad bei der internationalen Dienstleistungserbringung ableiten und Potenziale für den Dienstleistungsanbieter folgern (vgl. Abbildung 13).

Kundenintegrationsfaktor I(P)	Bezeichnung des Prozesstyps
Wertebereich $0,66 < I(P) \leq 1$	Integrationsintensive Dienstleistungsprozesse
Wertebereich $0,33 < I(P) \leq 0,66$	Integrationsäquivalente Dienstleistungsprozesse
Wertebereich $0 < I(P) \leq 0,33$	Autonomiegeprägte Dienstleistungsprozesse

Abbildung 13:   Klassifikation von Dienstleistungserbringungsprozessen
(Quelle: In Anlehnung an Schneider/Schreiner 2003, S. 56)

Ein Wertebereich zwischen *0 und 0,33* ist für Erbringungsprozesse kennzeichnend, deren Aktivitäten überwiegend beim Dienstleister ablaufen, wodurch dem Kunden viele Handlungsschritte nicht ersichtlich sind. Das Potenzial des aus der Anbieterperspektive „autonomiegeprägten" Erbringungsprozesses liegt im Standardisierungspotenzial der Abläufe sowie in der eindeutigen Definition der benötigten Ressourcen zur Dienstleistungserbringung. Die Überführung dieser Prozesse auf den Zielmarkt kann leicht erfolgen. Allerdings erfordert der seltene Kundenkontakt nichtsdestotrotz das notwendige Wissen über zielmarktspezifische Eigenarten.

Ein Wertebereich zwischen *0,33 und 0,66* identifiziert den Erbringungsprozess als „integrationsäquivalent". Für den Dienstleistungsanbieter birgt diese Prozessausprägung immer noch ein gewisses Standardisierungspotenzial. Darüber hinaus stellt die zunehmende Kundenkontakthäufigkeit Anforderungen an das Personal hinsichtlich des Umgangs mit den Kunden auf dem neuen Markt.

Ein Wertebereich zwischen *0,66 und 1* beschreibt einen „integrationsintensiven" Dienstleistungsprozess, zu dessen Ergebnis der Nachfrager maßgeblich beiträgt. Für den

Dienstleistungsanbieter impliziert dies zum einen ein erhöhtes Potenzial zur kundenindividuellen Bedürfnisbefriedigung, zum anderen aber auch die zunehmende Anforderung an das Kundenkontaktpersonal auf die individuellen Verhaltensweisen der Nachfrager angemessen zu reagieren und gleichzeitig ein möglichst konstant gutes Qualitätsniveau zu erreichen. Gleichzeitig erfordert dies, eine umfassende Integrationsfähigkeit seitens des Nachfragers. Im Rahmen der Designphase muss daher die Frage gestellt werden, ob die Nachfrager auf dem Zielmarkt diese Fähigkeit vorhalten können. Kulturelle oder ökonomische Merkmale des Zielmarktes können dies verhindern.

Anzumerken gilt, dass eine strikte Trennung der Prozesscharakteristika der drei Wertebereiche nicht ohne Weiteres vollzogen werden kann. Vielmehr erfolgt die Bedeutungszu- bzw. -abnahme der identifizierten Besonderheiten fließend.

Für die *Bewertungsphase* ergibt sich der Nutzen eines Einsatzes von Modellierungsmethoden aus der Möglichkeit eines kennzahlenbasierten Soll-/Ist-Vergleichs. Die Basis hierfür bildet die Zuordnung von Sollwerten zu den einzelnen Dienstleistungsmodellen im Rahmen der Designphase. Beispielsweise können so Abweichungen in den Prozessdurchlaufzeiten identifiziert werden. Die daraus resultierenden Verbesserungspotenziale lassen sich direkt in die betroffenen Modelle überführen, was eine schnellere Verbesserung und Wiedereinführung auf dem Zielmarkt zur Folge hat.

5.   Fazit

Der wirtschaftliche Erfolg der Dienstleistungsinternationalisierung hängt maßgeblich von der Fähigkeit des Unternehmens ab, die kulturellen und ökonomischen Zielmarktspezifika bei der Entwicklung bzw. Anpassung einer Dienstleistung zu berücksichtigen und dadurch die Diskrepanz zwischen erwarteter und wahrgenommener Qualität einer Dienstleistung durch den Kunden zu minimieren.

Der vorliegende Beitrag motiviert die Übertragung der Erkenntnisse des Service Engineering auf die Dienstleistungsinternationalisierung. Die Disziplin des Service Engineering versucht durch die Übertragung von Konzepten der industriellen Produktentwicklung den Prozess der Dienstleistungsentwicklung zu systematisieren. Dazu wurde zunächst ein Vorgehensmodell präsentiert, das die Internationalisierung einer Dienstleistung bis zur Einführung auf dem Zielmarkt unterstützt und die fortwährende Suche nach Verbesserungspotenzialen und neuen Ideen motiviert. Ferner wurde die phasenbezogene Unterstützung durch Modellierungsmethoden erläutert und aufgezeigt, welche Potenziale sich sowohl für die Entwicklung als auch die Erbringung im Rahmen des Internationalisierungsprozesses ableiten lassen. Der dargestellte Ansatz zur Quantifizierung der Kundenintegration ermöglicht erste Rückschlüsse für den Erbringungsprozess im Rahmen der Dienstleistungsinternationalisierung. Eine notwendige Erweiterung dieses Ansatzes besteht in der Abschätzung des Integrationsaufwands sowohl für den Dienstleistungsanbieter als auch für den -nachfrager, da davon ausgegangen werden kann, dass in der Realität das Integrationsniveau der verschiedenen Aktivitäten einer Dienstleistungserbringung auf einem neuen Markt unterschiedlich ist und für die Ausgestaltung der Interaktionsprozesse berücksichtigt werden muss.

Literaturverzeichnis

Becker, F.G./Günter, S. (2001): Personalentwicklung als Führungsaufgabe in Dienstleistungsunternehmen, in: Bruhn, M./Meffert, H. (Hrsg.): Handbuch Dienstleistungsmanagement. Von der strategischen Konzeption zur praktischen Umsetzung, 2. Aufl., Wiesbaden, S. 751-780.

Berger, R. (1997): Chancen und Risiken der Internationalisierung aus Sicht des Standortes Deutschland, in: Krystek, U./Zur, E. (Hrsg.): Internationalisierung – Eine Herausforderung für die Unternehmensführung, Berlin u.a., S. 19-33.

Bruhn, M. (2003): Markteinführung von Dienstleistungen – Vom Prototyp zum marktfähigen Produkt, in: Bullinger, H.-J./Scheer, A.-W. (Hrsg.): Service Engineering – Entwicklung und Gestaltung innovativer Dienstleistungen, Berlin u.a., S. 235-258.

Bowers, M.R. (1989): Developing New Services: Improving the Process Makes it Better, in: Journal of Services Marketing, Vol. 3, No. 1, S. 15-20.

Bullinger, H.-J./Meiren, T. (2001): Service Engineering – Entwicklung und Gestaltung von Dienstleistungen, in: Bruhn, M./Meffert, H. (Hrsg.): Handbuch Dienstleistungsmanagement. Von der strategischen Konzeption zur praktischen Umsetzung, 2. Aufl., Wiesbaden, S. 149-175.

Bullinger, H.-J./Schreiner, P. (2003): Service Engineering: Ein Rahmenkonzept für die systematische Entwicklung von Dienstleistungen, in: Bullinger, H.-J./Scheer, A.-W. (Hrsg.): Service Engineering. Entwicklung und Gestaltung innovativer Dienstleistungen, Berlin u.a., S. 51-82.

Chroust, G. (1992): Modelle der Software-Entwicklung, München u.a.

Daun, C./Klein, R. (2004): Vorgehensweisen zur systematischen Entwicklung von Dienstleistungen im Überblick, in: Scheer, A.-W./Spath, D. (Hrsg.): Computer Aided Service Engineering, Berlin u.a., S. 43-67.

DIN Deutsches Institut für Normung e. V. (Hrsg.) (1998): DIN-Fachbericht 75, Entwicklungsbegleitende Normung (EBN) für Dienstleistungen, Berlin u.a.

Ehrlenspiel, K. (1995): Integrierte Produktentwicklung: Methoden für Prozeßorganisation, Produkterstellung und Konstruktion, München u.a.

Ernenputsch, M. A. (1986): Theoretische und empirische Untersuchungen zum Beschaffungsprozess von konsumtiven Dienstleistungen, Bochum.

Fischer, R. (2000): Dienstleistungs-Controlling. Grundlagen und Anwendungen, Wiesbaden.

Grieble, O./Klein, R./Scheer, A.-W. (2002): Modellbasiertes Dienstleistungsmanagement, in: Scheer, A.-W. (Hrsg.): Veröffentlichungen des Instituts für Wirtschaftsinformatik, Nr. 171, Saarbrücken.

Haller, S. (2001): Dienstleistungsmanagement. Grundlagen – Konzepte – Instrumente, Wiesbaden.

Heskett, J.L./Sasser, W.E./Schlesinger, L.A. (1997): The Service Profit Chain, New York u.a.

Hilke, W. (1989): Grundprobleme und Entwicklungstendenzen des Dienstleistungs-Marketing, in: Hilke, W. (Hrsg.): Dienstleistungs-Marketing, Schriften zur Unternehmensführung, Band 35, Wiesbaden, S. 5-44.

Hitt, M.A./Ireland, R.D./Hoskisson, R.E. (1999): Strategic Management – Competitiveness and Globalization, 3. Aufl., Boston u.a.

Hofmann, H.R./Klein, L./Meiren, T. (1998): Vorgehensmodelle für das Service Engineering, in: IM – Fachzeitschrift für Information Management & Consulting, 13. Jg., Nr. 8, S. 20-25.

Hübner, C.C. (1996): Internationalisierung von Dienstleistungsangeboten, München.

Jungnickel, R. (1989): Direktinvestitionen, internationale, in: Macharzina, K./Welge, M. K. (Hrsg.): Handwörterbuch Export und Internationale Unternehmung, Stuttgart, S. 308-315.

Keller, G./Nüttgens, M./Scheer, A.-W. (1992): Semantische Prozeßmodellierung auf der Grundlage „Ereignisgesteuerter Prozeßketten (EPK)", in: Scheer, A.-W. (Hrsg.): Veröffentlichungen des Instituts für Wirtschaftsinformatik, Nr. 89, Saarbrücken.

Köhler, L. (1991): Die Internationalisierung produzentenorientierter Dienstleistungsunternehmen, Hamburg.

Krallmann, H./Hoffrichter, M. (1998): Service Engineering – Wie entsteht eine neue Dienstleistung?, in: Bullinger, H.-J./Zahn, E. (Hrsg.): Dienstleistungsoffensive – Wachstumschancen intelligent nutzen, Stuttgart, S. 231-261.

Maleri, R. (1997): Grundlagen der Dienstleistungsproduktion. 4. Aufl., Berlin u.a.

Meffert, H. (1994): Marktorientierte Führung von Dienstleistungsunternehmen – neuere Entwicklungen in Theorie und Praxis, in: Die Betriebswirtschaft, 54. Jg., Nr. 4, S. 519-541.

Meffert, H./Bruhn, M. (2003): Dienstleistungsmarketing. Grundlagen – Konzepte – Methoden, 4. Aufl., Wiesbaden.

Meissner, H.G./Gerber, S. (1980): Die Auslandsinvestition als Entscheidungsproblem, in: Betriebswirtschaftliche Forschung und Praxis, 32. Jg., Nr. 3, S. 217-228.

Meyer, A. (1999): Kommunikationspolitik von Dienstleistungs-Anbietern: Bedeutung und Gestaltungsbereiche, in: Meyer, A. (Hrsg.): Handbuch Dienstleistungs-Marketing, Band II, Stuttgart, S. 1065-1093.

Meyer, A./Mattmüller, R. (1987): Qualität von Dienstleistungen. Entwurf eines praxisorientierten Qualitätsmodells, in: Marketing ZFP, 9. Jg., Nr. 3, S. 187-195.

Parasuraman, A./Berry, L.L./Zeithaml, V.A. (2000): Kommunikations- und Kontrollprozesse bei der Erstellung von Dienstleistungsqualität, in: Bruhn, M./Stauss, B. (Hrsg.): Dienstleistungsqualität. Konzepte – Methoden – Erfahrungen. 3. Aufl., Wiesbaden, S. 115-144.

Pomberger, G./Blaschek, G. (1996): Software Engineering – Prototyping und objektorientierte Software-Entwicklung, 2. Aufl., München.

Reckenfelderbäumer, M./Busse, D. (2003): Kundenmitwirkung bei der Entwicklung von industriellen Dienstleistungen – eine phasenbezogene Analyse, in: Bullinger, H.-J./ Scheer, A.-W. (Hrsg.): Service Engineering – Entwicklung und Gestaltung innovativer Dienstleistungen, Berlin u.a., S. 145-170.

Scheer, A.-W. (2000): Unternehmen gründen ist nicht schwer ..., Berlin u.a.

Scheer, A.-W./Herrmann, K./Klein, R. (2004): Modellgestütztes Service Engineering – Entwicklung und Design neuer Dienstleistungen, in: Bruhn, M./Stauss, B. (Hrsg.): Forum Dienstleistungsmanagement. Dienstleistungsinnovation. Wiesbaden, S. 97-125.

Schneider, K. (2004): Der Customer related Service Life Cycle, in: Zahn, E./Spath, D./ Scheer, A.-W. (Hrsg.): Vom Kunden zur Dienstleistung. Methoden, Instrumente und Strategien zum Customer related Service Engineering, Stuttgart, S. 157-194.

Schneider, K./Schreiner, P. (2003): Ein methodischer Ansatz zur Messung der Kundenintegration in der Dienstleistungserbringung, in: IM – Fachzeitschrift für Information Management & Consulting, 18. Jg., Nr. 3, S. 51-57.

Schneider, K./Thomas, O. (2003): Kundenorientierte Dienstleistungsmodellierung mit Ereignisgesteuerten Prozessketten, in: EPK 2003, 2. Fachtagung, Bamberg, 08. Oktober 2003, Bamberg, S. 87-93.

Schneider, K./Wagner, D./Behrens, H. (2003): Vorgehensmodelle zum Service Engineering, in: Bullinger, H.-J./Scheer, A.-W. (Hrsg.): Service Engineering – Entwicklung und Gestaltung innovativer Dienstleistungen, Berlin u.a., S. 117-141.

Schott, G. (1988): Kennzahlen: Instrument der Unternehmensführung, 5. Aufl., Wiesbaden.

Schön, A. (2001): Innovationscontrolling, Frankfurt/Main.

Shostack, L.G. (1981): How to design a service, in: Donnelly, J. H./George, W.R. (Hrsg.): Marketing of Services, Chicago, S. 221-229.

Stauss, B. (1995): Internationales Dienstleistungsmarketing, in: Hermanns, A./Wißmeier, U.K. (Hrsg.): Internationales Marketing-Management. Grundlagen, Strategien, Instrumente, Kontrolle und Organisation, München, S. 437-474.

Stauss, B. (1999): Beschwerdemanagement, in: Meyer, A. (Hrsg.): Handbuch Dienstleistungs-Marketing, Band II, Stuttgart, S. 1255-1271.

Thomas, O./Scheer, A.-W. (2003): Referenzmodellbasiertes (Reverse-)Customizing von Dienstleistungsinformationssystemen, in: Scheer, A.-W. (Hrsg.): Veröffentlichungen des Instituts für Wirtschaftsinformatik, Nr. 173, Saarbrücken.

Woratschek, H. (1998): Preisbildung von Dienstleistungen. Markt- und nutzenorientierte Ansätze, Frankfurt/Main.

Zentes, J./Ferring, N./Janz, M. (2001): Vertriebssysteme für nationale und internationale Dienstleistungsanbieter, in: Bruhn, M./Meffert, H. (Hrsg.): Handbuch Dienstleistungsmanagement. Von der strategischen Konzeption zur praktischen Umsetzung, 2. Aufl., Wiesbaden, S. 661-686.

2. Basisentscheidungen der Internationalisierung von Dienstleistungen

Manfred Bruhn und Karsten Hadwich

Internationalisierung von Dienstleistungskonzepten

Prof. Dr. *Manfred Bruhn* ist Ordinarius für Betriebswirtschaftlehre, insbesondere Marketing und Unternehmensführung am Wirtschaftswissenschaftlichen Zentrum (WWZ) der Universität Basel. Dr. *Karsten Hadwich* ist Wissenschaftlicher Assistent am dortigen Lehrstuhl.

1. Strategische Grunddimensionen der Internationalisierung von Dienstleistungskonzepten

Die geographische *Ausweitung nationaler Dienstleistungskonzepte* stellt vielfach eine zwingende Notwendigkeit dar, um den langfristigen Unternehmenserfolg zu sichern. Zur Etablierung von Dienstleistungen, die auch internationale bzw. globale Einsatzmöglichkeiten aufweisen, sind Dienstleistungsstrategien international anzupassen. Dabei sind spezielle Dimensionen zu berücksichtigen, die sich aus dem differenzierten Erstellungsprozess bei Dienstleistungen zwischen einem Anbieter und den kulturell unterschiedlichen Kunden ergeben.

Während die Notwendigkeit und Vorteile der Internationalisierung von Dienstleistungen in Wissenschaft und Praxis weitgehend unbestritten sind, zeigen die Misserfolge in der Unternehmenspraxis, dass die Umsetzung der Internationalisierung noch zahlreiche Probleme bereitet. *Ursachen für den Misserfolg* liegen zum einen darin begründet, dass Unternehmen die Besonderheiten der internationalen Märkte und die gegenüber nationalen Märkten zunehmende Komplexität unterschätzen (Quelch 1999). Der Informationsbedarf ist weitaus höher und die Informationsbeschaffung gestaltet sich schwieriger als häufig vermutet (Berndt et al. 2003, S. 6). Zum anderen führen der ineffiziente Einsatz international tätiger Mitarbeiter und Mängel in den Prozessen zu erhöhten Reibungsverlusten bei der internationalen Dienstleistungskoordination (Quelch 1999).

Im Rahmen der wissenschaftlichen und praktischen Diskussion der Chancen und Risiken eines weltweiten Engagements steht die Frage im Mittelpunkt, ob und unter welchen Voraussetzungen international übergreifend eine Vereinheitlichung bzw. Differenzierung von Dienstleistungskonzepten erfolgen soll, da es sich im internationalen Marketing nicht um eine ländermäßig isolierte, sondern um eine Gesamtbetrachtung handeln muss (Meffert/Bolz 2001, S. 155f.).

Im Zentrum dieser Diskussion steht dabei die Frage der *Standardisierung versus Differenzierung* von Instrumenten im Rahmen der internationalen Marktbearbeitung (vgl. z.B. Jenner 1994, S. 15ff.; Meffert/Bolz 2001, S. 155ff.; Köhler 2002, S. 23ff.; Berndt et al. 2003, S. 165ff.). Während bei der Standardisierung Marketingaktivitäten länderübergreifend einheitlich gestaltet werden, erfolgt bei der Differenzierung eine länderspezifische Anpassung von Marketingkonzeptionen. Als Bezugsobjekte der Standardisierung bzw. Differenzierung können in einem engeren Sinne hinsichtlich der *grundlegenden Bestandteile des Dienstleistungskonzeptes* die Dienstleistung selbst und die Dienstleistungsmarke unterschieden werden. Das Spektrum alternativer Standardisierungs- und Differenzierungsstrategien reicht dabei von einer vollkommenen länderübergreifenden Standardisierung der Erstellung der Dienstleistung und das Angebot als Dienstleistungsmarke bis hin zu einer länderspezifischen Differenzierung der beiden Gestaltungselemente (Abbildung 1).

		Dienstleistungserstellung	
		Standardisierung	Differenzierung
Dienstleistungsmarke	Standardisierung	Länderübergreifende Standardisierung von Leistung und Marke	Länderspezifische Ausgestaltung der Leistung und länderübergreifende Standardisierung der Marke
	Differenzierung	Länderübergreifende Standardisierung von Leistung und länderspezifische Ausgestaltung der Marke	Länderspezifische Ausgestaltung von Leistung und Marke

Abbildung 1: Marktbearbeitungsstrategien im internationalen Wettbewerb

Die *Vorteile einer Standardisierung* gegenüber einer Differenzierung der internationalen Marktbearbeitung sind darin zu sehen, dass sich durch eine Globalisierung Kostende-gressionseffekte einstellen, internationale Lern- und Ausstrahlungseffekte genutzt sowie unternehmensinterne Prozesse rationalisiert werden (vgl. z.B. Backhaus et al. 2003). Darüber hinaus wird durch ein weltweit gleichartiges Dienstleistungskonzept die Ein-heitlichkeit in der Wahrnehmung insbesondere der global mobilen Zielgruppen sowie ein konsistentes Dienstleistungsimage unterstützt (Köhler 2002, S. 23).

Durch die Übertragung vereinheitlichter Dienstleistungskonzepte sowie dahinter stehen-der Prozesse auf mehrere Ländermärkte können für bestimmte Dienstleistungsunterneh-men Wettbewerbsvorteile errungen werden. Jedoch stehen den deutlichen Vorteilen auch *Nachteile der Standardisierung* im Vergleich zur Differenzierung gegenüber (Berndt et al. 2003, S. 159ff.). Zum einen bleiben im Rahmen der Standardisierung länderspezifi-sche Konsumentenbedürfnisse unberücksichtigt, was zu einer unzureichenden Zielgrup-penansprache führt. Zum anderen besteht häufig ein Mangel an Flexibilität, da die Stan-dardisierung mit einer Entscheidungszentralisation verbunden ist. Dies kann zur Folge haben, dass innovative Prozesse im Unternehmen gehemmt werden. Ferner finden stan-dardisierte Konzepte oftmals keine Akzeptanz bei den Tochtergesellschaften und können deshalb nur selten in der eigenen Organisation durchgesetzt werden.

Die Entscheidung über die Standardisierung bzw. Differenzierung der Marktbearbeitung ist in Abhängigkeit von verschiedenen *marktbezogenen Einflussfaktoren* zu treffen. So ist z.B. eine Standardisierung des Dienstleistungskonzeptes vorteilhaft, wenn das Nachfragerverhalten zwischen verschiedenen Ländern stark konvergent ist, die Nachfrager international sehr mobil sind sowie eine geozentrische Unternehmensorientierung mit der Tendenz zur inhaltlichen und prozessualen Standardisierung der Marketingaufgaben vorliegt. Die Differenzierung von Dienstleistungskonzepten bietet sich insbesondere an, wenn bei dem Dienstleistungsanbieter bereits eine stark dezentrale Unternehmensstruktur mit geringer Entscheidungszentralisation bei der Muttergesellschaft vorherrscht, die Kosten und Risiken des internationalen Ausbaus zu hoch sind und die Dienstleistungen landesspezifisch stark angepasst werden müssen (Berndt et al. 2003, S. 203). In vielen Märkten hat sich das Gewicht von standardisierungsbegünstigenden Einflussfaktoren in jüngerer Zeit vergrößert. Vor allem die länderübergreifende Angleichung von Kundenbedürfnissen und der zunehmende internationale Informationsaustausch sind Gründe dafür, dass sich in immer mehr Märkten die Notwendigkeit ergibt, aus ehemals differenzierten Dienstleistungen im internationalen Bereich standardisierte Dienstleistungen zu entwickeln (Voeth/Wagemann 2004).

Zusammenfassend hat sich die Erkenntnis durchgesetzt, dass eine völlige Standardisierung bzw. Differenzierung nicht sinnvoll sein kann. Vielmehr geht es um die Frage nach dem *„optimalen" Standardisierungs- bzw. Differenzierungsgrad*, der eine Ausnutzung nationaler Gemeinsamkeiten bei gleichzeitiger Berücksichtigung länderspezifischer Differenzen ermöglichen soll (Backhaus et al. 2003).

Neben der Frage einer standardisierten bzw. differenzierten Marktbearbeitung ist im Hinblick auf die sich im Rahmen der Internationalisierung von Dienstleistungen ergebenden Aufgaben die *Form des Markteintritts* von Relevanz. In der Unternehmenspraxis können als grundsätzliche Wege zur internationalen Expansion die Gründung eigener Tochtergesellschaften, die Bildung von Kooperationen durch Franchising oder Joint Ventures sowie Akquisitionen im Ausland unterschieden werden.

Die im Hinblick auf die mit der Internationalisierung verbundenen Kosten teuerste Form ist die Gründung einer eigenen *Tochtergesellschaft*. Der Vorteil dieser Eintrittsform liegt in der vollständigen Entscheidungsfreiheit der Zentrale bezüglich der gesamten Unternehmenspolitik. Darüber hinaus kann ein einheitlicher Qualitätsstandard aufgebaut werden. Der entscheidende Nachteil ist allerdings der vergleichsweise lange Zeitraum, den der Aufbau einer Tochtergesellschaft beansprucht.

Als *Kooperationen* werden Bündnisse zweier oder mehrerer Unternehmen bezeichnet, die durch Einsatz ihrer gemeinsamen Ressourcen eine Steigerung ihrer Wettbewerbsfähigkeit anstreben. Joint Ventures und Franchising bilden die in Dienstleistungsbranchen verbreitetsten Kooperationsformen. Das *Franchising* hat die Überlassung eines gesamten Geschäftskonzeptes zum Gegenstand. Als Beispiele hierfür sind Autovermietungen wie Avis und Hertz zu nennen, die ihre Auslandsexpansion durch ein Franchisekonzept umsetzen (Kutschker/Schmid 2002, S. 234). Der Franchisegeber stellt dem Franchisenehmer im Rahmen einer langfristigen, individualvertraglich vereinbarten Zusammenarbeit seinen Firmen- oder Produktnamen und sein Know-how zur Verfügung. Der Franchisegeber kann auf diese Weise mit begrenztem Kapitaleinsatz auf ausländische Märkte expandieren. Der Franchisenehmer stellt dafür seinen Betrieb und sein Marketing in den Dienst des Franchisegebers und verpflichtet sich i.d.R. zur Einhaltung der vorgegebenen Qualitätsanforderungen und partizipiert von der Reputation des Franchisegebers (Behofsics 1998, S. 56f.).

Ein *Joint Venture* ist eine dauerhafte Kooperation von zwei oder mehreren Partnerunternehmen, die durch die kapitalmäßige Beteiligung aller Partnerunternehmen gekennzeichnet ist. Bei internationalen Joint Ventures ist mindestens einer der Partner im Ausland niedergelassen. Vorteile eines Joint Ventures gegenüber einer gänzlich im Eigentum befindlichen Tochter ist die geringere Kapitalbeteiligung. Das Partnerunternehmen erhofft sich in erster Linie die Nutzung der besseren Marktkenntnisse des lokalen Partnerunternehmens sowie dessen Verhandlungskompetenz im Umgang mit öffentlichen Stellen des Gastlandes (Behofsics 1998, S. 67). Ein wesentlicher Nachteil stellt jedoch die fehlende Managementkontrolle dar, die in Konfliktsituationen die Durchsetzung von Unternehmensstandards, wie z.B. ein bestimmtes Qualitätsniveau, problematisch macht.

Unter *Akquisitionen* wird der Kauf, die Übernahme bzw. der mehrheitliche Anteilserwerb eines Unternehmens verstanden. Insbesondere die hohen einmaligen Kosten stellen dabei für viele Unternehmen eine Hürde dar. Die Vorteile einer Akquisitionsstrategie liegen darin, dass auf diese Weise die Managementkontrolle an dem jeweiligen Unternehmen gesichert und die Internationalisierung in einem schnelleren Zeitraum als durch einen Eigenaufbau erreicht werden können.

Die Form des Markteintritts determiniert die Zahl und Arten der im Internationalisierungsprozess involvierten Dienstleistungen. In den Internationalisierungsprozess können zum einen durch die Neugründung von Tochtergesellschaften ausschließlich *eigene Dienstleistungen* des Unternehmens und zum anderen durch Kooperationen oder Akquisitionen zusätzlich auch *fremde Dienstleistungen* involviert sein.

Durch die Gegenüberstellung der beiden strategischen Grundfragen „Marktbearbeitung" und „Markteintritt" lassen sich vier Formen der Internationalisierung von Dienstleistungskonzepten unterscheiden (Abbildung 2). Im Falle eines Exports des inländischen Dienstleistungskonzeptes muss entschieden werden, ob das Heimatleistungsangebot ohne die Berücksichtigung von länderspezifischen Besonderheiten multipliziert wird (*Multiplikationsstrategie*) oder im Rahmen einer Angebotsanpassung z.B. kulturelle Aspekte berücksichtigt werden (*Anpassungsstrategie*). Im Fall der Übernahme eines Unternehmens und dessen nationaler Leistungen sowie Marken muss sich das akquirierende Unternehmen darüber Gedanken machen, ob das übernommene Dienstleistungskonzept zusätzlich in das Portfolio aufgenommen (*Portfoliostrategie*) oder durch eine Verschmelzung mit dem Heimatleistungsangebot in ein internationales Dienstleistungskonzept überführt werden sollen (*Verschmelzungsstrategie*).

		Internationale Marktbearbeitungsstrategie	
		Standardisierung	Differenzierung
Form des Markteintritts	Eigenaufbau	Multiplikations-strategie	Anpassungs-strategie
	Fremdbeteiligung	Verschmelzungs-strategie	Portfolio-strategie

Abbildung 2: Formen der Internationalisierung von Dienstleistungskonzepten

Im Folgenden soll aufgezeigt werden, welche Gestaltungsoptionen, Aufgaben und Umsetzungsprozesse sich im Rahmen der genannten Internationalisierungsformen ergeben.

2. Internationale Multiplikation von Dienstleistungskonzepten (Multiplikationsstrategie)

Unter der *internationalen Multiplikation* wird die länderübergreifende Vervielfältigung eines vorhandenen Dienstleistungskonzeptes verstanden, das im Eigenaufbau – also im Rahmen des Gründung von ausländischen Tochtergesellschaften oder eines Franchising – und weitgehend ohne eine kulturspezifische Anpassung realisiert wird. Wesentlicher Vorteil ist dabei die Nutzung von Potenzialen, die unternehmensintern bereits vorliegen (Hübner 1993, S. 187), und damit verbundene Skaleneffekte, besonders auch im Back-Office-Bereich. Zentrale Aufgabe der internationalen Multiplikation von Dienstleistungskonzepten stellt die Sicherstellung von internationalen Dienstleistungs- und Markenstandards dar.

2.1   Sicherstellung von internationalen Dienstleistungsstandards

Die *Voraussetzung der Multiplikationsstrategie* sind global attraktive und weitgehend standardisierte Dienstleistungen. Sowohl das Nutzenversprechen als auch das zugehörige Dienstleistungskonzept sind damit ohne Modifikation auf einen neuen Markt übertragbar. Zur Umsetzung dieser Strategie ist ein Konzept notwendig, das die bei der Leistungserstellung notwendigen Schritte unter Festlegung gewisser Qualitätsstandards umfasst. Derartig standardisierte Abläufe lassen sich jedoch mit zunehmenden Interaktionsgrad zwischen Kunde und Anbieter schwieriger umsetzen. Die Multiplikation von Leistungen bzw. Leistungsprogrammen ist damit insbesondere bei quasi-industriellen Dienstleistungen möglich.

Im Rahmen der Standardisierung von Dienstleistungskonzepten bieten sich als *Ansatzpunkte* die Dienstleistungspotenziale, -prozesse und -ergebnisse an.

Als besonders relevantes Problemfeld ist die Standardisierung der menschlichen *Leistungspotenziale* anzusehen (Hübner 1993, S. 190). Im Hinblick auf standardisierte Leistungspotenziale sind Mitarbeiter einzustellen, die im neuen Ländermarkt die *gleichen Qualifikationsstandards* wie im Heimatmarkt erfüllen (Hübner 1996, S. 167). Dabei hat das Niveau der im Auslandsmarkt vorhandenen Potenziale einen starken Einfluss auf die Schaffung von Dienstleistungspotenzialen. Gibt es z.B. kein ausreichend qualifiziertes Personal, wird es für einen Anbieter schwierig, Dienstleistungen anzubieten, die annähernd mit denen im Heimatmarkt vergleichbar sind. Eine weitere Alternative stellt die Aussendung von *Mitarbeitern aus dem Heimatmarkt* dar. Hierbei besteht jedoch die Gefahr, dass bei einer großen kulturellen Distanz zwischen Heimat- und Auslandsmarkt die fachliche und soziale Kompetenz nicht ausreicht, um auftretende Unterschiede und Spannungen, die u.U. bei der Kundenintegration auftreten, auszugleichen (Mann 1998, S. 265f.).

Das Standardisierungspotenzial von *Dienstleistungsprozessen* hängt im Wesentlichen von der *Interaktionsintensität* zwischen Anbieter und Kunde ab, die zur Erstellung einer Dienstleistung erforderlich ist (Stauss 1995, S. 455ff.). Die Interaktionsintensität wird bestimmt durch eine räumliche, zeitliche, funktionale und soziale Dimension der Kundenbeteiligung. Während bei einer produktionstechnischen Sichtweise die Analyse von *Art und Umfang des Kontaktes* (räumliche und zeitliche Dimension der Kundenintegration) im Vordergrund steht, bildet bei einer beziehungsorientierten Sicht die *Interaktion zwischen Kunde und Anbieter* (funktionale und soziale Dimension) im Sinne einer gegenseitigen Einwirkung und Einflussnahme den Untersuchungsgegenstand (Frehse 2002, S. 43). Bei Dienstleistungen mit einem *geringen Interaktionsgrad* ist eine Standardisierung von Dienstleistungsprozessen grundsätzlich eher umzusetzen, da die Leistung weitgehend autonom vom Kunden erstellt wird.

Ansatzpunkte zur Umsetzung eines *länderübergreifenden Serviceniveaus* stellen die Dienstleistungspotenziale und -prozesse dar. Die Standardisierung der Dienstleistungspotenziale und -prozesse kann einerseits als Voraussetzung für die Vereinheitlichung des *Leistungsergebnisses* aufgefasst werden. Andererseits kann die Differenzierung der Leistungspotenziale und -prozesse aber auch notwendig sein, um ein international standardisiertes Leistungsergebnis zu erzielen. So sind zur Erstellung eines Wirtschaftsprüfungsberichtes als ein international standardisiertes Leistungsergebnis Mitarbeiter notwendig, die über Kenntnisse im länderspezifischen Steuerrecht verfügen (Differenziertes Leistungspotenzial). Insgesamt scheint eine Standardisierung von Dienstleistungsergebnissen nur möglich, wenn sich Problemlösungen so stark ähneln, dass allgemein gültige Konzepte, die nur geringer Anpassung bedürfen, herangezogen werden können (Dichtl 1998, S. 140).

Ein bekanntes *Beispiel* für die Umsetzung der Multiplikationsstrategie ist die Fast-Food-Kette *McDonald's*. McDonald's hat sich in den Jahren seiner Erfolgsgeschichte zu einem der wichtigsten Dienstleistungsexporteure der USA entwickelt. Der Markterfolg des Unternehmens basiert auf einem konsequenten Standardisierungskonzept, das seit den 1950er Jahren perfektioniert worden ist. Die Standardisierung bezieht sich dabei unter anderem auf das Leistungsangebot und den Leistungserstellungsprozess. So gibt es bei McDonald's international gültige Normvorschriften, die z.B. die Bratdauer eines Burgers auf dem Grill weltweit auf die Sekunde genau festlegt. Allerdings ist die reine Multiplikation von Leistungsprogrammen in der Unternehmenspraxis nicht vorzufinden. Oft hängt der Erfolg der Leistungsmultiplikation davon ab, ob der Dienstleistungsanbieter den richtigen Grad der Anpassung an das lokale Umfeld findet. Auch McDonald's hat das sonst global einheitliches Leistungskonzept in bestimmten Bereichen angepasst: In Japan wurde der „Teriyaki Burger" auf die Karte gesetzt, in Indien ein vegetarisches, in Israel ein koscheres Menü und in Deutschland – als große Ausnahme – Bier eingeführt (Dellago/Kliger 2004, S. 42). Zur internationalen Markterschließung hat sich McDonald's hauptsächlich des *Franchiseexports* bedient. Dieser ermöglicht es weltweit, die Umsetzung des Dienstleistungskonzeptes zu überwachen und die Qualität sicherzustellen.

Als Beispiel für einen Misserfolg der Multiplikationsstrategie wird der *Versanddienstleister UPS* genannt, der Anfang der 1990er Jahre in den europäischen Markt eintrat. Aufgrund der unzureichenden Anpassung an nationale Gegebenheiten hatte die Internationalisierung nur mäßigen Erfolg, so dass der heutige UPS-Marktanteil in Europa von ca. acht Prozent – gemessen an der Weltmarktposition – eher gering ausfällt (Meffert et al. 2002, S. 296).

2.2   Sicherstellung von internationalen Markenstandards

Soll die Multiplikation des Dienstleistungskonzeptes für den Konsumenten wahrnehmbar sein, ist darüber hinaus auch eine Multiplikation der Dienstleistungsmarke notwendig. Dabei versuchen Unternehmen, ein Markenkonzept mit weltweit identischem Markenkern und einheitlicher Markierung ohne Rücksicht auf möglicherweise bestehende nationale Unterschiede international durchzusetzen. In diesem Zusammenhang wird auch von einer *globalen Markenstrategie* gesprochen (Meffert et al. 2002, S. 159). Eine länderübergreifend standardisierte Marke dient der Kenntlichmachung eines standardisierten Dienstleistungskonzeptes und fördert die internationale Bekanntheit unter Ausnutzung von Imagetransfers. Durch die Standardisierung des Markennamens und -symbols kann entsprechend ein international standardisiertes Qualitätsimage aufgebaut werden.

Bei *McDonald's* sind Markenname, Markenzeichen, Markendesign sowie der Markenkern standardisiert. Die Markenerscheinung ist in Bezug auf das Speiseangebot und Darbietung sowie in den meisten Fällen der Verkaufsraumgestaltung weltweit einheitlich (Kelz 1989, S. 201ff.), wobei auch hier zum Teil Rücksicht auf nationale Unterschiede genommen wird, was insbesondere bei der Gestaltung der Markierungselemente zum Ausdruck kommt. So werden Markenname und -zeichen beispielsweise in bestimmten Regionen den dort gebräuchlichen unterschiedlichen Schriftzeichen angepasst.

3. Länderspezifische Anpassung von Dienstleistungskonzepten (Anpassungsstrategie)

Neben der Leistungsmultiplikation verfolgen Dienstleistungsanbieter im Rahmen einer eigenständigen Internationalisierung sehr häufig eine länderspezifische Anpassung des Dienstleistungskonzeptes. Dabei bieten Unternehmen zwar ein universelles Nutzenversprechen, passen jedoch das Dienstleistungskonzept sehr viel stärker an die lokalen Gegebenheiten an. Globales Konzept-Know-how wird kombiniert mit lokalem Markt-Know-how. Eine starke operative Beteiligung am neuen Geschäft ist dabei unumgänglich, weil das Angebot neu konzipiert oder zumindest stark angepasst werden muss (Dellago/Kliger 2004, S. 42). Zentrale Aufgabe der länderspezifischen Anpassung von Dienstleistungskonzepten stellt die Berücksichtigung länderspezifischer Dienstleistungserwartungen sowie die Differenzierung der Dienstleistungsmarke dar.

3.1 Berücksichtigung länderspezifischer Dienstleistungserwartungen

Soll die Dienstleistung international *differenziert* werden, stellt sich die Frage, ob die Änderungen so ausgeprägt sind, dass sie die Flexibilität und Anpassungsfähigkeiten der internen Faktoren, d.h. insbesondere der Kundenkontaktmitarbeiter, übersteigen und somit das Leistungspotenzial angepasst werden muss, um in einem neuen Ländermarkt die spezifische Dienstleistungsqualität erzielen zu können (Hübner 1996, S. 168).

Die *Anpassung des Dienstleistungspotenzials* in Bezug auf die Mitarbeiter kann dabei entweder durch eine Weiterqualifizierung der vorhandenen Mitarbeiter (Anpassung vorhandener Potenziale) oder durch Neueinstellung von Mitarbeitern, die über die spezifische Kompetenz verfügen (Erschließung neuer Potenziale), erfolgen. Eine Bewertung dieser beiden Alternativen ist abhängig von der Art und dem Ausmaß der Änderung. Diese können vom Erlernen einer Fremdsprache, anderer Umgangsformen bis hin zum Aufbau von neuem, länderspezifischen Know-how, wie z.B. dem Erlernen des länderspezifischen Steuerrechts, reichen. In beiden Fällen kann sowohl vorhandenes oder neu akquiriertes Personal aus den bereits bearbeiteten Ländern als auch neu zu akquirierendes Personal aus dem neuen Land verpflichtet werden (Hübner 1996, S. 168).

Mit steigender Interaktionsintensität steigt auch die *Notwendigkeit einer Anpassung an die Kundenanforderungen* und damit die Tendenz einer länderspezifischen Ausgestaltung von Dienstleistungsprozessen. Da mit zunehmendem Interaktionsgrad auch die Leistungsvariabilität von Dienstleistungen steigt, muss es Ziel des Anbieters sein, die *Kontrolle über die interkulturellen Besonderheiten im Interaktionsprozess* zu erlangen. Je eher bei interaktionsintensiven Dienstleistungen die Gestaltung der prozessualen Kundenbeziehung einen Wettbewerbsvorteil gegenüber der Konkurrenz am Ort der Leistungserstellung darstellt, desto bedeutender wird deren Sicherung für den international agierenden Dienstleistungsanbieter (Frehse 2002, S. 50).

Allerdings erfordern nicht alle Teilprozesse der Dienstleistungserstellung eine Anpassung an lokale Gegebenheiten und kulturelle Anforderungen. Die vom Kunden wahrgenommene Dienstleistungsqualität und die daraus resultierende Kundenzufriedenheit ist vor allem von den Interaktionen mit Kundenkontaktmitarbeitern abhängig. In diesen Kontaktsituationen hat eine kundenorientierte Individualisierung des Dienstleistungsprozesses einen positiven Einfluss auf die Qualitätswahrnehmung (Mann 1998, S. 336). Hinsichtlich der für den Kunden *nicht sichtbaren Leistungsprozesse* liegt hingegen keine unmittelbare Notwendigkeit einer Individualisierung vor. Eine Standardisierung dieser internen Teilprozesse ist realisierbar, solange sie eine individualisierte Interaktion zwischen Mitarbeiter und Kunde ermöglichen.

Als *Beispiele* für diese Internationalisierungsform gelten die Unternehmen Metro, C&A und Tesco. So gibt *Tesco* weltweit ein einheitliches Nutzenversprechen – mit identischen Elementen wie dem starken Handelsmarkenprogramm sowie konsequente Tiefstpreise bei führenden Marken. Das Sortiment wird jedoch stark regional ausgerichtet: In der Regel kauft Tesco über 80 Prozent seiner Waren im jeweiligen Land ein (Dellago/Kliger 2004, S. 42). Die länderspezifische Anpassung ist aufwändiger als die Multiplikation des Dienstleistungskonzeptes und erfordert mehr lokales Engagement. Doch lassen sich hohe Marktanteile erzielen, wenn das Unternehmen sich gut integriert.

3.2 Internationale Differenzierung von Markenkonzepten

Die Praxis hat gezeigt, dass die externen Erfolgsvoraussetzungen zur Umsetzung einer global standardisierten Marktbearbeitungsstrategie, wie Homogenität der Märkte, einheitliche technische Standards, in vielen Branchen nicht gegeben sind. Auf der Grundlage einer weltweit konzipierten Rahmenstrategie erfolgt daher in vielen Unternehmen eine nationale oder auch lokale Anpassung des globalen Konzeptes. So werden bei den *Esso-Shops* der Markenname und -zeichen beispielsweise in bestimmten Regionen den dort gebräuchlichen unterschiedlichen Schriftzeichen angepasst (Abbildung 3).

Abbildung 3: Internationale Markendifferenzierung am Beispiel der Esso-Shops

4. Verschmelzung von internationalen Dienstleistungskonzepten (Verschmelzungsstrategie)

Unter der Verschmelzungsstrategie wird die im Rahmen von M&A-Aktivitäten vorgenommene Anpassung der Dienstleistungskonzepte des akquirierenden und des akquirierten Unternehmens mit dem Ziel eines länderübergreifend standardisierten Dienstleistungskonzeptes verstanden. Als wesentlicher Vorteil dieser Strategie gilt im Allgemeinen der Zeitaspekt, da relativ schnell Ressourcen im Ausland aufgebaut werden können. Zentrale Ansatzpunkte der Verschmelzung von internationalen Dienstleistungskonzepten stellt die Elimination oder Modifikation von Dienstleistungen sowie die Vereinheitlichung von verschiedenen nationalen Marken dar.

4.1 Elimination und Modifikation von Dienstleistungen

Zur Verschmelzung von Leistungsprogrammen, die im Rahmen von internationalen M&A-Aktivitäten entstanden sind, stehen als *Ansatzpunkte* die Elimination sowie die Modifikation von Dienstleistungen zur Verfügung.

Im Rahmen der *Elimination* werden die Leistungen des im Auslandsmarkt akquirierten Anbieters durch die Dienstleistungen des akquirierenden Unternehmens ersetzt. Diese Option wird insbesondere bei geringer Ähnlichkeit der Dienstleistungen (hoher Heterogenitätsgrad zwischen den Leistungen bzw. Leistungsprogrammen der Unternehmen) verfolgt, da eine Standardisierung des internationalen Dienstleistungskonzeptes durch eine Modifikation ungleich aufwändiger ist.

Die *Modifikation*, die insbesondere bei ähnlichen Dienstleistungen vorgenommen wird, sieht eine Anpassung der Dienstleistungspotenziale, -prozesse und/oder -ergebnisse vor. Eine solche Standardisierung ist insbesondere bei interaktionsintensiven und durch Mitarbeiter geprägten Dienstleistungen mit Problemen behaftet. Mit abnehmenden Interaktionsgrad ist eine Modifikation einfacher umzusetzen, da die Mitarbeiterrelevanz, die meist sehr stark vom bisherigen Geschäftsmodell und von der Unternehmenskultur geprägt ist, von geringerer Bedeutung wird. Deshalb ist eine zentrale Voraussetzung der Modifikation, dass sich die Leistungen bzw. das Leistungsprogramm von akquirierendem und akquiriertem Unternehmen möglichst ähnlich sind, so dass Anpassungsmaßnahmen sich einfacher realisieren lassen. Die *Sixt AG* stellt beispielsweise aufgrund der kulturellen Differenz zwischen der deutschen Zentrale und den im europäischen Ausland akquirierten Unternehmen den jeweiligen Landesmanagern einen deutschen Mitarbeiter zur Seite, um die Modifikation des Dienstleistungskonzeptes zu unterstützen und ein international angepasstes Dienstleistungskonzept sicherzustellen (o.V. 2004).

Der wesentliche Vorteil der Leistungsverschmelzung liegt in dem schnellen Aufbau von Dienstleistungspotenzialen durch die Akquisition von bereits in einem Ländermarkt bestehenden Ressourcen sowie in der Realisierung von Größenvorteilen. *Beispiele* in der Praxis sind im Bereich der *Telekommunikation* sowie der *Logistik* zu beobachten. Beide Branchen sind dadurch gekennzeichnet, dass die Kernleistung, d.h. das Telefonat bzw. der Transport von A nach B, einen hohen Homogenitätsgrad aufweisen und dementsprechend der Aufwand der Leistungsverschmelzung relativ gering ist oder zumindest auf einer überwiegend technischen und weniger sozial-menschlichen Ebene vollzogen werden kann.

Als Beispiel für eine internationale Leistungsverschmelzung kann der Aufbau der *Deutschen Post Euro Express* angeführt werden. Im Rahmen von M&A-Aktivitäten in den 1990er Jahren entstand unter anderem die Frage nach der internationalen Ausgestaltung des Dienstleistungsangebotes. Eine zur Fundierung dieser Entscheidung in Auftrag gegeben Untersuchung von Kundenerwartungen in Bezug auf Versanddienstleistungen ergab, dass bei Betrachtung der Bedeutung der einzelnen Beurteilungskriterien in den europäischen Ländermärkten erkennbar ist, dass den generischen *Leistungsmerkmalen* allgemein die höchste Relevanz zukommt (Abbildung 4).

	D	F	GB	B	I	A	PL	CH
Ruf, Image	-	-	++	-	+	-	-	++
Leistungsfähigkeit, Schnelligkeit, Termintreue	++	+	+	++	++	++	+++	+
Service, Kundenorientierung	+	++	+	+	+	+	-	+
Preis-Leistungs-Verhältnis	+	-	-	+	-	+	+	+

+++ überaus wichtig
 ++ sehr wichtig
  + von Bedeutung
  - von geringer Bedeutung

Abbildung 4: Länderspezifische Anforderungen an Versanddienstleistungen
            (Quelle: INRA 1998)

Dennoch lassen sich einige länderspezifische Besonderheiten ausmachen: Während in Polen die generischen Leistungsmerkmale eine herausragende Rolle spielen, sind diese in Frankreich weniger wichtig: hier kommt der Kundenorientierung eine relativ große Bedeutung zu. Engländer und Schweizer legen bei der Wahl ihres Versanddienstleisters besonderen Wert auf dessen Image, das wiederum für die Kunden in Deutschland, Frankreich, Belgien, Österreich und Polen im Vergleich zur Termintreue nur eine geringe Bedeutung hat (Meffert et al. 2002, S. 615ff.). Trotz der daraus abzuleitenden Schlussfolgerung, dass eine differenzierte Marktbearbeitung zweckmäßig erscheint und somit spezifisch angepasste nationale Anbieter Wettbewerbsvorteile aufweisen, entschlossen sich die Entscheidungsträger der Deutschen Post für ein international standardisiertes Dienstleistungsangebot. Ursache dafür war, dass das Management von einem Zusammenwachsen der europäischen Ländermärkte aufgrund der Globalisierungstendenzen und der fortschreitenden informationstechnologischen Vernetzung ausgingen. Statt national spezifischer Kundensegmente erwarteten sie eine Homogenisierung der Bedürfnisstrukturen. Da sie zudem damit rechneten, dass insbesondere ein einheitliches Netzwerk einen zentralen Wettbewerbsfaktor im europäischen Paketmarkt darstellt, entschieden sie sich schließlich für die vollständige Integration der akquirierten Tochterunternehmen (Meffert et al. 2002, S. 619f.).

4.2 Verschmelzung von Dienstleistungsmarken

Zielsetzung der Verschmelzung von Dienstleistungsmarken ist ein international homogener Markenauftritt. Im Allgemeinen ist diese Strategie anzustreben, wenn das Nachfragerverhalten zwischen verschiedenen Ländern stark konvergent ist, die Nachfrager international sehr mobil sind sowie eine geozentrische Unternehmensorientierung mit der Tendenz zur Standardisierung der Marketingaufgaben vorliegt.

Als Beispiel soll auch hier der Aufbau der *Deutschen Post Euro Express* herangezogen werden. Da sich ein direkter Übergang von mehreren nationalen Marken zu einer europäischen Marke als problematisch herausstellte, wurde in der Führungsebene der Deutschen Post die schrittweise Ausgestaltung eines solchen Vorgehens diskutiert. Für eine gezielte Überführung der bestehenden nationalen Marken in die zukünftige Europa-Marke wurde ein *informationsgestützter Übergang* gewählt, bei der die Nachfrager rechtzeitig und intensiv auf die Markenänderung hingewiesen werden und so ein „weicher" Überführungsprozess ermöglicht werden soll (vgl. zu weiteren Methoden Backhaus et al. 2003). Nach der Phase des Übergangs, in der die bestehenden Unternehmensnamen parallel zum neuen Auftritt kommuniziert werden sollten, war beabsichtigt, mittelfristig sämtliche nationalen und internationalen Aktivitäten unter ein einheitliches Dach „Deutsche Post Euro Express" zu stellen (Abbildung 5).

Die erste Stufe, das *„Co-Branding"*, war durch die Einführung des Leistungsfeldes Euro Express gekennzeichnet. Der Euro Express-Schriftzug sollte in dieser Phase den lokalen

Markennamen ergänzen und parallel zu diesem Logo erscheinen. Er stellt das Bindeglied zwischen der nationalen Marke und der zukünftigen internationalen Marke Deutsche Post Euro Express dar. Die Botschaft eines gemeinsamen Netzwerks sollte in der zweiten Phase, dem eigentlichen *„Rebranding"*, verdeutlicht werden. Hier werden die lokalen Marken gegen das Markenzeichen der Deutschen Post mit dem Posthorn ausgetauscht. Die Entscheidung über den geeigneten Zeitpunkt dieser Umstellung bleibt aufgrund der besseren Marktkenntnis den jeweiligen Unternehmen vorbehalten.

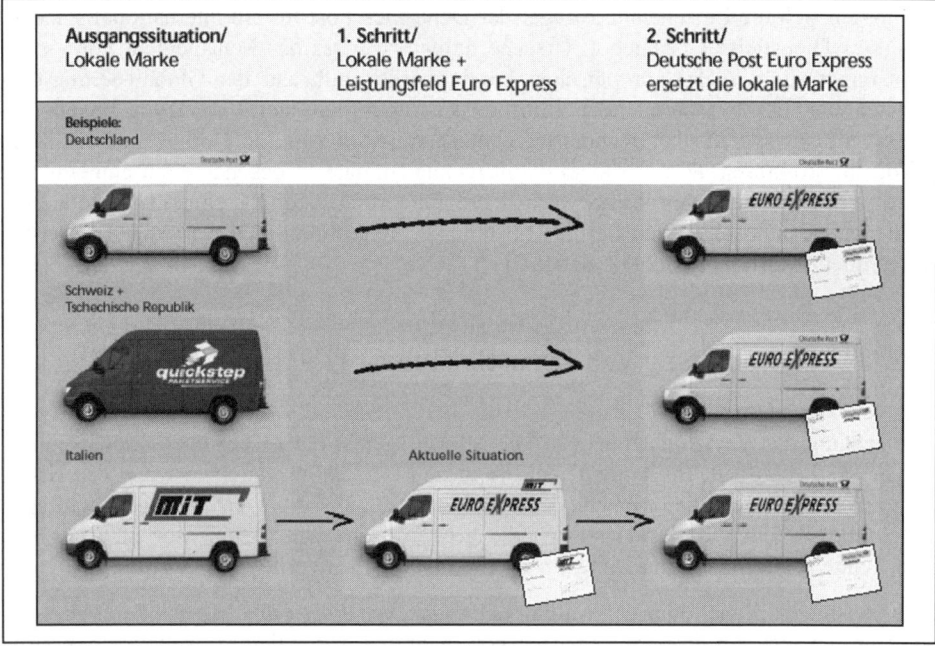

Abbildung 5: Selektiver Markenverschmelzungsprozess bei Deutsche Post Euro Express
(Quelle: Meffert et al. 2002, S. 633)

5. Aufbau von internationalen Dienstleistungsportfolios (Portfoliostrategie)

Im Rahmen der Portfoliostrategie akquirieren Dienstleistungsunternehmen ausländische Anbieter und entwickeln sie unabhängig vom Mutterunternehmen weiter. Formal bedeutet dies meist Direktakquisitionen und Minderheitsbeteiligungen. Neben dem schnellen

Aufbau von internationalen Ressourcen zählt die länderdifferenzierte und kulturspezifischen Zielgruppenansprache zu den wesentlichen Vorteilen. Die Restrukturierung des Dienstleistungsprogramms sowie des Markenportfolios gehören hierbei zu den wichtigsten Aufgaben.

5.1 Restrukturierung von Dienstleistungsprogrammen

Im Rahmen der Restrukturierung von Dienstleistungsprogrammen sind Entscheidungen darüber zu treffen, in welchem Ausmaß eine länderspezifische Differenzierung der Leistungen erfolgen soll. Eine optimale Anpassung an die nationalen Bedürfnisse ermöglicht die Erschließung von Marktnischen und begrenzt damit das Misserfolgsrisiko auf den jeweiligen nationalen Markt. Zudem können unter der Annahme international heterogener Zielgruppen unterschiedliche Kaufkraftniveaus und Zahlungsbereitschaften der Konsumenten ausgenutzt werden. In der Praxis ist eine rein länderspezifische Ausgestaltung des Dienstleistungsprogramms nur selten zu finden. Zumeist versuchen Unternehmen mögliche Synergien bei kulturunabhängigen Leistungen des Dienstleistungsprogramms zu nutzen, indem sie diese international zusammenführen und standardisiert anbieten. Ebenso häufig ist der Fall zu finden, dass die Muttergesellschaft die Dienstleistungen des akquirierenden und des akquirierten Unternehmens in ein internationales (standardisiertes) Dienstleistungsprogramm zusammenführt und den Länderorganisationen die länderspezifische Anpassung überlässt.

Als *Beispiel* für den Aufbau von internationalen Dienstleistungsportfolios kann die *Tourismusbranche* genannt werden. Hier findet die Internationalisierung i.d.R. nicht über die Markterschließung mittels international standardisierter Leistungen statt, sondern über Firmenkäufe nationaler Anbieter. Wie Abbildung 6 zeigt, umfasst das Dienstleistungsportfolio der TUI Group überwiegend länderspezifische Dienstleistungsangebote. Briten können bisher keine TUI-Reisen buchen und Deutsche keine Thomson-Reisen; nur im östlichen Europa ohne einheimische Anbieter tritt TUI direkt auf.

Die Vorgehensweise bei der Restrukturierung von internationalen Dienstleistungsprogrammen zeigt die Fusion der beiden Wirtschaftsprüfungs- und Beratungsunternehmen *Price Waterhouse und Coopers & Lybrand* im Jahre 1997 auf. Zentrales Motiv der Fusion der beiden Wirtschaftsprüfungs- und Beratungsunternehmen war die zunehmende Internationalisierung ihrer Kunden und die sich daraus ergebende Notwendigkeit, den weltweit tätigen Kunden eine entsprechende globale Präsenz zu bieten (Müller-Stewens/Young 1999, S. 291). Ziel war es, den Kunden Berater bereitzustellen, die „... rund um die Welt einen nahtlosen Service ... bieten" (Müller-Stewens/Young 1999, S. 292). Hierzu waren Geschäftspraktiken, Prozesse, Kommunikationssysteme usw. international zu harmonisieren. Die Strategie der Marktbearbeitung sah eine Kombination aus Differenzierung und Standardisierung vor. Zum einen wurde mit den so genannten „Service Lines" ein grenzüberschreitendes (standardisiertes) Leistungsprogramm entwickelt.

Zum anderen wurde eine Differenzierung realisiert, indem den Länderorganisationen lokale Flexibilität und Handlungsspielräume eingeräumt wurden (Müller-Stewens/Young 1999, S. 306). Im Rahmen des Unternehmenszusammenschlusses war es unter anderem Aufgabe der Länderorganisationen, die Produkte und Dienstleistungen für die jeweiligen Ländermärkte zu harmonisieren.

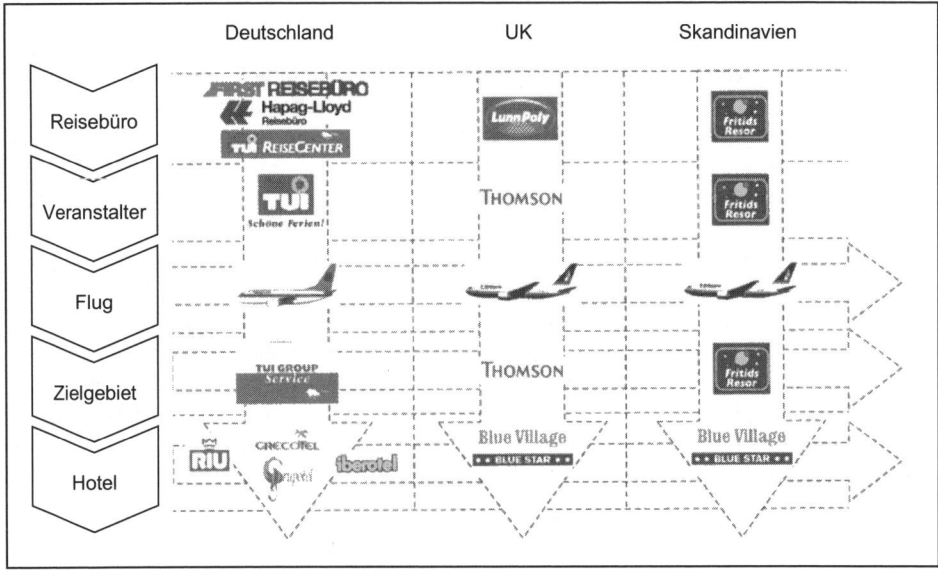

Abbildung 6: Internationales Dienstleistungsangebot der TUI Group
(Quelle: Lambertz/Meffert 2002, S. 582)

5.2   Restrukturierung und Evolution von Markenportfolios

Im Zuge der Internationalisierungstätigkeiten entstehen durch M&A-Aktivitäten komplexe Markenportfolios, die ein diffuses Markenbild beim Konsumenten erzeugen und so der Funktion eines Vertrauensankers nicht mehr gerecht werden. Dienstleistungsanbieter stehen damit vor der Herausforderung, eine klare Markenstruktur aufzubauen.

Die *TUI Group* hat sich durch eine Reihe von internationalen M&A-Aktivitäten seit den 1990er Jahren zum größten integrierten Touristikanbieter in Europa entwickelt (Lambertz/Meffert 2002, S. 570). Neben der internationalen Erweiterung konnte dadurch auch eine vertikale und horizontale Diversifikation erzielt werden. Die Aufgabe des Managements des erweiterten Markenportfolios besteht in einer integrierten und abgestimmten Markenführung auf der horizontalen, vertikalen und internationalen Ebene

(Lambertz/ Meffert 2002, S. 573). Im Rahmen der internationalen Markenführung liegt die zentrale Fragestellung letztlich in der Integration der Firmenmarken TUI Group und Thomson Travel Group, die sich durch eine große Markenstärke in den jeweiligen Heimatmärkten Deutschland und Großbritannien sowie durch eine geringe Ähnlichkeit in Bezug auf ihre Positionierung auszeichnen. Vor diesem Hintergrund scheint eine Verschmelzung dieser beiden Marken wenig sinnvoll. Wichtige Vorteile, wie z.B. die Ausschöpfung des Vertrauenskapitals der Marken in den jeweiligen Heimatmärkten, lassen sich vielmehr durch einen geringen Integrationsgrad der beiden Marken sowie eine dezentrale, unabhängige Markenführung realisieren (Lambertz/Meffert 2002, S. 581).

Ein weiteres Beispiel aus der Finanzdienstleistungsbranche stellt die *Allianz Group* dar, bei der innerhalb der letzten Jahre eine konsequente Neuausrichtung der Geschäftsstrategie erfolgte (Maskus 2004). Im Zuge der Globalisierung der Märkte unternahm die Allianz Group *Akquisitionen auf internationaler Ebene*. Einher ging die Verbreiterung des Geschäftsmodells. Agierte das Unternehmen vorher in Deutschland in den Geschäftsfeldern der Versicherung und Vorsorge, kam durch Erweiterung um das Geschäftsfeld Vermögen sowie der Übernahme der Dresdner Bank der Wandel von einem Versicherer zu einem global agierenden, integrierten Finanzdienstleister. Das erworbene Markenportfolio war durch die vergangene Expansionstätigkeit sehr komplex geworden. Im hart umkämpften internationalen Wettbewerb bedurfte es einer *konsequenten Neuordnung*. Um die neuen Aufgabenstellungen bewältigen zu können, entwickelte das Group Marketing der Allianz eine Brand-Management-Systematik zur faktenbasierten Ordnung und Steuerung des vielschichtigen Markenportfolios. Im Zuge dessen wurde durch Re-Branding-Maßnahmen die Zahl der Marken reduziert und unter die übergreifende Dachmarke Allianz Group gefasst (Abbildung 7).

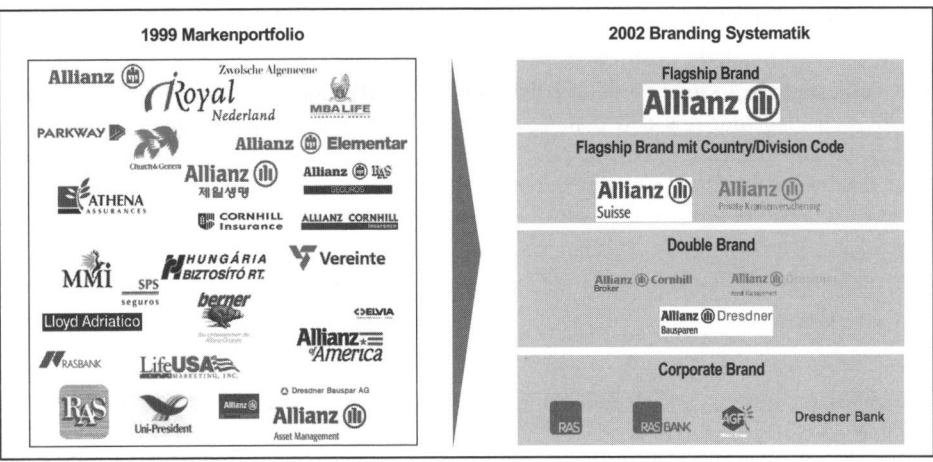

Abbildung 7: Branding Systematik der Allianz Group
(Quelle: Maskus 2004, S. 2218)

6.   Perspektiven und Zukunftstendenzen

Betrachtet man den *Stellenwert von Dienstleistungen* in der Zukunft, dann manifestiert sich deren Bedeutung in internationalen Dienstleistungsmärkten vor allem in zwei zentralen Aspekten:

- Aufgrund des verstärkten internationalen Wettbewerbs wird die Internationalisierung sowohl von produktbegleitenden als auch klassischen Dienstleistungen für die Erreichung von Wettbewerbsvorteilen weiter an Bedeutung gewinnen.
- Aus einer verstärkten internationalen Qualitäts- und Rentabilitätsorientierung der Unternehmen resultiert der Trend zu einer zunehmenden Standardisierung und Automatisierung von Dienstleistungen. Die Erreichung der erwünschten Kosten- und Qualitätsvorteile impliziert aber auch einen zunehmenden Verlust persönlicher Kundenkontakte. Um dennoch beim Konsumenten eine hohe Akzeptanz sicherzustellen und im Wettbewerb Profilierungsvorteile zu erlangen, bieten Dienstleistungsunternehmen vermehrt modulartig aufgebaute, kundenindividuell zusammengestellte Leistungspakete an. So kann dem Konsumenten trotz in sich standardisierter Module eine auf die speziellen Kundenbedürfnisse maßgeschneiderte Dienstleistung angeboten werden.

Die Marketingwissenschaft bzw. die betriebswirtschaftliche Forschung hat sich mit der Internationalisierung von Dienstleistungen bislang nur wenig auseinandergesetzt. Forschungsbedarf besteht hier vor allem im Hinblick auf die Fragestellung, welche Dienstleistungskonzepte besonders für die dargestellten Internationalisierungsformen geeignet sind und in welchen Branchen aufgrund gesellschaftlich-kultureller, rechtlicher oder wirtschaftlicher Rahmenbedingungen eine Anpassung an die Erfordernisse des jeweiligen Ländermarktes notwendig ist.

Es ist zu erwarten, dass in Wissenschaft und Praxis eine intensivere Auseinandersetzung mit Fragestellungen der Internationalisierung von Dienstleistungen erfolgen wird. Dies ergibt sich nicht nur aus den bislang vorliegenden Forschungsdefiziten, sondern auch durch die zunehmende Praxisrelevanz, insbesondere durch die abzusehende Intensivierung des internationalen Dienstleistungswettbewerbs.

Literatur

Backhaus, K./Büschken, J./Voeth, M. (2003): Internationales Marketing, 5. Aufl., Stuttgart.

Behofsics, J. (1998): Globalisierungstendenzen intermediärer Dienstleistungen, Wiesbaden.

Berndt, R./Fantapié Altobelli, C./Sander, M. (2003): Internationales Marketing-Management, 2. Aufl., München.

Dellago, V./Kliger, M. (2004): Internationalisierung. Yin und Yang der Expansion, in: Der Handel, o. Jg., Nr. 10, S. 42.

Dichtl, M. (1998): Standardisierung von Beratungsleistungen, Wiesbaden.

Frehse, J. (2002): Internationale Dienstleistungskompetenz. Erfolgsstrategien für die europäische Hotellerie, Wiesbaden.

Hübner, C.C. (1993): Multiplikation, in: Meyer, P.W./Mattmüller, R. (Hrsg.): Strategische Marketingoptionen. Änderungensstrategien auf Geschäftsfeldebene, München, S. 186-228.

Hübner, C.C. (1996): Internationalisierung von Dienstleistungsangeboten. Probleme und Lösungsansätze, München.

INRA (1998): Akzeptanzmessung der Marke „Deutsche Post" in ausgewählten europäischen Ländern, Mölln.

Jenner, T. (1994): Internationale Marktbearbeitung. Erfolgreiche Strategien für Konsumgüterhersteller, Wiesbaden.

Kelz, A. (1989): Die Weltmarke, Idstein.

Köhler, R. (2002): Organisationsprobleme des internationalen Marketing-Managements, in: Auer-Rizzi, W./Szabo, E./Innreiter-Moser, C. (Hrsg.): Management in einer Welt der Globalisierung und Diversität. Europäische und nordamerikanische Sichtweisen, Stuttgart, S. 14-35.

Kutschker, M./Schmid, S. (2002): Internationales Management, München/Wien.

Lambertz, M./Meffert, C. (2002): Management von komplexen Markenportfolios. Markenführung bei der TUI Group, in: Meffert, H./Burmann, Ch./Koers, M. (Hrsg.): Markenmanagement. Grundfragen der identitätsorientierten Markenführung, Wiesbaden, S. 567-590.

Mann, T. (1998): Erfolgsfaktor Service. Strategisches Servicemanagement im nationalen und internationalen Marketing, Wiesbaden.

Maskus, M. (2004): Markenpolitik im Versicherungsmarkt, in: Bruhn, M. (Hrsg.): Handbuch Markenführung. Kompendium zum erfolgreichen Markenmanagement. Strategien – Instrumente – Erfahrungen, 2. Aufl., Wiesbaden, S. 2209-2227.

Meffert, H./Bolz, J. (2001): Internationales Marketing-Management, 4. Aufl., Stuttgart.

Meffert, H./Schneider, H./Ebbert, Ch. (2002): Markenführung im Rahmen des Going International. Das Beispiel Deutsche Post EURO EXPRESS, in: Meffert, H./Burmann, Ch./Koers, M. (Hrsg.): Markenmanagement. Grundfragen der identitätsorientierten Markenführung, Wiesbaden, S. 613-642.

Müller-Stewens, G./Young, M. (1999): Globalisierung und Konzentration: Fallstudie zur Fusion PricewaterhouseCoopers, in: Müller-Stewens, G./Drolshammer, J./Kriegmeier, J. (Hrsg.): Professional Service Firms. Wie sich multinationale Dienstleister positionieren, Frankfurt/Main, S. 281-325.

o.V. (2004): Erich Sixt wird in China keinen Euro investieren, in: Frankfurter Allgemeine Zeitung, Nr. 228 vom 30. September 2004, S. 16.

Quelch, J. (1999): Global Brands: Taking Stock, in: Business Strategy Review, Vol. 10, No. 1, S. 1-14.

Stauss, B. (1995): Internationales Dienstleistungsmarketing, in: Hermanns, A./Wißmeier, U.K. (Hrsg.): Internationales Marketingmanagement. Grundlagen, Strategien, Instrumente, Kontrolle und Organisation, München, S. 437-474.

Voeth, M./Wagemann, D. (2004): Internationale Markenpolitik, in: Bruhn, M. (Hrsg.): Handbuch Markenführung. Kompendium zum erfolgreichen Markenmanagement. Strategien – Instrumente – Erfahrungen, 2. Aufl., Wiesbaden, S. 1071-1089.

Christian Blümelhuber und Roland Kantsperger

Multiplikation und Multiplizierbarkeit von Leistungserstellungssystemen als Basis der Internationalisierung von Dienstleistungen

---

Dr. *Christian Blümelhuber* ist Wissenschaftlicher Assistent am Institut für Marketing der Ludwig-Maximilians-Universität München (Lehrstuhl Prof. Meyer). Er ist Leiter der Forschungsgruppe Global Brand Management. Dr. *Roland Kantsperger* ist Wissenschaftlicher Assistent am Institut für Marketing der Ludwig-Maximilians-Universität München (Lehrstuhl Prof. Meyer). Er ist Leiter der Forschungsgruppe Kundenmanagement.

1. Multiplikation im Kontext der Internationalisierung von Dienstleistungen

Für eine Internationalisierung von Dienstleistungen werden in der Literatur eine Vielzahl an Gründen und Motiven genannt. Internationalisierung wird häufig als Reaktion auf die Internationalisierung von Kunden und Wettbewerbern gesehen. Daneben gilt es internationale Größen- und Spezialisierungsvorteile zu nutzen, politischen Veränderungen zu entsprechen oder schlichtweg dem gesättigten Heimatmarkt zu entgehen (Köhler 1991; Stauss 1995). Eine zentrale Triebfeder der Internationalisierung scheint in diesem Kontext häufig etwas vernachlässigt: Nämlich das schlichte Bestreben, einen unternehmensspezifischen Wettbewerbsvorteil auch auf internationaler Ebene auszuspielen. Diesem Thema widmet sich im Fortgang der vorliegende Beitrag, indem die Multiplikation von Leistungserstellungssystemen als Option zur Internationalisierung von Dienstleistungen betrachtet wird.

2. Grundlagen zur Multiplikation von Leistungserstellungssystemen

In seinem Schlüsselwerk „Die machbare Wirtschaft" hat Paul Werner Meyer die Multiplikation als „die Vervielfältigung von definierten Einheiten" (Meyer 1973, S. 86) bezeichnet. Der strategische Grundgedanke dabei ist, „etwas Vorhandenes intensiver zu nutzen" (Hübner 1993, S. 187), um auf dieser Basis vorhandene Wettbewerbsvorteile auszuschöpfen (ähnlich Capron/Hulland 1999, S. 46).

Aufgrund der dienstleistungskonstitutiven Integration eines externen Faktors kann das Objektsystem Dienstleistung an sich nicht multipliziert werden. Möglich sind aber:

- Die Speicherung der angebotenen menschlichen Leistungsfähigkeit auf einem speziellen, hierfür geeigneten Medium, das über industrielle Produktionsprozesse vervielfältigt wird. Es entsteht eine so genannte „veredelte" Dienstleistung (Meyer 1983, S. 119ff.), die aus dem Speichermedium jederzeit wieder abgerufen werden kann, um so die Dienstleistung prägende interne Leistungsfähigkeiten auf den externen Faktor zu übertragen. Diese Form der Multiplikation im Rahmen der Veredelung einer Dienstleistung, die für den Fall der Internationalisierung letztlich der typischen Internationalisierung von Waren gleicht, wird hier nicht weiter betrachtet.

- Die Multiplikation des Dienstleistungsdesigns bzw. einzelner Designelemente. Jede Dienstleistung lässt sich in zwei aufeinander aufbauende Prozesse gliedern: in (1) das „Design" und (2) die Produktion und das Erleben (bzw. die „Delivery"; Ramaswamy

1996, S. 14ff.) der Leistung. Während im Design die Grundlagen der Dienstleistung für ihre Definition, ihre Gestaltung, ihre Stabilität und Reproduzierbarkeit gelegt werden, findet im Rahmen der „Delivery" die dienstleistungsspezifische Interaktion zwischen internen und externen Faktoren statt, die die konkrete, erlebte Dienstleistung ausmacht. Die erlebte und produzierte Dienstleistung an sich kann nicht multipliziert werden. Multipliziert werden können nur einzelne Elemente des Dienstleistungsdesigns, Routinen der Produktion oder Bereiche des Managementsystems (vgl. hierzu auch Normann 1991, S. 138).

Entscheidend für den Erfolg einer Multiplikationsstrategie ist die genaue Analyse und Bestimmung der der Multiplikation zugrunde liegenden Einheiten (Hübner 1993, S. 188f.). Diese Analyse dient nicht dazu, eine hundertprozentige Kopie zu erstellen. Sie soll vielmehr dazu beitragen, die wirklich Erfolg bestimmenden Merkmale, die in der konkreten multiplizierten Leistung nicht fehlen dürfen, zu identifizieren bzw. zu bestimmen.

Zum Erfolg führen kann eine Multiplikation also nur dann, wenn die zugrunde liegende multiplizierbare Einheit diejenigen Faktoren beinhaltet, die für den Erfolg des Gesamtsystems relevant sind. Da sich die konkret erfahrene und erlebte Leistung – mit Ausnahme der veredelten Dienstleistung – nicht multiplizieren lässt, rücken Aspekte des Dienstleistungsdesigns – genauer: einzelne Ressourcen des Anbieters und der Partner sowie externer Faktoren – in das Zentrum der Analyse.

3. Zur Multiplizierbarkeit von Dienstleistungen

Im Folgenden wird somit die Multiplikation von Leistungserstellungssystemen als zentrale strategische Option zur Internationalisierung von Dienstleistungen auf Basis einer vorhandenen Stärke bzw. eines bereits existenten Wettbewerbsvorteils verstanden. Hier schließt unmittelbar die Fragestellung an, für welche Arten von Dienstleistungen im internationalen Kontext die Multiplikation überhaupt relevant und gangbar erscheint. Hierzu wird zunächst auf eine etablierte Typologie internationaler Dienstleistungen zurückgegriffen. Anschließend werden Multiplikationshindernisse beleuchtet, die sich aus dem Aspekt der Adjunktivität von Dienstleistungen und dem Theoriegebäude des „Resource Based View" ableiten lassen.

3.1 Multiplizierbarkeit im Sinne der Typologie von Sampson und Snape

Die wohl bekannteste Typologie internationaler Dienstleistungen stammt von Sampson und Snape (Sampson/Snape 1985; Stauss 1995). Diese unterscheiden jeweils Anbieter und Kunden hinsichtlich ihrer Mobilität und entwickeln darauf aufbauend eine Matrix („Sampson-Snape-Box") mit vier verschiedenen Dienstleistungstypen (Abbildung 1).

		Kunde: mobil	Kunde: immobil
Anbieter	mobil	**Typ 1** **Third Country Trade** z.B. Kreuzfahrt	**Typ 2** **Foreign Earnings Trade** z.B. Internationale Unternehmensberatung
Anbieter	immobil	**Typ 3** **Domestic Establishment Trade** z.B. Hotellerie	**Typ 4** **Across the Border Trade** z.B. EDV-Systemadministration

Abbildung 1: Sampson-Snape-Box internationaler Dienstleistungen
(Quelle: In Anlehnung an Sampson/Snape 1985 und Stauss 1995, S. 455)

Sind sowohl der Anbieter als auch die Nachfrager der Dienstleistung grundsätzlich mobil, so wird von „Third Country Trades" gesprochen. Typische Dienstleistungen dieser Kategorie sind z.B. internationale Kongresse eines amerikanischen Veranstalters in Asien oder das Anbieten exklusiver Heliskiing-Kurse durch einen deutschen Anbieter in Kanada. Ist lediglich der Anbieter mobil, aber der Kunde immobil, handelt es sich nach Sampson/Snape um „Foreign Earnings Trades". Typische Dienstleistungen dieser Art werden z.B. durch internationale Unternehmensberatungen oder durch deutsche Sprachschulen im Ausland erbracht. Demgegenüber sind bei „Domestic Establishment Trades" der Anbieter immobil und der Kunde mobil, so dass sich die Mobilitätsgesichtspunkte umkehren und die Dienstleistung folglich im Heimatland des Anbieters in Anspruch genommen werden muss. Beispiele hierfür wären etwa das Durchführen einer Schönheits-

operation in einer Klinik am Bodensee oder das Anbieten einer Führung in der Pinako-
thek der Moderne für ausländische Gäste. Schließlich sind als vierter Typus internationaler Dienstleistungen die so gennanten „Across the Border Trades" zu nennen, bei denen sowohl die Anbieter als auch die Nachfrager immobil sind. Typische Beispiele hierfür wären die weltweiten Distance-Learning-Konzepte amerikanischer Business Schools,
die Durchführung einer EDV-Systemadministration per Internet oder der „Handel" mit
eingangs genannten veredelten Dienstleistungen.

Im Folgenden wird auf Dienstleistungen des *Typs 1* und *Typs 2* fokussiert, da eine Mobilität des Anbieters im Normalfall auch eine Multiplikation des Leistungserstellungs-
systems bzw. zumindest seiner zentralen Erfolgsfaktoren impliziert. Dies gilt im Besonderen, sofern die zugrunde liegende Dienstleistung eine hinreichende Interaktivität und
Integration des externen Faktors erfordert und folglich nicht ausschließlich durch „Reisende" erbracht werden kann.

Demgegenüber kann sich auch bei Dienstleistungen des *Typs 3* und *Typs 4* die Notwendigkeit einer nationalen Vervielfältigung von Leistungspotenzialen zur Ausweitung
der Kapazität und Deckung der nationalen Nachfrage ergeben. Beispiele hierfür wären
eine erfolgreiche Frisörkette, die weitere Geschäfte eröffnet, oder eine renommierte Tennisschule, die zusätzliche Trainingsstätten aufbaut. Derartige Beispiele und die damit
verbundenen Fragestellungen werden im Fortgang jedoch nicht weiter betrachtet. Diese
sind Gegenstand eines „nationalen Dienstleistungsmarketing" und fallen somit nicht in
den Objektbereich einer „Internationalisierung von Dienstleistungen". Im Ergebnis wird
also von einer Mobilität des Dienstleistungsanbieters ausgegangen, der Leistungserstel-
lungssysteme bzw. die entscheidenden Erfolgskomponenten in Gastländern multipliziert,
um mutmaßlich vorhandene Wettbewerbsvorteile zu realisieren.

3.2   Adjunktivität als Barriere der Multiplikation

Die Eigenschaft der *Adjunktivität von Dienstleistungen* kann ein unüberwindbares Hin-
dernis der Multiplikation darstellen. Chmielewicz versteht unter „adjunktiven Gütern"
Merkmale, die untrennbar mit einer Unternehmung verbunden sind und mit dieser unter-
gehen (Chmielewicz 1969). Scheuch unterscheidet im Kontext des Dienstleistungsmarketing zwischen personenbezogenen und sachbezogenen Gütern (Scheuch 1982,
S. 66ff.). Ein personenbezogenes adjunktives Gut bezieht sich auf die spezifischen sowie
einzigartigen Eigenschaften und Fähigkeiten einer Person. Machen diese einen zentralen
oder gar dominierenden Anteil des Nutzens der Leistung aus, so ist unmittelbar einsichtig, dass die Dienstleistung ohne diese Person nicht oder zumindest nicht in vergleich-
barer Qualität erstellt werden kann. Klassische Beispiele hierfür sind renommierte Ärzte,
berühmte Sänger und Künstler oder bekannte Sportstars. Basiert nun eine Dienstleistung
im Wesentlichen auf derartigen personenbezogenen, adjunktiven Gütern, so ist das Leistungserstellungssystem in der versprochenen und erwarteten Qualität nicht multi-

plizierbar und damit die Dienstleistung zumindest auf diesem Wege nicht internatio-
nalisierbar. Dies schließt gleichwohl nicht aus, dass die einzigartigen, persönlichen Fähigkeiten stärker international vermarktet werden. So kann z.B. ein renommierter Chir-
urg seine Dienste zunehmend weltweit anbieten oder ein bislang national bekannter Sänger auch international auftreten. Entscheidend bleibt hierbei jedoch, dass der eigentliche
Erfolgsfaktor der – Dienstleistung nämlich der „Star" als zentraler interner Faktor – aufgrund seiner Koppelung an einen menschlichen Potenzialfaktor nicht multiplizierbar ist.

Daneben lässt sich der Aspekt der Adjunktivität auf sachbezogene Güter im Sinne einzigartiger materieller Potenzialfaktoren übertragen. Dominieren diese das Nutzenversprechen der zugrunde liegenden Dienstleistung, erscheint eine Multiplikation des Leis-
tungserstellungssystems als strategische Option erneut ausgeschlossen. So könnte z.B.
die Vervielfältigung des erfolgreichen Konzepts eines Urlaubsclubs nicht an der mangelnden Verfügbarkeit qualifizierten Personals, sondern vielmehr am Zugang zu hoch-
wertigen Standorten scheitern, die dem Anspruch des Clubs gerecht werden. Auch hier
bleibt wiederum nur die Möglichkeit, die vorhandenen Potenziale effizienter auszuschöpfen. So könnte z.B. der Urlaubsclub versuchen, eine noch zahlungskräftigere Kli-
entel anzusprechen, um hierdurch die Umsatzerlöse an dem einzigartigen und nicht multiplizierbaren Standort zu erhöhen.

3.3   Barrieren der Multiplikation in einer ressourcenorientierten Sichtweise

Neben dem Kriterium der Adjunktivität lassen sich auch aus dem Ressourcenansatz Anhaltspunkte gewinnen, die gegen eine grundsätzliche Multiplizierbarkeit von Leistungserstellungssystemen sprechen können.

Im Gegensatz zur lange Zeit markt- und branchenorientierten Sichtweise der Industrieökonomik erklärt der ressourcenorientierte Ansatz Wettbewerbsvorteile und überdurchschnittliche Gewinne nicht auf Basis von Branchengegebenheiten, sondern vielmehr mit
Hilfe unternehmensspezifischer Ressourcen (Barney 1991). Diese Ressourcenausstattung eines Anbieters ist entgegen der traditionellen Sichtweise des „Market Based View"
höchst heterogen und Ausdruck der individuellen Geschichte und Entwicklung eines
Unternehmens.

Eine zentrale Fragestellung des ressourcenorientierten Ansatzes besteht in der Problematik, unter welchen Umständen die aus den jeweiligen Ressourcen resultierenden Wettbewerbsvorteile auch langfristig und somit nachhaltig zu verteidigen sind. Hierzu wird
gefordert, dass die Ressourcen nicht nur knapp und wertvoll im Sinne einer Schaffung
überlegenen Kundennutzens sind, sondern sich zudem durch eine mangelnde Abnutzbar-
keit, Transferierbarkeit, Imitierbarkeit und Substituierbarkeit auszeichnen (Bamberger/
Wrona 1996, S. 135ff.).

Hinsichtlich einer langfristigen Wahrung von Wettbewerbsvorteilen spielen im Kontext des Ressourcenansatzes vor allem so genannte Isolationsmechanismen und Imitationsbarrieren eine wichtige Rolle, die eine Nachahmung und Entwicklung der differenzierenden Ressourcen durch den Wettbewerb verhindern (Rumelt 1984). Diese können z.B. darin bestehen, dass bestimmte, zumeist hochspezifische Ressourcen auf Faktormärkten nicht erhältlich oder aufgrund fehlender Eigentumsrechte nicht handelbar sind. Eine fehlende Imitierbarkeit einer Leistung ist im Besonderen auch dann gegeben, wenn für die Konkurrenten nicht nachvollziehbar ist, durch welche Ressource der zugrunde liegende Wettbewerbsvorteil gespeist wird (Lippman/Rumelt 1982). Dieser Effekt verstärkt sich, wenn der Vorteil und die entsprechende Fähigkeit auf ein ganzes Bündel von Ressourcen zurückzuführen ist, gleichzeitig jedoch nicht bestimmt werden kann, welche Ressourcen dies im Einzelnen sind und wie diese genau miteinander verknüpft sind.

Für den Fall einer Internationalisierung von Dienstleistungen ist nun relevant, dass genau die Faktoren, die vor einer Nachahmung durch den Wettbewerb schützen, gleichzeitig auch eine Multiplikation des Leistungssystems und der hiermit verknüpften Wettbewerbsvorteile verhindern können. So können die soziale Komplexität sowie die kausale Ambiguität über das Zusammenwirken verschiedenster Faktoren nicht nur eine Imitation durch den Wettbewerb unterbinden, sondern gleichzeitig verhindern, dass das Unternehmen seine Wettbewerbsvorteile intern reproduzieren kann (Dierickx/Cool 1989; Barney 1991, S. 108ff.). Hierdurch wird zwar einerseits sichergestellt, dass zentrale Erfolgsgeheimnisse nicht an den Wettbewerb (z.B. durch Abwerbung von Personal) weitergegeben werden (Kühn/Grünig 2000, S. 157), gleichzeitig wird jedoch auch eine Multiplikation und intensivere Nutzung der unternehmensspezifischen Wettbewerbsvorteile verhindert.

4.   Organisationsformen der Multiplikation

Sind eine Dienstleistung und das jeweilige Erstellungssystem grundsätzlich multiplizierbar, so ist im nächsten Schritt zu klären, auf welche Art und Weise diese Vervielfältigung geschehen sollte. Hierzu stehen grundsätzlich verschiedene Koordinations- und Kooperationsformen zur Verfügung. Im Folgenden wird zwischen Individualstrategien und Kooperationsstrategien unterschieden, die im Wesentlichen unternehmensinternen, hierarchischen bzw. hybriden oder marktlichen institutionellen Arrangements entsprechen.

Daneben gibt es eine Reihe relevanter Theorien und Ansätze, die sowohl deskriptive als auch normative Aussagen hinsichtlich der Organisationsform der Internationalisierung liefern. Hierzu werden im Folgenden die Theorie des monopolistischen Vorteils nach Hymer, den Transaktionskostenansatz und die Internalisierungstheorie, das eklektische

Paradigma nach Dunning sowie erneut der ressourcenorientierte Ansatz herangezogen. Abschließend werden die einzelnen Ansätze in einem Bezugsrahmen integriert.

4.1   Theorie des monopolistischen Vorteils

Einen ersten Zugang zur Erklärung der Internationalisierung von Dienstleistungen liefert die Theorie des monopolistischen Vorteils von Hymer, die primär eine Begründung für die Vornahme von Direktinvestitionen liefert. Laut Hymer lassen sich Direktinvestitionen in erster Linie auf zwei Hauptmotive zurückführen: Das so genannte Kontrollmotiv und das Motiv des monopolitischen Vorteils (Hymer 1976).

Auf Basis des Kontrollmotivs werden bevorzugt Direktinvestitionen getätigt, da hierdurch eine hohe Kontrollierbarkeit der Unternehmenseinheiten im Ausland gewährleistet ist. Demgegenüber beinhaltet das Motiv des monopolistischen Vorteils die Annahme, dass Unternehmen versuchen, einen spezifischen Wettbewerbsvorteil nicht nur auf dem Heimatmarkt, sondern auch in Auslandsmärkten zur Geltung zu bringen. Basis dieser monopolistischen Vorteile sind wiederum unternehmensindividuelle und häufig auf Erfahrung aufbauende Fähigkeiten und Fertigkeiten. Somit liegt auch der Theorie des monopolistischen Vorteils bereits implizit eine ressourcenbasierte Argumentation zugrunde (Kutschker/Schmid 2002, S. 401).

Im Ergebnis zeigt die Theorie des monopolistischen Vorteils, dass das Vorliegen eines spezifischen, multiplizierbaren Wettbewerbsvorteils in Kombination mit einem ausgeprägten Kontrollmotiv des Managements zur Durchführung von Direktinvestitionen führt. Demgegenüber bleibt zu kritisieren, dass der Ansatz andere, insbesondere kooperative Koordinationsformen ausblendet (Kutschker/Schmid 2002, S. 402). Hierzu geben die im Folgenden skizzierten Theoriestränge deutlichere Hinweise.

4.2   Ressourcenorientierte Sichtweise

Hinsichtlich der Vorgehensweise im Rahmen der Internationalisierung liefert der bereits angesprochene ressourcenorientierte Ansatz ergänzende Hinweise. Hiernach sollten intangible Ressourcen in Form spezieller Fähigkeiten und Fertigkeiten nach Möglichkeit intern entwickelt bzw. multipliziert werden. Im Besonderen liegt eine interne Entwicklung der Ressourcen nahe, sofern eine Zusammenarbeit mit anderen Unternehmen die Preisgabe wichtiger, wettbewerbsrelevanter Informationen nach sich ziehen würde (Bamberger/Wrona 1996, S. 141). Gerade hiervon muss jedoch ausgegangen werden, sofern im Wettbewerb differenzierende Kompetenzen nicht intern multipliziert, sondern mit anderen Unternehmen geteilt und auf diese transferiert werden (Rasche/Wolfrum 1994, S. 507ff.). Im Ergebnis würde eine ressourcenorientierte Sichtweise also wiederum eine Vornahme von Direktinvestitionen oder die Gründung von Tochterunternehmen favorisieren.

Diese Sichtweise relativiert sich allerdings, sofern das Unternehmen nicht über die notwendigen Ressourcen verfügt, den Auslandsmarkt selbständig zu bearbeiten. Werden hierzu weitere, komplementäre Ressourcen benötigt, so erweist sich das Eingehen von Kooperationen als einzige praktikable Alternative. Werden nun Kooperationen eingegangen, so erscheinen diese unter der Annahme hinreichend spezifischer Ressourcen und potenzieller opportunistisch handelnder Marktpartner grundsätzlich problematisch und somit gestaltungs- und koordinationsbedürftig. Gleichzeitig wird deutlich, dass der ressourcenbasierte Ansatz zwar eine Reihe von Argumenten zur Internationalisierung und Multiplikation liefert, jedoch einer Ergänzung durch weitere Ansätze – wie im Besonderen denen der Neuen Institutionenökonomie – bedarf (Bamberger/Wrona 1996, S. 142ff.). Ein Element dieses Theoriegebäudes, nämlich der Transaktionskostenansatz und die hiermit korrespondierende Internalisierungstheorie im internationalen Management, ist Gegenstand der folgenden Ausführungen.

4.3   Transaktionskostenansatz und Internalisierungstheorie

Die zentrale Frage der Transaktionskostentheorie ist die Problematik, ob bestimmte Leistungen unternehmensintern erstellt oder über den Markt bzw. marktnahe Koordinationsformen bezogen werden sollten (Picot 1991). Im vorliegenden Kontext ist somit zu entscheiden, ob das multiplizierte Leistungserstellungssystem intern hierarchisch als eigene Niederlassung geführt wird oder ob auf andere Koordinationsformen wie Joint Ventures, Franchising oder Lizenzverträge zurückgegriffen werden sollte.

Effizienz- bzw. Entscheidungskriterium hierzu sind die entstehenden Transaktionskosten, die sich in Anbahnungs-, Vereinbarungs-, Kontroll- und Anpassungskosten unterteilen lassen (Picot 1982). Unter der Annahme begrenzt rationaler und potenziell opportunistisch handelnder Marktpartner wird die Höhe der Transaktionskosten durch die Charakteristika der jeweiligen Leistung (Spezifität, Unsicherheit, Häufigkeit) beeinflusst (Williamson 1985). Grundsätzlich sollten hochspezifische Leistungen, die sich zudem durch einen hohen Grad an Unsicherheit und eine vermehrte Häufigkeit auszeichnen, intern erstellt werden, während bei gegensätzlicher Ausprägung dieser Faktoren eher marktliche oder marktnahe Koordinationsformen herangezogen werden sollten.

Diese grundsätzliche Logik bedarf nun einer Konkretisierung vor dem Hintergrund der internationalen Geschäftstätigkeit und der Spezifika von Dienstleistungen. Weiter ist es nötig, neben der angeführten marktlichen Effizienz auch eine strategische Komponente zu berücksichtigen (Hübner 1996, S. 216f.). Dies geschieht im internationalen Management auf Basis der Internalisierungstheorie, die auf den Annahmen der Transaktionskostentheorie fußt.

Die Internalisierungstheorie integriert nun die strategische Effizienz in Form des Ausmaßes der möglichen Kontrolle, die mit einer bestimmten Koordinationsform einhergeht. Direktinvestitionen und eigene Niederlassungen ermöglichen ein hohes Maß an Kontrolle, werden jedoch nur in Betracht gezogen, wenn der hieraus resultierende Nutzen höher bewertet wird als die hierdurch entstehende Bindung von Ressourcen und das im Ausland entstehende Risiko der Geschäftstätigkeit (Buckley/Casson 1976; Rugman 1986). Ein zentrales Motiv für die Internalisierung von Leistungen bilden der Schutz und die Geheimhaltung von Wettbewerbsvorteilen. Besteht die Gefahr, dass durch das Eingehen kooperativer Marktbearbeitungsstrategien Wettbewerbsvorteile verloren gehen und starke Konkurrenz entsteht, so empfiehlt sich eine eigene Erstellung der Leistungen.

Des Weiteren ist es bei einer internen Leistungserstellung besser möglich, die geleistete Qualität an den einzelnen Standorten zu überprüfen (Erramilli/Rao 1990). Dieses Argument gilt umso mehr, je individueller, integrativer und weniger standardisierbar die betrachtete Dienstleistung ist (Erramilli/Rao 1993; Stauss 1995). Hier ermöglicht die interne Leistungserstellung eine komparativ effizientere Sicherstellung der Dienstleistungsqualität, während sich bei kooperativen Strategien aufgrund von Informationsasymmetrien und opportunistischem Handeln hohe Transaktionskosten ergeben können. Demgegenüber scheinen partnerschaftliche Bearbeitungsstrategien effizient, sofern nicht das Risiko der Diffusion eines einzigartigen Wettbewerbsvorteils besteht sowie sich die Dienstleistung durch einen geringen Interaktions- und Integrativitätsgrad auszeichnet und so durch Normen und Standards effizient standardisiert werden kann.

4.4 Eklektisches Paradigma nach Dunning

Das eklektische Paradigma von Dunning integriert die bereits angesprochenen Theorien des monopolitischen Vorteils sowie der Internalisierung und beinhaltet darüber hinaus standorttheoretische Überlegungen. Hierauf basierend werden in Form von Eigentums- bzw. Wettbewerbsvorteilen, Internalisierungsvorteilen sowie Standortvorteilen drei zentrale Vorteilskategorien differenziert, die über die Art der internationalen Aktivitäten entscheiden (Dunning 1980). Da Dunnings Paradigma in erster Linie für Industriegüterunternehmen entwickelt wurde, ist es notwendig, seine Überlegungen bezüglich der Spezifika von Dienstleistungsunternehmen anzupassen. In erster Linie können Dienstleistungen im Gegensatz zu Sachgütern – abgesehen vom Sonderfall der veredelten Dienstleistungen – nicht exportiert werden, so dass diese grundsätzliche Form der Internationalisierung nicht durchführbar ist.

Grundsätzlich lassen sich folgende Aussagen ableiten (Hübner 1996, S. 220ff.). Das Vorhandensein eines tragfähigen Wettbewerbsvorteils ist erneut eine „conditione sine qua non" für die Internationalisierung der Dienstleistung. Treten hierzu auch Internalisierungsvorteile, so ist eine interne Leistungserstellung in Form von Tochterunternehmen oder der Entsendung von Mitarbeitern grundsätzlich gegenüber Formen des Franchising oder Lizenzverträgen zu bevorzugen. Sind ergänzend auch noch Standortvorteile im Ausland vorhanden, so stellen eigene Niederlassungen im Normalfall die bestmögliche Organisationsform dar. Im Ergebnis wird durch das eklektische Paradigma von Dunning vor allem die Bedeutung und Eignung des Standortes aus der Perspektive des internationalisierenden Unternehmens betont.

4.5   Bezugsrahmen zur Erklärung der Multiplikation

Aus den angeführten Theorien lassen sich zusammenfassend folgende *Aussagen* hinsichtlich der Durchführung der Multiplikation und der Organisation der Internationalisierung im Sinne eines allgemeinen Bezugsrahmens ableiten:

- Weist das Top-Management ein ausgeprägtes Kontroll- und Beherrschungsmotiv auf, so werden grundsätzlich Individualstrategien gegenüber Kooperationsstrategien bevorzugt.

- Ist mit der Internationalisierung die Gefahr des Verlusts oder der Diffusion des zentralen Wettbewerbsvorteils verbunden oder lässt sich dieser bei Kooperationsstrategien nur unter Inkaufnahme prohibitiv hoher Transaktionskosten verteidigen, so stellen Individualstrategien die effizientere Alternative dar.

- Ist das der Dienstleistung zugrunde liegende Know-how spezifisch und erweist sich dieses als schwer übertragbar, so sind Individualstrategien aus dem Blickwinkel der Transaktionskosten als komparativ effizientere Alternative einzustufen.

- Hat die betrachtete Dienstleistung einen stark integrativen und interaktiven Charakter, so stellen Individualstrategien die effizientere Alternative dar, da sich hierdurch besser eine konstant hohe Qualität sicherstellen und resultierende Anreiz- und Motivationsprobleme handhaben lassen.

- Das zusätzliche Vorliegen von Standortvorteilen legt ebenfalls die Wahl einer Individualstrategie nahe. Gleichwohl kann sich eine Kooperationsstrategie als unabdingbar erweisen, sofern zusätzliche, intern nicht verfügbare Ressourcen zur Bearbeitung des Auslandsmarktes benötigt werden.

5.   Facetten einer Multiplikation von Dienstleistungen

5.1   Design Stripping and Dressing (DSD)

Neben der Frage der grundsätzlichen Multiplizierbarkeit und deren organisatorischer Umsetzung sind in einer verfeinerten Betrachtungsweise verschiedene Facetten der Multiplikation zu analysieren. Hierbei wird an entsprechender Stelle auch wiederum auf organisatorische Aspekte Bezug genommen. Die zentrale Basis einer Multiplikation ist eine genaue Analyse der Ausgangseinheit: Eine Methodik, die zentralen Basiselemente einer Dienstleistung zu erkennen, zu entwickeln, zu planen und zu koordinieren ist das so genannte *Design Stripping*. Dieses vollzieht sich in der Regel über mehrere Stufen, um schließlich zu den „Bare Essentials" einer Dienstleistung vorzudringen. Alle nicht essenziellen Designattribute, Prozesse und Potenziale werden eliminiert und somit die Kernattribute als notwendige Basis für die Multiplikation offen gelegt. Dem schließt sich eine Bewertung dieser Kernattribute an, und zwar hinsichtlich

- ihrer Möglichkeiten der Multiplikation (Multiplikationsfähigkeit, vgl. Abschnitt 3) und

- ihrer Bedeutung für die Positionierung der Dienstleistung bzw. Marke (Points of Parity vs. Points of Difference).

Dabei ist eine kritische Analyse hinsichtlich der Erfolgswahrscheinlichkeit im Ausland notwendig.

- *Zur Multiplikationsfähigkeit*: Sind die notwendigen Ressourcen vorhanden bzw. ausbaubar oder erwerbbar? Wie skizziert, ist eine Multiplikation schwierig, wenn der Erfolg der Dienstleistung an speziellen, einzigartigen, quasi adjunktiven Potenzialfaktoren ansetzt, wenn Ressourcen auf Faktormärkten nicht beschafft werden können oder wenn es dem Unternehmen nicht gelingt, die dem Wettbewerbsvorteil zugrunde liegenden Ressourcen zu durchschauen, nachzuvollziehen und zu reproduzieren.

- *Zur Positionierung*: Diese Dimension betrifft weniger die Ressourcen-, als vielmehr die Marktseite: Ein neuer Markt kann eben auch eine andere Kategorie (z.B. Mervis/Rosch 1981, S. 89) und damit andere Spielregeln bedeuten. Abgeleitet aus der Branchenstruktur (Porter 1980), vor dem Hintergrund spezieller Erwartungen und Schemata von Kunden und Partnern ergeben sich spezielle „Points of Parity" (Keller et al. 2002, S. 4ff.; Keller 2003, S. 131ff.) eines Marktes, die sich unter Umständen deutlich von denen der Ausgangsbedingungen unterscheiden können. Ähnlich ist auch der Fall denkbar, dass in einem neu zu bearbeitenden Markt die Differenzierungsdimensionen der Ausgangseinheit schon „besetzt" sind. Dies verlangt nach einer neuen Positionierung und diese wiederum nach neuen Potenzialen.

Die interessantesten Kernelemente eines Dienstleistungsdesigns findet man vor allem in den seltenen, von der Konkurrenz nichtimitierbaren und nichtsubstituierbaren Ressourcen (z.B. Collis/Montgomery 1995; Srivastava et al. 1998, S. 4; Capron/Hulland 1999, S. 42f.), die im Laufe eines längeren Zeitraumes akkumuliert werden. Über diese Ressourcen lassen sich nachhaltige Wettbewerbsvorteile begründen und überdurchschnittliche Erlöse generieren.

Ist man so zum Kern der Dienstleistung vorgedrungen, und hat man die Kernpotenziale bewertet, beginnt für den Dienstleistungsdesigner die Aufgabe des *„Service (Re-)Dressing"*: Die quasi „entkleidete" Dienstleistung wird wieder bekleidet, und zwar mit eventuell an die Situation bzw. den Markt angepassten Designelementen. Denkbar und notwendig können dabei eine Anpassung an die Servicestile vor Ort, an die Fähigkeiten der verfügbaren Mitarbeiter im Ausland oder an bestimmte „Raumstile" bei der Gestaltung des räumlichen Umfelds oder der Uniformierung der Mitarbeiter sein.

Das Ergebnis eines Design-Stripping-and-Dressing-Prozesses sind unterschiedliche, an das jeweilige Gastland angepasste Dienstleistungsdesigns, die allerdings auf einem gemeinsamen Kern basieren, der von allen Partnern geteilt wird. In diesem Kern sind die wesentlichen Ressourcen und der Wettbewerbsvorteil des internationalen Systems als eine Art „Genpool" oder *Plattform* (Swahney 1998, S. 54) angelegt: „Offerings that are managed as platforms can be extended more logically and coherently to ... geographical regions" (Swahney 1998, S. 56). Schließlich ermöglicht eine solche Strategie Dienstleistungen mit höherer Geschwindigkeit, zu niedrigeren Kosten und mit höherer Qualität zu internationalisieren.

5.2   Einheiten einer Multiplikation

Nachdem bislang relativ abstrakt von Leistungserstellungssystemen bzw. Dienstleistungsdesigns die Rede war, soll nun die konkrete Dienstleistung näher betrachtet und konkrete Ansatzpunkte einer Multiplikation aufgezeigt und diskutiert werden. Dabei sind die Potenzialfaktoren oder Ressourcen die wesentlichen Elemente. Sie determinieren nicht, was das betreffende Dienstleistungsunternehmen tun will (also den „Strategic Intent" zur Internationalisierung), sondern was das Unternehmen tun kann (Collis/ Montgomery 1998a, S. 9). Damit geben sie vor, ob eine Multiplikation und Internationalisierung überhaupt möglich ist. Sie sind die zentralen Einheiten bzw. Ansatzpunkte jeder Multiplikations- bzw. Internationalisierungsstrategie.

Die Bandbreite möglicher Ressourcen reicht von mehr oder weniger einfachen und weitgehend austauschbaren Inputfaktoren wie der Bestuhlung eines Seminarraumes oder den Bällen einer Tennisschule bis hin zu stark differenzierenden, langfristig aufgebauten und äußerst sensiblen Ressourcen, wie beispielsweise der Reputation eines Unternehmens oder patentierten Marktforschungstools, die nur schwer substituiert und repliziert werden können.

Zum Begriff der Ressource lässt sich in der wissenschaftlichen Auseinandersetzung kein einheitliches Begriffsverständnis finden. In der Literatur wird sogar eine weit reichende Begriffsverwirrung unterstellt (Freiling 2001, S. 76). Das wohl am häufigsten zitierte und gängigste Begriffsverständnis findet sich bei Wernerfelt. Er definiert eine Ressource als „... anything which could be thought of as a strength or weakness of a given firm. More formally, a firm`s resources at a given time could be defined as those (tangible and intangible) assets which are tied semipermanently to the firm" (Wernerfelt 1984, S. 172). Hieran anknüpfend sind in Abbildung 2 zentrale Ressourcenarten aufgeführt.

Ressourcenart	Beispiele
Fertigkeiten und Fähigkeiten	▪ Leistungsfähigkeit der Mitarbeiter ▪ Kultur
Organisationale Ressourcen	▪ Routinen ▪ Information
Relationale Ressourcen	▪ Beziehungen zu Kunden und Partnern ▪ Marken ▪ Reputation
Physische Ressourcen	▪ Ausstattung ▪ Gebäude
Juristische Ressourcen	▪ Intellectual Property (z.B. Patent, Copyright) ▪ Markenzeichen (Branding)
Finanzielle Ressourcen	▪ Interne Fonds (Cash Flow) ▪ Externe Fonds (z.B. preiswerte Finanzierungs- möglichkeiten)
Ressourcen des Kunden	▪ Fähigkeiten und Fertigkeiten des externen Faktors ▪ Verfügbare Zeit

Abbildung 2: Arten von Ressourcen im Dienstleistungsbereich
(Quelle: Zusammenstellung aus Hall 1992; Collis/Montgomery 1995; Grönroos 1997, S. 415f.; Srivastava et al. 1998; Morgan/Hunt 1999)

Einige, für die Multiplikation besonders relevant erscheinende Ressourcen werden im Folgenden einer etwas ausführlicheren Betrachtung unterzogen. Neben den relativ einfach zu vervielfältigenden physischen Ressourcen oder Designelementen, wie z.B. der Ausstattung (Physical Evidence) oder der Dienstbekleidung, sind es vor allem die Standards und Routinen, das Branding und nicht zuletzt die Reputation, die wesentliche Ansatzpunkte und Elemente einer Internationalisierungs- und damit Multiplikationsstrategie von Dienstleistungen darstellen.

Routinen

Routinen können nicht losgelöst von „Skills" und „Competences", von Fertigkeiten und Fähigkeiten betrachtet und interpretiert werden. Sie entstehen vielmehr aus der Zusammenarbeit und Kombination unterschiedlicher Ressourcen (Teece et al. 1997, S. 518ff.), wodurch ein einzigartiges System entsteht bzw. entstehen kann (Collis 1994, S. 145), das auf die Koordination von Handlungen wirkt und in der Tiefenstruktur der Organisation verankert ist. Organisationale Routinen manifestieren sich in beobachtbaren Strukturen und Prozessen, im Leadership und den administrativen Systemen (Lovas/Ghoshal 2000, S. 888ff.), betreffen die Abstimmung – das so genannte Alignment (Fuchs et al. 2000, S. 120ff.) – der zentralen Ressourcen mit der Positionierung bzw. den Marktanforderungen und haben ein Fundament in der Unternehmenskultur sowie im Beziehungsnetzwerk der Mitarbeiter und externen Faktoren.

Routinen sind also eine Art Kodierung zentraler Koordinationsprobleme. Sie dienen der Strukturbildung und der effektiven und effizienten Aufgabenbewältigung. Aus ressourcenorientierter Perspektive beruhen letztlich alle Regelmäßigkeiten bei der Durchführung von Aktivitäten auf Routinen (Burmann 2002, S. 158). Somit können sie als Basiskomponente jedes Dienstleistungsunternehmens, jeder Designplattform und jedes Wettbewerbsvorteils interpretiert werden.

Angelehnt an Cohen et al. können zwei *Arten von Routinen* bzw. Prozeduren unterschieden werden (Cohen/Bacdayan 1994, S. 555f.; Cohen et al. 1996, S. 687):

- Zum einen Routinen, die zu quasi automatisiert ablaufenden Handlungssequenzen führen und in Situationen anzutreffen sind, die sich häufig in ähnlicher Form wiederholen. In diesem Zusammenhang kann beispielsweise das Einchecken im Hotel oder die Vorbereitung eines Flugzeugs vor dem Start betrachtet werden. Diese Sequenzen basieren weitgehend auf Routinen, die im Dienstleistungsmanagement in der Regel über Standards (z.B. Zeithaml/Bitner 1996, 226ff.) den Mitarbeitern vorgeschrieben werden. Solche Standards geben den Mitarbeitern klare Handlungsanweisungen für ein bestimmtes Spektrum an Situationen.

- Zum anderen die so genannten „Daumenregeln", die als Routinen mit einer eher losen Koppelung an bestimmte Verhaltensweisen gekennzeichnet werden können (Burmann 2002, S. 161). Hier werden eher allgemein gehaltene Verhaltensweisen für ein relativ breites Spektrum an Situationen vorgegeben.

Es ist nun eine strategische Aufgabe höchster Priorität, die für Erfolg und Wettbewerbsvorteil zentralen Routinen zu identifizieren, ihre Eignung zur Multiplikation zu bewerten, sie eventuell anzupassen und letztlich die Mitarbeiter im Zielland bezüglich der wesentlichen Routinen und Standards zu schulen.

Branding

Produkte zu kennzeichnen – zu *brand*marken – um sie damit ihrer Anonymität zu entheben, ist Jahrhunderte alt: Ziegelsteine wurden mit Symbolen versehen, Urkunden wurden gesiegelt und Meister-Markierungen galten als Nachweise der Verantwortung für die ordnungsgemäße Ausführung bei arbeitsteiliger Spezialisierung (Leitherer 1994, S. 138ff.). Nun waren – zumindest persönlich erbrachte – Dienstleistungen nie anonym. Schließlich sind Dienstleistungen durch den direkten Kontakt zwischen internen und externen Faktoren geprägt. Trotzdem ist das Branding auch im Dienstleistungskontext zunehmend populär. Im Mittelpunkt steht neben den so genannten „Herkunfts"informationen oder Identifikationsleistungen vor allem auch die Vermittlung von Zusatzinformationen, die in den Markenzeichen „abgespeichert" sind und über diese abgerufen werden. Damit wird eine Dienstleistung nicht nur identifizierbar, sondern auch, und dies scheint weitaus bedeutender, aus der bloßen Funktion herausgehoben und mit („Charakter"-) Eigenschaften, wie z.B. Sympathie oder Sicherheit, aufgewertet. Diese Eigenschaften, die im Markenmanagement als „Assoziationen" bezeichnet werden (Keller 1993, S. 3ff.; Aaker 1996, S. 25), sind entscheidend, wenn es um die Stärke einer Marke und damit um die Wahl eines Angebotes geht.

Zentrale Aufgabe des Branding ist es, eine Verbindung zwischen einer Leistung – bzw. einem Dienstleistungserlebnis – und eben diesen Zusatzeigenschaften herzustellen. Mit der Identifikation der Marke sollen bestimmte Eigenschaften abgerufen werden, die den Wert des Angebotes erhöhen und zu einer Identifikation mit der Marke führen. Neben der Bekanntheit der Marke sind es die Stärke (mit welcher Wahrscheinlichkeit werden die Assoziationen in Entscheidungssituationen abgerufen?), die Vorteilhaftigkeit (Bedcutung dcr Assoziation für die Kaufentscheidung) und die Einzigartigkeit (in welchem Maße müssen Assoziationen mit der Konkurrenz geteilt werden? Oder können sie vielleicht exklusiv besetzt werden?) dieser Assoziationen, die – folgt man dem berühmten Modell Kellers (Keller 2003, S. 70ff.) – das Markenimage prägen und Markenstärke und Markenwerte treiben.

Markenzeichen und starke Marken sind Versprechen an den Kunden und damit auch eine Verpflichtung für den Anbieter und den Mitarbeiter vor Ort, da die Konsumenten auf die Einlösung der damit verbundenen Erwartungen vertrauen. Deswegen ist eine Multiplikation der Markenzeichen zwar technisch einfach zu bewerkstelligen. Erfolg entscheidend ist aber, dass das quasi „hinter" dem branding stehende Reproduktionsprogramm, also die Standards und Routinen der Marke, auch tatsächlich erfüllt und damit erlebt werden. Eine so verstandene und umgesetzte Marke ist dann eine der wesentlichsten (Marketing-) Ressourcen eines Unternehmens (z.B. Capron/Hulland 1999, S. 43).

Reputation

Eine zentrale Ressource höherer Ordnung (Hunt/Morgan 1995; 1997) ist die Reputation, die vor allem aus relationaler Perspektive, also aus der Beziehung zwischen Dienstleister und Kunde, erklärt und verstanden werden kann. Im Gegensatz zu Standards und Routinen oder dem Markenzeichen kann die Reputation nicht einfach reproduziert werden. Die Ressource Reputation wird vielmehr geteilt, sie wird der neuen Einheit, die ihrerseits an der Produktion – im Sinne einer „Joint Production" bzw. Teamproduktion – aktiv beteiligt ist, zur Verfügung gestellt. Dies ist ein kritischer Akt, da die langfristig aufgebaute Reputation – wenn beispielsweise zentrale Routinen nicht eingehalten werden können – kurzfristig vernichtet werden kann. Diese Reputationsverluste erschweren eine Wiedererlangung der ursprünglich erreichten Reputation. Die Auswahl der Partner ist also, wie angesprochen, vor allem bei einer Internationalisierung in Form einer partnerschaftlichen Strategie, deren zentraler Wettbewerbsvorteil die Reputation ist, eine Aufgabe von höchster Bedeutung.

Auch wenn eine breit getragene Definition und Operationalisierung der Ressource Reputation noch aussteht, so gilt: „there is a general agreement that it [Reputation, Anm. d. Verf.] is important" (Sobol et al. 1992, S. 19). Reputation ist – und darüber besteht in der Literatur weitgehend Einigkeit – das Resultat einer effektiven Marken- bzw. Imagepolitik, eine potenzielle Markteintrittsbarriere und ein zentraler Wert eines Unternehmens (Roberts/Dowling 2002), der aus dem Zusammenspiel unterschiedlicher Ressourcen entsteht (Dierickx/Cool 1989, S. 1506). Reputation stärkt das Vertrauen in ein Unternehmen, schafft – via Bindung bzw. Loyalität – höhere (Wieder-) Kaufraten, höhere Preisprämien und einen idiosynkratischen Kredit.

Versteht man Reputation als zweidimensionales Konstrukt aus Sympathie und Kompetenz (Schwaiger 2004, S. 59ff.), so wird deutlich, dass der Aufbau der Reputation nicht nur durch klassische Werbung aus einer Dienstleistungszentrale heraus, sondern vor allem durch die Erfahrungen des Kunden mit dem Anbieter (Customer Experience) vor Ort geprägt wird. Dies macht deutlich, wie sensibel diese Ressource ist und wie pfleglich sie von allen beteiligten Partnern zu behandeln ist.

5.3 Techniken der Multiplikation

„Technisch" gesehen stellt sich die Multiplikation zentraler Designelemente im Dienstleistungsbereich meist weniger in Form einer Vervielfältigung oder Reproduktion dar, sondern in Form des so genannten *Resource Sharing* (Collis/Montgomery 1998b, S. 71ff.), also einem Teilen der wesentlichen Einheiten, die dann gemeinsam genutzt werden bzw. auf die gemeinsam „zugegriffen" wird. Dies betrifft insbesondere den Fall von so genannten „öffentlichen Gütern" wie z.B. den *„Informationen".* Informationen wie z.B. Routinen und Prozesse, aber auch die Marke eines Dienstleisters oder seine Reputation sind in der Regel wesentliche Erfolgsfaktoren. Sie sind kritische, sensible und ausschöpfbare Ressourcen.

Ihre Nutzung durch einen Anbieter oder einen Mitarbeiter beeinträchtigt – technisch gesehen – nicht ihre Nutzung durch einen anderen. Allerdings kann die Nutzung auf die

Ressource „zurückschlagen" und diese verändern. Wenn mit einer Ressource, wie z.B. der Reputation, nicht pfleglich umgegangen wird, so kann sie entwertet werden und das Gesamtsystem schwächen.

Die Multiplikation ist im Dienstleistungskontext also häufig eine Art Teamproduktion. Da zunächst aber jeder Partner auch dann von einer wertvollen Ressource, wie z.B. der Reputation, profitiert, wenn er selbst keine Kosten zur Ressourcenpflege aufwendet, bestehen erhebliche Anreize, Gewinne abzuschöpfen, die gemeinsamen Ressourcen also nicht pfleglich zu behandeln und dann eventuell aus dem System auszuscheiden. Mit Alchian und Demsetz bezeichnet man dies als „Shirking" in Teams (Alchian/Demsetz 1972, S. 790).

Um nun einzelne Partner am „Shirking" zu hindern, wird in der Regel der Einsatz eines speziellen Monitors empfohlen. In der Regel übernimmt die „Zentrale" der Multiplikation diese Aufgabe, indem deren Angebot nicht ohne die Überlassung eines Pfandes (z.B. spezifische Investitionen in Ressourcen wie die Ladeneinrichtung oder in den Aufbau spezifischer Ressourcen über Schulungs- und Trainingsmaßnahmen) abgetreten werden und man sich gleichzeitig starke Eingriffsrechte in die Führung „vor Ort" zusichern lässt. Dies ist im Falle der Direktinvestition mit einem Filialleiter natürlich einfacher und unter dem Gesichtspunkt der Transaktionskosten effizienter zu bewerkstelligen als mit einem selbständigen Partner wie im Falle des Franchising.

6. Zum Abschluss: Fünf Schritte zur Internationalisierung

Abschließend und zusammenfassend werden fünf Schritte dargestellt, die ein Dienstleister auf dem Weg zur Internationalisierung zu bewältigen hat (Abbildung 3):

Neben dem Willen (Strategic Intent) gilt es zunächst einmal, die strategische Option der Multiplikation zu erkennen und zu verstehen. Die Potenziale, die im Angebot stecken, sind zu bewerten, eine Entscheidung ist zu treffen. Darauf aufbauend gilt es, die multiplizierbare Einheit zu definieren und zu formulieren. Zum Kern dieser Einheit dringt man über die Methode des Design Stripping vor. Das Ergebnis des Design Stripping and Dressing ist die Plattform, auf der nun die Internationalisierung aufsetzt.

Diese „nackte" Leistung gilt es im nächsten Schritt zu bekleiden. Hierbei ist den Anforderungen, die das Zielland stellt, gerecht zu werden. Parallel dazu sind die notwendigen Ressourcen – und hierunter fallen natürlich auch Fähigkeiten und Fertigkeiten der Kunden – vor Ort aufzubauen, die ein Delivery im Sinne des internationalen Designs, aber auch im Sinne der Kundenerwartungen und -wünsche, ermöglichen.

Nach dem Markteintritt gilt es dann, die Einheit vor Ort zu führen. Als wesentliche Ziele können dabei die Schaffung hoher, realisierbarer Kundenwerte und die Werterhaltung oder sogar Wertsteigerung der gemeinschaftlich genutzten Ressourcen genannt werden.

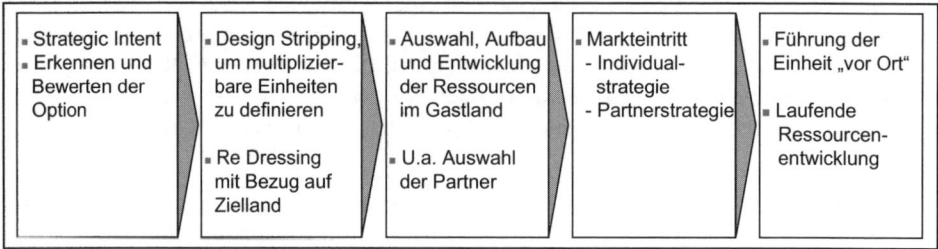

Abbildung 3: Fünf Schritte der Internationalisierung und Multiplikation

Die Internationalisierung wurde im vorliegenden Beitrag im Kern als Multiplikation verstanden und somit wurde das Fundament jeder Internationalisierungsstrategie in der Exploitation zentraler Ressourcen gelegt: Etwas Vorhandenes wird intensiver genutzt. Natürlich ist dies aus ökonomischer Perspektive interessant. Ein solcher Prozess ist in der Öffentlichkeit aber auch mit der Reaktion eifriger Kulturpessimisten konfrontiert, dass in einer globalen Ökonomie die Vielfalt abnehme und sich die Angebotswelt immer weiter homogenisiere. Mit Blick auf die so genannte Marktorientierung kann dagegen argumentiert werden, dass die Kunden in vielen Bereichen gerade diese Uniformierung der Angebote – Stichwort: „Keine Überraschung" – wünschen. Unsere ökonomisch orientierte Argumentation, sei sie nun markt- oder potenzialorientiert, ist ausgereizt.

Vielleicht wagt man dann einen abgeklärten Blick auf die „Realitäten" und schließt sich den klugen Beobachtungen Boris Groys an, der unsere Zeit des „Ready Made" (Duchamps 1958) als Triumph der Reproduktion über die Produktion kennzeichnet: „Wir leben ... inmitten einer Kultur, in der die Reproduktionsprozesse längst die Oberhand
über die Produktionsprozesse gewonnen haben" (Groys 2003, S. 33). Dies gilt auch für die Dienstleistung.

Literatur

Aaker, D. A. (1996): Building Strong Brands, New York u.a.

Alchian, A.A./Demsetz, H. (1972): Production, Information Costs, and Economic Organization, in: American Economic Review, Vol. 62, No. 5, S. 777-795.

Bamberger, I./Wrona, T. (1996): Der Ressourcenansatz und seine Bedeutung für die strategische Unternehmensführung, in: Zeitschrift für betriebswirtschaftliche Forschung, 48. Jg., Nr. 2, S. 130-152.

Barney, J. (1991): Firm Resources and Sustained Competitive Advantage, in: Journal of Management, Vol. 17, No. 1, S. 99-120.

Buckley, P.J./Casson, M. (1976): The Future of the Multinational Enterprise, London.

Burmann, C. (2002): Strategische Flexibilität und Strategiewechsel als Determinante des Unternehmenswertes, Wiesbaden.

Capron, L./Hulland, J. (1999): Redeployment of Brands, Sales Forces, and General Marketing Management Expertise Following Horizontal Acquisitions: A Resource-Based View, in: Journal of Marketing, Vol. 63, No. 2, S. 41-54.

Chmielewicz, K. (1969): Wirtschaftsgut und Rechnungswesen, in: Zeitschrift für betriebswirtschaftliche Forschung, 21. Jg., Nr. 2/3, S. 85-122.

Cohen, M./Bacdayan, P. (1994): Organizational Routines are Stored as Procedural Memory: Evidence from a Laboratory Study, in: Organizational Science, Vol. 5, No. 4, S. 554-568.

Cohen, M.D./Burkhart, R./Dosi, G./Egidi, M./Marengo, L./Warglien, M./Winter, S. (1996): Routines and other Recurring Action Patterns of Organizations: Contemporary Research Issues, in: Industrial & Corporate Change, Vol. 5, No. 3, S. 653-699.

Collis, D. (1994): How Valuable are Organizational Capabilities?, in: Strategic Management Journal, Vol. 15, No. 2, S. 143-152.

Collis, D./Montgomery, C. (1995): Competing on Resources, in: Harvard Business Review, Vol. 73, No. 4, S. 118-128.

Collis, D./Montgomery, C. (1998a): Corporate Strategy, Boston et al.

Collis, D./Montgomery, C. (1998b): Creating Corporate Advantage, in: Harvard Business Review, Vol. 76, No. 3, S. 71-83.

Dierickx, I./Cool, K. (1989): Asset Stock Accumulation and Sustainability of Competitive Advantage, in: Management Science, Vol. 35, No. 12, S. 1504-1511.

Duchamp, M. (1958): Merchand du sel, Écrits de Marcel Duchamp, Paris.

Dunning, J.H. (1980): Toward an Eclectic Theory of International Production: Some Empirical Tests, in: Journal of International Business Studies, Vol. 11, No. 1, S. 9-31.

Erramilli, M.K./Rao, C.P. (1990): Choice of Foreign Market Entry Modes by Service Firms: Role of Market Kowledge, in: Management International Review, Vol. 30, No. 2, S. 135-150.

Erramilli, M.K./Rao, C.P. (1993): Service Firms´ International Entry-Mode Choice: A Modified Transaction-Cost Analysis Approach, in: Journal of Marketing, Vol. 57, No. 7, S. 19-38.

Freiling, J. (2001): Resource-based View und ökonomische Theorie, Wiesbaden.

Fuchs, P.H./Mifflin, K.E./Miller, D./Whitney, J.O. (2000): Strategic Integration: Competing in the Age of Capabilities, in: California Management Journal, Vol. 42, No. 3, S. 118-147.

Groys, B. (2003): Topologie der Kunst, München/Wien.

Grönroos, C. (1997): Value-driven Relational Marketing: from Products to Resources and Competencies, in: Journal of Marketing Management, Vol. 13, No. 5, S. 407-419.

Hall, R. (1992): The Strategic Analysis of Intengible Ressources, in: Strategic Management Journal, Vol. 13, No. 1, S. 135-144.

Hübner, C. (1993): Multiplikation, in: Meyer, P. W./Mattmüller, R. (Hrsg.): Strategische Marketingoptionen, Stuttgart u.a., S. 186-228.

Hübner, C. (1996): Internationalisierung von Dienstleistungsangeboten, München.

Hunt, S./Morgan, R.M. (1995): The Comparative Advantage Theory of Competition, in: Journal of Marketing, Vol. 59, No. 4, S. 1-15.

Hunt, S./Morgan, R.M. (1997): Resource-Advantage Theory: A Snake Swallowing its Tail or A General Theory of Competition, in: Journal of Marketing, Vol. 61, No. 3, S. 74-82.

Hymer, S.H. (1976): The International Operations of National Firms: A Study of Direct Foreign Investment, Cambridge/London.

Keller, K.L. (1993): Conceptualizing, Measuring, and Managing Customer-Based Brand Equity, in: Journal of Marketing, Vol. 57, No. 1, S. 1-22.

Keller, K.L. (2003): Strategic Brand Management. Building, Measuring, and Managing Brand Equity. Upper Saddle River.

Keller, K.L./Sternthal, B./Tybout, A. (2002): Three Questions You Need to Ask About Your Brand, in: Harvard Business Review, Vol. 80, No. 9, S. 3-8.

Köhler, L. (1991): Die Internationalisierung produzentenorientierter Dienstleistungsunternehmen, Hamburg.

Kühn, R./Grünig, R. (2000): Grundlagen der strategischen Planung, 2. Aufl., Bern u.a.

Kutschker, M./Schmid, S. (2002): Internationales Management, 2. Aufl., München.

Leitherer, E. (1994): Geschichte der Markierung und des Markenwesens, in: Bruhn, M. (Hrsg.): Handbuch Markenartikel, Stuttgart, S. 135-152.

Lippman, S.A./Rumelt, R.P. (1982): Uncertain Imitability: An Analysis of Interfirm Differences in Efficiency under Competition, in: Bell Journal of Economics, Vol. 13, No. 2, S. 418-438.

Lovas, B./Ghoshal, S. (2000): Strategy as Guided Evolution, in: Strategic Management Journal, Vol. 21, No. 9, S. 875-896.

Mervis, C.B./Rosch, E. (1981): Categorization of Natural Objects, in: Annual Review of Psychology, Vol. 32, S. 89-115.

Meyer, A. (1983): Dienstleistungs-Marketing. Erkenntnisse und praktische Beispiele, München.

Meyer, P.W. (1973): Die machbare Wirtschaft, Essen.

Morgan, R.M./Hunt, S.D. (1999): Relationship-Based Competitive Advantage: The Role of Relationship Marketing in Marketing Strategy, in: Journal of Business Research, Vol. 46, No. 3, S. 281-290.

Normann, R. (1991): Service Management. Strategy and Leadership in Service Business, Chichester u.a.

Picot, A. (1982): Transaktionskostenansatz in der Organisationstheorie: Stand der Diskussion und Aussagewert, in: Die Betriebswirtschaft, 42. Jg., Nr. 2, S. 267-284.

Picot, A. (1991): Ein neuer Ansatz zur Gestaltung der Leistungstiefe, in: Zeitschrift für betriebswirtschaftliche Forschung, 43. Jg., Nr. 4, S. 336-357.

Porter, M. (1980): Competitive Strategy, New York.

Ramaswamy, R. (1996): Design and Management of Service Processes. Keeping Customers for Life, Reading u.a.

Rasche, C./Wolfrum, B. (1994): Ressourcenorientierte Unternehmensführung, in: Die Betriebswirtschaft, 54. Jg., Nr. 4, S. 501-517.

Roberts, P./Dowling, G. (2002): Corporate Reputation and Sustained Superior Financial Performance, in: Strategic Management Journal, Vol. 23, No.7, S. 1077-1093.

Rugman, A.M. (1986): New Theories of the Multinational Enterprise. An Assessment of Internalization Theory, in: Bulletin of Economic Research, Vol. 38, No. 2, S. 101-118.

Rumelt, R.P. (1984): Toward a Strategic Theory of the Firm, in: Lamb, R.B. (Hrsg.), The Competitive Challenge, Englewood Cliffs, S. 137-158.

Sampson, G.P./Snape, R.H. (1985): Identifying the issues in Trade in Services, in: The World Economy, Vol. 8, No. 8, S. 24-31.

Scheuch, F. (1982): Dienstleistungsmarketing, München.

Schwaiger, M. (2004): Components and Parameters of Corporate Reputation – an Empirical Study, in: Schmalenbach Business Review, Vol. 56, No.1, S. 46-71.

Sobol, M.G./Taper, J.S./Farrelly, G.E. (1992): Shaping the Corporate Image: An Analytical Guide for Executive Decision Makers, Oxford.

Srivastava, R.K./Shervani, T.A./Fahey, L. (1998): Market-Based Assets and Shareholder Value: A Framework for Analysis, in: Journal of Marketing, Vol. 62, No. 1, S. 2-18.

Stauss, B. (1995): Internationales Dienstleistungsmarketing, in: Herrmanns, A./ Wißmeier, U.K. (Hrsg.): Internationales Marketing Management, München, S. 437-474.

Swahney, M. (1998): Leveraged High-Variety Strategies: From Portfolio Thinking to Platform Thinking, in: Journal of the Academy of Marketing Science, Vol. 26, No. 1, S. 54-61.

Teece, D.J./Pisano, G./Shuen, A. (1997): Dynamic Capabilities and Strategic Management, in: Strategic Management Journal, Vol. 18, No. 7, S. 509-533.

Wernerfelt, B. (1984): A Resource-based View of the Firm, in: Strategic Management Journal, Vol. 5, No. 2, S. 171-180.

Williamson, O.E. (1985): The Economics Institutions of Capitalism, New York.

Zeithaml, V./Bitner, M.J. (1996): Services Marketing, New York u.a.

Tilmann Raff und Peter Billen

Länderauswahlentscheidung im Hinblick auf eine Internationalisierung von Dienstleistungsunternehmen

---

Prof. Dr. *Tilmann Raff* ist Professor im trinationalen Studiengang International Business Management an der Berufsakademie Lörrach. Dr. *Peter Billen* ist wissenschaftlicher Assistent an der Professur für Marketing, Innovation und E-Business an der Universität Trier.

1. Die Bedeutung der Internationalisierung von Dienstleistungsunternehmen

Seit über 30 Jahren wird davon ausgegangen, dass sich die westlichen Industrienationen zu Dienstleistungsgesellschaften entwickeln. Betrachtet man die Bruttowertschöpfung nach Wirtschaftsbereichen oder die Zahl der Erwerbstätigen in diesen Bereichen, so zeigt sich eine Bestätigung dieser Aussage (Statistisches Bundesamt 2004a; Statistisches Bundesamt 2004b). Daneben ist eine zunehmende Globalisierung des Wettbewerbs zu konstatieren (Toyne/Walters 1989, S. 307), die auch die Dienstleistungsbranche verstärkt erfasst hat.

Die Motive für die Internationalisierung von Dienstleistungen sind sowohl auf Effizienz- als auch auf Effektivitätsgesichtspunkte zurückzuführen. Aufgrund von Erfahrungskurveneffekten können dynamische Skaleneffekte (Lerneffekte) verwirklicht werden. Andererseits dient die Internationalisierung der Sicherstellung des Unternehmenswachstums. Allerdings steht einer Internationalisierung mit der Auswahl von geeigneten Ländern, in denen man tätig werden möchte, eine wichtige Hürde gegenüber. Eine falsche Auswahl kann dazu führen, dass sich der Unternehmensgewinn reduziert anstatt sich zu erhöhen, da den Aufwendungen für die Internationalisierung keine entsprechenden Umsätze entgegenstehen. Mangels Akzeptanz in den Ländern werden dann auch die intendierten Unternehmenszuwächse nicht erzielt.

Im Sinne eines standardisierten Marketingmix, der auf eine effiziente Gestaltung der Internationalisierung abzielt, sollte die Länderauswahl im Ergebnis eine Gruppe von homogenen Ländermärkten haben. Wenn dagegen im Hinblick auf eine effektive Gestaltung der Internationalisierung eine Anpassung des Marketingmix an die spezifischen Gegebenheiten der einzelnen Ländermärkte angestrebt wird, steht die Auswahl von Ländern im Vordergrund, die ein hohes Erfolgspotenzial für das Unternehmen aufweisen.

Die Besonderheiten von Dienstleistungen verstärken die Bedeutung der Länderauswahl. Die Integration des externen Faktors in den Dienstleistungserstellungsprozess beeinflusst die Effizienz und Effektivität. Folglich kann davon ausgegangen werden, dass andere Faktoren die Auswahl der Ländermärkte bestimmen. Dennoch bestehen Forschungsdefizite bezüglich der Vorgehensweise zur Länderauswahl im Dienstleistungsmanagement.

Vor diesem Hintergrund soll der folgende Beitrag thematisieren, ob die Entscheidung über die Auswahl von Ländermärkten auf Basis der bekannten Ansätze erfolgen kann oder ob die zentralen Charakteristika von Dienstleistungen neue Auswahlmethoden erfordern. Im Rahmen der Betrachtung der Länderauswahl soll auf den Prozess der Identifizierung geeigneter Ländermärkte eingegangen werden. Die Überlegungen in diesem Beitrag sollen zu einem Vorschlag für eine idealtypische Vorgehensweise zur Marktauswahl führen.

Hierzu werden zunächst Dienstleistungen charakterisiert und deren Besonderheiten im Vergleich zu Sachleistungen herausgestellt. In einem nächsten Schritt werden gängige Ansätze für eine Marktauswahlentscheidung thematisiert. Auf den Charakteristika von Dienstleistungen basierend werden dann die Besonderheiten bei der Auswahl von Ländermärkten differenziert nach verschiedenen Dienstleistungsformen abgeleitet, was schließlich im Ergebnis zu einem idealtypischen Prozess der Länderauswahl für Dienstleistungsunternehmen mündet.

2.   Charakterisierung und Formen von Dienstleistungen

Dienstleistungen sind immaterielle Leistungen, die die Bereitstellung bzw. den Einsatz von Leistungsfähigkeiten (*Potenzialorientierung*), wie z.B. Geschäftsräume, Personal, Ausstattung, voraussetzen. Dabei werden diese Potenziale im Rahmen des Erstellungsprozesses kombiniert (*Prozessorientierung*), um für den Kunden eine nutzenstiftende Wirkung zu erzielen (*Ergebnisorientierung*) (Meffert/Bruhn 2003, S. 30).

Im Hinblick auf die von den Dienstleistungen zu unterscheidenden Sachleistungen werden Potenzial-, Prozess- und Ergebnisorientierung tendenziell schwächer ausfallen. Insbesondere kann die Prozessorientierung zur Differenzierung der Sach- und Dienstleistungen dienen, da der Prozess der Dienstleistungserstellung in entscheidendem Maße durch die Integration des externen Faktors geprägt ist (Kleinaltenkamp 1997, S. 219ff.). Ohne diesen externen Faktor – der entweder der Kunde selbst oder ein Verfügungsobjekt des Kunden ist – kann kein Dienstleistungsprozess durchgeführt werden (Rosada 1990, S. 20ff.). Aufgrund der Notwendigkeit zur Integration des externen Faktors stellt sich die Frage, ob ein Nachfrager geistig oder physisch präsent sein muss, damit eine Dienstleistung erbracht werden kann.

Im Unterschied zur Prozessorientierung kann die Fähigkeit des Anbieters zur Leistungserstellung (Potenzialorientierung) ebenso eine notwendige Bedingung für die Hersteller von Sachleistungen darstellen. Riebel spricht bei Leistungspotenzialen von „Bereitschaftskosten" (Riebel 1994, S. 24f.). Die Ergebnisorientierung als Differenzierungsmerkmal zu Sachleistungen könnte ebenfalls kritisch betrachtet werden, da auch bei Sachleistungen die Nachfrager nicht an dem Produkt an sich, sondern in der Regel ausschließlich an dem mit diesem Produkt verbundenen Nutzen interessiert sind (Levitt 1960, S. 55). So ist innerhalb der drei Dimensionen – Potenzial-, Prozess-, Ergebnisorientierung – insbesondere die Prozessorientierung aufgrund der Notwendigkeit der Integration des externen Faktors herauszustellen.

Informationen sind in diesem Zusammenhang von zentraler Bedeutung, denn mit einer Integration des externen Faktors ist immer die Integration von Informationen verbunden, die eine Leistungserstellung erst ermöglicht. So wird im Hinblick auf eine Differenzierung von Dienstleistungstypen auf die zunehmende Bedeutung elektronischer Medien Bezug genommen. Dabei ist die Erstellung von Dienstleistungen über das Internet insbesondere auf solche Leistungen fokussiert, die auf der Vermittlung von Informationen beruhen (Hünerberg/Mann 1999, S. 281). So weisen Dienstleistungen, die über elektronische Medien vermittelt werden, Besonderheiten auf – dennoch sollte eine Definition von *elektronischen Dienstleistungen* (E-Services) sich an der gerade vorgestellten klassischen Dienstleistungsdefinition orientieren, um dadurch die Unterschiedlichkeit zu klassischen Dienstleistungen herausstellen zu können: „E-Services sind selbständige, marktfähige Leistungen, die durch die Bereitstellung von elektronischen Leistungsfähigkeiten des Anbieters (*Potenzialdimension*) und durch die Integration eines externen Faktors mit Hilfe eines elektronischen Datenaustauschs (*Prozessdimension*) an den externen Faktoren auf eine nutzenstiftende Wirkung (*Ergebnisdimension*) abzielen" (Bruhn 2002, S. 6). Der Begriffsbestandteil „elektronisch" betont die Technologiedimension. Unter E-Services werden also Dienstleistungen verstanden, die ganz oder teilweise elektronisch erstellt oder verfügbar gemacht werden (Bruhn 2002, S. 6). Die Besonderheiten hinsichtlich der drei Dienstleistungsdimensionen macht die Relevanz der Differenzierung von klassischen Dienstleistungen deutlich:

(1) *Leistungspotenzial*: Die Schnittstelle zwischen Anbieter und Nachfrager ist bei E-Services in das Internet verlagert worden. Zur Generierung und Abwicklung von Transaktionen wird auf Informations- und Kommunikationstechnologien zurückgegriffen. Die Leistungsfähigkeit des Anbieters ist hiernach maschinell basiert, während bei klassischen Dienstleistungen die personelle Leistungsfähigkeit dominiert (Pepels 1995, S. 145).

(2) *Leistungsprozess*: Zwar ist auch bei E-Services ein Kontakt zwischen Anbieter und Nachfrager erforderlich, um Informationen in den Erstellungsprozess einzubringen. Dieser Kontakt erfolgt aber nicht in der Form Mensch-Mensch-Interaktion, sondern Mensch-Maschine-Interaktion (Fließ/Völker-Albert 2002, S. 270). Die Besonderheiten von E-Services bei der Integration des externen Faktors liegen in den Charakteristika des Internet begründet. Aufgrund der Ubiquität des Internet (Ainscough/ Luckett 1996, S. 37) ist es möglich, E-Services von jedem Ort der Welt aus zu nutzen, sofern das technische Equipment vorhanden ist. Eine physische Präsenz des Nachfragers, um aktiv Informationen einbringen zu können, ist nicht erforderlich.

(3) *Leistungsergebnis*: Die Tatsache, dass virtuelle Leistungen im Internet physisch intangibel sind, führt bei Dienstleistungen zu überwiegend intangiblen Leistungsergebnissen (Breithaupt 2002, S. 182).

3. Marktauswahlentscheidung im internationalen Kontext

Basis für die Auswahl von Ländermärkten bilden die Marktattraktivität und die Marktbarrieren. Anhand dieser werden Länderportfolios erstellt, um die Länderauswahlentscheidung zu unterstützen. Eine Bestimmung der relevanten Unterscheidungskriterien ist
allerdings oft mit Schwierigkeiten hinsichtlich der Informationsgewinnung und Subjektivität verbunden. Vor diesem Hintergrund ist die Frage nach der geeigneten Methodik
zur Länderauswahl angebracht. Hierzu stellen Backhaus/Büschken/Voeth eine Kombination von Filterverfahren und Gruppierungsverfahren als geeignete Vorgehensweise
heraus (Backhaus/Büschken/Voeth 2003, S. 148).

Filterverfahren zeichnen sich dadurch aus, dass anhand verschiedener Kriterien Länder
im Rahmen einer abgestuften Vorgehensweise beurteilt werden. Mit zunehmender Verfeinerung des Verfahrens werden dabei immer mehr Ländermärkte aus der Analyse ausgeschlossen. Bei *Gruppierungsverfahren* werden die betrachteten Ländermärkte anhand
von geeigneten Kriterien positioniert. Ziel ist es, Länder mit ähnlichen Charakteristika
zu Gruppen zusammenzufassen (Backhaus/Büschken/Voeth 2003, S. 148ff.). So kann
mit einer einheitlichen Marktstrategie für mehrere Länder die Effizienz der Marktbearbeitung erhöht werden.

Beide Verfahren weisen die Gemeinsamkeit auf, dass ihre Anwendung zuvor ausgewählte Kriterien voraussetzt. Diese Filter- bzw. Gruppierungskriterien sind für die Länderauswahl als kritisch zu betrachten, da sie das Ergebnis des Auswahlprozesses maßgeblich beeinflussen. Deshalb ist eine genaue Betrachtung der relevanten Kriterien
zwingend erforderlich. Einen umfassenden Kriterienkatalog liefert Tesch (1980,
S. 345ff., 359ff.). Auf Basis der Unterscheidung in *Direktinvestitionen* und *internationalen Handel* kann man in Anlehnung an Tesch drei Kategorien differenzieren:

(1) Kriterien, die die internationale Wettbewerbsfähigkeit und die Standortentscheidung
    im internationalen Rahmen grundsätzlich bestimmen: Diese Kategorie betrifft also
    sowohl Direktinvestitionen wie auch den internationalen Handel. Beispiele hierfür
    sind die politische Stabilität und staatliche Einflussnahme auf Unternehmensent-
    scheidungen.

(2) Kriterien, die auf die Verfügbarkeit und Kosten der Leistungserstellung abzielen:
    Diese Kategorie betrifft also vor allem die Entscheidung über Direktinvestitionen
    und weniger den internationalen Handel. Hierzu gehören z.B. die Verfügbarkeit und
    Kosten von Ressourcen wie Kapital, Grund und Boden sowie Arbeitskräften.

(3) Kriterien, die den Absatz betreffen: Bezieht man diese auf den Absatz vom Her-
    kunftsland in einen ausländischen Markt, fokussieren die Kriterien insbesondere den
    internationalen Handel und weniger Direktinvestitionen im Ausland. Beispiele hier-

für sind die die Tragfähigkeit des Absatzmarktes beeinflussende Bevölkerungsanzahl, Kaufkraft oder Bedürfnisse.

Die Unterscheidung in Kategorien, die den internationalen Handel betreffen, und jener bezüglich möglicher Direktinvestitionen im Ausland ist deshalb bedeutsam, da im Rahmen der Marktauswahl diesbezüglich fundamentale Unterschiede bestehen. Das Ausmaß, in dem die Unternehmen eine Kapitalbindung und andere Risiken eingehen, lässt eine undifferenzierte Betrachtung der beiden Formen der Auslandsaktivitäten nicht zu. Aus diesem Grund werden beide Formen als Extrempunkte auf dem Kontinuum möglicher Markteintritts- und Bearbeitungsstrategien gesehen (Meissner/Gerber 1980, S. 224).

4. Besonderheiten der Auswahl von Ländermärkten bei Dienstleistungen

Im Hinblick auf die Internationalisierung des Angebotes von Dienstleistungen werden in der Literatur Kriterien zur Marktauswahl diskutiert, die den im Abschnitt 3 vorgestellten Kriterien teilweise sehr ähneln. So werden im Rahmen der Situationsanalyse für das internationale Dienstleistungsmarketing nach Berndt et al. (1997) globale Rahmenbedingungen betrachtet, die aus ökonomischen Faktoren, politisch-rechtlichen, soziokulturellen und geografischen Faktoren bestehen. Weiterhin fokussieren sie die Branche und den Wettbewerb als eine weitere Kategorie, unter der die Branchenkultur, der Wettbewerb und die Abnehmer subsumiert werden. Als dritte Gruppe von Bestimmungsgrößen werden die unternehmensspezifischen Faktoren – und hier insbesondere Unternehmensziele, Finanzkraft, Leistungsmerkmale, Personal und die Dienstleistungskapazität – betrachtet.

Im Hinblick auf die Auswahl von Ländermärkten eines Dienstleistungsunternehmens ist es zweckmäßig, solche Faktoren zu betrachten, die aufgrund der besonderen Charakteristika von Dienstleistungen eine im Vergleich zu Sachleistungen differierende Relevanz aufweisen. In Abhängigkeit von den branchen- und situationsspezifischen Gegebenheiten müssten zusätzlich weitere Faktoren berücksichtigt werden, die in ähnlicher Weise auch im Rahmen der Internationalisierung für Sachleistungen eine Rolle spielen, was aber hier nicht erfolgt. Die Intention dieses Beitrages ist die Vorstellung dienstleistungsspezifischer Kriterien. Deshalb wird auf einen konkreten Leistungs- bzw. Situationsbezug nicht rekurriert. Bei der hier vorgenommenen Betrachtung von Filter- bzw. Gruppierungskriterien wird somit eine Einschränkung auf die folgenden Kriterien zur Marktauswahl vorgenommen, die sich aufgrund der Dienstleistungscharakteristika in ihrer Bedeutung oder Ausprägung unterscheiden.

Die *Tragfähigkeit* des Auslandsmarktes ist grundsätzlich – also nicht nur bei der Internationalisierung von Dienstleistungen – von hoher Relevanz für die Marktattraktivität. Die Notwendigkeit zur Integration des externen Faktors wirft allerdings die Frage auf,

wie hoch die Chance ist, den Auslandsmarkt erfolgreich bedienen zu können. So sprechen – insbesondere wenn es sich bei dem externen Faktor um den Kunden selbst handelt – kulturelle Ähnlichkeiten zwischen Stammland und Gastland dafür, dass ein hoher
Anteil des Auslandsmarktes als Zielgruppe in Frage kommt. Folglich kann dann eher
davon ausgegangen werden, dass der Auslandsmarkt für die Internationalisierung des
Unternehmens tragfähig ist. Somit wird hier insbesondere der Frage eines kulturellen Fit
nachzugehen sein. *Wirtschaftliche und politische Risiken* sind ebenfalls grundsätzlich
bedeutsame Entscheidungskriterien. Das Ausmaß der Wichtigkeit dieser hängt dabei von
der Höhe der zu tätigenden Investitionen im Auslandsmarkt ab. So stellt sich die Frage,
ob den wirtschaftlichen und politischen Risiken in Abhängigkeit von der Art der Dienstleistung eine unterschiedliche Relevanz zukommt. Die *Entfernungen* zwischen Herkunftsland und Auslandsmarkt sowie innerhalb des Letzteren werden für ein Dienstleistungsunternehmen von besonderer Bedeutung sein. Die Leistungserstellung erfolgt in
erhöhtem Maße gemeinsam mit dem Kunden, was aufgrund der Prozessartigkeit der
Dienstleistungserstellung höhere Kosten implizieren kann. Im Zusammenhang mit der
Entfernung ist auch die *Infrastruktur* des Auslandsmarktes wichtig, da beispielsweise ein
gutes Verkehrs- oder Kommunikationssystem die Nachteile großer Entfernungen relati-
vieren kann. Im Dienstleistungsmanagement wird weiterhin auf die hohe Relevanz der
Personalpolitik hingewiesen (Pepels 1995, S. 145). So kommt im Hinblick auf die Bedeutung der Potenzialfaktoren im Dienstleistungsmarketing der *Ressourcenverfügbarkeit*
eine besondere Rolle zu.

4.1 Vergleich der Bedeutung von Filter- und Gruppierungskriterien bei Dienst- und Sachleistungen

Im Hinblick auf eine Beurteilung der Relevanz von Filter- und Gruppierungskriterien bei
Dienst- und Sachleistungen hat nicht nur die Art der Leistung einen Einfluss, sondern
auch die internationale Markteintrittsstrategie. Die Bedeutung eines Kriteriums im Rahmen der Entscheidung eines Dienstleistungsanbieters, im Ausland eine Niederlassung zu
gründen, kann somit nicht mit der Bedeutung des gleichen Kriteriums bei der Entscheidung eines Produzenten, seine Sachleistungen ins Ausland zu exportieren, verglichen
werden. Um eine Vergleichbarkeit der beiden sich stark unterscheidenden Formen der
Internationalisierung zu ermöglichen, sollten daher solche Dienstleistungen, für die Direktinvestitionen erforderlich sind bzw. vorgesehen sind, und solche Dienstleistungen,
die ohne (größere) Direktinvestitionen im Ausland angeboten werden sollen, differenziert werden. Für die erste Art von Dienstleistungen können Unternehmensberatungen –
für die zweite Art von Dienstleistungen Software-Unternehmen als Beispiele genannt
werden.

Unabhängig von diesem Vergleich soll als ein gesondertes Kriterium die Tragfähigkeit des Auslandsmarktes betrachtet werden, da sie den Ausgangspunkt einer Internationalisierung – ob mit oder ohne Direktinvestitionen – darstellt.

4.1.1 Tragfähigkeit des Auslandsmarktes und kultureller Fit als Ausgangspunkt

Die Tragfähigkeit der betrachteten Auslandsmärkte im Sinne eines hohen erzielbaren Absatzpotenzials, kommt bei der Entscheidung, im Ausland tätig zu werden, grundsätzlich eine hohe Bedeutung zu, denn sie stellt eine notwendige Bedingung für die Internationalisierung dar. Sowohl bei Dienst- als auch bei Sachleistungen ist dieser Faktor ein zentrales Entscheidungskriterium, da es letztendlich als Rechtfertigung für die zu tätigenden Investitionen dient.

Wegen der grundsätzlichen Relevanz der Tragfähigkeit der Auslandsmärkte könnte zunächst auf Ansätze, wie sie auch für die Internationalisierung des Produktionsgewerbes vorgeschlagen werden, zurückgegriffen werden. Diese Ansätze messen die Tragfähigkeit eines Marktes etwa am Bruttosozialprodukt, der Kaufkraft oder speziell an der zu erwartenden Nachfrage in einem bestimmten Bereich oder Branche (Kotabe/Helsen 2001, S. 223f.).

Die Tragfähigkeit eines Auslandsmarktes stellt lediglich eine externe – vom Unternehmen selbst nicht beeinflussbare – Größe dar. Ob allerdings eine realistische Chance besteht, das Marktpotenzial in nennenswertem Maße zu nutzen, hängt auch von Größen ab, die zumindest teilweise vom Unternehmen und seinem Ursprungsland bestimmt werden. Hierbei wird für Dienstleistungen insbesondere auf *kulturelle Aspekte* abgestellt (Hermanns/Wißmeier 2001, S. 541). Dieses kann insbesondere mit der Integration des externen Faktors und der Bedeutung des Leistungserstellungsprozesses begründet werden. So implizieren diese einen direkten Kontakt zwischen Anbieter und Nachfrager in dem Falle, dass es sich beim externen Faktor um den Kunden selbst handelt. Wenn der externe Faktor in einem Verfügungsobjekt des Kunden besteht, kann zumindest ein indirekter Kontakt angenommen werden. In beiden Fällen ist aber ein im Vergleich zu Sachleistungen erhöhtes Potenzial kultureller Stimmigkeiten bzw. Unstimmigkeiten (kultureller Fit) zu unterstellen, da der Kontakt zwischen Anbieter und Kunde persönlicher ist. Folglich ist der Faktor Kultur gerade für die Internationalisierung des Dienstleistungsgeschäfts von erhöhter Relevanz.

Eine differenzierte Betrachtung ist im Hinblick auf die Art der Dienstleistung sinnvoll. So sind das Ausmaß der Integration des externen Faktors und auch die Intensität des Prozesses der Leistungserstellung sehr unterschiedlich – je nachdem, ob es sich um klassische Dienstleistungen oder E-Services handelt. Die Risiken und auch die notwendigen Investitionen bei elektronischen Dienstleistungen nehmen in der Regel ein sehr viel geringeres Ausmaß an als bei klassischen Dienstleistungen. So kann bei E-Services eine Auslandsbetätigung auch dann sinnvoll sein, wenn kein großes Marktpotenzial vorliegt.

Übertragen auf die Bedeutung des kulturellen Fit kann dies implizieren, dass kulturelle Unstimmigkeiten eher in Kauf genommen werden können. Alternativ könnte sich der Anbieter darauf beschränken, als Zielgruppe auf dem Auslandsmarkt nur eine Minderheit ansprechen zu wollen, bei der mit einer kulturellen Kompatibilität zu rechnen ist. Bei klassischen Dienstleistungen wird dagegen ein kultureller Fit eine unabdingbare Voraussetzung für die Internationalisierungsbestrebung sein, da hier die Integration des externen Faktors auf einer persönlichen Ebene erfolgt.

Es bleibt festzuhalten, dass den kulturellen Aspekten bei der Internationalisierung des Geschäfts von Dienstleistungsanbietern eine erhöhte Bedeutung zukommt, und zwar unabhängig davon, ob die Internationalisierung von klassischen oder elektronischen Dienstleistungen betrachtet wird. So ist auch bei elektronischen Dienstleistungen zumindest die Kenntnis über kulturelle Stimmigkeiten bzw. Unstimmigkeiten bei der Marktauswahl von Bedeutung, da ohne diese keine sinnvolle Abschätzung des potenziellen Erfolgs der internationalen Betätigung möglich ist.

Nachdem der kulturelle Fit als Ausgangspunkt der Internationalisierung herausgestellt wurde, erfolgt nun die Betrachtung der Besonderheiten der Kriterien bei Dienstleistungen im Vergleich zu Sachleistungen. Dabei wird nach den beiden Formen der Internationalisierung unterschieden, da sie unterschiedliche Anforderungen an die Länderauswahl stellen.

4.1.2 Auswahlkriterien bei Internationalisierung ohne Direktinvestitionen

In vielen Punkten lassen sich Übereinstimmungen in den Anforderungen an die Länderauswahl bei Sach- und Dienstleistungen feststellen. Dennoch kann sich die Bedeutung einzelner Kriterien unterscheiden. So kann im Dienstleistungsbereich insbesondere der *Entfernung des Stammlandes zum Auslandsmarkt* eine besondere Relevanz beigemessen werden.

Grundsätzlich wird bei der internationalen Marktwahl davon ausgegangen, dass es sich für Dienstleistungen anbietet, zunächst in geografisch nah gelegene Länder zu expandieren (Hermanns/Wißmeier 2001, S. 541). Die Typologie internationaler Dienstleistungen nach Stauss (1995, S. 454ff.), der sowohl auf der Seite der Kunden als auch auf der Seite der Anbieter eine Immobilität und Mobilität zur Differenzierung verwendet, zeigt allerdings, dass eine differenzierte Beurteilung der Bedeutung der Entfernung zwischen Stammland und Auslandsmarkt sinnvoll ist.

Im Dienstleistungsbereich gilt im Vergleich zur Internationalisierung bei Sachleistungen, dass aufgrund des intensiveren persönlichen Kontaktes die Kunden und/oder die Anbieter tendenziell häufiger Entfernungen zurücklegen müssen. Mit Hilfe der immer bedeutender werdenden I&K-Technologien kann allerdings eine Erleichterung und/oder Verbesserung der Transaktionsbeziehung erzielt werden (Meffert/Bruhn 2003, S. 707). Im

Extremfall können die Transaktionen sogar vollständig virtuell stattfinden. In diesem besonderen Fall einer elektronischen Dienstleistung haben die Entfernungen zwischen Stammland und Gastland eine geringere Bedeutung als bei der Vermarktung von Sachleistungen. Andererseits kann bei klassischen Dienstleistungen die Integration des externen Faktors eine solch starke Form annehmen, dass eine Internationalisierung nicht möglich ist bzw. der Aufwand nicht gerechtfertigt ist.

4.1.3 Auswahlkriterien bei Internationalisierung mit Direktinvestitionen

Hinsichtlich einer geplanten Internationalisierung von Dienstleistungen mit Direktinvestitionen kann sich die Länderauswahl ebenfalls nur zum Teil an der Länderauswahl für Sachleistungen orientieren. So existieren im Dienstleistungsbereich insbesondere Besonderheiten hinsichtlich der politischen und wirtschaftlichen Risiken sowie der Ressourcenverfügbarkeit und der Infrastruktur.

▪ *Politische und wirtschaftliche Risiken*: Politische Gegebenheiten eines Landes werden bei der Länderauswahl oft als ein Kriterium in einem recht frühen Stadium des Filterprozesses verwendet. Dieses wird bei Internationalisierungsbestrebungen im Dienstleistungsbereich nicht unbedingt anders sein als im Fall der Internationalisierung bei Anbietern von Sachleistungen. Es kann tendenziell davon ausgegangen werden, dass dieses Kriterium umso wichtiger ist, je mehr Investitionen im Land selbst erfolgen. So ist bei einem hohen Ausmaß getätigter Direktinvestitionen das Risiko höher. Für Dienstleistungen, die erst im Rahmen des Leistungserstellungsprozesses einen großen Anteil an Investitionen, z.B. in Form von Personalkosten erfordern, wird dieses Risiko eine anders geartete Ausprägung haben. Sie wird sich insbesondere auf jene im Ausland getätigten Potenzialdimensionen beziehen, die in Form von unterstützenden Ressourcen notwendig sind. Im Hinblick auf das Ausmaß der Relevanz der politischen und wirtschaftlichen Risiken müssen klassische und elektronische Dienstleistungen unterschieden werden. So kann man in der Regel davon ausgehen, dass bei E-Services, die wegen der Ubiquität des Internet oft keine oder geringe Sachinvestitionen im Ausland erfordern, diese Kriterien von geringerer Bedeutung sind.

▪ *Ressourcenverfügbarkeit*: Insbesondere die Verfügbarkeit von personellen Ressourcen ist im Dienstleistungsbereich von Bedeutung, da die Ressource Mitarbeiter wegen des intensiven Kundenkontaktes für die Leistungserstellung eine besondere Bedeutung aufweist. Damit ist insbesondere zu überprüfen, ob diese Ressource im Gastland in ausreichendem Umfang und in ausreichender Qualität zur Verfügung steht (Meffert/Bruhn 2003, S. 704). Die hohe Bedeutung der personellen Ressourcen ist allerdings nur gegeben, wenn die Leistungserstellung im Ausland erfolgt. Hiervon kann man nur bei klassischen Dienstleistungen ausgehen, die eine Integration des Kunden vor Ort erfordern. Bei E-Services erfolgt die Leistungserstellung allerdings nicht notwendigerweise physisch beim Kunden im Gastland, so dass im Vergleich zu Sachleistungen sogar von einer geringeren Bedeutung der Ressourcenverfügbarkeit ausgegangen werden kann.

▪ *Infrastruktur*: Die Infrastruktur kann ebenfalls ein wichtiges Entscheidungskriterium darstellen. Sowohl die Strom- und Wasserversorgung als auch die Transportwege können aufgrund des Prozesscharakters der Dienstleistungserstellung wichtige Entscheidungskriterien für eine Betätigung im Ausland darstellen. Die intensive Interaktion und Kommunikation mit dem Kunden, wie sie im Dienstleistungsbereich typisch ist, deutet auf eine im Vergleich zu Sachleistungen erhöhte Bedeutung hin. Andererseits können auch für Sachleistungen eine zuverlässige Strom- oder Wasserversorgung K.O.-Kriterien darstellen. Somit führt der Versuch einer vergleichenden Darstellung zwischen Dienst- und Sachleistungen zu einem weniger eindeutigen Ergebnis. Demgegenüber ist die im ursprünglichen Sinne verstandene Infrastrukturausstattung eines Landes bei elektronischen Dienstleistungen weniger bedeutsam. Hier können andere Bereiche der Infrastruktur, wie beispielsweise die Ausstattung mit PC, Internetanschluss u.Ä. ausschlaggebend sein.

4.1.4 Zusammenfassende Betrachtung der Auswahlkriterien

Die Tragfähigkeit des Auslandsmarktes ist noch kein hinreichender Indikator, ob eine Internationalisierung von Dienstleistungen Erfolg verspricht. Aufgrund der Besonderheiten der Dienstleistungen ist eine Analyse kultureller Aspekte im Hinblick auf eine Auslandsbetätigung notwendige Voraussetzung für eine Entscheidung. Die kulturelle Distanz entscheidet darüber, wie die Tragfähigkeit eines Auslandsmarktes bezüglich des realisierbaren Markterfolges zu beurteilen ist.

Auch wenn die Internationalisierung von Dienstleistungen insgesamt durch die erhöhte Bedeutung des kulturellen Fit geprägt ist, so ist innerhalb der unterschiedlichen Arten von Dienstleistungen eine Differenzierung in klassische und elektronische Dienstleistungen sinnvoll. So zeigten sich insbesondere hinsichtlich der Internationalisierung von klassischen Dienstleistungen Unterschiede zu der von Sachleistungen, da bei diesen tendenziell die Besonderheiten – wie etwa die Integration des externen Faktors – stärker ausgeprägt sind. Betrachtet man die einzelnen dienstleistungsspezifischen Kriterien für die Länderauswahl, so können die Ergebnisse der vorangegangenen Abschnitte in Abbildung 1 zusammenfassend dargestellt werden.

Hinsichtlich der Bedeutung der Auswahlkriterien bei unterschiedlichen Leistungsformen ist zu berücksichtigen, dass in der Praxis häufig nicht nur reine Sachleistungen angeboten werden, sondern die Kernleistungen zum Zwecke einer Differenzierung um Dienstleistungen ergänzt werden (Weiber 1985, S. 92ff.). Deshalb ist es sinnvoll, auch eine Tendenzaussage hinsichtlich der „Mischformen" vorzunehmen. Hierbei können solche

Sachleistungen unterschieden werden, die entweder durch klassische Dienstleistungen oder durch E-Services ergänzt werden.

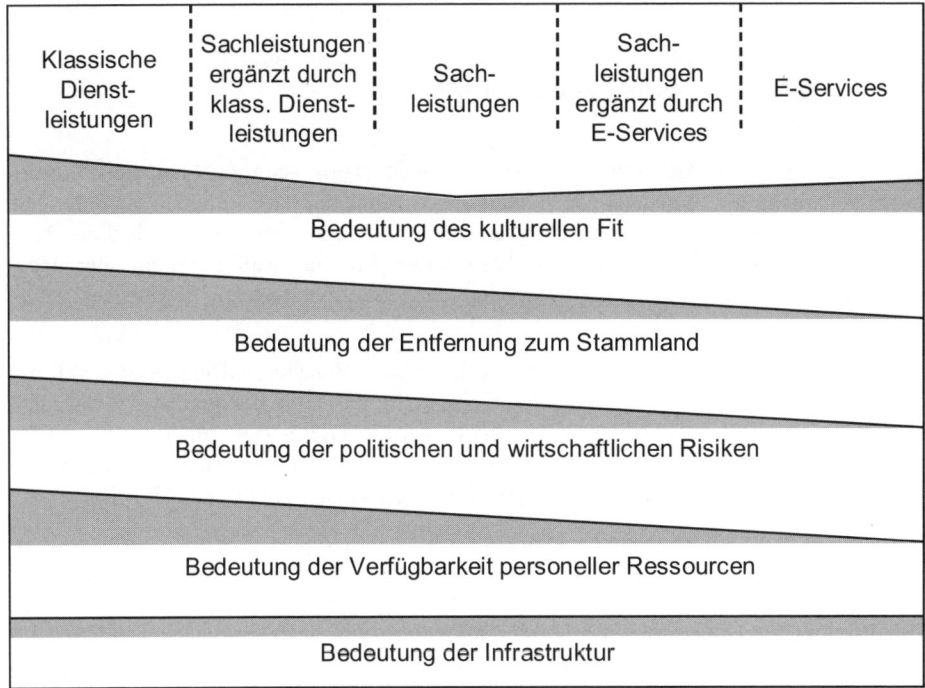

| Klassische Dienst- leistungen | Sachleistungen ergänzt durch klass. Dienst- leistungen | Sach- leistungen | Sach- leistungen ergänzt durch E-Services | E-Services |

Bedeutung des kulturellen Fit

Bedeutung der Entfernung zum Stammland

Bedeutung der politischen und wirtschaftlichen Risiken

Bedeutung der Verfügbarkeit personeller Ressourcen

Bedeutung der Infrastruktur

Abbildung 1: Bedeutung der Auswahlkriterien bei unterschiedlichen Leistungsformen

Der Unterschied in der Bedeutung des kulturellen Fit liegt darin, dass bei elektronischen Dienstleistungen keine physische Präsenz erforderlich ist. Somit sind kulturelle Normen, die das interaktive Verhalten betreffen, nur von geringer Bedeutung. Dennoch können kulturelle Aspekte nicht vollkommen vernachlässigt werden.

Werden klassische und elektronische Dienstleistungen miteinander verglichen, so zeigt sich auch bei einer Analyse der anderen Entscheidungskriterien, wie wichtig eine Unterscheidung der beiden Dienstleistungsarten ist. Einerseits kann festgestellt werden, dass die klassischen Dienstleistungen aufgrund der Integration des externen Faktors tendenziell dadurch gekennzeichnet sind, dass den Entscheidungskriterien der Internationalisierung eine erhöhte Bedeutung zukommt. So wird es tendenziell zu einer „strengeren" Länderauswahl kommen. Andererseits zeigen die Bedingungen der Internationalisierung von E-Services, dass die Entscheidungsfaktoren im Hinblick auf eine Auslandsbetätigung im Vergleich zu der Länderauswahl bei Sachleistungen von geringerer Bedeutung

sind. Dieses Ergebnis deckt sich mit der in der Praxis zunehmenden Zahl an Dienstleistungsunternehmen, die ihr Leistungsprogramm innerhalb relativ kurzer Zeit über elektronische Wege international anbieten. So sind internetorientierte Anbieter oft schon von
Beginn an international aktiv (Hermanns/Wißmeier 2001, S. 528).

4.2   Gruppierung von Ländermärkten

Die Gruppierung von Ländermärkten ist dann bedeutsam, wenn ein Dienstleistungsunternehmen nicht nur einen, sondern mehrere Auslandsmärkte bedienen möchte. Die
Gruppierung von Ländermärkten erfolgt anhand von Merkmalen, die es erlauben, Ähnlichkeiten von Ländern zu ermitteln. Dabei steht die Marktauswahl in einem interdepen-
denten Verhältnis zu der sich anschließenden Kundensegmentierung (Meffert/Bolz 1998,
S. 108ff.).

Hinsichtlich der Gruppierungsverfahren ist die Informationsbeschaffung tendenziell mit
hohen Kosten verbunden, da nun nicht einzelne Kriterien – wie bei den Filterverfahren –
sondern eine Vielzahl von Kriterien verwendet werden. Dieses stellt auch den Grund dafür dar, weshalb vor der Durchführung von Gruppierungsverfahren eine Vorauswahl anhand von Filterkriterien gefordert wird (Backhaus/Büschken/Voeth 2003, S. 152).

Eine Gruppierung sollte anhand wichtiger Merkmale erfolgen. Als bedeutsames Grup-
pierungskriterium wird auf die Verhaltensrelevanz verwiesen (Freter 1983, S. 43). Vor
diesem Hintergrund kann eine allgemein gültige Gruppierung von Ländern nur einen
Anhaltspunkt für Unternehmen mit Internationalisierungsbestrebungen geben. Im Hinblick auf eine strategische und organisatorische Ausrichtung der Internationalisierung ist
eine individuelle Gruppierung der Ländermärkte mittels auf die Unternehmenssituation
angepasster Merkmale anzustreben.

Einen anderen Stellenwert hat dagegen eine allgemein gültige Gruppierung von Ländermärkten, wenn hiermit eine grundsätzliche Beurteilung der Erfolgsaussichten des
Dienstleistungsunternehmens angestrebt wird. Eine reine Bezugnahme auf die Größe
bzw. Tragfähigkeit des Marktes ist gerade für Dienstleistungsunternehmen nicht möglich. So ist bei Dienstleistungen aufgrund der Integration des externen Faktors, der in
den unterschiedlichen Ländern verschieden ausgeprägt sein kann, abzuschätzen, wie
hoch die Erfolgschancen der Marktbearbeitung sind. Die Erfolgschancen sind dabei
selbstverständlich nicht nur von externen, sondern auch vom Unternehmen intern beein-
flussbaren Größen abhängig. So sind die Erfolgschancen und damit die Entscheidung
über die Ländermärkte nicht unabhängig von der Markteintrittsstrategie. Aus Effizienzgründen kann allerdings keine Gruppierung aller Ländermärkte in Kombination mit allen
möglichen Markteintrittsstrategien vorgenommen werden. So bietet sich in einem ersten
Schritt eine allgemein gültige Gruppierung an, die bei relativ geringem Aufwand ein
Urteil erlaubt, in welchen Ländern im Dienstleistungserstellungsprozess mit Ähnlichkeiten zu rechnen ist.

5. Prozess der Marktauswahl für Dienstleistungsunternehmen

5.1 Erweiterung des Auswahlprozesses vor dem Hintergrund der Besonderheiten von Dienstleistungen

Die von Backhaus/Büschken/Voeth (2003) vorgestellte Kombination von Filterverfahren und Gruppierungsverfahren stellt einen effizienten Prozess zur Marktauswahl dar. So wird in den frühen Phasen des Auswahlprozesses mit relativ geringerem Aufwand eine Vorauswahl vorgenommen. Mit zunehmendem Fortschreiten im Auswahlprozess wird dann für die sinkende Anzahl an Ländermärkten zunehmend Aufwand betrieben, der insbesondere in der Informationsbeschaffung über die Märkte und Standortbedingungen besteht. Der höchste Aufwand wird abschließend im Rahmen der Gruppierung der Ländermärkte empfohlen.

Auch hinsichtlich der Länderauswahl bei Dienstleistungen ist eine an den Aufwendungen orientierte Vorgehensweise sinnvoll. Vor dem Hintergrund der dargestellten Bedeutung kultureller Aspekte kann eine zeitlich vorgelagerte Ländergruppierung anhand kultureller Eigenschaften empfehlenswert sein. So können bei relativ geringem Aufwand in einem ersten Schritt bereits Erkenntnisse gewonnen werden, ob eine Internationalisierung mit einer größeren Anpassung des Leistungsangebotes und des Leistungserstellungsprozesses verbunden wäre. Das Ausmaß der Integration des externen Faktors ist allerdings bei beiden Dienstleistungsformen verschieden. So hat eine Ländergruppierung zu Beginn des Marktauswahlprozesses einen unterschiedlichen Stellenwert. Im Gegensatz zu klassischen Dienstleistungen mögen bei E-Services Streuverluste durch eine den kulturellen Bedürfnissen nicht angepasstes Leistungsangebot eher in Kauf genommen werden, da das Verlustrisiko aufgrund der niedrigeren Investitionen geringer ist. Aber auch bei elektronischen Dienstleistungen stellt sich die Frage, ob eine Anpassung der Potenzialfaktoren sowie des Leistungserstellungsprozesses und -ergebnisses an die kulturellen Besonderheiten vorteilhaft ist, um dadurch Marktpotenziale noch besser ausschöpfen zu können.

Die Entscheidung eines Markteintritts mit standardisierten oder unstandardisierten Leistungsangeboten betrifft die ggf. erst nachgelagerten Eintrittsstrategien. Dennoch ist die Einbeziehung der kulturellen Zielgruppe in einem frühen Stadium der Länderauswahl notwendig, um einen nicht berechtigten Wegfall von Ländermärkten im Filterungsprozess zu vermeiden. Ein solcher unberechtigter Wegfall könnte beispielsweise dann entstehen, wenn im Sinne der Tragfähigkeit der Ländermärkte ein Land für sich alleine über kein ausreichend hohes Absatzpotenzial verfügt, aber im Rahmen einer gemeinsamen Betrachtung mit weiteren kulturell ähnlichen Ländermärkten ein standardisiertes Marketing möglich wäre. So mag der Aufwand, der mit einer für den Anbieter neuen Ausprägung des externen Faktors verbunden ist, erst bei der simultanen Betrachtung mehrerer Ländermärkte gerechtfertigt erscheinen.

Unter Berücksichtigung der Gruppierung anhand kultureller Eigenschaften resultiert für die Internationalisierung von Dienstleistungen ein dreistufiger *Marktauswahlprozess*. Hierbei soll – neben dem Ziel einer für die Internationalisierung sinnvollen Länderauswahl – eine effiziente Vorgehensweise angestrebt werden:

(1) *Grobgruppierung* – im Sinne einer Gruppierung der Ländermärkte anhand der Kulturmerkmale in den Ländermärkten: Um in der frühen Phase des Marktauswahlprozesses keinen zu hohen Aufwand zu betreiben, bietet sich an dieser Stelle ein Rückgriff auf Sekundärdaten zu kulturellen Eigenschaften von Ländermärkten an.

(2) *Mehrstufiger Filterungsprozess*: Der Aufwand der Filterung wird dadurch gesteuert, dass von einer groben Auswahl (z.B. anhand von K.O.-Kriterien) hin zu einer feinen Filterung (z.B. anhand von Scoringmodellen) übergegangen wird. Darüber hinaus wird bei E-Services die Länderauswahl tendenziell weniger streng erfolgen. Bei klassischen Dienstleistungen werden aufgrund der stärkeren Integration des externen Faktors und dem damit tendenziell verbundenen höheren Anspruch eines kundenangepassten Leistungsangebotes mehr Länder in den frühen Phasen des Filterungsprozesses ausgeschlossen.

(3) *Feingruppierung* – im Sinne einer Gruppierung der aus dem Filterungsprozess resultierenden Länder anhand der branchen- und unternehmensspezifisch relevanten Bewertungskriterien: Hinsichtlich der Feingruppierung können ebenso alle Bewertungskriterien sinnvoll sein – sowohl die grundsätzlich bei einer Internationalisierung relevanten Faktoren als auch jene, die bei Dienstleistungen eine andere Ausprägung erfahren. Der Informationsbedarf je Land wird einen höheren Aufwand implizieren, der an dieser Stelle des Auswahlprozesses gerechtfertigt ist.

Der zweite und dritte Schritt des Auswahlprozesses setzt die Kenntnis von branchen- und unternehmensspezifischen Gegebenheiten voraus. Die Grobgruppierung als Ausgangspunkt der Marktauswahl sollte dagegen im Hinblick auf eine effiziente Vorgehensweise anhand existierender Daten vorgenommen werden.

5.2 Ausgangspunkt der internationalen Marktauswahl: Grobgruppierung von Ländermärkten anhand von Kulturmerkmalen

Wie dargestellt kommt der Kultur für eine Grobgruppierung von Ländersegmenten eine zentrale Bedeutung im Dienstleistungsbereich zu. So werden im internationalen Kontext Dienstleistungen auch nach dem Ausmaß der kulturellen Relevanz differenziert (Bradley 1995, S. 436f.). Für die Marktauswahl ist damit die Konsequenz verbunden, dass die

Kulturabhängigkeit der Leistung einen hohen Stellenwert hat (Hermanns/Wißmeier 2001, S. 541).

Die Forderung, in einem ersten Schritt der Marktauswahl für Dienstleistungsunternehmen den kulturellen Fit des Unternehmens mit dem Auslandsmarkt vorzunehmen, impliziert zwei grundsätzliche Problembereiche. Zunächst müssen die Auslandsmärkte hinsichtlich ihrer Kultur beurteilt werden. Daran anschließend muss auch die Kultur des eigenen Unternehmens erfasst werden.

Ein „Meilenstein der Kulturforschung" (Kutschker/Schmid 2002, S. 718) resultiert aus der Arbeit von Hofstede, der umfangreiche empirische Studien in über 60 Ländern durchführte. Auf Basis seiner Ergebnisse werden folgende Kulturdimensionen unterschieden (Hofstede 1984, S. 39ff.):

(1) *Machtdistanz*: Die Machtdistanz bringt zum Ausdruck, bis zu welchem Ausmaß eine Ungleichverteilung von Macht in einer Gesellschaft akzeptiert bzw. erwartet wird. Eine hohe Machtdistanz impliziert also, dass in einer Gesellschaft eine ungleiche Verteilung von Macht akzeptiert oder sogar erwartet wird (Hofstede 2001, S. 25ff.).

(2) *Individualismus/Kollektivismus*: Der Individualismus und die Kollektivität beschreiben, inwieweit ein Mitglied der Gesellschaft an andere Mitglieder gebunden ist bzw. in Gruppen eingebunden ist (Hofstede 2001, S. 63ff.).

(3) *Maskulinität/Feminität*: Maskulinität beschreibt nach Hofstede eine Gesellschaft, die durch eine starke Rollenverteilung der Geschlechter gekennzeichnet ist. Während Männer beispielsweise materieller orientiert sein sollen, sind Frauen eher feinfühlig. Eine Gesellschaft, die durch Feminität gekennzeichnet ist, bedeutet dagegen, dass die Rollen der Geschlechter sich stärker überschneiden oder die femininen Werte zumindest nicht als geringwertiger beurteilt werden (Hofstede 2001, S. 108ff.).

(4) *Unsicherheitsvermeidung*: Die Unsicherheitsvermeidung bezieht sich auf das Ausmaß, in dem sich Mitglieder einer Gesellschaft von ungewissen und unbekannten Situationen bedroht fühlen (Hofstede 2001, S. 153ff.).

(5) *Langfrist- und Kurzfristorientierung*: Die lang- bzw. kurzfristige Orientierung der Mitglieder einer Gesellschaft wurde als Kulturdimension erst zu einem späteren Zeitpunkt ergänzt. Eine Langfristorientierung soll sich unter anderem an einer großen Beharrlichkeit bezüglich des Verfolgens von Zielen und einer hohen Sparquote sowie an einer am Status orientierten Rangordnung zeigen (Hofstede 2001, S. 226ff.).

Im Ergebnis erlauben die umfassenden Studien von Hofstede Aussagen hinsichtlich der Ausprägung der fünf Kulturdimensionen in den untersuchten Ländern. So kann jedes dieser Länder anhand der Ähnlichkeit zu anderen Ländern bezüglich einer oder mehrerer dieser Kulturdimensionen beschrieben werden (vgl. z.B. Hofstede 2001, S. 72). Aufgrund des Umfangs der Studie und der Tatsache, dass Kulturen sich nur innerhalb recht großer Zeiträume verändern, kann die Studie von Hofstede tatsächlich als ein Meilenstein in der Kulturforschung bezeichnet werden und so als Grundlage für eine internationale Marktauswahl dienen.

Die Untersuchung von Hofstede wird in unterschiedlicher Weise kritisiert (Kutschker/ Schmid 2002, S. 715ff.). Im Hinblick auf die hier angestrebte Verwendung der Ergebnisse von Hofstede für eine Ländergruppierung ist insbesondere ein Kritikpunkt relevant. Es wird die Beschränkung der Ländergruppierung bemängelt, die daraus resultiert, dass nur zwei der fünf Kulturdimensionen berücksichtigt werden (Kutschker/Schmid 2002, S. 739). Wird allerdings ein Gruppierungsverfahren gewählt, das die Distanz der Länder im Hinblick auf alle gewählten Dimensionen gleichermaßen minimiert, dann kann der genannte Kritikpunkt stark relativiert werden. Ein Verfahren, das der Forderung einer Berücksichtigung der Distanzen aller Gruppierungskriterien entspricht, ist die Clusteranalyse. Um darüber hinaus zu verhindern, dass im Rahmen der Gruppierung der Länderkulturen in späteren Fusionierungsschritten Länder in die Gruppen aufgenommen werden, die einer Kultur sehr ähneln, aber von anderen Ländersegmenten sehr unterschiedlich sind (Effekt einer Kettenbildung), empfiehlt sich das so genannte WARD-Verfahren (Backhaus et al. 2003, S. 511).

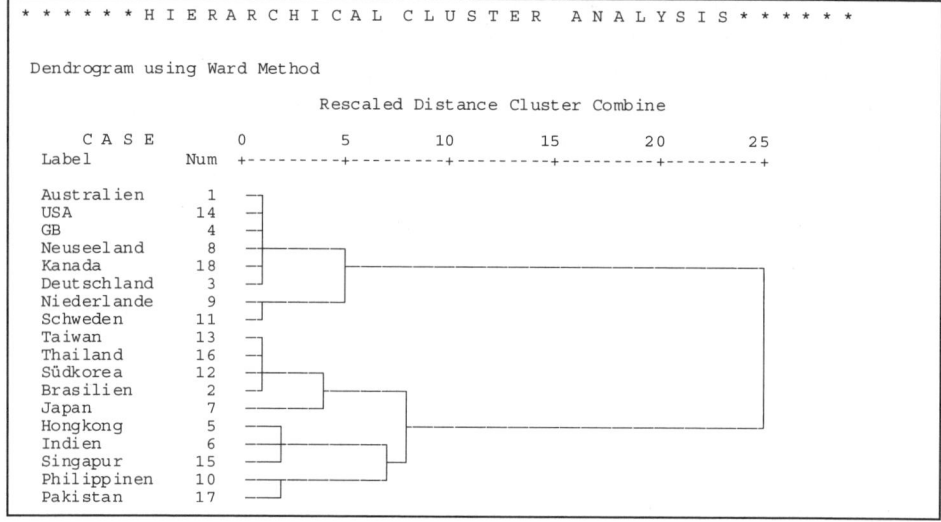

Abbildung 2: Clusteranalyse zur Grobgruppierung auf Basis der fünf Kulturdimensionen

Wenn über die Clusterung bezüglich der zunächst in der Untersuchung betrachteten vier Kulturdimensionen (Hofstede 1984, S. 221ff.) hinaus für alle fünf Dimensionen eine Gruppierung vorgenommen wird, existieren hierzu nicht für alle der etwa 60 untersuchten Länder Daten. So können bei einer solchen Grobgruppierung hinsichtlich aller fünf Kulturdimensionen 18 Länder betrachtet werden.

Die Clusterung der 18 Länder, für welche die Daten aller fünf Variablen zur Verfügung stehen, deutet auf eine Zwei-Clusterlösung hin (Abbildung 2). Die Fehlerquadratsumme steigt mit dem nächsten Fusionierungsschritt stark an. Über diese Erkenntnis hinaus sind aber auch gerade die Ergebnisse der ersten Fusionierungsschritte im Hinblick auf die Internationalisierung von Dienstleistungen interessant. So sollte beispielsweise hinsichtlich der betrachteten kulturellen Eigenschaften die Tragfähigkeit des Marktes von Taiwan nicht isoliert, sondern vor dem Hintergrund einer Option der Internationalisierung in die geografisch nahe gelegenen Länder Südkorea und Thailand beurteilt werden.

6.   Schlussbetrachtung

Die Auswahl von Ländermärkten ist für Dienstleistungsanbieter eine Aufgabenstellung, die aufgrund ihrer Besonderheiten insbesondere hinsichtlich der Integration des externen Faktors eine besondere Herausforderung darstellt. Zum einen weisen die zur Filterung und Gruppierung von Ländermärkten notwendigen Kriterien eine andere Bedeutung im Vergleich zu der Marktauswahl für Sachleistungen auf – zum anderen müssen auch innerhalb der Dienstleistungen unterschiedliche Arten differenziert werden. Die Unterscheidung in klassische Dienstleistungen und E-Services bietet hier eine sinnvolle Differenzierung. Hinsichtlich einer Vorgehensweise zur Länderauswahl für Dienstleistungen können der Filterungs- und der sich anschließende Gruppierungsprozess – wie er bei den Sachleistungen vorgeschlagen wird – nur teilweise übernommen werden. So sollte dieser bei Dienstleistungen um eine vorgelagerte Grobgruppierung erweitert werden. Abbildung 3 visualisiert diesen Auswahlprozess für Dienstleistungen.

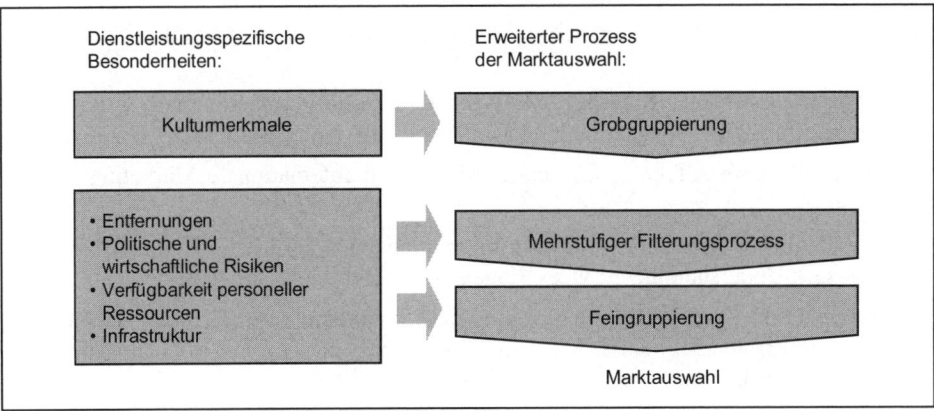

Abbildung 3: Einfluss der Dienstleistungscharakteristika auf den Prozess der Marktauswahl

Der Zweck einer Grobgruppierung als Ausgangspunkt der Länderauswahl resultiert aus der Relevanz des kulturellen Fit zwischen Dienstleister und Zielmarkt. Anhand von Sekundärdaten können Gruppierungen vorgenommen werden, die einem Dienstleistungsanbieter einen ersten Eindruck vermittelt, ob eine Auslandsaktivität bereits aufgrund von kulturellen Unterschieden zum Scheitern verurteilt ist. Die gleiche Überlegung mag in den Köpfen von Praktikern implizit erfolgen. So wird eine Auslandsaktivität in bestimmten Ländern für Dienstleistungsanbieter aufgrund kultureller Unterschiede ggf. bereits im Vorhinein abgelehnt. Eine Reduzierung der Subjektivität dieser Einschätzung durch die Verwendung einer allgemein gültigen Gruppierung der Länder anhand ihrer Kulturen ist sicher von Vorteil. So kann die hier demonstrierte Grobgruppierung der Ländermärkte anhand der Ergebnisse der breit angelegten Analyse von Hofstede einen Orientierungspunkt liefern. Darüber hinaus bietet die dargestellte Vorgehensweise den Vorteil, dass die Auslandsmärkte nicht isoliert bezüglich ihrer Potenziale beurteilt werden. So kann der Dienstleister aus den Ländern mit geringem kulturellen Fit in sich homogene Gruppen identifizieren. Eine isolierte Betrachtung der Länder kommt ggf. zu dem Ergebnis, dass eine Internationalisierung aufgrund eines zu geringen Potenzials nicht attraktiv ist. Bei gesamtheitlicher Betrachtung besteht dagegen die Möglichkeit, dass für dieselben Länder ein ausreichendes Potenzial identifiziert wird, das den Dienstleister dazu anregt – trotz des Aufwandes kultureller Anpassungen – eine Internationalisierung anzustreben.

Literatur

Ainscough, T.L./Luckett, M.G. (1996): The Internet for the Rest of Us. Marketing on the World Wide Web, in: Journal of Consumer Marketing, Vol. 13, No. 2, S. 36-47.

Backhaus, K./Büschken, J./Voeth, M. (2003): Internationales Marketing, 5. Aufl., Stuttgart.

Backhaus, K./Erichson, B./Plinke, W./Weiber, R. (2003): Multivariate Analysemethoden. Eine anwendungsorientierte Einführung, 10. Aufl., Berlin u.a.

Berndt, R./Fantapié Altobelli, C./Sander, M. (1997): Internationale Marketing-Politik, Berlin.

Bradley, F. (1995): The Service Firm in International Marketing, in: Glynn, W./Barnes, I. (Hrsg.): Understanding Services Management, Dublin, S. 420-448.

Breithaupt, H.-F. (2002): Dienstleistungsqualität im Internet am Beispiel von Intermediären, in: Bruhn, M./Stauss, B. (Hrsg.): Electronic Services. Dienstleistungsmanagement. Jahrbuch 2002, Wiesbaden, S. 176-207.

Bruhn, M. (2002): E-Services – eine Einführung in die theoretischen und praktischen Probleme, in: Bruhn, M./Stauss, B. (Hrsg.): Electronic Services. Dienstleistungsmanagement. Jahrbuch 2002, Wiesbaden, S. 3-41.

Fließ, S./Völker-Albert, J.-H. (2002): Going Virtual – Blueprinting als Basis des Prozessmanagements von E-Service-Anbietern, in: Bruhn, M./Stauss, B. (Hrsg.): Electronic Services. Dienstleistungsmanagement. Jahrbuch 2002, Wiesbaden, S. 263-291.

Freter, H. (1983): Marktsegmentierung, Stuttgart u.a.

Hermanns, A./Wißmeier, U.K. (2001): Internationalisierung von Dienstleistungen, in: Bruhn, M./Meffert, H. (Hrsg.): Handbuch Dienstleistungsmanagement. Von der strategischen Konzeption zur praktischen Umsetzung, 2. Aufl., Wiesbaden, S. 525-545.

Hofstede, G. (1984): Culture's Consequences – International Differences in Work-Related Value, Newbury Park u.a.

Hofstede, G. (2001): Lokales Denken, globales Handeln, 2. Aufl., München.

Hünerberg, R./Mann, A. (1999): Online-Services, in: Bliemel, F./Fassot, G./Theobald, A. (Hrsg.): Electronic Commerce. Herausforderungen – Anwendungen – Perspektiven, Wiesbaden, S. 279-297.

Kleinaltenkamp, M. (1997): Kooperationen mit den Kunden, in: Kleinalten Kamp, M./Plinke, W. (Hrsg.): Geschäfsbeziehungsmanagement, Berlin u.a., S. 219-275.

Kotabe, M./Helsen, K. (2001): Global Marketing Management, 2. Aufl., New York u.a.

Kutschker, M./Schmid, S. (2002): Internationales Management, 3. Aufl., München, Wien.

Levitt, T. (1960): Marketing Myopia, in: Harvard Business Review, Vol. 38, No. 4, S. 45-56.

Meffert, H./Bolz, J. (1998): Internationales Marketing-Management, 3. Aufl., Stuttgart u.a.

Meffert, H./Bruhn, M. (2003): Dienstleistungsmarketing. Grundlagen – Konzepte – Methoden, 4. Aufl., Wiesbaden.

Meissner, H.G./Gerber, S. (1980): Die Auslandsinvestition als Entscheidungsproblem, in: Betriebswirtschaftliche Forschung und Praxis, 32. Jg., Nr. 3, S. 217-228.

Pepels, W. (1995): Einführung in das Dienstleistungsmarketing, München.

Riebel, P. (1994): Einzelkosten- und Deckungsbeitragsrechnung. Grundfragen einer markt- und entscheidungsorientierten Unternehmensrechnung, 7. Aufl., Wiesbaden.

Rosada, M. (1990): Kundendienststrategien im Automobilsektor, Berlin.

Statistisches Bundesamt (2004a): Bruttowertschöpfung nach Wirtschaftsbereichen, http://www.destatis.de/basis/d/vgr/vgrtab3.php (Zugriff am 29.07.2004).

Statistisches Bundesamt (2004b): Erwerbstätigkeit. Einwohner, Erwerbstätige und Ar-
    beitnehmer nach Wirtschaftsbereichen, http://www.destatis.de/basis/d/vgr/vgrtab10.
    htm (Zugriff am 29.07.2004).

Stauss, B. (1995): Internationales Dienstleistungsmanagement, in: Herrmanns, A./
    Wißmeier, U.K. (Hrsg.): Internationales Marketing-Management, München, S. 437-
    477.

Tesch, P. (1980): Die Bestimmungsgründe des internationalen Handels und der Direkt-
    investitionen, Berlin.

Toyne, B./Walters, P.G.P. (1989): Global Marketing Management. A Strategic Perspec-
    tive, Boston.

Weiber, R. (1985): Dienstleistungen als Wettbewerbsinstrument im internationalen An-
    lagengeschäft, Berlin.

Herbert Woratschek, Sven Pastowski und Stefan Roth

Franchising als Internationalisierungsstrategie: Standortplanung für Dienstleistungsunternehmen

Prof. Dr. *Herbert Woratschek* ist Inhaber des Lehrstuhls für Dienstleistungsmanagement an der Universität Bayreuth. Dr. *Sven Pastowski* und Dr. *Stefan Roth* sind wissenschaftliche Assistenten am dortigen Lehrstuhl.

1. Problemstellung

Die Öffnung neuer Märkte (z.B. die Osterweiterung der Europäischen Union und die Öffnung asiatischer Märkte) bietet sowohl für die ausländischen als auch für die inländischen Dienstleistungsanbieter ökonomische Chancen. Ein internationales Engagement ist aber auch mit Risiken behaftet: Lassen sich die Kenntnisse des angestammten Marktes auf den neuen Markt übertragen? Welches Vertriebssystem erscheint geeignet? Welches Ausmaß soll die Internationalisierungsstrategie annehmen? Ein Engagement auf einem ausländischen Markt ist zudem mit weiteren schwer kalkulierbaren ökonomischen Größen verbunden.

Aber nicht nur die Markterweiterungen durch politische Entwicklungen stellen Chancen dar, auch das Internet und die damit verbundenen Möglichkeiten der Informations- und Kommunikationstechnologien versprechen Wachstumspotenziale, an denen Dienstleistungsunternehmen partizipieren können. Da Internationalisierungsentscheidungen komplexe Entscheidungssituationen darstellen, folgen die Unternehmen vielfach einer gestuften Internationalisierungsstrategie. Auf den reinen Export folgend kann entweder eine eigene Niederlassung im Ausland gegründet oder ein ausländischer strategischer Partner gesucht werden. Eine in den letzten Jahrzehnten von Dienstleistungsunternehmen vielfach eingesetzte Internationalisierungsstrategie ist der Aufbau von Franchisesystemen. Diese Strategie ist oftmals vorteilhaft, da Dienstleistungen vielfach in Kooperation mit den Kunden erbracht werden und es nahezu unerlässlich ist, im Ausland bei den Kunden vor Ort präsent zu sein.

Wurde Franchising oft als eine Möglichkeit angesehen, mit einem vergleichsweise geringen Kapitalaufwand innerhalb einer kurzen Zeitspanne eine große Marktabdeckung und Markterweiterung zu erzielen, so helfen die Erkenntnisse der Transaktionskosten- und der Agency-Theorie die Unternehmens- und Organisationsform von Franchisingbetrieben aus ihrer jeweiligen Perspektive zu erklären. Franchising stellt eine Hybridform zwischen dem Markt und der Hierarchie dar. In diesem Beitrag wird insbesondere auf das Franchising für Dienstleistungsbetriebe und die damit verbundenen Besonderheiten eingegangen. Der Grad der Individualität und der Integrativität einer Dienstleistung haben Einfluss auf die Entscheidung eines Anbieters, neue (insbesondere internationale) Märkte zu erschließen. Gerade die Standardisierbarkeit von Leistungen und Prozessen wird in der betriebswirtschaftlichen Literatur als entscheidender Vorteil des Franchisingkonzepts angesehen. Der vorliegende Beitrag untersucht, in welchem Ausmaß Franchising als Internationalisierungsstrategie für Dienstleistungen einsetzbar ist. Hat sich ein Dienstleistungsanbieter entschlossen, eine Internationalisierungsstrategie mittels Franchising zu realisieren, obliegt ihm zumeist auch die Auswahl geeigneter Standorte für die potenziellen Franchisenehmer. Dazu werden Verfahren der Standortplanung für Dienstleistungsunternehmen vorgestellt.

Im anschließenden zweiten Abschnitt erfolgen die Darstellung des Franchisingkonzepts und die Analyse der Anwendbarkeit für den Dienstleistungssektor. Abschnitt 3 gibt einen Überblick über die Internationalisierungsstrategien für Dienstleistungsbetriebe und zeigt die Möglichkeiten des Franchising in diesem Zusammenhang auf. Eine elementare Aufgabe des Franchisegebers ist die Auswahl geeigneter Standorte, wozu verschiedene aus der Standorttheorie bekannte Bewertungsverfahren zur Verfügung stehen. Der Beitrag endet mit einem Fazit.

2.   Grundlagen des Franchising

2.1   Historische und aktuelle Entwicklung des Franchising in Deutschland

Die ursprüngliche Bedeutung des aus dem Französischen stammenden Begriffs „franchise" (abgeleitet aus dem altfranzösischen „francher" bzw. „affranchir", unter dem man dort noch heute primär die Befreiung von Zöllen und Steuern, aber auch von Knechtschaft versteht; Görge 1976, S. 26f.), hat mit dem heutigen Begriffsverständnis im Wirtschaftsleben nur noch wenig gemein. Im 17. und 18. Jahrhundert wurde unter dem Begriff die Einräumung eines Privilegs verstanden, das die Könige bzw. der Staat an zuverlässige Persönlichkeiten vergaben und ihnen damit eine Art monopolartiges Recht erteilten. Für diesen Schutz der im staatlichen Interesse liegenden Produktion oder des Handels war ein bestimmtes Entgelt an die Regierungsinstitution zu entrichten. Im weiteren Verlauf hat das Wort „Franchising" dann den kommerziellen Charakter eines Nutzungs- und Vertriebsrechtes erhalten (Skaupy 1995, S. 1).

Unter dem Begriff „Franchising" wird heute eine große Bandbreite von Geschäftsaktivitäten verstanden. Er wird zumeist im Verständnis des „Business Format Franchising" gebraucht: „For a financial return, the franchising company, the franchisor, grants a license to its franchisees, entitling them to make use of a complete business package" (Quinn/Alexander 2002, S. 265).

Die Literatur zum Franchising rekurriert zumeist auf Franchisingkonzepte amerikanischer Unternehmen und hier insbesondere auf die im Fast-Food-Bereich tätige Restaurantkette McDonald's. Die Kette wurde 1954 gegründet und gilt heute weltweit als eine der umsatzstärksten Restaurantketten. Sie wird aufgrund ihrer Struktur und der Optimierung der internen Prozesse als eines der ausgereiftesten Franchisesysteme bezeichnet (Kubitschek 2000, S. 26ff.).

Eine Analyse des Phänomens des Franchising in Deutschland zeigt, dass die Entwicklung durch ein kontinuierliches Wachstum gekennzeichnet ist. Nach Angaben des Deutschen Franchise Verbandes e.V. waren im Jahre 2003 insgesamt 830 Franchisegeber branchenübergreifend tätig (die Entwicklung der Franchisegeber in Deutschland von 1996-2003 zeigt Abbildung 1).

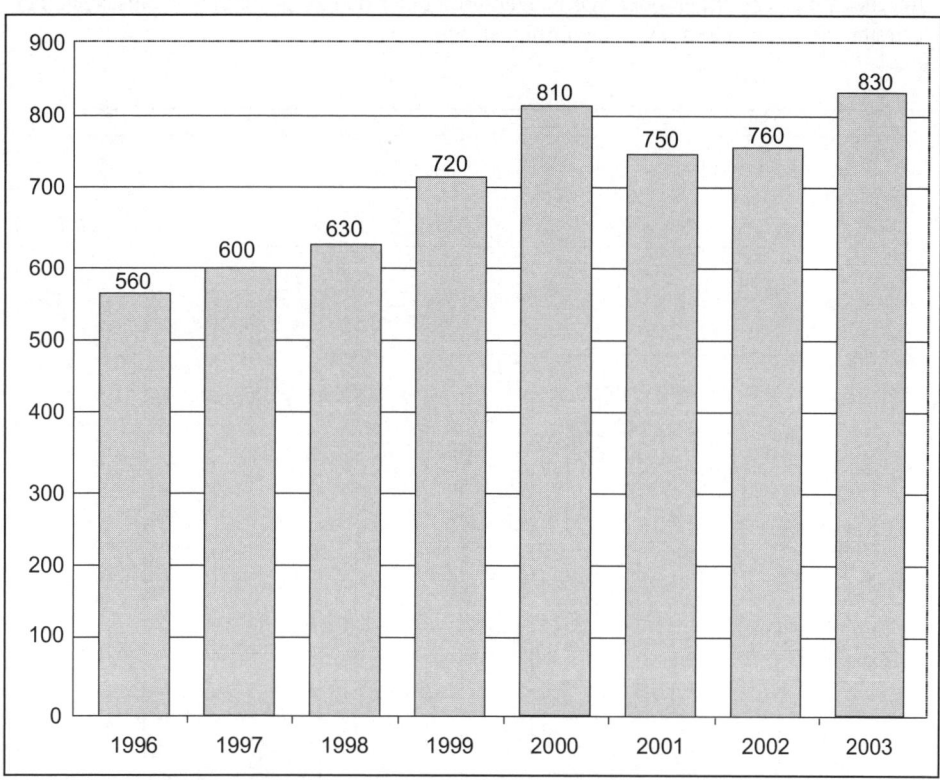

Abbildung 1: Entwicklung der Franchisegeber in Deutschland von 1996-2003
(Quelle: Deutscher Franchise Verband 2004)

Bei den ca. 43.000 Franchisepartnern arbeiteten im Jahr 2003 390.000 Beschäftigte. Alle Betriebe erwirtschafteten einen Umsatz von 25,4 Mrd. EUR. Die Entwicklung des Gesamtumsatzes der Franchisebranche von 1996-2003 zeigt Abbildung 2. Insgesamt ist eine kontinuierlich steigende Entwicklung der Franchisenehmer, der Beschäftigten und des Gesamtumsatzes der Branche zu verzeichnen (Deutscher Franchise Verband 2004).

Die Analyse der Entwicklung, die das Franchising in den einzelnen Branchen aufweist, zeigt, dass es sich bei den Top-20-Unternehmen ausnahmslos um Dienstleistungsunternehmen handelt. Der Deutsche Franchise Verband differenziert zwar die Sparten Dienstleistung (56 Prozent), Handel (24 Prozent), Gastgewerbe (13 Prozent) und Handwerk (7 Prozent), streng genommen handelt es sich aber bei allen diesen Sparten um Dienstleistungsbranchen bzw. um dienstleistungsnahe Branchen. Die Ausgestaltung der einzelnen Dienstleistungen ist allerdings unterschiedlich. Auf den ersten Blick erscheint Franchising für eher standardisierte Dienstleistungen geeignet. So sind beispielsweise keine Unternehmensberatungen oder Werbeagenturen unter den 20 größten Franchisesystemen vertreten, demgegenüber aber Nachhilfeinstitute.

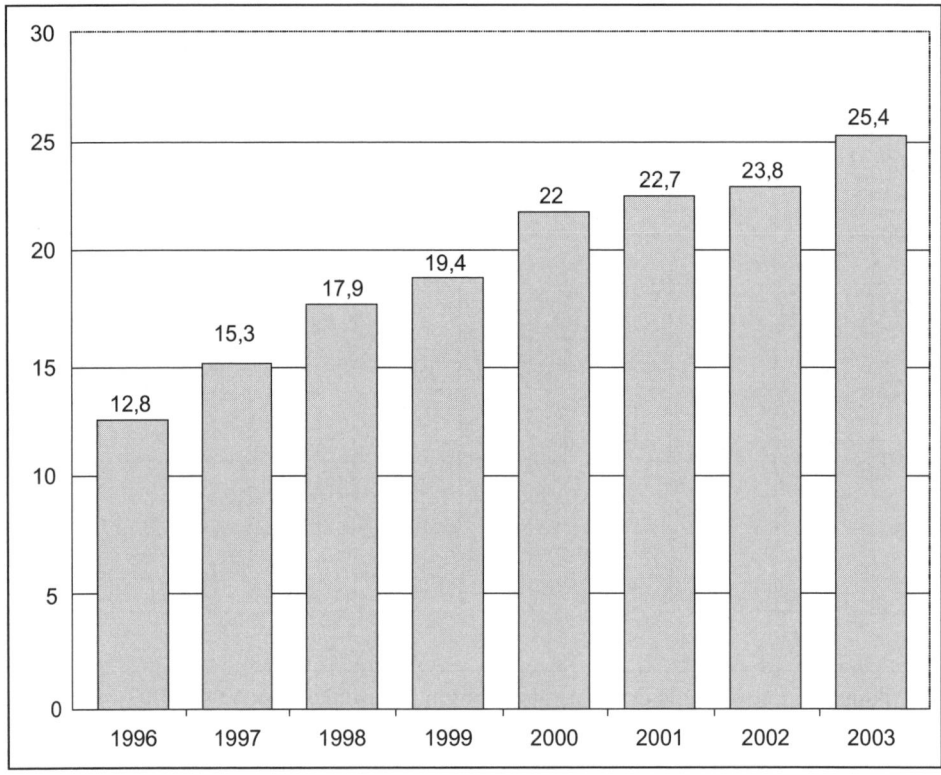

Abbildung 2: Entwicklung des Gesamtumsatzes der Franchisebranche in Deutschland
von 1996-2003 (in Mrd. EUR)
(Quelle: Deutscher Franchise Verband 2004)

Die Rangliste der 20 größten deutschen bzw. internationalen in Deutschland agierenden Franchiseunternehmen führt das Franchisesystem TUI/First aus der Touristikbranche an (Abbildung 3 gibt den Stand 2004 wieder). Sie haben insgesamt 1.350 Betriebe, gefolgt von McDonald's (1.248) und Foto Quelle (1.139). Hervorzuheben sind die Franchisesysteme des Studienkreises und der Schülerhilfe, die mit 1.000 bzw. 950 Betrieben eine insgesamt sehr hohe Anzahl an Franchisebetrieben haben. Die sehr positive und ansteigende Entwicklung der Franchisebetriebe in Deutschland lässt vermuten, dass mit diesem System sowohl für Franchisegeber als auch für Franchisenehmer eindeutige Vorteile verbunden sind.

Rang	Franchise-system	Branche	Betriebe	Rang	Franchise-system	Branche	Betriebe
1	TUI/First	Reise-büro	1.350	11	Datac	Buchhaltung	474
2	McDonald's	Fast Food	1.248	12	Fressnapf	Tiernahrung	466
3	Foto Quelle	Foto-handel	1.139	13	Holiday Land	Reisebüros	465
4	Kamps Bäckerei	Bäcke-reien	1.055	14	Quick-Schuh	Schuhhandel	421
5	Studienkreis	Nachhilfe	1.000	15	AYK Beauty Sun	Sonnen-studios	437
6	Schülerhilfe	Nachhilfe	950	16	Burger King	Fast Food	404
7	Ad-AUTO Dienst	Autore-paratur	600	17	Avis Rent a Car	Autover-mietung	362
8	Essanelle	Friseur-salons	577	18	Minit	Schuh- und Schlüssel-dienst	650
9	Musikschule Fröhlich	Musik-pädago-gik	538	19	OBI	Heimwer-kermärkte	342
10	SUNPOINT	Sonnen-studios	535	20	Clean-Park	Auto-waschanla-gen	330

Abbildung 3: Top-20-Franchiseunternehmen
            (Quelle: Deutscher Franchise Verband 2004)

2.2 Begriffliche Grundlagen

Wird heute mit Franchising eine Vertriebsmethode bezeichnet, so ist diese Interpretation erst seit den 1950er Jahren mit dem so genannten Business-Format-Franchising verbunden. Im Mittelpunkt der ökonomischen Literatur steht dabei das Kriterium, an welcher

Stelle innerhalb der Franchisingkette der Transfer von Produkten/Dienstleistungen oder von Know-how im Vordergrund steht (Kubitschek 2000, S. 16). Hier handelt es sich um die Rechteüberlassung für ein Geschäftssystem, wohingegen es sich zuvor um ein Produktfranchising („Product and Tradename Franchising") handelte (Kubitschek 2000, S. 16f.). Bei der traditionellen Art des Franchising steht ein Verteilungssystem mit Schwerpunkt auf dem reinen Warenvertrieb im Mittelpunkt (Skaupy 1995, S. 2), das sehr nahe am Vertragshandel angesiedelt war („Straight Product Franchising" bzw. „Product Distribution Franchising"). Im Gegensatz zum historischen Produktfranchising beinhaltet das Business-Format-Franchising nach amerikanischer Auffassung eine Lizenzierung der Marke, des Know-hows und des gesamten geschäftlichen Systems für den Vertrieb von Waren und Diensten (Skaupy 1995, S. 3). Eine strenge Unterteilung in Produktfranchising und Business-Format-Franchising ist nur in einzelnen Fällen möglich, da es sich aufgrund der fließenden Grenzen gerade im Dienstleistungsbereich oft auch um eine Form des Produktfranchising im Rahmen eines Business-Format-Franchising handelt. Der Schwerpunkt der weiteren Ausführungen folgt dem Verständnis des Business-Format-Franchising.

Die International Franchise Association (IFA) verwendet die folgende *Definition* des Franchising (Skaupy 1995, S. 4):

„Franchise means a contract or agreement, either expressed or implied, whether oral or written, between two or more persons by which:

(1) a franchise is granted the right to engage in the business of offering, selling or distributing goods or services under a marketing plan or system prescribed in substantial part by a franchisor; and

(2) the operation of the franchise's business pursuant to such a plan or system is substantially associated with the franchisor's trademark, service mark, trade name, logotype, advertising or other commercial symbol designating the franchisor or its affiliate; and

(3) the franchise is required to pay directly or indirectly, a franchise fee."

Diese Definition entspricht den verschiedenen in der Literatur zu findenden Auffassungen, die betonen, dass mit dem Franchising eine vertraglich begründete Zusammenarbeit zwischen einem kontraktgebenden Unternehmen, das Franchisegeber genannt wird, und einem rechtlich und (bedingt) wirtschaftlich selbständigen Unternehmen, dem Franchisenehmer, zum Zwecke der Distribution bezeichnet wird. Diese Definitionen stellen zumeist auf die Strukturmerkmale von Franchisesystemen ab (Kubitschek 2000, S. 18f.).

Durch diese Konstruktion partizipieren beide Vertragspartner, Franchisegeber und Franchisenehmer: Der Franchisegeber hat die Möglichkeit, sein System schnell zu verbreitern und die Kosten und Risiken auf das Gesamtsystem zu verteilen. Der Franchisenehmer als Existenzgründer erhält die Möglichkeit, ein komplettes Geschäftskonzept zu erwerben, das auf einer funktionierenden und geprüften Methode basiert (Quinn/ Alexander 2002, S. 265).

Im folgenden Abschnitt werden die rechtlichen Grundlagen eines Franchisesystems dargestellt und die ökonomischen Besonderheiten dieser Form der Vertriebsorganisation analysiert. Abschließend wird untersucht, in welchem Ausmaß das Franchising als Internationalisierungsstrategie eingesetzt werden kann.

2.3   Bestandteile eines Franchisevertrags

Grundlage der Franchisebeziehungen zwischen Franchisegeber und Franchisenehmer ist ein Vertrag, der die Rechte und Pflichten der beteiligten Parteien regelt. Der Inhalt des Franchisevertrags manifestiert die Koordinationsinstrumente und die Beziehung zwischen Franchisenehmer und Franchisegeber. Bei einer Analyse von Franchiseverträgen findet sich eine Reihe von Gemeinsamkeiten (Posselt 1999, S. 349ff.; Skaupy 1995, S. 126ff.):

Leistungen des Franchisegebers und des Franchisenehmers

Der Franchisegeber stellt die Schutzrechte zur Nutzung durch den Franchisenehmer bereit, wozu insbesondere das Recht auf die Nutzung des Markennamens zählt. Der Franchisegeber stellt dem Franchisenehmer das Beschaffungs-, Absatz- und Organisationskonzept zur Verfügung und entwickelt dieses weiter. Zu seinen Aufgaben zählen zudem die laufende Beratung der Franchisenehmer, z.B. hinsichtlich Personalwesen und Werbung, sowie die Erstellung und Weiterentwicklung von Handbüchern. Darüber hinaus ist der Franchisegeber bei der Bereitstellung von Schulungsangeboten für die Mitarbeiter behilflich.

Der Franchisenehmer hingegen verpflichtet sich, seine gesamte Arbeitskraft einzusetzen. Gleichzeitig erklärt er sich bereit, die Grundsätze und Richtlinien des Franchisegebers zu befolgen und das System in dessen Sinne zu betreiben. Dazu zählt auch die Übernahme von Kosten, die mit dieser Verpflichtung anfallen können (z.B. Werbung und Lagerhaltung). Weitere Kosten und Investitionen, die in den Bereich des Franchisenehmers fallen, wird er ebenfalls übernehmen.

Informations- und Kontrollrechte des Franchisegebers

Der Franchisegeber hat zur Weiterentwicklung des gesamten Franchisesystems das Recht, von den beteiligten Franchisenehmern Informationen zu verlangen. Dazu zählen insbesondere die Zahlen der Geschäftstätigkeit (z.B. Umsatzzahlen und Gewinn- und Verlustentwicklung).

Der Franchisegeber hat neben den Informationsrechten aber auch Kontrollrechte, die in der Regel im Franchisevertrag festgehalten sind. Diese Kontrollen, beispielsweise be-

züglich der angebotenen Qualität und der korrekten Nutzung des Corporate Designs, dienen dazu, das konforme Verhalten des Franchisenehmers zu überprüfen. Die Kontrollrechte können aber auch die Herausgabe von Daten über die wirtschaftliche Lage des
Betriebs oder auch sonstige Vorkommnisse umfassen. Die Herausgabe von Informationen ist auch für die Berechnung der Werbekostenbeiträge der Franchisenehmer notwendig.

Franchisegebühren

Ein elementarer Bestandteil eines jeden Franchisevertrags sind die Franchisegebühren,
die der Franchisenehmer abzuführen hat. Die Gebühren teilen sich zumeist in eine fixe
Gebühr auf, die bei Vertragsabschluss fällig wird, und in variable Gebühren, die regelmäßig anfallen und deren Höhe in Abhängigkeit von der Gewinnsituation errechnet
wird. Die fixe Gebühr kann auch als Eintrittsgebühr in das System verstanden werden.
Die variable Gebühr ist zumeist monatlich in Höhe eines bestimmten Prozentsatzes vom
Gewinn zu entrichten. Die Höhe der Gebühren ist je nach System sehr unterschiedlich.
Bei vielen Franchiseunternehmen (z.B. McDonald's) kauft der Franchisenehmer aus
eigenen finanziellen Mitteln die Geschäftsausstattung, wohingegen das Grundstück und
das Gebäude an sich dem Franchisegeber gehören. Diese Aufteilung soll gewährleisten,
dass der Franchisenehmer mit seinem eigenen Mobiliar pfleglich umgeht und es entsprechend besser wartet, als wenn es dem Franchisegeber gehören würde.

Ausschließlichkeitsbindungen und Gebietsschutz

Der Franchisegeber versichert sich mit dem Franchisevertrag, dass der Franchisenehmer
nur die Produkte des Franchisesystems vertreibt und keine Produkte anderer Hersteller in
sein Programm aufnimmt. Zumeist ist er auch zur Abnahme einer Mindestmenge verpflichtet. Auch nach Ablauf des Franchisevertrags ist es dem Franchisenehmer oftmals
aufgrund der Vertragsklauseln untersagt, vor einer bestimmten (Sperr-) Frist für ein anderes Unternehmen zu arbeiten. Der Franchisegeber sichert sich somit gegen den Ab-
fluss des nichtpatentierbaren Know-hows ab. Im Gegenzug sichert der Franchisegeber
dem Franchisenehmer einen Gebietsschutz dergestalt zu, dass in einem festgelegten Gebiet keine weiteren Outlets desselben Franchisesystems errichtet werden.

Werbekooperation

Die Werbung in einem Franchisesystem ist zumeist auf zwei Pfeilern aufgebaut. Zum
einen wird überregional bzw. national von der Zentrale des Franchiseunternehmens Werbung geschaltet, die allen Betrieben zugute kommt. Für diese Globalwerbung ist von den
Franchisenehmern ein bestimmter festgelegter Anteil zu bezahlen, der prozentual vom
Umsatz abhängt. Über die Verwendung dieser Mittel ist der Franchisegeber seinen Franchisenehmern gegenüber rechenschaftspflichtig. Neben der überregionalen Werbung ist
der Franchisenehmer aufgrund des Vertrags zumeist auch verpflichtet, in Höhe eines bestimmten Prozentsatzes vom Umsatz Werbung auf seinem lokalen Markt zu treiben. Die

Möglichkeiten der lokalen Werbung können jedoch durch die Vorgabe bestimmter Designs oder die Verpflichtung, nur eine bestimmte Werbeagentur einschalten zu dürfen, beschränkt werden.

Vertragsbeendigung

Der Franchisevertrag kann von beiden Parteien unter Einhaltung der entsprechenden Fristen gekündigt werden. Franchiseverträge sind häufig auf relativ lange Laufzeiten ausgelegt, die oftmals zehn und mehr Jahre betragen. Auf diese Weise wird beiden Vertragspartnern die Sicherheit gewährt, das Geschäft längerfristig betreiben zu können.

Der Entwurf und die Ausarbeitung des Franchisevertrags obliegen dem Franchisegeber. Der Franchisenehmer hat in der Regel keine Möglichkeit, über die Bestandteile zu verhandeln (Posselt 1999, S. 351ff.). Damit handelt es sich nicht um einen Vertrag zwischen zwei gleichwertigen Parteien, sondern der Franchisegeber ist in der stärkeren Position. Dennoch wird er in seinem eigenen Interesse darauf achten, dass der Franchisenehmer hinreichende Gewinne realisieren wird (Posselt 1999, S. 353). Im Sinne der Gewinnung von Franchisenehmern und einer weiteren Verbreitung seines Franchisesystems wird der Franchisegeber bestimmte Wünsche und Forderungen der potenziellen Franchisenehmer berücksichtigen. Schließlich kann auch diese Beziehung als eine Dienstleistung verstanden werden: Mit einem fertigen Vertrag, der letztlich nichts anderes als ein Versprechen darstellt, in der Zukunft aufgrund bestimmter Abmachungen Leistungen zu erstellen, tritt der Franchisegeber als Anbieter auf dem Markt auf. Diese Interpretation manifestiert sich auch daran, dass die meisten Franchisesysteme auf ihren Seiten im Internet Informationen für zukünftige Franchisenehmer bereitstellen. Auf Franchisemessen werden die Franchisekonzepte regelrecht angeboten und verkauft. Auch der Deutsche Franchise Verband bietet eine umfassende Datenbank mit Informationen und Kontaktadressen der in ihm organisierten Franchisesysteme.

Neben der Mobilisierung potenzieller Franchisenehmer ist ein Franchisevertrag auch ein Instrumentarium, fähige Franchisenehmer zu selektieren. Durch die im Vertrag genannten Pflichten (insbesondere die finanzielle Beteiligung in Form der Eintrittsgebühr und der Gewinnbeteiligung) und Rechte kann eine Selektionswirkung erzielt werden. Franchisenehmer, die vor dem Hintergrund ihrer eigenen Fähigkeiten und Motivation nicht damit rechnen können, über die Franchisegebühren hinaus positive Gewinne zu realisieren, werden den Vertrag zu den angebotenen Konditionen erst gar nicht unterschreiben. Am Vertragsabschluss tatsächlich interessierte Bewerber signalisieren dem Franchisegeber dagegen relativ höhere Fähigkeiten und Motivation, am Franchisesystem teilnehmen und ihr Outlet erfolgreich führen zu können.

Der Franchisevertrag ist aber auch in gewissem Sinne eine Garantie für die Stabilität des Gesamtsystems, da sowohl die Franchisenehmer als auch der Franchisegeber ihre Pflichten zu erfüllen haben. Somit haben auch die Franchisenehmer die Rechtssicherheit, dass der Franchisegeber das System in ihrem Sinne weiterentwickelt und seine Leistungen zum Wohle der Franchisenehmer erbringt.

2.4 Ökonomische Aspekte des Franchising für Dienstleistungsbetriebe

Die Transaktionskostentheorie (Coase 1937; Williamson 1975, 1990) befasst sich mit den Verfügungsrechten über wirtschaftliche Güter. Transaktionskosten entstehen durch die Koordination und Überwachung wirtschaftlicher Leistungsbeziehungen durch Märkte, Unternehmen und Hybridformen. Ziel der transaktionskostentheoretischen Analyse ist es, diejenige Form des Austausches zu finden, die für die jeweilige Situation zu minimalen Transaktionskosten führt. Zur Reduktion der Transaktionskosten versuchen die Marktbeteiligten, mögliche Eventualitäten durch Verträge abzusichern, wozu eine Abschätzung des zukünftigen Verhaltens des anderen Marktpartners notwendig ist, um somit die Ausbeutungsgefahr zu reduzieren.

Dienstleistungen sind zumeist Leistungsversprechen, die auch als Kontraktgüter bezeichnet werden, wenn sie individuell erbracht werden und komplex sind (Schade/Schott 1993, S. 17). Kennzeichnend für die Abwicklung der Transaktion ist, dass Anbieter und Nachfrager kooperieren. Diese Kooperation gilt es im Vorfeld vertraglich festzulegen. Aber nicht nur Anbieter und Nachfrager gehen eine solche Kooperation ein, sondern auch Unternehmen, die in Gemeinschaftsfertigung ein Projekt abwickeln. Die Unternehmen tätigen jeweils spezifische Investitionen in die Kooperation. Würde einer der Partner aus dem Vertrag ausscheiden, wären diese Investitionen verloren (so genannte Sunk Costs).

Sämtliche im Zusammenhang mit einer Geschäftsbeziehung stehenden Transaktionen verursachen Kosten, die als Transaktionskosten bezeichnet werden. Zu diesen Transaktionen zählen insbesondere die Koordination und Überwachung wirtschaftlicher Leistungsbeziehungen durch Märkte, Unternehmen und Hybridformen. Ziel der Transaktionskostentheorie ist es, diejenige Form des Austausches zu finden, die für die jeweilige Situation bei den beteiligten Marktpartnern zu minimalen Transaktionskosten führt (Gümbel/Woratschek 1995; Roth 2001, S. 54f.). Die Koordination und Überwachung der Leistungsbeziehungen verursacht bei den beteiligten Marktteilnehmern Kosten, wie z.B. durch die Anbahnung, Vereinbarung, Durchsetzung und Kontrolle von Vertragsbeziehungen. Insbesondere Dienstleistungen sind dadurch gekennzeichnet, dass das zukünftige Verhalten der Vertragspartner zum Zeitpunkt des Vertragsabschlusses noch nicht vorhersehbar ist. Um diese Transaktionskosten zu minimieren, versuchen die Marktbeteiligten, mögliche Eventualitäten in der Zukunft durch Verträge abzusichern. Dazu müssen entsprechende Verträge gestaltet werden, um einer möglichen Ausbeutungsgefahr durch den jeweils anderen Vertragspartner zu entgehen.

An dieser Stelle setzt die Analyse der Institutionenökonomik an. Sie unterscheidet die Koordinationsformen Markt und Hierarchie sowie hybride Formen. Die marktliche Lösung bietet sich für einmalige Beziehungen an, für die vollständige Verträge geschlossen werden können. Der Preis der zu erstellenden Leistung ist in diesem System der Koordinationsmechanismus. Der Gegensatz hierzu ist die Koordination in der Hierarchie. Analysiert man diese zwei Kooperationsformen, so zeigt sich, dass sich hierarchische Lösungen bei hoher Faktorspezifität anbieten, wohingegen marktliche Lösungen bei geringer Faktorspezifität sinnvoll erscheinen. Die marktliche Lösung bietet zwar hohe Anreize für die Marktbeteiligten, sie birgt aber auch eine hohe Opportunismusgefahr. Die hierarchische Lösung hingegen liefert eher geringe Anreize für die Beteiligten, dafür aber auch eine vergleichsweise geringe Opportunismusgefahr.

Einer möglichen Ausbeutungsgefahr können die Beteiligten durch die Wahl einer geeigneten Kooperationsform entgehen: Je höher der Ausbeutungsverdacht und je höher die zu erwartenden Transaktionskosten der marktlichen Lösung sind, desto eher wird sich ein Leistungsnachfrager für die Abwicklung im eigenen Unternehmen entscheiden und keinen Kooperationspartner suchen (Williamson 1990). Aus Managementsicht handelt es sich bei diesen Entscheidungen um Make-or-Buy-Entscheidungen. Wenn die benötigten Leistungen kostengünstiger über den Markt bezogen werden können, ist die marktliche Lösung der hierarchischen überlegen.

Übertragen auf die Fragestellung, ob ein Unternehmen als Distributionsform eine marktliche Lösung (z.B. Groß- und Einzelhandelssystem), eine hierarchische Lösung (z.B. Filialsystem) oder eine hybride Lösung (z.B. Franchisesystem) wählen sollte, lassen sich die Erkenntnisse der Transaktionskostentheorie einsetzen. Die in Abbildung 4 schattierten Felder kennzeichnen die Vorteile der hierarchischen und marktlichen Koordinationsform. Hybride Formen wie das Franchising können diese Vorteile integrieren und somit in bestimmten Situationen eine sinnvolle Kooperationsform darstellen.

Markt	Hierarchie
Spezialisierung	Integration
Dezentrale Anreize	Schwache Anreize
Wettbewerbsdruck	Schutz vor Wettbewerb
Ausbeutungsgefahr bei spezifischen Ressourcen	Zähmung des Ausbeutungsrisikos
Unterinvestition in spezifisches Kapital	Möglichkeiten der Absicherung spezifischer Investitionen

Abbildung 4: Unternehmenskooperationen
(Quelle: Theurl 2001, S. 76).

Verwandte Konzepte des Franchising sind Lizenzen und Konzessionen, Handelsvertreter, Vertragshändler und Filialsysteme (nach aufsteigendem Zentralisierungsgrad geordnet). Die wesentlichen Unterschiede und Gemeinsamkeiten des Franchising im Vergleich zu den anderen Konzepten lassen sich in den folgenden zwei Thesen zusammenfassen (Kubitschek 2000, S. 29ff.):

- Franchising unterscheidet sich von den anderen genannten hybriden Konzepten hauptsächlich in seiner bedeutenden Stellung der Marke und dem nicht-patentierbaren Know-how, das vom Prinzipal entwickelt und an seine Agenten übertragen wird.

- Die wesentlichen Unterschiede von Franchise- und Filialsystemen liegen in der Entlohnungsregelung, dem Eigentum und den Kapitalstrukturen begründet.

In einem Franchisesystem ist der Franchisenehmer rechtlich und wirtschaftlich unabhängig, so dass seine Anreize entsprechend höher ausgeprägt sind als bei einem Geschäftsführer eines Filialbetriebes. Der Franchisegeber ist der Opportunismusgefahr des Marktpartners ausgeliefert. Deshalb ist in den Franchiseverträgen vertraglich festgelegt, dass der Franchisegeber dem Franchisenehmer zwar in begrenztem Umfang Vorgaben machen, die Ausführung aber auch kontrollieren kann. Im Vergleich zu einer marktlichen Koordinationsform erlaubt das Franchising im Außenverhältnis ein einheitliches Erscheinungsbild (Geschäftsausstattung, angebotene Leistungspakete, Sicherstellung der Qualität). Bezogen auf das Innenverhältnis können Skalenerträge in der Standortsuche, der Vertragsgestaltung und der Erstellung von Handbüchern erzielt werden. Im Vergleich des Franchising mit der Hierarchie ist ein relativ höherer Arbeitseinsatz des Franchisenehmers zu verzeichnen. Der Franchisegeber behält sich in der Regel Kontrollmöglichkeiten vor und erhält eine Umsatzbeteiligung vom Franchisenehmer. Im Gegenzug sichert er dem Franchisenehmer eine bestimmte Marktgröße und Exklusivität in der Region zu. Franchisegeber und Franchisenehmer sind auf gegenseitige Informationen angewiesen, wozu auch die Weiterentwicklung des Systems zählt.

Beim *Vergleich des Franchising mit einem Filialsystem* können eine Reihe von Gemeinsamkeiten und Unterschieden herausgearbeitet werden (Kubitschek 2001, S. 672). Gemeinsamkeiten finden sich hinsichtlich folgender Merkmale:

- Beide Organisationsformen haben systemübergreifende Marken, so dass es für die Kunden zumeist nicht ersichtlich ist, ob sie in einem Franchise- oder einem Filialbetrieb einkaufen.

- Verantwortlich für die Entwicklung, Übertragung und Weiterentwicklung des nicht-patentierbaren Know-hows ist die Zentrale und damit der Franchisegeber.

- Die operativen Aufgaben eines angestellten Filialleiters und eines Franchisenehmers sind weitestgehend identisch.

- Ebenso sind die operativen Aufgaben der Zentrale hinsichtlich der Standortanalyse, der Schulung der Mitarbeiter bzw. Franchisenehmer, Einkauf und Controlling weitgehend identisch.

Die Organisationsformen des Franchise- und des Filialbetriebes unterscheiden sich zumeist in den folgenden Merkmalen (Kubitschek 2001, S. 672f.):

- Der Franchisenehmer muss einen Großteil der Produktionsfaktoren (z.B. Personal, Lager, Rohstoffe) selbst finanzieren, der Filialleiter hingegen nicht.

- Die Filialleiter werden zumeist fix entlohnt und anteilig am Gewinn in Form einer Provision beteiligt, Franchisenehmer sind demgegenüber in hohem Maße am Gewinn – aber auch am Verlust – beteiligt.

- Verbunden mit dem Franchisesystem ist der Franchisenehmer zumeist Eigentümer der eingesetzten Produktionsfaktoren (z.B. Ladeneinrichtung), die Eigentumsrechte in einem Filialbetrieb liegen hingegen bei der Zentrale.

Aus Sicht der Agency-Theorie (Harris/Raviv 1979; Holmström 1979; Hart/Holmström 1987) manifestiert der Franchisevertrag die Koordinationsinstrumente. In diesem Vertrag ist festgehalten, welche Leistungen Franchisegeber und Franchisenehmer zu übernehmen haben. Zudem werden Informationsrechte des Franchisegebers und die vom Franchisenehmer zu zahlenden Franchisegebühren festgelegt. Im Gegensatz dazu gewährleistet der Franchisegeber durch Ausschließlichkeitsbindungen und Gebietsschutz dem Franchisenehmer eine gewisse Sicherheit. Auch die Beendigung des Vertragsverhältnisses wird vorab festgelegt. Franchisegeber haben in der Regel nicht nur einen Franchisenehmer, sondern viele Interessenten. Der Franchisevertrag dient deshalb auch der Kooperationsanbahnung, indem potenzielle Franchisenehmer mobilisiert werden. Die Auswahl der Franchisenehmer ist eine Gewährleistung für die Stabilität des gesamten Systems. Um ein einheitliches Erscheinungsbild, Markenbildung und Qualitätsniveau zu gewährleisten, sind entsprechende Anreize und Kontrollmöglichkeiten des Franchisegebers notwendig.

Franchising bietet sich auch für Existenzgründer an. Sie kaufen sich in ein bestehendes System ein und profitieren vom Franchiseverbund. Durch diese Konstruktion partizipieren beide Vertragspartner, Franchisegeber und Franchisenehmer: Der Franchisegeber hat die Möglichkeit, sein System schnell zu verbreiten und die Kosten und Risiken auf das Gesamtsystem zu verteilen. Der Franchisenehmer als Existenzgründer erhält die Möglichkeit, ein komplettes Geschäftskonzept zu erwerben, das auf einer funktionierenden und geprüften Methode basiert (Quinn/Alexander 2002, S. 265).

Ein zentrales Kriterium, das ein Franchisegeber seinen Franchisenehmern anbietet, ist neben der Unterstützung im Personalbereich die Auswahl eines geeigneten Standortes. Gerade die Standortwahl stellt eine der zentralen Funktionen dar, die in der Regel vom Franchisegeber übernommen wird.

3.   Verfahren der Standortwahl für Franchisegeber internationaler Dienstleistungen

Dienstleistungsunternehmen, die im Rahmen der Leistungserstellung direkt mit den Kunden kooperieren, müssen zwangsläufig den Kunden in den Leistungserstellungsprozess integrieren und deshalb vor Ort sein. Daher stellt sich bei einer Internationalisierungsstrategie die Frage nach einem geeigneten Standort im Ausland. Unternehmen, die ihre Leistungen weitgehend ohne Integration des externen Faktors erstellen können, sind in bestimmtem Maße standortunabhängig und können Ihre Leistungen exportieren.

3.1   Franchising als Internationalisierungsstrategie für Dienstleistungsunternehmen

Dienstleistungen sind individuelle Leistungsversprechen, die mit einer hohen Integrativität individuell erstellt werden (Woratschek 2001b, S. 265). Aus den Besonderheiten der Integrativität und der Individualität resultieren für einen Anbieter bestimmte Probleme, aber auch Chancen. Der Integrationsgrad einer Dienstleistung bezieht sich auf die Einbeziehung des externen Faktors in den Leistungserstellungsprozess. Der Individualisierungsgrad macht Aussagen darüber, in welchem Ausmaß die Wertaktivitäten auf die Kundenbedürfnisse ausgerichtet sind und in welchem Ausmaß das Dienstleistungsergebnis somit maßgeschneidert erbracht werden kann. Für den Dienstleistungsanbieter bedeutet die Ausgestaltung der Leistung nach diesen zwei Dimensionen, dass sich bestimmte Teilprozesse bei der Erstellung der Dienstleistung standardisieren lassen, und zwar gerade diejenigen, in die der Kunde nicht übermäßig stark eingebunden ist. Auf der Ergebnisebene hat der Dienstleistungsanbieter bei einer hohen Individualität allerdings wenig Standardisierungspotenzial. Gelingt es einem Dienstleistungsanbieter, Teilprozesse einer Dienstleistung zu standardisieren, so entstehen bei gegebener Kapazität Freiräume, die Kostensenkungspotenziale, eine höhere Outputmenge oder die Individualisierung anderer Teilleistungen ermöglichen (Woratschek 2001b). Die Ausgestaltung der standardisierbaren Prozesse einer Dienstleistung determiniert, in welchem Ausmaß die Dienstleistung auch im Ausland angeboten und wie die Internationalisierungsstrategie umgesetzt werden kann. Gerade weil die Standardisierbarkeit eine Voraussetzung ist, weltweit von der Qualität her vergleichbare Leistungen zu erbringen (Bildung einer Franchisemarke), kann sie auch die Unsicherheiten potenzieller Kunden über die Qualität der Dienstleistung reduzieren. Dabei wird unterschieden, ob sich die Unsicherheiten auf die Eigenschaften der Dienstleistung oder auf die Absichten und das Verhalten des Vertragspartners beziehen. Die Kommunikationspolitik ist jeweils auf die dominierende Form der Verhaltensunsicherheit abzustimmen, um diese für den jeweiligen Vertragspartner zu reduzieren. Dadurch kommt es zu einer höheren Kaufwahrscheinlichkeit und einer höheren Erfolgswahrscheinlichkeit für Franchisegeber und Franchisenehmer.

Franchising wird vielfach als eine Form der Internationalisierungsstrategie empfohlen. Häufig bleibt aber unberücksichtigt, was mit Internationalisierung gemeint ist und was die tatsächlichen Gründe für die Unternehmen sind. Ob die Franchisingstrategie die für das jeweilige Problem adäquate Lösung darstellt, gilt es zu überprüfen. Im allgemeinen Sprachgebrauch wird der Begriff „Internationalisierung" unterschiedlich verwendet und mit global, multilokal oder transnational gleichgesetzt (Weber 1997, S. 22). Um den Begriff klarer zu unterscheiden, können institutionelle (Internationalisierung im Sinne des Ausmaßes der wirtschaftlichen Verbundenheit eines Unternehmens mit dem Ausland) und prozessuale (Internationalisierung im Sinne der eigentlichen Entwicklungsprozesse einer internationalen Unternehmenstätigkeit) Ansätze identifiziert werden (Weber 1997, S. 22ff.).

Bei institutionellen Ansätzen lässt sich der Internationalisierungsgrad (Relation der Auslandsaktivitäten zu den betreffenden Aktivitäten im Inland) berechnen, woraus quantitative Aussagen über das Ausmaß der Internationalität eines Unternehmens gewonnen werden können. Neben den quantitativen Merkmalen können aber auch qualitative Informationen ermittelt und daraus Aussagen über den Internationalisierungsgrad abgeleitet werden. Ziel ist es, aus diesen quantitativen und qualitativen Merkmalen Internationalisierungsprofile der Unternehmen zu erstellen (Weber 1997, S. 23f.). Für die Analyse der Franchisingaktivitäten von Dienstleistungsunternehmen erscheinen die prozessualen Ansätze hilfreicher. Sie sind nicht statischer, sondern dynamischer Natur und beschreiben den Entwicklungsprozess einer internationalen Unternehmenstätigkeit. Im Mittelpunkt der institutionellen wie auch der prozessualen Ansätze steht die vergleichsweise eingeschränkte Sichtweise der Internationalisierung, die mehr als Mittel zur Realisierung von Unternehmenswachstum mit dem Ziel des Aufbaus von Tochtergesellschaften im Ausland gesehen wird (Weber 1997, S. 27f.). Erweitert man diese eher operative Sichtweise um eine strategische Komponente, so kann die Internationalisierung aber eine Reaktion auf potenzielle Gefahren darstellen oder vorausschauend dem Aufbau und der Weiterentwicklung von Erfolgspotenzialen dienen.

In Abbildung 5 ist dargestellt, welche Internationalisierungsstrategien mittels Franchising Handelsunternehmen auf dem US-amerikanischen Markt angewendet haben bzw. welchen Weg sie gezwungen wurden, zu gehen (Quinn/Alexander 2002). Im Pfad 1 wird das nationale Unternehmen geradezu in die Internationalisierung gezogen (Pull-Strategie), wenn nämlich die Nachfrage nach den Produkten und Dienstleistungen aus dem Ausland von Kundenseite oder von potenziellen Franchisenehmern an das Unternehmen herangetragen werden. Eine andere Form der Franchiseaktivitäten wird durch den Pfad 2 dargestellt. Das Franchisesystem ist bei diesen Unternehmen (z.B. Marks & Spencer) organisch aus bestehenden Unternehmensaktivitäten entstanden. Der Distributionskanal zum Importeur wurde in ein Franchisesystem umgewandelt, wodurch die Marktkenntnis des nationalen Unternehmens genutzt werden konnte (Quinn/Alexander 2000, S. 271f.).

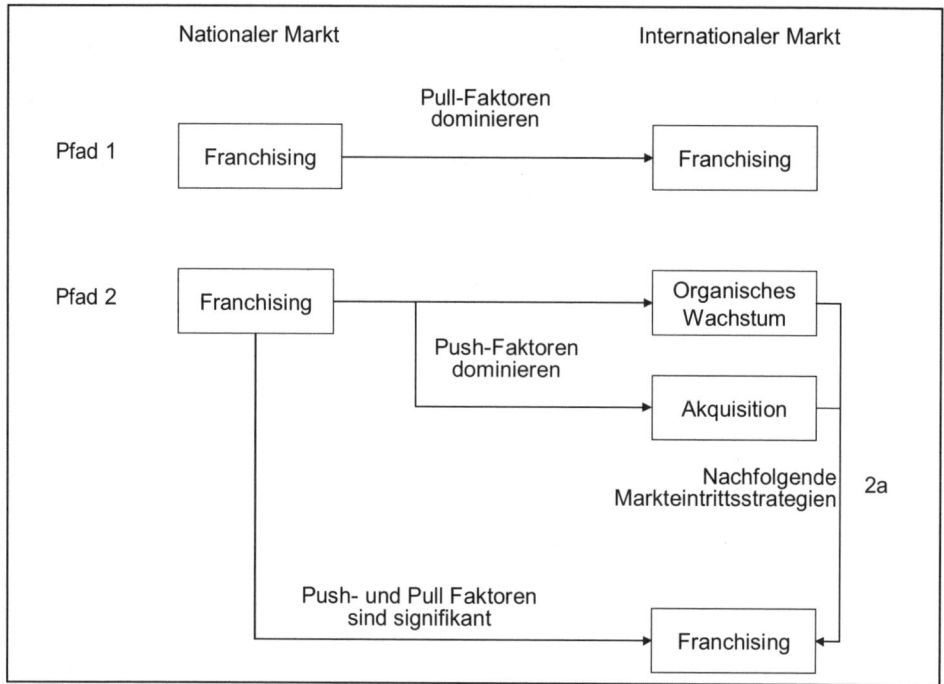

Abbildung 5: Internationalisierungsstrategien am Beispiel des Handels
             (Quelle: Quinn/Alexander 2002, S. 271)

Eine andere Möglichkeit wäre die Akquisition von Vertriebshändlern im Ausland (Pfad
2a). Auf der anderen Seite nutzen Unternehmen die Möglichkeiten des Franchising auch,
um aus dem Heimatmarkt heraus eine Internationalisierungsstrategie zu verfolgen, ohne
eigene Niederlassungen im Ausland eröffnen zu müssen (Pfad 2b).

Bevor die Internationalisierungsstrategien für Dienstleistungsbetriebe näher betrachtet
werden, wird kurz auf die Internationalisierungsentscheidungen von Unternehmen eingegangen. Ein wichtiger Motor für Internationalisierungsaktivitäten ist die Marktauswei-
tung. Ansoff (1965) empfiehlt mit seiner Produkt-Markt-Matrix eine sukzessive Vorgehensweise, die darin bestehen kann, mit den bestehenden Produkten neue Märkte zu er-
obern (Marktentwicklungsstrategie), die bekannten Märkte mit neuen Produkten zu versorgen (Produktentwicklungsstrategie) oder komplett neue Märkte mit neuen Produkten
zu bedienen (Diversifikationsstrategie). Steht der Versuch im Mittelpunkt, die bestehenden Märkte mit den bestehenden Produkten besser zu bedienen, wird von einer
Marktdurchdringungsstrategie gesprochen.

Die Entscheidung für eine der vier Strategien ist sehr stark vom betreffenden Unternehmen abhängig. Grundlage aller dieser Entscheidungen sollte eine umfassende Analyse

der Mikro- und der Makro-Umwelt eines Unternehmens sein. Dabei ist nicht nur die Unternehmens- und Umweltanalyse im Heimatmarkt durchzuführen, sondern diese ist gemäß der geplanten Internationalisierungsstrategie auf die in Aussicht genommenen Ländermärkte auszuweiten. Hier kann sich schon zeigen, dass es im Ausland andere Stakeholder und Besonderheiten gibt, die im Heimatmarkt nicht anzutreffen sind oder nur geringere Relevanz haben. Die Beziehungen der Stakeholder zum Unternehmen und umgekehrt können ein entscheidendes Erfolgskriterium darstellen, weshalb unbedingt eine Stakeholderanalyse vorgeschaltet werden sollte (Freeman 1984). Aus den Untersuchungen der Stakeholder-Analyse lassen sich Chancen-Risiko-Profile ermitteln, die Grundlage für die weiteren strategischen Entscheidungen sind.

In der betriebswirtschaftlichen Literatur wird Franchising vielfach als eine Form der Internationalisierung für produzierende Unternehmen behandelt. Die Erkenntnisse aus diesen Analysen lassen sich zwar auf Dienstleistungsunternehmen übertragen, sie erfordern aber dennoch eine Anpassung an die Besonderheiten von Dienstleistungen. Im produzierenden Gewerbe werden als Grund für Internationalisierungsbestrebungen häufig niedrigere Lohn- und Produktionskosten im Ausland oder Umweltauflagen genannt. Auch die Suche von Lieferanten aus anderen Ländern erfolgt häufig unter Kosten- und Preisaspekten. Diese Argumente scheinen auch für Dienstleistungen zutreffend, da deren Kostenstruktur zum großen Teil aus Fixkosten (z.B. Personal- oder Mietkosten) besteht. Der Anteil der variablen Kosten ist vergleichsweise gering, so dass die Erbringung von Dienstleistungen im ausländischen Markt unter Kostenaspekten sinnvoll erscheint.

Abgesehen von Handelsunternehmen, die bereits heute mit Franchisesystemen international tätig sind, so sind hoch integrative Dienstleistungen im Franchising eher weniger zu finden (Abbildung 3). Auch ist aufgrund der Integrativität die Präsenz des Dienstleistungsanbieters im Ausland vielfach erforderlich. Diese Besonderheit darf als einer der Vorteile von Franchisesystemen angesehen werden, bei denen der Anbieter auf jeden Fall vor Ort beim Kunden angesiedelt ist. Der Anbieter vor Ort ist mit der Kultur und den Besonderheiten des Marktes vertraut und kann die Kunden besser bedienen als ein Unternehmen vom Heimatmarkt aus. Bei Dienstleistungen ist somit die bessere Möglichkeit der Vermarktung ein weiteres wichtiges Argument für eine Internationalisierungsstrategie.

3.2   Entscheidungsdeterminanten bei der Standortwahl für internationale Dienstleistungen

Die Wahl des Standortes ist für ein Unternehmen eine strategische Grundsatzentscheidung und gilt sowohl für bestehende als auch für neu zu gründende Unternehmen: Haben bestehende Unternehmen schon einen Standort, so könnte eine Verlegung des Hauptstandortes oder die Auslagerung betrieblicher Prozesse an andere Standorte eine ökonomisch sinnvolle Alternative darstellen. Für diese Unternehmen gilt es abzuwägen, ob ein alternativer oder mehrere alternative Standorte positive Effekte ermöglichen.

Die Standortentscheidung für Dienstleistungsbetriebe hat die Besonderheiten von Dienstleistungen aufzugreifen, die Internationalisierungsstrategie zu beachten und Informationen für die eigentliche Standortsuche bereitzustellen. Insofern ist eine inhaltliche Nähe zu den Verfahren der Marktsegmentierung zu erkennen (Freter 2001), insbesondere die strukturierte Vorgehensweise bei der Identifikation interessanter Märkte. Deshalb erscheint es für die Standortwahl für Dienstleistungen notwendig, vor der eigentlichen Auswahl eines ausländischen Standortes und dem Einsatz von Standortbewertungsverfahren, die Dienstleistung genau zu analysieren und eine Internationalisierungsstrategie festzulegen. Im Folgenden werden Optionen zur Konkretisierung einer Internationalisierungsstrategie vorgestellt.

Bei der Entscheidung über eine Internationalisierungsstrategie für Dienstleistungsunternehmen besteht das Ziel der strategischen Analyse grundsätzlich darin, die Chancen und Risiken der Umwelt den jeweiligen Stärken und Schwächen eines Unternehmens gegenüberzustellen (SWOT-Analyse). Diese Aufgabe kommt primär dem Franchisegeber zu, bevor er Franchisenehmer in den jeweiligen Ländermärkten akquiriert oder ein Master-Franchisekonzept etabliert. Können in dieser Analyse potenziell attraktive Ländermärkte identifiziert werden, so müssen den Chancen und Risiken eines Landes die unternehmensspezifischen Stärken und Schwächen gegenübergestellt werden. Aus den Dimensionen Ländermarkt-Attraktivität und Unternehmenspotenzial lässt sich ein Ländermarkt-Attraktivitäts-Unternehmenspotenzial-Portfolio (Abbildung 6) entwickeln (Weber 1997, S. 151ff.).

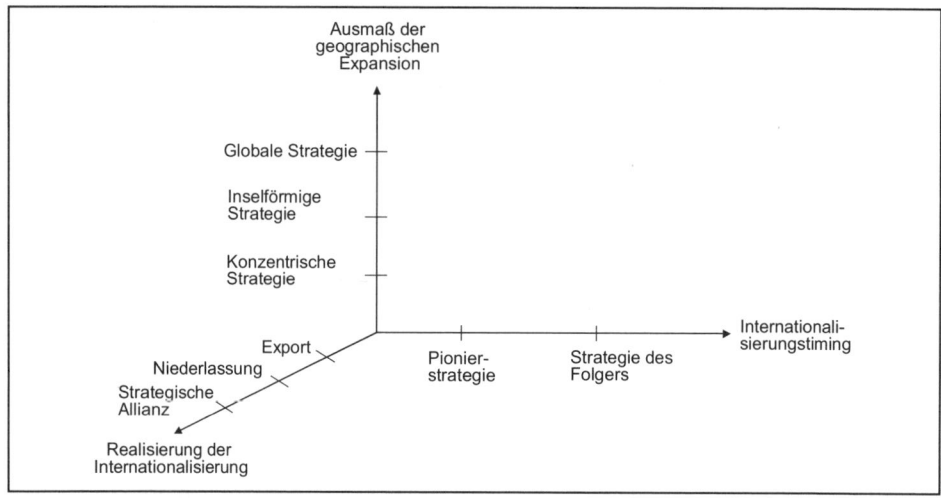

Abbildung 6: Ländermarkt-Attraktivitäts-Unternehmenspotenzial-Portfolio

Für die Bewertung der Ländermärkte sind die Checklisten oder Scoring-Modelle um die internationale Komponente entsprechend zu erweitern. Politische Sicherheit und Rechtssystem sind Standortfaktoren auf der Umweltebene, wohingegen personalbezogene Standortfaktoren (Mitarbeiter mit Fremdsprachenkenntnissen oder Exportabteilungen) Chancen, aber auch Schwächen auf der Unternehmensebene darstellen können.

Bezogen auf den Dienstleistungsbereich sollte das Geschäftsmodell entsprechend den Dimensionen Integrativität, Individualität und Verhaltensunsicherheit eingeordnet werden, um hieraus schon erste Anhaltspunkte für die Internationalisierungsstrategie zu gewinnen (Abbildung 7). So ist z.B. die Kommunikationspolitik auf die dominierende Form der Unsicherheiten abzustimmen, damit ein entsprechender Umsatz mit den Kunden vor Ort erzielt wird. Die Franchising-Restaurants stimmen ihre Werbung vornehmlich auf die Qualität der produzierten Speisen (Qualitätsunsicherheit) oder auf die Großzügigkeit im Reklamationsfall (versteckte Absichten) ab. Reisegesellschaften werben mit ihrer Kompetenz für die Reiseorganisation, mit Vertrauensmaßnahmen und bauen auf ihre Reputation als Garant für schönste Urlaubserlebnisse auf (versteckte Handlungen).

	Analyseelement	Einordnungsmöglichkeiten
Phase 1	Einordnung der Dienstleistung anhand ihrer Besonderheiten für das Marketing	▪ Integrativität (hoch, niedrig) ▪ Individualität (standardisiert, maßgeschneidert) ▪ Verhaltensunsicherheit (Eigenschaften, Absichten, Handlungen)
Phase 2	Festlegen der Franchising-Internationalisierungsstrategie	▪ Business-Format-Franchising als Master-Franchise ▪ Business-Format-Franchising als selbständiger Franchisegeber ▪ Produkt-Franchising
Phase 3	Suche und Auswahl eines Standortes nach Ausmaß der Expansion	▪ Standort i.S.v. Ländermarkt ▪ Gesamt- oder Teilmarkt in ausgewählten Ländern ▪ Einzelne Standorte im Land

Abbildung 7: Strukturiertes Vorgehen zur internationalen Standortanalyse für Franchisebetriebe aus dem Dienstleistungsbereich

Die zweite Phase erfordert vom Franchisegeber eine Entscheidung bezüglich der Internationalisierungsstrategie. Es ist zu entscheiden, ob er den ausländischen Markt vom Heimatort aus im Sinne des Exports mit seinen Leistungen bedient oder ob er stärker im Ausland präsent sein möchte. Der nächste Schritt wäre dann die Gründung einer Niederlassung im Ausland, die auf dem jeweiligen Markt agiert, streng genommen aber der Zentrale im Heimatland weiterhin unterstellt ist. Erscheint einem Unternehmen dieser Weg zu riskant oder sprechen andere Gründe (mangelnde Fremdsprachenkenntnisse, Größe des Marktes oder kulturelle Probleme) gegen die Präsenz im Ausland, so könnte auf dem jeweiligen Markt ein strategischer Partner gesucht werden, der die Distribution der Produkte übernimmt. Hier bietet sich die Einrichtung eines Franchisesystems an.

Chaudhuri/Ghosh/Spell (2001) stellen in ihren Untersuchungen fest, dass in vielen Franchisesystemen der Franchisegeber eine bestimmte Anzahl an Franchiseoutlets in Eigenregie betreibt. Franchisegeber nutzen diese Koexistenz von Franchiseoutlets und Filialbetrieben aus verschiedenen Gründen. Zum einen verfügt der Franchisegeber nur über einen beschränkten Informationsstand über das Verhalten seiner potenziellen Franchisenehmer. Unterhält er aber eigene Outlets, so kann er die zukünftigen Franchisenehmer einerseits auf ihre Aufgabe vorbereiten, sie aber gleichzeitig auch auf ihre Eignung im Einsatz testen. Weiterhin ist es von Vorteil, wenn der Franchisegeber nicht nur auf die operativen Informationen seiner Franchisenehmer angewiesen ist, sondern eigene Erfahrungen direkt am Kunden sammeln kann. In ihrer modelltheoretischen Analyse zeigen Chaudhuri/Ghosh/Spell (2001) nun, dass in einem Franchisesystem der Franchisegeber ein voraussichtlich profitableres Outlet an einem Standort selbst betreiben und weniger profitable an Franchisenehmer abtreten wird (Chaudhuri/Ghosh/Spell 2001, S. 64). Der Franchisegeber scheint also vor dem Anbieten eines Standortes an einen potenziellen Franchisenehmer abzuwägen, ob er diesen Standort lieber in Eigenregie führen oder ihn aufgrund geringerer Gewinnaussichten bei Eigenregie an einen Franchisenehmer abtreten sollte. Er kann sich somit die „Rosinen aus dem Kuchen" picken und die restlichen und weniger attraktiven Standorte seinen Interessenten überlassen. Aufgrund des schlechteren Informationsstandes wissen diese häufig gar nicht um die Problematik.

Auch der Lebenszyklus des Franchisekonzeptes hat Einfluss auf die Internationalisierungsentscheidung. Der Franchisegeber muss zuerst einmal eine bestimmte kritische Masse an Outlets aufbauen, um Skalenerträge realisieren zu können. Gleichzeitig signalisiert er potenziellen Franchisenehmern die Erfolgsaussichten seines Systems. Ein bestehendes Filialsystem, das sich später in ein Franchisesystem umwandeln lässt, ist zudem dem Aufbau eines einheitlichen Erscheinungsbildes sehr zuträglich. Insofern sind die Internationalisierungsentscheidungen vom Zeitpunkt im Lebenszyklus des Franchisekonzeptes abhängig. Es steht zu vermuten, dass sich einige Erkenntnisse des Produktlebenszyklus analog auf das Franchising übertragen lassen.

Es dürfte nur für mehr oder weniger standardisierte Dienstleistungen, die auch ohne Integration des Kunden erstellt werden können, möglich sein, diese im Rahmen einer Exportstrategie zu erbringen. Sicherlich ist in den meisten Fällen die Präsenz des Dienstleistungsanbieters erforderlich. Franchising stellt damit eine Möglichkeit dar, gerade die nichtpatentierbaren Kompetenzen, über die ein Dienstleistungsanbieter verfügt und die für die Dienstleistungserstellung notwendig sind, an einen Dritten im Rahmen eines vertraglich festgelegten Verhältnisses zu übertragen und für die Überlassung der Rechte die entsprechenden Provisionen zu erzielen. Der Dienstleistungsanbieter kann sich die Franchisenehmer gemäß seiner Anforderungen aussuchen und stellt ihnen den entsprechenden Standort zur Verfügung – wie im Inland auch. Dazu stehen ihm die verschiedenen Verfahren zur Standortbewertung zur Verfügung, die primär aus der Handelsbetriebslehre hervorgegangen sind.

3.3 Verfahren der Standortwahl in Franchisesystemen

Der Franchisegeber legt die Standorte neuer Geschäftsstellen fest. Hierzu bietet die betriebswirtschaftliche Literatur eine Vielzahl von Verfahren an, die allerdings nur in begrenztem Umfang für Dienstleistungen angewendet werden können. Aus ökonomischer Perspektive stellt die Wahl eines Standortes für ein Unternehmen ein Investitionsproblem dar, in dem jeder Standort auszuwählen ist, der sich im Rahmen einer Investitionsrechnung als vorteilhaft erweist (Müller-Hagedorn 1998, S. 380f.). Die Zielerreichung einer Unternehmung wird durch den Standort, der durch entsprechende Faktoren charakterisiert ist, entscheidend beeinflusst (Müller-Hagedorn 1993, S. 114f.). Das Unternehmen hat deshalb im Verlauf des *Entscheidungsprozesses* folgende vier grundlegende Fragen zu beantworten (Woratschek 2001a, S. 424f.):

(1) Welches sind die relevanten Standortfaktoren?

(2) Wie wichtig sind die relevanten Faktoren im Hinblick auf die Unternehmensziele?

(3) Wie sind die Faktoren an den einzelnen Standorten ausgeprägt?

(4) Wie wird der optimale Standort ermittelt?

Diese Vorgehensweise kann sowohl im Sinne einer Meta-Analyse eingesetzt werden, um einen bestimmten Ländermarkt oder eine Region auf der Welt zu identifizieren, als auch im konkreten Fall, wenn es um einen Standort in einer Stadtregion geht. Je nach Untersuchungsgegenstand kommen jeweils Standortfaktoren auf einem entsprechend höher oder niedriger aggregierten Niveau zum Tragen. An dieser Stelle wird vorausgesetzt, dass sich der Franchisenehmer gemäß der beschriebenen Internationalisierungsstrategie bereits für einen Ländermarkt entschieden hat. In Abhängigkeit von der Ausgestaltung seines Franchisesystems vergibt er einen gesamten Ländermarkt an einen Master-Franchisenehmer, der seinerseits Franchisenehmer für das betreffende Land akquiriert. In diesem Fall wird der Master-Franchisenehmer die Standorte für die nationalen Franchisenehmer aussuchen und dazu auf die gleichen Verfahren zurückgreifen. Sollte der Franchisegeber nicht den Weg eines Master-Franchisesystems wählen, muss er die Standortanalysen für die Länder und Städte eigenständig durchführen, wozu eine gute Kenntnis des ausländischen Marktes notwendig ist.

Unter dem Länderrisiko, das ein Franchisegeber abzuschätzen hat, sind auch Engagements in Ländern zu erfassen, die sich in Krisenregionen oder in Ländern befinden, die dem Heimatland des Unternehmens nicht positiv gegenüber eingestellt sind. Diese Probleme können auch zu Akzeptanzproblemen seitens der eigenen Mitarbeiter führen, die Vorbehalte haben, in einem bestimmten Land zu arbeiten. Auch die Verwendung von im Inland eingeführten und praktizierten Managementstrategien müssen für das Ausland möglicherweise angepasst werden. Kulturelle Gepflogenheiten im Ausland entscheiden zudem über den Geschäftserfolg (z.B. Managementpraktiken oder Einstellung zur Werbung). Weiterhin sind für eine Internationalisierungsstrategie nicht nur die Chancen und Risiken im Ausland zu erwägen und die dort eingesetzten Mitarbeiter in die Entscheidung mit einzubeziehen, sondern auch die Probleme zu berücksichtigen, die durch die Auslandsaktivitäten in der Franchisezentrale im Inland entstehen können.

Die Faktoren, die unter dem Aspekt der natürlichen Umwelt zusammengefasst sind, sollten nicht vernachlässigt werden (Abbildung 8). Die Probleme, die ein Filialunternehmer bezüglich der Infrastruktur (Straßen, Elektrizität oder Telefon) im Ausland hat, treffen auch auf den Franchisegeber und sein System zu. Erschwerend kommt bei ihm noch hinzu, dass er die Qualitätskontrolle und Einhaltung seiner vertraglichen Vorgaben an die Franchisenehmer überwachen muss. Im Zweifelsfall sind die Bedingungen nicht den inländischen entsprechend. Weitere Aspekte, wie z.B. Kosten und Zeit, die für Reisen, Transport und Logistik aufzuwenden sind, müssen für die Standorte beurteilt werden. Ein asiatischer oder südamerikanischer Zielmarkt kann aus dieser Perspektive weniger interessant erscheinen als ein europäischer Markt oder ein Nachbarland.

Ökonomische Umwelt	▪ Wirtschaftliche Aspekte ▪ Steuerliche Aspekte	▪ Wettbewerbsituation auf dem Zielmarkt
Natürliche Umwelt	▪ Topografie ▪ Klimatische Aspekte	▪ Infrastruktur
Politisch-rechtliche Umwelt	▪ Politische Aspekte	▪ Rechtliche Aspekte
Unternehmensinterne Faktoren	▪ Marktkenntnis ▪ Kenntnis der Kultur	▪ Fremdsprachen-kenntnisse ▪ Unternehmens-organisation
Soziokulturelle Umwelt	▪ Soziodemografische Merkmale ▪ Normen	▪ Wertvorstellungen ▪ Einstellungen/Verhaltensweisen

Abbildung 8: Determinanten des Länderrisikos

Konnte im Rahmen dieser Strategie ein Ländermarkt herausgefiltert werden, so sind im weiteren Verlauf einzelne Standorte in diesem Markt zu selektieren. Zur Entscheidungsunterstützung werden die Verfahren der Standortanalyse eingesetzt. Für die eigentliche Standortwahl im Ausland können die aus der Handelsbetriebslehre bekannten Entscheidungsunterstützungsmethoden eingesetzt werden. Bei den Verfahren zur Standortanalyse wird in Verfahren unterschieden, die das Einzugsgebiet eines Standortes bestimmen, und in Verfahren, die die Eigenschaftskombinationen von Standorten bewerten.

Zu den Verfahren des Einzugsgebietes zählen die Kreismethode sowie die Strecken- und die Zeitdistanzmethode. Wird bei der Kreismethode auf einer Landkarte ein Kreis um den geplanten Standort geschlagen und die Bevölkerungsanzahl innerhalb dieses Kreises festgestellt, so liefern die Strecken- und die Zeitdistanzmethode dahingehend detailliertere Erkenntnisse, dass die Zeit bzw. die Strecke, die Konsumenten zu einem Standort zurücklegen müssen, als Entscheidungskriterium herangezogen wird. Diese Verfahren haben allesamt den Nachteil, dass sie nur rudimentäre und zumeist ungenaue Daten über das Einzugsgebiet eines Standortes liefern. Sollen die Daten dann noch mit anderen Standorten verglichen werden, setzt das voraus, dass sich die Standorte grundsätzlich in Topografie und Infrastruktur gleichen. Das ist sicherlich nur in wenigen Fällen realisierbar. Die Verfahren zur Bestimmung des Einzugsgebietes liefern keine ausreichenden Informationen für eine Standortentscheidung, insbesondere nicht im internationalen Umfeld.

Für die detaillierte Standortplanung kommen vor allem Verfahren zum Einsatz, die die Eigenschaftskombinationen von Standorten bewerten. Dabei werden manchmal die soeben skizzierten Verfahren vorgeschaltet, um das Einzugsgebiet eines bestimmten Standortes zu bestimmen. Grundlage der meisten Verfahren zur Bewertung von Eigenschaftskombinationen sind Checklisten, die eine Vielzahl von Merkmalen und Eigenschaften von Standorten beinhalten. Diese Merkmale und Eigenschaften werden dann von den Standortplanern entsprechend der Ausprägungen an den Standorten beurteilt (Müller-Hagedorn 1998, S. 380).

Zu den Verfahren der Bewertung von Eigenschaftskombinationen zählen die Checklistenverfahren (Woratschek 2001a), das Verfahren der aspektweisen Elimination (Kutschker/Schmid 2004), das Scoringmodell (Müller-Hagedorn 1998; Woratschek 2001a), die Analogmethode (Zimmermann 2002) und die Gravitationsmodelle (Müller-Hagedorn 1993; Bienert 1996; Woratschek 2001a; Zimmermann 2002). Im Rahmen dieses Beitrags können die einzelnen Verfahren lediglich in ihren Grundzügen dargestellt werden.

Das meistgenutzte Verfahren der Standortbewertung ist wohl das *Scoringmodell* (Punktbewertungsverfahren). Es hat auch für die Standortentscheidungen im Franchising große Bedeutung. Scoringmodelle ähneln vom Aufbau her den Checklistenverfahren und versuchen, relevante Umweltfaktoren aus der Mikro- und Makroumwelt des Standortes zu identifizieren. In diesen Merkmalen sollten Aspekte der Konsumenten (z.B. Bevölkerungsanzahl, Einkommens- und Altersstruktur), der Konkurrenten (z.B. Anzahl und Marktmacht der Wettbewerber und Angebotsqualität), der Infrastruktur (z.B. Parkplätze und Erreichbarkeit mit dem ÖPNV) und Kostenaspekte (z.B. Mietkosten und sonstige Kosten) enthalten sein. Beim Checklistenverfahren werden diese Merkmale anschließend auf einer vorgegebenen Skala beurteilt. Im Ergebnis können die Standortplaner die Vorziehenswürdigkeit der Alternativen berechnen. Gehen die Merkmale beim Checklistenverfahren noch alle mit der gleichen Gewichtung in die Beurteilung ein, so ist ein entscheidender Vorteil der Scoringmodelle, dass der Entscheider eine Gewichtung der Merkmale vornehmen muss. Es steht also sowohl die Bewertung als auch die Beurteilung der standortrelevanten Merkmale im Mittelpunkt. Anschließend wird der Punktwert eines Merkmals mit der vorab zugeordneten Wichtigkeit multipliziert und die Summe pro Standort gebildet. Aus den Gesamtpunktwerten lässt sich eine Rangfolge der Standortalternativen bilden, die dem Entscheider ihre Vorziehenswürdigkeit signalisiert.

In der Praxis der Standortplanung finden Scoringmodelle eine breite Anwendung. Ihr Vorteil ist insbesondere in der Flexibilität der Anwendung zu sehen. Mit ihnen können unterschiedlichste Probleme bearbeitet werden. Auch die Einfachheit der Handhabung spricht für die Scoringmodelle. Ein weiterer Vorteil ist, dass die Standortplaner gezwungen werden, die standortrelevanten Faktoren zu ermitteln und somit das Entscheidungsproblem insgesamt gut zu strukturieren. Zu den Nachteilen des Verfahrens gehört, dass es sich durch eine große Subjektivität auszeichnet. So ist in der Erstellungsphase sowohl die Aufnahme oder das Weglassen von Standortkriterien als auch die Vorgabe von Gewichtungsfaktoren durch den Standortplaner starken subjektiven Einflüssen unterworfen. In der eigentlichen Bewertungsphase werden dann die Standortfaktoren subjektiv von Standortplanern beurteilt. In allen diesen Schritten ist ein subjektiver Einfluss des Standortplaners gegeben. Die Güte einer Entscheidung, die auf Basis eines Scoringmodells getroffen wurde, hängt fundamental von der Güte der aufgenommenen Merkmale und ihrer Beurteilung ab. Als weiterer Nachteil wird die Verwendung der jeweiligen Punktskalen für die Bewertung angesehen. Das Argument, dass bestimmte Skalen zu differenziert sind, kann dahingehend entkräftet werden, dass komplexe und differenzierte Kriterienkataloge auch eine differenzierte Beurteilung verlangen. Zudem sind Standortentscheider in der Regel Experten in ihrem Bereich und damit in der Lage, diese Differenzierungen vorzunehmen. Vorteilhaft ist bei diesem Verfahren sicherlich, dass sich die Entscheidungsträger alle erfolgsrelevanten Kriterien eines Standortes bewusst machen und ihre Entscheidungsprobleme gut strukturieren, bevor sie eine Entscheidung treffen. Die Kundenmeinung wird bei den meisten Scoringmodellen nicht mit in die Entscheidung einbezogen, was eine Weiterentwicklung dieser Verfahren darstellen würde, die dringend zu empfehlen ist, denn letztendlich ist es der Kunde, der über die Auswahl einer Dienstleistung entscheidet. Die Ergebnisse einer Standortanalyse, die mittels eines Scoringmodells erhoben wurden, machen nur Aussagen über die Vorziehungswürdigkeit eines Standortes, nicht aber über die höhere Rendite gegenüber einem anderen Standort. Hierzu wäre die Abgrenzung des Marktgebietes notwendig. Die damit zusammenhängenden Probleme der Kreis- und Zeitdistanzmethode wurden bereits skizziert.

Die *Profilmethode*, die vom Aufbau her dem in der empirischen Sozialforschung eingesetzten semantischen Differenzial gleicht, ist eine weitere Methode, eine Standortentscheidung zu strukturieren. Insbesondere dient diese Methode der grafischen Darstellung der unterschiedlichen Standorte. Die standortrelevanten Merkmale werden auf einer Skala von Gegensatzpaaren beurteilt. Verbindet man die einzelnen Punkte, so erhält man das Profil eines Standortes, das sich allein grafisch von dem Profil einer anderen Alternative absetzen kann. Anhand der positiven oder negativen Ausschläge der Profillinien kann die Vorziehungswürdigkeit eines Standortes gegenüber anderen Alternativen ermittelt werden. Auch die Profilmethode erlaubt keine Umsatzschätzungen für die Standorte.

Ein entscheidender Vorteil der *Analogmethode* zur Standortentscheidung ist es gerade, dass sie Umsatzschätzungen für einzelne Standorte vornimmt. Dazu werden Vergleichswerte eines bereits bestehenden Standortes für den neuen Standort verwendet, indem die Bevölkerungsanzahl pro Einzugszone am neuen Standort mit dem durchschnittlichen Wert des Umsatzes am bestehenden Standort multipliziert und somit ein geschätzter Umsatz für den neuen Standort berechnet wird. Das Verfahren lässt sich nur anwenden, wenn der Franchisinggeber bereits Outlets an vergleichbaren Standorten unterhält, um von diesen Vergleichszahlen zu verwenden. Betritt er mit seinem System einen komplett neuen Markt, dürfte der Erkenntnisgewinn aus der Übertragung der Umsatzzahlen aus anderen Ländern nicht viel bringen.

In welchem Ausmaß Gravitationsmodelle für die Standortentscheidung internationaler Standorte eingesetzt werden können, ist fraglich. Gravitationsmodelle bedienen sich des in der formaltheoretischen Physik bekannten Gravitationsmodells, in dem Anziehungs- und Abstoßungskräfte zwischen zwei Körpern berechnet werden. Hier wird dieses Phänomen auf zwei Standorte übertragen (Woratschek 2000). Zwischen den Konsumenten und einem Standort besteht somit eine Anziehungskraft, die sich als Attraktivität des Standortes interpretieren lässt, und eine Abstoßungskraft, die in der Überwindung der Entfernung zum Standort begründet liegt. Je nach subjektiv empfundenem Nutzen entscheidet sich der Konsument für einen Standort. Das Problem bei diesen Verfahren liegt in der Operationalisierung der Distanz zu einem Standort und in der Attraktivität, die die Konsumenten empfinden. Vorteilhaft ist, dass es mittels der Gravitationsmodelle möglich ist, Umsätze für Standorte – auch im internationalen Umfeld – zu prognostizieren.

Für die Standortwahl im internationalen Kontext scheint das Scoringmodell besonders geeignet, da es hilft, die Entscheidungssituation zu strukturieren, relevante Standortfaktoren zu identifizieren und zu bewerten sowie einer insgesamt sehr pragmatischen Vorgehensweise folgt. Die Komplexität des Entscheidungsproblems lässt zudem nur bedingt eine Quantifizierung zu, wie es der Einsatz von Gravitationsmodellen verlangt. Für eine Internationalisierungsentscheidung ist das Verfahren um Aspekte des Länderrisikos zu erweitern. Dieses Risiko lässt sich mit den internationalen Standortfaktoren abschätzen, zu denen beispielsweise die politisch-rechtliche Umwelt (rechtliche und politische Aspekte), die natürliche Umwelt (Topografie, Klima und Infrastruktur), die ökonomische Umwelt (wirtschaftliche und steuerliche Aspekte, Wettbewerbssituation), unternehmensinterne Faktoren (Markt-, Kultur- und Fremdsprachenkenntnisse, Unternehmensorganisation) sowie die soziokulturelle Umwelt (Einstellungen zur Arbeit und Wandel) zählen.

4. Fazit

Franchising ist eine bedeutende Vertriebsform, die sich auch für den Dienstleistungsbereich anbietet. Die wirtschaftliche Realität zeigt, dass sowohl die Anzahl der Franchisesysteme und Franchisenehmer als auch die erzielten Umsätze kontinuierlich gestiegen sind. Das Konzept des Franchising wurde im Beitrag aus Sicht der Transaktionskostentheorie und der Agency-Theorie analysiert. Diese zwei Perspektiven helfen, die Unternehmens- und Organisationsform von Franchisesystemen aus der Perspektive der Franchisegeber und Franchisenehmer zu erklären. Franchising stellt in dieser Hinsicht eine Hybridform dar, die einige der wünschenswerten Eigenschaften, die Markt und Hierarchie als extreme Ausprägungen von Koordinationsformen aufweisen, miteinander verknüpfen kann. Gegenüber anderen Vertriebsformen weist das Franchising deshalb eine Reihe von Vorteilen auf. Dennoch dürfen sich Dienstleistungsunternehmen insbesondere im internationalen Kontext nicht ausschließlich auf eine einzige Vertriebsform konzentrieren. Eine sinnvolle Internationalisierungsstrategie kann sich gerade darin manifestieren, dass verschiedene Vertriebsformen in den einzelnen Ländern nebeneinander bestehen. Die Analyse der mit unterschiedlichen Koordinationsformen verbundenen Transaktionskosten muss somit in jedem Fall länderspezifisch vorgenommen werden.

Die Möglichkeiten des Franchising für Dienstleistungsbetriebe und die Besonderheiten dieser Koordinationsform wurden in diesem Beitrag dargestellt. Es bleibt festzuhalten, dass sich Franchisingkonzepte vermutlich eher für Dienstleistungen eignen, deren Leistungserstellungsprozesse sich weitgehend standardisieren lassen. In diesem Fall hat der Franchisegeber die Möglichkeit, bestimmte Prozesse zu standardisieren, ihre Durchführung ex ante vertraglich festzulegen und ihre Ausführung ex post zu kontrollieren. Bezogen auf Dienstleistungsunternehmen wurden allgemeine Internationalisierungsstrategien analysiert und das Franchising in diese Strategien eingeordnet. Da die Wahl eines Standortes im Rahmen der Franchiseverträge oftmals dem Franchisegeber obliegt, wurden darüber hinaus ausgewählte Verfahren zur Entscheidungsunterstützung bei der Wahl eines Standortes dargestellt.

Die Analyse der Standortbewertungsverfahren zeigt, dass die Scoringmodelle auch im internationalen Kontext sinnvoll genutzt werden können. Ihr Einsatz setzt allerdings voraus, dass sie auf das konkrete Untersuchungsproblem zugeschnitten werden. Zu diesem Zweck müssen sie um relevante Merkmale erweitert werden, die aus dem rechtlichen und politischen sowie dem ökonomischen Umfeld der in Aussicht genommenen internationalen Zielmärkte stammen. Schließlich stellt die Wahl eines Standortes gerade im Zusammenhang mit einer Internationalisierungsstrategie eine Grundsatzentscheidung des

Unternehmens dar, die durch besondere Relevanz und Langfristigkeit gekennzeichnet ist. Dem muss im Rahmen der Strategischen Planung Rechnung getragen werden, indem die Scoringmodelle hinsichtlich der relevanten Merkmale und Eigenschaften von Standorten adäquat ausgestaltet werden.

Literatur

Ansoff, H.I. (1965): Corporate Strategy, New York.

Bienert, M.L. (1996): Standortmanagement, Wiesbaden.

Chaudhuri, A./Ghosh, P./Spell, C. (2001): A Location Based Theory of Franchising, in: Journal of Business and Economic Studies, Vol. 7, No. 1, S. 54-67.

Coase, R.H. (1937): The Nature of the Firm, in: Economica, Vol. 4, No. 16, S. 386-405.

Deutscher Franchise Verband (2004): Die Entwicklung im Franchise-Geschäft, http://www.dfv-franchise.com, (Zugriff am: 22.07.2004).

Freeman, R.E. (1984): Strategic Management: A Stakeholder Approach, Marshfield.

Freter, H. (2001): Marktsegmentierung im Dienstleistungsbereich, in: Bruhn, M./ Meffert, H. (Hrsg.): Handbuch Dienstleistungsmanagement. Von der strategischen Konzeption zur politischen Umsetzung, 2. Aufl., Wiesbaden, S. 279-341.

Görge, A. (1976): Die Internationalisierung von Franchise-Systemen, Göttingen.

Gümbel, R./Woratschek, H. (1995): Institutionenökonomik, in: Tietz, B./Köhler, R./ Zentes, J. (Hrsg.): Handwörterbuch des Marketing, 2. Aufl., Stuttgart, Sp. 1008-1019.

Harris, M./Raviv, A. (1979): Optimal Incentive Contracts with Imperfect Information, in: Journal of Economic Theory, Vol. 20, No. 2, S. 231-259.

Hart, O./Holmström, B. (1987): The Theory of Contracts, in: Bewley, T.F. (Hrsg.): Advances in Economic Theory, New York, S. 71-155.

Holmström, B. (1979): Moral Hazard and Observability, in: Bell Journal of Economics, Vol. 10, No. 1, S. 74-91.

Kubitschek, C. (2000): Franchising, Wiesbaden.

Kubitschek, C. (2001): Die Erfolgsfaktoren des Franchising. Ein Effizienzvergleich mit Filial- und Lizenzsystemen, in: Die Betriebswirtschaft, 61. Jg., Nr. 6, S. 671-687.

Kutschker, M./Schmid, S. (2004): Internationales Management, 3. Aufl., München.

Müller-Hagedorn, L. (1993): Handelsmarketing, 2. Aufl., Stuttgart.

Müller-Hagedorn, L. (1998): Der Handel, Stuttgart.

Posselt, T. (1999): Das Design vertraglicher Vertriebsbeziehungen am Beispiel Franchising, in: Zeitschrift für Betriebswirtschaft, 69. Jg., Nr. 3, S. 347-375.

Quinn, B./Alexander, N. (2002): International Retail Franchising: A Conceptual Framework, in: International Journal of Retail & Distribution Management, Vol. 30, No. 5, S. 264-276.

Roth, S. (2001): Interaktionen im Dienstleistungsmanagement – Eine informationsökonomische Analyse, in: Bruhn, M./Stauss, B. (Hrsg.): Interaktionen im Dienstleistungsbereich. Jahrbuch Dienstleistungsmanagement 2001, Wiesbaden, S. 35-66.

Schade, C./Schott, E. (1993): Kontraktgüter im Marketing, in: Marketing ZFP, 15. Jg., Nr. 1, S. 15-25.

Skaupy, W. (1995): Franchising-Handbuch für die Betriebs- und Rechtspraxis, 2. Aufl., München.

Theurl, T. (2001): Die Kooperation von Unternehmen: Facetten der Dynamik, in: Ahlert, D. (Hrsg.): Handbuch Franchising & Cooperation, Neuwied, S. 73-91.

Weber, P. (1997): Internationalisierungsstrategien mittelständischer Unternehmen, Wiesbaden.

Williamson, O.E. (1975): Markets and Hierarchies, New York.

Williamson, O.E. (1990): Die ökonomischen Organisationen des Kapitalismus, Tübingen.

Woratschek, H. (2000): Standortentscheidungen im Handel: Möglichkeiten und Grenzen von Gravitationsmodellen, in: Woratschek, H. (Hrsg.): Neue Aspekte des Dienstleistungsmarketing, Wiesbaden, S. 29-48.

Woratschek, H. (2001a): Standortentscheidungen von Dienstleistungsunternehmen, in: Bruhn, M./Meffert, H. (Hrsg.): Handbuch Dienstleistungsmanagement. Von der strategischen Konzeption zur praktischen Umsetzung, 2. Aufl., Wiesbaden, S. 418-439.

Woratschek, H. (2001b): Zum Stand einer „Theorie des Dienstleistungsmarketing", in: Die Unternehmung, 55. Jg., Nr. 4/5, S. 261-278.

Zimmermann, M. (2002): Standortplanung für Dienstleistungsunternehmen, Wiesbaden.

3. Bearbeitung von internationalen Dienstleistungsmärkten

Joerg Dolski und Arnold Hermanns

Internationale Marketingstandardisierung für Dienstleistungen

Prof. Dr. Dr. *Arnold Hermanns* ist Direktor des Instituts für Marketing an der Universität der Bundeswehr München. Dipl.-Kfm. *Joerg Dolski* ist Wissenschaftlicher Mitarbeiter am selben Institut.

1. Problemstellung und Vorgehensweise

Über *Marketingstandardisierung*, d.h. die Standardisierung des operativen Marketing (Produktpolitik, Kommunikationspolitik, Distributionspolitik und Preispolitik), wird bereits seit den 1960er Jahren diskutiert. Hintergrund ist die zunehmend internationale Tätigkeit von Unternehmen und die damit verbundene Frage, inwieweit die Marketingaktivitäten der bearbeiteten Ländermärkte standardisiert werden können, um Kostenvorteile zu erreichen und Wettbewerbsvorteile zu erzielen bzw. dem zunehmenden Konkurrenz- und Kostendruck standhalten zu können. Die Wahl des Grades der Standardisierung der Marketinginstrumente stellt eine zentrale Entscheidung im internationalen Marketing dar (Buzzell 1968; Levitt 1983; Bolz 1992; Müller/Kornmeier 1995; Meffert/Bolz 1998, S. 155ff.; Müller/Kornmeier 2002, S. 142ff.).

Die Standardisierungsdiskussion wurde von jeher kontrovers geführt. Einem Lager strikter Befürworter, insbesondere der Harvard-Professoren Levitt und Buzzell, standen prominente Kritiker wie Kotler oder Douglas und Wind gegenüber. Auch empirische Untersuchungen zum Thema (unter anderem Sorenson/Wiechmann 1975; Meyer 1978; Althans 1980; Beutelmeyer/Mühlbacher 1986; Bolz 1992) führten zu unterschiedlichen Ergebnissen.

In der bisherigen Diskussion bezog sich die Frage der internationalen Marketingstandardisierung generell auf Hersteller materieller Realgüter. Aufgrund des anhaltenden Internationalisierungstrends von Dienstleistungsunternehmen (vgl. hierzu Dolski/Hermanns 2004) gewinnt das Thema allerdings auch für den Dienstleistungssektor erheblich an Relevanz. Der Frage jedoch, ob die für materielle Güter geltenden Grundaussagen zur Standardisierung auf das internationale Dienstleistungsmanagement übertragbar sind, wurde bisher in der wissenschaftlichen Literatur nicht nachgegangen.

Mit dem vorliegenden Beitrag soll daher der Versuch unternommen werden, einen ersten Einstieg in das Thema der *internationalen Dienstleistungsmarketingstandardisierung* zu finden. Den Ansatzpunkt dafür bildet – analog zur Vorgehensweise für das internationale Marketing materieller Güter – die Einflussfaktorenanalyse der Standardisierung. Im Mittelpunkt steht hierbei die Frage, inwieweit Umweltfaktoren eine Marketingstandardisierung ermöglichen oder hemmen.

Zur Erschließung des Themenfeldes kann zunächst nur explorativ vorgegangen und hierzu theoriegeleitet der Einfluss der Umwelt auf die Standardisierbarkeit dreier ausgewählter Dienstleistungsarten diskutiert werden. Auch soll den Fragen nachgegangen werden, ob die hinsichtlich der Leistungspolitik in der Literatur häufig geäußerte Aussage, Dienstleistungen wären schwer standardisierbar (Corsten 2001, S. 350), tatsächlich erkennbar ist oder auch ob sich ein vermuteter Zusammenhang zwischen Materialitätsgrad und Standardisierbarkeit, wie z.B. von Zentes et al. (2001, S. 682) vermutet, feststellen lässt.

Um allgemein gültige Aussagen treffen zu können, ist die hier gewählte Vorgehensweise zunächst nicht geeignet – hierzu wäre ein breiterer Ansatz und ggf. eine empirische Überprüfung notwendig. Allerdings kann dieser Beitrag ein Gedankengerüst liefern, anhand dessen eine umfassendere Prüfung vorgenommen werden kann.

2.   Internationale Marketingstandardisierung

2.1   Grundlagen zur internationalen Marketingstandardisierung

Wie einleitend bereits erwähnt, stellt sich bei der Standardisierung des internationalen Marketing die Frage, wie stark sich der Einsatz der Marketinginstrumente länderübergreifend standardisieren lässt, um Kostenvorteile zu erlangen. Gesucht wird also nach dem *optimalen Standardisierungsgrad*, der es ermöglicht, zwar einerseits kostenoptimal zu agieren, andererseits aber auch die möglicherweise vorhandenen Differenzierungsnotwendigkeiten zu berücksichtigen.

Standardisierung wird als ein Kontinuum zwischen hohem und niedrigem Standardisierungsgrad gesehen (Douglas/Wind 1987, S. 27; Zentes et al. 2001, S. 682). Das Kontinuum reicht von vollständig standardisiert (global standardisiert) bis vollständig differenziert (non-global differenziert). Abbildung 1 verdeutlicht diesen Zusammenhang mit Beispielen der internationalen Produktpolitik.

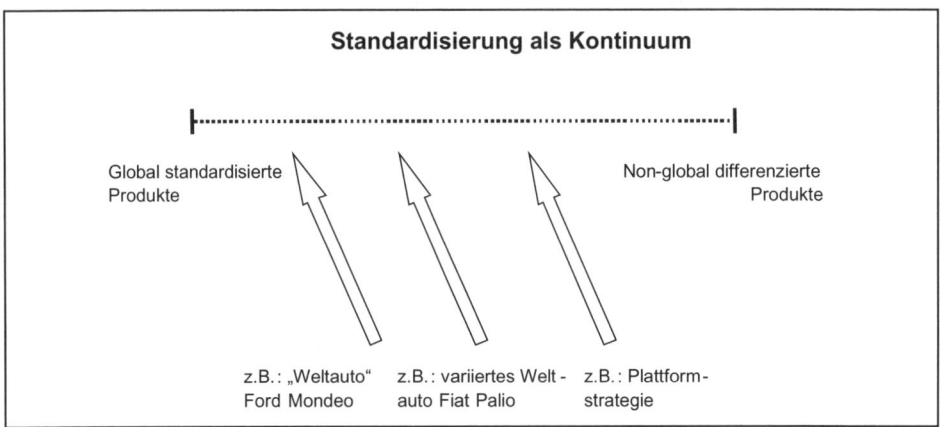

Abbildung 1: Standardisierung als Kontinuum – Beispiel Produktpolitik
          (Quelle: Eigene Darstellung, teilweise in Anlehnung an Hüttel 1998,
          S. 401ff.)

Der optimale Standardisierungsgrad lässt sich maximal für eine Branche ermitteln. Ein branchenübergreifender Ansatz scheint aufgrund der zu zahlreichen Einflüsse und unterschiedlichen Gegebenheiten nicht möglich (der branchenübergreifende Ansatz ist wohl auch eine wesentliche Ursache für die gegenläufigen Ergebnisse einiger der erwähnten empirischen Untersuchungen). Da jedoch auch innerhalb einer Branche unterschiedliche Bedingungen für die verschiedenen in der Branche tätigen Unternehmen existieren, ist der optimale Grad der Marketingstandardisierung für eine Branche kein fester Wert (oder ein Punkt auf einer Skala), sondern eine Bandbreite auf dem Kontinuum.

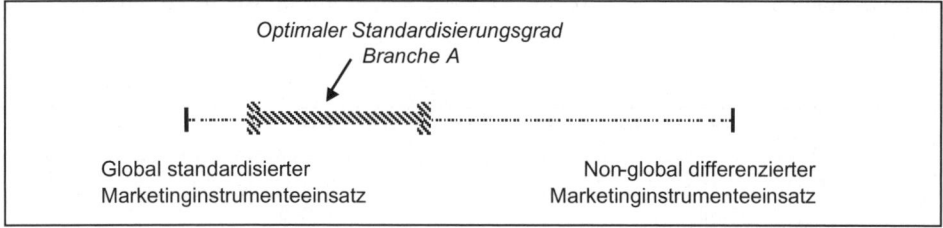

Abbildung 2: Optimaler Standardisierungsgrad als Bandbreite auf einem Kontinuum

Eine Diskussion der Standardisierbarkeit erfolgt im Allgemeinen bezogen auf die einzelnen Marketinginstrumente, wobei die Auswahl der herangezogenen Instrumente nicht einheitlich ist (vgl. hierzu auch Bolz 1992, S. 68; Müller/Kornmeier 1995, S. 114f.). Unter den Instrumenten der *Produktpolitik* wird vor allem für den Markennamen ein hohes Standardisierungspotenzial gesehen, wobei die Verwendung eines „kultur-unabhängigen" Namens empfohlen wird. Die Produkteigenschaften, insbesondere von materiellen Konsumgütern, können durch so genannte „Build-in-Flexibility", also z.B. der automatischen Anpassung an die jeweilige Stromspannung, standardisiert werden. Bei der *Distributionspolitik* steht der Einfluss vorherrschender nationaler Absatzwegestrukturen auf die globale Distributionsstandardisierung im Mittelpunkt der Diskussion, während sich die Standardisierungsfrage der *Preispolitik* im Wesentlichen um Divergenzen von Handelsspannen, Faktorkosten, Steuersätzen und Wechselkursen dreht. Bei der *Kommunikationspolitik* geht es insbesondere um die Frage der Standardisierung von Werbemaßnahmen (Werbebotschaft, Werbeträger usw.).

2.2 Einflussfaktoren auf die Standardisierbarkeit

Zur Bestimmung des optimalen Grades der Standardisierbarkeit des internationalen Marketing folgt dieser Beitrag dem sich in den vergangenen Jahren in der Literatur herausgebildeten Ansatz, die Grenzen der Standardisierung anhand des Einflusses der Umweltfaktoren zu ermitteln (Müller/Kornmeier 2002, S. 158ff.). Die hierbei von verschiedenen

Autoren in unterschiedlicher Kombination verwendeten Einflussfaktoren lassen sich aus der Marketingumweltanalyse ableiten.

Die heute übliche Zweiteilung der Unternehmensumwelt in Makro- und Mikroumwelt geht zurück auf Raffée/Wiedmann (1987, S. 186ff.). Die *globale Umwelt* (Makroumwelt) umfasst die ökonomische, ökologische, soziokulturelle, politisch-rechtliche und technologische Umwelt, während die *Interaktionsumwelt* (Mikroumwelt) im ursprünglichen Modell Absatzmärkte, Beschaffungsmärkte, Wettbewerber und regulative Umwelt beinhaltet.

Abbildung 3 zeigt das Modell der Marketingumwelt nach Raffée/Wiedmann (1987), das der Bestimmung der Einflussfaktoren für die Marketingstandardisierung zugrunde gelegt wird.

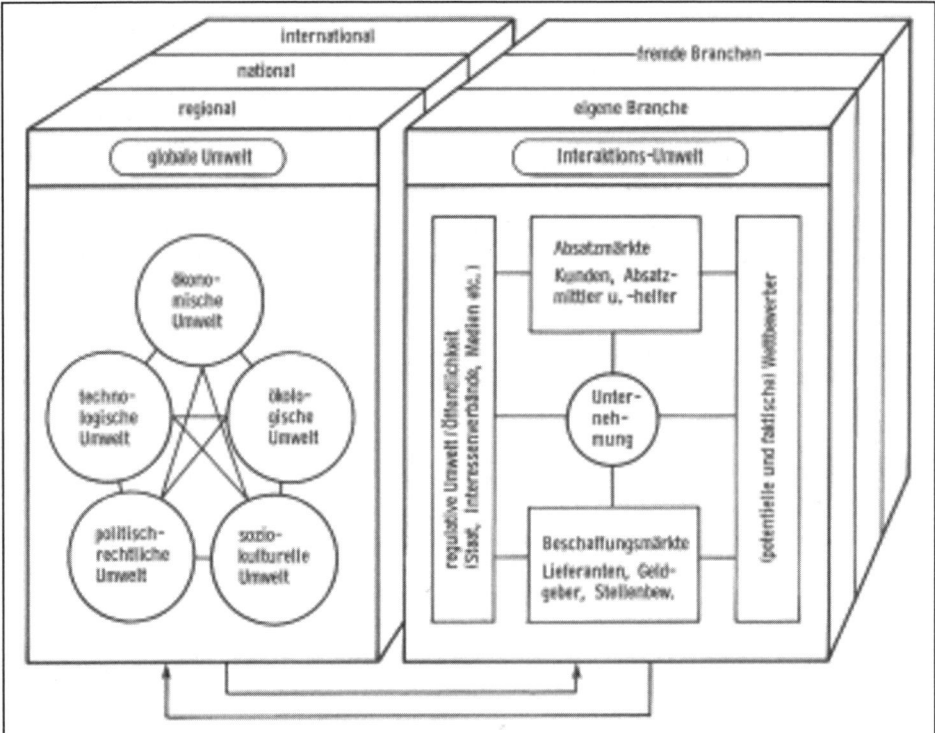

Abbildung 3: Modell der Marketingumwelt
           (Quelle: Raffée/Wiedmann 1987, S. 187)

Die von Raffée/Wiedmann (1987) identifizierten Einflussfaktoren beziehen sich auf die allgemeine Marketingumwelt. Im Kontext der Standardisierungsfrage müssen einige Anpassungen vorgenommen werden.

Während die Einflussfaktoren der globalen Umwelt unstrittig sind, unverändert in späterer Literatur ihren Niederschlag gefunden haben und auch vor der Standardisierungsfragestellung keiner Anpassung bedürfen, sind auf Seiten der Mikroumwelt vor allem der Einfluss der Wettbewerber, Nachfrager, Intermediäre und Marketingdienstleister von Bedeutung.

Die Marketingdienstleister (Absatzhelfer) spielen vor allem deshalb eine Rolle, da für die Standardisierung des internationalen Marketing unter anderem die „Beschaffenheit des Medienangebots", also z.B. die Verfügbarkeit von öffentlichen und privaten Fernseh- und Radiostationen, Art, Anzahl und Reichweite der in den einzelnen Ländern angebotenen Zeitschriften und Zeitungen usw., von entscheidender Bedeutung ist. So sind z.B. einheitliche Werbekampagnen nur bei Verfügbarkeit der entsprechenden Medien in allen Ländern möglich.

Abbildung 4 zeigt die Einflussfaktoren auf die Standardisierbarkeit des internationalen Marketing in ihrer Gesamtheit. Durch die Einflussfaktorenanalyse lassen sich die Grenzen der Standardisierbarkeit ableiten.

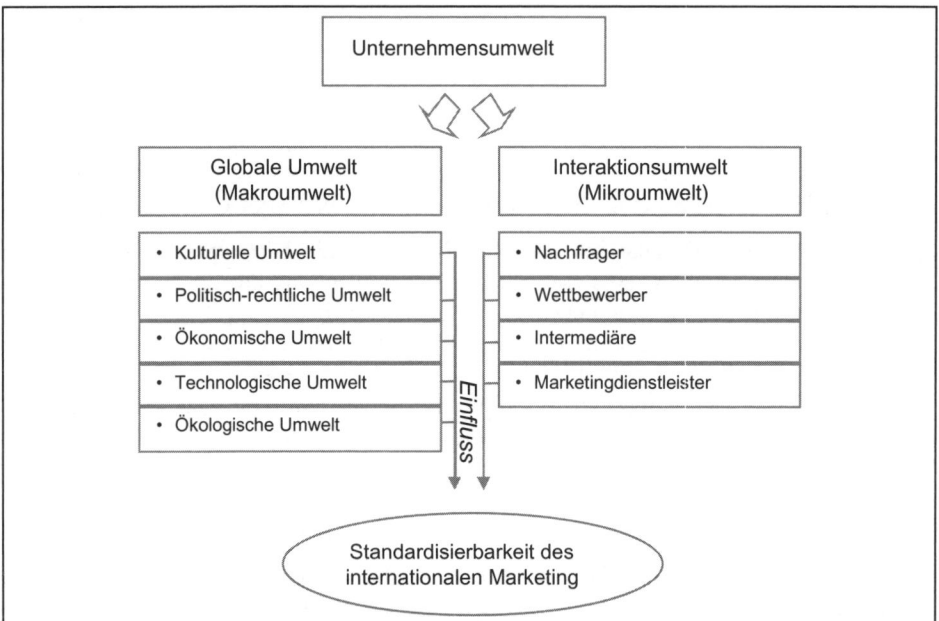

Abbildung 4: Einflussfaktoren auf die Standardisierbarkeit des internationalen Marketing

2.3   Die „historische" Standardisierungsdiskussion

Die Diskussion über die Standardisierung von Produkt, Preis, Distribution und Kommunikation reicht bis in das Jahr 1968 zurück. In diesem Jahr greift der Harvard-Professor Robert D. Buzzell in seinem richtungsweisenden Harvard Business Review-Artikel erstmals die Frage auf: „Can you standardize multinational marketing?". Er stellt fest, dass zur damaligen Zeit in der Wirtschaft die Meinung vorherrscht, dass „a multinational [*multinational* ist im Begriffsverständnis von Buzzell nicht mit multinational, sondern mit *international* bzw. teilweise mit *global* zu übersetzen; Anm. des Verf.] approach is *not* realistic, because of the great differences that still exist – and probably always will exist – among nations". Buzzell selbst sieht jedoch Vorzüge einer Standardisierung der Marketinginstrumente. Als wichtigste mögliche Vorteile einer Standardisierung identifiziert Buzzell „Significant cost savings", „Consistency with customers", „Improved Planning & Control" und „Exploiting Good Ideas". Die *Kostenvorteile* würden vor allem aus einem einheitlichen Produktdesign, insbesondere entsprechend niedrigeren Forschungs- und Entwicklungskosten sowie längeren Produktlebenszyklen und daraus folgenden niedrigeren Stückkosten resultieren. Auch standardisierte Elemente der Werbung oder einheitliche Verpackungen könnten zu den Kostenvorteilen beitragen. Zu klären sei die Frage des *optimalen Standardisierungsgrades* der einzelnen Instrumente (Buzzell 1968, S. 102ff.).

Einen wichtigen Schub erhält die Standardisierungsdiskussion 1983 durch Theodore Levitt, ebenfalls ein Professor an der Harvard Business School, mit seinem viel zitierten Artikel „The Globalization of Markets". Basierend auf seiner Grundaussage „The world's needs and desires have been irrevocably homogenized" kommt Levitt zu dem Schluss, dass die Tage multinational operierender Unternehmen gezählt sind und langfristig nur die global agierenden Firmen überleben können: „This makes the multinational corporation obsolete and the global corporation absolute" (Levitt 1983, S. 93).

Die US-Professoren Douglas und Wind greifen 1987 die Diskussion wieder auf. Sie kommen zu dem Ergebnis, dass eine globale Standardisierung nur für bestimmte Gütergruppen oder Marktsegmente unter bestimmten Umweltbedingungen und in Abhängigkeit von den Zielen und Strukturen der betroffenen Unternehmen sinnvoll ist. Standardisierung sei nur eine Strategieoption unter vielen, nicht eine alleinige Strategie. Weder eine vollständige Marketingstandardisierung noch eine reine Differenzierung sei wahrscheinlich. Vielmehr sei ein Mix aus standardisierten und differenzierten Elementen eine praktikable Strategie. Das für das einzelne Unternehmen oder das einzelne Produkt optimale Standardisierungs-Strategiebündel sei situationsabhängig, d.h., abhängig von den jeweiligen externen und internen Faktoren zu entwickeln (Douglas/Wind 1987, S. 19ff.).

Eine wesentliche Weiterentwicklung hat die Standardisierungsdiskussion zuletzt durch Müller und Kornmeier von der TU Dresden erfahren. Sie konstatieren anhand von Beispielen, dass durch Marketingstandardisierung, insbesondere in Märkten mit hohem Kosten- und Rationalisierungsdruck, Kosten eingespart werden können und so die Wettbewerbsfähigkeit gesteigert werden kann (Müller/Kornmeier 1995, S. 113). Da jedoch auch mit einer Differenzierung der Verbraucherwünsche gerechnet werden könne, sei eine einfache „ja/nein" Entscheidung zur Standardisierung nicht zu treffen, vielmehr müssten „zunehmend differenzierte Standardisierungsstrategien" diskutiert werden. Skalenvorteile seien nur zu erreichen, wenn Ländercluster oder Nachfragercluster zu identifizieren sind und diese nicht mit dem gesamten Marketinginstrumentarium, sondern mit einem geeigneten Teil der Marketinginstrumente standardisiert bearbeitet werden können (Müller/Kornmeier 1996, S. 20). Die Standardisierungsentscheidung müsse „in Abhängigkeit unter anderem von Produkt, Markt- und Wettbewerbssituation" getroffen werden. Die Maxime „soviel Standardisierung wie möglich, soviel Differenzierung wie nötig" (Müller/Kornmeier 1996, S. 19) stellt den Status quo der Standardisierungsdiskussion dar.

3. Dienstleistungsspezifische Einflüsse auf die Standardisierung

Die schon für das Marketing materieller Realgüter komplexe Diskussion der internationalen Standardisierung der Marketinginstrumente stellt sich für Dienstleistungen nochmals komplizierter dar. Die besonderen Eigenschaften von Dienstleistungen, d.h. im Wesentlichen Intangibilität (Immaterialität), Nichttransport- bzw. -lagerfähigkeit sowie die Notwendigkeit des Einbezuges eines externen Faktors beeinflussen die Standardisierbarkeit zusätzlich. Zunächst soll an dieser Stelle analysiert werden, inwieweit sich allein diese dienstleistungsspezifischen Eigenschaften auswirken.

Aufgrund der Intangibilität müssen bestimmte Dienstleistungen in Ländern, in denen sie weniger bekannt sind, möglicherweise umfassender erklärt werden als in anderen Ländern, da sie – im Gegensatz zu materiellen Gütern – vor ihrer Inanspruchnahme nicht angesehen und getestet werden können. Dies hat direkte Auswirkungen beispielsweise auf die Kommunikationspolitik, die in diesem Fall nicht mehr einheitlich länderübergreifend konzipiert werden kann. Auch ist in einigen Sprachen eine bildliche Erklärung leichter möglich als in anderen, so dass einzelne Maßnahmen nicht direkt umgesetzt werden können. Die Signalfunktion des Preises (also der Einfluss des Preises auf die erwartete und wahrgenommene Leistung) kann von Land zu Land unterschiedlich sein und stellt somit eine zusätzliche Variable der Preisbestimmung dar, die einer einheitlichen Preisgestaltung entgegenwirken kann.

Die Distributionspolitik wird bei Dienstleistungen wesentlich vom aus der Nichtlager- und -transportfähigkeit resultierenden Uno-Actu-Prinzip, d.h. der Gleichzeitigkeit von Erstellung und Konsumtion der Dienstleistung, bestimmt. Daher müssen gewisse Dienstleistungen vor Ort produziert werden. Eine international einheitliche Distributionspolitik ist daher nur dann zu realisieren, wenn neben den normalerweise betrachteten Vertriebskapazitäten auch Dienstleistungserstellungs- bzw. -produktionskapazitäten existieren oder aufgebaut werden können.

Der Einbezug des externen Faktors wirkt sich auf die Standardisierbarkeit der Produktpolitik – bzw. in diesem Fall der Leistungspolitik – aus. Voraussetzung für international
(absolut) standardisierte Leistungen wäre eine einheitliche Qualifikation des externen
Faktors (Kunden) in allen bearbeiteten Ländermärkten. Auf die Markierung der Leistungen wirkt sich die Intangibilität aus: Die aus der Intangibilität resultierende Unsicherheit
kann durch ein starkes Branding reduziert werden. Eine weltweit einheitliche, bekannte
Marke signalisiert Sicherheit, auch für Kunden aus anderen Ländermärkten.

Eine weitere Besonderheit führt Lovelock (2001, S. 531f.) an. Er stellt fest, dass einige
Dienstleistungsarten einen Wandel von „high-contact, people-based processes to low-
contact, technology-based processes" durchlaufen. Dieser Wandel befinde sich jedoch in
verschiedenen Ländern in verschiedenen Stadien und vollziehe sich zudem mit unterschiedlicher Geschwindigkeit. Befinden sich bestimmte Dienstleistungen in verschiedenen Ländermärkten in unterschiedlichen „Stadien", so kann dies einer Marketingstandardisierung entgegenwirken.

4.   Einflussfaktorenanalyse für drei ausgewählte Dienstleistungen

Die in Abschnitt 2.2 dargestellten Einflussfaktoren determinieren, inwieweit das operative Marketing international standardisiert werden kann. Die Einflussfaktoren können dabei die Standardisierbarkeit begünstigen, hemmen oder von neutraler Natur sein.

Im folgenden Abschnitt werden anhand einer *Einflussfaktorenanalyse* die Auswirkungen
der Makro- und Mikroumwelt auf die Standardisierbarkeit dreier ausgewählter Dienstleistungen diskutiert. Zielsetzung ist es, Anhaltspunkte zu gewinnen, ob beispielsweise
bei gewissen Dienstleistungsarten eine Marketingstandardisierung besser möglich ist
oder ob ein Zusammenhang zwischen Materialitätsgrad und Standardisierbarkeit besteht.

4.1   Auswahl der Dienstleistungen

Die Auswahl der zu betrachtenden Serviceleistungen anhand von Leistungstypologien
gestaltet sich schwierig, da bezüglich der Typologien keine einheitliche Auffassung in
der Literatur besteht. Im deutschsprachigen Raum hat sich vermehrt die Leistungstypolo-
gie nach Engelhardt et al. (1993), die sich der zwei Dimensionen Integrationsgrad und
Immaterialitätsgrad bedient, durchgesetzt (unter anderem Meffert/Bruhn 2003, S. 34f.;
Corsten 2001, S. 29f.). Vereinzelt wird ergänzend die weitere Unterscheidung nach Individualisierungsgrad und Interaktionsgrad angeführt (Meffert/Bruhn 2003, S. 36ff.). Daneben existieren weitere Ansätze wie z.B. von Meyer (1998), der die Kriterien „Integrati-
onsintensität des externen Faktors" und „Materialität" verwendet. Bieberstein (2001, S.
39) stellt neun verschiedene Systematisierungsansätze vor, Lovelock (2001, S. 35) nennt

sieben „Selected Ways of Classifying Services". Zur *Systematisierung internationaler Dienstleistungen* lassen sich eine noch deutlich größere Zahl unterschiedlicher Ansätze identifizieren (vgl. hierzu ausführlich Dolski/Hermanns 2004).

Um nun eine geeignete Auswahl für die hier exemplarisch zu betrachtenden Dienstleistungen vornehmen zu können, scheinen die oben vorgestellten Systematisierungen nur begrenzt geeignet, insbesondere weil sich häufig verwendete Beispiele wie Autoreparatur, Malerdienstleistungen oder Friseurhandwerk für die Diskussion der Standardisierbarkeit des internationalen Marketing wenig eignen, da es sich um ausgesprochen „lokale" Dienstleistungen handelt. Hier sollen drei Dienstleistungen ausgewählt werden, die – bezogen auf oben genannte Kriterien (Integrationsgrad, Immaterialitätsgrad, Interaktionsgrad usw.) – Unterschiede aufweisen.

Als erster Service wird der eines *Fast-Food-Restaurants* gewählt. Hierbei ist, neben den reinen Serviceleistungen (also beispielsweise der Bestellannahme, Auftragsbearbeitung, Essenszubereitung und Essensausgabe), auch das materielle Produkt, also unter anderem der „Burger", von Bedeutung. Die Einflussmöglichkeit des Kunden ist weitgehend auf die Zusammenstellung des Menüs und in geringem Maße auch auf die Beschaffenheit des Produktes (Burger „mit oder ohne Käse") beschränkt. Bei der Dienstleitung der Bestellannahme ist der Kunde integriert, auf die Zubereitung des Essens und die weitere Auftragsbearbeitung hat er allerdings keinen Einfluss.

Die zweite Dienstleistung stellen *Hoteldienstleistungen* dar, wobei sich auf internationale Hoteldienstleistungen für Geschäftskunden beschränkt werden soll. Die Übernachtung in einem Hotelbett ist hierbei Kernleistung. Bei dieser Kernleistung haben materielle Güter (das Hotelgebäude und das Hotelbett) einen gewissen Einfluss auf die Zufriedenheit des Kunden. Neben der Kerndienstleistung spielen zahlreiche Zusatzleistungen – wie beispielsweise der Empfang, die Betreuung, der Zimmerservice oder die Zahlungsabwicklung – eine wesentliche Rolle.

Die dritte exemplarische Dienstleistung ist die internationale *Steuerberatung*. Diese rein immaterielle Beratungsleistung bedarf in gewissem Umfang der Integration des externen Faktors in die Leistungserstellung (zumindest zur Informationslieferung). Sie ist stark individualisiert, d.h. auf die Bedürfnisse des jeweiligen Kunden zugeschnitten, und benötigt daher auch ein höheres Maß an Interaktion.

4.2 Einfluss der Makroumwelt

4.2.1 Einfluss der kulturellen Umwelt

Für den Begriff Kultur existieren zahlreiche verschiedene Definitionen. Hier soll die Definition von Czinkota/Ronkainen (2001, S. 61) herangezogen werden: „Culture ... is an integrated system of learned behavior patterns that are distinguishing characteristics of the member of any given society. It includes everything that a group thinks, says, does, and makes – its customs, language, material artifacts, and shared systems of attitudes and feelings."

Kultur umfasst zahlreiche Kulturelemente wie Sprache, Religion, Zeichen und Symbole, Formen, Farben, usw. Im Allgemeinen wird der Kultur eine standardisierungsbeschränkende Wirkung zugesprochen: „Angehörige verschiedener Kulturen unterscheiden sich in Sprache, Werten, Normen, Einstellungen, Verhaltensweisen u.v.a.m. Dies schränkt die Möglichkeiten einer Standardisierung gleichfalls ein" (Müller/Kornmeier 2002, S. 177).

Wie wirkt sich nun der Einfluss der kulturellen Umwelt auf die Standardisierbarkeit der drei ausgewählten Dienstleistungen aus? Nach wie vor stellt die *Sprache* einen schwer zu überwindenden Unterschied dar. Zwar hat sich mehr oder weniger weltweit Englisch als Sprache der Wirtschaft etabliert, dennoch sind selbst in Europa (neben den Muttersprachlern im Vereinigten Königreich und Irland) nur in Schweden und den Niederlanden über 60 Prozent der Bevölkerung der englischen Sprache mächtig (Reader's Digest 1991, S. 12, zitiert nach Müller/Kornmeier 2002, S. 178).

Auch die *Religion* kann einen maßgeblichen Einfluss auf die Standardisierbarkeit haben. So werden in verschiedenen Religionen oder Weltanschauungen beispielsweise Alkohol und Rauschmittel sowohl verboten (z.B. der Alkohol im Islam) als auch gestattet (beispielsweise der Konsum von Rauschmittel bei verschiedenen Naturvölkern). Gleiches gilt für den Konsum von Fleisch (kein Schweinefleisch im Islam, kein Rind in Indien usw.). Auch der Umgang mit Sexualität kann stark von der Religion geprägt sein.

Die als „normal" empfundenen *Verhaltensweisen* unterscheiden sich erheblich. Während in Europa oder den USA unterschiedliche Meinungen und Standpunkte in der Regel direkt ausdiskutiert werden, wäre ein derartiges Vorgehen in weiten Teilen Asiens unvorstellbar, da mindestens eine Seite ihr „Gesicht verlieren" könnte. Auch das gefestigte *Sozialverhalten* wirkt sich aus. So ist es in vielen islamischen Ländern nicht möglich, Frauen offensiv in der Werbung einzusetzen.

Für *Fast-Food-Restaurants* sind die Auswirkungen erheblich. Das Produktprogramm muss beispielsweise an religiöse Bedürfnisse angepasst werden. Daneben kann eine einheitliche Markierung überwiegend Vorteile bieten, jedoch können auch negative Effekte auftreten (z.B. kann das in vielen Staaten vorherrschende Negativbild der USA auf amerikanische Marken oder Unternehmen ausstrahlen). Die Kommunikationspolitik bedarf einer Anpassung an die jeweiligen Sprachen, wobei eine unterschiedliche Toleranz gegenüber Anglizismen in der Werbung zu beachten ist. Der Einfluss der Kultur auf die Distributionspolitik ist differenziert zu betrachten. Zwar gehört es zu den Verhaltensweisen und der Kultur eines Landes, *wie* Menschen speisen und in welcher Art von Restaurants sie ihr Essen zu sich nehmen. Andererseits haben z.B. McDonald's, Burger King selbst in Ländern, in denen keine derartige Esskultur existierte, einen Wandel herbeiführen können.

Internationale *Hotellerieunternehmen* für Geschäftsreisende sind von kulturellen Einflüssen weniger abhängig. Hinsichtlich der tangiblen Elemente von Hotelbetrieben ist die Toleranz der Gäste in der Regel verhältnismäßig hoch. Ein weltweit einheitlicher Standard wird genauso akzeptiert werden wie verhaltene landes- oder kulturtypische Einflüsse. Bei der Festlegung der internationalen Standards ist das kulturelle Konfliktpotenzial zu minimieren. So müssen bei der Kommunikationspolitik insbesondere die Motiv- und Farbgebung auf die kulturelle Kompatibilität geprüft werden.

Bei der internationalen *Steuerberatung* stehen die Fakten im Vordergrund. Zwar spielen auch bei dieser Business-to-Business-Dienstleistung kulturelle Besonderheiten eine Rolle, solange dabei aber ein gewisser Rahmen nicht überschritten wird, sind nur geringe Auswirkungen zu erwarten. Trotzdem bedarf die Leistungspolitik einer Anpassung, da beispielsweise Steuererklärungen – auch jene von Weltkonzernen – (noch) in der jeweiligen Landessprache abgefasst bei den Steuerbehörden eingereicht werden müssen.

4.2.2 Einfluss der politisch-rechtlichen Umwelt

Der Einfluss der politisch-rechtlichen Umwelt auf die Standardisierbarkeit resultiert im Wesentlichen aus unterschiedlichen Rechtssystemen der einzelnen Staaten sowie politischen Maßnahmen, die in die freie Ausübung eines Gewerbes eingreifen. Besondere Bedeutung für das Marketing kommt den wettbewerbsrechtlichen Bestimmungen wie z.B. Bestimmungen für Werbung oder Wettbewerbsbeschränkung für bestimmte Produkte und Leistungen zu (Meffert/Bolz 1998, S. 48). Für die Preispolitik sind besonders steuerrechtliche Bestimmungen von Relevanz. In Europa stellen beispielsweise unterschiedliche Mehrwertsteuersätze bis heute eine Hürde für eine einheitliche Preissetzung dar. Müller/Kornmeier (2002, S. 168ff.) führen zahlreiche relevante rechtliche Regelungen an. So können Vorschriften zum Gebrauch der einheimischen Sprache wie das französische Toubon-Gesetz einer Marketingstandardisierung genauso entgegenwirken wie Vorschriften zur Kommunikationspolitik (z.B. Beschränkungen von Werbung, Regelungen zu Promotion-Maßnahmen usw.) oder unterschiedliche Regelungen zu Markenrechten. Abweichende Normen können eine Produkt- oder Leistungsvariation notwendig machen, wenn z.B. in unterschiedlichen Maßen gemessen wird (Liter, Pint, Gallon; km/h, Meilen/h usw.). Zuletzt können unterschiedliche Regelungen zu Preisvorgaben (Preisbindung, Preisempfehlung usw.) einen Einfluss auf die Standardisierung des internationalen Marketing haben.

Auf die Leistungspolitik von *Fast-Food-Restaurants* können sich in politisch-rechtlicher Hinsicht Hygieneregelungen, Nahrungsmittelvorschriften, Regelungen zu zulässigen Öffnungszeiten, arbeitsrechtliche Vorschriften oder Sprachregelungen auswirken. Bei der Kommunikationspolitik können Werbevorschriften (z.B. Pflichtangaben zu Inhaltsstoffen, Nährwert usw.) oder vorgegebene Sprachregelungen eine einheitliche Werbung erschweren (wobei z.B. selbst in Frankreich McDonald's seine weltweit verwendeten Produktbezeichnungen beibehält). Die Preispolitik kann durch unterschiedliche Abgaben, Zölle und Steuern standardisierungshemmend beeinflusst werden.

Staatliche Beschränkungen (insbesondere staatliche Lizenzvergabe) spielen bei *Hotels* eine wichtige Rolle – und können die Standardisierbarkeit von Distributions- und Leistungspolitik hemmen. Der Staat kann ferner erheblich in die Reisefreiheit von Touristen oder Geschäftsleuten eingreifen oder beispielsweise Ausländern die Buchung von Hotels über eine staatliche Reiseagentur vorschreiben (wie es lange Zeit in vielen kommunistischen Staaten der Fall war).

Für die internationale *Steuerberatung* ist der differenzierend wirkende Einfluss auf die Leistungspolitik offensichtlich – verschiedene Steuergesetze bedürfen einer unterschiedlichen Ausgestaltung und eines abweichenden Umfangs von Steuerberatungsleistungen. Bemühungen der EU, die Steuergesetzgebung zu harmonisieren, kommen nur langsam voran. Selbst in den USA herrschen noch heute von Bundesstaat zu Bundesstaat unterschiedliche Steuervorschriften vor, z.B. bundesstaatabhängige Sales-Tax-Sätze zwischen null und sieben Prozent (STC 2004). Unterschiedliche Steuersätze wirken einer einheitlichen Preissetzung entgegen. Nationale Verordnungen, wie die deutsche Gebührenverordnung für Steuerberater, schränken die Souveränität der Preispolitik weiter ein. Auch unterliegt die Ausübung des Berufes des Steuerberaters in vielen Ländern einer Zulassungsbeschränkung, so dass eine einheitliche Distributionspolitik nicht uneingeschränkt möglich ist. Teilweise dürfen diese Beratungsleistungen nur begrenzt beworben werden.

4.2.3 Einfluss der ökonomischen Umwelt

Bei der ökonomischen Umwelt stehen vor allem die Größe und die Eigenschaften der Ländermärkte im Vordergrund. Indikatoren wie Bruttosozialprodukt (BSP) und Bruttoinlandsprodukt (BIP), Pro-Kopf-Einkommen, Einkommensverteilung usw. geben Auskunft über die Leistungsfähigkeit von Volkswirtschaften und – für die Standardisierungsdiskussion von besonderem Interesse – bezüglich der Frage, inwieweit Einwohner eines Landes in der Lage sind, Güter oder Dienstleistungen nachzufragen. Die vorhandene Kaufkraft ist von wesentlicher Relevanz für die Frage des Einflusses der Nachfrager (vgl. Abschnitt 4.3.2). Zusätzlich geht die Analyse der ökonomischen Umwelt der Frage nach, inwieweit Nationalstaaten durch protektionistische Maßnahmen (Zölle, Importbeschränkungen, Subventionen usw.) den freien Handel mit Gütern und Dienstleistungen beschränken.

Die ökonomische Umwelt hat sich in Europa sowohl strukturell wie auch hinsichtlich Bruttosozialprodukt und Pro-Kopf-Einkommen deutlich angenähert. Im Rahmen der Betrachtung des Bruttosozialprodukts pro Kopf ist auch innerhalb der G7 Staaten eine Annäherung zu erkennen. Setzt man diese Zahlen jedoch mit dem Weltdurchschnitt in Relation, wird die Diskrepanz zwischen den Industrienationen und dem Weltdurchschnitt deutlich (Abbildung 5).

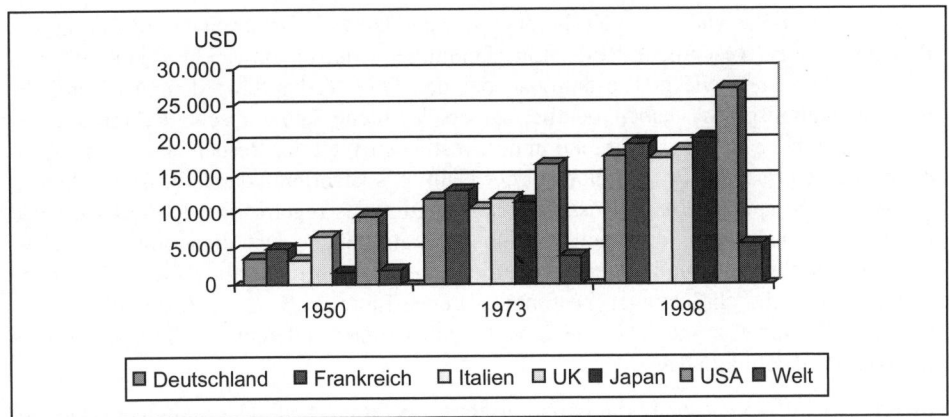

Abbildung 5: Entwicklung des BSP/Kopf zu laufenden Preisen in USD von 1950-1998
(Quelle: In Anlehnung an Maddison 2001, S. 262).

Bei der Betrachtung des BIP/Kopf auf der Basis von Kaufkraftparitäten geht die in Abbildung 5 festgestellte Angleichung im europäischen Raum noch deutlicher hervor, da die unterschiedlichen Preisniveaus der einzelnen Länder ausgeglichen wurden und so weniger ins Gewicht fallen (Abbildung 6). Während die Differenzen der Länder auf der Basis von laufenden Preisen +/- 1.000 USD betragen, sind es hier lediglich +/- 200 USD. Der Vorsprung der USA fällt hierbei auf.

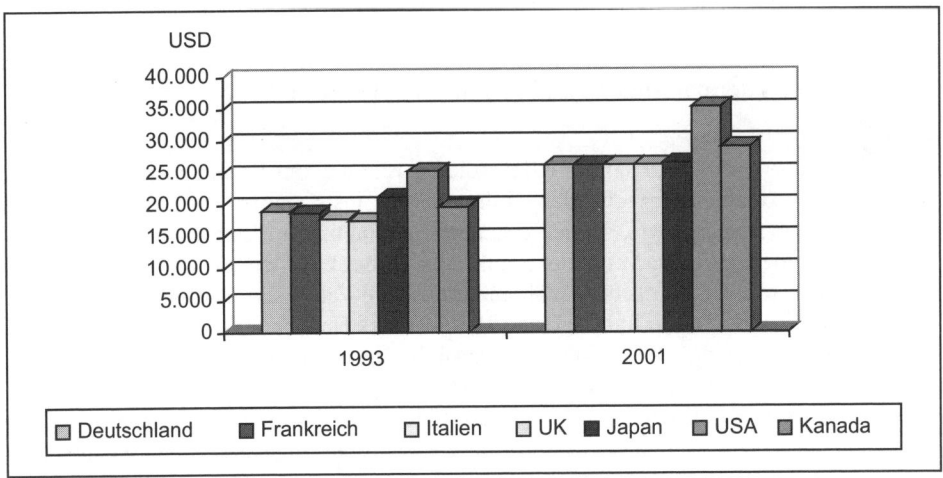

Abbildung 6: Entwicklung des BIP/Kopf zu laufenden Preisen in USD und
Kaufkraftparitäten
(Quelle: OECD 2002, eigene Berechnung).

Für *Fast-Food-Restaurants* spielt die ökonomische Umwelt für die Standardisierung der Preispolitik eine wesentliche Rolle. Ein Hamburger kann in Entwicklungsländern nicht zum gleichen Preis wie in Westeuropa oder den USA verkauft werden. Auch auf die Kommunikationspolitik haben deutlich unterschiedliche ökonomische Faktoren einen differenzierenden Einfluss. Während in der westlichen Welt der Besuch eines Schnellrestaurants eine preisgünstige Möglichkeit der Nahrungsversorgung darstellt, ist ein derartiger Besuch beispielsweise in Russland ein Ereignis, das regelrecht zelebriert wird und häufig als Ausnahme an Sonntagen stattfindet. Darauf müssen auch die Kommunikationsmaßnahmen abgestellt und angepasst werden. Hinsichtlich der Handelsbeschränkungen können Einfuhrbeschränkungen bestimmter Lebensmittel (z.B. das „Hormonfleischverbot" der EU) einen zusätzlichen negativen Einfluss unter anderem auf die Standardisierung der Preispolitik haben.

Internationale *Hotels* scheint die ökonomische Umwelt nur bedingt zu tangieren. Die betrachteten Hotels haben überwiegend internationale Geschäftsreisende als Kunden und stimmen ihre Preis- und Kommunikationspolitik international auf diese homogene Zielgruppe ab. Die Distributionspolitik ist von der wirtschaftlichen Entwicklung der bearbeiteten Ländermärkte in struktureller Hinsicht abhängig, da die Hotels auf eine gewisse vorhandene Infrastruktur angewiesen sind. Insgesamt gesehen sind die Auswirkungen der ökonomischen Umwelt auf die Marketingstandardisierung jedoch gering.

Auch für die *internationale Steuerberatungsleistung* scheint aufgrund der speziellen Kunden – international tätige Unternehmen – die ökonomische Umwelt nur einen begrenzten Einfluss auf die Standardisierung auszuüben. Selbst ein nennenswerter Einfluss auf die Distributionspolitik ist hier nicht auszumachen, da die Beratungsleistung weitgehend ortsunabhängig erstellt werden kann.

4.2.4 Einfluss der natürlichen und technischen Umwelt

Zur natürlichen Umwelt zählen das Klima, die Ausstattung mit Bodenschätzen und topografische Merkmale. Die vorhandene Infrastruktur, insbesondere von Verkehrswegen und Informationstechnologie, sowie vorhandene Kenntnisse in Bereichen wie Gentechnologie, Lasertechnologie, Mikroelektronik oder Robotik stellen die wichtigsten Faktoren der technischen Umwelt dar. Während natürliche Faktoren wie Bodenschätze oder der Zugang zur See für die Industrie und Bereiche des Handels wesentliche Einflussfaktoren darstellen, ist die Bedeutung für Dienstleistungsunternehmen insgesamt geringer. Auch sind klimatische Bedingungen für das Marketing einiger materieller Güter, wie z.B. Wäschetrockner, Klimaanlagen oder Eismaschinen, von wesentlicher Relevanz, jedoch ist erneut nur ein unwesentlicher Einfluss auf das Dienstleistungsmarketing erkennbar.

Die natürliche Umwelt begrenzt die Standardisierbarkeit der Leistungspolitik von *Fast-Food-Restaurants* nur in minimalem Umfang. Allenfalls können leicht verderbliche Speisen in Ländern mit sehr heißem Klima nur begrenzt angeboten werden oder aber es fällt der Absatz von Eis in sehr kalten Regionen geringer aus. Technische Unterschiede hingegen können der Standardisierung der Leistungspolitik entgegenwirken, beispielsweise dann, wenn die vorgeschriebene Zubereitung einer Mahlzeit aufgrund mangelnder technischer Möglichkeiten (Strom, Küchenmaschinen, Kühleinrichtungen usw.) nicht möglich ist. Auch die Standardisierung der Kommunikationspolitik kann von technischen Faktoren beschränkt werden. Entscheidet sich ein Unternehmen z.B. dafür, weltweit das Medium Fernsehen (oder gar Internet) für Werbemaßnahmen zu nutzen, ist dies nur möglich, wenn das Medium auch in allen bearbeiteten Ländern verfügbar ist. Wie die Leistungs- oder Kommunikationspolitik ist die Standardisierung der Distributionspolitik von bestimmten technischen Mindestvoraussetzungen, z.B. einer funktionierenden Verkehrsinfrastruktur für die eigene Logistik, abhängig.

Für *Hotels* würden sich erhebliche Einschränkungen der Leistungsstandardisierung dann ergeben, wenn Urlaubs-/Badehotels betrachtet werden würden, da diese auf die Existenz eines Meeres/Sees angewiesen sind. Für die betrachteten *Hoteldienstleistungen* für Geschäftsreisende scheint die natürliche Umwelt insgesamt jedoch einen geringen Einfluss zu haben. Hinsichtlich der technischen Umwelt ergeben sich ähnliche Ergebnisse wie für Fast-Food-Restaurants.

Für die internationalen *Steuerberatungsleistungen* ist ebenfalls kein großer Unterschied zu den zwei anderen Dienstleistungen festzustellen, wenn man den Einfluss der natürlichen und technischen Umwelt betrachtet. Die Standardisierung der Leistungs- und auch der Distributionspolitik wird in technischer Hinsicht beispielsweise dann beeinträchtigt, wenn nicht in allen bearbeiteten Ländermärkten auf Computer und entsprechende Software (evtl. mit Ferndaten- bzw. Internetanbindung) zurückgegriffen werden kann. Da die Branche besonders stark vom IT-Einsatz abhängig ist, können mangelnde technische Möglichkeiten auch die Kosten der Dienstleistung erheblich erhöhen und somit einer standardisierten Preissetzung entgegen wirken.

4.3 Einfluss der Mikroumwelt

4.3.1 Einfluss des Wettbewerbs

Als die am signifikantesten die Marketingstandardisierung beeinflussenden Eigenschaften des Wettbewerbsumfeldes hat Bolz (1992, S. 90ff. und S. 107ff.) die *Dynamik der Wettbewerbsumwelt* und die *Intensität des Wettbewerbs* identifiziert.

Der Zusammenhang zwischen der *Dynamik der Wettbewerbsumwelt* und der Marketingstandardisierung wird in der Literatur unterschiedlich bewertet. Während einerseits davon gesprochen wird, dass durch standardisiertes Marketing der Umgang mit einer hohen Umweltdynamik verbessert wird, gehen andere Autoren davon aus, dass Umweltdynamik und Standardisierung negativ korrelieren, da die Reaktionsfähigkeit auf Veränderungen reduziert wird. Bolz (1992, S. 92ff. und S. 107ff.) kommt für Hersteller langlebiger Konsumgüter zu dem Ergebnis, dass die Marketinginstrumente umso stärker länderübergreifend standardisiert werden (die Prozesse hingegen differenziert werden), je dynamischer die Wettbewerbsumwelt empfunden wird.

Die *Intensität des Wettbewerbs* bestimmt sich durch Preis- und Qualitätswettbewerb. Für materielle Realgüter wird im Allgemeinen angenommen, dass ein intensiver Preiswettbewerb zu einer Differenzierung der Marketinginstrumente führt (insbesondere der Preispolitik und Kommunikationspolitik), wohingegen ein intensiver Qualitätswettbewerb einen positiven Effekt auf die Marketingstandardisierung haben dürfte. Zu diesem Ergebnis kommt auch Bolz (1992, S. 109f.) in der genannten empirischen Untersuchung.

Bei immateriellen Dienstleistungen kommt dem Preis eine Qualitätssignalfunktion zu. Der Preis stellt neben Reputation und sichtbaren Produktionsfaktoren (z.B. Firmengebäude) eines der wenigen Suchmerkmale für Dienstleistungen dar – ein niedriger (hoher) Preis kann beim Kunden die Erwartung niedriger (hoher) Qualität hervorrufen. Ein Preiswettbewerb kann somit insbesondere für rein immaterielle Dienstleistungen statt einer Verstärkung des Absatzes die gegenteilige Wirkung entfalten. Während für Konsumgüter der differenzierend wirkende Einfluss eines intensiven Preiswettbewerbs nachgewiesen ist, muss bei Dienstleistungen vermutet werden, dass sich dieser Zusammenhang abschwächt, je geringer der materielle Anteil bei einer Dienstleistungsart ist. Gleichzeitig sollte mit zunehmender Immaterialität einer Dienstleistung die Wahrscheinlichkeit eines intensiven Preiswettbewerbes insgesamt sinken.

Schwierig ist es auch, den Zusammenhang zwischen der Intensität des Qualitätswettbewerbs und der Marketingstandardisierung für Dienstleistungen abzuschätzen. Dienstleistungsqualität setzt sich aus Prozess- und Ergebnisqualität zusammen, wobei die Ergebnisqualität vom Konsumenten schwerer beurteilt werden kann. Während ein Konsumgüterhersteller mit „handfesten" Qualitätsmerkmalen werben kann, ist dies dem Dienstleister nur bedingt möglich. Je höher der materielle Anteil an einer Dienstleistung ist, desto einfacher dürfte es dem Dienstleister daher fallen, die Qualität zu veranschaulichen. Je häufiger die Dienstleistung in Anspruch genommen wird, desto einfacher wird sich der Kunde ein Qualitätsurteil bilden können. Und je *standardisierter* die Dienstleistung ist, desto einfacher lässt sich ein (positives) Qualitätsurteil von früheren Konsumenten verallgemeinern, übertragen und bewerben. Eine hohe Leistungsstandardisierung von Dienstleistungen sollte sich für den Anbieter somit positiv im Qualitätswettbewerb auswirken. Ingesamt ist eine positive Korrelation zu erwarten.

Die drei ausgewählten Dienstleistungen weisen einen deutlich unterschiedlichen materiellen Anteil auf: Fast-Food (hoch), Hotel (mittel), Steuerberatung (gering). Von einem Preiswettbewerb wird das Fast-Food-Restaurant deutlich betroffen sein, Hotels etwas weniger, während die internationale Steuerberatung von einem intensiven Preiswettbewerb vergleichsweise am wenigsten tangiert werden dürfte. Somit sollte sich ein Preiswettbewerb für die Steuerberatung am wenigsten differenzierend auswirken, während das Fast-Food-Restaurant am wenigsten standardisieren könnte.

Ein Qualitätswettbewerb wird sich für alle drei Dienstleistungsarten standardisierungsfördernd auswirken, da Marketingstandardisierung neben dem Aspekt der Qualitätssicherung für Dienstleistungsunternehmen zusätzlich den Vorteil mit sich bringt, die Dienstleistungsqualität besser darstellen zu können.

4.3.2 Einfluss der Nachfrager

Das Verhalten der Nachfrager ist ein wesentlicher Einflussfaktor auf die Standardisierbarkeit des internationalen Marketing. So basiert die Standardisierungsdiskussion auf der so genannten *Konvergenzthese*, die gleichzeitig als eine der Schlüsselthesen im internationalen Marketing gesehen wird. Sie sagt eine zunehmende Angleichung der Konsumentenbedürfnisse und der daraus resultierenden tatsächlichen Nachfrage voraus (Berekoven 1978; Levitt 1983; Müller/Kornmeier 2002).

Die Konvergenzthese wurde mehrfach empirisch überprüft. Diese empirischen Untersuchungen führten jedoch, wie auch die Untersuchungen zur Standardisierung, zu teilweise konträren Ergebnissen. Während sich bei Berekoven (1978) und Hermann (1994) die Konvergenzthese tendenziell bewährt, kommen Craig et al. (1992) und Wenke (1994) zum gegenteiligen Ergebnis.

Wie stellt sich nun der Einfluss der Nachfrager dar? Kotler/Bliemel (2001, S. 13) definieren Nachfrage wie folgt: „Unter Nachfrage ist der Wunsch nach spezifischen Produkten zu verstehen, begleitet von der Fähigkeit und der Bereitschaft zum Kauf." Die Fähigkeit zum Kauf wird, gesamtheitlich betrachtet, durch die ökonomischen Faktoren (BIP/Kopf, Einkommensverteilung usw.) (vgl. Abschnitt 4.2.3) und das Güter- bzw. Leistungsangebot determiniert. Der Wille zum Kauf wiederum hängt vom Nachfrager selbst ab. Während also die Fähigkeit bereits in Abschnitt 4.2.3 diskutiert wurde, soll hier der Wille zum Kauf betrachtet werden. Dabei wird nicht nach den Ursachen des Konsumentenverhaltens gesucht, sondern die tatsächliche Entwicklung betrachtet.

Zunächst hat der Konsument die Auswahl zwischen Konsumieren und Sparen. Stimmt die Konvergenzthese, müsste eine Vereinheitlichung – zum Beispiel der Konsumquote – erkennbar sein. Tatsächlich lässt sich zumindest für die G7-Staaten eine Annäherung der Konsumquoten nachweisen (Abbildung 7).

Weiteren Aufschluss über das Konsumentenverhalten gibt die Konsumausgabenstruktur. Eine Analyse historischer Daten lässt ebenfalls eine Annäherung innerhalb der G7-Staaten zu erkennen. Abbildung 8 zeigt einen Vergleich der Konsumstruktur der G7-Staaten.

Bezüglich des Nachfragerverhaltens ergeben sich für die drei betrachteten Dienstleistungen zunächst deutliche Unterschiede durch die „Art" der Kunden. Während bei *Fast-Food-Restaurants* Endverbraucher die Kunden darstellen, handelt es sich bei der *internationalen Steuerberatung* um Business-to-Business-Dienstleistungen. Kunden der internationalen *Hotels* können sowohl Privat- als auch Geschäftskunden sein, wobei der Schwerpunkt der Betrachtung – wie eingangs erwähnt – auf Geschäftskunden liegen soll.

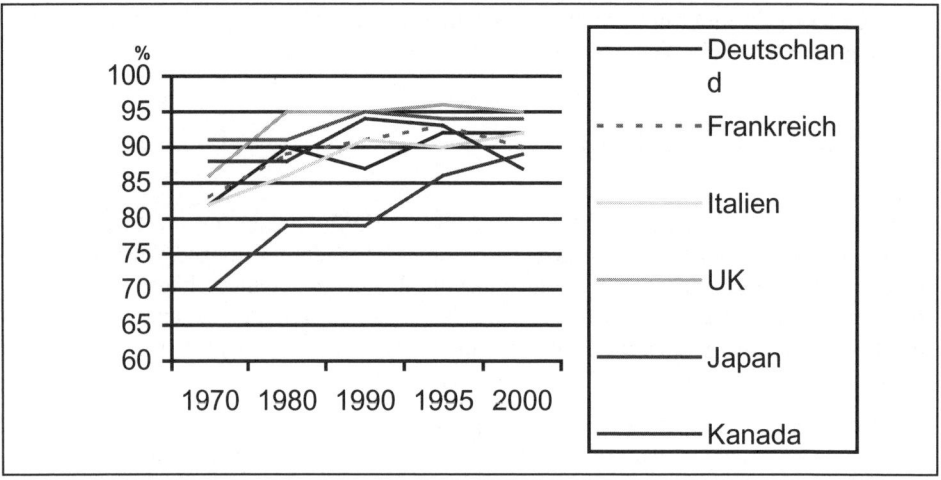

Abbildung 7: Konsumquote der privaten Haushalte der G7-Länder von 1970-2000
              (Quelle: OECD 2002, eigene Berechnung)

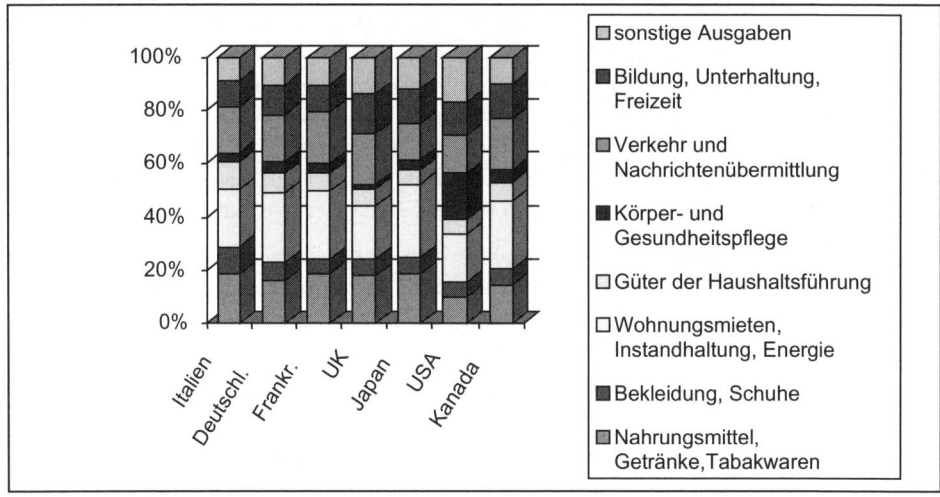

Abbildung 8: Konsumstruktur der G7 Länder nach Gütergruppen 2000
              (Quelle: OECD 2002, eigene Berechnung)

Internationale Firmenkunden verlangen nach internationalen Standards der Dienstleistungen – und akzeptieren diese. Das Nachfragerverhalten eines Weltkonzerns wird sich
in der Regel von Land zu Land, insbesondere bezogen auf die Nachfrage nach *Steuerberatungsleistungen*, nur wenig unterscheiden (es sei denn, völlig eigenständige Länderein-

heiten operieren isoliert). Für die internationale Steuerberatung dürfte sich das Nachfragerverhalten als standardisierungsfördernd auswirken. Das gleiche gilt für *Hotelbetriebe*, da Geschäftsreisende ebenfalls internationale Standards wünschen und sich die Kunden sowieso weltweit rekrutieren, so dass das Nachfragerverhalten generell eine Mischung aus internationalen Gepflogenheiten darstellt. Am stärksten abhängig von nationalen Nachfragerverhalten sind *Fast-Food-Restaurants*. Dies wird in einer im Vergleich zu den anderen Dienstleistungen geringeren standardisierungsfördernden Wirkung resultieren. Andererseits wird diese Wirkung mit zunehmender internationaler Verbreitung abnehmen, da sich das Nachfragerverhalten auch am Angebot orientiert.

4.3.3 Einfluss der Intermediäre

Der Einfluss der Intermediäre, also im Falle von Konsumgütern insbesondere des Handels, stellt für die Marketingstandardisierung von materiellen Gütern eine wesentliche Größe dar. So ist beispielsweise eine standardisierte Distributionspolitik nur dann möglich, wenn in den bearbeiteten Ländermärkten gleiche Handelsstrukturen vorherrschen oder die Unternehmen in der Lage sind, diese Strukturen selbst aufzubauen. Müller/ Kornmeier (2002, S. 164f.) führen an, dass unter anderem die Zahl der Einzelhandelsgeschäfte pro 1.000 Einwohner in der EU deutlich variiert, von 3,6 in Großbritannien bis 15,6 in Italien. Während in südeuropäischen Ländern häufiger noch von Großhändlern belieferte kleinere Geschäfte anzutreffen sind, dominieren in Deutschland mittlerweile große Supermarktketten mit zentralem Einkauf das Geschäft.

Während die meisten Dienstleistungen direkt vertrieben werden (Meffert/Bruhn 2003, S. 551) und daher der Einfluss der Intermediäre auf die internationale Standardisierbarkeit gering ist, bedienen sich andere Dienstleistungsunternehmen, wie z.B. Versicherungen oder Reiseveranstalter, eines Absatzmittlers zum Verkauf der Leistung bzw. des Leistungsversprechens. Die Besonderheit beim indirekten Vertrieb von Dienstleistungen liegt darin, dass die Leistungsqualität wesentlich auch von den Intermediären abhängt.

Die Standardisierbarkeit wird durch den überwiegend direkten Vertrieb von Dienstleistungen begünstigt. In der Regel ist es deutlich einfacher, ein eigenes Leistungsnetz aufzubauen (entsprechenden Marktzugang vorausgesetzt) als seinen eigenen internationalen Vertrieb, seine Produkte (Packungsgröße usw.), Preis (nur bedingter Einfluss auf Verkaufspreise bei indirektem Vertrieb) und Kommunikationspolitik an verschiedene bestehende nationale Strukturen anpassen zu müssen oder zu versuchen, auf die bestehenden Strukturen verändernd einzuwirken. Die für Dienstleistungen oft verwendete Marktbearbeitungsform des Franchising schränkt die Standardisierbarkeit nur begrenzt ein, obwohl die internationale Koordination aufgrund der gegenüber einem eigenen Vertrieb verringerten Kontrolle erschwert wird. Zentes et al. (2001, S. 682f.) kommen zu dem Ergebnis, dass eine „Strategie der Filialisierung" aufgrund intensiver Steuerungs- und Kontrollmechanismen starke Standardisierungsmöglichkeiten aufweist, während Kooperationen die Standardisierung erschweren.

Der Rückgriff auf Intermediäre bei indirektem Vertrieb führt vor allem dazu, dass aufgrund des Einflusses der Intermediäre auf die Leistungsqualität die Qualitätssicherung erschwert wird. Wie in Abschnitt 4.3.1 festgestellt, trägt ein standardisiertes Marketing zur Qualitätssicherung bei, wodurch sich die zwei Effekte somit zumindest teilweise aufheben dürften.

Bei internationalen *Fast-Food-Restaurants* herrscht im Allgemeinen eine Mischung aus unternehmenseigenen Restaurants und Franchising-Filialen vor. Diese Strukturen werden in der Regel selbst aufgebaut, so dass eine Marketingstandardisierung von möglichen bestehenden Strukturen nicht begrenzt wird. Gleiches gilt für *Hotels*, wobei hier unter Umständen für Teilleistungen (z.B. Wäscherei) auf bestehende Strukturen zurückgegriffen wird, was jedoch allenfalls marginalen Einfluss auf die Marketingstandardisierung haben dürfte. *Internationale Steuerberatungsleistungen* können sowieso weitgehend ortsabhängig erstellt werden; eine Einschränkung der Marketingstandardisierung durch den Einfluss von Intermediären ist kaum zu erwarten.

4.3.4 Einfluss der Marketingdienstleister

Eine von Müller/Kornmeier (2002, S. 165) durchgeführte explorative Befragung von 50 führenden deutschen Unternehmen ergab, dass unter anderem die in der europäischen Medienlandschaft bestehenden Unterschiede als wesentliche Hürde eines standardisierten Marketing gesehen werden. Neben den in Abschnitt 4.2.2 angeführten rechtlichen Einschränkungen sei die „Beschaffenheit des Medienangebots", also z.B. die Verfügbarkeit von öffentlichen und privaten Fernseh- und Radiostationen, Art, Anzahl und Reichweite der in den einzelnen Ländern angebotenen Zeitschriften und Zeitungen usw., von entscheidender Bedeutung.

Konsumgüterhersteller und Dienstleister sind insbesondere für eine standardisierte Kommunikationspolitik auf ein einheitliches Medienangebot angewiesen. Speziell Dienstleistungsunternehmen können jedoch unter anderem auch für die Leistungserstellung selbst auf die Einbindung von Marketingdienstleistern zurückgreifen, so dass bei der Leistungspolitik, und ggf. durch Mehrkosten auch bei der Preispolitik ein standardisierungshemmender Einfluss dann auftreten kann, wenn hinsichtlich der Marketingdienstleister deutliche Unterschiede bestehen. Selbst die Distributionspolitik kann betroffen sein, beispielsweise wenn Musik-CDs über Zeitschriften oder Software per Internet vertrieben werden sollen.

Mit Ausnahme der Kommunikationspolitik, die wie bei den anderen Leistungsarten auch deutlich betroffen ist, ist ein geringer Einfluss der Marketingdienstleister auf die Standardisierung des internationalen Marketing von *Fast-Food-Restaurants* zu erwarten. Während bei *Steuerberatern* aufgrund der geringen Medienpräsenz und des geringen Medieneinsatzes ein insgesamt geringer Einfluss ausgemacht werden kann, wird die Marketingstandardisierung der *Hotels* erneut insbesondere bei der Kommunikationspolitik negativ beeinflusst.

5.   Fazit

Die durchgeführte theoretische Einflussfaktorenanalyse – die hier nur auszugsweise wiedergegeben werden kann – liefert ein insgesamt heterogenes Bild.

Der vermutete Zusammenhang zwischen Materialitätsgrad und Standardisierbarkeit hat sich nicht eindeutig gezeigt. So ergeben sich zwar für Fast-Food-Restaurants (hoher materieller Anteil) deutliche Standardisierungshemmnisse aus kultureller Umwelt und Nachfragerverhalten und im Falle des Preiswettbewerbs, während für die Steuerberatung (geringer materieller Anteil) keine Standardisierungseinschränkungen hieraus resultieren; dafür scheint die politisch-rechtliche und technische Umwelt zumindest bedingt in die entgegengesetzte Richtung zu wirken. Auf dieser Basis kann allenfalls eine geringfügig bessere Marketingstandardisierbarkeit stark immaterieller Dienstleistungen vermutet werden.

Die in der Literatur geäußerte Annahme, die Leistungspolitik von Dienstleistungen sei schwer standardisierbar, wird durch die Analyse nicht gestützt. Zwar wurde kein expliziter Vergleich zu materiellen Gütern durchgeführt, dennoch sprechen insbesondere die Faktoren Intermediäre und Qualitätswettbewerb gegen diese These.

Insgesamt ergibt die Einflussfaktorenanalyse ein so heterogenes Bild, dass das Ergebnis der Untersuchung im Wesentlichen lauten muss, dass kein „eindeutiges Schema" erkennbar ist, und somit *jede Dienstleistung individuell auf ihre Standardisierbarkeit geprüft werden muss*. Die vorgestellte Einflussfaktorenanalyse bietet hierfür ein gedankliches Gerüst, anhand dessen die Prüfung vorgenommen werden kann. Zu berücksichtigen bleibt jedoch, dass selbst innerhalb von Dienstleistungsbranchen oder innerhalb einer Dienstleistungsart die Ergebnisse differieren können. Auch kann die Betrachtung unterschiedlicher Länder- oder Nachfragercluster zu differierenden Ergebnissen führen.

Letztlich kann – unter Beachtung aller genannter Einschränkungen und ohne Anspruch auf Allgemeingültigkeit – das *Ergebnis der Betrachtung* wie folgt zusammengefasst werden: Die Marketingstandardisierbarkeit von Dienstleistungsunternehmen wird

- durch die kulturelle Umwelt unterschiedlich,

- durch die ökonomische Umwelt neutral bis leicht negativ,

- durch die politisch-rechtliche und technische Umwelt überwiegend negativ,

- durch die natürliche Umwelt insgesamt gering und

- durch einen Qualitätswettbewerb begünstigend beeinflusst.

Weiterhin ist anzunehmen, dass

- der Einfluss der Marketingdienstleister sich überwiegend auf die Kommunikationspolitik beschränkt,

▪ der differenzierende Einfluss eines Preiswettbewerbes mit dem Immaterialitätsgrad sinkt,

▪ der Einfluss der Intermediäre von individuellen Gegebenheiten des Unternehmens abhängig ist, wobei der überwiegend direkte Vertrieb von Dienstleistungen den Einfluss begrenzt, und

▪ der Einfluss der Nachfrager von der jeweiligen Kundenzielgruppe bzw. den bearbeiteten Nachfragerclustern abhängig ist.

Das Thema Marketingstandardisierung von Dienstleistungsunternehmen ist aufgrund des anhaltenden Internationalisierungstrends von Serviceunternehmen aktueller denn je und es ist eine weitere Auseinandersetzung mit dieser Fragestellung wünschenswert.

Literatur

Althans, J. (1980): Standardisierung von Marketing-Konzeptionen in internationalen Unternehmungen aus Sicht von Tochtergesellschaften, Arbeitspapier Nr. 20, Institut für Marketing, Universität Münster.

Berekoven, L. (1978): Internationale Verbrauchsangleichung – Eine Analyse europäischer Länder, Wiesbaden.

Beutelmeyer, W./Mühlbacher, H. (1986): Standardisierungsgrad der Marketingpolitik transnationaler Unternehmungen, Linz.

Bieberstein, I. (2001): Dienstleistungsmarketing, 3. Aufl., Ludwigshafen.

Bolz, J. (1992): Wettbewerbsorientierte Standardisierung der internationalen Marktbearbeitung, Darmstadt.

Buzzell, R.D. (1968): Can you standardize multinational Marketing?, in: Harvard Business Review, Vol. 46, No. 6, S. 102-113.

Corsten, H. (2001): Dienstleistungsmanagement, 4. Aufl., München u.a.

Craig, C.S./Douglas, S.P./Grein, A. (1992): Patterns of Convergence and Divergence among Industrialized Nations: 1960-1988, in: Journal of International Business Studies, Vol. 23, No. 4, S. 773-787.

Czinkota, M.R./Ronkainen, I.A. (2001): International Marketing, 6. Aufl., Fort Worth.

Dolski, J./Hermanns, A. (2004): Internationalisierungsstrategien von Dienstleistungsunternehmen, in: Gardini, M.A./Dahlhoff, H.D. (Hrsg.): Management internationaler Dienstleistungen, Wiesbaden (im Druck).

Douglas, S.P./Wind, Y. (1987): The Myth of Globalization, in: Columbia Journal of World Business, Vol. 22, No. 4, S. 19-29.

Engelhardt, W.H./Kleinaltenkamp, M./Reckenfelderbäumer, M. (1993): Leistungsbündel als Absatzobjekte – Ein Ansatz zur Überwindung der Dichotomie von Sach- und Dienstleistungen, in: Zeitschrift für betriebswirtschaftliche Forschung, 45. Jg., Nr. 5, S. 395-426.

Hermann, R. (1994): Gleicht sich der Nahrungsmittelverbrauch international an?, in: Jahrbuch der Absatz- und Verbrauchsforschung, 40. Jg., Nr. 4, S. 371-390.

Hüttel, K. (1998): Produktpolitik, 3. Aufl., Ludwigshafen.

Keegan, W.J./Schlegelmilch, B.B./Stöttinger, B. (2002): Globales Marketing-Management – Eine Europäische Perspektive, München u.a.

Kotler, P. (2001): Grundlagen des Marketing, 2. Aufl., München.

Levitt, T. (1983): The Globalization of Markets, in: Harvard Business Review, Vol. 61, No. 3, S. 92-102.

Lovelock, C. (2001): Services Marketing – People, Technology, Strategy, 4. Aufl., Upper Saddle River.

Maddison, A. (2001): The World Economy – A Millenial Perspective, Paris.

Meffert, H./Bolz, J. (1998): Internationales Marketing-Management, 3. Aufl., Stuttgart u.a.

Meffert, H./Bruhn, M. (2003): Dienstleistungsmarketing. Grundlagen – Konzepte – Methoden, 4. Aufl., Wiesbaden.

Meyer, A. (1998): Dienstleistungs-Marketing: Erkenntnisse und praktische Beispiele, 8. Aufl., Augsburg.

Meyer, C.W. (1978): Multi-Marketing: Eintopf nach Art des Landes, in: Absatzwirtschaft, 21. Jg., Nr. 9, S. 82-88.

Müller, S./Kornmeier, M. (1995): Internationale Standardisierung der Marketing-Instrumente, in: M&M Marktforschung & Management, 39. Jg., Nr. 3, S. 113-118.

Müller, S./Kornmeier, M. (1996): Grenzen der Standardisierung im Internationalen Marketing, in: Jahrbuch der Absatz- und Verbrauchsforschung, 42. Jg., Nr. 1, S. 4-29.

Müller, S./Kornmeier, M. (2002): Strategisches Internationales Management, München.

OECD (2002): Annual National Accounts, Detailed Tables – Main Aggregats, Volume II, Release 02, 1970-2000, Paris.

Raffée, H./Wiedmann, K.P. (1987): Marketingumwelt 2000 – Gesellschaftliche Mega-Trends als Basis einer Neuorientierung von Marketing-Praxis und Marketing-Wissenschaft, in: Schwarz, C./Sturm, F./Klose, W. (Hrsg.): Marketing 2000, Wiesbaden.

Reader's Digest (Hrsg.) (1991): EURODATA: Eine Verbraucherbefragung aus 17 europäischen Ländern, New York u.a.

Sorenson, R.Z./Wiechmann, U.E. (1975): How Multinationals View Marketing Standardization, in: Harvard Business Review, Vol. 53, No. 3, S. 38-54.

STC – The Sales Tax Clearinghouse (2004): Sales Tax in den US-Bundesstaaten, veröffentlicht unter www.thestc.com (Zugriff am: 19.08.2004).

Wenke, M. (1994): Den typischen Euro-Verbraucher wird es auch auf absehbare Zeit
nicht geben, in: Handelsblatt, Nr. 46 vom 07.03.1994, S. 17.

Zentes, J./Ferring, N./Janz, M. (2001): Vertriebssysteme für nationale und internationale
Dienstleistungsanbieter, in: Bruhn, M./Meffert, H. (Hrsg.): Handbuch Dienstleis-
tungsmanagement. Von der strategischen Konzeption zur praktischen Umsetzung, 2.
Aufl., Wiesbaden, S. 661-686.

Dieter Ahlert, Heiner Evanschitzky und David Woisetschläger

Markenmanagement in internationalen Dienstleistungsmärkten

Prof. Dr. *Dieter Ahlert* ist Inhaber des Lehrstuhls für Betriebswirtschaftslehre insbesondere Distribution und Handel an der Westfälischen Wilhelms-Universität Münster. Dr. *Heiner Evanschitzky* ist Wissenschaftlicher Assistent und Dipl.-Kfm. *David Woisetschläger* Wissenschaftlicher Mitarbeiter am selben Lehrstuhl.

1. Problemstellung

Vor dem Hintergrund der zunehmenden Globalisierung der Märkte und der Homogenisierung von Produkten und Dienstleistungen gewinnt die Marke als entscheidender, aber von der Unternehmenspraxis nach wie vor unterschätzter, Erfolgsfaktor an Bedeutung (Ahlert/Evanschitzky 2003, S. 101). Die im Jahr 2003 verabschiedete Markenstrategie von McDonald's und die Vereinheitlichung des Markenauftritts der TUI AG verdeutlichen die zunehmende Relevanz der Markenführung speziell im internationalen Kontext. Beide Unternehmen stehen stellvertretend für viele Dienstleister, die sich im Spannungsfeld zwischen Standardisierung und lokaler Anpassung befinden.

Zahlreiche Arbeiten zu den Vor- und Nachteilen der Standardisierung der Markenstrategie (vgl. für eine Literaturübersicht Medina/Duffy 1998, S. 227) kommen zu dem Ergebnis, dass vor allem Kostensenkungspotenziale für eine standardisierte Markenstrategie sprechen, während durch eine Differenzierung im Markenauftritt lukrative Nischenmärkte erschlossen werden können. Eine standardisierte Markenstrategie wird meist in möglichst ähnlichen Märkten gewählt, weil auf diesen von homogenen Kundenpräferenzen ausgegangen wird. „... similarity in culture should translate into similarity in meaning and, consequently, similarity in buyer response. Uncovering cultural similarity thus offers an opportunity for marketers to use similar marketing strategies across nations" (Kale 1995, S. 41). Eine differenzierte bzw. angepasste Markenstrategie wird hingegen insbesondere bei Märkten empfohlen, die von den Unternehmen als vom Heimatmarkt stark unterschiedlich wahrgenommen werden (vgl. z.B. Medina/Duffy 1998, S. 234).

Offenbar beeinflusst die psychologische Distanz die Wahl des Ziellandes. Es stellt sich die Frage, ob die Tatsache, dass ein Unternehmen in ein besonders nahe liegendes Land internationalisiert, einhergeht mit der Wahl einer standardisierten internationalen Markenstrategie. Dies ist aus Sicht der Transaktionskostentheorie plausibel, so spricht die Nutzung von Economies of Scale für eine Standardisierung (Keller 2003, S. 683f.; Barron/Hollingshead 2004, S. 9). Empirische Beispiele verdeutlichen jedoch, dass von Unternehmen als entfernt wahrgenommene Märkte nicht notwendiger Weise differenziert bearbeitet werden müssen (vgl. für ausgewählte Beispiele globaler Marken Aaker 2000, S. 306).

Mit dem vorliegenden Beitrag werden mehrere Ziele verfolgt: Erstens soll, basierend auf einer Befragung kleiner und mittlerer Unternehmen (KMU), untersucht werden, ob diese sich im Rahmen der Markteintrittsentscheidung an der psychologischen Distanz orientieren, d.h. zunächst in Märkte eintreten, die als besonders nah (relativ zum Heimatland) eingeschätzt werden. Zweitens soll untersucht werden, inwiefern sich der Standardisierungsgrad der internationalen Markenstrategie derjenigen Unternehmen, die ethnozentrisch expandieren (*„Looking for Similarity"*; vgl. Backhaus/Büschken/Voeth 2000, S. 123), von jenen unterscheidet, die unabhängig von der psychologischen Distanz internationalisieren. Schließlich wird drittens analysiert, ob es zwischen den Unternehmen signifikante strategieabhängige Erfolgsunterschiede gibt. Aufbauend auf den Ergebnissen der empirischen Untersuchung werden Implikationen für das internationale Markenmanagement von Dienstleistungsunternehmen abgeleitet.

2.   Kulturspezifisches Marketing in internationalen Märkten

Die Berücksichtigung kultureller Unterschiede ist im Rahmen der Unternehmenspraxis sowie in der betriebswirtschaftlichen Forschung bis heute eher die Ausnahme denn die Regel. Dennoch hat sich mit der so genannten interkulturellen Managementforschung ein eigenständiges Forschungsgebiet etabliert, das sich in einer weiten Fassung explizit mit der „Ausprägung, Gestaltung und Praxis des Managements im Kontext unterschiedlicher Kulturen und Gesellschaften" auseinandersetzt (Kumar 1988, S. 389). Kultur nimmt hier die Rolle einer unabhängigen Variablen ein, die einen Einfluss auf die diversen Gestaltungsvariablen des Managements ausübt. Kultur nimmt im Rahmen des Marketing lediglich den Rang eines zumeist vernachlässigten situativen Einflussfaktors ein. Dies steht im krassen Gegensatz zu anderen sozialwissenschaftlichen Teildisziplinen, in denen Kultur häufig den Rang eines zentralen Erkenntnisobjekts hat (Harris 1989, S. 15ff.; Lipp 1989, S. 373). Die problematische Operationalisierung und die unklare Erfassung der Wirkungsweise kultureller Unterschiede können als Hauptgründe für die häufig fehlende bzw. oberflächliche Berücksichtigung im Rahmen der betriebswirtschaftlichen Forschung aufgeführt werden. Das Forschungsfeld wurde dabei lange maßgeblich durch die Kontroverse darüber geprägt, ob Organisationen von verschiedenen Kulturen beeinflusst werden oder eine universell gültige Beziehung zwischen Situation und Struktur existiert (Kieser/Walgenbach 2003, S. 260f.). Die Auseinandersetzung zwischen den Vertretern der so genannten „Culture-Free-These", den Universalisten, mit den Kulturalisten als Vertreter der so genannten „Culture-Bound-These", hält im Kern bis heute an, da beide Perspektiven überzeugende Argumente für die zunehmende Konvergenz bzw. Divergenz der Märkte ins Feld führen (Abbildung 1).

Die empirische Forschung hat kein einheitliches Bild zugunsten einer Perspektive ermittelt (Kieser/Walgenbach 2003, S. 260ff.). Die in den 1960er Jahren zum ersten Mal von Elinder für den europäischen Raum erwähnte Tendenz der Märkte zu mehr Konvergenz wurde in den 1980er Jahren von Levitt wieder aufgegriffen und auf den Weltmarkt übertragen (Elinder 1965, S. 9; Levitt 1983, S. 92). Als Ursache für diese Entwicklung nennt Levitt die zunehmende Technologisierung. Dadurch nähern sich seiner Meinung nach die Bedürfnisse der Kunden aus den unterschiedlichen Ländern immer mehr an (Levitt 1983, S. 92), da sich die Geschmäcker insbesondere der jüngeren Verbraucher, der „Global Teenager", angleichen, und so könnte beispielsweise die Werbung standardisiert erfolgen (De Mooij 2003, S. 183). Ausgehend von der Homogenisierung der

Märkte (Konvergenzthese) kommt es zu einer Standardisierung der Unternehmensentscheidungen (Standardisierungsthese). Durch die so mögliche Zentralisierung von Entscheidungskompetenzen (Zentralisationsthese) werden Skalen- und Synergieeffekte ausgelöst, die sich in stabilen Kostenvorteilen äußern (Kostenvorteils- bzw. Preisvorteils-
these). Dies hat wiederum zur Folge, dass der Homogenisierungsprozess in Gang gehal-
ten wird und sich weiter fortsetzt.

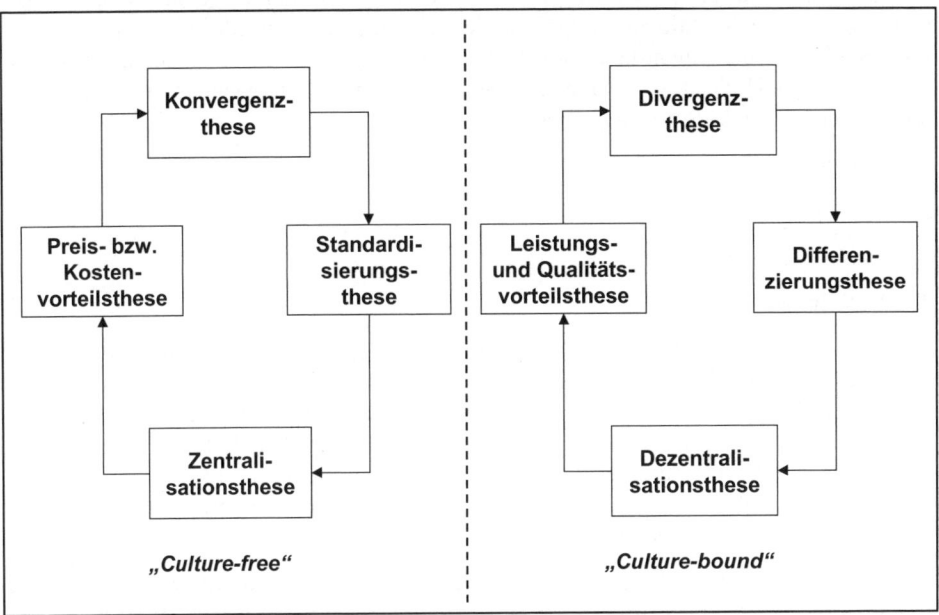

Abbildung 1: Konvergenz und Divergenz der Märkte
(Quelle: In Anlehnung an Meffert 1986, S. 195; Ferring 2001, S. 30)

Gegner der Konvergenzthese weisen auf die nicht zu vernachlässigenden kulturspezifischen Besonderheiten einzelner Länder hin. Ausgehend von der länderspezifischen Ausgestaltung der Märkte (Divergenzthese) sind nationale Teilstrategien zu optimieren (Dif-
ferenzierungsthese). Dies kann in effizienter Form von möglichst autonom agierenden
nationalen Unternehmenseinheiten (Dezentralisationsthese) durchgeführt werden. Durch
diese gezielte, der Bedürfnisstruktur der Nachfrager folgende Politik des Unternehmens,
sind dann Erlös- bzw. Leistungsvorteile zu erzielen (Leistungs- und Qualitätsvorteilsthe-
se). Diese Auffassung wird auch von dem holländischen Soziologen Hofstede geteilt:
„... if there is one aspect of the business that is culture dependent it is consumer behavior ... the success of a business depends in the end on how well its products reach customers whose behavior is affected by values that may vary in all kinds of unexpected
ways from those of the business' managers" (De Mooij 1998, S. XIV).

Kultur umfasst nach der Definition von Hofstede im Kern verhaltenssteuernde Muster und kann als „die kollektive Programmierung des Geistes, die die Mitglieder einer Gruppe oder Kategorie von Menschen von einer anderen unterscheidet", beschrieben werden (Hofstede 1993, S. 19). Aus forschungspragmatischen Gründen wird die Abgrenzung der Gruppen zumeist nach Landesgrenzen vorgenommen. Kultur besteht in diesem Begriffsverständnis somit aus gemeinsamen Denk-, Fühl- und Handlungsmustern, die Menschen im Laufe ihrer Sozialisation erlernt bzw. angenommen haben. Obwohl diese Muster nicht zwingend ein bestimmtes Verhalten bedingen, lassen sie dennoch gewisse Reaktionen wahrscheinlich erscheinen (Hofstede 1993, S. 18). Die Landeskultur wird als mehrdimensionales Konstrukt aufgefasst. Als bekanntester Ansatz gelten die von Hofstede im Rahmen einer empirischen Untersuchung in 66 Ländern identifizierten vier *Kulturdimensionen:*

1. Individualismus,

2. Machtdistanz,

3. Maskulinität sowie

4. Unsicherheitsvermeidung.

Ergänzt werden diese vier Dimensionen durch die Langfristorientierung einer Gesellschaft, die die kulturellen Besonderheiten des asiatischen Raumes berücksichtigt (Hofstede/Bond 1988). Der multidimensionale Kulturansatz von Hofstede hat sich – trotz wiederholter, vor allem methodischer Kritik (vgl. z.B. Shenkar 2001 und McSweeney 2002) – nicht zuletzt dadurch durchgesetzt, dass er über die Messung landesspezifischer Punktwerte für jede Kulturdimension auch eine aufschlussreiche komparative Einschätzung verschiedener Landeskulturen ermöglicht.

In der Literatur wird der Ansatz von Hofstede sowie das Konstrukt der psychologischen Distanz (in der Literatur häufig synonym mit der „psychischen Distanz" verwendet) zur Erklärung der Marktwahl und Reihenfolge der internationalen Expansion (Dow 2000; Mitra/Golder 2002), der gewählten Organisationsform, zur Erklärung des Erfolgs oder Scheiterns in bestimmten Märkten, sowie als Entscheidungshilfe im Rahmen der Standardisierungs- bzw. Anpassungsentscheidung an lokale Märkte herangezogen (Shenkar 2001, S. 521; De Mooij 2003).

Die psychologische Distanz wird meist durch Faktoren definiert, die den Informationsfluss zwischen Unternehmen und Markt ver- bzw. behindern (Johanson/Wiedersheim-Paul 1975). Beispiele für solche Faktoren sind sprachliche Unterschiede sowie Unterschiede in der Bildung, den Geschäftsgewohnheiten, der Religion, dem politischen System, der Kultur, der wirtschaftlichen Entwicklung sowie die geographische Entfernung des Ziellandes vom Heimatland (Carlson 1974; Johanson/Wiedersheim-Paul 1975; Johanson/Vahlne 1977; Dow 2000).

Der Begriff der psychologischen Distanz wurde von Beckerman (1956) eingeführt, jedoch erst Mitte der 1970er Jahre durch die empirischen Arbeiten der Forscher an der

Uppsala Universität weitläufig bekannt und akzeptiert (vgl. z.B. Johanson/Wiedersheim-Paul 1975; Johanson/Vahlne 1977). Letztere nutzten das Konzept als Baustein ihrer Theorie des Internationalisierungsprozesses von Unternehmen, dem „Stufenmodell" der Internationalisierung. Mitra und Golder sowie Dow stellen jedoch fest, dass trotz dieser langen Vorgeschichte bisher nur sporadisch Anstrengungen unternommen wurden, ein valides und reliables Messinstrument für die psychologische Distanz von Märkten zu entwickeln (Dow 2000). Zudem lassen sich nur beschränkt Handlungsempfehlungen für internationalisierende Unternehmen ableiten (Mitra/Golder 2002). Zur Messung der Distanz von Märkten wird häufig die kulturelle Distanz von Hofstede oder Sethis Cluster der Weltmärkte (Sethi 1971) herangezogen. Obwohl diese Skalen Komponenten der psychologischen Distanz enthalten, bilden sie keinesfalls das gesamte Konstrukt ab. So werden beispielsweise bei der Messung der kulturellen Distanz keine Sprach-, Religions-, politische, rechtliche und wirtschaftliche Unterschiede berücksichtigt. Das Konstrukt der kulturellen Distanz kann vermutlich bestenfalls als schwacher Indikator dienen (Dow 2000, S. 53).

In den folgenden Ausführungen wird sowohl das Konstrukt der kulturellen Distanz (KD) als auch der psychologischen Distanz (PD) näher betrachtet. Es wird zunächst der konzeptionelle Rahmen zur Erklärung der Marktwahl und zum Erfolg des Markteintritts von KMU erarbeitet. Insbesondere werden die *Prädiktoren der Marktwahl*, nämlich KD, PD und ökonomische Attraktivität des Zielmarkts theoretisch hergeleitet und der Einfluss des Markenmanagements auf den ökonomischen Erfolg betrachtet.

3. Auswirkungen der wahrgenommenen Distanz von Märkten auf das Markenmanagement

3.1 Prädiktoren der Marktwahl

Die Konzepte der kulturellen Distanz (KD) sowie der psychologischen Distanz (PD) sind Ansätze zur Erklärung und Prognose der Wahl von Exportmärkten durch internationalisierende Unternehmen. Gemäß beider Konzepte treten Unternehmen schrittweise in Märkte mit zunehmender Distanz ein (Johanson/Vahlne 1977). Die zentrale Annahme in diesem Zusammenhang ist, dass Manager eher geneigt sind, Geschäftsbeziehungen mit Ländern zu initiieren bzw. weiter voranzutreiben, die als ähnlich – bezogen auf das Heimatland – wahrgenommen werden (Stöttinger/Schlegelmilch 2000). Gerade bei Dienstleistungsunternehmen ist zu vermuten, dass der psychologischen Distanz neben der ökonomischen Attraktivität ein starker Einfluss auf die Marktwahl zukommt. So konnte im Rahmen einer Studie des Internationalen Centrums für Franchising und Co-operation der Universität Münster eine überwiegend ethnozentrische Internationalisierungsstrategie deutscher Franchisesysteme festgestellt werden (Ahlert/Woisetschläger 2004). Offenbar ist die Bearbeitung von internationalen Märkten bei einer ethnozentrischen Markteintrittsstrategie durch eine starke Dominanz des Heimatmarktes geprägt. Zielmärkte einer ethnozentrischen Marktausrichtung sind vor allem solche, auf denen im Heimatmarkt erworbenes Marketingwissen angewandt werden kann, also eine hohe Ähnlichkeit von Heimatmarkt und anvisiertem Zielland gegeben ist. Kennzeichnend für die Marktauswahl der ethnozentrischen Orientierung ist daher das Prinzip des „Looking for Similarity".

Aus diesen Überlegungen ergeben sich folgende Hypothesen:

H_1:   Je höher die psychologische Distanz eines Landes zum Heimatland, desto weniger Unternehmen treten in dieses Land ein.

H_2:   Je höher die kulturelle Distanz eines Landes zum Heimatland, desto weniger Unternehmen treten in dieses Land ein.

Neben der psychologischen Distanz und der kulturellen Distanz kann vermutet werden, dass auch makroökonomische Kriterien die Marktwahl beeinflussen. Faktoren wie Wachstumsraten, Volkseinkommen oder Inflation sind Schlüsselgrößen, die vor einem Markteintritt ermittelt werden müssen. Es kann vermutet werden, dass die wahrgenommene ökonomische Attraktivität eines Landes dazu führt, dass vermehrt in ein solches Land eingetreten wird (Mitra/Golder 2002, S. 556). Demnach soll folgende Hypothese überprüft werden:

H_3:   Je größer die ökonomische Attraktivität eines Landes, desto mehr Unternehmen treten in dieses Land ein.

3.2   Marktwahl und Erfolg

3.2.1 Distanz und Erfolg

Es kann die Hypothese aufgestellt werden, dass Dienstleistungsunternehmen, insbesondere kleine und mittelständische, erfolgreicher sind, wenn sie sich bei der internationalen Expansion an der psychologischen Distanz orientieren. Child, Ng und Wong stellen die These auf, dass sich Unternehmen in konzentrischen Kreisen in zunehmend kulturfremde Länder ausbreiten (Child et al. 2002, S. 54). Empirische Studien deuten darauf hin, dass Unternehmen psychologisch als nahe wahrgenommene Märkte solchen mit hohem Wachstumspotenzial vorziehen (O'Gorman/McTiernan 2000, S. 143). Für ein interna-

tionalisierendes Unternehmen ist es von kritischer Bedeutung, ob nationale Wettbe-
werbs- bzw. Ressourcenvorteile auf internationale Märkte übertragbar sind (Brown et al.
2003, S. 474). Eine zentrale Ressource bei Dienstleistern ist die Steuerung und Überwachung der Geschäftätigkeit – das so genannte Monitoring (Michael 2003, S. 269). Monitoring befähigt das Unternehmen, zunächst die Qualität der angebotenen Dienstleistungen (in den Outlets) im Stammland zu sichern und später dann auch auf internationalen Märkten. Das Monitoring von Outlets bzw. Tochtergesellschaften in vergleichsweise
ähnlich wahrgenommenen Ländern stellt geringere Anforderungen an KMU. Eine geringe psychologische Distanz wird auch in der Literatur häufig als Erfolgsfaktor identifiziert (Coviello/Martin 1999; Liesch/Knight 1999; Child et al. 2002). Daher kann folgende Hypothese aufgestellt werden:

> H_4: Je kleiner die (durchschnittliche) psychologische Distanz der Zielländer, des-
> to erfolgreicher ist das internationalisierende Unternehmen.

Neben der Beeinflussung der Markteintrittsentscheidung und -reihenfolge steht die Beeinflussung der Wahrnehmung des Unternehmens und seiner Leistung durch den in
einem anderen kulturellen Umfeld stehenden Konsumenten im Mittelpunkt des Interesses. So stellen Prahalad und Lieberthal schon 1998 *„the End of Corporate Imperialism"*
fest. Sie machen bei vielen multinationalen Unternehmen eine arrogante und engstirnige
Perspektive aus und sehen großes Potenzial in der Anpassung an die lokalen Bedingungen in den Wachstumsmärkten. So ist insbesondere im Markenmanagement die Berücksichtigung kultureller Besonderheiten wichtig. Ein Vertreter von Coca Cola konstatiert:
„We're so successful in international business that we applied a tried-and-true formula
[…] and it was the wrong formula to apply in India" (Prahalad/Lieberthal 1998). Im folgenden Abschnitt wird daher der Gefahr der Überschätzung einer einheitlichen Markenstrategie nachgegangen.

3.2.2 Markenmanagement und Erfolg

Das Markenmanagement ist aufgrund der zunehmenden Homogenisierung von Produkten und Dienstleistungen ein wichtiger – wenn nicht gar der entscheidende – Stellhebel
für eine erfolgreiche Internationalisierung. Es ist nicht an untere Instanzen der Unternehmung delegierbar, sondern hat vielmehr ressortübergreifend, marktübergreifend und
– im Hinblick auf die Nachhaltigkeit dieser Aufgabe – auch Managergenerationen übergreifend zu geschehen (Ahlert 2004, S. 7). Die nachhaltige Pflege der Marke wird auch
vor dem Hintergrund der zukünftig optionalen Aktivierung des Markenwertes in der
Unternehmensbilanz wichtiger. In der Stärkung schwer zu imitierender, intangibler Ressourcen wird die Voraussetzung für die Schaffung nachhaltiger Wettbewerbsvorteile gesehen (vgl. im Folgenden Evanschitzky 2003, S. 120f.). Diese umfassen neben der Mar-

ke das intellektuelle Eigentum eines Unternehmens, die Beziehungen zu Business-Partnern und Kunden, die Innovationskraft, das gesamte Wissen (organisationale Ressourcen) und darüber hinaus die Unternehmenskultur (Hall 1992; Williams 1992). Der Marke als „Seele" des Unternehmens kommt eine besondere Bedeutung zu. Sie dient dem Kunden als „Vertrauensanker" (Ahlert/Kenning 1999, S. 115; Kenning 2002) bzw. als Qualitätssignal (Keller 1993). Da bei Dienstleistungen in besonderem Maße Schwierigkeiten bei der objektiven Bewertung der erbrachten Leistung bestehen, führt dieser Risikofaktor dazu, dass Vertrauen in eine Marke die objektive Nachprüfung der adäquaten Leistungserstellung ersetzen kann. Diese Überprüfung der Leistungsqualität wird umso schwerer, je höher die Informationsasymmetrie zu Ungunsten des Nachfragers ausfällt. Neben der Informationsasymmetrie spielt auch die Intangibilität der Dienstleistung eine wichtige Rolle: Je größer der intangible Teil einer Dienstleistung ist, desto wichtiger wird die Marke (Bharadwaj et al. 1993, S. 90). Offensichtlich hat die Marke einen Wert aus Sicht des Kunden, da sie seine subjektive Unsicherheit und die Komplexität der Entscheidung reduziert. Zur Erfassung der Vorstellungsbilder des Konsumenten über eine Marke muss das Markenmanagement am Markenwissen des Konsumenten ansetzen, was sich vor allem aus Bildern, Verwendungszusammenhängen, Gefühlen und Eigenschaften zusammensetzt (Esch/Wicke 2001, S. 10f.). Menschen unterschiedlicher Kulturen haben aber – gemäß der *Whorfschen Hypothese* – unterschiedliche Denkweisen und Bilder von der Realität (Usunier/Walliser 1993, S. 63f.); dies ist bei der Entwicklung von Markenstrategien zu beachten (vgl. dazu Roth 1995, S. 69).

Für ein Dienstleistungsnetzwerk liegt der Wert der Marke insbesondere in seiner differenzierenden Wirkung. Sie kann als Qualitätsindikator angesehen werden, der es leichter macht, die Aufpreisbereitschaft des Kunden abzuschöpfen und diesen enger an das Unternehmen zu binden. Für potenzielle Wettbewerber stellen starke Marken Barrieren dar, die Wettbewerbsvorteile nach sich ziehen können (Srivastava/Shocker 1991). Anbieter von Dienstleistungen müssen daher vorrangig in ihre Marke investieren.

Das Markenmanagement im interkulturellen Umfeld steht in einem *Spannungsfeld* zwischen den Extrema der globalen Standardisierung und der lokalen Differenzierung. Kulturelle Unterschiede können den Erfolg der Internationalisierung aus verschiedenen Richtungen beeinflussen: So können Produkte und Dienstleistungen *Culture Free* oder *Culture Bound*, d.h. mit bestimmten Werten eines Landes bzw. einer Kultur geladen sein. Speziell Soft-Drinks, Zigaretten und Fast-Food-Unternehmen sind von angloamerikanischen Marken dominiert, wie z.B. Coca-Cola, Seven-Up, Sprite, Schweppes, Marlboro, Camel, Rothmans, Subway, McDonald's, Burger King oder KFC. Die Tendenz zur Konvergenz in diesen Produktkategorien wird damit in Verbindung gebracht, dass die genannten Unternehmen und Marken als erste fortgeschrittene Marketingtechniken angewandt und mit zunehmendem Wettbewerb aus Effizienzgründen immer weiter standardisiert haben (De Mooij 2003, S. 195). Diese Paradebeispiele für erfolgreiches standardisiertes Markenmanagement der letzten Dekaden erzielen jedoch in Ländern, deren kulturelle Werte von angloamerikanischen Werten differieren, z.T. nur suboptimale Ergebnisse: „Global advertising, however, does not appeal to universal values because there are no universal values … the idea that there are universal values that can be used for global advertising is one of the global marketing myths of past decades" (De Mooij 2003, S. 196f.). Jedoch bedeutet dies nicht zwingend, dass das Markenmanagement bei starken kulturellen Unterschieden zwischen Heimatmarkt und Zielland in Letzterem eine differenzierte Strategie umsetzen muss. Es kommt wie immer auf den Kunden an: Ethnozentrische Kunden werden weltweit standardisiert vermarktete Dienstleistungen als befremdlich empfinden und meiden. Ist das Image des Anbieterlandes im Zielland in der jeweiligen Produktkategorie positiv (positiver „Country-of-Origin"-Effekt), so ist eine Anpassung unter Umständen sogar kontraproduktiv. So schätzen z.B. deutsche Verbraucher die Herkunft von Schuhen und Lederwaren aus Italien positiv ein (Ahlert et al. 2004) und englische Verbraucher die Herkunft von Automobilen aus Deutschland (Balabanis/Diamantopoulos 2004). Neben kulturellen Unterschieden, die – wie gezeigt – durchaus unterschiedliche Konsequenzen für die Markenstrategie haben können, sind eine Vielzahl weiterer Faktoren zu beachten.

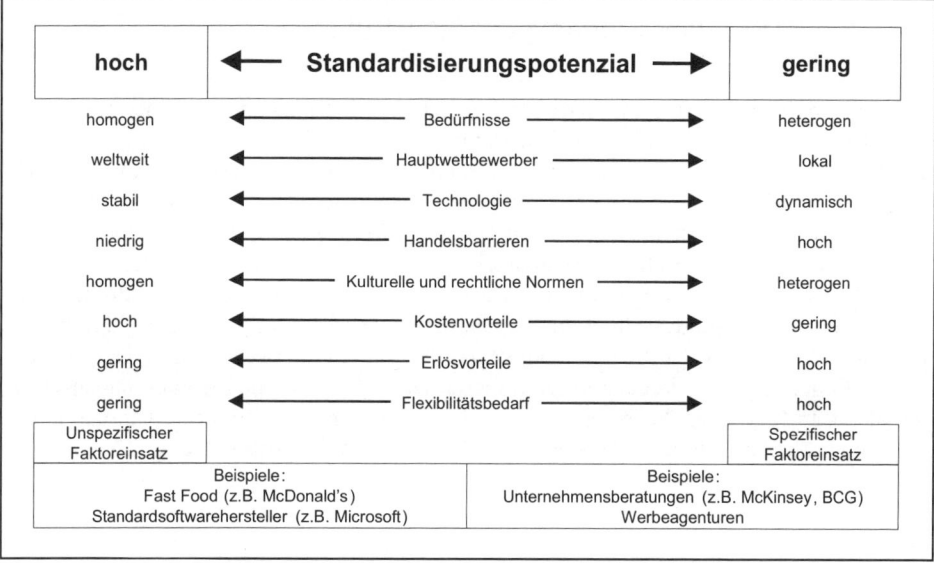

Abbildung 2: Standardisierungspotenzial der Kerndienstleistung und des sonstigen Marketingmix in Dienstleistungsunternehmen
(Quelle: Meffert/Wolter, S. 30)

Was bedeutet dies für mittelständische Dienstleistungsunternehmen? Sollen diese ihre internationale Markenstrategie möglichst standardisieren oder auf die lokalen Erfordernisse hin anpassen? Im Vergleich zu den oben beschriebenen „Global Brands" verfügen die meisten mittelständischen Unternehmen nicht über die nötigen finanziellen Ressourcen, um für viele Konsumenten an beliebigen Orten eine wahrnehmbare „Brand" zu sein. Hierin besteht gerade die Chance für KMU: Durch flexible Anpassung vor Ort können lokal „merkwürdige" Leistungen angeboten werden. So identifizieren auch Coviello und Martin bei ihrer Untersuchung von KMU aus dem Dienstleistungssektor die Nutzung ortsgebundener Vorteile als Erfolgsfaktor (Coviello/Martin 1999). Folgende Hypothese lässt sich daraus ableiten:

H_5:   Je stärker die Anpassung der Markenstrategie an lokale Märkte, desto erfolgreicher ist das Unternehmen.

---

4.   Empirische Untersuchung

4.1   Stichprobe und Messung der Konstrukte

Die der empirischen Analyse zugrunde liegenden Daten entstammen einer Befragung von kleinen und mittelständischen Unternehmen, die in schriftlicher Form im Frühjahr 2004 vom Lehrstuhl für Distribution und Handel der Universität Münster durchgeführt wurde. Es wurden insgesamt 8.192 Unternehmen aus einer Datenbank von Pro Business nach Größe und Branchenzugehörigkeit herausgefiltert, wovon sich 282 Unternehmen bereit erklärten, an der Befragung teilzunehmen. Insgesamt haben 164 Unternehmen ihren Bogen beantwortet zurückgesandt, was einer Rücklaufquote von 58,12 Prozent entspricht. Von den befragten Unternehmen sind knapp 87 Prozent grenzüberschreitend tätig, von den restlichen 13 Prozent plant knapp die Hälfte ein internationales Engagement innerhalb der nächsten drei Jahre. Drei Viertel der befragten Unternehmen haben weniger als 100 Mitarbeiter, knapp 85 Prozent dieser Unternehmen sind international aktiv. Von den größeren Unternehmen sind mehr als 92 Prozent im Ausland tätig (Tabelle 1).

Anzahl der Mitarbeiter	Häufigkeit	Prozent	International tätig (% der Klasse)	Nicht international tätig	Internationalisierung geplant
1-9	6	3,66	4 (67%)	2	1
10-19	36	21,95	27 (75%)	9	3
20-49	57	34,76	51 (89%)	6	3
50-99	25	15,24	23 (92%)	2	1
100-199	14	8,54	13 (93%)	1	0
200-499	19	11,59	17 (89%)	2	1
500-999	5	3,05	5 (100%)	0	-
>999	2	1,22	2 (100%)	0	-
Gesamt	164	100	142 (86,6%)	22	9

Tabelle 1: Zusammensetzung der Stichprobe nach Anzahl der Mitarbeiter

Bezogen auf den Jahresumsatz des Jahres 2003 ergibt sich analog zur Zusammensetzung nach Mitarbeiterzahl, dass die größeren der befragten Unternehmen eher im Ausland operieren. In der kleinsten Umsatzklasse sind 19 Prozent nicht international aktiv, in der größten Klasse sind lediglich rund 7 Prozent noch nicht grenzüberschreitend tätig (Tabelle 2).

Jahresumsatz 2003	Häufigkeit	Prozent	International tätig	Nicht international tätig	Internationalisierung geplant
Bis 2 Mio. EUR	58	35,37	47 (81,0%)	11	5
2,001-5 Mio. EUR	39	23,78	34 (87,2%)	5	2
5,001-20 Mio. EUR	38	23,17	34 (89,5%)	4	1
Über 20 Mio. EUR	29	17,68	27 (93,1%)	2	1
Total	164	100	142 (86,6%)	22	9

Tabelle 2: Zusammensetzung der Stichprobe nach Umsatzgruppen

In dieser Studie werden die folgenden Konstrukte verwendet:

- ▨ Psychologische Distanz (PD),

- ▨ Kulturelle Distanz (KD),

- ▨ Ökonomische Attraktivität.

Zur Ermittlung der *psychologischen Distanz* wurden mittelständische Unternehmer gefragt, wie sie die Ähnlichkeit ausgewählter Länder (die 15 wichtigsten Exportländer und sonstige Regionen) mit Deutschland in Bezug auf unter anderem ökonomische, kulturelle, sprachliche, politische Faktoren einschätzen. Die psychologische Distanz wurde auf einer Zehnerskala zwischen 1 = „sehr nah" und 10 = „sehr entfernt" erhoben (Dow 2000, S. 56). Die mit der direkten Abfrage verbundene Unklarheit über die Kausalität (geringe psychologische Distanz aufgrund der Tätigkeit in einem bestimmten Land) wurde durch einen Vergleich der Mittelwerte international aktiver mit den Werten national tätiger Unternehmen beseitigt. Es ergaben sich keine signifikanten Unterschiede.

Die *kulturelle Distanz* wurde durch die Zusammenfassung der auf Deutschland bezogenen Distanzen der vier Dimensionen Hofstedes berechnet (Abbildung 3).

$$KD_j = \frac{\sum_{i=1}^{4} \frac{(I_{ij} - I_{ih})^2}{V_i}}{4}$$

KD_j = KD vom Heimatland zum j-ten Land

I_{ij} = Indexwert für i-te kulturelle Dimension, j-te Land

V_i = Varianz des Indizes für die i-te Dimension

h = Heimatland

Abbildung 3: Aggregierte kulturelle Distanz
            (Quelle: Schmid 1996, S. 281)

Als Maßstab für die *ökonomische Attraktivität* eines Landes wurde das durchschnittliche Bruttoinlandsprodukt pro Kopf gewählt (Datenbasis: OECD).

4.2 Test der Hypothesen

Im Folgenden werden die in Abschnitt 3 hergeleiteten Hypothesen einer empirischen Überprüfung unterzogen. Die Ergebnisse verdeutlichen, dass die angrenzenden Nachbarländer im Westen und Süden Deutschlands sowie die „alten EU-Staaten" als am vergleichsweise Ähnlichsten wahrgenommen werden. Während die USA im Mittelfeld liegen, werden die übrigen geographisch weit entfernten Staaten und Regionen auch sehr entfernt wahrgenommen. Die neuen EU-Mitglieder Ungarn, Tschechien und Polen werden trotz ihrer räumlichen Nähe nicht als ähnlich eingeschätzt. Kulturelle und ökonomische Faktoren werden bei diesen Ländern als deutlich von Deutschland abweichend gewertet (Tabelle 3).

Land	n	Psycho-logische Distanz	Standard-abweichung	Distanz nach Hof-stede	Ökonomische Attraktivität (GDP p/C) In-dex D = 100[1]	Markteintritt gewichtet[2]
Österreich	155	2,05	1,37	0,50	107	191
Niederlande	155	2,21	1,11	2,19	109	176
Schweiz	154	2,53	1,66	0,03	109	176
Belgien	149	2,85	1,58	0,98	104	68
Frankreich	154	3,10	1,65	1,18	102	126
Schweden	144	3,30	1,97	3,40	98	21
Italien	151	3,48	1,45	0,21	100	76
Großbritannien	150	3,64	1,61	0,58	98	90
Spanien	146	3,88	1,57	0,99	82	42
USA	151	4,70	2,05	0,41	133	113
Ungarn	138	5,16	1,96	-	53	10
Tschechien	148	5,42	2,01	-	58	40
Polen	150	5,53	1,91	-	39	46
Japan	141	6,78	2,33	1,32	99	14
Russische Föderation	142	6,98	2,16	-	-	21
Südamerika	102	7,03	2,16	-	-	17
Naher Osten	102	7,31	2,16	1,55	-	48
China	144	8,01	2,09	-	-	32

Tabelle 3: Psychologische Distanz und tatsächliche Markteintritte von KMU

---

[1] Quelle: OECD 2003.

[2] Abgefragt wurde die Reihenfolge der ersten fünf Markteintritte der Unternehmen. Für den ersten Markteintritt in ein bestimmtes Land wurden fünf Punkte vergeben, für den letzten Markteintritt ein Punkt.

Allgemein lässt sich zudem feststellen, dass mit zunehmender durchschnittlicher Distanz die Unsicherheit über die Bewertung zunimmt. Für die abgefragten Länder sind in Tabelle 3 – soweit verfügbar – die kulturelle Distanz nach Hofstede sowie die ökonomische Attraktivität mit aufgenommen. Der Markteintritt wurde abhängig von der Reihenfolge gewichtet. Um die Hypothesen H_1-H_3 zu testen, wurde jeweils eine Regressionsanalyse durchgeführt, um den vermuteten Zusammenhang zwischen den unabhängigen Variablen (Distanz bzw. Attraktivität des Landes) und der abhängigen Variable (gewichteter Markteintritt) zu untersuchen. Die Ergebnisse sind in Tabelle 4 aufgeführt.

Distanzmaß	Vermuteter Wirkungszusammenhang	Beta	Signifikanz	Korrigiertes R-Quadrat
Psychologische Distanz	H_1 (-)	-0,733	0,001**	0,509
Kulturelle Distanz	H_2 (-)	-0,385	0,216	0,063
Ökonomische Attraktivität	H_3 (+)	+0,581	0,029*	0,282
** = signifikant auf 0,01-Niveau * = signifikant auf 0,05-Niveau				

Tabelle 4:   Ergebnisse der Regressionsanalyse

Der vermutete negative Zusammenhang zwischen psychologischer Distanz und tatsächlichem Markteintritt wird bestätigt. Wie erwartet ist die kulturelle Distanz nur ein schwacher Prädiktor für die Reihenfolge der internationalen Expansion, H_2 kann nicht bestätigt werden. Die ökonomische Attraktivität ist wiederum ein signifikanter Prädiktor für die Marktwahl. Insgesamt bestätigen die Ergebnisse die in Abschnitt 2 theoretisch hergeleiteten Überlegungen. Die psychologische Distanz beinhaltet die kulturelle Ebene, geht aber über sie hinaus. Daher ist der Zusammenhang zwischen psychologischer Distanz und gewichtetem Markteintritt vergleichsweise stärker. Die Bedeutung der psychologischen bzw. kulturellen Distanz für die Wahl des Eintrittslandes nimmt jedoch im Zeitablauf ab. Dies lässt Tabelle 5 erkennen.

	Land 1		Land 2		Land 3		Land 4		Land 5	
	PD	KD	PD	KD	PD	KD	PD	KD	PD	KD
n	104	97	88	94	84	82	64	64	64	55
Mittelwert	3,30	0,86	3,42	1,09	4,05	1,06	4,00	1,13	4,84	1,12
Standardabweichung	1,49	0,80	1,52	0,86	1,77	0,91	1,81	0,91	1,99	0,76

Tabelle 5:   Psychologische und kulturelle Distanz der ersten fünf internationalen Märkte

Die durchschnittliche psychologische bzw. kulturelle Distanz nimmt mit der Expansion in weitere Märkte zu (Dow 2000, S. 60). Die befragten Unternehmen treten durchschnittlich eher in als nah wahrgenommene Märkte ein und expandieren erst im Zeitablauf in weiter entfernte Märkte. Es stellt sich jedoch die Frage, ob den Unternehmensvertretern dies auch bewusst ist. Die Ergebnisse in Tabelle 6 verdeutlichen, dass hierzu kein einheitliches Meinungsbild herrscht. Die Ähnlichkeit ökonomischer Faktoren wird von den befragten mittelständischen Unternehmen als Entscheidungskriterium wichtiger eingeschätzt als die Distanz bei kulturellen Faktoren. Ebenso wird bei der Wahl von Auslandsmärkten die Berücksichtigung von Erfahrungen in ökonomisch ähnlichen Ländern als wichtiger eingeschätzt als kulturell vergleichbare Erfahrungen. Eine mögliche Ursache mag in dem vergleichsweise diffusen Kulturbegriff liegen, so dass für viele Unternehmensvertreter möglicherweise unklar ist, welche konkreten (greifbaren) Erfahrungen damit verbunden sind. Ökonomische Erfahrungen sowie Erfahrungen mit den politisch-rechtlichen Rahmenbedingungen lassen sich leichter explizieren und bewerten.

Skala von 1 = stimme voll zu bis 7 = stimme überhaupt nicht zu	Mittelwert	Standard-abweichung
Wir ziehen es vor, in ein Land einzutreten, das unserem Heimatland in Bezug auf ökonomische Faktoren möglichst ähnlich ist.	3,49	1,98
Wir ziehen es vor, in ein Land einzutreten, das unserem Heimatland in Bezug auf kulturelle Faktoren möglichst ähnlich ist.	3,78	1,88
Bei der Wahl von Auslandsmärkten stufen wir ökonomische Faktoren wichtiger als kulturelle Faktoren ein.	2,27	1,35
Bei der Wahl von Auslandsmärkten berücksichtigen wir Erfahrungen, die wir in ökonomisch ähnlichen Ländern gemacht haben.	2,33	1,29
Bei der Wahl von Auslandsmärkten berücksichtigen wir Erfahrungen, die wir in kulturell ähnlichen Ländern gemacht haben.	3,20	1,75
Beim Eintritt in ein neues Land nutzen wir das Wissen, das wir in den möglichst ähnlichen Ländern erworben haben.	1,93	1,09
Beim Eintritt in ein neues Land setzen wir Personal ein, das bereits Erfahrung in möglichst ähnlichen Ländern erworben hat.	2,42	1,52

Tabelle 6:   Bedeutung der Ähnlichkeit und Erfahrungen bei der Eintrittsentscheidung

Insgesamt kann zudem festgestellt werden, dass die Unternehmensvertreter stark abweichende Ansichten darüber haben, ob sie es vorziehen, in möglichst ähnliche Länder einzutreten. Diejenigen Unternehmen, die sich bei der Expansion (bewusst oder unbewusst) an der psychologischen Distanz orientieren, sind jedoch etwas erfolgreicher. Zum Test der Hypothese H_4 wurde die durchschnittliche psychologische Distanz der ersten fünf

Märkte berechnet. Im Mittel beträgt die psychologische Distanz der ersten fünf Märkte 3,80, es wurden zwei gleichgroße Gruppen (Mediansplit bei PD = 3,56) gebildet und deren Mittelwerte der Zielerreichung des Auslandsengagements verglichen. Der Unterschied der Mittelwerte der Zielerreichung ist mit einer Irrtumswahrscheinlichkeit von weniger als 5 Prozent signifikant (Tabelle 7).

Psychologische Distanz	Mittelwert der Zielerreichung (1 = sehr erfolgreich ... 7 = gar nicht erfolgreich)	Standard-abweichung
Kleiner als 3,56 (min. = 2,05)	2,69	0,892
Größer als 3,56 (max. = 7,52)	3,02	0,805

Tabelle 7:   Psychologische Distanz der Auslandsmärkte und Zielerreichung

Zur Überprüfung der Hypothese, dass Unternehmen, die ihre Markenstrategie lokal anpassen, erfolgreicher sind, wurden eine Reihe von Items abgefragt, die als Indikatoren für die Veränderung der Markenstrategie gelten (Went 2000, S. 340). Die Mittelwerte der einzelnen Items sind in Tabelle 8 aufgeführt.

Skala von 1 = standardisiert bis 7 = angepasst	n	Mittel-wert	Standard-abweichung
Sind die im Ausland angebotenen Produkte bzw. Dienstleistungen eher standardisiert oder an lokale Bedürfnisse angepasst?	127	2,98	2,14
Ist die Werbebotschaft im Ausland eher standardisiert oder an lokale Bedürfnisse angepasst?	120	3,57	2,07
Ist die im Ausland angesprochene Zielgruppe eher standardisiert oder an lokale Bedürfnisse angepasst?	125	3,22	2,05
Ist die Positionierung im Ausland eher standardisiert oder an lokale Bedürfnisse angepasst?	118	3,48	2,02
Sind die im Ausland angewandten Werbeziele/Werbestrategien eher standardisiert oder an lokale Bedürfnisse angepasst?	121	3,65	1,99
Ist die im Ausland angewandte Werbegestaltung eher standardisiert oder an lokale Bedürfnisse angepasst?	119	3,76	2,04
Ist die Verpackung der im Ausland angebotenen Produkte bzw. Dienstleistungen eher standardisiert oder an lokale Bedürfnisse angepasst?	121	2,73	1,96
Ist die Markierung/Markenzeichen im Ausland eher standardisiert oder an lokale Bedürfnisse angepasst?	118	2,69	2,09

Tabelle 8:   Standardisierung vs. Differenzierung im internationalen Marketing der KMU

Die Ergebnisse sind durch eine hohe Standardabweichung gekennzeichnet. Offensichtlich ist also keine der beiden Extremformen „Standardisierung" bzw. „Anpassung" dominant. Während generell die im Ausland angebotenen Produkte und Dienstleistungen, die Markierung sowie Verpackung eher standardisiert werden, ist insbesondere im Kommunikationsbereich eine im Durchschnitt stärkere Anpassung zu erkennen. Um die Unternehmen hinsichtlich ihres Zielerreichungsgrades und Standardisierungsgrades vergleichen zu können, wurden die abgefragten Items zu einem Index zusammengefasst (Abbildung 4).

$$Std\_Index = \left[(\sum_{i=1}^{8} Itemscore_i) - 8 \right] * \frac{100}{48}$$

Abbildung 4: Standardisierungsindex

Eine solche Indexbildung ist im strengen Sinne an eine Reihe von Prämissen gebunden (vgl. hierzu Evanschitzky 2003, S. 59). Insofern ist die zwangsläufige Verdichtung der Daten als Einschränkung zu beachten. Im Mittel wird ein Wert von 36,89 auf einer Skala von 0 (vollständig standardisiert) bis 100 (vollständig angepasst) erzielt (Standardabweichung: 24,55). Für die Überprüfung der Hypothese H_5 wurden zwei gleichgroße Gruppen (Mediansplit bei Std_Index = 36,46) gebildet und deren Mittelwerte der Zielerreichung des Auslandsengagements verglichen. Der Unterschied der Mittelwerte der Zielerreichung ist mit einer Irrtumswahrscheinlichkeit von weniger als 10 Prozent signifikant (Tabelle 9).

Standardisierungsindex	Mittelwert der Zielerreichung (1 = sehr erfolgreich ... 7 = gar nicht erfolgreich)	Standardabweichung
Größer als 36,46	2,68	0,77
Kleiner als 36,46	3,02	1,01

Tabelle 9:   Standardisierung der internationalen Markenführung und Zielerreichung

Da das Spannungsfeld zwischen Standardisierung und Differenzierung der internationalen Markenführung nur anhand weniger Variablen operationalisiert wurde (Dominanz von Fragen aus dem Kommunikationsbereich), sind die Ergebnisse als erster Hinweis für die Erfolgswirksamkeit lokaler Anpassungen zu interpretieren. Insgesamt sind diejenigen Unternehmen am erfolgreichsten, die mit einer angepassten Markenstrategie in psychologisch nahe Märkte internationalisieren.

5.   Ausblick

Das kulturspezifische Markenmanagement stellt eine zentrale Herausforderung für internationalisierende kleine und mittelständische Dienstleistungsunternehmen dar. Es konnte nachgewiesen werden, dass zumeist in solche Länder internationalisiert wird, die relativ zum Heimatland als besonders ähnlich wahrgenommen werden. Demnach ist die psychologische Distanz der wichtigste Prädiktor der Länderauswahl. Des Weiteren spielt die (wahrgenommene) ökonomische Attraktivität die zweite, wesentliche Rolle bei der Wahl des Markteintritts. Dies erscheint aufgrund der zumeist begrenzten Ressourcen der KMU durchaus nachvollziehbar, da genaue Informationen über distante Märkte nicht vorliegen. Als wenig guter Prädiktor hat sich die kulturelle Distanz erwiesen. An dieser Stelle kann nur über diese schon in Untersuchungen anderer Autoren (Dow 2000, S. 58; Mitra/ Golder 2002, S. 558) festgestellten Ergebnisse spekuliert werden. Wahrscheinlich bedarf das Konstrukt der kulturellen Distanz einer grundlegenden Überarbeitung. Ebenso muss hier festgehalten werden, dass die Indexbildung bei dem Konstrukt zu einer Vernichtung von Information führt. Eine großzahlige Replikation der Untersuchung wäre hier zur Validierung der Ergebnisse wünschenswert.

Aus der dieser Studie zugrunde liegenden empirischen Erhebung lassen sich ebenfalls eher Tendenzaussagen bezüglich des Erfolges von Internationalisierungsstrategien ableiten. Es liegen Indizien vor, dass gerade solche KMU erfolgreich sind, die mit einer angepassten, d.h. keiner standardisierten Markenstrategie, in als nah wahrgenommene Märkte eintreten. Leider berichteten die Unternehmen keine objektiven Größen zur Bewertung ihres Internationalisierungserfolgs. Daher kann nur über den subjektiv wahrgenommenen Erfolg gesprochen werden. Auch hier wäre das Erheben objektiver Erfolgsindikatoren besser. Ebenso wäre die Einbeziehung größerer Unternehmen in die Untersuchung sinnvoll, da die Größe – und damit näherungsweise auch die Ressourcenausstattung – einen moderierenden Einfluss auf den Erfolg einer internationalen Markenstrategie ausübt.

Trotz der erwähnten Einschränkungen liefert die Studie wertvolle Ansätze zur Verbesserung des Markenmanagements auf internationalen Dienstleistungsmärkten für kleine und mittlere Unternehmen. Offenbar orientieren sich KMU bei der Markteintrittsentscheidung primär an der wahrgenommenen Distanz sowie der (wahrgenommenen) ökonomischen Attraktivität des Ziellands. Dies mag zunächst aus einer Ressourcensicht sinnvoll erscheinen, kann aber langfristig dazu führen, dass Zielmärkte nicht mehr hinreichend überprüft werden. Ein durchaus nicht erwartetes Ergebnis der Untersuchung ist, dass diejenigen Unternehmen am erfolgreichsten sind, die mit einer angepassten Markenstrategie in als nahe wahrgenommene Länder expandieren. Dies legt die Schlussfolgerung nahe, dass auch in Zielländern, die dem Heimatland sehr ähnlich sind, gewisse Modifikationen der Markenführung förderlich sind. Gerade hierin liegt die Chance für KMU, die diese Anpassungen im Vergleich zu eher schwerfälligen Konzernen flexibler (beispielsweise durch lokale Netzwerkpartner) durchführen können. Marke ist mehr als bloße Markierung, Letztere wird von den Befragten am ehesten standardisiert gelassen. Auch KMU müssen sich in zunehmendem Maße die Frage stellen, wofür sie stehen und wodurch sie sich von Wettbewerbern differenzieren. Die Antwort auf diese Kernfrage des Markenmanagements wird langfristig zur Überlebensfrage für Dienstleister auf internationalen Märkten.

Literaturverzeichnis

Aaker, D. (2000): Brand Leadership, New York.

Ahlert, D./Kenning, P. (1999): Die Betriebstypenmarke als Vertrauensanker bei der Einkaufsstättenwahl des Konsumenten?, in: BBE-Jahrbuch des Handels, Köln, S. 115-134.

Ahlert, D./Evanschitzky, H. (2003): Dienstleistungsnetzwerke, Berlin.

Ahlert, D./Woisetschläger, D. (2004): Status Quo der Internationalisierung deutscher Franchisesysteme, Münster.

Ahlert, D./Binder, C./Gutjahr, G./Hengsbach, F./Kruse, P./Markowitsch, H.J./Merten, K./Zernisch, P. (2004): Ertragsreserven aus Markenkapital, 2. Aufl., Wiesbaden.

Ahlert, D./Evanschitzky, H./Woisetschläger, D./Brinker, F./Overtheil, A. (2004): Ethnocentric Buying Behavior in the German Market, Discussion Paper on Retailing and Distribution No. 4, Münster.

Backhaus, K./Büschken, J./Voeth, M. (2000): Internationales Marketing, 3. Aufl., Stuttgart.

Balabanis, G./Diamantopoulos, A. (2004): Domestic Country Bias, Country-of-Origin Effects, and Consumer Ethnocentrism: A Multidimensional Unfolding Approach, in: Journal of the Academy of Marketing Science, Vol. 32, No. 1, S. 80- 95.

Barron, J./Hollingshead, J. (2004): Brand Globally, Market Locally, in: Journal of Business Strategy, Vol. 25, No. 1, S. 9-15.

Beckerman, W. (1956): Distance and the Pattern of Inter-European Trade, in: The Review of Economics and Statistics, Vol. 38, No. 1, S. 31-40.

Bharadwaj, S./Varadarajan, P./Fahy, J. (1993): Sustainable competitive Advantage in Service Industries: A Conceptual Model and Research Proposition, in: Journal of Marketing, Vol. 57, No. 3, S. 83-99.

Brown, J./Dev, C./Zhou, Z. (2003): Broadening the Foreign Market Entry Mode Decision: Separating Ownership and Control, in: Journal of International Business Studies, Vol. 34, No. 5, S. 473-488.

Carlson, S. (1974): International Transmission of Information and the Business Firm, in: The Annals of the American Academy of Political and Social Science, Vol. 412, No. 2 (March), S. 55-63.

Child, J./Ng, S./Wong, C. (2002): Psychic Distance and Internationalization. Evidence from Hong Kong Firms, in: International Studies of Management and Organization, Vol. 32, No. 1, S. 36-56.

Coviello, N./Martin, K. (1999): Internationalization of Service SMEs: An Integrated Perspective from the Engineering Consulting Sector, in: Journal of International Marketing, Vol. 7, No. 4, S. 42-66.

De Mooij, M. (2003): Convergence and Divergence in Consumer Behavior: Implications for global Advertising, in: International Journal of Advertising, Vol. 22, No. 2, S. 183-202.

De Mooij, M. (1998): Global Marketing and Advertising – Understanding Cultural Paradoxes, Thousand Oaks.

Dow, D. (2000): A Note on Psychological Distance and Export Market Selection, in: Journal of International Marketing, Vol. 8, No. 1, S. 51-64.

Elinder, E. (1965): How International Can European Advertising Be?, in: Journal of Marketing, Vol. 29, No. 2, S. 7-11.

Esch, F.-R. (2003): Strategie und Technik der Markenführung, 1. Aufl., München.

Esch, F.-R./Wicke, A. (2001): Herausforderungen und Aufgaben des Markenmanagements, in: Esch, F.-R. (Hrsg.): Moderne Markenführung, 3. Aufl., Wiesbaden, S. 3-55.

Evanschitzky, H. (2003): Erfolg von Dienstleistungsnetzwerken, Wiesbaden.

Ferring, N. (2001): Marktbearbeitungsstrategien international tätiger Handelsunternehmen, Wiesbaden.

Hall, R. (1992): The Strategic Analysis of intangible Resources, in: Strategic Management Journal, Vol. 13, No. 2, S. 135-144.

Harris, M. (1989): Kulturanthropologie: Ein Lehrbuch, Frankfurt a.M.

Hofstede, G. (1980): Culture's Consequences: International Differences in Work-Related Values, Beverly Hills.

Hofstede, G. (1993): Interkulturelle Zusammenarbeit: Kulturen – Organisationen – Management, Wiesbaden.

Hofstede, G./Bond, M. (1988): The Confucius Connection: From Cultural Roots to Economic Growth, in: Organizational Dynamics, Vol. 16, No. 4, S. 4-21.

Johanson, J./Vahlne, J.-E. (1977): The Internationalization Process of the Firm: A Model of Knowledge Development and Increasing Foreign Commitments, in: Journal of International Business Studies, Vol. 8, No. 1, S. 23-32.

Johanson, J./Wiedersheim-Paul, F. (1975): The Internationalization of the Firm: Four Swedish Cases, in: Journal of Management Studies, Vol. 12, No. 3, S. 305-22.

Kale, S. (1995): Grouping Euroconsumers: A Culture-Based Clustering Approach, in: Journal of International Marketing, Vol. 3, No. 3, S. 35-48.

Keller, K. (2003): Strategic Brand Management – Building, Measuring and Managing Brand Equity, 2. Aufl., New Jersey.

Keller, K. (1993): Conceptualizing, Measuring and Managing Customer-Based Brand Equity, in: Journal of Marketing, Vol. 57, No. 1, S. 1-22.

Kenning, P. (2002): Customer Trust Management – Ein Beitrag zum Vertrauensmanagement im Lebensmitteleinzelhandel, Wiesbaden.

Kieser, A./Walgenbach, P. (2003): Organisation, 5. Aufl., Berlin.

Kumar, B. (1988): Interkulturelle Managementforschung. Ein Überblick über Ansätze und Probleme, in: Wirtschaftswissenschaftliches Studium, 17. Jg., Nr. 8, S. 389-394.

Levitt, T. (1983): The Globalization of Markets, in: Harvard Business Review, Vol. 61, No. 3, S. 92-102.

Liesch, P./Knight, G. (1999): Information Internationalization and Hurdle Rates in Small and Medium Enterprise Internationalization, in: Journal of International Business Studies, Vol. 30, No. 1, S. 383-394.

Lipp, W. (1989): Kultursoziologie, in: Endruweit, G./Trommsdorff, G. (Hrsg.): Wörterbuch der Soziologie, Stuttgart, S. 373-379.

McSweeney, B. (2002): Hofstede's Model of National Cultural Differences and their Consequences: A Triumph of Faith, a Failure of Analysis, in: Human Relations, Vol. 55, No. 1, S. 89-109.

Medina, J./Duffy, M. (1998): Standardization vs. Globalization: a New Perspective of Brand Strategies, in: Journal of Product & Brand Management, Vol. 7, No. 3, S. 223-241.

Meffert, H. (1986): Multinationales oder globales Marketing? – Voraussetzungen und Implikationen von Internationalisierungsstrategien, in: Gaugler, E./Meissner, H./Thom, N. (Hrsg.): Zukunftsaspekte der anwendungsorientierten Betriebswirtschaftslehre, Stuttgart, S. 191-209.

Meffert, H./Wolter, F. (2000): Internationalisierungskonzepte im Dienstleistungsbereich: Bestandsaufnahme und Perspektiven, Arbeitspapier Nr. 136 der Wissenschaftlichen Gesellschaft für Marketing und Unternehmensführung, Münster.

Michael, S. (2003): Determinants of the Rate of Franchising among Nations, in: Management International Review, Vol. 43, No. 3, S. 267-290.

Mitra, D./Golder, P. (2002): Whose Culture Matters? Near-Market Knowledge and Its Impact on Foreign Market Entry Timing, in: Journal of Marketing Research, Vol. 39, No. 3, S. 350-365.

OECD-Daten 2003: Statistics, Annual National Accounts, in: http://www.oecd.org/data-oecd/48/4/3372936.pdf (Zugriff am 15.07.2004).

O'Gorman, C./McTiernan, L. (2000): Factors Influencing the Internationalization Choices of Small and Medium-Sized Enterprises: The Case of the Irish Hotel Industry, in: Enterprise and Innovation Management Studies, Vol. 1, No. 2, S. 141-151.

Prahalad, C./Lieberthal, K. (2003): The End of Corporate Imperialism, in: Harvard Business Review, Vol. 81, No. 8, S. 109-117.

Roth, M.S. (1995): Effects of Global Market Conditions on Brand Image Customization and Brand Performance, in: Journal of Advertising, Vol. 24, No. 4, S. 55-72.

Schmid, S. (1996): Multikulturalität in der internationalen Unternehmung. Konzepte – Reflexionen – Implikationen, Wiesbaden.

Sethi, S. (1971): Comparative Cluster Analysis for World Markets, in: Journal of Marketing Research, Vol. 8, No. 3, S. 348-354.

Shenkar, O. (2001): Cultural Distance Revisited: Towards a More Rigorous Conceptualization and Measurement of Cultural Differences, in: Journal of International Business Studies, Vol. 32, No. 3, S. 519-535.

Srivastava, R./Shocker, A. (1991): Brand Equity: A Perspective on Its Meaning and Measurement, Marketing Science Institute Report, No. 91-124, Cambridge.

Stöttinger, B./Schlegelmilch, B. (2000): Psychic Distance: a Concept Past Its Due Date?, in: International Marketing Review, Vol. 17, No. 2, S. 169-173.

Usunier, J./Walliser, B. (1993) : Interkulturelles Marketing. Mehr Erfolg im internationalen Geschäft, Wiesbaden.

Went, T. (2000): Vereinheitlichung der Werbung im Rahmen der internationalen Marktbearbeitung, Berlin.

Williams, J. (1992): How Sustainable is Your Competitive Advantage, in: California Management Review, Vol. 34, No. 3, S. 29-51.

Woisetschläger, D./Evanschitzky, H. (2004): Internationalisierung einer Marke – Erkenntnisse aus dem Franchising, in: Ahlert, D./Evanschitzky, H./Hesse, J./Salfeld, A. (Hrsg): Exzellenz in Markenmanagement und Vertrieb. Grundlagen und Erfahrungen, Wiesbaden, S. 49-62.

Martin Benkenstein und Ariane von Stenglin

Methoden zur Messung der Dienstleistungsqualität im internationalen Kontext

Prof. Dr. *Martin Benkenstein* ist Direktor des Instituts für Marketing und Dienstleistungsforschung der Universität Rostock. Dipl.-Kffr. *Ariane von Stenglin* ist wissenschaftliche Mitarbeiterin am dortigen Institut.

1. Notwendigkeit der interkulturellen Qualitätsmessung

1.1 Qualität als Profilierungsdimension im internationalen Wettbewerb

Die Intensivierung des Wettbewerbs auf internationaler Ebene erfordert von Dienstleistungsanbietern die konsequente Verfolgung geeigneter Wettbewerbsstrategien, um sich von der Konkurrenz abzuheben und somit langfristig im Markt bestehen zu können (Güthoff 1995, S. 13). Wie im nationalen Kontext auch, stellt die Qualitätsorientierung neben der Innovations- und Kostenorientierung eine wesentliche Möglichkeit zur internationalen Profilierung von Dienstleistungsunternehmen dar (Meffert 2000, S. 271ff.) und lässt sich somit als Erfolgsgrundlage für international agierende Unternehmen identifizieren (Mühlbacher 1995, S. 162). Die Relevanz der Qualitätsorientierung für Dienstleistungsanbieter ergibt sich dabei insbesondere aus dem Vertrauensgutcharakter, der auf die Dienstleistungseigenschaften Immaterialität und Integration des externen Faktors zurückzuführen ist (Forberger 2000, S. 15).

Da es sich bei der Qualitätsorientierung um eine Profilierungsdimension der abnehmerorientierten Wettbewerbsstrategien handelt (Meffert 2000, S. 273), wird im Folgenden der kundenorientierte Qualitätsbegriff zugrunde gelegt. Hierbei bestimmt sich die Qualität durch die vom Kunden wahrgenommenen Leistungseigenschaften. Diesem Ansatz nach erfolgt die Qualitätsbeurteilung anhand subjektiver Kriterien (Bruhn 2003, S. 28). Dabei stellt die wahrgenommene Dienstleistungsqualität das Ergebnis des kundenindividuellen Abgleichs der an eine Leistung gestellten Erwartungen mit der tatsächlich erlebten Leistung dar (Liljander/Strandvik 1993, S. 6).

Eine Entsprechung der Kundenanforderungen und die damit verbundene Stärke der wahrgenommenen Dienstleistungsqualität beeinflusst die Kundenbindung und damit den langfristigen ökonomischen Erfolg des internationalen Engagements positiv (Homburg et al. 1999, S. 182ff.; Meffert/Bruhn 2003, S. 267). Dabei bedarf die Durchsetzung von Qualitätsvorteilen der Etablierung eines Qualitätsmanagementsystems. Ein wesentlicher Bestandteil dieses Systems ist auch im internationalen Zusammenhang die zielgerichtete Operationalisierung und Messung der Qualitätswahrnehmung.

1.2 Kulturvariate Wahrnehmung der Dienstleistungsqualität

Das Qualitätsurteil des Konsumenten resultiert – dem kundenorientierten Qualitätsbegriff entsprechend – aus den kognitiven Prozessen der Informationsaufnahme, -verarbeitung und -speicherung (Forberger 2000, S. 25). Die Notwendigkeit eines internationalen Qualitätsmanagements und der damit einhergehenden interkulturellen Qualitätsmessung ergibt sich als Antwort auf die Frage, ob kognitive Prozesse in verschiedenen Kulturen vergleichbar sind oder unterschiedliche Ausprägungen aufweisen. Kultur ist vor diesem Hintergrund zu verstehen als „... ein universelles, für eine Gesellschaft, Organisation und Gruppe aber sehr typisches Orientierungssystem. ... Es beeinflusst das Wahrnehmen, Denken, Werten und Handeln aller Mitglieder und definiert somit deren Zugehörigkeit zur Gesellschaft." (Thomas 2003, S. 436).

In der Auswertung einer Reihe von Experimenten der kulturvergleichenden Psychologie konnten Wahrnehmungsunterschiede zwischen Vertretern verschiedener Nationen festgestellt werden. Diese beziehen sich beispielsweise auf die monochronistische und die polypolistische Zeitauffassung in bestimmten Kulturen. In monochronistisch orientierten Gesellschaften ist die Vorstellung vom Zeitverlauf durch eine lineare Gerade gekennzeichnet. Handlungen werden in diesen Kulturen aufeinander folgend vollzogen (Hall/ Hall 1990, S. 16f.). Dementsprechend hoch sind die Anforderungen an Pünktlichkeit und Termintreue, die sich in den Ansprüchen an die Systeme des öffentlichen Nahverkehrs als klassische Dienstleister manifestieren (Layes 2003, S. 63). Ein weiteres, konkret qualitätsbezogenes Beispiel für interkulturelle Wahrnehmungsdifferenzen liefert Mang. Er kommt in seiner Untersuchung zum kulturvariaten Qualitätserleben der direkten Kunde-Mitarbeiter-Kommunikation zu dem Schluss, dass sowohl auf nonverbaler als auch verbaler Kommunikationsebene kulturabhängige Wahrnehmungsunterschiede festzustellen sind. Er konnte des Weiteren bestätigen, dass von einer Abweichung der Beurteilung eines Kontakterlebnisses als positiv oder negativ (Ereignisvalenz) und von einer Varianz der Anzahl der erinnerten kritischen Kontakterlebnisse (Ereignismenge) in Abhängigkeit der Kulturzugehörigkeit ausgegangen werden muss (Mang 1998, S. 212f.). Dabei differieren die Erwartungen der Nachfrager an eine Dienstleistung umso stärker, je kulturgebundener die Leistung ist (Holzmüller/Schuh 1995, S. 99; Meffert/Bolz 1998, S. 90) und je größer die kulturelle Distanz zwischen den Ländern ist. Die von Hofstede entwickelte Kulturdimension der Unsicherheitsvermeidung (Hofstede 1992, S. 309f.) kann sich beispielsweise auf die Erwartungen der Nachfrager an den Dienstleistungserstellungsprozess auswirken. So werden Konsumenten aus Kulturen mit starker Risikovermeidung auf unvorhergesehene Ablaufänderungen stärker mit Sanktionen reagieren als Konsumenten mit schwacher Unsicherheitsvermeidung (Stauss 1999, S. 294).

Es ist ersichtlich, dass international agierende Anbieter ihre Dienstleistungen nur dann den Kundenanforderungen entsprechend gestalten können, wenn sie über Einblicke in das kulturabhängige Qualitätserleben ihrer Kunden verfügen. Die Implementierung eines Qualitätsmanagementsystems auf internationaler Ebene muss somit notwendigerweise mit der Messung der Qualitätswahrnehmung ihrer Nachfrager in den verschiedenen bearbeiteten Ländermärkten einhergehen.

Im Folgenden werden die merkmals- und ereignisorientierten Qualitätsmessverfahren kurz charakterisiert. Daran anschließend gilt es, diese Verfahren hinsichtlich der Vergleichbarkeit der erhobenen interkulturellen Qualitätsurteile kritisch gegenüberzustellen und methodengebundene Verzerrungstendenzen aufzuzeigen. Es interessiert, ob bereits im Ergebnis dieser konzeptionellen Ausführungen eine Empfehlung für die internationale Anwendung eines der betrachteten Verfahren gegeben werden kann oder weitere Einflussgrößen, wie z.B. die Internationalisierungsstrategie bzw. der zugrunde gelegte interkulturelle Forschungsansatz, berücksichtigt werden müssen.

2.   Möglichkeiten der Qualitätsmessung im internationalen Kontext

2.1   Methoden zur Messung der Dienstleistungsqualität

Die Frage, wie die Qualität von Dienstleistungen gemessen werden kann, prägt die wissenschaftliche Auseinandersetzung um das Dienstleistungsmanagement seit geraumer Zeit. Dabei lassen sich die entwickelten Methoden zur Messung der Dienstleistungsqualität anhand verschiedener Kriterien systematisieren. Einen möglichen Kategorisierungsansatz verdeutlicht Abbildung 1.

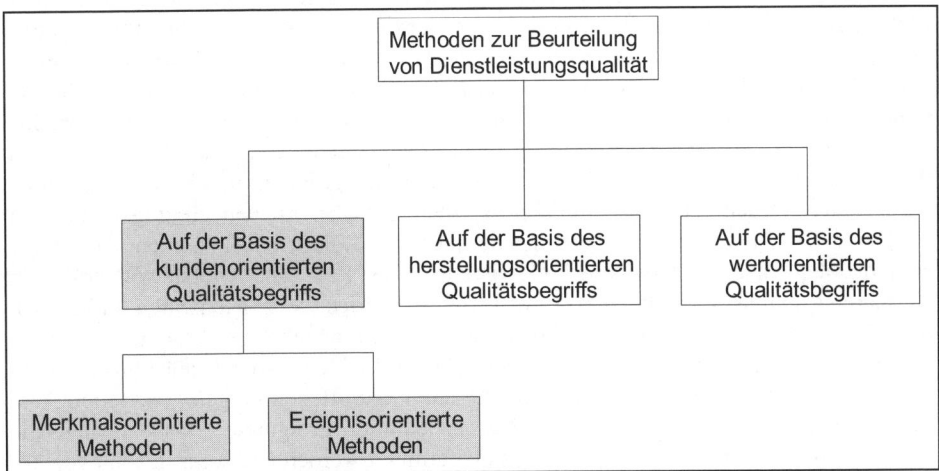

Abbildung 1: Systematik der Methoden zur Beurteilung von Dienstleistungsqualität
(Quelle: In Anlehnung an Haller 1998, S. 93)

Im Folgenden soll der kundenorientierte Ansatz zur Strukturierung der Messansätze analysiert werden. Dieser Ansatz wird in die merkmals- und ereignisorientierten Methoden der Qualitätsmessung unterteilt.

Den merkmalsorientierten Verfahren ist gemein, dass die wahrgenommene Gesamtqualität der Dienstleistung als Resultat der Bewertungen einzelner Qualitätsmerkmale betrachtet wird. Zu den merkmalsorientierten Messansätzen zählen beispielsweise die multiattributiven Verfahren, aber ebenso der Penalty-Reward-Faktoren-Ansatz oder dekompositionelle Methoden wie die Vignette-Methode (Bruhn 2003, S. 91ff.). Auf die in der Literatur häufig diskutierten multiattributiven Verfahren soll nun exemplarisch eingegangen werden. Den methodischen Hintergrund dieser Messverfahren bildet das Multiattributmodell, das durch den funktionalen Zusammenhang

$$Q_{ij} = f(E_{ij1}, E_{ij2}, \ldots, E_{ijn})$$

gekennzeichnet ist (Kroeber-Riel/Weinberg 2003, S. 311). Übertragen auf die multiattributive Qualitätsmessung ergibt sich demnach die vom Konsumenten (i) wahrgenommene Gesamtqualität der Dienstleistung (j) aus dem Zusammenhang der Qualitätseindrücke des Kunden von den verschiedenen Leistungsmerkmalen 1 bis n der Dienstleistung. Die Erhebung der Qualitätseindrücke erfolgt hierbei mittels standardisierter Befragungen. Der Konsument beurteilt die einzelnen Merkmale eines vorgegebenen Leistungskataloges auf einer Ratingskala. In Abhängigkeit des konkreten Untersuchungsdesigns sind dabei unterschiedliche Skalenformulierungen, z.B. einstellungs- oder zufriedenheitsorientierte Skalen, denkbar (Hentschel 1992, S. 115).

Im Gegensatz zu den merkmalsorientierten Messverfahren betonen die ereignisorientierten Ansätze den Prozesscharakter der Dienstleistungserstellung (Bruhn 2003, S. 112). Das Qualitätsurteil entsteht demnach durch die kognitive Verarbeitung konkreter Episoden während der Inanspruchnahme der Leistung (Forberger 2000, S. 109). Aus diesem Grund werden die Kunden – mit dem Ziel der Qualitätsmessung – aufgefordert, ihre Erlebnisse im Rahmen der Dienstleistungsinanspruchnahme zu schildern. Das Ergebnis dieser Befragungen sind qualitative Aussagen, die mittels inhaltsanalytischer Verfahren ausgewertet werden (Benkenstein/Güthoff 1998, S. 436). Zu den ereignisorientierten Verfahren der Qualitätsmessung zählen beispielsweise die Critical Incident Technique oder die sequenzielle Ereignismethode (Bruhn 2003, S. 112ff.), wobei wiederum ein Verfahren exemplarisch betrachtet werden soll. So werden die Konsumenten im Rahmen der Critical Incident Technique gebeten, sich herausragende bzw. besonders positive oder negative Ereignisse – die so genannten Critical Incidents – ins Gedächtnis zu rufen und mit eigenen Worten zu beschreiben. Die durch die offenen Fragen generierten Aussagen gelten als besonders aussagekräftig, da lediglich Ereignisse erfasst werden, die von dem Dienstleistungsnachfrager ungestützt erinnert werden und somit für ihn von besonderer subjektiver Bedeutung sind (Bitner et al. 1990, S. 71ff.).

2.2   Eignung der Methoden zur Qualitätsmessung im interkulturellen Kontext

Losgelöst von der generellen Kritik, die an den genannten Verfahren der Qualitätsmessung geäußert wird (vgl. hierzu z.B. Hentschel 1992, S. 142ff., Meffert/Bruhn 2003, S. 307 und 314), sollen im Folgenden die merkmals- und ereignisorientierten Messansätze vor dem Hintergrund einer internationalen Anwendung betrachtet werden. Mit Blick auf die Entscheidungsrelevanz der Qualitätsmessung muss hierbei insbesondere die Vergleichbarkeit der verschiedenen internationalen Qualitätsurteile geprüft werden. Die Vergleichbarkeitsproblematik wird in der interkulturellen Forschung unter dem Äquivalenzbegriff diskutiert. Neben einer Vielzahl, sich zum Teil überlappender Äquivalenzbedingungen (vgl. Johnson 1998, S. 3) erscheint das Schema der Äquivalenzbedingungen von Bauer für die interkulturelle Marketingforschung (Holzmüller 1995, S. 92) und weiter gefasst auch für die internationale Qualitätsmessung zweckdienlich. Wie in Abbildung 2 ersichtlich, unterscheidet er fünf Teilbedingungen des Äquivalenzkonzeptes.

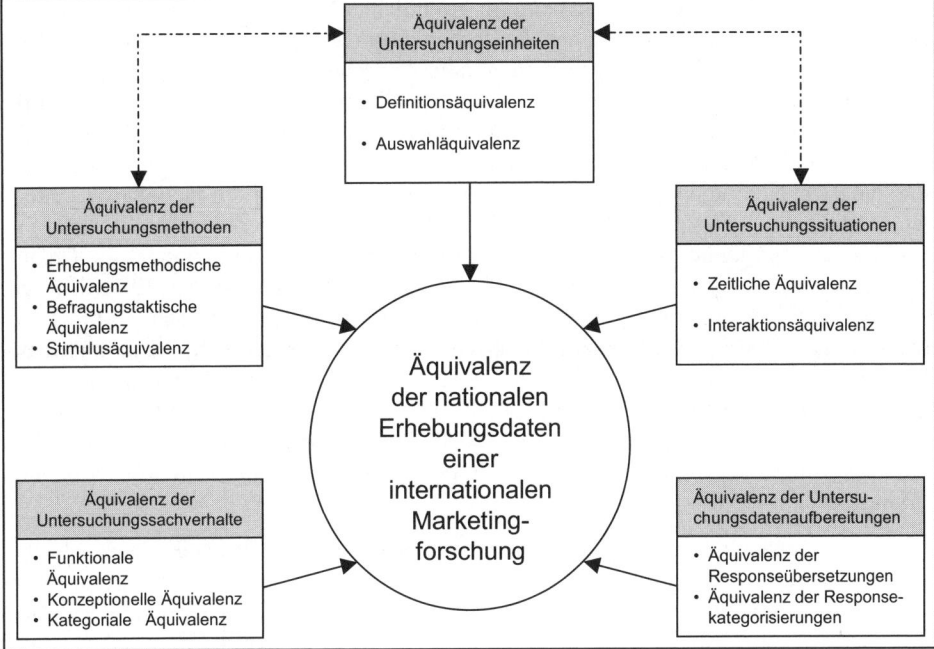

Abbildung 2: Äquivalenzbedingungen der interkulturellen Forschung
              (Quelle: Bauer 1989, S. 177)

Die *Äquivalenz der Untersuchungssachverhalte* stellt in diesem Zusammenhang eine zentrale Herausforderung dar. Sie ist zurückzuführen auf die funktionale, konzeptionelle und kategoriale Äquivalenz.

Die funktionale Äquivalenz betrifft dabei die Frage, ob ein Objekt bzw. Verhaltensmuster dieselben Funktionen in unterschiedlichen Kulturen erfüllt, d.h., es wird untersucht, inwieweit dieselben Leistungen bzw. Handlungen in den verschiedenen kulturellen Gruppen demselben Zweck dienen (Holzmüller 1995, S. 96ff.). Diese Funktionsvarianz lässt sich am Beispiel der Erwachsenenbildung verdeutlichen. Diese dient in einigen Kulturen als Freizeitbeschäftigung, in anderen Gesellschaften hingegen als Mittel für das berufliche Vorankommen (Holzmüller 1986, S. 55). Von dem Risiko der differierenden Funktionen einer Leistung sind im Rahmen der internationalen Qualitätsmessung dabei sowohl die merkmals- als auch die ereignisorientierten Verfahren betroffen.

Die vergleichbare Bedeutung der Indikatoren, die zur Operationalisierung der zu untersuchenden Konstrukte herangezogen werden, stellt den Anspruch der konzeptionellen Äquivalenz dar (Holzmüller 1995, S. 96). Dass die Attribute zur Qualitätsbeurteilung kulturabhängig sind, konnte in verschiedenen Studien begründet werden (Gierl et al. 1998; Mang 1998; Stauss 1999). Verwiesen sei auf die oben angeführten Erkenntnisse zu den Ansprüchen an die Pünktlichkeit im öffentlichen Nahverkehr in Abhängigkeit eines mono- bzw. polychronistischen Kulturhintergrundes. Weiterhin wurden in einer Untersuchung zur Qualitätswahrnehmung amerikanischer und britischer Bankkunden kulturelle Unterschiede festgestellt. So waren für die britischen Bankkunden die Attribute private Atmosphäre, Interieur der Bankfiliale und das Erscheinungsbild der Mitarbeiter wichtiger; die amerikanischen Kunden hingegen legten Wert auf den Standort, die Parkmöglichkeiten und Öffnungszeiten (Lewis 1991, S. 60). Da die merkmalsorientierten Qualitätsmessverfahren auf geschlossene, standardisierte Merkmalskataloge zur Erfassung der wahrgenommenen Dienstleistungsqualität zurückgreifen, besteht die Gefahr der Vernachlässigung wesentlicher Qualitätsindikatoren (Mang 1998, S. 139). Mit Blick auf die Erfüllung des konzeptionellen Äquivalenzanspruchs müssen dementsprechend die Merkmalskataloge länderspezifisch gestaltet werden. Dagegen wird die kulturvariate Bedeutung von Qualitätsmerkmalen bei den ereignisorientierten Messverfahren zur Qualitätswahrnehmung zwangsläufig berücksichtigt. Der Kunde schildert und bewertet die Erlebnisse mit dem Anbieter der Dienstleistung mit eigenen Worten und nennt dabei die für ihn relevanten Attribute zur Beurteilung der Dienstleistungsqualität eigenständig (Mang 1998, S. 139).

Im Zusammenhang mit der kategorialen Äquivalenz ist zu beachten, dass gleiche Dienstleistungen, in Abhängigkeit der betrachteten Kultur, unterschiedlichen Kategorien zugeordnet werden können (Craig/Douglas 2002, S. 159). Die Formulierung eines standardisierten Fragenkataloges für die merkmalsorientierten Messverfahren bedarf somit auch bezüglich der kategorialen Äquivalenz besonderer Aufmerksamkeit. Die gewählten Kategorien müssen länderspezifisch angepasst werden, um diesen variierenden Klassifikationen Rechnung zu tragen. Für die ereignisorientierten Messverfahren gilt analog zur konzeptionellen Äquivalenz, dass durch die qualitative Schilderung der Dienstleistungs-kontaktsituationen kulturabhängige Abgrenzungen und Definitionen berücksichtigt werden.

Nachdem nun die Teilbedingungen der Äquivalenz der Untersuchungssachverhalte analysiert wurden, steht anschließend die *Äquivalenz der Untersuchungsmethoden* mit den Aspekten erhebungsmethodischer, befragungstaktischer und Stimulusäquivalenz im Vordergrund.

Die erhebungsmethodische Äquivalenz betrifft die Auswahl geeigneter Erhebungsmethoden. So ist die Durchführung der standardisierten merkmalsorientierten Qualitätsmessung denkbar im Rahmen von Face-to-Face-, telefonischen, schriftlichen oder auch Online-Interviews. Folglich muss die unterschiedliche Akzeptanz bzw. Verbreitung dieser verschiedenen Erhebungstechniken – bedingt durch infrastrukturelle Voraussetzungen wie Telefondichte oder Zugang zu Internetanschlüssen – beachtet werden (Holzmüller 1995, S. 99f.). Die ereignisorientierten Qualitätsmessverfahren basieren in der klassischen Sichtweise weitestgehend auf mündlichen Interviews. Sie weisen mit Blick auf die erhebungsmethodische Äquivalenz eine geringere Flexibilität auf.

Der Anspruch der befragungstaktischen Äquivalenz besteht in der „Entwicklung von Frageformen und Frageformulierungen, welche die durch nationenspezifische Sensibilitäten gegenüber bestimmten Untersuchungsverhalten oder nationenspezifische Antwortmuster ausgelösten Antwortverzerrungen minimieren helfen" (Bauer 1989, S. 178). Hiervon sind wiederum die merkmalsorientierten Verfahren der Qualitätsmessung besonders betroffen (Mang 1998, S. 140). Da länder- bzw. kulturkreisspezifisch unterschiedliche Ratingskalen (häufig in Anlehnung an das nationale Schulnotensystem) zum Einsatz kommen, würde die weltweit einheitliche Anwendung der z.B. in einigen Ländern üblichen 5- oder 7-stufigen Ratingskalen zu beachtlichen Antwortverzerrungen führen (Holzmüller 1986, S. 59). In diesem Zusammenhang gilt es auch zu beachten, dass es Kulturen mit Tendenzen zu extremem Antwortverhalten gibt. Van Herk et al. konnten in ihrer Studie zum auf Ratingskalen basierenden Antwortverhalten in sechs europäischen Ländern feststellen, dass griechische Befragte zu Antworten mit sehr hohen Einstufungen neigen (van Herk et al. 2004, S. 357). Das Problem der Wahl geeigneter Skalen stellt sich bei der Durchführung der qualitativen ereignisorientierten Messverfahren nicht. Hier sind aber wie bei den merkmalsorientierten Verfahren kulturspezifische Antwortneigungen, wie z.B. sozial erwünschte Antworten, zu beachten (Mang 1998, S. 136).

Ein weiterer Teilaspekt der Entsprechung der Untersuchungsmethoden ist die Stimulusäquivalenz, d.h. die kulturinvariate Übersetzung der eingesetzten verbalen und nonverbalen Stimuli (Craig/Douglas 2002, S. 161f.). Dieser Äquivalenzaspekt bezieht sich neben der Übersetzung der Fragen auch auf die Übertragung der Projektbegründung, der Forschungsanweisungen und – wie weiter unten im Zusammenhang mit der Äquivalenz der Untersuchungsdatenaufbereitung noch zu zeigen sein wird – selbstverständlich auch auf die Übersetzung der Untersuchungsergebnisse (Sechrest et al. 1972, S. 41ff.). Die Übersetzungen müssen insgesamt derart formuliert sein, dass diese in den verschiedenen

Sprachen eine äquivalente inhaltliche Bedeutung aufweisen (Holzmüller 1995, S. 103). Dabei stellt die Sprachverschiedenheit eine weitere Barriere für die merkmalsorientierten Messverfahren dar. So stehen einer bedeutungsinvariaten Übersetzung der Qualitäts-merkmale beispielsweise semantische Mehrdeutigkeiten sowie die Tatsache entgegen, dass es in jeder Sprache Ausdrücke gibt, für die in anderen Sprachen keine Entsprechun-gen existieren (Sechrest et al. 1972, S. 46f.). Die Übersetzungsäquivalenz ist aber auch bei ereignisorientierten Messansätzen zumindest teilweise beeinträchtigt, da sich die Gleichwertigkeit der Übersetzung eben auch auf die Begründung des Forschungsvorha-bens und die Forschungsinstruktionen im Rahmen von Interviewerschulungen beziehen. Letztere spielen bei den stark qualitativ geprägten ereignisorientierten Messverfahren eine besondere Rolle. Die Übersetzung des eigentlichen Frageteils der Qualitätsuntersu-chung fällt hingegen weniger problematisch aus, da lediglich eine offene Frage und nicht wie bei den merkmalsorientierten Messverfahren ein ganzer Merkmalskatalog zu über-setzen ist.

Der Systematik von Bauer folgend soll nun die *Äquivalenz der Untersuchungseinheiten* kurz betrachtet werden. Sie umfasst die Definitions- und Auswahläquivalenz und ist so-mit im Zusammenhang mit der Stichprobengestaltung zu berücksichtigen. Die Definiti-onsäquivalenz fordert die identische Definition der zu befragenden Personen (Simmet-Blomberg 1998, S. 331), d.h., die Grundgesamtheiten in den Ländern müssen dieselben Funktionen bzw. Rollen aufweisen (Holzmüller 1986, S. 62). Die Auswahläquivalenz bezieht sich auf die Stichprobenauswahl mit dem Ziel, dass „die einzelnen nationalen Stichproben ihre jeweiligen Grundgesamtheiten in einer äquivalenten Weise repräsentie-ren" (Bauer 2002, S. 62). Diese Problemkomplexe sind im Grunde genommen losgelöst von der Entscheidung über das Qualitätsmessverfahren zu betrachten und stellen dem-nach für beide Messmethoden in gleicher Weise eine Herausforderung dar.

Ebenso verhält es sich mit der *Äquivalenz der Untersuchungssituation*, d.h. der Entspre-chungen im Rahmen der Datenerhebung. Teilaspekte dieser Äquivalenzbedingung sind die zeitliche und Interaktionsäquivalenz. Bezogen auf den erstgenannten Teilaspekt gilt es eine Gleichwertigkeit der zeitablaufbezogenen Einflussfaktoren wie beispielsweise Wertewandel oder Konjunkturänderungen und zeitpunktbezogenen Komponenten wie das Wetter sicher zu stellen. Interaktionsäquivalenz hingegen zielt auf den Einfluss der Interviewer und weiterer an der Datenerhebung beteiligten Personen ab (Wich 1989, S. 114ff.). Wie bereits angedeutet, sind auch diese Äquivalenzbedingungen von anderen Entscheidungen, wie z.B. der für einen konkreten Datenerhebungsmodus, abhängig und deshalb losgelöst von den Verfahren der Qualitätsmessung zu betrachten.

Das fünfte und letzte Element im Äquivalenzsystem von Bauer stellt die *Äquivalenz der Untersuchungsdatenaufbereitung* dar. Diese ist nun auch wieder für die Qualitätsmess-verfahren relevant. Hinsichtlich der Äquivalenz der Responseübersetzungen ist es das Ziel, eine semantische Äquivalenz zwischen dem ursprünglichen und dem übersetzten Response herzustellen (Sechrest et al. 1972, S. 41ff.). Hier dominieren die Verfahren der merkmalsorientierten Qualitätsmessung die ereignisorientierten Verfahren. Die Gefahr der nichtäquivalenten Responseübersetzung ergibt sich bei den standardisierten Befragungen der merkmalsorientierten Verfahren mit ausformulierten Leistungsmerkmalskatalogen und den vorgegebenen Antwortmöglichkeiten weitaus weniger – vorausgesetzt, die Stimulusübersetzung wurde zuvor sorgsam mit Blick auf die semantische Gleichwertigkeit durchgeführt. Die ereignisorientierten Messansätze sind hingegen durch ihren qualitativen Charakter und die damit verbundenen qualitativen Antworten gekennzeichnet. Der Wahrung der Äquivalenz der Responseübersetzung ist damit besondere Aufmerksamkeit zu widmen. Es gilt, die Sprach- und Übersetzungsbarrieren zu beachten, wie sie bereits im Zusammenhang mit der Stimulusäquivalenz erläutert wurden. Wobei der Responseübersetzungsumfang der ereignisorientierten Messverfahren wesentlich größer ausfällt als der Stimulusübersetzungsaufwand für die merkmalsbasierte Qualitätsmessung.

Den zweiten Aspekt der Gleichwertigkeit der Untersuchungsdatenaufbereitung bildet die Äquivalenz der Responsekategorisierungen, wobei in diesem Zusammenhang auf die Codierung offener Fragen und der damit verbundenen Forderung, vergleichbare Kategorien zu schaffen, abgestellt wird (Sechrest et al. 1972, S. 41ff.). Die Problematik der Abgrenzung äquivalenter Kategorien stellt sich für die merkmalsorientierten Messverfahren bereits im Zusammenhang mit der kategorialen Äquivalenz. In Bezug auf die Responsekategorisierung ist hier analog zur Responseübersetzung mit einem geringeren Aufwand zu rechnen als bei den ereignisorientierten Messverfahren. Für diese stellen die Responsekategorisierungen sehr wohl eine Herausforderung dar. Hier gilt es zu überprüfen, inwieweit die in einzelnen Kulturen getroffenen identischen qualitativen Aussagen länderübergreifend einheitlichen Kategorien zugeordnet werden können, ohne durch diese Kategorisierungen Verzerrungen zu verursachen (Wegmann 2001, S. 278). Es erscheint hierzu notwendig, kulturindividuelle Codepläne zu entwickeln.

Nachdem alle Äquivalenzbedingungen differenziert betrachtet wurden, muss allerdings auch bedacht werden, dass diese interdependent und somit nicht isoliert voneinander anzustreben sind (Bauer 2002, S. 63).

Insgesamt kann festgehalten werden, dass sowohl die merkmals- als auch die ereignisorientierten Verfahren zur Qualitätsmessung in der interkulturellen Anwendung Stärken und Schwächen aufweisen und somit kein dominantes Verfahren identifiziert werden kann. Während die ereignisbasierten Qualitätsmessverfahren hinsichtlich des Äquivalenzanspruches eher in der konzeptionellen Phase des Forschungsvorhabens Vorteile aufweisen, bewähren sich die merkmalsorientierten Verfahren in der Datenaufbereitung. Eine Entscheidung für oder gegen die einzelne Methode ist somit nicht ausschließlich vor dem Hintergrund der Äquivalenzproblematik zu treffen. Es erscheint zudem sinnvoll, die vom Unternehmen gewählte Internationalisierungsstrategie zu berücksichtigen.

2.3   Systematisierung der Methoden zur Qualitätsmessung unter Berücksichtigung der Internationalisierungsstrategie

Die Gestaltung der internationalen Unternehmensaktivitäten – und somit auch die Gestaltung des Qualitätsmanagements und der damit verbundenen Qualitätsmessung – ist abhängig von der Internationalisierungsstrategie des betrachteten Unternehmens. Je nach Orientierung der Unternehmensaktivitäten werden klassischerweise die internationale, multinationale und globale Strategie unterschieden (Meffert/Bolz 1998, S. 25).

Die *internationale Strategie* stellt weitestgehend die Ausgangssituation der Internationalisierung dar, wobei das Hauptaugenmerk der internationalen Unternehmensaktivitäten auf dem Heimatland liegt. Die Kultur und Belange der ausländischen Märkte werden im Rahmen dieser ethnozentrischen Grundorientierung bei zentraler Entscheidungsfindung kaum berücksichtigt (Meffert/Bolz 1998, S. 25). Sollte der Anbieter also überhaupt eine überregionale Qualitätsmessung anstreben, so wird er lediglich das für seinen Heimatmarkt entwickelte merkmals- oder ereignisorientierte Qualitätsmessdesign in den Auslandsmärkten replizieren.

Das Anliegen der *global agierenden Unternehmen* ist die Sicherung des Unternehmenserfolges auf dem Weltmarkt. Die geozentrische Orientierung ist gekennzeichnet durch die Integration aller Aktivitäten in ein unternehmerisches Gesamtsystem, wobei die Tochtergesellschaften ihre Autonomie auf nationaler Ebene verlieren und dem Prinzip der Arbeitsteilung und Spezialisierung unterliegen. Unternehmerische Entscheidungen richten sich an den Erfordernissen des globalen Marktes und somit an den homogenen Bedürfnissen der Nachfrager unter Inkaufnahme national suboptimaler Leistungsangebote aus. Im Extremfall werden identische Leistungen zu gleichen Preisen unter einem einheitlichen Kommunikationsmix auf gleichen Distributionswegen vertrieben (Meffert/Althans 1982, S. 98). Demnach müssen auch im Rahmen des Qualitätsmanagements standardisierte Qualitätsmessverfahren mit völlig identischen Befragungsdesigns unter Vernachlässigung der kulturellen Phänomene in den einzelnen Ländermärkten zur Anwendung kommen. Basierend auf der Charakterisierung der hier zugrunde gelegten Qualitätsmessverfahren (Abschnitt 2.1) kann festgestellt werden, dass lediglich die merkmalsorientierten Messverfahren durch die Formulierung länderübergreifend einheitlicher, geschlossener Leistungsmerkmalskataloge den Ansprüchen des globalen Marketing an die Standardisierung genügen können.

Im Mittelpunkt der *multinationalen Strategie* steht die Sicherung des unternehmerischen Erfolges auf einer Vielzahl nationaler Märkte. Bei einer Dezentralisierung der Unternehmensentscheidungen und der damit verbundenen Autonomie der Tochtergesellschaften werden die Unternehmensaktivitäten an den kulturellen Gegebenheiten und Erfordernissen in den einzelnen Ländermärkten ausgerichtet. Diese polyzentrische Orientierung ist durch eine differenzierte Marktbearbeitung gekennzeichnet (Meffert/Bolz 1998, S. 26). Die Qualitätsführerschaft des Unternehmens setzt demnach voraus, dass die Qualität aus lokaler Sicht optimiert wird, und geht konsequenterweise mit einer Qualitätsmessung einher, die auf die kulturellen Besonderheiten der Qualitätswahrnehmung abstellt. Den Ansprüchen der multinationalen Strategie nach Differenzierung kann, unter Berücksichtigung der den hier betrachteten Verfahren immanenten Eigenschaften, sowohl durch die Anwendung der merkmals- als auch der ereignisorientierten Methoden gefolgt werden. Für den Fall der Anwendung der merkmalsbasierten Messverfahren werden dann allerdings die Leistungsmerkmalskataloge bestmöglich an die länderspezifischen Besonderheiten angepasst. Es bietet sich an, die Aufgabe der Qualitätsmessung den nationalen Tochtergesellschaften zu übertragen, deren Mitarbeiter sodann ihr kulturspezifisches Know-how in die Entwicklung eines Kataloges von Qualitätsmerkmalen einfließen lassen. Die Eignung der ereignisorientierten Messverfahren für die multinationale Strategie ergibt sich aus der offenen Fragestellung dieses Verfahrens und den daraus resultierenden qualitativen Antworten, in denen zwangsläufig nationale Besonderheiten der Qualitätswahrnehmung berücksichtigt werden.

Abschließend muss bedacht werden, dass es sich bei den hier beschriebenen Internationalisierungsstrategien jeweils um Extremformen handelt, die in dieser idealtypischen Ausprägung in der Praxis kaum zu finden sind (Kemper 2001, S. 69). Es gilt demnach für die praktische Qualitätsmessung, die richtige Balance im Entscheidungsfeld zwischen Standardisierung und Differenzierung zu finden.

2.4 Systematisierung der Methoden zur Qualitätsmessung unter Berücksichtigung des internationalen Forschungsansatzes

Innerhalb der interkulturellen Marketingforschung wird in Abhängigkeit von der theoretischen Grundposition, aus der heraus die internationalen Forschungskonzepte entwickelt werden, zwischen dem etic- und emic-Ansatz differenziert (Holzmüller 1995, S. 54ff.; Craig/Douglas 2002, S. 153ff.). Im Weiteren sollen – bezugnehmend auf diese Klassifikation – die merkmals- und ereignisorientierten Qualitätsmessverfahren systematisiert werden.

Der *etic-Forschungsansatz* ist durch eine kulturübergreifende Sichtweise gekennzeichnet. Er stellt auf kulturfreie Konstrukte ab und strebt die Identifikation universell gültiger Vergleichsmaßstäbe an. Hierzu werden in den einzelnen Ländern identische Messinstrumente angewendet und die Auswertung des Datenmaterials erfolgt überregional standardisiert (Holzmüller 1995, S. 54ff.). Es ist ersichtlich, dass die merkmalsbasierten Qualitätsmessverfahren diesem Forschungsansatz in Analogie zu der geozentrischen Grundorientierung der Internationalisierungsstrategien (Abschnitt 2.3) am ehesten entsprechen können, indem den Konsumenten über alle Kulturen hinweg identische Leistungsmerkmalskataloge zur Bewertung vorgelegt und die Daten anschließend einheitlich ausgewertet werden.

Im Gegensatz dazu stellt der *emic-Forschungsansatz* die kulturangepasste Grundposition dar. Auf der Basis länderspezifischer Messinstrumente und einer differenzierten Datenauswertung gilt es, kulturspezifische Charakteristika bestmöglich zu erforschen (Holzmüller 1995, S. 54ff.). Im Rahmen der Qualitätsmessung können auch hier wiederum die merkmals- und ereignisorientierten Messverfahren als geeignet erachtet werden. Entsprechend der betrachteten polyzentrischen Ausrichtung gelingt es mit einer länderspezifischen Ausarbeitung von Merkmalskatalogen und einer gleichzeitig individuellen Auswertung der erhobenen Daten im Rahmen der merkmalsbasierten Messung den emic-Ansatz zu verfolgen. Für die ereignisorientierten Qualitätsmessverfahren kann ebenso festgehalten werden, dass durch deren qualitativen Charakter und bei anschließender differenzierter Auswertung der generierten Antworten länderspezifische Konzepte abgebildet werden.

Auch im Zusammenhang mit den Forschungsansätzen der interkulturellen Marketingforschung ist ersichtlich, dass der etic- und emic-Ansatz jeweils Extrempositionen darstellen. Holzmüller empfiehlt, beide Konzepte in ein Forschungsvorhaben zu integrieren: „Ein Vergleich verschiedener Kulturen ist nur unter etischer Perspektive möglich, doch zur Sicherung der substantiellen Vergleichbarkeit ist die Einbeziehung einer emischen Sichtweise unerläßlich." (Holzmüller 1995, S. 56).

3.   Zusammenfassung

Weltweit agierende Dienstleistungsanbieter stehen vor der Herausforderung, ihre Leistungen derart zu gestalten, dass sie den Anforderungen der Kunden in den einzelnen Ländermärkten entsprechen. Vor dem Hintergrund einer kulturvariaten Qualitätswahrnehmung muss der Qualitätsmessung im internationalen Umfeld besondere Aufmerksamkeit gewidmet werden. Aus diesem Grund erschien eine Prüfung der Eignung der merkmals- und ereignisorientierten Qualitätsmessverfahren unter Berücksichtigung der Besonderheiten des interkulturellen Forschungsvorhabens notwendig.

Es konnte gezeigt werden, dass keines der hier betrachteten Messverfahren uneingeschränkt für die interkulturelle Anwendung empfohlen werden kann. Bezüglich des Einsatzes *merkmalsbasierter Qualitätsmessverfahren* besteht die Gefahr, konzeptionelle und kategoriale Äquivalenzaspekte zu vernachlässigen. Durch die Verwendung standardisierter Merkmalskataloge zur Erfassung der Qualitätswahrnehmung wird nicht zwangsläufig die in den einzelnen Kulturen variierende Relevanz einzelner Qualitätsattribute berücksichtigt. Zudem stellt die Übersetzung des Stimulusmaterials im Sinne der Übersetzungsäquivalenz einen hohen Anspruch an die merkmalsbasierten Messverfahren. Hier müssen aufwändige Übersetzungsmethoden zum Einsatz kommen, um eine inhaltliche Entsprechung des Befragungsmaterials zu gewährleisten. Des Weiteren ist im Zusammenhang mit der befragungstaktischen Äquivalenz mit Verzerrungen zu rechnen. Ratingskalen kommen in unterschiedlichen Kulturen in variierenden Formen zur Anwendung, und zudem dürfen die von Vertretern verschiedener Nationen identisch gewählten Skalenwerte nicht automatisch einheitlich interpretiert werden. Vielmehr müssen kulturvariate Antwortmuster berücksichtigt werden.

Die *ereignisorientierten Qualitätsmessverfahren* weisen hinsichtlich der genannten Äquivalenzbedingungen den Vorteil auf, dass das Qualitätserleben der Nachfrager in Form offener, unstrukturierter Antworten geschildert wird. Individuell relevante Qualitätsaspekte werden somit automatisch berücksichtigt. Die Anwendung qualitativer Fragen eliminiert zudem das Risiko von Verzerrungen, die durch den Einsatz von Ratingskalen entstehen. Der Nachteil der ereignisorientierten Qualitätsmessverfahren liegt vor allem in der Phase der Datenaufbereitung. Hier muss der Responseübersetzung mit arbeitsintensiven Übersetzungsmethoden begegnet werden. Der mit der Übersetzung der qualitativen Antworten verbundene Aufwand übersteigt dabei den Umfang der Stimulusübersetzung für die merkmalsbasierten Methoden. Weiterhin sind die ereignisorientierten Verfahren im Rahmen der sich an die Übersetzung anschließenden Antwortkategorisierung Verzerrungen unterworfen.

Im Ergebnis dieses kritischen Vergleichs muss nun festgehalten werden, dass beide Ansätze der Qualitätsmessung im internationalen Kontext Stärken und Schwächen aufweisen. Somit ist die Entscheidung für oder gegen die Anwendung einer der Messmethoden unter dem Einfluss der Internationalisierungsstrategie bzw. der zugrunde gelegten Forschungsabsicht zu treffen. Hier wird empfohlen, dass global agierende Unternehmen bzw. Unternehmen mit einem etic-Forschungsansatz auf die merkmalsbasierten Messmethoden zurückgreifen. Dienstleistungsanbieter mit einer multinationalen Strategie bzw. einem emic-Forschungshintergrund können hingegen sowohl die merkmals- als auch die ereignisorientierten Verfahren anwenden.

Die abwägende Auseinandersetzung mit den beiden Qualitätsmesskonzepten legt allerdings insgesamt eine parallele Anwendung der beiden Verfahren nahe, um durch diese Verknüpfung die den Messverfahren innewohnenden Schwächen zu kompensieren. Auf welche Weise ein derartiges kombiniertes Messkonzept auszugestalten ist, muss Gegenstand weiterer Forschungsarbeiten sein.

Literatur

Bauer, E. (1989): Übersetzungsprobleme und Übersetzungsmethoden bei einer multinationalen Marketingforschung, in: Jahrbuch der Absatz- und Verbrauchsforschung, 35. Jg., Nr. 2, S. 174-205.

Bauer, E. (2002): Internationale Marketingforschung, 3. Aufl., München, Wien.

Bitner, M.J./Booms, B.H./Tetreault, M.S. (1990): The Service Encounter. Diagnosing Favorable and Unfavorable Incidents, in: Journal of Marketing, Vol. 54, No. 1, S. 71-84.

Benkenstein, M./Güthoff, J. (1998): Methoden zur Messung der Dienstleistungsqualität, in: Bruhn, M./Meffert, H. (Hrsg.): Handbuch Dienstleistungsmanagement. Von der strategischen Konzeption zur praktischen Umsetzung, 1. Aufl., Wiesbaden, S. 429-447.

Bruhn, M. (2003): Qualitätsmanagement für Dienstleistungen. Grundlagen – Konzepte – Methoden, 4. Aufl., Berlin u.a.

Craig, C.S./Douglas, S.P. (2002): International Marketing Research, 2. Aufl., Chichester u.a.

Forberger, D. (2000): Emotionale Determinanten der Dienstleistungsqualität. Entwicklung und Überprüfung eines Messkonzeptes, Wiesbaden.

Gierl, H./Praxmarer, S./Komba, L. (1998): Der Einfluß des Nationalcharakters auf die Kundenzufriedenheit und das Beschwerdeverhalten, in: Tourismus Journal, 2. Jg., Nr. 3, S. 377-399.

Güthoff, J. (1995): Qualität komplexer Dienstleistungen. Konzeption und empirische Analyse der Wahrnehmungsdimensionen, Wiesbaden.

Hall, E.T./Hall M.R. (1990): Hidden Differences. Doing Business with the Japanese, New York u.a.

Haller, S. (1998): Beurteilung von Dienstleistungsqualität. Dynamische Betrachtung des Qualitätsurteils im Weiterbildungsbereich, 2. Aufl., Wiesbaden.

Hentschel, B. (1992): Dienstleistungsqualität aus Kundensicht. Vom merkmals- zum ereignisorientierten Ansatz, Wiesbaden.

Herk, H. van/Poortinga, Y.H./Verhallen, T.M.M. (2004): Response Styles in Rating Skales. Evidence of Method Bias in Data From Six EU Countries, in: Journal of Cross-Cultural Psychology, Vol. 35, No. 3, S. 346-360.

Hofstede, G. (1992): Die Bedeutung von Kultur und ihre Dimensionen im Internationalen Management, in: Kumar, B.N./Haussmann, H. (Hrsg.): Handbuch der internationalen Unternehmenstätigkeit, München, S. 303-324.

Holzmüller, H.H. (1986): Zur Strukturierung der grenzüberschreitenden Konsumentenforschung und spezifischen Methodenproblemen in der Datengewinnung, in: Jahrbuch der Absatz- und Verbrauchsforschung, 32. Jg., Nr. 1, S. 42-70.

Holzmüller, H.H. (1995): Konzeptionelle und methodische Probleme der interkulturellen Management- und Marketingforschung, Stuttgart.

Holzmüller, H.H./Schuh, A. (1995): Erklärungsansätze für die Kulturgebundenheit von Konsummustern, in: Marktforschung und Management, 39. Jg., Nr. 3, S. 97-102.

Homburg, C./Giering, A./Hentschel, F. (1999): Der Zusammenhang zwischen Kunden-zufriedenheit und Kundenbindung, in: Die Betriebswirtschaft, 59. Jg., Nr. 2, S. 174-195.

Johnson, T.P. (1998): Approaches to Equivalence in Cross-Cultural and Cross-National Survey Research, in: Harkness, J. (Hrsg.): Cross-Cultural Survey Equivalence, Mannheim, S. 1-40.

Kemper, T. (2001): Markteintritts- und Marktbearbeitungsstrategien im internationalen Dienstleistungsmarketing. Eine empirische Analyse in europäischen Schlüsselmärkten, Aachen.

Kroeber-Riel, W./Weinberg, P. (2003): Konsumentenverhalten, 8. Aufl., München.

Layes, G. (2003): Kulturdimensionen, in: Thomas, A./Kinast E.-U./Schroll-Machl, S. (Hrsg.): Handbuch Interkulturelle Kommunikation und Kooperation. Band 1. Grundlagen und Praxisfelder, Göttingen, S. 60-73.

Lewis, B.R. (1991): Service Quality. An International Comparison of Bank Customers' Expectations and Perceptions, in: Journal of Marketing Management, Vol. 7, No. 1, S. 47-62.

Liljander, V./Strandvik, T. (1993): Estimating Zones of Tolerances in Perceived Quality and Perceived Service Value, in: International Journal of Service Industry Management, Vol. 4, No. 2, S. 6-28.

Mang, P. (1998): Kulturabhängiges Qualitätserleben direkter Kunde – Mitarbeiter – Kommunikation, Frankfurt/Main u.a.

Meffert, H. (2000): Marketing. Grundlagen marktorientierter Unternehmensführung. Konzepte – Instrumente – Fallbeispiele, 9. Aufl., Wiesbaden.

Meffert, H./Althans, J. (1982): Internationales Marketing, Stuttgart.

Meffert, H./Bolz, J. (1998): Internationales Marketing, 3. Aufl., Stuttgart.

Meffert, H./Bruhn, M. (2003): Dienstleistungsmarketing. Grundlagen – Konzepte – Methoden, 4. Aufl., Wiesbaden.

Mühlbacher, H. (1995): Internationale Produkt- und Programmpolitik, in: Hermanns, A./Wissmeier, U.K. (Hrsg.): Internationales Marketing. Grundlagen, Strategien, Instrumente, Kontrolle und Organisation, München, S. 139-175.

Sechrest, L./Fay, T.L./Zaidi, S. M. H. (1972): Problems of Translation in Cross-Cultural Research, in: Journal of Cross-Cultural Psychology, Vol. 9, No. 1, S. 41-56.

Simmet-Blomberg, H. (1998): Interkulturelle Marktforschung im Europäischen Trans-formationsprozeß, Stuttgart.

Stauss, B. (1999): Management interkultureller Dienstleistungskontakte, in: Kutschker, M. (Hrsg.): Perspektiven der internationalen Wirtschaft, Wiesbaden, S. 269-304.

Thomas, A. (2003): Psychologie interkulturellen Lernens und Handelns, in: Thomas, A. (Hrsg.): Kulturvergleichende Psychologie, 2. Aufl., Göttingen u.a., S. 433-485.

Wegmann, C. (2001): Internationales Beschwerdemanagement, Wiesbaden.

Wich, D.J. (1989): Die Vergleichbarkeit von Befragungen im Rahmen der internationalen Konsumentenforschung, Hamburg.

4. Internes Marketing in internationalen Dienstleistungsunternehmen

Christian Belz, Christian Schmitz und Tim Oliver Brexendorf

Internationales Internes Marketing – Konsequenz einer internationalen kundenorientierten Unternehmensführung

---

Prof. Dr. *Christian Belz* ist Inhaber des Lehrstuhls für Betriebswirtschaftslehre insbesondere Marketing sowie Geschäftsführender Direktor des Instituts für Marketing und Handel an der Universität St. Gallen. Dipl.-Kfm. *Christian Schmitz* ist Wissenschaftlicher Mitarbeiter am Kompetenzzentrum für Business-to-Business Marketing des Instituts für Marketing und Handel. Dipl.-Oec. *Tim Oliver Brexendorf* ist Wissenschaftlicher Mitarbeiter am Kompetenzzentrum für Brand Management des Instituts für Marketing und Handel.

1. Problemstellung: Internationalität erhöht Ansprüche an die Implementierung einer integrierten Kundenorientierung

Die Internationalisierung von Unternehmen ist seit vielen Jahren in nahezu allen Wirtschaftsbranchen und auf sämtlichen Wertschöpfungsstufen anzutreffen. Auch Unternehmen des Dienstleistungssektors wie etwa Banken, Versicherungen, Transport und der Handel sind seit Jahren international tätig. Nicht nur der Vertrieb kann verschiedene Ländermärkte betreffen, sondern auch die Beschaffung, die Herstellung und die unterstützenden Unternehmensfunktionen wie Buchhaltung oder interne IT-Dienstleistungen werden von Unternehmen mittlerweile aus ökonomischen Überlegungen heraus auf verschiedene internationale Standorte verteilt. Insbesondere das Thema „Offshoring" interner Dienstleistungen wird momentan stark diskutiert. Interne Dienstleistungen sind dabei nicht nur für Dienstleistungs- oder Handelsunternehmen von hoher Relevanz, sondern auch für Unternehmen im Industriesektor (Reiss/Schuster 1998, S. 1301).

Wichtige Ziele für die Internationalisierung sind geringere Kosten und der Zugang zu neuen Märkten. Durch die Verteilung der Wertschöpfung auf verschiedene Ländermärkte entstehen allerdings auch neue Schnittstellen, deren Koordination Unternehmen vor eine neue Herausforderung stellt. Es ist nicht allein die höhere Komplexität, die durch die geografische Verteilung der Prozesse entsteht, auch Länder-, Sprach- und Kulturgrenzen sind zu überwinden. Gerade die kundennahen Unternehmensbereiche des Marketing und des Vertriebs sehen sich neuen Anforderungen ausgesetzt. Hier schlägt sich ein unzureichend koordiniertes Vorgehen zwischen zentralen und dezentralen Einheiten allzu leicht in einem Verlust an Effizienz, Flexibilität und in sinkender Qualität der Kundenbetreuung nieder und gefährdet damit Wettbewerbsvorteile.

Der internationale Kontext stellt somit auch neue Anforderungen an das Interne Marketing. Die Sicherstellung eines organisationalen Rahmens, in dem kunden- und marktgerichtete Ziele von sämtlichen Mitarbeitern, die am Leistungserstellungsprozess beteiligt sind, getragen werden, wird herausfordernder denn je.

Die Theorie des Internen Marketing gibt auf die besonderen Erfordernisse des internationalen Kontexts bisher keine ausreichende Antwort. Der vorliegende Beitrag liefert eine konzeptionelle Erweiterung der Theorie des Internen Marketing. Ziel ist es, zum einen die besonderen Herausforderungen aufzuzeigen, die sich dem Internen Marketing im internationalen Kontext stellen. Zum anderen wird das Interne Marketing um die internationale Perspektive erweitert. Dabei werden die Prozessschritte eines „Internationalen Internen Marketing" herausgearbeitet und ausführlich diskutiert.

2. Internationale Unternehmensführung und Internes Marketing

2.1 Internationale kundenorientierte Unternehmensführung

Der Begriff Kundenorientierung bezeichnet eine dyadische Beziehung zwischen Kunden und Unternehmen. Das primäre Ziel besteht darin, Nutzen für den Kunden zu schaffen bzw. die Erwartungen des Kunden zu erfüllen. Durch eine konsequente Ausrichtung aller Kundenaktivitäten von innen nach außen wird ein Wettbewerbsvorteil erzielt (Bruhn 1999; 2002, S. 21). (Externe) Kundenorientierung bezeichnet nach Bruhn (1999, S. 10) die „grundsätzliche Ausrichtung der Unternehmensaktivitäten an den Kundenbedürfnissen, die bei der Planung und Erstellung der unternehmerischen Leistungen Berücksichtigung finden, mit dem Ziel, langfristig stabile und ökonomisch vorteilhafte Kundenbeziehungen zu etablieren". In diesem Zusammenhang bezweckt die kundenorientierte Unternehmensführung, dass sich die Ausrichtung aller Unternehmensaktivitäten an den Kundenbedürfnissen orientiert. Die Befriedigung von Kundenbedürfnissen wird dabei als Grundlage für den Unternehmenserfolg gesehen. Die Auswirkungen zwischen der kundenorientierten Unternehmensführung und dem ökonomischen Erfolg sind zum Gegenstand zahlreicher Studien gemacht worden (Homburg/Becker 2000, S. 20; Bruhn 2002, S. 22). In den meisten Fällen konnte ein signifikant positiver Einfluss auf das untersuchte Erfolgsmaß ermittelt werden (Bruhn 2002, S. 22).

Internationale Unternehmensführung bezeichnet die Geschäftstätigkeit eines Unternehmens in mehr als einem Land. Internationale kundenorientierte Unternehmensführung kann somit in Anlehnung an Bruhn (1999, S. 10) und Homburg/Krohmer (2003, S. 905) als die Ausrichtung sämtlicher Unternehmensaktivitäten an den Kundenbedürfnissen definiert werden, die bei der Planung und Erstellung der unternehmerischen Leistungen Berücksichtigung finden, mit dem Ziel, langfristig stabile und ökonomisch vorteilhafte Kundenbeziehungen in mehreren Ländern zu etablieren. Das Ziel, der im Sinne der Unternehmensziele optimalen Gestaltung von Kundenbeziehungen bezieht sich dabei auf mehrere Länder (Homburg/Krohmer 2003, S. 905).

Als besondere Herausforderungen, die sich Unternehmen im internationalen Kontext stellen, sind besonders hervorzuheben (Berndt et al. 2003, S. 6f.; Homburg/Krohmer 2003, S. 906f.; Abbildung 1):

- Ein *höheres Maß an Unsicherheit:* Die höhere Unsicherheit aus Sicht der Entscheidungsträger im Heimatland resultiert z.B. aus instabilen Wechselkursen, politisch instabilen Verhältnissen, größerer Rechtsunsicherheit sowie aus Handelshemmnissen.

- Eine *höhere Komplexität der Entscheidungssituation:* Dieser Sachverhalt liegt darin begründet, dass mehr Entscheidungsparameter als im rein nationalen Marketing berücksichtigt werden müssen. Die ökonomischen Einflüsse werden durch unterschiedliche Wirtschaftssysteme vielfältiger.

▨ Ein *höherer Informationsbedarf:* Als Konsequenz der höheren Unsicherheit und der höheren Komplexität ergibt sich ein höherer Informationsbedarf. Dieser zielt auf die Reduktion der erhöhten Unsicherheit im internationalen Kontext ab.

▨ Ein *höherer Koordinationsbedarf:* Dieser resultiert aus der Notwendigkeit, die kundenorientierten Aktivitäten in einzelnen Ländermärkten aufeinander abzustimmen. Unterschiedliche Kulturen und Gesellschaftssysteme sind im internationalen Kontext zu berücksichtigen. Die soziale Distanz ist in internationalen Geschäftsbeziehungen größer (Hallén/Johanson 1985). Die Abstimmung von Marketinginstrumenten und die Ausgestaltung in verschiedenen Ländermärkten stellt deshalb eine besondere Herausforderung dar.

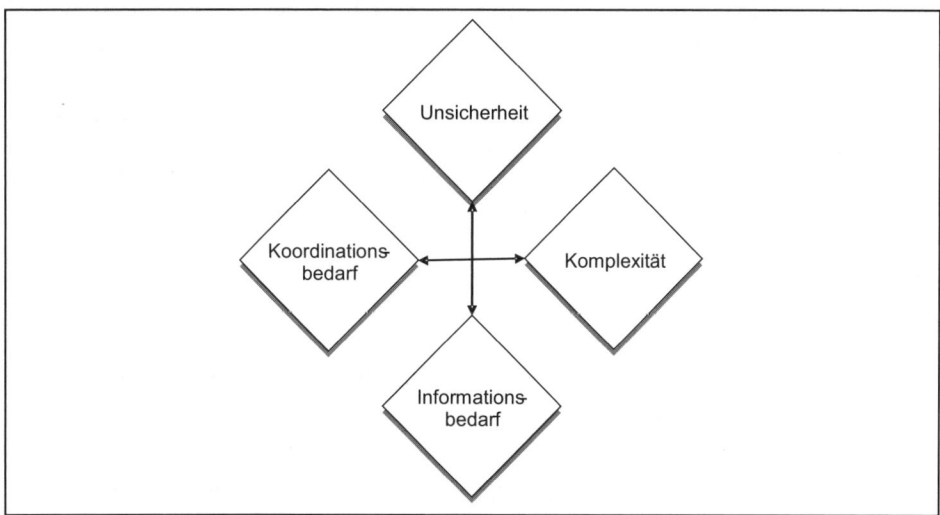

Abbildung 1: Herausforderungen für Unternehmen im internationalen Kontext
(Quelle: In Anlehnung an Berndt et al. 2003, S. 6f. und Homburg/Krohmer 2003, S. 906f.)

2.2 Definition und Konzept des Internen Marketing

Das Interne Marketing ist die „planmäßige Gestaltung von Austauschbeziehungen mit internen Systemmitgliedern zu absatzmarktbezogenen Zwecken" (Stauss/Schulze 1990, S. 155) und bedeutet, innerbetrieblich gegenüber den Mitarbeitern Marketing für das

Marketing zu betreiben (Belz 1981, S. 363; 2002, S. 237). Das Interne Marketing betrifft alle Aktivitäten, die sich in erster Linie auf interne Anspruchsgruppen beziehen, z.B. Mitarbeiter, andere Abteilungen oder auch andere Hierarchieebenen (Bruhn 1999). Notwendig ist dabei die Fähigkeit eines Unternehmens und seiner Mitarbeiter, mit der Ausrichtung am internen Kunden die innerbetrieblichen Voraussetzungen dafür zu schaffen, dass eine kontinuierliche, an den Erwartungen der externen Kunden (Anspruchsgruppen) ausgerichtete Unternehmensstrategie am Markt umgesetzt wird (Bruhn 1999, S. 27). Das Interne Marketing dient damit der internen Absicherung einer externen Marketingstrategie (Stauss/Schulze 1990, S. 156; Meyer/Oppermann 1998, S. 993) und ist somit häufig eine entscheidende Voraussetzung für den Markterfolg.

Ebenso kann das Interne Marketing als unternehmerische Grundhaltung verstanden werden, nach der alle unternehmerischen Entscheidungen konsequent an den Erfordernissen und Bedürfnissen der Mitarbeiter auszurichten sind (Stauss/Schulze 1990, S. 150; George/Grönroos 1995, S. 66; Rafiq/Ahmed 2000, S. 450ff.), um deren Zufriedenheit zu erhöhen. Die Mitarbeiterzufriedenheit gilt im Internen Marketing als Voraussetzung für die Realisierung ökonomischer Unternehmensziele (Lings 1999, S. 453; Rafiq/Ahmed 2000, S. 450).

Unternehmen sind somit gefordert, funktionsübergreifend die notwendigen Rahmenbedingungen zur Umsetzung von Kundenorientierung zu schaffen. Ziel ist es, dass die Entscheidungsträger die Bedürfnisse der internen und externen Kunden in der Alltagssituation verstehen. Die Zufriedenheit interner Anspruchsgruppen und die zu deren Erreichung eingesetzten internen Maßnahmen sollen somit zweckgerichtet zu einer besseren Leistungserstellung gegenüber externen Kunden dienen.

2.3   Bedeutung des Internen Marketing für die internationale Unternehmensführung

Die erhöhte Unsicherheit, die Komplexität und der daraus folgende größere Informations- und Koordinationsbedarf (Berndt et al. 2003, S. 6f.; Homburg/Krohmer 2003, S. 906f.) erschweren es im internationalen Kontext, eine kundenorientierte Perspektive einzunehmen und im Gesamtunternehmen umzusetzen. Die interne „Kunden-Lieferanten-Beziehung" wird durch eine geografische Schnittstelle getrennt (Abbildung 2). Häufig kommen zu der – durch die räumliche Trennung bedingten – eher aufwändigeren Abstimmung kulturelle Unterschiede hinzu, die das Management dieser Schnittstellen vor weitere Herausforderungen stellen. Bruhn (1995, S. 16 und S. 23) betont, dass die zunehmende Internationalisierung neben einem erweiterten externen Marketing auch die Berücksichtigung und Optimierung des Internen Marketing erfordert. Interne Mitarbeiterorientierung und externe Kundenorientierung müssen gleichzeitig und gleichgerichtet ineinander greifen.

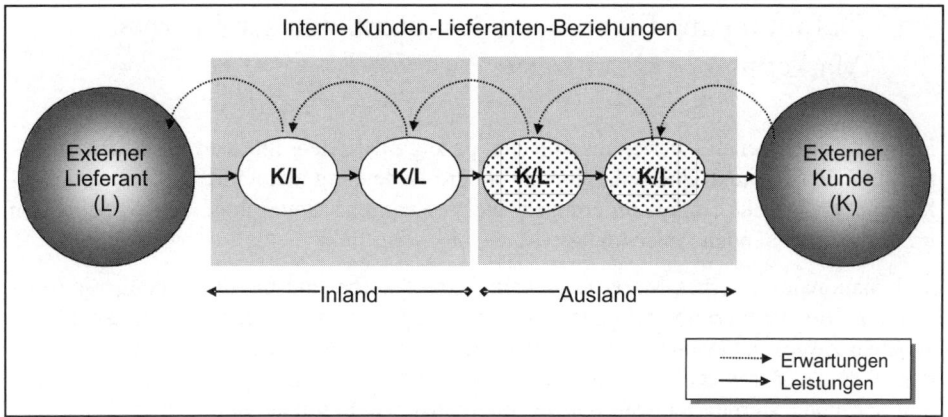

Abbildung 2: Interne Kunden-Lieferanten-Beziehungen im internationalen Kontext
(Quelle: In Anlehnung an Künzel 1999, S. 92 und Stauss 2000, S. 13)

Zur Grundlage wird die Fähigkeit, die vom Markt, d.h. die von den externen Kunden gestellten Erwartungen zu kennen und einzuschätzen, damit die internen Leistungen möglichst kundenorientiert abgestimmt werden können. Die Erwartungen werden dabei über
die Mitarbeiter im Kundenkontakt, z.B. über Vertriebsmitarbeiter, ins Unternehmen getragen. Das Interne Marketing kann dazu die Voraussetzungen schaffen. Zentralen Unternehmensbereichen, wie beispielsweise der zentralen Vertriebsleitung im Stammhaus,
muss es gelingen, die Erwartungen zu erfassen, zu verstehen und in die Gestaltung ihrer
internen Leistungen zu integrieren. Die Qualität der Internen Dienstleistungen ist eine
wichtige Grundlage und damit auch Determinante der Leistungserstellung bei den externen Kunden – und somit auch für den Unternehmenserfolg. Spannungen und Missverständnisse in der Kommunikation zwischen nationalen und internationalen Bereichen
und Abteilungen des Unternehmens können die Qualität der externen Leistungserstellung und die Kundenzufriedenheit gefährden.

In der Praxis haben sich bereits seit langem Konsequenzen der anspruchsvollen internen
Zusammenarbeit gezeigt, die mit der Internationalisierung verbunden sind. Verschiedene
quantitativ-empirisch angelegte Studien zeigen die Bedeutung der Zufriedenheit von
Mitarbeitern internationaler Vertriebsgesellschaften und deren Wirkung auf das Vertrau-
en, das Commitment, das Auftreten und die Intensität von Konflikten sowie die Performance-Orientierung und die finanziellen Ergebnisse, die im lokalen Markt erbracht werden (Pondy 1967; Gaski 1984; Pondy 1989; Geyskens et al. 1999). Den verschiedenen
Untersuchungen liegt dabei die Annahme zugrunde, dass die Qualität der internen Liefe-
ranten-Kunden-Beziehung im internationalen Marketing und Vertrieb über die Einstellung und das Verhalten der lokalen Mitarbeiter mittelbar auch Einfluss auf die Qualität
der Kundenbetreuung und deren Zufriedenheit hat (Geyskens et al. 1999, S. 224;
Klumpp 2000, S. 53; Coughlan et al. 2001, S. 245f.; Ahmed/Rafiq 2003, S. 1177f.).

2.4 Definition und Einordnung des Internationalen Internen Marketing

Die vorangegangenen Überlegungen haben gezeigt, dass dem Internen Marketing im internationalen Kontext einerseits eine besondere Bedeutung zukommt. Andererseits stellen sich völlig neue Herausforderungen. Der wesentliche Unterschied betrifft dabei den grenzüberschreitenden Anwendungsbereich.

„Internationales Internes Marketing" kann darauf aufbauend als die „planmäßige Gestaltung von Austauschbeziehungen mit internen Systemmitgliedern zu absatzmarktbezogenen Zwecken" (Stauss/Schulze 1990, S. 155) verstanden werden, bei der verschiedene Länder, deren Kulturen und daraus folgende unterschiedliche Erwartungen von internen und externen Kunden bei der internen Leistungserstellung zu berücksichtigen sind.

Es handelt sich beim Internationalen Internen Marketing um einen besonderen Anwendungsbereich des Internen Marketing. Stauss/Schulze (1990, S. 155) betonen, dass beim Internen Marketing das Personal oder Subsysteme von Unternehmen als Austauschpartner bzw. Systemmitglieder in Betracht kommen. Bislang existieren weder konzeptionelle noch empirische Beiträge, die das Interne Marketing auf das Verhältnis der Unternehmensführung zu den internationalen Vertriebsgesellschaften beziehen. Nach Stauss/Schulze kommt jedoch ein Unternehmen mit mehreren Betriebsstätten grundsätzlich als System in Betracht (1990, S. 155; vgl. hierzu auch Schütz 1993, S. 194f.). Dann sind es Subsysteme wie Filialen, Mitglieder von Kooperationen oder Franchisenehmer, die mit Hilfe eines abgestimmten Instrumentariums gesteuert und zu absatzstrategisch festgelegtem Verhalten im Sinne der Systemziele bewegt werden müssen (Stauss/Schulze 1990, S. 155). Länder-, Unternehmens-, Abteilungs- und Bereichsdenken müssen aufgegeben werden und eine stärkere Prozess- und Mitarbeiterorientierung sind über das Gesamtunternehmen hinweg zu integrieren. Das Interne Marketing ist dabei nur dann effizient, wenn es gesamtunternehmensweit implementiert wird (Bruhn 1995, S. 57). Adressat dieser Variante des Internen Marketing ist das jeweilige Subsystem, in erster Linie dessen Leitung, sekundär auch die weiteren Elemente des Subsystems, z.B. die Vertriebsmitarbeiter. Um der besonderen Bedeutung, die der internationale Kontext für das Interne Marketing aufweist, Rechnung zu tragen, widmet sich der vorliegende Beitrag im Folgenden dem Internationalen Internen Marketing. Dessen Aktivitäten müssen sowohl in der Analyse, Planung, Umsetzung und Kontrolle den internationalen Kontext berücksichtigen, indem für jede Phase adäquate Lösungsansätze gefunden werden. Der Beitrag beschränkt sich dabei auf die Betrachtung der internationalen Marktorganisation als besonderen Anwendungsbereich des Internationalen Internen Marketing.

3. Management des Internationalen Internen Marketing

3.1 Vier Schritte des Internationalen Internen Marketing: Analyse, Planung, Umsetzung und Kontrolle

Die hohe Bedeutung der Zufriedenheit interner Kunden bei der Implementierung von Marketingkonzepten in einer internationalen Marktorganisation fordert ein systematisches Vorgehen. Dazu wird ein typischer Managementprozess zur Umsetzung einer internen Kundenorientierung modelliert, wie er beispielsweise von Bruhn (2002, S. 29) vorgeschlagen wird. Der Prozess beinhaltet die vier Phasen der Analyse, der Planung, der Umsetzung und der Kontrolle (Abbildung 3).

Zunächst ist die Situation der internen Kunden bzw. der internationalen Vertriebseinheiten zu analysieren. Hierbei werden interne Kunden identifiziert, die lokalen Gegebenheiten betrachtet und herausgestellt, welche besonderen Bedürfnisse sich für den internen Kunden ergeben. Im nächsten Schritt, der Planung, werden für die internen Kundengruppen Ziele und Strategien zur Erreichung dieser festgelegt, wodurch sich ebenfalls die benötigte Budgethöhe konkretisiert. In der Phase der Umsetzung finden die Maßnahmen der internen Kundenorientierung ihren Einsatz, deren Erfolg in der Kontrollphase auf dem Prüfstand steht. In dieser letzten Phase ergeben sich wichtige Hinweise, die notwendige Verbesserungen bei der Vorgehensweise aufzeigen können. Im Rahmen dieses Beitrags werden die einzelnen Phasen und eine mögliche Ausgestaltung im Internationalen Internen Marketing vorgestellt und für den besonderen Fall der internationalen Marktorganisation diskutiert.

Abbildung 3: Managementprozess der internen Kundenorientierung
(Quelle: In Anlehnung an Bruhn 1999, S. 30)

3.2   Situationsanalyse bei internen Kunden

3.2.1 Identifikation internationaler Kunden und Kundensegmente

Ein erster Schritt zur Verbesserung der internen Kundenorientierung besteht darin, die unternehmensinternen Kunden bzw. Kundengruppen zu identifizieren. Das stellt insbesondere in großen Konzernen mit internationalen Standorten eine zentrale Herausforderung dar und ist mit verschiedenen Schwierigkeiten verbunden (Künzel 1999, S. 177).

Ansatzpunkte für eine Identifikation von internen Kunden liegen in der Analyse organisatorischer, personeller und kultureller Rahmenbedingungen. Beschränkt man die Betrachtung auf den konkreten Fall der Marktorganisation, existieren eine große Anzahl an Marketing- und Vertriebsmitarbeitern, die als potenzielle interne Kunden in Frage kommen. Hierzu gehören beispielsweise Mitarbeiter des lokalen Marketing, der Kommunikationsabteilung, der lokalen Servicebereiche, der Vertriebsleitung und des Vertriebsaußendienstes.

Zunächst müssen Schwerpunkte gesetzt werden. Es können Mitarbeitergruppen aus Funktionsbereichen des Unternehmens ausgewählt werden, die sich in der Zusammenarbeit als besonders problematisch erweisen. So kann in dieser Phase z.B. eine Konzentration auf Mitarbeiter des Vertriebsaußendienstes erfolgen, weil sich die Zusammenarbeit mit diesen als besonders konfliktreich darstellt. Auch können Eingrenzungen auf bestimmte geografische oder kulturelle Gebiete und die hierarchische Stellung vorgenommen werden, um auch hier die Sichtweise von in sich homogenen Gruppen zu erfassen. Der Eingrenzung sind aus theoretischer Sicht wenige Grenzen gesetzt, auch Kombinationen verschiedener Segmentierungskriterien sind denkbar. In der Praxis sind jedoch meist konkrete Schwierigkeiten in der Zusammenarbeit zwischen den einzelnen internen Wertschöpfungspartnern der Grund für eine genauere Betrachtung und eine entsprechende Berücksichtigung im Management. Deshalb ist die Auswahl der internen Kundensegmente in der Praxis in den meisten Fällen bereits beim Zustandekommen des Projektes gegeben. Darüber hinaus wird die Segmentierung auch durch den Grad des Vorwissens über Marketingtheorien und Marketingmethoden sowie die Sprach- und Kulturkenntnisse in der Zentrale beeinflusst (Belz 1981, S. 384).

3.2.2 Situationsanalyse bei internationalen internen Kunden

Nachdem eine interne Kundengruppe ausgewählt worden ist, muss zunächst deren lokale Situation analysiert werden, die in hohem Maße über die jeweiligen Bedürfnisse entscheidet. Situative Unterschiede liegen dabei z.B. in den unterschiedlichen Bedürfnissen externer Kunden, in lokalen Kulturen, Normen und Gesetzen sowie in der geografischen Distanz. Häufig führt auch die meist in der Anfangsphase der internationalen Aktivitäten noch geringe lokale Kompetenz zu besonderen Bedürfnissen an die zentrale Unterstützung und Führung.

Auf Basis von Experteninterviews, die im Rahmen einer Studie vom Institut für Marketing und Handel an der Universität St. Gallen in den Jahren 2003 und 2004 durchgeführt wurden, sowie Literaturhinweisen, können eine Reihe von Variablen identifiziert werden, die aufgrund von Plausibilitätsüberlegungen (Kieser 1999, S. 175) fünf Gruppen von Kontextfaktoren zugeordnet wurden (Abbildung 4).

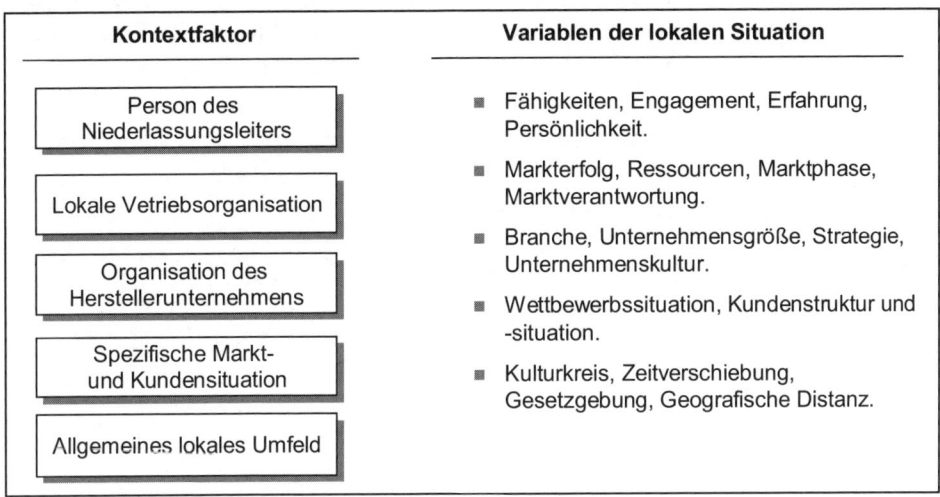

Abbildung 4: Kontextfaktoren und Variablen der lokalen Situation

Zum einen unterscheiden sich Vertriebsgesellschaften über die Person des Top-Managers, d.h., dessen Erfahrung und Fähigkeiten, seinem Engagement und seiner Persönlichkeit. Auch kreiert die lokale Organisation, in die dieser eingebettet ist, ein spezifisches Umfeld. Mitarbeiter in einer unprofitablen Vertriebsgesellschaft benötigen unter Umständen eine andere Unterstützung als die Mitarbeiter einer erfolgreichen. Letztlich wird aber auch die Einbindung in das Herstellerunternehmen, die vertretenen Produktbereiche und der Einfluss der zentralen Unternehmenskultur und -strategie über die lokale Strategie entscheiden. Weiterhin ist der lokale Markt mit spezifischen Kundenbedürfnissen und Wettbewerbsbedingungen zu beachten, der sich wie die Vertriebsgesellschaft unter den lokalen Rahmenbedingungen entwickelt.

Die Zahl und die Benennung der Kontextfaktoren bleiben zwar vermutlich langfristig konstant, die Ausprägung der Variablen, deren relatives Gewicht und Konstellation sind aber im Zeitablauf variabel (Staehle 1977, S. 114). Aus Sicht der Zentrale bedeutet dies, dass regelmäßige Situationsanalysen erforderlich sind, um die Handlungskonzepte den

Veränderungen der lokalen Situation anzupassen. Die Variablen können – je nach Unternehmen und Schwerpunkt – ergänzt oder weiter differenziert werden.

Gestützt auf die recht differenzierten Analysen von allgemeinen Rahmenbedingungen, Kunden und Wettbewerbsverhalten, Herstellerorganisation, lokaler Organisation und Vertriebsverantwortlichen lässt sich eine Morphologie der lokalen Vertriebssituationen ableiten (Belz/Schmitz 2004, S. 234f.). Die Kriterien und deren Zuordnung müssen in verschiedenen Situationen überprüft und je nach Unternehmen sowie zeitlich unterschiedlich gewichtet werden. Aus praktischer Sicht ist es für Hersteller kaum möglich und nicht sinnvoll, annähernd alle Situationsvariablen bei der Planung von unterstützenden Maßnahmen mit einzubeziehen. Trotzdem kann eine überblicksartige Einschätzung Impulse für ein besseres Verständnis der lokalen Situation geben.

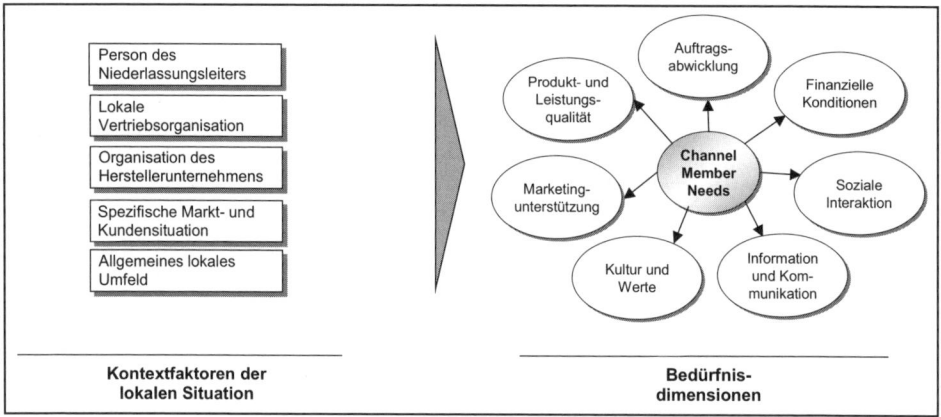

Abbildung 5: Kontextfaktoren und Bedürfnisdimensionen im internationalen Vertrieb

3.2.3 Bedürfnisanalyse von internationalen internen Kunden

Nach der Analyse der lokalen Situation stehen die konkreten Bedürfnisse der internen Kunden im Mittelpunkt. Die Beurteilung der internen Dienstleistungsqualität, mit den für die lokalen Mitarbeiter wesentlichen Beurteilungskriterien, muss ermittelt werden, um eine Grundlage für die kontinuierliche Verbesserung zu schaffen (Stauss/Neuhaus 1995, S. 590ff.). Um diese zu erheben, lassen sich qualitative Datenerhebungsmethoden wie teilstrukturierte Interviews oder Fokusgruppen einsetzen. Im konkreten Fall wurden 17 teilstrukturierte Interviews mit Geschäftsführern und Vertriebsleitern internationaler Vertriebsgesellschaften durchgeführt. Auf Basis dieser Gespräche konnten Situationsvariablen identifiziert und inhaltliche Bedürfnisdimensionen herausgestellt werden. Es kann davon ausgegangen werden, dass die Situationsvariablen einen starken und direkten Einfluss auf die internen Bedürfnisse haben, da sie auf jeder organisationalen Stufe auf die Erwartungen wirken (Abbildung 5). Im Fall der internationalen Marktorganisation von Industriegüterherstellern können sieben inhaltliche Qualitätsdimensionen unterschieden werden, die über die Zufriedenheit der internationalen Vertriebspartner entscheiden. Die von uns identifizierten Dimensionen haben länder- und branchenübergreifenden Charakter, auch wenn die jeweilige Bedeutung sich in Abhängigkeit von den Kontextfaktoren verändert.

3.3 Planung der internen Kundenorientierung

In der Planungsphase werden Ziele für einzelne Kundengruppen festgelegt und Strategien entwickelt, um diese zu erreichen.

Bei den Zielen für die einzelnen internen Kundengruppen können monetäre und nicht-monetäre Zielgrößen unterschieden werden. Zu den monetären Zielgrößen zählen vor allem Umsatz- und Deckungsbeitragsgrößen, die in der Praxis vielfach ihre Anwendung finden. Durch die Maximierung des Kundenwertes, also des Wertbeitrages der einzelnen Ländergesellschaften, erhöht sich gleichsam der Unternehmenswert. Dabei muss bei der Festlegung der angestrebten Umsatzhöhe und -entwicklung (oder des Deckungsbeitrages) berücksichtigt werden, welche Ausprägung die für ein Land relevanten Kontextfaktoren aufweisen. So entscheiden die Region, die Größe des Verkaufsgebietes und die gesamtwirtschaftliche Situation maßgeblich über die Wertpotenziale.

Weiterhin können für interne Kunden nicht-ökonomische Zielgrößen identifiziert werden. Hier sind interaktions- und einstellungsbezogene Größen zu unterscheiden. Zu den interaktionsbezogenen Größen gehören z.B. die Kontakt- und Besuchshäufigkeit oder auch die Einhaltung von Standards für die interne Zusammenarbeit, wie z.B. die durchschnittliche Beantwortungszeit für interne Anfragen. Einstellungsbezogene Größen sind das Vertrauen, das Commitment, aber auch die Performance-Orientierung und die Zufriedenheit mit der Zusammenarbeit. Letztere spielt eine besondere Rolle, auch weil sie teilweise ursächlich für die anderen einstellungsbezogenen Größen gesehen wird (Geyskens et al. 1999, S. 225).

Zur Analyse und Zielfestlegung bei der Zufriedenheit können ähnliche Instrumente wie bei der Zufriedenheitsanalyse bei externen Kunden angewendet werden. So lassen sich sämtliche zufriedenheitsrelevanten Aspekte in ein Zufriedenheits-Bedeutungs-Diagramm eintragen. Dabei wird zum einen die aus (interner) Kundensicht bestehende Zufriedenheit berücksichtigt, zum anderen deren Bedeutung erfasst. So können verschiedene Aspekte priorisiert werden. Im internationalen Kontext lassen sich auch Analysen für einzelne Ländergruppen oder Regionen durchführen.

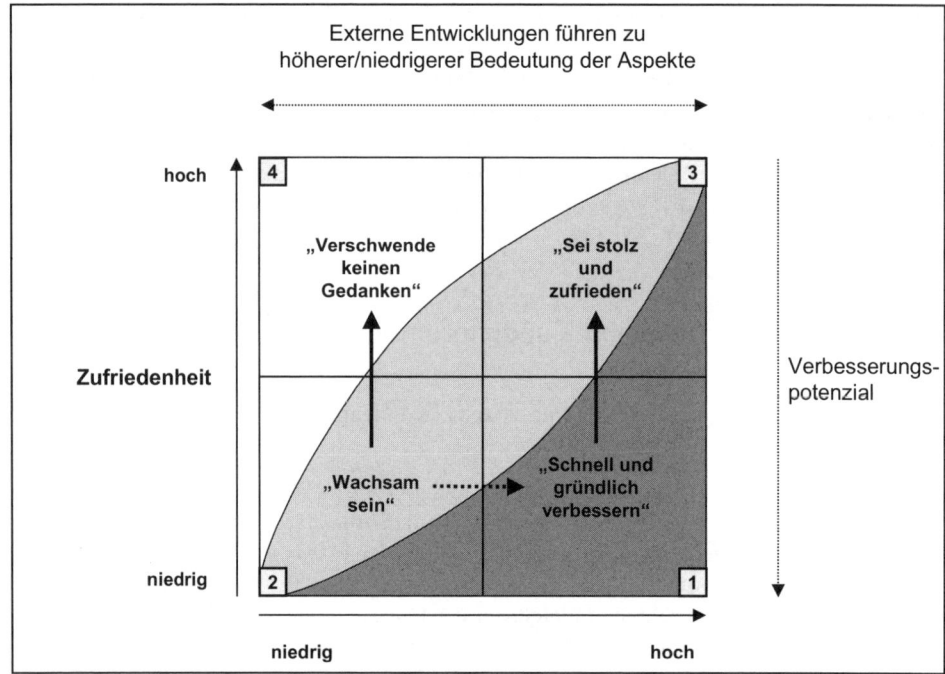

Abbildung 6: Zufriedenheits-Bedeutungs-Diagramm für das
              Internationale Interne Marketing

Nachdem sämtliche für die Zusammenarbeit relevanten Aspekte erfasst und in das Diagramm aufgenommen wurden, kann sich ein Unternehmen zunächst auf den ersten Quadranten konzentrieren. Auch hierbei lassen sich noch einmal einzelne Aspekte ausschließen, z.B. weil sie bereits Gegenstand eines laufenden Projektes sind. Für die ausgewählten Aspekte kann nun eine Zielposition festgelegt werden. Vorteilhaft ist es an dieser Stelle, Datenmaterial anderer Messungen (z.B. aus den Vorjahren) oder von weiteren Unternehmen als Benchmark heranzuziehen. Auf diese Weise gelingt es, den eigenen Standort zu reflektieren und auch bei der Bestimmung der Ziele ein besseres Fingerspitzengefühl zu erhalten.

Sind die Zielpositionen bestimmt, muss eine Strategie entwickelt werden, um diese zu erreichen. Hierzu steht dem Unternehmen eine große Anzahl von Maßnahmen zur Verfügung. Die Strategien hängen dabei von den identifizierten Aspekten der Zusammenarbeit ab. Das strategische Entscheidungsfeld gestaltet sich bei Aspekten der Kultur und Kommunikation grundlegend anders als bei der operativen internen Leistungsgestaltung, beispielsweise der Unterstützung bei der Auftragsabwicklung oder bei After Sales Services.

Die sich ergebenden Budgets werden selbstverständlich grundlegend von den gewählten Strategien determiniert. Die organisatorische Umgestaltung, z.B. durch die Einführung länderübergreifender Verkaufsteams, schlägt sich anders nieder als die Einführung eines Newsletters, der die Kommunikation zu den dezentralen Einheiten unterstützt. Außerdem muss die Verteilung des Budgets auf die zentralen und dezentralen Einheiten berücksichtigt werden. Teilweise kann das zur Verfügung stehende Budget für bestimmte Maßnahmen (aus Sicht zentraler Bereiche) dadurch erhöht werden, indem Mitarbeiter internationaler Vertriebseinheiten überzeugt und an den benötigten Mitteln beteiligt werden.

3.4 Umsetzung eines Internationalen Internen Marketing

Internationales Internes Marketing muss die Voraussetzungen schaffen, um externe Kundenorientierung intern in den Ländern mit angegliederten Vertriebsgesellschaften erfolgreich umzusetzen (Belz 2002, S. 237). Bedeutsam für eine konsequente Implementierung ist zum einen die Umsetzung im Sinne der Festlegung von Zielen, Inhalten und Maßnahmen des Internationalen Internen Marketing, zum anderen die Durchsetzung im Sinne der Erzielung einer breiten Akzeptanz der Umsetzungsmaßnahmen im gesamten Unternehmen. Umsetzung bedeutet somit auch Durchsetzung im Gesamtunternehmen (Belz 1981). Maßnahmen der Implementierung eines Internationalen Internen Marketing können sowohl auf inhaltlich-konzeptioneller, organisatorisch-struktureller und personell-kultureller Ebene ansetzen (Bruhn 1995, S. 43ff.).

3.4.1 Umsetzung auf inhaltlich-konzeptioneller Ebene

Von hoher Bedeutung für die Durchsetzung von Marketinginhalten und -methoden ist die Anpassung an die besonderen Rahmenbedingungen der Tochtergesellschaften in den einzelnen Ländermärkten (Belz 1981, S. 381). Durch die Selbständigkeit nachgelagerter Stufen wird der direkte Einfluss der Muttergesellschaft sowie die Aufteilung des Internen Marketing in Einzelentscheide erschwert und Überzeugungsprozesse gewinnen somit an Bedeutung (Belz 1981, S. 382 und S. 406). Die Mitarbeiter des Marketing haben die Aufgabe, diese Überzeugungsarbeit zu leisten. Die Relevanz des Internen Marketing darf nicht als stereotyp und negativ beurteilt werden, bestehende Zweifel und falsche Vorstellungen müssen abgebaut und der Nutzen des Internen Marketing verdeutlicht werden (Belz 1981, S. 363).

3.4.2 Umsetzung auf organisatorisch-struktureller Ebene

Das innengerichtete Marketing hat eine Leistungserbringung gegenüber externen Kunden sicherzustellen. Kundenorientierung erfordert daher eine interne Ausrichtung auf die kundenbezogenen Prozesse und Strukturen. Um schnell und flexibel auf Kundenwünsche international eingehen zu können, bedarf es einer hohen Flexibilität und eines direkten Informationsflusses zwischen den Unternehmenseinheiten (Bruhn 2003, S. 15). Daher ist im Rahmen des Internationalen Internen Marketing eine enge Zusammenarbeit zwischen Marketing, Personal und den beteiligten Einheiten der Vertriebsgesellschaft anzustreben. Während das Marketing und die beteiligten Einheiten der Vertriebsgesellschaft über direkte Schnittstellen zu den externen Kunden verfügen (Krafft/Haase 2004, S. 13), hat der Bereich Personal Kontaktpunkte mit den internen Kunden.

Zwischen den einzelnen Bereichen bestehen wechselseitige Austauschprozesse und Abhängigkeiten. Unterschiede in der Aufgabenstruktur, der Zielsetzung, im Verhalten sowie in der räumlichen und geografischen Trennung zwischen den Funktionalbereichen erschweren eine effiziente Zusammenarbeit (Krafft/Haase 2004, S. 14ff.). Offenheit und Differenziertheit in der lokalen Anpassung sind für die Realisierung einer wirksamen Zusammenarbeit zwischen Zentrale und dezentralen Einheiten eine notwendige Voraussetzung (Belz 2002, S. 161 und S. 235). Um interne Konflikte zwischen den Abteilungen zu vermeiden, schlagen Rafiq/Ahmed (1993, S. 229) vor, die Verantwortlichkeit des Internen Marketing im Strategischen Management zu verankern. Die kontinuierliche Integration von Führungspersonal nationaler und internationaler Unternehmenseinheiten ist hierbei für die Realisierung von hoher Relevanz. Der Leiter der Vertriebsgesellschaft muss für die inhaltliche Umsetzung einstehen und diese mit seinen Untergebenen vorantreiben und stützen (George/Grönroos 1995, S. 72 und S. 76). Ausgewählte Beispiele für Lösungen, die gegenwärtig in Unternehmen eingesetzt werden, sind internationale Mitarbeiteraustauschprogramme, internationale Job-Rotations, neue kulturelle Anforderungen in der Rekrutierung, cross-funktionale und cross-nationale Teamorganisationen sowie internationale Mitarbeiterevents. Nur unter diesen Umständen ist eine erfolgreiche Realisierung möglich.

3.4.3 Umsetzung auf personell-kultureller Ebene

Die Maßnahmen zum Internationalen Internen Marketing sollten auf der Ebene der Vertriebsgesellschaften ansetzen und eine Vielzahl der Mitarbeiter einbeziehen. Als Kontaktpersonen des Unternehmens prägen Mitarbeiter durch ihr Serviceverhalten das Unternehmensimage (Brexendorf/Tomczak 2004) und tragen zur Kundenzufriedenheit bei. Die Bedeutung der Mitarbeiter im direkten Kundenkontakt erfährt durch die zunehmende Technologisierung in den Kundenkontaktprozessen und der damit verbundenen Reduktion von Mitarbeiterkontakten eine weitere Aufwertung (Berry 1981, S. 33ff.). Die

Gesamtkonzeption des Internationalen Internen Marketing muss somit den Arbeitsbereich des einzelnen Mitarbeiters berücksichtigen (Belz 1992, S. 363). Die Mitarbeiter müssen ihre Aufgaben nicht nur übernehmen können, sondern auch wollen und dürfen (Bruhn 1995, S. 45; Belz 1998, S. 631). Neben der fachlichen ist die emotionale Sichtweise der Mitarbeiter zu berücksichtigen.

International tätige Unternehmen müssen neben personellen auch kulturelle Aspekte bei der Ausgestaltung ihrer internen Dienstleistungen berücksichtigen. In der Umsetzung eines Internationalen Internen Marketing überwiegen nicht die sachlichen, sondern die emotionalen, personellen und kulturellen Widerstände gegen Maßnahmen, die von der Zentrale getroffen werden (Belz 1981, S. 380; 1998, S. 620). Sowohl die Landeskultur als auch die Unternehmenskultur haben einen hohen Einfluss auf die Verhaltenssteuerung und -koordination zwischen Zentrale und ausländischen Vertriebsgesellschaften. Internationale Unternehmen sind in hohem Maße von der Landeskultur der Muttergesellschaft beeinflusst. Die Berücksichtigung von Landeskulturen der Vertriebsgesellschaften hängt jedoch von der Führungsphilosophie der Zentrale ab (Kutschker/Schmid 2002, S. 662f.). So wird bei Unternehmen wie Starbucks oder Wal-Mart der „American Way" im hohen Maße auch auf die Führung und Kundenorientierung der Vertriebsgesellschaften in den einzelnen Ländern übertragen. Die Interaktionsintensität bei der Leistungserstellung und der Grad der Intangibilität der Leistung entscheiden im hohen Maße über den kulturspezifischen oder -unspezifischen Einsatz der internen Dienstleistung (Meffert 2000, S. 613). Eine Standardisierung interner Dienstleistungen erscheint sinnvoll und wird in unterschiedlichen Kulturen gleichermaßen angenommen, wenn die Dienstleistung in unterschiedlichen Kulturen als gleich betrachtet wird und hohe Skalenerträge erzielbar sind (Meffert 2000, S. 513). Die geografisch-kulturelle Distanz sowie die Anzahl der bearbeiteten Märkte haben einen hohen Einfluss auf die Verhaltenskoordination. Während die geografisch-kulturelle Distanz zwischen Ländern wie z.B. Deutschland und Japan als groß angenommen werden kann, ist sie zwischen Deutschland und Österreich als gering zu betrachten (Kutschker/Schmid 2002, S. 312). Eine Standardisierung von internen Dienstleistungen ist demnach umso sinnvoller, je geringer die geografisch-kulturelle Distanz ist.

Neben der Landeskultur hat auch die Unternehmenskultur einen hohen Einfluss auf die Implementierung des Internationalen Internen Marketing. Die Unternehmenskultur als Summe aller im Unternehmen geltenden und von den Unternehmensmitgliedern geteilten Werte und Normen kann eine starke positive oder negative verhaltenssteuernde Wirkung ausüben. Neben einer Gesamtunternehmenskultur können in den Vertriebsgesellschaften sowie einzelnen Abteilungen Subkulturen existieren. Zur Durchsetzung einer stark ausgeprägten Gesamtkultur ist eine breite Durchsetzung der Unternehmenswerte und -grundsätze von hoher Bedeutung (Bruhn 2003, S. 17). Werte und Normen, die von allen einzelnen Ländermärkten geteilt werden, haben eine koordinierende Funktion in Hinblick auf das Erzielen der Gesamtunternehmensziele und der Verhinderung von Egoismen zwischen den einzelnen Märkten sowie Abteilungen. Zwischen der Zentrale und den dezentralen Einheiten des Unternehmens muss eine Unternehmenskultur geschaffen werden, die eine indirekte zielorientierte Steuerung des Verhaltens nach den Zielen des Unternehmens ermöglicht (Belz/Reinhold 1999, S. 191).

Durch interkulturelle Kommunikation kann in Zusammenarbeit mit fremden Kulturen sowohl die sprachliche Verständigung als auch die Fähigkeit erleichtert werden, sich in Sinn- und Erfahrungszusammenhänge fremder Kulturen hineindenken zu können. Systematisches Wissen über andere Kulturen ermöglicht es, kulturelle Phänomene differenziert zu beurteilen und eröffnet Sichtweisen, durch die negative Stereotypen vermieden und Vorurteile abgebaut werden. Das kulturelle Wissen erleichtert dadurch die Aufgabenbewältigung in der interkulturellen Zusammenarbeit und schafft Verständnis für fremdkulturelle Sichtweisen, was die Effektivität und Effizienz in den Aufgabenbereichen des Unternehmens erhöht. Der Umgang mit verschiedenen Kulturen trägt damit zum interkulturellen Dialog und zur Interaktion im Unternehmen bei. Somit können auch mit eingeschränkter sprachlicher Fähigkeit Kulturdifferenzen besser bewältigt werden. Kulturabhängige Normen, Werte und Rollen werden erkannt und schaffen die Grundlage für die Handlungsstrategie der Mitarbeiter, um Konflikte mit den Interaktionspartnern zu begrenzen.

3.5   Kontrolle der Zielerreichung und Feedback

Nach der Umsetzung einzelner Maßnahmen zur Erhöhung der internen Kundenzufriedenheit können einmalige oder regelmäßige Kontrollen eingesetzt werden, um Fortschritte zu erfassen. Bei der Kontrolle wird noch einmal deutlich, ob die formulierten Ziele hinreichend präzise formuliert wurden und inwieweit diese realisiert werden konnten. Sind Ziele nicht hinreichend erfüllt worden, lässt dies zum einen Rückschlüsse auf die Realitätsnähe der Zielbildung zu. Die verantwortlichen Manager erhalten ein Gefühl dafür, in welchem Ausmaß Steigerungen möglich sind. Zum anderen gibt eine schlechte Zielerreichung auch Hinweise für die Auswahl und den Einsatz der Maßnahmen, die bei der weiteren Umsetzung zu berücksichtigen sind. Die Kontrollphase ist deshalb unerlässlich, um die Qualität des Managementprozesses im Internationalen Marketing zu verbessern. Des Weiteren spielt die Kontrolle eine wichtige Rolle für die verantwortlichen Manager, da diese im Unternehmen die Erfolge ihrer Aktivitäten kommunizieren und ggf. gegen interne Kritiker verteidigen müssen.

4.   Schlussbetrachtung und Folgerungen

Aus Sicht der Autoren gestaltet sich die interne Zusammenarbeit im internationalen Marketing und Vertrieb durch die verschiedenen beschriebenen Schnittstellen als besonders herausfordernd. Das Interne Marketing kann im internationalen Kontext eine wichtige Rolle einnehmen, indem es die Perspektive der dezentralen Einheiten (der „internen Kunden") gewichtet und in die Maßnahmen der Zentrale integriert.

Als problematisch kann dabei allerdings die Implementierung einer Kundenorientierung gesehen werden. Es stellt sich die Frage nach den Inhalten der Kundenorientierung und dem Träger des Wissens über die Kundenbedürfnisse. Untersuchungen zur „Embeddedness" von Verkaufsorganisationen haben gezeigt, dass sich gerade internationale Vertriebsverantwortliche für die Anliegen ihrer lokalen Kunden einsetzen und diese gegenüber dem zentralen Marketing und Vertrieb vertreten (Andersson/Forsgren 1996). In diesem Fall sind es gerade die zentralen Marketing- und Vertriebseinheiten, die zu einer noch höheren Kundenorientierung bewegt werden sollen.

Dies scheint paradox, da ja gerade die zentralen Einheiten meist die Träger der Anstrengungen des Internen Marketing sind. Eine wichtige Voraussetzung für den Erfolg des Internationalen Internen Marketing in Unternehmen ist also die Kritikfähigkeit und der Wille von zentralen Einheiten, sich an den Bedürfnissen der Märkte auszurichten und eigene Prozesse und Vorgehensweisen in Frage zu stellen. Entscheiden sich zentrale Einheiten zu solch einem Schritt, eröffnet sich die Möglichkeit, die Qualität der internen Leistungen zu verbessern. Hierdurch entsteht eine wichtige Grundlage für den Erfolg der dezentralen Einheiten, auf den im internationalen Wettbewerb kein Unternehmen verzichten kann.

Literatur

Ahmed, P.K./Rafiq, M. (2003): Internal Marketing Issues and Challenges, in: European Journal of Marketing, Vol. 37, No. 9, S. 1177-1186.

Andersson, U./Forsgren, M. (1996): Subsidiary Embeddedness and Control in the Multinational Corporation, in: International Business Review, Vol. 5, No. 5, S. 487-508.

Belz, C. (1981): Förderung des Lerntransfers, Uttwil.

Belz, C. (1992): Marketing: auch nach innen richten!, in: Management-Zeitschrift io, 52. Jg., Nr. 10, S. 363-366.

Belz, C. (1998): Akzente im innovativen Marketing, St. Gallen.

Belz, C. (2002): Marketing Update 2005, Akzente im innovativen Marketing, St. Gallen.

Belz, C./Reinhold, M. (1999): Internationales Vertriebsmanagement für Industriegüter, St. Gallen/Wien.

Belz, C./Schmitz, C. (2004): Vertriebsgesellschaften als interne Kunden internationaler Konsumgüterhersteller, in: Ahlert, D./Olbrich, R./Schröder, H. (Hrsg.): Internationalisierung von Vertrieb und Handel, Frankfurt/Main, S. 223-243.

Berndt, R./Fantapié Altobelli, C./Sander, M. (2003): Internationales Marketing Management, Berlin.

Berry, L.L. (1981): The Employee as Customer, in: Journal of Retail Banking, Vol. 3, No. 1, S. 33-44.

Brexendorf, T./Tomczak, T. (2004): Interne Markenführung, in: Albers, S./Hassmann, V./Tomczak, T. (Hrsg.): Verkauf – Kundenmanagement, Vertriebssteuerung, E-Commerce, Symposion, Düsseldorf, S. 1-26.

Bruhn, M. (1995): Internes Marketing als Forschungsgebiet der Marketingwissenschaft, in: Bruhn, M. (Hrsg.): Internes Marketing: Integration der Kunden- und Mitarbeiterorientierung, Wiesbaden, S. 13-61.

Bruhn, M. (1999): Kundenorientierung. Bausteine eines exzellenten Unternehmens, München.

Bruhn, M. (2002): Integrierte Kundenorientierung – Implementierung einer kundenorientierten Unternehmensführung, Wiesbaden.

Bruhn, M. (2003): Implementierung einer kundenorientierten Unternehmensführung – Ansatzpunkte einer integrierten Kundenorientierung, in: Zeitschrift für Organisation, 72. Jg., Nr. 1, S. 13-19.

Coughlan, A.T./Anderson, E./Stern, L.W./El-Ansary, A. (2001): Marketing Channels, 6. Aufl., New Jersey.

Gaski, J.F. (1984): The Theory of Power and Conflict in Channels of Distribution, in: Journal of Marketing, Vol. 48, No. 3, S. 9-29.

George, W.R./Grönroos, C. (1995): Internes Marketing: Kundenorientierte Mitarbeiter auf allen Unternehmensebenen, in: Bruhn, M. (Hrsg.): Internes Marketing: Integration der Kunden- und Mitarbeiterorientierung, Wiesbaden, S. 63-86.

Geyskens, I./Steenkamp, J.-B.E.M./Kumar, N. (1999): A Meta-Analysis of Satisfaction in Marketing Channel Relationships, in: Journal of Marketing Research, Vol. 36, No. 5, S. 223-238.

Hallén, L./Johanson, J. (1985): Industrial Marketing Strategies and Different National Environments, in: Journal of Business Research, Vol. 13, S. 495-509.

Homburg, C./Becker, J. (2000): Marktorientierte Unternehmensführung und ihre Erfolgsauswirkungen – Eine empirische Untersuchung, Arbeitspapier Nr. W 38, Mannheim.

Homburg, C./Krohmer, H. (2003): Marketingmanagement, Wiesbaden.

Kieser, A. (1999): Der Situative Ansatz, in: Kieser, A. (Hrsg.): Organisationstheorien, 3. Aufl., Stuttgart u.a., S. 169-198.

Klumpp, T. (2000): Zusammenarbeit von Marketing und Verkauf, Implementierung eines integrierten Marketing in Industriegüterunternehmen, St. Gallen.

Krafft, M./Haase, K. (2004): Integration von Marketing und Vertrieb, in: Thexis, 21. Jg., Nr. 1, S. 13-18.

Künzel, H. (1999): Management interner Kunden-Lieferanten-Beziehungen, Wiesbaden.

Kutschker, M./Schmid, S. (2002): Internationales Management, München/Wien.

Lings, I.N. (1999): Managing Service Quality with Internal Marketing Schematics, in: Long Range Planning, Vol. 32, No. 4, S. 452-463.

Meffert, H. (2000): Internationalisierungskonzepte im Dienstleistungsbereich – Bestandsaufnahme und Perspektiven, in: Belz, C./Bieger, T. (Hrsg.): Dienstleistungskompetenz und innovative Geschäftsmodelle, St. Gallen, S. 504-529.

Meyer, A./Oppermann, K. (1998): Bedeutung und Gestaltung des Internen Marketing, in: Meyer, A. (Hrsg.): Handbuch Dienstleistungs-Marketing, Band 1, Stuttgart, S. 991-1009.

Pondy, L.R. (1967): Organizational Conflict: Concepts and Models, in: Administrative Science Quarterly, Vol. 12, No. 2, S. 296-320.

Pondy, L.R. (1989): Reflections on Organizational Conflict, in: Journal of Organizational Change Management, Vol. 2, No. 2, S. 94-98.

Rafiq, M./Ahmed, P.K. (1993): The Scope of Internal Marketing: Defining the Boundary between Marketing and Human Resource Management, in: Journal of Marketing Management, Vol. 9, No. 3, S. 219-232.

Rafiq, M./Ahmed, P.K. (2000): Advances in the Internal Marketing Concept: Definition, Synthesis and Extension, in: Journal of Services Marketing, Vol. 14, No. 6, S. 449-462.

Reiss, M./Schuster, H. (1998): Kunden- und Kostenorientierung interner Service-Bereiche – Aus Zentralbereichen werden Dienstleister, in: Meyer, A. (Hrsg.): Handbuch Dienstleistungs-Marketing, Band 2, Stuttgart, S. 1300-1320.

Schütz, P. (1993): Marketing Interner Dienstleister – Marketing ohne Markt?, in: Mairamhof, G.B. (Hrsg.): Dienstleistungsmarketing: Eine Bestandsaufnahme; Tagungsband zum 2. Workshop für Dienstleistungsmarketing, Frankfurt/Main u.a., S. 193-201.

Staehle, W.H. (1977): Empirische Analyse von Handlungssituationen, in: Köhler, R. (Hrsg.): Empirische und handlungstheoretische Forschungskonzeptionen in der Betriebswirtschaftslehre, Stuttgart, S. 103-116.

Stauss, B. (2000): Internes Marketing als strategisches Rahmenkonzept, Vorlesungs-skript Dienstleistungsmanagement 1: Serviceorientierung im Unternehmen, Ingolstadt.

Stauss, B./Neuhaus, P. (1995): Interne Kundenzufriedenheit als Zielgröße des Total Quality Management. Dargestellt am Beispiel einer Abteilung Personalmanagement, in: Bruhn, M. (Hrsg.): Internes Marketing, Wiesbaden, S. 575-609.

Stauss, B./Schulze, H.S. (1990): Internes Marketing, in: Marketing ZFP, 12. Jg., Nr. 3, S. 149-158.

Martin Reckenfelderbäumer und Seon-Su Kim

Internationale Wettbewerbsfähigkeit von Dienstleistungsunternehmungen – Ansatzpunkte für das Interne Marketing

Prof. Dr. *Martin Reckenfelderbäumer* ist Inhaber des Lehrstuhls für Allgemeine Betriebswirtschaftslehre mit dem Schwerpunkt Marketing an der AKAD Wissenschaftlichen Hochschule Lahr (WHL). Dipl.-Ök. *Seon-Su Kim* ist Wissenschaftlicher Mitarbeiter an diesem Lehrstuhl.

1. Einführung

Weltweit ist eine immer stärkere Vernetzung und Internationalisierung der Märkte zu beobachten. Unter Berücksichtigung dieser Entwicklung müssen Unternehmungen in Zukunft verstärkt Strategien und Maßnahmen ausarbeiten, die die Förderung und Gestaltung der Wettbewerbsfähigkeit im internationalen Kontext ermöglichen. Für diese Zwecke sollen zunächst der Begriff und der Entwicklungsprozess der Wettbewerbsfähigkeit dargestellt werden sowie die daraus resultierenden Handlungsfelder, die sich insbesondere für Dienstleistungsunternehmungen ergeben können.

Im Zuge der Internationalisierung müssen Unternehmungen sich mit einer zunehmenden Komplexität und Dynamik auseinander setzen, die sich wiederum entscheidend auf die Gestaltung der Wettbewerbsfähigkeit auswirken können. Berücksichtigt man diesen Einfluss auf die Wettbewerbsfähigkeit, ergeben sich verschiedene Wege und Strategien, die die Erreichung der internationalen Wettbewerbsfähigkeit unterstützen können. Unabhängig von dem Internationalisierungspfad kann bereits jetzt festgestellt werden, dass sowohl die Erreichung der Wettbewerbsfähigkeit als auch die Bewältigung des Internationalisierungsprozesses oft von unternehmungsinternen Faktoren abhängig sein können. Es stellt sich daher die Frage, welche unternehmungsinternen Faktoren hier tatsächlich von Bedeutung sind und wie sich diese Faktoren ggf. steuern lassen. Erste Hinweise kann in diesem Zusammenhang das Interne Marketing bieten, das insbesondere die Gestaltung von unternehmungsinternen Austauschprozessen im Fokus hat. Daher sollen die Instrumente des Internen Marketing genauer untersucht werden, um die tatsächliche Bedeutung des Internen Marketing in Bezug auf die internationale Wettbewerbsfähigkeit von Dienstleistungsunternehmungen besser einschätzen zu können.

2. Wettbewerbsfähigkeit als Grundlage unternehmerischen Handelns

Um eine adäquate Grundlage für die in den hinteren Abschnitten anzustellenden Überlegungen zu schaffen, erscheint es zunächst wichtig, das hier verwendete Verständnis von Wettbewerbsfähigkeit zu erörtern. Insbesondere werden dabei die dienstleistungsspezifischen Aspekte herausgearbeitet, die später die Anknüpfungspunkte für das Interne Marketing bilden.

Wettbewerbsfähigkeit bildet die Grundlage unternehmerischen Handelns und kann dabei im weitesten Sinne als Bedingung für ein Nicht-Scheitern in Marktprozessen verstanden werden (Schneider 1997, S. 68). Sie beschreibt das Erkennen und Entfalten von Handlungsmöglichkeiten durch unternehmerische Findigkeit (Schneider 1997, S. 68f.) und ist damit auch ein Ausdruck für die Möglichkeiten und Fähigkeiten, sich gegen Konkurrenten erfolgreich durchsetzen zu können. Die erfolgreiche Nutzung der Wettbewerbsfähigkeit führt somit im Ergebnis zu einer im Vergleich zur Konkurrenz besseren Ausübung unternehmerischen Handelns (Reckenfelderbäumer 2001, S. 211). Der Entstehungsprozess der Wettbewerbsfähigkeit beinhaltet die Aktionsfelder Produktionsfaktoren, Ressourcen, Innovationen, Marktleistung und Wettbewerbsvorteile und kann anhand der Abbildung 1 genauer skizziert werden.

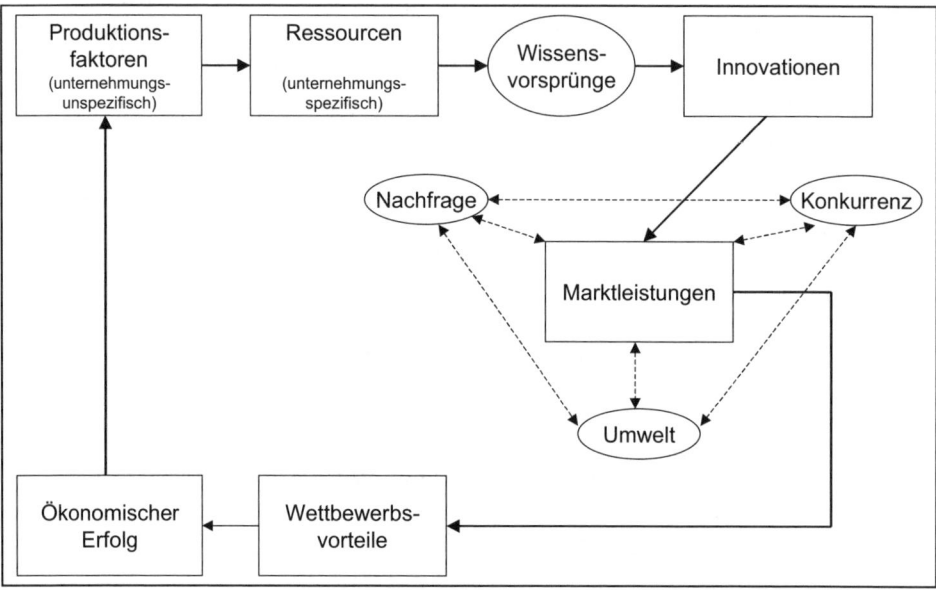

Abbildung 1: Entstehung von Wettbewerbsvorteilen
            (Quelle: Reckenfelderbäumer 2001, S. 196)

Dabei ist zu beachten, dass die Struktur des dargestellten Entstehungsprozesses von Wettbewerbsvorteilen und der damit zusammenhängenden Wettbewerbsfähigkeit einen allgemein gültigen Charakter aufweist und damit auch auf den Dienstleistungsbereich zunächst unverändert übertragbar ist. Für eine gezielte Gestaltung der Wettbewerbsfähigkeit von Dienstleistungsanbietern empfiehlt es sich jedoch, die typischen Merkmale von Dienstleistungen genauer zu berücksichtigen. Daher sollen vereinfachend im weiteren Verlauf unter dem Begriff „Dienstleistung" Leistungsbündel verstanden werden (Engelhardt et al. 1993), die sich insbesondere durch eine vergleichsweise hohe Integrativität und Immaterialität auszeichnen (Stauss 1996, Sp. 319; Kleinaltenkamp 1998, S. 42).

Produktionsfaktoren

Für die Gestaltung von Wettbewerbsvorteilen bildet die Beschaffung von Produktionsfaktoren die Grundlage. Produktionsfaktoren lassen sich als materielle und immaterielle

Wirtschaftsgüter charakterisieren, die in einem Produktions- bzw. Leistungserstellungs-prozess zur Erstellung von anderen Gütern eingesetzt werden (Bohr 1979, Sp. 1481; Bloech 1993, Sp. 3405; Beuermann 1996, Sp. 1495). Dabei soll der Leistungserstel-lungsprozess in einem weit gefassten Kontext gesehen werden und in diesem Sinne den Wertschöpfungsprozess insgesamt umschreiben (Reckenfelderbäumer 2001, S. 228). Die allgemeine Zugänglichkeit zu diesen Produktionsfaktoren auf Beschaffungsmärkten und damit das Fehlen von unternehmungsspezifischen Eigenschaften sind weitere Kennzei-chen von Produktionsfaktoren (Schneider 1997, S. 60; Teece et al. 1997, S. 516). Wie bereits angedeutet, steht in dieser ersten Stufe die Beschaffung bzw. das Beschaffungs-management im Sinne der geschickten Planung, Ausführung und Kontrolle von Beschaf-fungstätigkeiten im Zentrum der Betrachtung (Reckenfelderbäumer 2001, S. 229). Es muss also insbesondere Wissen verfügbar gemacht und geschickt eingesetzt werden, um die verschiedenen Phasen und Aufgaben im Rahmen der Beschaffung erfolgreich durch-führen zu können. Der *Beschaffungsprozess* kann dabei in folgende *Phasen* unterteilt werden (Hammann/Lohrberg 1986, S. 22ff.):

- Ermittlung des Beschaffungsbedarfes,

- Spezifikation des Bedarfs,

- Suche nach potenziellen Lieferanten,

- Einholen von Angeboten,

- Bewertung der Angebote und Auswahl der Lieferanten sowie

- Objektrealisation und Überprüfung der Vertragserfüllung.

Für die erfolgreiche Gestaltung dieser verschiedenen Phasen sind nicht nur besondere Kenntnisse über die verschiedenen Beschaffungsmärkte notwendig, sondern es wird ebenfalls ein spezielles Know-how für die effiziente Gestaltung und Koordination der einzelnen Beschaffungsprozesse benötigt und damit einhergehend die Erreichung von möglichen Qualitäts- und Kostenvorteilen sowie die Gewährleistung einer stabilen und langfristigen Versorgung. Die Ausnutzung von Wissen und Wissensvorsprüngen im Rah-men der Beschaffung bietet bereits in einer sehr frühen Phase Potenziale für Wettbe-werbsvorteile und damit auch für die Wettbewerbsfähigkeit.

Je nach Art und Gestaltung der Dienstleistung werden unterschiedliche immaterielle und materielle Produktionsfaktoren benötigt. Durch die tendenziell höhere Immaterialität von Dienstleistungen kann den materiellen Produktionsfaktoren, wie z.B. Werkzeugen oder sonstigen Hilfsmitteln, nicht unbedingt eine unwichtige, aber insgesamt eine eher ergän-zende Funktion zugeschrieben werden. Im Mittelpunkt stehen vielmehr das benötigte oder zur Verfügung stehende Know-how und das Wissen und damit auch der Produkti-onsfaktor Mensch bzw. der Mitarbeiter mit seinen Fähigkeiten und tatsächlichen Leis-tungen, die sich z.B. im Prozess der Dienstleistungserstellung offenbaren können. Durch die Integration des externen Faktors kann auch der Kunde eine wichtige Rolle im Erstel-lungsprozess spielen und durch die Bereitstellung von Leistungen in Form von Sachen oder der eigenen Person ebenfalls Produktionsfaktoren anbieten bzw. zur Verfügung stellen (Engelhardt 1990, S. 280; Meyer et al. 2000). Somit können alle beteiligten Personen entscheidende Produktionsfaktoren sein, die die Qualität und den Verlauf des Dienstleistungserstellungsprozesses erheblich beeinflussen. Da die Produktionsfaktoren die Grundlage für die Erreichung von Wettbewerbsvorteilen und der Wettbewerbsfähigkeit bilden, stellt die Auswahl und Beschaffung von geeigneten Produktionsfaktoren eine besondere Anforderung an die Unternehmung dar. Für das erfolgreiche „Management" der Produktionsfaktoren muss sie die Fähigkeit besitzen, relevante Informationen generieren und verarbeiten zu können sowie darauf aufbauend eine entsprechende Beurteilung und Auswahl vorzunehmen. Die Tatsache, dass es sich bei Dienstleistungen insbesondere um den Produktionsfaktor menschliche Arbeit handeln kann, erschwert das Management der Produktionsfaktoren. Eine weitere Aufgabe muss daher darin bestehen, Instrumente zu entwickeln und anzuwenden, die die Leistungsfähigkeit, die Leistungsbereitschaft und schließlich auch das Verhalten der Mitarbeiter und Kunden (externe Faktoren) beeinflussen.

Ressourcen

Ohne die breit geführte Diskussion um den Begriff Ressource weiterzuführen (Sanchez et al. 1996, S. 7ff.; Teece et al. 1997, S. 515f.; Freiling 2000), sollen in diesem Zusammenhang Ressourcen als Produktionsfaktoren verstanden werden, die mit Hilfe von Findigkeit und Können bzw. spezifischem Wissen zu unternehmenseigenen Merkmalen für Wettbewerbsfähigkeit verändert und veredelt wurden (Schneider 1997, S. 60; 1998, S. 345). Ressourcen sind also unternehmungsspezifische materielle und immaterielle Wirtschaftsgüter, die durch Konkurrenten nur eingeschränkt nachahmbar und erschwert erwerbbar sind (Schneider 1997, S. 61; Teece et al. 1997, S. 516). Eine Bündelung dieser Ressourcen kann zu Kernkompetenzen führen, die definiert werden als „Fähigkeit zu einem kollektiven Handeln der Mitarbeiter in einer Unternehmung, wie einzelne Ressourcen zu Produkten zu kombinieren sind, die anhaltende Wettbewerbsvorteile versprechen" (Schneider 1997, S. 61). *Merkmale für Kernkompetenzen* sind (Barney 1991, S. 105ff.; Freiling 1997, S. 39ff.):

- ▤ die Fähigkeit zur Nutzenstiftung am Markt (Valuable Resources),

- ▤ die Seltenheit und Einzigartigkeit des Ressourcenbündels (Rare Resources),

- ▤ die nicht vollständige Imitierbarkeit (Imperfectly Imitable Resources) und

- ▤ der besondere Wert innerhalb der Institution (Organization Specific Resources).

Insbesondere die Koordination von Fähigkeiten der Mitarbeiter wird hier als wesentlicher Erfolgsfaktor für den Aufbau und die Entwicklung von Kernkompetenzen betrachtet. Für diese Zwecke muss das Management verschiedene mitarbeiterbezogene Maßnahmen berücksichtigen: Zunächst muss unternehmungsspezifisches Wissen für die Realisierung von Innovationen generiert werden. Dieses Wissen muss dann in Können umgesetzt und das Können muss anforderungsgerecht eingesetzt werden. Zudem werden Koordinationsregeln und Koordinationsformen benötigt, die eine möglichst störungsfreie Abstimmung der Ziele und Verwirklichung der Maßnahmen ermöglichen (Schneider 1998,

S. 345). Damit wird deutlich, wie eng der Zusammenhang zwischen den Mitarbeitern und den benötigten Ressourcen ist, die für die Erlangung von Wissensvorsprüngen gegenüber Mitbewerbern, Kunden und Lieferanten zum Zwecke der Identifikation von zu Innovationen führenden Handlungsmöglichkeiten benötigt werden (Schneider 1997, S. 65; Reckenfelderbäumer 2001, S. 235).

Aus der Dienstleistungsperspektive ist die Veredelung der immateriellen Produktionsfaktoren von besonderer Bedeutung. Für diese Zwecke steht dabei das Know-how der Unternehmung sowie der Mitarbeiter im Fokus. Es wird Wissen benötigt, um die Fähigkeiten der Mitarbeiter und Kunden zu entwickeln und zu steuern sowie diese besonderen Fähigkeiten (Ressourcen) geschickt in die unternehmungsspezifischen Leistungserstellungsprozesse einzubinden. Die externen Produktionsfaktoren können, sofern notwendig, ebenfalls in dieser Phase zu „Ressourcen" veredelt werden. Auch wenn der externe Faktor streng genommen nicht als unternehmungsinterne Ressource im engeren Sinne betrachtet werden kann, so können für den erfolgreichen Leistungserstellungsprozess unternehmungsspezifische Modifikationen der externen Produktionsfaktoren notwendig sein. Wenn z.B. die Leistungserstellung an standardisierte Prozesse gebunden ist, können Schulungen der Mitarbeiter und der Kunden notwendig sein, um den standardisierten und reibungslosen Prozessablauf zu ermöglichen. Der Kunde benötigt hier also spezifisches Wissen, um die Leistungserstellung ermöglichen zu können. Die veredelten externen Produktionsfaktoren können als Ressourcen des Nachfragers angesehen werden, die der Unternehmung zeitlich begrenzt zur Verfügung stehen und im Rahmen der Leistungserstellung mit den Ressourcen des Anbieters gebündelt werden können.

Innovation

Die Nutzung der mit Hilfe von Wissensvorsprüngen gewonnenen Ressourcen (und im Spezialfall Kernkompetenzen) ist sowohl Grundlage für die Identifikation von neuen Handlungsmöglichkeiten als auch wichtiger und notwendiger Bestandteil für die tatsächliche Ausnutzung dieser neuen Handlungsmöglichkeiten. Unter Ausnutzung soll in diesem Kontext insbesondere das Durchsetzen von neuen Handlungsmöglichkeiten in Märkten und gegenüber ordnungssetzenden Instanzen verstanden werden (Schneider 1997, S. 65f.). Die Durchsetzung wiederum beinhaltet die zielgerichtete Gestaltung und Steuerung von (Innovations-) Prozessen, die letztendlich im Ergebnis zu Innovationen führen (Reckenfelderbäumer 2001, S. 238).

Aus der Vielfalt der verschiedenen Systematisierungen (Brose 1982, S. 17ff.; Corsten 1982, S. 521ff.) sollen hier insbesondere vier Innovationsarten hervorgehoben werden (Schneider 1997, S. 65 in Verbindung mit S. 432):

(1) Produktinnovationen (z.B. neue Absatzobjekte),

(2) Prozessinnovationen (z.B. neue Produktionsverfahren),

(3) Marktstrukturinnovationen (z.B. neue Absatz- und Beschaffungsmärkte oder neue Kooperations- und Vertragsformen in einzelnen Märkten) und

(4) rechtlich-organisatorische Innovationen (z.B. Durchsetzen von Änderungen in der Unternehmungsverfassung).

Auch wenn diese Kategorien nicht trennscharf und unabhängig voneinander betrachtet werden können, so zeigen sie doch anschaulich auf, dass Art und Umfang der Wissensnutzung für die Einsatzgestaltung von Produktionsfaktoren und Ressourcen zum Zwecke der Innovationsgenerierung sehr unterschiedlich geprägt sein können. Ein weiterer und wesentlicher Aspekt ist der Einsatz von verschiedenen Schutzmechanismen zur Sicherung dieser Innovationen (Schrader 1996, Sp. 749). Da sich Wettbewerbsvorteile nur am Markt herausbilden können, sind für den Schutz und die Sicherung der Innovationen insbesondere die Instrumente und Maßnahmen notwendig, die die Markteinführung von nachgeahmten Innovationen verhindern können.

Im Dienstleistungsbereich kann für die Planung und Konzeption von neuen Dienstleistungen z.B. auf das Service Engineering zurückgegriffen werden (Haller 2001, S. 84ff.). Für die erfolgreiche Durchführung des Service Engineering, also der systematischen Entwicklung und Gestaltung von Dienstleistungen unter Verwendung geeigneter Vorgehensmodelle, werden bestimmte Voraussetzungen gefordert (Haller 2001, S. 87):

- Ausrichtung der Dienstleistung auf die Kundenbedürfnisse,

- Qualifizierung und Motivation der Mitarbeiter,

- Adäquate Festlegung der Leistungserstellungsprozesse und

- Bereitstellung notwendiger technischer Unterstützung.

Die bisherigen Darstellungen haben gezeigt, dass eine Unternehmung verschiedene Aufgaben zu erfüllen hat, um die Entwicklung, die Gestaltung und auch den Schutz von Dienstleistungsinnovationen gewährleisten zu können. So müssen z.B. Rahmenbedingungen geschaffen werden, die eine unternehmungsweite Implementierung der Marktorientierung ermöglichen. Darauf aufbauend müssen die Mitarbeiter gefördert werden, um deren Fähigkeiten und Wissen besser für die Gestaltung von Innovation einsetzen zu können. Auch der notwendige Schutz der Innovationen und des unternehmungsinternen Wissens ist in starkem Maße von der Einstellung und dem Verhalten der Mitarbeiter abhängig. Formale Regelungen, wie z.B. Verträge und Patente, können hier unterstützend wirken. Darüber hinaus sind aber auch mitarbeiterbezogene Maßnahmen zu entwickeln, um über die Mitarbeitermotivation und die Mitarbeiterbindung den Schutz von Innovationen zu gewährleisten. Eine Dienstleistungsunternehmung muss also Instrumente entwickeln und anwenden, die diese verschiedenen Aufgaben bewältigen können.

Marktleistung

Bis zu diesem Zeitpunkt kann eine Analyse der bisher untersuchten Elemente (Produktionsfaktoren, Ressourcen und Innovationen) lediglich die Potenziale bezüglich der Wettbewerbsfähigkeit aufzeigen. Diese Elemente münden durch die geschickte Bearbeitung und Bündelung in einer Marktleistung. Ob in der Realität tatsächlich Wettbewerbsvorteile und damit auch die Wettbewerbsfähigkeit erreicht werden, lässt sich anhand des ökonomischen Erfolges der Marktleistung ermitteln. Unter dem Begriff der Marktleistung soll ein Produkt und insbesondere ein Leistungsbündel (Engelhardt et al. 1993, S. 395ff.) verstanden werden, das verschiedene *Merkmale* aufweist (Reckenfelderbäumer 2001, S. 251):

- Eine Marktleistung stellt ein Bündel unterschiedlicher Teilleistungen dar.

- Ein Leistungsbündel enthält eine Vielzahl von Prozessen aller Art, die z.T. mit und z.T. ohne Integration des externen Faktors durchgeführt werden.

- Integrative Prozesse sind an jeder Stelle der betrieblichen Wertschöpfungskette und in jedem Funktionsbereich möglich.

- Jede Marktleistung enthält materielle und immaterielle Ergebnisbestandteile.

Im Dienstleistungsbereich definiert sich der Kern der Marktleistung über die Ausführung des Leistungserstellungsprozesses. Aufgrund der Immaterialität und Integrativität ist die Marktleistung in der Regel an den Ort bzw. an den Kunden sowie zeitlich an den Erstellungsprozess gebunden. Diese Gebundenheit sowie der Grad an Individualität im Rahmen der Leistungserstellung erschweren nicht nur die geplante Durchführung des Leistungserstellungsprozesses, sondern auch die Bewertung und Vergleichbarkeit der Marktleistung. Die dienstleistungsspezifischen Merkmale Immaterialität und Integrativität können somit erheblichen Einfluss auf die Gestaltung des Marktleistungserstellungsprozesses sowie auf die flankierenden Maßnahmen der Marktleistung selbst nehmen und damit nicht zuletzt auch auf die Gestaltung und Wahrnehmung von Wettbewerbsvorteilen. Für die Begründung des ökonomischen Erfolges und damit auch als Indikator für die Wettbewerbsfähigkeit werden im Dienstleistungsbereich unter anderem die Konstrukte Dienstleistungsqualität, Kundenzufriedenheit und die Kundenbindung herangezogen (Meffert/Bruhn 2003, S. 653). Anhand der Abbildung 2 wird deutlich, dass diese Konstrukte im Wesentlichen durch das Image, die Kundenerwartungen und die wahrgenommene Qualität bzw. den wahrgenommenen Nutzen der Dienstleistung beeinflusst werden können (Meffert/Bruhn 2003, S. 702). Ein Dienstleistungsanbieter wird also darum bemüht sein, mit der entsprechenden Gestaltung von Produktionsfaktoren, Ressourcen, Innovationen und Marktleistungen Wettbewerbsvorteile in diesen Bereichen zu entwickeln. Das Ziel ist dabei, positive Auswirkungen auf die Zielgrößen Kundenzufriedenheit und Kundenbindung zu erreichen. Dabei soll nicht die Möglichkeit ausgeschlossen werden, dass die Kundenzufriedenheit und Kundenbindung selbst in die Wahrnehmung der Nachfrager gerückt werden, so dass diese „Leistungen" ebenfalls als Wettbewerbsvorteile genutzt werden können.

Wettbewerbsvorteile

Die Marktleistungen werden benötigt, um Wettbewerbsvorteile in einem Spannungsfeld von Umwelt, Konkurrenten und Nachfragern realisieren zu können (Reckenfelderbäumer 2001, S. 198). Charakteristisch für das Vorliegen von Wettbewerbsvorteilen ist die Erfüllung von mehreren Kriterien. So wird eine im Vergleich zur Konkurrenz überlegene Leistung als strategischer Wettbewerbsvorteil verstanden, wenn sie von den Nachfragern

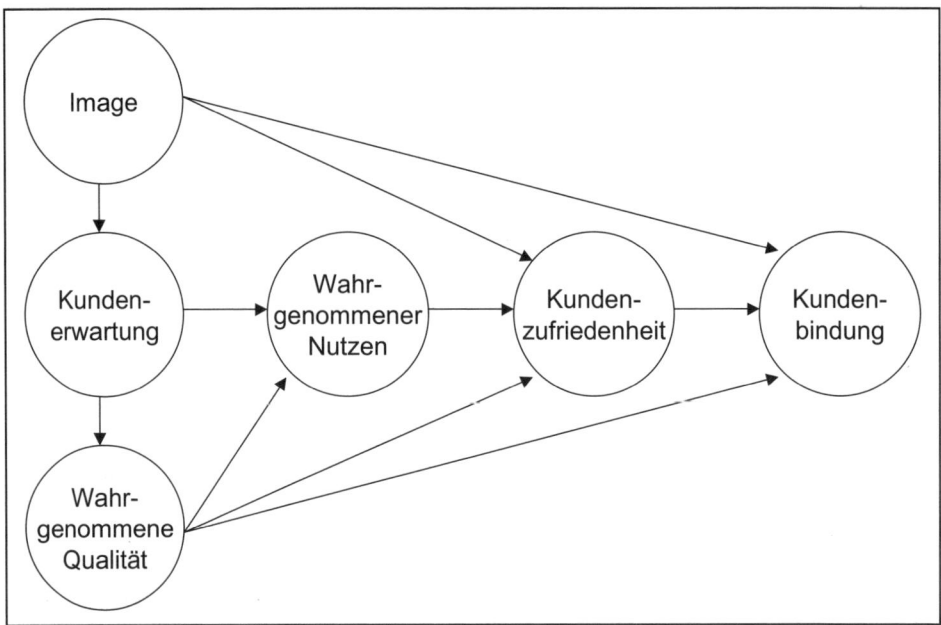

Abbildung 2: Strukturmodell des European Performance Satisfaction Index
(Quelle: Meffert/Bruhn 2003, S. 702)

wahrgenommen und zudem auch als wichtiges Leistungsmerkmal angesehen wird. Darüber hinaus muss dieser Vorteil eine gewisse Dauerhaftigkeit aufweisen, d.h., er darf
nicht schnell von der Konkurrenz eingeholt oder imitiert werden können (Simon 1988, S.
465). Die Dauerhaftigkeit impliziert die Eigenschaft, dass ein Wettbewerbsvorteil in der
Regel auf einen Fähigkeitsvorsprung innerhalb des Unternehmens zurückzuführen ist
(Coyne 1988, S. 19). Dieser Fähigkeitsvorsprung sowie die Erzielung von Wettbewerbsvorteilen können insbesondere durch die Nutzung des unvollständigen und ungleich verteilten Wissens bestimmt und erklärt werden (Porter/Millar 1988). Somit hat die Verfügbarkeit und die Nutzung des Wissens eine hohe Bedeutung für die erfolgreiche Gestaltung der Maßnahmen zur Schaffung und Erhaltung von Wettbewerbsvorteilen sowie damit letztlich auch für die Ausprägung der Wettbewerbsfähigkeit (Reckenfelderbäumer
2001, S. 197f.).

Anhand der dargestellten Zusammenhänge wird zudem deutlich, dass für die Entwicklung von Wettbewerbsvorteilen und Wettbewerbsfähigkeit im Dienstleistungsbereich insbesondere die Fähigkeiten und das Verhalten der Mitarbeiter sowie die Steuerung der
verschiedenen Prozesse von entscheidender Bedeutung sind. Hier ist ebenfalls die geschickte Nutzung von Wissen und Wissensvorsprüngen notwendig, um die Auswahl und
Entwicklung der Mitarbeiter fördern und die Prozessgestaltung erfolgreich steuern zu
können.

3.   Wettbewerbsfähigkeit von Dienstleistungs- unternehmungen im internationalen Kontext

Für eine zielorientierte und konkretere Gestaltung der aufgezeigten Aktionsfelder zum Zwecke der Erreichung von Wettbewerbsfähigkeit und schließlich auch für die Feststellung und Überprüfung derselben empfiehlt es sich, den Bezugsrahmen der Wettbewerbsfähigkeit genauer zu untersuchen. Die „Wettbewerbsfähigkeit" impliziert einen allgemeinen Marktbezug, der zunächst jedoch eher abstrakt bleibt. Das Konstrukt „Wettbewerbsvorteil", das die Wettbewerbsfähigkeit bestimmt, deutet durch die Abhängigkeit von den Nachfragern ebenfalls einen Marktbezug an, jedoch bietet dieses Konstrukt ebenso kaum Möglichkeiten, den Bezugsrahmen für Handlungsalternativen weiter einzugrenzen. So muss schließlich auf die Marktleistungen zurückgegriffen werden, die die notwendige Grundlage für Wettbewerbsvorteile darstellen. Diese Marktleistungen stehen im Spannungsfeld von Konkurrenz, Umwelt und Nachfrage. Auf dieser Ebene ist es nun möglich, Abgrenzungen in den verschiedenen Feldern vorzunehmen.

Im Kontext der internationalen Betrachtung erscheint es in einem ersten Schritt sinnvoll, zwischen einer nationalen und einer internationalen Orientierung der Wettbewerbsfähigkeit zu unterscheiden. Eine Anwendung auf die Betrachtungsfelder führt zu einer entsprechenden nationalen oder internationalen Orientierung der Marktleistung bezüglich der Konkurrenz, der Umwelt und der Nachfrage. Diese Abgrenzung kann nicht nur geografisch begründet werden, vielmehr wird der Tatsache Rechnung getragen, dass eine relative Homogenität und Stabilität innerhalb nationaler Grenzen beobachtbar sind, die nach Überschreitung dieser Grenzen in der Regel nicht mehr feststellbar sind (Scherm/ Süß 2001, S. 15ff.). Die Überschreitung nationaler Grenzen kann darüber hinaus weitere Problemfelder aufdecken, wie z.B. Marken- und Produktpiraterie oder Korruption, die im nationalen Raum möglicherweise bisher kaum eine Rolle gespielt haben (Müller/ Kornmeier 2002, S. 71ff.). Damit einhergehend kann auch festgestellt werden, dass die für das Management zu berücksichtigende Komplexität und Dynamik über die nationalen Grenzen hinaus zunehmen bzw. innerhalb der nationalen Grenzen relativ überschaubar bleiben (Perlitz 2000, S. 65ff.). Eine Übertragung auf die Frage der Wettbewerbsfähigkeit führt somit zu zwei *strategischen Grundorientierungen*: der nationalen und der internationalen Wettbewerbsfähigkeit.

Die Ausrichtung auf nationale Wettbewerbsfähigkeit verfolgt demnach das Ziel, sich mit Hilfe von Wettbewerbsvorteilen gegenüber Konkurrenten auf dem nationalen Markt durchsetzen zu können. In der Konsequenz bedeutet dies auch, dass das Spannungsfeld zwischen Konkurrenz, Umwelt und Nachfrage, in dem sich die Marktleistungen bewegen, ebenfalls in einem nationalen Kontext zu sehen ist und internationale Aspekte dabei zunächst außer Betracht bleiben.

Die Orientierung an der internationalen Wettbewerbsfähigkeit strebt dagegen an, sich nicht nur auf dem nationalen Markt, sondern zugleich auf einem ausländischen Markt oder mehreren ausländischen Märkten gegenüber den Konkurrenten erfolgreich durchsetzen zu können. Im Zweifel hat eine Unternehmung es dann mit verschiedenen Spannungsfeldern zu tun, die durch unterschiedliche Konkurrenz-, Umwelt- und Nachfragersituationen geprägt sind. Das sich dadurch im Gesamtzusammenhang ergebende internationale Spannungsfeld ist im Vergleich zum nationalen Spannungsfeld deutlich komplexer und dynamischer und stellt entsprechend andere Herausforderungen an eine Unternehmung.

Die hier beschriebenen Orientierungsrichtungen der Wettbewerbsfähigkeit bilden die Grundlage für die detailliertere Strategieformulierung und ermöglichen auf dieser Basis auch die Ableitung von weiteren Gestaltungsmaßnahmen. Die nationale und internationale Orientierung der Wettbewerbsfähigkeit hat somit insbesondere einen strategischen Charakter für eine Dienstleistungsunternehmung und erfordert eine Konkretisierung auf den nachfolgenden Ebenen im Hinblick auf die operativ umzusetzenden Aktivitäten. Die bisherige strategische Abgrenzung des Bezugsrahmens kann als ausbaufähig betrachtet werden, bietet aber bereits jetzt erste Anhaltspunkte, die es ermöglichen, die Marktleistung, die Wettbewerbsvorteile und damit auch die Wettbewerbsfähigkeit in einem definierten Vergleichsrahmen zu charakterisieren und einzuordnen. Wie bereits festgestellt wurde, kann für die konkrete Gestaltung und Steuerung der verschiedenen Aktionsfelder diese geografische Orientierung der Wettbewerbsfähigkeit nur grundsätzliche Hinweise bieten. Daher ist neben der strategischen Orientierung zusätzlich eine differenzierte Betrachtung des tatsächlichen Aktionsrahmens notwendig. Für diese Zwecke soll die Ausrichtung der Marktaktivität in den Mittelpunkt der Betrachtung gestellt werden. Dabei ist die hier angesprochene Marktaktivität nicht mit der zuvor beschriebenen Marktleistung zu verwechseln. Dem Begriff der Marktaktivitäten soll eine breitere Auffassung zugrunde gelegt werden, die zusätzlich auch alle Aktivitäten und Prozesse für die Gestaltung der übrigen Aktionsfelder (Produktionsfaktoren, Ressourcen, Innovationen) umfasst, die der Erreichung der Wettbewerbsfähigkeit dienen. In Analogie zu der strategischen Orientierung sollen auch für die Marktaktivitäten die Landesgrenzen als erstes Abgrenzungskriterium dienen, so dass zwischen einer nationalen und internationalen Ausrichtung der Marktaktivitäten unterschieden werden kann. Die Unterschiede und Auswirkungen der nationalen und internationalen Marktaktivitäten kommen in den verschiedenen Aktionsfeldern der Wettbewerbsfähigkeit unterschiedlich zum Ausdruck:

Produktionsfaktoren

Wie zuvor beschrieben, stehen in diesem Aktionsfeld die Beschaffungsaufgaben für Produktionsfaktoren im Vordergrund. Für die Ermittlung und Spezifikation des Beschaffungsbedarfes muss zunächst eine Analyse erfolgen. In einer internen Analyse können dafür die vorhandenen und eingesetzten Produktionsfaktoren untersucht werden. Extern bietet sich eine Analyse von Konkurrenten sowie deren Einsatz und Verbrauch von Produktionsfaktoren an. Für Dienstleistungsunternehmungen dürfte insbesondere der Produktionsfaktor Mensch, also die Qualifikationen und Fähigkeiten der Mitarbeiter, sowie die Qualität und Wirtschaftlichkeit der Dienstleistungserstellungsprozesse von besonderem Interesse sein. Eine Ausweitung von nationalen auf internationale Aktivitäten bedeutet in diesem Zusammenhang vor allem eine räumliche Ausdehnung des Analysefeldes (Scherm/Süß 2001, S. 98ff.). Neben den inländischen Marktinformationen können und sollen nun auch ausländische Marktinformationen genutzt werden. Dazu zählen z.B. Erkenntnisse über Entwicklungen in vergleichbaren ausländischen Märkten, die Analyse von ausländischen Wettbewerbern, die sowohl als Benchmark als auch als potenzielle Konkurrenten im nationalen Markt angesehen werden können. Besonders wichtig können Informationen über ausländische Beschaffungsmärkte sein (Perlitz 2000, S. 364ff.), auf denen Produktionsfaktoren, wie z.B. das Personal (Scherm/Süß 2001, S. 234ff.), für die bessere Gestaltung der Wettbewerbsfähigkeit beschafft werden können. Die geografische Erweiterung des Analysefeldes auf internationale Märkte verlangt eine stärkere Berücksichtigung der Dynamik und Komplexität auf und zwischen diesen Märkten. Die breitere Informationsbasis kann zu Wissensvorsprüngen führen, bedeutet aber auch, dass die Analyse selbst sowie die anschließenden Prozesse ebenso mit einer größeren Komplexität und Dynamik verbunden sind (Vahrenkamp 2003, S. 264ff.) und entsprechend höhere Anforderungen an die Unternehmung stellen: Angefangen bei der Beschaffung von Informationen, wofür die Beherrschung weiterer Sprachen notwendig sein kann, über den erhöhten Koordinationsaufwand der Analyseaktivitäten bis hin zur Interpretation der Informationen, wofür im Zweifel weiterreichende Kenntnisse über die ausländischen Märkte notwendig sind. Die Ausweitung auf internationale Aktivitäten hätte entsprechend auch Einfluss auf die Suche nach potenziellen Lieferanten und das Einholen von Angeboten. Auch für diese Aufgaben sind im internationalen Bereich weitaus mehr Fähigkeiten der Mitarbeiter gefordert, wie z.B. Kenntnisse im Umgang mit anderen Kulturkreisen usw. Gleiches gilt für die Bewertung der Angebote und Auswahl der Lieferanten. Kenntnisse über die ausländischen Märkte und die dort vorherrschenden Bedingungen helfen bei dem Vergleich und der Bewertung von inländischen und ausländischen Angeboten. Schließlich ist dieses Wissen auch für die Objektrealisation und Überprüfung der Vertragserfüllung notwendig. Die internationale Perspektive bedingt eine räumliche Erweiterung der allgemeinen Rahmenbedingungen, wie z.B. die technologische, politisch-rechtliche, gesellschaftliche, ökologische und allgemeine ökonomische Umwelt, und macht sie damit weniger überschaubar als im nationalen Kontext. Während die Beschränkung auf nationale Marktaktivitäten bzw. auf den nationalen Beschaffungsmarkt eine Konzentration auf „nationale" Produktionsfaktoren bzw. Mittel (Kapital, Teile, Rohstoffe, Personal, Know-how usw.) bedeutet, führt die Ausweitung auf internationale Marktaktivitäten zu einer erheblichen Erweiterung des Handlungsspielraums. Damit verbunden sind Chancen, aber auch Risiken, die entsprechend die Entwicklungsmöglichkeiten der Wettbewerbsfähigkeit beeinflussen können.

Ressourcen

Die Ausrichtung auf nationale oder internationale Marktaktivitäten kann ebenfalls einen Einfluss auf die Veredelung von Produktionsfaktoren zu Ressourcen haben. Zunächst einmal sind die Ressourcen von den verwendeten Produktionsfaktoren abhängig, die im Vorfeld beschafft und zur Verfügung gestellt werden. Im nächsten Schritt kommen die zu Ressourcen führenden Veredelungsprozesse zum Einsatz. Der Erfolg und die Qualität dieser Veredelungsprozesse können von verschiedenen Faktoren abhängig sein; zum einen von der Qualität des Prozesses selbst und zum anderen von der tatsächlichen Durchführung des jeweiligen Prozesses und damit auch von den Fähigkeiten des Durchführenden sowie auch von der Verwendbarkeit bzw. den Fähigkeiten des Produktionsfaktors für diesen Veredelungsprozess. Die erfolgreiche Schulung eines Mitarbeiters, z.B. für eine bessere Durchführung von Kundenberatungsgesprächen, kann abhängig sein von der Qualität des Schulungskonzeptes, von der Qualität bzw. den Fähigkeiten der Person, die die Schulung durchführt, sowie von den Fähigkeiten des Mitarbeiters, das neue Wissen aufnehmen und schließlich auch anwenden zu können. Internationale Marktaktivitäten können nun die verschiedenen Faktoren des Veredelungsprozesses beeinflussen. Eine Analyse von internationalen Märkten könnte Hinweise auf neue und vor allem vorteilhaftere Veredelungsprozesse geben, die direkt oder nach gewissen Modifikationen in der Unternehmung übernommen werden könnten. Um bei dem Schulungsbeispiel zu bleiben, könnten Leistungsvorteile von ausländischen Schulungsanbietern, wie z.B. ein besseres Schulungskonzept, erfahrenere Dozenten, kürzere Schulungsdauer, geringere Schulungsgebühren, höhere Erfolgsquote usw., den Veredelungsprozess in einem unternehmungsspezifischen Kontext und damit auch die Ressourcen entsprechend positiv beeinflussen. Allgemein formuliert bietet der internationale Markt ein breiteres Spektrum an Wissen und Angeboten, die für die Gestaltung von Ressourcen hilfreich sein können. Bei einer Beschränkung auf nationale Aktivitäten können diese Möglichkeiten nicht erschlossen werden. Ein derartiges Vorgehen bedeutet zugleich aber auch eine größere Überschaubarkeit der Handlungsalternativen.

Innovationen

Die Gestaltungsmöglichkeiten und Auswirkungen von Innovationen im internationalen Kontext verhalten sich nahezu analog zu den Ressourcen. Aufbauend auf den vorhandenen Produktionsfaktoren und Ressourcen kann die Ausweitung auf internationale Aktivitäten weitere Möglichkeiten für die Entwicklung von Innovationen bieten. Allein durch die Beobachtung und Analyse von Innovationen ausländischer Unternehmungen können Impulse für die eigenen Innovationen gesetzt werden. Darüber hinaus wären Kooperationen und Partnerschaften denkbar, die die Vermittlung oder auch Bündelung von Ressourcen und Know-how ermöglichen, was wiederum die Entwicklung von eigenen Innovationen forcieren könnte. Voraussetzung hierfür sind ebenfalls die Fähigkeiten der Unternehmung bzw. der Mitarbeiter, ausländische Märkte entsprechend zu analysieren bzw. die Umsetzung mit ausländischen Partnern erfolgreich zu gestalten. Auch hier muss die Unternehmung günstige Rahmenbedingungen schaffen, um die internationalen Aktivitäten positiv für den Aufbau der Wettbewerbsfähigkeit nutzen zu können.

Marktleistungen

Die Internationalisierung von Marktleistungen bietet verschiedene Handlungsalternativen. Es kann z.B. die Analyse, Planung und Umsetzung von Aktivitäten in ausländischen Absatzmärkten erfolgen. Auch wenn in dem vorliegenden Konzept dieses Vorhaben nur für die Erreichung der internationalen Wettbewerbsfähigkeit von Relevanz ist, sollen noch einmal kurz die möglichen Konsequenzen erläutert werden. Mit der Bearbeitung von ausländischen Absatzmärkten nehmen der Umfang und die Komplexität gegenüber den Aktivitäten auf inländischen Absatzmärkten deutlich zu. Eine erfolgreiche Ausweitung ist entsprechend davon abhängig, welche Fähigkeiten die Unternehmung und die Mitarbeiter für den Umgang mit der gestiegenen Komplexität und Dynamik aufweisen können. Insbesondere Dienstleistungsunternehmungen müssen in der Lage sein, die ausländischen Märkte bzw. das Nachfragerverhalten auf diesen Märkten richtig einschätzen zu können, um ein entsprechendes Leistungsangebot zu gestalten. Da zudem für die Leistungserstellung vielfach die persönliche Präsenz und Mitwirkung eines Mitarbeiters notwendig sind, müssen die Leistungserstellungsprozesse und die Fähigkeiten der Mitarbeiter umso mehr mit Bedacht gestaltet werden, da sowohl Rücksicht auf den jeweiligen ausländischen Markt als auch auf die Ziele und Strategien der Unternehmung genommen werden muss. Im Hinblick auf die Wettbewerbsfähigkeit von Dienstleistungsunternehmungen, die – wie erwähnt – insbesondere von der Wahrnehmung und den Erwartungen der Nachfrager abhängig sein kann, sind Instrumente notwendig, die diese verschiedenen Bereiche geschickt zu koordinieren vermögen.

Neben den Absatzaktivitäten auf den internationalen Märkten bildet die internationale Situationsanalyse (Meffert/Bruhn 2003, S. 704ff.) einen weiteren Handlungsbereich in diesem Kontext. Diese Analysetätigkeiten sind zwar nicht direkter Bestandteil der Marktleistung im engeren Sinne, doch können sie als vorbereitende Maßnahmen im Rahmen der Gestaltung von Marktleistungen angesehen werden. Zum Beispiel könnten Erkenntnisse bezüglich des Marktverhaltens von Anbietern und Nachfragern (Meffert/Bruhn 2003, S. 697f.) in ausländischen Märkten für Prognosen und Trends im nationalen Markt verwendet werden und entsprechende Maßnahmen einleiten. Ebenso könnten die Erfahrungen anderer Unternehmungen für die eigenen Aktivitäten genutzt werden. Schließlich kann eine strategische Analyse der internationalen Märkte auch Hinweise auf potenzielle Konkurrenten im eigenen nationalen Markt bieten.

Eine Erweiterung der nationalen Umwelt- und Marktanalyse auf internationale Märkte bietet einer Unternehmung wichtige Informationen, die wiederum für die Gestaltung der eigenen Wettbewerbsfähigkeit genutzt werden können. Für die anderen Aktionsfelder muss eine Unternehmung entsprechende Rahmenbedingungen für solche Vorhaben bieten und zudem auch Mitarbeiter einsetzen, die solche Aufgaben im internationalen Raum durchführen können.

Für die Darstellung der strategischen Positionierung und für die Ermittlung von möglichen Internationalisierungspfaden sowie den damit verbundenen Gestaltungsoptionen bietet es sich an, die strategische Orientierung der Wettbewerbsfähigkeit mit der Ausrichtung der Marktaktivitäten zu verknüpfen (Abbildung 3).

Unter der Annahme, dass eine Unternehmung in der Regel als erstes die nationale Wettbewerbsfähigkeit anstrebt und diese auch nur mit Hilfe nationaler Marktaktivitäten erreichen will oder kann, bildet das Feld 1 den Ausgangspunkt für die weitere „internationale" Entwicklung der Unternehmung. Verschiedene Optionen stehen von hier aus zur Verfügung: Steht der ausführliche Ausbau der nationalen Wettbewerbsfähigkeit im Vordergrund, bietet sich der Verlauf über die Felder 1-2-3 an. Indem zunächst die Ausweitung

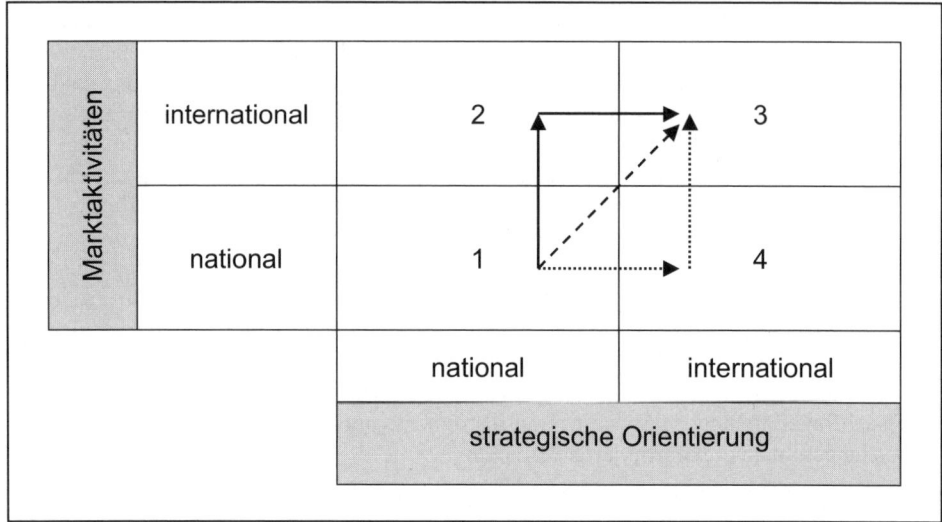

Abbildung 3: Wettbewerbsfähigkeit im nationalen und internationalen Kontext

auf internationale Marktaktivitäten erfolgt (Feld 2), wird durch die Nutzung weiterer (nämlich internationaler) Potenziale kontinuierlich die nationale Wettbewerbsfähigkeit gepflegt und ausgebaut, bevor in der nächsten Phase die internationale Wettbewerbsfähigkeit angestrebt und entsprechend auch in die internationalen Absatzmärkte eingetreten werden kann (Feld 3). Denkbar ist auch der direkte Verlauf über die Felder 1-3. Dieser Weg bietet sich an, wenn vor allem die internationale Wettbewerbsfähigkeit im Zentrum der Bemühungen steht und entsprechend forciert werden soll. Schließlich ist auch ein Verlauf über die Felder 1-4-3 möglich. Dieser Verlauf bietet sich an, wenn die eigenen nationalen Marktaktivitäten als ausreichend für eine internationale Wettbewerbsfähigkeit angesehen werden. Dies kann z.B. bei international einzigartigen Wettbewerbsvorteilen der Fall sein oder durch starke Partner im nationalen Bereich, mit deren Hilfe die internationale Wettbewerbsfähigkeit erreicht werden kann. Eine Wertung dieser Internationalisierungsverläufe kann und soll an dieser Stelle noch nicht vorgenommen werden, da – je nach Branche und unternehmungsspezifischem Umfeld – die jeweiligen Verläufe mit unterschiedlichen Chancen und Risiken verbunden sind und insofern nicht allgemein gültig bewertet werden können.

Bei den verschiedenen Internationalisierungsverläufen können allerdings kritische Phasen festgestellt werden. Es handelt sich dabei jeweils um die Übergänge von einem Feld zum nächsten, die durch die Pfeile in Abbildung 3 angedeutet werden. Sowohl bci der strategischen Orientierung der Wettbewerbsfähigkeit als auch bei der Ausrichtung der Marktaktivitäten bedeutet die Internationalisierung eine deutliche Zunahme der Komplexität und der Dynamik, mit der sich eine Unternehmung auseinander setzen muss. Während die strategische Orientierung formal relativ zügig geändert werden kann, verläuft die operative Umsetzung in der Regel wesentlich länger und komplizierter. Die *Ein-*

flussfaktoren der Internationalisierung können z.B. in vier Gruppen zusammengefasst werden (Müller/Kornmeier 2002, S. 356ff.):

(1) Unternehmen (Struktur und Potenzial),

(2) Inlandsmarkt (Bedingungen und Struktur),

(3) Auslandsmarkt (Bedingungen und Struktur) und

(4) Entscheidungsprozess (unternehmungsintern).

Die allgemeinen Marktbedingungen sind in der Regel kurz- bis mittelfristig kaum beeinflussbar und können somit als gegeben angesehen werden. Neben dem verfügbaren Wissen über die verschiedenen Märkte sind für die Steuerung und Gestaltung der Internationalisierung daher insbesondere die unternehmungsinternen Bedingungen und Prozesse von Bedeutung. Einige Beispiele in der Literatur und Praxis haben gezeigt, dass die Internationalisierung und die damit zusammenhängenden Veränderungen für die Unternehmung im Wesentlichen von der Bereitschaft und der Fähigkeit der Mitarbeiter abhängig sind sowie von den für diese Vorhaben vorhandenen Rahmenbedingungen innerhalb der Unternehmung (Kiel-Nixon 2002, S. 316ff.; Pribilla 2002). In diesem Zusammenhang können weitere kritische Erfolgsfaktoren der Internationalisierung aufgezählt werden, wie z.B.: die Ressourcenkomplementarität, die kulturelle und geografische Distanz (Scherm/Süß 2001, S. 122ff.; Müller/Kornmeier 2002, S. 521ff.), die Unternehmenskultur und der kulturelle Fit (Perlitz 2000, S. 279ff.; Krystek/Zur 2002), Verbundvorteile, Konfiguration der Wertaktivitäten (Welge/Holtbrügge 2001, S. 39ff.), interne Kommunikation (Behrendt 2002) und das internationale Organisationsmanagement (Perlitz 2000, S. 613ff.). Bei genauerer Betrachtung dieser kritischen Erfolgsfaktoren wird deutlich, dass ein Internationalisierungserfolg zwar von sehr unterschiedlichen, aber letztlich überwiegend von unternehmungsinternen Faktoren abhängig ist. Diese Ergebnisse unterstreichen zugleich die Aussage, dass der Erfolg eines Internationalisierungsvorhabens bzw. die Bewältigung der oben beschriebenen Phasenübergänge und der damit verbundenen Herausforderungen vor allem mit Hilfe unternehmungsinterner Instrumente gelingen kann. Für die Wettbewerbsfähigkeit von Dienstleistungsunternehmungen wird eine wichtige Aufgabe darin liegen, Rahmenbedingungen und Maßnahmen zu schaffen, um sowohl die unternehmungsinternen Prozesse als auch die Bereitschaft und die Fähigkeiten der Mitarbeiter zielorientiert gestalten zu können. Insgesamt lassen sich diese Aufgaben, die für alle wettbewerbsfähigkeitsorientierten Aktionsfelder relevant sind, in folgende Bereiche zusammenfassen:

▪ Wettbewerbsfähigkeit/Marktorientierung als entscheidende Zielgröße verständlich machen und in die Unternehmung implementieren,

▪ Motivation der Mitarbeiter fördern,

▪ Fähigkeiten der Mitarbeiter weiterentwickeln,

▪ Rahmenbedingungen für die Anwendung der Mitarbeiterfähigkeiten schaffen und

▪ Koordination der verschiedenen Mitarbeiterfähigkeiten unterstützen.

4. Mögliche Einsatzfelder des Internen Marketing im Rahmen der Internationalisierung von Dienstleistungsunternehmungen

Das Interne Marketing fand im Dienstleistungsbereich seinen Ursprung und es wurden im Laufe der Zeit eine Reihe von verschiedenen Definitionen und Ansätzen entwickelt. Zunächst stand die Mitarbeiterorientierung und -zufriedenheit im Fokus des Internen Marketing (Sasser/Arbeit 1976; George 1977; Berry/Parasuraman 1991). Da die Mitarbeiterorientierung aber nicht zum Selbstzweck verfolgt werden soll, kam die Kundenorientierung als wichtige Zielgröße im Rahmen des Internen Marketing hinzu (Grönroos 1981, 1985; Bruhn 1999). Schließlich rückten weitere Anwendungsmöglichkeiten des Internen Marketing in den Vordergrund, wie z.B. die Strategieimplementierung und das Change Management (Winter 1985; Flipo 1986; Piercy/Morgan 1989; George 1990). Über die Zeit hinweg wurden also – abhängig von dem jeweiligen aktuellen Fokus – dem Internen Marketing unterschiedliche Aufgaben und Funktionen zugeschrieben (Rafiq/Ahmed 2000). Eine Zusammenfassung der verschiedenen Auffassungen führt heute zu fünf Zielkomponenten bzw. *Aufgabenbereichen des Internen Marketing* (Rafiq/Ahmed 2000, S. 453):

(1) Motivation und Zufriedenheit der Mitarbeiter,

(2) Kundenorientierung und Kundenzufriedenheit,

(3) Interfunktionale Koordination und Integration,

(4) Berücksichtigung des Marketingansatzes für die oben genannten Aufgaben und

(5) Implementierung von spezifischen Strategien auf der Ebene der Unternehmung oder der Funktionsbereiche.

Die Berücksichtigung dieser Bereiche mündet in folgender Definition (Rafiq/Ahmed 2002, S. 10): „Internal marketing is a planned effort using a marketing-like approach directed at motivating employees, for implementing and integrating organizational strategies towards customer orientation." Anders ausgedrückt, beinhaltet das Interne Marketing die bewusste und planvolle Gestaltung von (Marketing-) Maßnahmen gegenüber den Mitarbeitern, um die Implementierung und Integration von Strategien für die Erreichung der Kundenorientierung zu unterstützen.

Vergleicht man nun diese Aufgabenfelder mit den Aufgabenfeldern der oben beschriebenen Internationalisierung und Wettbewerbsfähigkeit von Dienstleistungsunternehmungen, lassen sich folgende Ähnlichkeiten feststellen: Für Dienstleistungsunternehmungen stehen die Kundenorientierung und die Kundenzufriedenheit als zentrale Zielgrößen im Mittelpunkt der Betrachtung (Abbildung 2). Die Abhängigkeit der Wettbewerbsfähigkeit von den Wettbewerbsvorteilen bzw. den Marktleistungen bringt zugleich auch die notwendige Markt- bzw. Marketingorientierung zum Ausdruck. Es wurde zudem aufgezeigt, dass in diesem Zusammenhang die Bereitschaft und die Fähigkeiten der Mitarbeiter wichtige Einflussfaktoren in den Internationalisierungsprozessen sind. Diese gilt es durch die Förderung der Mitarbeiter, durch die Schaffung von günstigen Rahmenbedingungen sowie durch die Steuerung der Interaktionsprozesse zu unterstützen (Bruhn/Grund 1999).

Unter Berücksichtigung dieser Erkenntnisse scheint das Interne Marketing in besonderer Weise für die Gestaltung der Wettbewerbsfähigkeit und die Bewältigung von Internationalisierungsprozessen geeignet zu sein. Im nächsten Schritt soll nun die mögliche Anwendbarkeit des Internen Marketing für diese Zwecke genauer untersucht werden.

Für das Interne Marketing können drei Instrumentalbereiche zum Einsatz kommen (Stauss 1995, Sp. 1046):

(1) das personalorientierte Interne Marketing,

(2) das Marketing interner Leistungen und

(3) das kooperationsinterne Marketing.

Zu (1): Das *personalorientierte Interne Marketing* beschäftigt sich mit der Gestaltung der internen Austauschbeziehungen mit den Mitarbeitern zu absatzmarktorientierten Zwecken. Es wird dabei insbesondere die Bedeutung der Kundenzufriedenheit berücksichtigt, die gerade im Dienstleistungsbereich in starkem Maße von dem Mitarbeiterverhalten abhängig sein kann (Bruhn 1999; Stauss 2000). Die Aktivitäten in diesem Bereich sollen daher zu einem kundenorientierten Bewusstsein und Verhalten bei den Mitarbeitern führen (Stauss 1995, Sp. 1046). In diesem Zusammenhang soll sich der Kreis allerdings nicht nur auf die Mitarbeiter mit Kundenkontakt beschränken, sondern im Prinzip alle Mitarbeiter cincr Unternehmung einschließen, denn auch für die Gestaltung der verschiedenen internen Aktionsfelder der Wettbewerbsfähigkeit ist ein kundenorientiertes Bewusstsein und Verhalten notwendig. So kann eine fehlende Kundenorientierung in der Anfangsphase, wie z.B. bei der Auswahl und Gestaltung der Produktionsfaktoren, die Erstellung von kundenorientierten Marktleistungen erschweren und damit auch die Entstehung von möglichen Wettbewerbsvorteilen behindern. In Anlehnung an Stauss (1995, Sp. 1049) ergeben sich unter zusätzlicher Berücksichtigung der Internationalisierung und der Wettbewerbsfähigkeit folgende Aufgaben für das personalorientierte Interne Marketing:

■ Information des Personals über Unternehmenszweck und (Internationalisierungs-) Strategien, die Relevanz der kundenbezogenen Interaktionen und die Verantwortung der Mitarbeiter für die wahrgenommene Leistungsqualität und das Image des Unternehmens im In- und Ausland.

■ Schaffung von Akzeptanz in Bezug auf die Maxime einer konsequenten Verhaltensausrichtung an den Kundenwünschen.

■ Vermittlung von Fähigkeiten und Fertigkeiten für die zielgerechte Bewältigung der Internationalisierungsphase und der Aufgaben zur Erreichung von Wettbewerbsfähigkeit.

▣ Erzeugung eines organisationsinternen Umfeldes, das sowohl internationale als auch wettbewerbsfähigkeitsorientierte Einstellungen und Verhaltensweisen unterstützt.

Auch die für diese Zwecke vorgeschlagenen Instrumente können mit einer leicht modifizierten Ausrichtung im Rahmen der vorliegenden Problematik zum Einsatz kommen (Stauss 1995, Sp. 1050f.; vgl. auch Bruhn 1999, S. 27ff.). Zu nennen wären hier der wettbewerbsfähigkeitsorientierte Einsatz personalpolitischer Instrumente (z.B. Personaleinsatz und Personalentwicklung), der wettbewerbsfähigkeitsorientierte Einsatz interner Kommunikationsinstrumente (z.B. unternehmensweite Massenkommunikation und individuelle interaktive Kommunikationstrainings) und der personalorientierte Einsatz externer Marketinginstrumente (z.B. unter Berücksichtigung des Einflusses von Werbung und PR auf die Mitarbeiter).

Zu (2): Das *Marketing interner Leistungen* beinhaltet im Wesentlichen zwei Aufgabengebiete (Stauss 1995, Sp. 1051ff.): die Gestaltung von kundenorientierten Prozessen und die Entwicklung und „Vermarktung" von kundenorientierten internen Leistungsangeboten.

Die Gestaltung der Prozesse verfolgt das Ziel, die innerbetrieblichen Geschäftsprozesse kunden- und marktorientiert auszurichten. Eine Effizienzsteigerung der Prozesse (Schnelligkeit, Fehlerquote usw.) kann z.B. den Dienstleistungserstellungsprozess unterstützen und entsprechend vom Markt wahrgenommen werden. Für die Internationalisierung sind damit insbesondere die internen Prozesse wichtig, die zu einem schnellen und reibungslosen Übergang zwischen den Internationalisierungsphasen beitragen und zugleich die Entwicklung von Wettbewerbsvorteilen unterstützen. Auch hier bilden die Motivation und die Fähigkeiten der Mitarbeiter eine wichtige Grundlage, wobei das oben erläuterte personalorientierte Interne Marketing bereits die ersten Grundlagen schaffen kann. Darüber hinaus sind aber auch besondere Fähigkeiten für die Koordination der Mitarbeiter und der Rahmenbedingungen gefragt, um die internen Prozesse verbessern zu können.

Gleiches gilt für die Entwicklung und die Vermarktung von internen Leistungsangeboten. In Analogie zu den Merkmalen von internen Dienstleistungen sollen die hier angesprochenen internen Leistungen durch folgende *Merkmale* charakterisiert werden (Reckenfelderbäumer 2001, S. 23ff.):

▣ Interne Leistungen sind nicht unmittelbar auf die Erstellung der Marktleistung gerichtet, sondern haben vielmehr einen Unterstützungscharakter bei der Erstellung von absatzmarktorientierten Leistungen.

▣ Da interne Leistungen für die Erstellung anderer Objekte benötigt werden, lassen sie sich hinsichtlich ihres Verwendungszweckes als Produktionsfaktoren einordnen.

▣ Viele interne Leistungen werden in speziellen organisatorischen Einheiten erbracht.

Interne Leistungen können, charakterisiert als Produktionsfaktoren, durch die Unterstützung der Mitarbeiter und Abteilungen innerhalb einer Unternehmung sowohl einen wichtigen Beitrag zur Wettbewerbsfähigkeit als auch für die Bewältigung der Internationalisierung leisten. Vorstellbar sind hier Leistungen von zentralen Abteilungen (z.B. Marktforschung, IT), die aufgrund von größeren Erfahrungswerten und durch die Bündelung von Know-how spezielle Aufgaben schneller und im Zweifel auch qualitativ hochwertiger durchführen können und damit andere Prozesse entlasten bzw. unterstützen. Aufgabe im Rahmen des Internen Marketing wird es sein, die Beitragsmöglichkeiten der internen Leistungen genauer zu untersuchen, die Leistungen entsprechend zu gestalten und zu entwickeln, um sie dann – unter Voraussetzung einer angemessenen Akzeptanz innerhalb der Unternehmung – erfolgreich zu vermarkten. Diese Gestaltung der einzelnen Maßnahmen kann sehr unterschiedlich geprägt sein, da sie von den spezifischen Eigenschaften der internen Leistungen abhängig ist, die wiederum eine große Vielfalt und Heterogenität aufweisen können.

Zu (3): Das *kooperationsinterne Marketing* umfasst die Gestaltung von Austauschbeziehungen zu Mitgliedern einer organisatorischen Unternehmensverbindung (Stauss 1995, Sp. 1053f.). Dazu können z.B. strategische Allianzen, Lieferantenbeziehungen, Einkaufsgemeinschaften oder andere Kooperationsformen und Verbindungen zählen (Perlitz 2002). Im Sinne der absatzmarktbezogenen oder in diesem Fall auch wettbewerbsfähigkeitsbezogenen Steuerung dieser Unternehmensverbindungen steht die Durchsetzung von einheitlichen marktorientierten Einstellungen und Verhaltensweisen im Vordergrund. Dieses einheitliche Verhalten ist insbesondere dann wichtig, wenn die Leistungen, die innerhalb der Unternehmensverbindungen ausgetauscht werden, einen wesentlichen Beitrag zur Erreichung von Wettbewerbsvorteilen und somit auch zur Wettbewerbsfähigkeit leisten. Lieferanten z.B. versorgen die Unternehmung mit wichtigen Produktionsfaktoren und können ihrerseits ebenso Leistungen für die Weiterentwicklung und Verbesserung von Produktionsfaktoren anbieten. Strategische Allianzpartner können wiederum unterstützendes Know-how für die Erstellung von Ressourcen und Entwicklung von Innovationen einbringen (Freiling 1998). Ebenso können mit Hilfe von Partnerschaften und Kooperationen die Erstellung und Vermarktung von Marktleistungen besser gestaltet werden. Es wird deutlich, dass die verschiedenen Kooperationspartner mit ihren Leistungen die Wettbewerbsfähigkeit einer Unternehmung beeinflussen können. Die Durchsetzung der Marktorientierung innerhalb der Unternehmungsverbindungen bzw. in den Prozessen zwischen den Kooperationspartnern sowie die daraus resultierende Unterstützung und das Verständnis seitens der Partner zueinander können insgesamt zu verbesserten kooperationsinternen Prozessen und Leistungen führen, die die eigenen Aktivitäten und schließlich auch die Wettbewerbsfähigkeit erheblich unterstützen können.

Zusammengefasst vermögen die Instrumentalbereiche des Internen Marketing unterschiedlich zur Gestaltung der Wettbewerbsfähigkeit und der Internationalisierung beitragen. Das personalorientierte Interne Marketing kann insbesondere die Fähigkeiten und die Motivation der Mitarbeiter fördern. Diese sind vor allem im Dienstleistungsbereich unbedingt notwendig, um die verschiedenen Aktionsfelder der Wettbewerbsfähigkeit erfolgreich gestalten zu können und um die notwendige Flexibilität im Rahmen der Internationalisierung zu bewahren. Das Marketing interner Leistungen unterstützt die unternehmungsinternen Prozessabläufe und kann auf diese Weise zu einer höheren Prozesseffizienz führen sowie die Mitarbeiter und Abteilungen in ihrer Arbeit entlasten. Das kooperationsinterne Marketing schließlich pflegt die Prozesse und das Verhältnis zu unternehmungsnahen Partnern. Da die Leistungen der Partner ebenfalls einen wichtigen Bestandteil im Leistungserstellungsprozess der Unternehmung darstellen können, sind auch hier die Steuerung und Gestaltung bzw. die Qualitätssicherung nicht zu vernachlässigen. Die einzelnen Instrumente können ihre Potenziale und Vorteile nur dann frei entfalten, wenn sie gemeinsam und integrativ genutzt werden. Für den erfolgreichen Einsatz des Internen Marketing ist daher insbesondere die zielorientierte Koordination der verschiedenen Instrumentalbereiche notwendig.

5. Fazit und Ausblick

Sowohl für die Wettbewerbsfähigkeit als auch für die Internationalisierung von Dienstleistungsunternehmungen stellt sich die erfolgreiche Steuerung der unternehmungsinternen Prozesse als wichtiger Erfolgsfaktor heraus. In Bezug auf die Wettbewerbsfähigkeit kann das Interne Marketing durch die marktorientierte Koordination und Förderung der unternehmungsinternen Austauschbeziehungen sowohl zwischen den Mitarbeitern als auch zu den kooperationsinternen Partnern sowie durch die Einbettung und Vermarktung der internen Leistungen Rahmenbedingungen schaffen und auch Prozesse steuern, die sich positiv auf die Entwicklung der Wettbewerbsfähigkeit auswirken können. Da die kritischen Erfolgsfaktoren der Internationalisierung ebenfalls im unternehmungsinternen Bereich zu finden sind, kann das Interne Marketing darüber hinaus auch die Internationalisierung erheblich beeinflussen. Durch die Gestaltung der internen Austauschprozesse bietet das Interne Marketing Möglichkeiten, die größere Komplexität und Dynamik im Zusammenhang mit der Internationalisierung besser bewältigen und dabei zugleich die besonderen Problemfelder im Dienstleistungsbereich berücksichtigen zu können. Die vorliegende Untersuchung soll als Versuch verstanden werden, verschiedene Ansätze und Perspektiven der Wettbewerbsfähigkeit, der Internationalisierung und des Internen Marketing miteinander zu verknüpfen. Auch wenn hier nur erste Ansätze dieser Verknüpfung dargestellt werden konnten, so wird bereits an dieser Stelle deutlich, dass verschiedene Schnittstellen zwischen diesen Bereichen existieren, die dem Internen Marketing eine hohe Bedeutung für die erfolgreiche Internationalisierung von Dienstleistungsunternehmungen zukommen lassen.

Es sind nun weitere Untersuchungen anhand konkreter Fallbeispiele notwendig, um die dienstleistungs- und branchenspezifischen Aktionsfelder und Einflussfaktoren der Wettbewerbsfähigkeit und der Internationalisierung genauer eingrenzen und bearbeiten zu können. Ebenso sind eine unternehmungsspezifische Bearbeitung und Konkretisierung der Instrumente des Internen Marketing notwendig. Auch müssen im Detail Verfahren für die Beurteilung dieser Instrumente entwickelt werden, die es anschließend empirisch zu überprüfen gilt.

Literatur

Barney, J.B. (1991): Firm Resources and Sustained Competitive Advantage, in: Strategic Management Journal, Vol. 17, No. 1, S. 99-120.

Behrendt, I. (2002): Internationalisierung: Herausforderungen an Kommunikationsformen und -infrastrukturen in der Unternehmung, in: Krystek, U./Zur, E. (Hrsg.): Handbuch Internationalisierung, 2. Aufl., Berlin u.a., S. 683-700.

Berry, L.L./Parasuraman, A. (1991): Marketing Services: Competing through Quality, New York.

Beuermann, G. (1996): Produktionsfaktoren, in: Kern, W./Schröder, H.-H. (Hrsg.): Handwörterbuch der Produktionswirtschaft, 2. Aufl., Stuttgart, Sp. 1494-1505.

Bloech, J. (1993): Produktionsfaktoren, in: Wittmann, W./Kern W./Köhler, R./Küpper, H.-V./v. Wysochi, K. (Hrsg.): Handwörterbuch der Betriebswirtschaft, 5. Aufl., Bd. 2, Sp. 3405-3414.

Bohr, K. (1979): Produktionsfaktorensysteme, in: Kern, W. (Hrsg.): Handwörterbuch der Produktionswirtschaft, Stuttgart, Sp. 1481-1493.

Brose, P. (1982): Planung, Bewertung und Kontrolle technologischer Innovationen, Berlin.

Bruhn, M. (1999): Internes Marketing als Forschungsgebiet der Marketingwissenschaft – Eine Einführung in die theoretischen und praktischen Probleme, in: Bruhn, M. (Hrsg.): Internes Marketing. Grundlagen – Implementierung – Praxisbeispiele, 2. Aufl., Wiesbaden, S. 15-44.

Bruhn, M./Grund, M.A. (1999): Interaktion als Determinante der Zufriedenheit und Bindung von Kunden und Mitarbeitern, in: Bruhn, M. (Hrsg.): Internes Marketing. Grundlagen – Implementierung – Praxisbeispiele, 2. Aufl., Wiesbaden, S. 495-523.

Corsten, H. (1982): Der nationale Technologietransfer, Berlin.

Coyne, K.P. (1988): Die Struktur dauerhafter Wettbewerbsvorteile, in: Simon, H. (Hrsg.): Wettbewerbsvorteile und Wettbewerbsfähigkeit, Stuttgart, S. 18-29.

Engelhardt, W. (1990): Dienstleistungsorientiertes Marketing – Antwort auf die Herausforderung durch neue Technologien, in: Adam, D./Backhaus, K./Meffert, H./Wagner, H. (Hrsg.): Integration und Flexibilität, Wiesbaden, S. 269-288.

Engelhardt, W./Kleinaltenkamp, M./Reckenfelderbäumer, M. (1993): Leistungsbündel als Absatzobjekte – Ein Ansatz zur Überwindung der Dichotomie von Sach- und Dienstleistungen, in: Zeitschrift für betriebswirtschaftliche Forschung, 45. Jg., Nr. 5, S. 395-426.

Flipo, J.-P. (1986): Service Firms: Interdependence of External and Internal Marketing Strategies, in: Journal of European Marketing, Vol. 20, No. 8, S. 5-14.

Freiling, J. (1997): Das Scheitern von Veränderungsprozessen in Unternehmungen, Arbeitsbericht Nr. 65 des Instituts für Unternehmungsführung und Unternehmensforschung, Ruhr-Universität Bochum.

Freiling, J. (1998): Kompetenzorientierte Strategische Allianzen, in: io Management, 67. Jg., Nr. 6, S. 23-29.

Freiling, J. (2000): Entwicklungslinien und Herausforderungen des ressourcen- und kompetenzorientierten Ansatzes. Eine Einordnung in das Neue Strategische Management, in: Hinterhuber, H.H./Friedrich, S.A./Al-Ani, A./Handlbauer, G. (Hrsg.): Das Neue Strategische Management. Elemente und Perspektiven einer zukunftsorientierten Unternehmensführung, 2. Aufl., Wiesbaden, S. 183-218.

George, W.R. (1977): The Retailing of Service – a Challenging Future, in: Journal of Retailing, Vol. 53, No. 3, S. 85-98.

George, W.R. (1990): Internal Marketing and Organizational Behavior: A Partnership in Developing Customer-Conscious Employees at Every Level, in: Journal of Business Research, Vol. 20, No. 1, S. 63-70.

Grönroos, C. (1981): Internal Marketing – an Integral Part of Marketing Theory, in: Donnelly, J.H./George, W.E. (Hrsg.): Marketing of Services, American Marketing Association Proceedings Series, Chicago, S. 236-238.

Grönroos, C. (1985): Internal Marketing – Theory and Practice, in American Marketing Association's Services Conference Proceedings, Chicago, S. 41-47.

Haller, S. (2001): Dienstleistungsmanagement, Wiesbaden.

Hammann, P./Lohrberg, W. (1986): Beschaffungsmarketing, Stuttgart.

Kiel-Nixon, U. (2002): Akquisitionsstrategien und Post-Merger-Integration, in: Glaum, M./Hommel, U./Thomaschewski, D. (Hrsg.): Wachstumsstrategien internationaler Unternehmungen, Stuttgart, S. 301-326.

Kleinaltenkamp, M. (1998): Begriffsabgrenzung und Erscheinungsformen von Dienstleistungen, in: Bruhn, M./Meffert, H. (Hrsg.): Handbuch Dienstleistungsmanagement. Von der strategischen Konzeption zur praktischen Umsetzung, Wiesbaden, S. 29-52.

Krystek, U./Zur, E. (2002): Unternehmenskultur, Strategie und Akquisition, in: Krystek, U./Zur, E. (Hrsg.): Handbuch Internationalisierung, 2. Aufl., Berlin u.a., S. 777-792.

Meffert, H./Bruhn, M. (2003): Dienstleistungsmarketing. Grundlagen – Konzepte – Methoden, 4. Aufl., Wiesbaden.

Meyer, A./Blümelhuber, C./Pfeiffer, M. (2000): Der Kunde als Co-Produzent und Co-Designer – oder: die Bedeutung der Kundenintegration für die Qualitätspolitik von Dienstleistungsanbietern, in: Bruhn, M./Stauss, B. (Hrsg.): Dienstleistungsqualität. Dienstleistungsmarketing. Konzepte – Methoden – Erfahrungen, Wiesbaden, S. 49-70.

Müller, S./Kornmeier, M. (2002): Strategisches internationales Management, München.

Perlitz, M. (2000): Internationales Management, 4. Aufl., Stuttgart.

Perlitz, M. (2002): Spektrum kooperativer Internationalisierungsformen, in: Macharzina, K./Oesterle, M.-J. (2002): Handbuch Internationales Management, 2. Aufl., Wiesbaden.

Piercy, N./Morgan, N. (1989): Internal Marketing Strategy: Leverage for Managing Marketing-Led Change, in: Irish Marketing Review, Vol. 4, No. 3, S. 11-28.

Porter, M.E./Millar, V.E. (1988): Wettbewerbsvorteile durch Information, in: Simon, H. (Hrsg.): Wettbewerbsvorteile und Wettbewerbsfähigkeit, Stuttgart, S. 89-102.

Pribilla, P. (2002): Personelle und kulturelle Integration, in: Picot, G. (Hrsg.): Handbuch Mergers & Acquisitions, 2. Aufl., Stuttgart, S. 429-470.

Rafiq, M./Ahmed, P.K. (2000): Advances in the Internal Marketing Concept: Definition, Synthesis and Extension, in: Journal of Services Marketing, Vol. 14, No. 6, S. 339-462.

Rafiq, M./Ahmed, P.K. (2002): Internal Marketing, Oxford u.a.

Reckenfelderbäumer, M. (2001): Zentrale Dienstleistungsbereiche und Wettbewerbsfähigkeit – Analyse auf der Basis der Lehre von den Unternehmerfunktionen, Wiesbaden.

Sanchez, R./Heene, A./Thomas, H. (1996): Introduction: Towards the Theory and Practice of Competence-Based Competition, in: Sanchez, R./Heene, A./Thomas, H. (Hrsg.): Dynamics of Competence-Based Competition: Theory and Practice in the New Strategic Management, London u.a., S. 1-35.

Sasser, W.E./Arbeit, S.F. (1976): Selling Jobs in the Service Sector, in: Business Horizons, Vol. 19, No. 3, S. 61-62.

Scherm, E./Süß, S. (2001): Internationales Management, München.

Schneider, D. (1997): Betriebswirtschaftslehre, Band 3: Theorie der Unternehmung, München/Wien.

Schneider, D. (1998): Vorläufer der Lehre von den Kernkompetenzen: von Xenophons Kyurpaedie über Babbagae's Prinzip zu Lists „Gesetz der Kraftvereinigung", in: Glaser, H./Schröder, E.F./Werder, A. v. (Hrsg.): Organisation im Wandel der Märkte, Wiesbaden, S. 343-358.

Schrader, S. (1996): Innovationsmanagement, in: Kern, W./Schröder, H.-H./Weber, J. (Hrsg.): Handwörterbuch der Produktionswirtschaft, 2. Aufl., Stuttgart, Sp. 744-758.

Simon, H. (1988): Management strategischer Wettbewerbsvorteile, in: Zeitschrift für Betriebswirtschaft, 58. Jg., Nr. 4, S. 461-480.

Stauss, B. (1995): Internes Marketing, in: Tietz, B./Köhler, R./Zentes, J. (Hrsg.): Handwörterbuch des Marketing, 2. Aufl., Stuttgart, Sp. 1045-1056.

Stauss, B. (1996): Dienstleistungen als Faktoren, in: Kern, W./Schröder, H.-H./Weber, J. (Hrsg.): Handwörterbuch der Produktionswirtschaft, 2. Aufl., Stuttgart, Sp. 318-327.

Stauss, B. (2000): Internes Marketing als personalorientierte Qualitätspolitik, in: Bruhn, M./Stauss, B. (Hrsg.): Dienstleistungsqualität. Dienstleistungsmarketing. Konzepte – Methoden – Erfahrungen, 3. Aufl., Wiesbaden, S. 203-222.

Teece, D.J./Pisano, G./Shuen, A. (1997): Dynamic Capabilities and Strategic Management, in: Strategic Management Journal, Vol. 18, No. 7, S. 509-533.

Vahrenkamp, R. (2003): Beschaffung und Logistik, in: Breuer, W./Gürtler, M. (Hrsg.): Internationales Management, Wiesbaden, S. 251-288.

Welge, M.K./Holtbrügge, D. (2001): Internationales Management, 2. Aufl., Landsberg/Lech.

Winter, J.P. (1985): Getting Your House in Order with Internal Marketing: A Marketing Prerequisite, in: Health Marketing Quarterly, Vol. 3, No. 1, S. 69-77.

Ricarda B. Bouncken und Constanze Pick

Ähnlich oder Anders? Einflussfaktoren durch interkulturelle Mitarbeiter bei der Dienstleistungsinnovation

Prof. Dr. *Ricarda B. Bouncken* ist Inhaberin des Lehrstuhls für Planung und Innovationsmanagement an der Brandenburgischen Technischen Universität Cottbus. Dipl.-Kffr. *Constanze Pick* ist Wissenschaftliche Mitarbeiterin am dortigen Lehrstuhl.

1. Einleitung

In der betriebswirtschaftlichen Literatur und Praxis herrscht weitgehend Konsens darüber, dass eine verbesserte Innovationsfähigkeit von Unternehmen deren Wettbewerbsstärke erhöht. Dieser Wirkungsmechanismus wird auch bei Dienstleistungsunternehmen als gültig erachtet. Davon ausgehend stellt sich die Frage, wie Dienstleistungsunternehmen ihre Innovationsfähigkeit verbessern können. Die zunehmende Anzahl von Forschungsarbeiten zu Dienstleistungsinnovationen hat vermehrt zum Verständnis der Ursachen beigetragen. Kaum untersucht wurden hingegen die Auswirkungen der internationalen und interkulturellen Zusammenarbeit auf die Innovationsfähigkeit von Dienstleistungsunternehmen. Ein international ausgerichtetes Innovationsmanagement bei Dienstleistungen kann von der Einbettung und Nutzung internationaler Trends, Märkte, Technologien sowie internationaler Mitarbeiter mit ihren besonderen Ausbildungs- und Kulturprofilen profitieren. Um diese für Unternehmen und die betriebswirtschaftliche Literatur doch sehr wesentliche Lücke zu vermindern, verfolgt der vorliegende Beitrag die Zielsetzung, kulturelle Einflussfaktoren auf Innovationsprozesse zu analysieren.

Im Kern beschäftigt sich der Beitrag mit der Übertragung und den Implikationen von kulturellen Dimensionen auf den Innovationsprozess bei Dienstleistungen. Es geht dabei einerseits um generelle Auswirkungen von bestimmten Ausprägungen von kulturellen Merkmalen auf den Innovationsprozess. Andererseits werden Wirkungen durch das Zusammentreffen von Mitarbeitern mit unterschiedlichen kulturellen Ausprägungen behandelt.

Als Angelpunkt für kulturelle Dimensionen dienen die wesentlichen Konzepte der Forschung zum kulturvergleichenden Management von Hofstede und Hall/Reed Hall: Machtdistanz, Individualismus vs. Kollektivismus, Zeithandhabung und Kontextbezogenheit. Eine Übertragung dieser auf Dienstleistungsinnovationen hat bisher nicht stattgefunden.

Aus diesem Grund stellt der vorliegende Beitrag theoretische Überlegungen zu Wirkungen auf die Innovationsfähigkeit an. Sie werden ergänzt durch eine empirische Untersuchung in zwei Tochterunternehmen einer Holding; eine in Deutschland und die andere in Schweden.

Die generellen Wirkungen von kulturellen Merkmalen auf die Innovativität fanden sich auch in den acht durchgeführten Interviews. Ferner wurde eine Reihe von weiteren Wirkungen festgestellt. Eines der Kernergebnisse des Beitrags ist, dass die hohe Individualität und geringe Machtdistanz bei den Schweden die breite Findung von Innovationen sowie die schnelle und konsensgetriebene Auswahl von Alternativen positiv beeinflusst. Dies ist vor allem bei Dienstleistungsinnovationen für den Erfolg im Innovationsmanagement wichtig. Denn Dienstleistungsinnovationen werden häufig dezentral beim Kunden initiiert und sollten daher offen aufgenommen und implementiert werden. Außerdem impliziert die Inkrementalität von Dienstleistungsinnovationen, dass sie schnell entschieden und implementiert werden sollten. Entscheidung und Akzeptanz für Neuerungen sind bei den stark in den Innovationsprozess einbezogenen Schweden einfacher möglich. Aber diese positiven Wirkungen können auch nachteilig werden, wenn genaue Planungen für die Implementierung von Innovationen erforderlich sind. Vor allem hier sind die Deutschen mit ihrer höheren Machtdistanz und genauen zeitlichen Planung im Vorteil. Die unterschiedlichen kulturellen Ausprägungen sind allerdings nicht immer komplementär. Die Gefahr von Missverständnissen und Konflikten ließ sich bei einem international ausgerichteten Management von Dienstleistungsinnovationen finden.

2.   Merkmale von Dienstleistungsinnovationen

Dienstleistungsinnovationen dienen ebenso wie Innovationen von Produktionsunternehmen der Verfolgung und Erfüllung wirtschaftlicher und sozialer Ziele (Pleschak/Sabisch 1996, S. 8; Haller 1997, S. 20). Innovationen betreffen die zielgerichtete Findung und Durchsetzung neuer technischer, wirtschaftlicher, organisatorischer und/oder sozialer Problemlösungen im Unternehmen bzw. am Markt (Pleschak/Sabisch 1996, S. 3f.). Weil Innovationsmanagement nicht nur die Findung von etwas Neuem, sondern auch deren Durchsetzung betrifft, ist Innovationsmanagement grundsätzlich eine Querschnittsaufgabe, an der verschiedene Funktionen beteiligt sind (z.B. Entwicklung, Produktion und Marketing) (Pleschak/Sabisch 1996, S. 44). Objekte von Innovationen sind neben technologischen Entwicklungen und neuen Produkten auch organisatorische Prozesse und Strukturen (Hippel 1988). Gerade dies wird im Kontext von Dienstleistungsinnovationen als besonders bedeutsam herausgestellt.

Die Begründung hierzu leitet sich aus den schon seit längerem bekannten und so intensiv diskutierten Dienstleistungsmerkmalen ab. Allerdings impliziert die Vielfalt der Dienstleistungen auch eine Varianz des Begriffs der Dienstleistungsinnovation. Aus der Intangibilität der Dienstleistungen (Berekoven 1966) ergibt sich das Erfordernis einer höheren *Informationsintensität* bei Dienstleistungsinnovationen (Hipp 2000, S. 19). Die höhere Informationsintensität soll die Leistungen für Kunden sicht- bzw. greifbar machen. Das passiert dann leider aber auch im Verhältnis zu Wettbewerbern. Dazu tritt ein *geringerer Schutz* des geistigen Eigentums im Rahmen von Dienstleistungsinnovationen. Folge ist wiederum, dass Dienstleistungsinnovationen weniger oder in geringerem Ausmaß erfolgen. Weiterhin werden viele Dienstleistungsinnovationen mit und beim Kunden generiert. Außerdem schlagen sie häufig auch direkt auf den Kunden durch. Dies liegt an der Einbindung des externen Faktors bzw. der Simultanität von Produktion und Absatz der Leistungen (Berekoven 1983, S. 29; Meyer 1991). Dienstleistungsinnovationen erfordern daher eine hohe Kontaktintensität bei der Leistungserstellung (Rackensperger et al. 2004 S. 59). Sie hängen stark von der direkten persönlichen Einbindung in Kommunikations- und Interaktionsprozesse ab (Böcker 1994, S. 197).

Dienstleistungsinnovationen entstehen nicht zuletzt aufgrund der Intangibilität und des Erfordernisses der Kundenintegration (Bruhn/Stauss 2004, S. 11f.) eher *dezentral*. Kunden und Mitarbeiter agieren und reagieren oft am Ort der Leistungsentstehung, -entwicklung und -umsetzung. Auf diese Art und Weise werden Innovationsprozesse vom Kunden sowie durch den intensiven Kundenkontakt initiiert und beeinflusst.

Durch die Sichtbarkeit, den fehlenden Schutz vor Imitationen und die dynamische Entwicklung bei Dienstleistungsinnovationen sind diese vorwiegend *inkrementeller Natur* (Voss et al. 1992). Inkrementelle Innovationen bezeichnen kontinuierliche Verbesserungsprozesse auf bestehenden Märkten, vor allem, wenn das Ende des Marktwachstums erreicht ist (Gort/Klepper 1982, S. 633). Auch Sundbo (1997) begründet die Dominanz inkrementeller Innovationen im Dienstleistungsbereich mit dem Erfordernis eines ständigen Verbesserungsprozesses.

Der hier zugrunde liegende idealtypische Innovationsprozess für Dienstleistungen gliedert sich in die Phasen der Ideengenerierung, Ideenauswahl und -akzeptanz und Ideenrealisierung (Haller 1997, S. 20). Die erste Phase des Innovationsprozesses beinhaltet einerseits die Suche nach bzw. die Sammlung von Ideen und Anregungen, andererseits werden Ideen genauer formuliert und Konzepte für Innovationen erarbeitet. In der zweiten Phase, der Phase der Ideenauswahl und -akzeptanz, werden die gesammelten Ideen zunächst geprüft. Es erfolgt eine Überprüfung der Ideen am strategischen Zielsystem des Unternehmens. In der letzten Phase werden die neuen Ideen in die Praxis umgesetzt und als Innovationen am Markt eingeführt (Vahs/Burmester 2002, S. 91f.).

3.   Internationalisierung von Dienstleistungsinnovationen

Im Rahmen der Internationalisierung wirken interkulturelle Effekte durch verschiedene Handlungs- und Denkmuster bei Mitarbeitern (Bartlett/Ghoshal 1990; Düfler 1999, S. 84; Gerybadze 1999). Unterschiedliche interkulturelle Profile von Mitarbeitern können zur Verbesserung von Fähigkeitspotenzialen beitragen. Aber aus der Unterschiedlichkeit können auch Probleme erwachsen. Diskutiert wurde dies bereits im Rahmen des kulturüberschreitenden Personaltransfers (Engelhard/Hein 1996; Meissner 1997). In der Literatur vorzufindende Studien zum Einfluss kultureller Unterschiede auf die internationalisierten Dienstleistungsunternehmen beschränken sich im Wesentlichen auf die Arbeiten von Riddle (1987; 1988; 1992). Als Ansatzpunkt dient Riddle die Differenzierung in High-Context- und Low-Context-Kulturen von Hall (1959; 1977). Auch wenn kulturelle Einflüsse auf Dienstleistungen diskutiert werden, findet das Innovationsmanagement keine Berücksichtigung (Riddle 1987, 1988, 1992; Riddle/Brown 1988).

Grundsätzlich kann ein internationales Innovationsmanagement bei Dienstleistungen zu verschiedenen Vorteilen führen. Zunächst lässt sich ein besserer Kontakt zu internatio-

nalen Kunden herstellen. Hierdurch wird das Aufspüren von neuen Trends und Ver-
besserungsvorschlägen bei und von den Kunden erleichtert. Hiervon profitieren länderspezifische Anpassungen an bestehende Leistungen, aber auch Ideen für neue inländische oder länderübergreifende Dienstleistungen. Weiterhin werden die Findung und
Durchsetzung von Innovationen am Markt verbessert. Grund sind die Interaktionen zwischen Mitarbeitern und Kundenkontaktmitarbeitern im Dienstleistungsprozess zwischen
verschiedenen Ländern: Dies erlaubt, neue Ideen aufzuspüren oder zu entwickeln. Des
Weiteren kann eine bessere Durchsetzung der Innovationen im Unternehmen durch die
unterschiedliche Offenheit von Mitarbeitern und Kunden gegenüber Technologien erzielt
werden.

Die Vielfalt von unterschiedlich akkulterierten Mitarbeitern lässt sich weiterhin z.B. in
internationalen Innovationsteams nutzen. Diese können auf unterschiedliche Fähigkeiten
ihrer Mitglieder zurückgreifen. Auch liegt in solchen Teams meist eine höhere Kommunikationsintensität vor. Wenn Kommunikation Innovation und Kreativität verbessert,
kann die Innovativität durch die Multikulturalität der Teams im Dienstleistungsbereich
gesteigert werden. Allerdings können auch negative Auswirkungen wie etwa bei Missverständnissen oder der Dominanz einer Kultur, die andere unterdrückt, auftreten.

4. Einflüsse von Nationalkulturen auf das Innovationsmanagement

In den letzten Jahren haben Beiträge zum interkulturellen Management zugenommen.
Die Mehrzahl der kulturvergleichenden Studien basiert auf der populären empirischen
Arbeit von Hofstede (1980; 1997, S. 31ff.). Neben der Arbeit von Hofstede fanden vor
allem die Arbeiten von Hall/Reed Hall (1990b) sowie Hampden-Turner/Trompenaars
(2000) Berücksichtigung. Gemein ist allen drei Arbeiten, dass sie:

■ unterschiedliche Dimensionen von Kulturen beschreiben,
■ sich nach Nationalkulturen ausrichten und
■ verschiedene Werte und Verhaltensweisen zu Dimensionen zusammenführen.

4.1 Forschungsmethodik

Die Kulturdimensionen von Hofstede und Hall/Reed Hall dienten als Grundlage für die
empirische Fallstudie. Analysiert wurden Wirkungen von unterschiedlichen kulturellen
Profilen auf das Innovationsverhalten von Menschen. Es wurde ein exploratives For-
schungsdesign gewählt, da der Einfluss von Kultur auf die Innovationsprozesse eine tie-

fer liegende Ebene betrifft, die durch standardisierte Fragen oft nur schwer zu erfassen ist (Yin 1984; Eisenhardt 1989). In einem offenen Interview können Aspekte im Gespräch vertieft und zugleich durch Rückfragen Missverständnisse reduziert werden. Sechs Interviews wurden mit Mitarbeitern verschiedener Funktionen (Finanzabteilung, Produktmanagement, Vertriebsleitung, Redaktionschef, Projektmanagement) durchgeführt. Darüber hinaus wurden noch Interviews mit zwei Experten geführt. Das schwedische und deutsche Unternehmen, die zu derselben Holding gehören, sind Business-to-Business-Dienstleistungsunternehmen. Die Hauptleistung ist neben der Beratung die Sammlung, Bearbeitung und Auswertung von Informationen.

Der den Interviews zugrunde liegende Leitfaden setzte sich aus den folgenden Themenkomplexen zusammen: Informationen zum Unternehmen, allgemeine Probleme zwischen schwedischen und deutschen Mitarbeitern, Aspekte und Einflüsse auf das Kommunikationsverhalten (Sprachverhalten und -fähigkeiten, Arbeitsweisen, Umgang mit Zeit, Teamfähigkeit, Höflichkeit usw.). Ferner wurden der Innovationsprozess und die Wirkungen durch kulturelle Einflüsse hierauf untersucht. Die Auswertung der Interviews erfolgte durch Wortanalyse, aber vor allem auf der Basis der Interpretation der Worte und Sätze. Zunächst wurde eine Analyse innerhalb der Interviews durchgeführt. Darüber hinaus fand ein Vergleich der Fälle statt. Hierdurch konnten Konsistenzen, Unterschiede und Gemeinsamkeiten festgestellt werden (Yin 1981; Gillham 2000).

4.2   Kulturdimensionen und Erkenntnisse aus den Interviews

4.2.1 Machtdistanz

Machtdistanz umfasst und beinhaltet die emotionale Distanz, die aus einer inhomogenen Machtverteilung zwischen Mitarbeitern und der Führungsebene resultiert. Mit zunehmender Machtdistanz sind Mitarbeiter stärker bereit, eine ungleiche Machtverteilung zu akzeptieren (Hofstede 1991, S. 43ff.). Bei *geringer Machtdistanz* besteht ein geringes Abhängigkeitsverhältnis, Mitarbeiter werden in die Ideenfindung und Entscheidungsprozesse des Unternehmens einbezogen und haben beispielsweise auch Widerspruchsrechte. Dadurch steigt die Integration von Mitarbeitern in Innovationsprozesse, nicht nur innerhalb der Umsetzung, sondern auch bei der Ideensammlung und Konzeption. Durch die stärkere Integration wird einerseits eine höhere Breite an Ideen genutzt, andererseits tendieren Menschen dazu, eigenentwickelte Konzepte und deren Folgen eher zu akzeptieren als fremdentwickelte. Somit steigt auch die Akzeptanz von Innovationen bei geringerer Machtdistanz. Eine Verbesserung der Innovativität wird obendrein möglich, wenn der stärker eingebundene Dienstleistungsmitarbeiter Anregungen des Kunden einbringt.

Im Gegensatz dazu geht mit einer *großen Machtdistanz* eine starke Autorität des Vorgesetzten einher (Hofstede 1991, S. 43ff.). Tendenziell wirkt Machtdistanz hinderlich auf das Innovationsmanagement. Mitarbeiter behindern den Prozess der Ideenfindung zum

Teil stark, wenn die Machtdistanz gross ist. Dieser Teilprozess der Ideenfindung hat folglich Auswirkungen auf die Implementierung von Innovationen. Diskussionen und der Austausch von Meinungen über Ideen und potenzielle Innovationen finden kaum statt. Es bestehen weniger Möglichkeiten zur Einbringung von Verbesserungs- vorschlägen. Bei hoher Autorität wird die Gefahr von Widerständen noch zunehmen. Eine höhere Machtdistanz führt auch zu Missverständnissen und Nicht-Verstehen von Innovationsaufgaben und Innovationszielen, da das notwendige Know-how überhaupt nicht oder nicht ausreichend in den Unternehmen vorhanden ist. Wenn Mitarbeiter selten einbezogen werden, lernen sie weniger und sind geringer motiviert, sich weiterzubilden. Wenn die Mitarbeiter nicht intensiver lernen, dann bedeutet selbst die Anpassung von Arbeitsprozessen und Technologien an grundlegende Aufgaben eine Herausforderung für die Mitarbeiter. Die Entwicklung von „revolutionären" Neuerungen für das Unter- nehmen oder gar für nationale und internationale Märkte wird äußerst unwahrscheinlich sein.

Hofstede ordnet Schweden und Deutschland hinsichtlich des geringeren Grades der Machtdistanz ähnlich ein. Organisationen sind eher dezentral organisiert, mit flachen, hierarchischen Pyramiden (Hofstede 1991, S. 43ff.). Die Machtdistanz in Schweden be- misst Hofstede geringer als die in Deutschland.

Nach Einschätzung der befragten Mitarbeiter des schwedischen und deutschen Unter- nehmens verfügt Schweden über eine geringere Machtdistanz als Deutschland – kompa- tibel zu Hofstede. Die Hierarchien sind in Schweden wesentlich flacher als in Deutsch- land. Aber es ließen sich weitergehende Einsichten durch die Interviews finden. Die *Schweden* arbeiten sehr selbständig und in großer Eigeninitiative bei Routineaufgaben, die sie selbst so entwickelt haben. Formale Regeln und Standardprozesse existieren kaum. Ideenfindungs- und Ideenbewertungsprozesse finden jedoch vorrangig im Team statt. Aus der gemeinsamen Ideenfindung und -bewertung geht eine flexible Hand- habung im Umgang von und mit Ideen hervor. Kritik und Widerstand gegen Innovatio- nen sind selten vorzufinden. Autoritätsprobleme existieren nicht. Im Gegensatz dazu werden in *Deutschland* von der oberen Unternehmensebene stärker formell Aufgaben definiert und dann delegiert. Den Anstoß zum Innovieren gibt eher die Führungsebene und weniger der Mitarbeiter, beispielsweise mit Kundenkontakt. Die Ausführung der Ideenentwicklung und -konzeption erfolgt durch Delegation an Mitarbeiter, Stabsstellen oder Projektteams. Führungskräfte, gegebenenfalls zusammen mit Projektleitern, ent- scheiden dann über die Art der geplanten Innovation und ihre spezifische Umsetzung.

In der Zusammenarbeit zwischen Schweden und Deutschland entstehen dadurch Proble- me. Die Schweden sind durch das Autoritätsverhalten der Deutschen irritiert. Die Deut- schen haben aufgrund des geringen Respekts vor Führungspersonen das Gefühl, nicht „ernst genommen" zu werden. Außerdem bemängeln die Deutschen eine nicht ausrei- chende Planung und kontrollierte Durchführung der Implementierung von Innovationen.

4.2.2 Kollektivismus vs. Individualismus

Sind Unternehmen eher *kollektivistisch* orientiert, beziehen sich Unternehmensentscheidungen nicht auf einzelne Personen, sondern auf das Team, die Gruppe bzw. das Kollektiv (Hofstede 1991). In *individualistischen Kulturen* streben und handeln die Mitarbeiter nach ihren eigenen Interessen, die mit denen der Organisation übereinstimmen. Individualismus gilt als Charakteristikum für „moderne" Gesellschaften.

Ein hoher Grad an Kollektivismus korrespondiert mit mehr Zeit und Aufwand bei der Entscheidungsfindung und Ideenbewertung im Innovationsprozess, weil unterschiedlichste Interessen der sozialen Gruppe harmonisiert werden müssen. Ein höherer Absprachebedarf stammt aus der Konsensfindung des gesamten Teams. In der Ideenumsetzung profitieren die Kulturen hingegen von ihrer Übereinstimmung, so dass die zögerlich getroffenen Entscheidungen schnell umgesetzt werden. Im Gegensatz dazu beruht ein hoher Grad an Individualismus auf einem geringeren Bedarf an wechselseitigen Absprachen und der Einigung, so dass eine schnelle Entscheidungsfindung möglich ist. Nachteilig ist jedoch, dass nur einige Personen in die Prozesse der Entscheidungsfindung und Ideenumsetzung involviert werden. Problematisch sind auch Fehlentscheidungen, die auf der überschnellen Entscheidungsfindung beruhen und eine eingehendere Analyse erfordern. Fehlentscheidungen müssen revidiert werden und können zu Redundanzen – einem erheblichen Mehraufwand – führen. Kulturkreise mit höherem Individualitätsindex sind tendenziell innovationsfreudiger als solche mit niedrigerem bzw. stärkerer kollektiver Orientierung (Shane 1992; 1993).

Nach Hofstede (1993) und Trompenaars (1993) sind sich Schweden und Deutsche in diesem Punkt sehr ähnlich; beide Kulturen verfügen über hohe Individualismuswerte. Allerdings wird Schweden in Untersuchungen von Hofstede (1993) im Vergleich zu Deutschland als individualistischer eingeschätzt.

Die Ergebnisse der Studie zeigen: Schweden und Deutschland werden als individualistisch wahrgenommen – sowohl von schwedischer Seite als auch aus deutscher Sicht. Die Ergebnisse korrespondieren weitgehend mit denen von Hofstede. Tendenziell schätzen sich die Schweden individualistischer als die Deutschen ein. Außerdem halten sich die Schweden – vor allem im Bereich IT – für innovativer. Aber auch die Deutschen schätzen die Vielfalt der Aufnahme und Entwicklung von IT-Leistungen bei den Schweden höher ein. Die höheren Individualismuswerte der Kulturen beeinflussen den gesamten Innovationsprozess.

Durch die Interviews wurde aber deutlich: Individualismus führt zwar zu Generierung von vielen Ideen. Aber problembehaftet ist eine individualistisch orientierte Kultur, wenn Kritik zu selten geäußert wird. Dies ist in Schweden der Fall. Die hohe Selbständigkeit bei den Schweden ist gepaart mit einer hohen Toleranz für unterschiedliche Meinungen und Ideen bei Teamprozessen. Diese wird durch die höhere Unsicherheitstoleranz verstärkt. Im Team werden dann neue Ideen entwickelt, aber die Diskussion der

Folgen aus den Ideen erfolgt unzureichend. Aus diesem Grund wird oft eher zufällig eine Idee ausgewählt oder aber zu viele Ideen angenommen, die nicht alle sinnvoll und gemeinsam umgesetzt werden können. Interessanterweise fühlen sich die Schweden für ihre Routineprozesse verantwortlich – für im Team bearbeitete Innovationsaufgaben allerdings nicht. Daraus folgt, dass aus Teamprozessen und -entscheidungen kaum Verantwortlichkeiten verstanden und definiert werden. So sind Probleme der Umsetzung inhärent. Dieses Problem verstärkt sich, weil bei Fehlern nicht auf die Fehlerverursacher zurückgeschlossen wird, denn das Team wird verantwortlich gemacht. Da aber ein tiefes Verständnis von Teams in individualistischen Kulturen nicht existiert, sind die Gründe für Fehler tendenziell nicht zurechenbar und fast nicht existent. Fehlervermeidung und -beseitigung im Umsetzungsprozess gestalten sich daher schwierig.

Deutsche Mitarbeiter sind hingegen gewohnt, mit Kritik umzugehen und Arbeitsprozesse sowohl auf der Basis des Individuums als auch des Teams kritisch zu beurteilen. Danach werden nicht nur einzelne Individuen in den Innovationsprozess integriert, sondern das gesamte Team. Individuen und Team werden als Einheiten begriffen, die verantwortlich sein können. Ferner werden in Deutschland im Gegensatz zu Schweden Aufgaben delegiert, Aufgabenblöcke und Kompetenzen im Innovationsprozess verteilt. Die Schweden arbeiten deutlich weniger aufgrund von definierten generellen und fallspezifischen Regeln und Aufgaben. Um kompatible Ergebnisse und Innovationen zu erstellen, ist eine laufende Abstimmung zwischen den Individuen erforderlich. Dies erfordert eine höhere Kommunikation zwischen den Beteiligten. Innerhalb dieses Kommunikationsprozesses können dann aber leichter neue Lösungsmöglichkeiten, Verbesserungen und Einsichten durch die Einbringung von Wissen über Kunden stattfinden. Damit ist bei Schweden die Wahrscheinlichkeit höher, dass im laufenden Innovationsprozess Änderungen stattfinden. Dieser eher fluide Charakter kann positive und negative Wirkungen haben – in Abhängigkeit, ob die Veränderungen konsistent sind und den Erfolg der Dienstleistungsinnovation positiv beeinflussen. Unabhängig davon wirkt die stärkere Beteiligung mittels individueller Ideen und Änderungen sowie erhöhter Kommunikation vorteilhaft auf die Akzeptanz von Neuerungen bei den Beteiligten. Hierdurch werden die Umsetzung und der Erfolg von Innovationen verbessert.

Die unterschiedlichen Herangehensweisen zwischen Schweden und Deutschen können Konflikte auslösen, weil Verantwortlichkeiten für Deutsche zu wenig definiert werden und für Schweden zu stark. Die Zusammenarbeit im Innovationsprozess ist vor allem innerhalb der Umsetzung konfliktgeladen, weil Deutsche Adressaten für Fehler suchen, wohingegen die Schweden eine solche „Aggressivität" nicht nachvollziehen können und als Angriff werten.

4.2.3 Unsicherheitsvermeidung

Unsicherheitsvermeidung lässt sich nach Hofstede definieren als „Grad, in dem die Mitglieder einer Kultur sich durch eine ungewisse oder unbekannte Situation bedroht fühlen" (Hofstede 1984; 1993, S. 156). In Kulturen mit *starker Unsicherheitsvermeidung* werden viele formelle und informelle Regeln getroffen (Hofstede 1997). Diese verringern Unsicherheiten im Verhalten der Menschen. Hingegen herrscht in Kulturen mit *schwacher Unsicherheitsvermeidung* ein Widerstand gegen formelle Regeln, die nur bei absoluter Notwendigkeit und Unausweichlichkeit erarbeitet werden (Hofstede 1997, S. 168). Kulturkreise mit geringerer Unsicherheitsvermeidung sind tendenziell innovationsfreudiger als solche mit starker Unsicherheitsvermeidung (Shane 1992, 1993).

Nach Hofstedes Einordnung übernimmt Schweden die Position mit geringerer Unsicherheitsvermeidung. Danach sind sie offener gegenüber Neuerungen. Deutschland ist im Vergleich zu Schweden risikoaversiv.

Die Klassifizierung von Hofstede stimmt mit den Ergebnissen der Unternehmensbefragungen überein. Schweden ist risikofreundlicher und gegenüber Neuerungen offener als Deutschland. Dabei sind Mitarbeiter in der Regel motivierter, neue Ideen zu generieren. Prozessabläufe werden vereinfacht, weil Normen und Regeln sowie Richtlinien nicht in vollem Umfang berücksichtigt werden müssen. In Schweden überwiegen informelle Prozesse. Normen und Regeln sind sehr weit gefasst. Hingegen wird die Innovationskraft der Mitarbeiter in Deutschland häufig durch die stark formalisierten „bürokratischen" Prozesse verringert, nahezu gebremst. Daraus resultieren große Unterschiede und Konfliktfelder zwischen Schweden und Deutschen, denn der Grad der Unsicherheit, den die Unternehmen und Mitarbeiter wahrnehmen, übt einen großen Einfluss auf das Innovationsmanagement aus. Das gilt insbesondere für die Ideenfindung, -bewertung und -umsetzung sowie letztendlich den Grad der Innovativität. Die Ideenfindung und vor allem die Ideenumsetzung erfordern einen sehr hohen Grad an Flexibilität, aber auch die Strukturierung und Verfolgung von Plänen und Programmen. Flexibilität fördert Kreativität, aber hemmt ebenso den Prozessablauf aufgrund fehlender Richtlinien. Ohne strukturierte Prozessabläufe ist es oft schwierig, Ideen in dem Umfang durchzusetzen und zu generieren, wie sie geplant waren. Sind die Regeln und die Verfolgung von Plänen zu straff gefasst, werden Mitarbeiter in ihrer Kreativität und Motivation Innovationen gegenüber stark eingeschränkt. Die Umsetzung von Innovationen unterscheidet sich in beiden Ländern sehr stark. In Schweden erfolgt die Umsetzung sehr viel langsamer als in Deutschland, wo die Realisierung stärker durchgeplant ist, so dass Fehlplanungen seltener sind.

4.2.4 Zeit

Zeit ist ein wesentlicher Gesichtspunkt im Innovationsmanagement. Der Umgang mit Zeit beeinflusst die Geschwindigkeit (Time to Market) und die zeitliche Orientierung (First Mover Advantages) von Innovationsprozessen. Hall/Reed Hall (1990b, S. 13f.) unterscheiden zwischen polychronen und monochronen Kulturen. *Monochrone Kulturen* verfolgen das Ziel, Zeit auf lineare bzw. sukzessive Art und Weise zu nutzen. Dabei konzentriert sich eine Person auf eine Aufgabe. Erst nach Abschluss der Aufgabe wird eine neue begonnen. Die effiziente Erfüllung des determinierten Zeitplans hat dabei oberste Priorität; Störungen und Unterbrechungen sind unerwünscht (Hall/Reed Hall 1990a, S. 14). Bei *polychronen Kulturen* dagegen stehen nicht Pläne im Vordergrund, sondern die Komplettierung persönlicher Kontakte und damit der Aufbau persönlicher Beziehungen. Die Individuen sind dabei in eine Vielzahl von Aufgaben gleichzeitig involviert: „are highly distractible and subject to interruptions" (Hall/Reed Hall 1990a, S. 16). Hall/Reed Hall zählen Schweden und Deutschland zu den monochronen Kulturen (Hall/Reed Hall 1990a).

Schweden und Deutschland werden nach Auswertung der Interviews als nahezu monochrone Kulturen eingestuft, wobei Schweden weniger monochron als Deutschland ist. Zeit ist für die Schweden innerhalb des Geschäftslebens von geringerer Bedeutung. Vor allem spielt Pünktlichkeit – ähnlich zu polychronen Kulturen – eine untergeordnete Rolle. In Deutschland ist dagegen die Einhaltung von Terminen im Gegensatz zu Schweden sehr wichtig. Auch verlaufen viele Prozesse und Aufgaben nacheinander, was entscheidendes Kennzeichen für eine monochrone Kultur ist. Der Innovationsprozess in Deutschland gilt als wesentlich strukturierter und terminierter als in Schweden. Fristen werden weitestgehend eingehalten.

Das Zeitmanagement innerhalb des Innovationsmanagements ist von großer Bedeutung und verbunden damit die Einhaltung von Plänen. Durch Regeln und die Einhaltung von Plänen und Fristen kann ein kurzer Innovationsprozess realisiert werden (monochrone Kulturen). Jedoch muss auch die Bereitschaft für Flexibilität, die kurzfristige Änderung von Plänen, in den Unternehmen vorhanden sein. Monochrone Kulturen sind weniger flexibel bei der Aufgabenerfüllung, da sie an straff strukturierte Prozesse gebunden sind. Aber dafür erfolgt die Umsetzung von Ideen schneller als bei polychronen Kulturen. Nachteilig ist, dass die Kreativität der Mitarbeiter durch den vorherrschenden Zeitdruck stark eingegrenzt sein kann. Das erklärt die höhere Rate der Ideenfindung in Schweden im Gegensatz zu Deutschland. In polychronen Kulturen, in denen persönliche Beziehungen im Vordergrund stehen, werden Innovationen und damit in Verbindung stehende Prozesse aufgrund des fehlenden Zeitmanagements oft vernachlässigt. Daraus kann dann eine zu späte Markteinführung resultieren, die bei Dienstleistungen, die laufend inkrementelle Innovationen durchsetzen sollten, den Wettbewerbserfolg behindern. Die Konflikte im interkulturellen Innovationsmanagement durch unterschiedliche Zeithandhabung sind offenbar. Insbesondere vor dem Hintergrund der hohen Erfolgswirksamkeit vom Timing von Innovationen können Konflikte stark ausfallen.

4.2.5 Kontext

Zusätzlich unterscheiden Hall/Reed Hall (1990a, S. 22f.) Kulturen bezüglich ihrer Kontextbezogenheit. In *High-Context-Kulturen* wird kaum Wert auf fachbezogene, zielgerichtete Kommunikation gelegt. Rein fachlich wird wenig direkt gesagt und geschrieben, da die meisten Informationen in der physischen Umgebung und in der Historie der Beziehungen enthalten sind. Innerhalb von Kommunikation, die häufig, lang und ungeplant abläuft, werden viele Details der Person und des Lebens und Seins außerhalb des Unternehmens kommuniziert. Hierdurch wird ein ganzheitliches Verständnis der Personen untereinander erreicht. Durch die gute Kenntnis der Ansichten und Verhaltensweisen des Anderen muss weniger fachlicher Inhalt in der Kommunikationssituation übermittelt werden (Hall/Reed Hall 1990b). In *Low-Context-Kulturen* dagegen werden Informationen in expliziten Codes übermittelt. Das bedeutet, dass Kommunikation in Unternehmen vorrangig die Übermittlung von zielgerichteten und fachbezogenen Informationen enthält (Hall/Reed Hall 1990a, S. 23ff.).

In der empirischen Studie dieser Arbeit konnten große Unterschiede zwischen Schweden und Deutschland festgestellt werden. Die *Schweden* vermeiden im Geschäftsleben persönliche Kontakte, während deutsche Mitarbeiter persönliche Kontakte bei der Zusammenarbeit schätzen. Der Konsens einer gemeinsamen Basis ist daher schwer zu finden. Die Schweden vermeiden den Aufbau persönlicher Beziehungen weitestgehend im geschäftlichen Umgang. Sie beschränken dabei die Kommunikation und den Informationsaustausch auf das Berufsleben. Sie halten gern Emotionen aus dem Geschäftsleben heraus. Damit ist auch das Vertrauensverhältnis aus schwedischer Sicht zu den Partnern als relativ gering einzuschätzen. In *Deutschland* hingegen wird der Aufbau einer persönlichen Beziehung zu den Partnern als notwendige Bedingung für Folgeprojekte angesehen. Bei der Identifikation von Vertrauen wird der Vorgang des Verhandelns zwischen bzw. unter den Partnern erleichtert. Eine schnellere Entscheidungsfindung und erfolgreiche Umsetzung von Ideen sind möglich. Demzufolge spielt das Vertrauen bei der Bewertung von Innovationen unterschiedlicher Kulturen eine bedeutende Rolle. Weil Innovationen grundsätzlich unsicher sind, spielt auch die Vertrauenskomponente eine wichtige Rolle. Die Unterschiede in dem Aufbau von Vertrauen und der Bedeutung von Vertrauen zwischen Schweden und Deutschen wirken hinderlich auf die Akzeptanz und Umsetzung von Ideen im Innovationsprozess.

5.   Diskussion und Fazit

Das Ziel des Beitrages lag darin, interkulturelle Einflüsse auf Dienstleistungsinnovationen zwischen den internationalen Tochterunternehmen zu analysieren. Die festgestellten *Strukturen des Innovationsprozesses* bei den Dienstleistungsunternehmen können wie folgt zusammengefasst werden:

- Innovationen entstehen ständig, oft mit inkrementellem Charakter, in dem schwedischen und deutschen Tochterunternehmen als auch in der interkulturellen Zusammenarbeit zwischen den Mitarbeitern der Töchter. Dabei erfolgt in der internationalen Zusammenarbeit eine gegenseitige Adaption von neuen Lösungen, teilweise aber mit Modifikationen.

- Die Innovationsprozesse lassen sich als stark wissensbasiert und getrieben durch Humankapital auffassen. In diesem Zusammenhang wirken menschliche Kommunikation sowie Wissensaustausch auf die Ausgestaltung und die Durchsetzung der Innovationen. Gerade diese wird von internationalen und interkulturellen Faktoren beeinflusst.

- Es konnten – mit Ausnahme von Teamsitzungen – keine Methoden zur Steigerung der Innovationsbereitschaft und -fähigkeit der Mitarbeiter in dem Dienstleistungsunternehmen identifiziert werden. Formelle Innovationsprozesse sind nur im Einzelfall vorzufinden. Standardisierte Innovationsprozesse existieren nicht. Der Anstoß von Innovationen wird bei Schweden während der Routineprozesse gegeben. In Teamsitzungen werden die Ideen dann kurz diskutiert. Bei Deutschen hängen Entscheidung und Umsetzung stärker von den Führungskräften ab.

- Eine zentrale Funktion mit Innovationsaufgaben gibt es in keinem der Dienstleistungsunternehmen. Stattdessen erfolgen Innovationen dezentral und neben den Routineaufgaben, aber auch als ergänzende Aufgaben in den jeweiligen Funktionen bzw. der Zusammenarbeit zwischen gleichen Funktionen im schwedischen und deutschen Unternehmen (z.B. Marketing mit Marketing).

- Es erfolgt sowohl im schwedischen als auch im deutschen Unternehmen eine Kundenorientierung durch die Einbindung von Ideen von Kunden in den Innovationsprozess, vornehmlich bei der Ideensammlung.

Die Ergebnisse der Interviews korrespondieren weitgehend mit den Klassifikationen von Hofstede sowie Hall/Reed Hall. Allerdings stellen sich nicht nur „aufgewärmte" und aktualisierte Erkenntnisse über kulturelle Dimensionen ein, sondern diese vertiefen das Verständnis im Hinblick auf interkulturelles Innovationsmanagement bei Dienstleistungen.

Dabei fanden sich verschiedene *Wirkungen auf das Innovationsmanagement* durch interkulturelle Zusammenarbeit:

▪ Es existieren Einflüsse von interkulturellen Profilen auf Innovationsprozesse und -strukturen.

▪ Die interkulturelle Zusammenarbeit und damit die kulturelle Distanz wirken auf den Innovationsprozess und dessen Struktur.

Eine höhere *Unsicherheitsvermeidung* von Kulturen bedingt eine geringere Offenheit für Neuerungen. Folglich sind Mitarbeiter, aber auch Kunden aus Kulturen mit höherer Unsicherheitsvermeidung, weniger bereit, Innovationen zu akzeptieren. Damit ist die Umsetzung von Innovationen im Unternehmen, aber auch bei Kunden behindert. Nicht eindeutig geklärt ist, ob Kulturen mit höherer Unsicherheitsvermeidung auch dazu tendieren, weniger neue Ideen zu entwickeln und somit auch eine geringere Innovativität in den ersten Phasen eines Innovationsprozesses aufweisen. Offensichtlich ist jedoch, dass Kulturen mit höherer Unsicherheitsvermeidung intensivere Entscheidungsprozesse durchführen und Regeln festlegen. Durch intensivere Entscheidungsprozesse wird der Innovationsprozess in seiner Geschwindigkeit vermindert. Vor allem bei solchen Dienstleistungen, die gefordert sind, kontinuierlich zu innovieren, wirkt dies negativ auf die Innovativität. Allerdings werden in intensiveren Entscheidungsprozessen auch Fehler leichter aufgedeckt, so dass die Qualität und Umsetzung des Innovationskonzepts verbessert werden kann.

Eine höhere Unsicherheitsvermeidung führt obendrein zu stärker formalisierten Prozessen und der Definition von Regeln. Bei inkrementellen Innovationen sind verringerte Regelungen grundsätzlich von Vorteil. Innovationen werden eher identifiziert sowie problemloser und schneller implementiert. Allerdings können Inkompatibilitäten mit anderen Dienstleistungsprozessen auftreten, weil zu wenig Regeln existieren und diese Lücke dann mit Abstimmungsprozessen ausgeglichen werden müssen. Problematisch ist damit eine Kombination von hoher Unsicherheitstoleranz und niedriger Kommunikationsintensität in der Umsetzungsphase (wie bei Schweden). Bei größeren Innovationsprojekten hingegen wirken Regeln fehlerreduzierend und beschleunigend, weil nicht alle Details im Wege der Selbstabstimmung oder der Nachfrage geklärt werden müssen. Regeln vereinfachen hierbei Entscheidungs- und Umsetzungsprozesse. Unterschiedliche Ausprägungen der Unsicherheitsvermeidung können bei interkultureller Zusammenarbeit im positiven Fall dazu führen, dass mehr Ideen entwickelt und diese dann besser umgesetzt werden. Im negativen Fall allerdings behindern Konflikte beides.

Grundsätzlich sind *individualistische* Kulturen innovativer. Der Grund ist, dass Individuen eigene Ideen entwickeln und motiviert sind, diese einzubringen. Ferner können Entscheidungen schneller ohne aufwändige Konsensbildung und kritische Beurteilung getroffen und umgesetzt werden. Vor allem in der Phase der Ideengenerierung und der Ideenbewertung sind individualistische Kulturen im Vorteil. Bei inkrementellen Dienstleistungsinnovationen sind individualistische Kulturen (bei ausreichend niedriger Machtdistanz) innerhalb der Umsetzung tendenziell im Vorteil, weil die leicht veränderten Konzepte auch schnell umgesetzt werden. In der interkulturellen Zusammenarbeit kann eine Mischung von kulturellen Profilen eine Steigerung der Innovativität ermöglichen.

Eine geringere *Machtdistanz*, wie sie in Schweden vorzufinden ist, wirkt positiv auf die Generierung von Dienstleistungsinnovationen, weil Mitarbeiter in höherem Umfang neue Ideen formulieren, einbringen und umsetzen. Vor allem bei den meist inkrementellen Dienstleistungsinnovationen, die dezentral und oft beim Kunden entstehen und umgesetzt werden, wirkt eine niedrigere Machtdistanz positiv. Durch höhere Autonomie können Mitarbeiter schneller und umfassender Innovationen identifizieren. Auch die Implementierung von Innovationen ist leichter, weil die selbst entwickelten Konzepte besser von den Mitarbeitern getragen werden bzw. Widerstände geringer sind. Gerade dies ist bei dezentralen Dienstleistungsinnovationen wichtig. Eine höhere Machtdistanz, wie in Deutschland, verlangt dagegen intensivere Entscheidungsprozesse unter Einbindung des Managements. Außerdem kann eine höhere Machtdistanz die Motivation der Mitarbeiter, neue Ideen zu entwickeln, hemmen. Allerdings behindert eine niedrigere Machtdistanz die Kritikfähigkeit der Mitarbeiter. Denn Kritik dient der Verbesserung des Innovationsprozesses, weil Schwierigkeiten leichter und früher aufgedeckt werden können. Vor allem bei Innovationen, die relativ unsicher sind, kann Kritik zu einer Veränderung bzw. Verbesserung der Innovationen und somit ihrem Erfolg beitragen. Jedoch ist zu bemerken, dass die Kritikfähigkeit der Führungskräfte bei geringerer Machtdistanz höher ist. Somit wirkt eine niedrigere Machtdistanz bei Fehlern von Führungskräften vorteilhaft auf den Innovationserfolg. Weil viele Konzepte für Innovationen scheitern, bedarf es ferner immer wieder Abbruchprozesse. Diese können einfacher erfolgen, wenn die Kritikfähigkeit, wie in einer Kultur mit erhöhter Machtdistanz, höher ist (unter der Voraussetzung, dass Führungskräfte Probleme wahrnehmen und agieren). Problematisch ist, wenn bei Teamprozessen von Individuen allein viele Ideen entwickelt und ohne intensive kritische Beurteilung umgesetzt werden.

Das Problem mangelnder kritischer Würdigung von Innovationskonzepten tritt besonders stark auf, wenn hohe Individualismuswerte und eine geringere Unsicherheitsvermeidung existieren. Dies ist der Fall in Schweden. Ein hoher Individualismuswert in Verbindung mit geringer Machtdistanz impliziert, dass Aufgaben tendenziell wenig von verschiedenen Personen beurteilt werden. Vor allem bei Teamprozessen finden kaum Verbesserungsdiskussionen statt und werden keine Verantwortlichkeiten bestimmt. Bei Fehlern wird das Team nicht zur Verantwortlichkeit gezogen, weil kein wirkliches Verständnis über Gruppenentscheidungen bei individualistischen Kulturen existiert. Aber aufgrund der Teamprozesse ohne Definition von Verantwortlichkeiten werden Individuen kaum zur Verantwortung gezogen. Die Beteiligten sind der Meinung, die Idee wurde im Team befürwortet. Damit sind Verantwortlichkeiten nicht mehr bei Individuen. Dagegen werden in Deutschland viele Aufgaben im Team bearbeitet. Aber durch höhere Machtdistanz sind die Mitarbeiter gewohnt, Verantwortlichkeiten zu definieren und Fehler nachzuvollziehen.

Im Bereich der Zeithandhabung ist nicht eindeutig zu beurteilen, ob monochrone oder polychrone Kulturen bei Dienstleistungsinnovationen im Vorteil sind. Bei größeren Innovationsprojekten mit radikalem Innovationsergebnis könnten monochrone Kulturen im Vorteil sein, weil genaue Planung von Komponenten usw. deren Kompatibilität verbessern kann. Eine genauere Planung in Verbindung mit einer eher sequenziellen Zeithandhabung ermöglicht generell, die Umsetzung von größeren Innovationsprojekten zu beschleunigen. Der Bereich der unterschiedlichen Zeithandhabung wirkt allerdings stark konfliktträchtig auf die interkulturelle Zusammenarbeit.

Eine höhere Unsicherheitsakzeptanz in Verbindung mit der geringeren Regeleinhaltung und der weniger wichtige Wert von Pünktlichkeit haben die Folge, schneller unlukrative Projekte fallen zu lassen. Dadurch lässt sich die „Floprate" verringern. Aber auch die Einhaltung von Zeitplänen für Innovationsprozesse wirkt beeinträchtigend. Jedoch können Änderungen der geplanten Konzepte in Schweden besser realisiert werden. Denn um innovativ zu sein, müssen Mitarbeiter schnell umdenken können; die Einhaltung von Plänen ist nicht immer möglich und unvorhergesehene Änderungen sind nicht auszuschließen. Daher sind Anpassungen von Innovationsprojekten im Zeitablauf leichter möglich und neue Entwicklungen im Markt oder von Technologien leichter aufzunehmen. Auch ermöglicht eine höhere Informalität wie bei Schweden, schnell und unkompliziert auf Änderungen reagieren zu können.

Auch zur Kontextbezogenheit von Kulturen können schlechter eindeutige Rückschlüsse auf die generelle Innovativität gezogen werden. Der Weg zum Innovieren unterscheidet sich. Dies gilt vor allem für die Kommunikation und den Wissenstransfer. Die Auswirkungen betreffen dann primär die interkulturelle Zusammenarbeit. So ist die Kommunikation unter Deutschen weniger zielgerichtet und stärker persönlich und dennoch durch höhere Machtdistanz gekennzeichnet. In einem gemeinsamen Innovationsprozess sind daher starke Kommunikationshindernisse aufzufinden. Probleme und Konflikte bei der Zusammenarbeit entstehen, wenn kooperierende Kulturen unterschiedliche Auffassungen von Informationsaustausch, Privatsphäre und Bedeutung persönlicher Beziehungen zueinander haben. Insgesamt ist zu konstatieren, dass unterschiedliche kulturelle Profile unterschiedliche Wirkungen auf verschiedene Phasen des Innovationsprozesses haben. Diese lassen sich im Rahmen der interkulturellen Zusammenarbeit nutzen. Dennoch treten Konfliktfelder auf, die es zu bewältigen gilt (Abbildung 1). Sind viele verschiedene Kulturen an einem Projekt beteiligt, treffen unterschiedliche Normen, Werte, Handlungs- und Arbeitsweisen sowie Interessen aufeinander. Vorurteile länderübergreifender Zusammenarbeit müssen bzw. sollten langfristig beseitigt werden. Kompromisse sind zu schaffen.

Alle untersuchten Kulturprofile können den Innovationsprozess befruchten, weil unterschiedliche Grade von Unsicherheitsvermeidung usw. ausgeglichen werden können. Gemeinsame Teams zur Findung und Umsetzung von Innovationen wirken positiv auf die Innovativität. Aber die Unterschiede können leicht Konflikte und Missverständnisse induzieren, die aus den unterschiedlichen Profilen einfach ableitbar sind.

Die Unterschiedlichkeiten im Kontext, besonders in der Kommunikationskultur zwischen Schweden und Deutschen können mittels einer gemeinsamen *Interkultur* (diskursive Kultur) verringert werden. Zur Schaffung einer so genannten diskursiven Kultur sind gerade kommunikative Handlungen von besonders hoher Bedeutung. Berücksichti-

gung finden sollten vor allem die Sprachfähigkeiten, die auf die Zusammenarbeit und
damit auch auf das Innovationsmanagement Einfluss nehmen. Denn die Prozessabläufe
sind maßgeblich durch die Interaktion und Kommunikation unter und zwischen den Partnern sowie Mitarbeitern bestimmt.

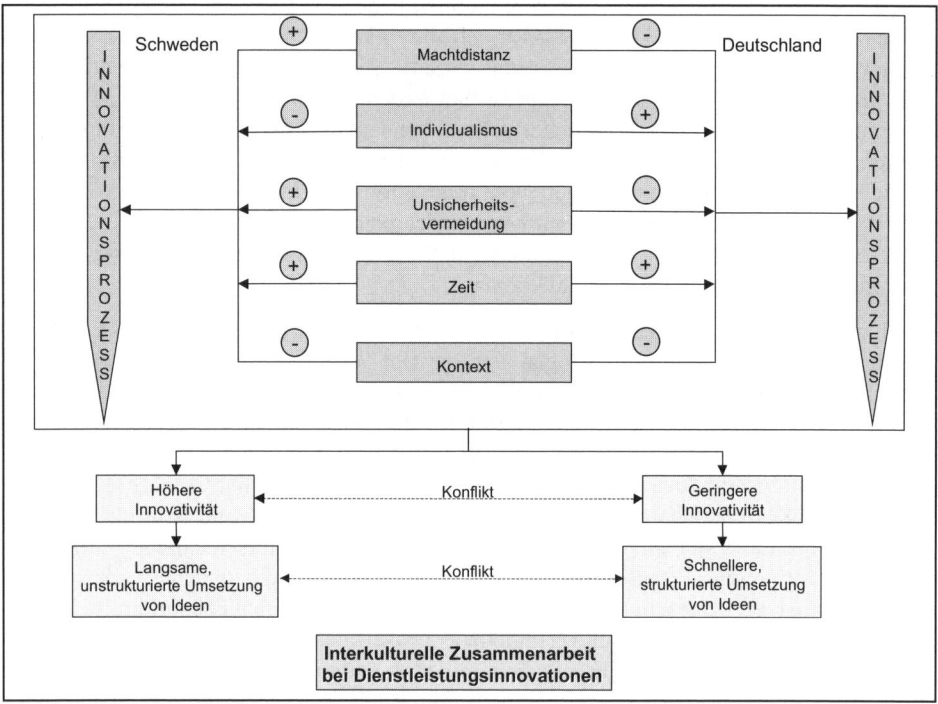

Abbildung 1: Wesentliche kulturelle Einflussfaktoren und Wirkungen auf die
             Innovationsfähigkeit

Ziel der Unternehmen sollte sein, die gemeinsamen Innovationsaktivitäten durch interkulturelle Zusammenarbeit zu verstärken. Hierdurch lässt sich die Innovationsfähigkeit
verbessern. Hilfreich könnte dabei beispielsweise die systematischere Herangehensweise
an das Innovationsmanagement sein. Dabei können Abstimmungen, Regeln, Verfahrens-
weisen und Termine gemeinsam festgelegt werden. Das bedeutet auch die Festlegung
von Freiheitsgraden, die in Schweden sehr wichtig sind.

Von hoher Bedeutung sind institutionalisierte Workshops mit Mitarbeitern, vor allem
denen mit Kundenkontakt. Die Informationen und Verbesserungen sind in Prozessabläufe zu integrieren, um die Kundenorientierung weiter zu steigern. Durch ein etwas
stärker institutionalisiertes Innovationsmanagement können Mitarbeiter schneller und

einfacher lernen, mit unterschiedlichen kulturellen Verhaltensweisen umzugehen bzw. die ungewohnten Verhaltensweisen einzuordnen. Durch moderierte Sitzungen, die geplante und kreative (freie) Elemente enthalten, lassen sich stärker und weniger regelbasierte Verhaltensweisen vereinigen. Obendrein können die spezifischen Vorteile von Kulturdimensionen ausgenutzt werden (Abbildung 2). So könnte sich auch die Teamzusammensetzung in verschiedenen Phasen des Innovationsprozesses ändern.

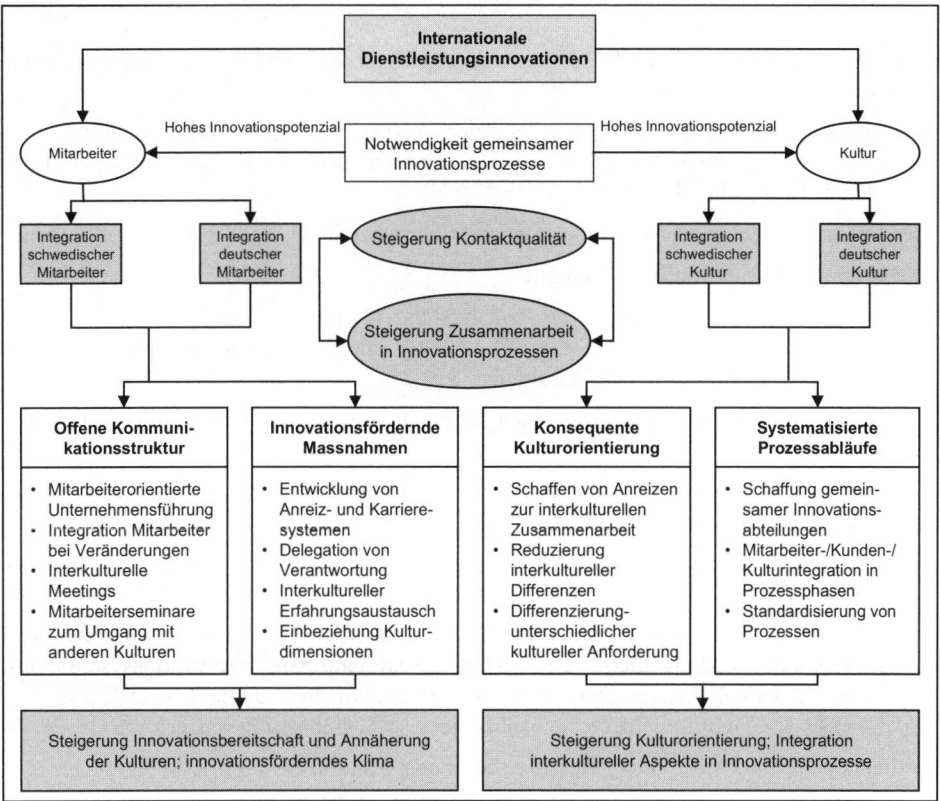

Abbildung 2: Erkenntnisse und Empfehlungen zur Gestaltung eines internationalen
Innovationsmanagements

Bei dem internationalen Transfer und der internationalen Entwicklung von Innovationen ist allerdings zu bedenken, dass Kunden in verschiedenen Ländern unterschiedliche Bedürfnisse haben. Ideen, die in einem Bereich entstanden sind, können nicht immer gleich adaptiert und implementiert werden. Dies impliziert auch, dass bei kundengetriebenen Innovationen zu diskutieren ist, wie diese im jeweiligen Kontext umzusetzen sind.

Die Interviews verdeutlichen, dass die interkulturellen Wirkungen auf den Innovationsprozess tiefer gehender sind als Kulturtypologien vermuten lassen. Weitere Studien zu
interkulturellen Wirkungen auf Innovationsprozesse sind dringend erforderlich.

Literatur

Bartlett, C.A./Ghoshal, S. (1990): Internationale Unternehmensführung, Frankfurt/Main
    u.a.

Berekoven, L. (1966): Der Begriff der Dienstleistung und seine Bedeutung für eine
    Analyse der Dienstleistungsbetriebe, in: Jahrbuch der Absatz- und Verbrauchsfor-
    schung, 12. Jg., Nr. 4, S. 314-326.

Berekoven, L. (1983): Der Dienstleistungsbetrieb in der BRD, Band 1 und 2, Göttingen.

Böcker, F. (1994): Marketing, Stuttgart.

Bruhn, M./Stauss, B. (2004): Dienstleistungsinnovationen – Eine Einführung in den
    Sammelband, in: Bruhn, M./Stauss, B. (Hrsg.): Dienstleistungsinnovationen. Forum
    Dienstleistungsmanagement, Wiesbaden, S. 3-27.

Düfler, E. (1999): Internationales Management in unterschiedlichen Kulturbereichen,
    München/Wien.

Eisenhardt, K.M. (1989): Building Theories from Case Study Research, in: Academy of
    Management Review, Vol. 14, No. 4, S. 532-550.

Engelhard, J./Hein, S. (Hrsg.) (1996): Erfolgsfaktoren des Auslandseinsatzes von Füh-
    rungskräften, Stuttgart.

Gerybadze, A./v. Tintelnot, C./Meissner, D./Steinmeier, I. (Hrsg.) (1999): Internationa-
    les Innovationsmanagement: Lead Märkte und nationale Innovationssysteme als
    Treiber des Globalisierungsprozesses, in: Innovationsmanagement – zu Ehren von
    Professor Dr. Helmut Sabisch aus Anlass seines 65. Geburtstages, Berlin, S. 13-28.

Gillham, B. (2000): Case Study Research Methods, London/New York.

Gort, M./Klepper, S. (1982): Time Paths in the Diffusion of Product Innovations, in: The
    Economic Journal, Vol. 92, No. 367, S. 630-653.

Hall, E.T. (1959): The Silent Language. Garden City, New York.

Hall, E.T. (1977): Beyond Culture. Garden City, New York.

Hall, E.T./Reed Hall, M. (1990a): Understanding Cultural Differences, Yarmouth.

Hall, E.T./Reed Hall, M. (1990b): Understanding Cultural Differences – Germans,
    French and Americans, Yarmouth.

Haller, C. (1997): Wie Ideen gedeihen, in: io management, Nr. 5, S. 20-26.

Hampden-Turner, C./Trompenaars, F. (2000): Building Cross-Cultural Competence, Chichester.

Hipp, C. (2000): Innovationsprozesse im Dienstleistungssektor: Eine theoretisch und empirisch basierte Innovationstypologie. Heidelberg.

Hippel, E.v. (1988): The Sources of Innovation, New York.

Hofstede, G. (1980): Culture's Consequences: International Differences in Work-related Values, Beverly Hills.

Hofstede, G. (1984): Cultural Dimensions in Management and Planning, in: Asia Pacific Journal of Management, Vol. 24, No. 5, S. 81-99 .

Hofstede, G. (1991): Lokales Denken, globales Handeln: interkulturelle Zusammenarbeit und globales Management, Originalausgabe, aktualisierte Ausgabe der deutschen Übersetzung, München.

Hofstede, G. (1993): Interkulturelle Zusammenarbeit, Wiesbaden.

Hofstede, G. (1997): Lokales Denken, globales Handeln. Kulturen, Zusammenarbeit und Management, Aktualisierte Ausgabe, München.

Meissner, H.G. (Hrsg.)(1997): Der Kulturschock in der Betriebswirtschaftslehre, Wiesbaden.

Meyer, A. (1991): Dienstleistungs-Marketing, in: Die Betriebswirtschaft, 51. Jg., Nr. 2, S. 195-207.

Pleschak, F./Sabisch, H. (1996): Innovationsmanagement, Stuttgart.

Rackensperger, D./Reichwald, R./Schaller, C. (2004): Innovationsmanagement von Dienstleistungen – Ein ganzheitlicher Ansatz und seine Umsetzung in die Praxis, in: Bruhn, M./Stauss, B. (Hrsg.): Dienstleistungsinnovationen. Forum Dienstleistungsmanagement, Wiesbaden, S. 47-73.

Riddle, D.L. (1987): The Role of the Service Sector in Economic Development: Similiarities and the Differences by Development Category, in: Giarini, O. (Hrsg.): The Emerging Service Industry, Oxford, New York, S. 83-104.

Riddle, D.L. (1992): Leveraging Cultural Factors in International Service Delivery, in: Swartz, T.A./Bowen, D.E./Brown, S.W. (Hrsg.): Advances in Services. Marketing and Management, Vol. 1, Greenwich, S. 297-322.

Riddle, D.L. (1998): Cultural Aspects of Services Technology Transfer, in: Johnston, R. (Ed.): The Management of Service Operations, Berlin, S. 89-97.

Riddle, D.L./Brown, S.L. (1988): From Complacency to Strategy: Retaining World Class Competitiveness in Services, in: Starr, M.K. (Hrsg.): Global Competitiveness. Getting the U.S. Back on Track, New York, S. 239-270.

Shane, S.A. (1992): Why do some Societies invent more than Others?, in: Journal of Business Venturing, Vol. 7, No. 1, S. 29-46.

Shane, S.A. (1993): Cultural Influences on national Rates of Innovation, in: Journal of Business Venturing, Vol. 8, No. 1, S. 59-73.

Sundbo, J. (1997): Management of Innovation in Services, in: The Service Industry Journal, Vol. 17, No. 3, S. 432-455.

Trompenaars, F. (1993): Handbuch globales Managen. Wie man kulturelle Unterschiede im Geschäftsleben versteht, Düsseldorf.

Vahs, D./Burmester, R. (2002): Innovationsmanagement: von der Produktidee zur erfolgreichen Vermarktung, Stuttgart.

Voss, C.A./Johnston, R./Silvestro, R./Fitzgerald, L./Brignall, T.J. (1992): Measurement of Innovation and Design Performance in Services, in: Design Management Journal, Vol. 3, No. 1 Winter, S. 40-46.

Yin, R. (1981): The Case Study Crisis, some Answers, in: Administrative Science Quarterly, Vol. 26, No. 2, S. 58-65.

Yin, R. (1984): Case Study Research, Beverly Hills.

5. Branchenspezifische Besonderheiten der Internationalisierung von Dienstleistungen

Mike Peters und Klaus Weiermair

Strategie- und Implementierungsprobleme bei der Internationalisierung von touristischen Dienstleistungen

Dr. *Mike Peters* ist Wissenschaftlicher Assistent am Institut für Unternehmensführung, Tourismus- und Dienstleistungswirtschaft an der Universität Innsbruck. Prof. Dr. *Klaus Weiermair* ist Leiter des Zentrums für Tourismus- und Dienstleistungswirtschaft an der Universität Innsbruck.

1.   Einleitung

Der Handel mit Dienstleistungen und somit die Entwicklung von Internationalisierungsstrategien erhalten in den Sozial- und Wirtschaftswissenschaften eine immer größere
Aufmerksamkeit. Dennoch finden sich bis dato wenige Beiträge zum Internationalisierungsverhalten von touristischen Dienstleistern. Dieser Beitrag wird in vier Abschnitten
typische Internationalisierungsfragestellungen von Dienstleistungsunternehmen im Allgemeinen und Tourismusunternehmen im Besonderen diskutieren. Ausgehend von einer
kurzen Beschreibung der tatsächlichen internationalen Handels- und Investitionsauswei-
tung von Dienstleistungen werden im zweiten Abschnitt wichtige Arbeiten zur Frage der
Internationalisierung von Dienstleistungen diskutiert. Danach setzt sich der Beitrag mit
der Frage der Entwicklung und Umsetzung von Internationalisierungsstrategien und den
Implementierungsschwierigkeiten von Klein- und Mittelbetrieben – insbesondere im
Tourismus – auseinander. Schließlich werden daraus im letzten Abschnitt unternehmens-
und tourismuspolitische Schlussfolgerungen abgeleitet, die aufzeigen, welche Maßnahmen den Internationalisierungsprozess von klein- und mittelbetrieblichen Tourismusunternehmen stimulieren und optimieren können.

2.   Deregulierung und Liberalisierung des internationalen Dienstleistungshandels

Der Dienstleistungssektor ist seit mehr als vier Jahrzehnten stetig auf dem Vormarsch
und nimmt eine immer wichtiger werdende Rolle in der gesamtwirtschaftlichen Leistungserstellung ein. Der Dienstleistungstransfer beträgt zwischen 20 und 30 Prozent des
Welthandels und die Tendenz ist steigend (Abbildung 1). Weltweite Liberalisierungen
des internationalen Handels wurden in der zweiten Hälfte des zwanzigsten Jahrhunderts
durch das GATT-Abkommen *(General Agreement on Tariffs and Trade)* vorangetrieben.
Ziel des bereits 1947 signierten Abkommens war die Gründung eines internationalen Fo-
rums, das anstrebt, den freien Handel zwischen den Mitgliedstaaten durch die Reduktion
von Handelsbeschränkungen zu stützen.

Dennoch bestehen noch heute eine Reihe von Regulierungen wie Handelsbegünstigungen
für bestimmte Länder oder quantitative Handelsbeschränkungen. Ein weiteres, spezielles
Dienstleistungsabkommen der Welthandelsorganisation (WTO), das *General Agreement
on Trade in Services* (GATS), forciert nun die Liberalisierung des Dienstleistungshandels. Während der 4. WTO Ministerkonferenz in Doha/Katar wurden neue GATS-
Verhandlungen unternommen. Ziel war es, Handelshemmnisse im Dienstleistungsverkehr
und somit allfällige Regulierungen abzubauen (Fritz/Fuchs 2003). Das GATS-Abkommen birgt viele positive Effekte. Im Wesentlichen wird dafür gesorgt, dass dem Wunsch

ausländischer Investoren nach Abschaffung verschiedener Auflagen in den Gastländern Rechnung getragen wird. Zu diesen Auflagen zählen beispielsweise Bestimmungen über die Höhe ausländischer Beteiligungen, Quoten für die Einstellung lokaler Arbeitskräfte, die Verwendung inländischer Rohstoffe, der Zwang zu Joint-Ventures, die Einhaltung bestimmter Umweltschutzauflagen oder Gesetze zum Arbeitsschutz (Deutscher Bundestag 2002).

	Dienstleistungs-handel 1990 (Export)	Dienstleistungs-handel 1997 (Export)	Dienstleistungs-handel 2001 (Export)
USA	132.880	233.430	259.380
Deutschland	51.605	79.210	83.225
Großbritannien	53.830	95.857	108.366
Österreich	22.755	29.214	32.535
Weltweiter Dienstleistungs-handel	779.971	1.321.647	1.446.288
Weltweiter Handel gesamt	3.483.038	5.536.519	6.112.052

Abbildung 1: Anteil des Dienstleistungssektors an der Weltwirtschaft (in Mio. USD) (Quelle: UNCTAD 2002)

Einige Kernprobleme des GATS werden auf internationaler zwischenstaatlicher und nationaler Ebene stark kritisiert und diskutiert. Neben den befürchteten Benachteiligungen für Entwicklungsländer werden die folgenden Gefahren des GATS erwartet:

- Risiken der Marktöffnung: Es existieren Befürchtungen, den Einfluss auf bestimmte öffentliche Versorgungsleistungen zu verlieren (Krajewski 2001).

- Sinnvolle Investitionsauflagen können in manchen Ländern durch den Ausbau der Rechte transnationaler Unternehmen wegfallen.

- Hemmnisse für den internationalen Handel müssen national, regional und kommunal abgebaut werden. Das heißt, dass ebenso typische Qualifikationsanforderungen wie im Tourismus für ausländische Dienstleister als Handelshemmnisse gesehen werden. Eine Harmonisierung der nationalen Reglements zwischen den WTO-Mitgliedern ist notwendig (Fritz/Fuchs 2003).

- Einschränkung demokratischer Entscheidungsprozesse durch die politische Macht globaler Konzerne (Wesselius 2001).

3. Internationalisierung von Dienstleistungen: Erklärungsansätze und Forschungsfragen

Die These, Dienstleistungen könnten sich als überwiegend binnenorientierte Branchen nicht internationalisieren, trifft nicht mehr zu, denn einerseits hat der Außenhandel von Dienstleistungen (Mitte der 1980er Jahre bis Ende der 1990er Jahre) stärker als der von Waren zugelegt, andererseits genügt es nicht, die unmittelbaren Ausfuhren von Dienstleistungen zu messen, um die Bedeutung des Dienstleistungssektors für die internationale Arbeitsteilung zu unterstreichen. Da sich Dienstleistungen im Welthandel erst in den letzten Jahren auf internationaler Ebene ausbreiten konnten, war es ihnen noch nicht möglich, sich aus der jahrzehntelang existierenden Dominanz des weltweiten Warenhandels hervorzuheben. Auch in der Literatur und im internationalen Management rücken Dienstleistungsbranchen und ihr internationales Engagement insbesondere im Zuge der kritischen Diskussion der Umsetzung der GATS-Richtlinien immer mehr ins Blickfeld.

Eine Reihe von namhaften Sozial- und Wirtschaftswissenschaftlern analysierten bereits seit Mitte des letzten Jahrhunderts den Prozess der Internationalisierung und gingen dabei von multinationalen Unternehmen vom Zeitpunkt der Durchführung der ersten ausländischen Direktinvestitionen aus (Brash 1966; Safarian 1966; Dunning 1988). Horst (1972), einer jener Autoren, die einen Zusammenhang zwischen der Größe eines Unternehmens und dessen Entscheidung, in Übersee zu investieren, feststellen konnten, vermisst an diesen Ansätzen und Untersuchungen eine dynamische Betrachtung des Verhaltens der Unternehmen im Prozess der Internationalisierung. Spätere Untersuchungen haben sich der Dynamisierung des Internationalisierungsprozesses angenommen. So studierte Aharoni (1966) z.B. verschiedene Stufen, die in typischen Auslandsdirektinvestitionsprozessen durchlaufen werden. Einen weiteren Fortschritt kreierten die Studien internationaler Strategien nordischer Unternehmen, die internationalen Aktivitäten den Internationalisierungsprozess zugrunde legten (Johanson/Wiedersheim-Paul 1975; Johanson/Vahlne 1977, 1990).

Handelt es sich allerdings um Dienstleistungen, dann ist ein kontinuierliches Durchlaufen der Stufen des Auslandsengagements, wie wir es aus den skandinavischen Studien kennen, nicht möglich, denn die Besonderheit der direkten Interaktion zwischen Konsument und Produzent zwingt Dienstleistungsunternehmen, eine Produktionseinheit vor Ort und somit durch Direktinvestitionen zu etablieren (Nicoulaud 1989; Buckley 1993). Auch hier gibt es Einschränkungen, denn schließlich existieren auch handelbare Dienstleistungen für die grundsätzlich alle Internationalisierungsformen der Produktionsunternehmen offen stehen (beispielsweise ist auch eine standortgebundene Dienstleistungsproduktion durch faktorunterstützten Export ohne Direktinvestitionen möglich) (Erramilli 1990). Ganz allgemein gilt, dass es wenige Studien gibt, die den Internationalisierungsprozess von Dienstleistungsunternehmen oder speziell sogar von touristischen Unternehmungen untersuchten (Lingenfelder/Reis 1998; Weiermair/Peters 1998; Meffert

2000; Frehse/Peters 2002). Touristische Leistungen sind schließlich auch jenen Restriktionen bzw. Charakteristika unterworfen, die für andere Dienstleistungen gelten. Anhand dieser typischen Eigenheiten wie Immaterialität, Nichtlagerfähigkeit oder Simultanität von Produktion und Konsum, lassen sich klassische Implikationen für die Internationalisierungspotenziale für Dienstleistungen ableiten (Sampson/Snape 1985; Vandermerwe/Chadwick 1989; Mößlang 1995; Meffert 2000). Im Folgenden wird ein genauerer Blick auf die bekanntesten Erklärungsversuche geworfen.

3.1   Klassifikationen für internationale Dienstleistungen

Verschiedenste Ansätze bemühen sich um eine Ableitung von Prämissen für die Internationalisierung von Dienstleistungen und bauen dabei auf deren Kerncharakteristika auf. Diese Systematisierungen zeigen die Unterschiedlichkeit von Dienstleistungs- und Sachgüterinternationalisierung auf und versuchen somit, Imperative für den Unternehmer abzuleiten. Aus Sicht der Forschung ergeben sich aber vor allem durch die immense Heterogenität der Leistungen im tertiären Sektor Schwierigkeiten in der Analyse des Wachstums- bzw. Internationalisierungsverhalten von Dienstleistungsunternehmen (Erramilli/Rao 1990). Daher flammt immer wieder die Forderung nach einer Klassifikation oder Systematisierung von Dienstleistungen in verschiedensten Forschungsbereichen der Sozialwissenschaften, aber auch im Zuge der Bemühungen um eine Harmonisierung internationaler statistischer Daten über die Entwicklung von Dienstleistungen auf (Eurostat 2000; Meffert 2000). Es existierten eine Vielzahl von Klassifikationen und Kategorisierungen für Dienstleistungen (Corsten 1985; Maleri 1991; Fitzsimmons/ Fitzsimmons 2003) und ebenso erste Versuche, Dienstleistungen in Bezug auf deren Internationalisierungspotenziale einzuteilen. Einige der bekanntesten Auseinandersetzungen mit der Konzeption von Dienstleistungsinternationalisierungen auf Basis der Dienstleistungscharakteristika stammen von Sampson/Snape (1985), Vandermerwe/Chadwick (1989), Patterson/Cicic (1995) oder Clark/Rajaratnam (1999). Die Frage nach dem „Was?" hängt – folgt man diesen Autoren – eng mit der Beschaffenheit des Produktes zusammen, zumindest lässt sich eine Reihe von Internationalisierungsstrategien ausschließen. Die Rahmenbedingungen für die Internationalisierung der Dienstleistung erwachsen somit aus den Produktbesonderheiten und daher ist ein kontinuierliches Durchlaufen der Internationalisierungsformen insbesondere für standortgebundene Dienstleistungen nicht realisierbar (Mößlang 1995, S. 165).

Vandermerwe/Chadwick (1989) leiten Implikationen für die Internationalisierungspotenziale für Dienstleistungen ab und liefern ein recht umfassendes Bild möglicher Internationalisierungsoptionen für Dienstleister (Abbildung 2). Ausgehend von der Interaktionsbeziehung zwischen Konsument und Produzent leiten die Autoren drei Grade der Internationalisierung von Dienstleistungen ab. Diese Internationalisierungsformen unterscheiden sich nach dem Ausmaß der Investition im Ausland, der Präsenz und der Kontrolle im jeweiligen Gastland. Als Sachgüter speicherbare Dienstleistungen lassen sich als exportierbare Dienstleistungen klassifizieren (Cluster 1 in Abbildung 2). Das zweite

Cluster an Dienstleistungen braucht zur Internationalisierung mehr Investitionen und eine höhere Präsenz und Kontrolle im Gastland, womit eine Beteiligung mit Dritten oder Lizenzierungsverträge oder Managementverträge von Interesse sind. Im dritten Cluster (Cluster 3 in Abbildung 2) besteht sowohl eine hohe Interaktion zwischen Kunde und Produzent als auch ein hoher Grad an Kontrolle, Präsenz und Investition. Hier bieten sich Auslandsdirektinvestitionen an (Vandermerwe/Chadwick 1989, S. 84ff.).

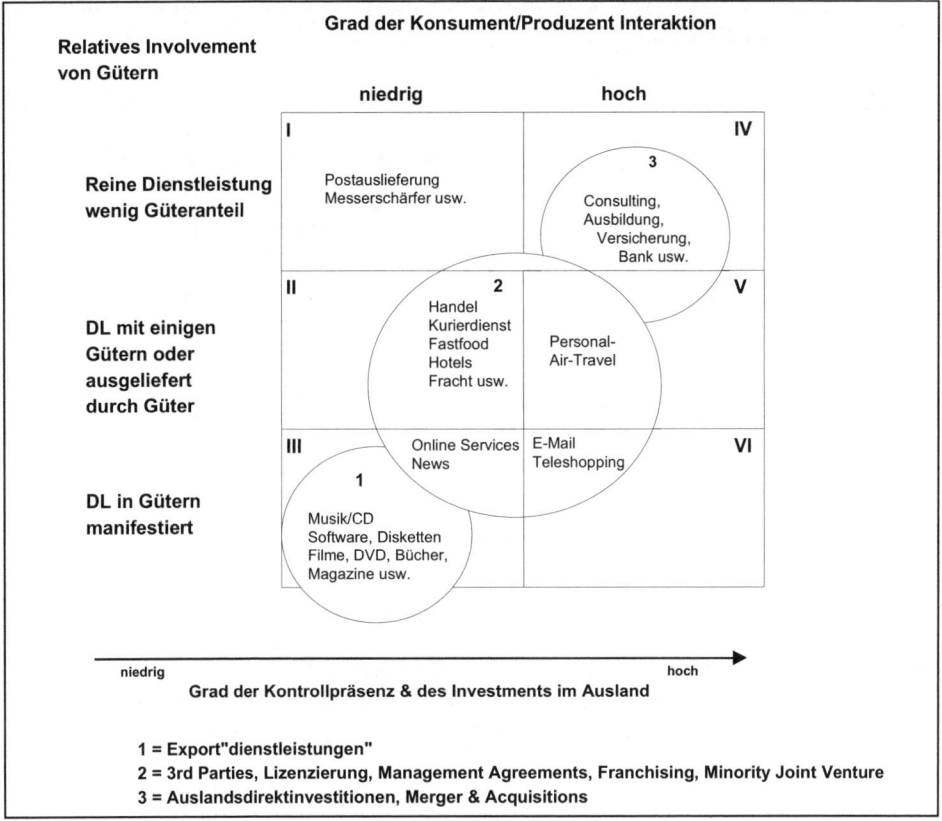

Abbildung 2: Cluster von Dienstleistungen nach deren Internationalisierungsform
(Quelle: In Anlehnung an Vandermerwe/Chadwick 1989, S. 84)

Kritisch an dieser Kategorisierung sind die Implikationen des Güterinvolvements auf die Internationalisierbarkeit von Dienstleistungen. Die Autoren implizieren, dass Kooperationen eher von Unternehmen geschlossen werden, die sich im Quadranten III und VI befinden (Abbildung 2), d.h. also, bei Gütern, die einen hohen Stellenwert in der Distribution und Produktion ihrer Dienstleistungen aufweisen. Doch in der Realität finden sich zahlreiche Unternehmen, die „reine" Dienstleistungen anbieten und Kooperationen auf internationalen Märkten eingehen. Weniger kritisch sieht hingegen die Beziehung zwischen dem Interaktionsgrad von Kunde und Produzent und der Wahl der Internationalisierungsstrategie aus, denn es liegt hier nahe, dass Unternehmen, deren Interaktionsbeziehungen zu Kunden sehr hoch sind, zur Sicherung der Qualität und Kundenzufriedenheit Filialen beziehungsweise zumindest Anlaufstellen im Ausland gründen.

Sampson/Snape (1985) bilden Kategorien des internationalen Austausches von Dienstleistungen. Diese beruhen auf dem Beziehungsverhältnis zwischen Produzent und Konsument. Abbildung 3 zeigt vier mögliche Beziehungen zwischen mobilen und immobilen Anbietern und Nachfragern.

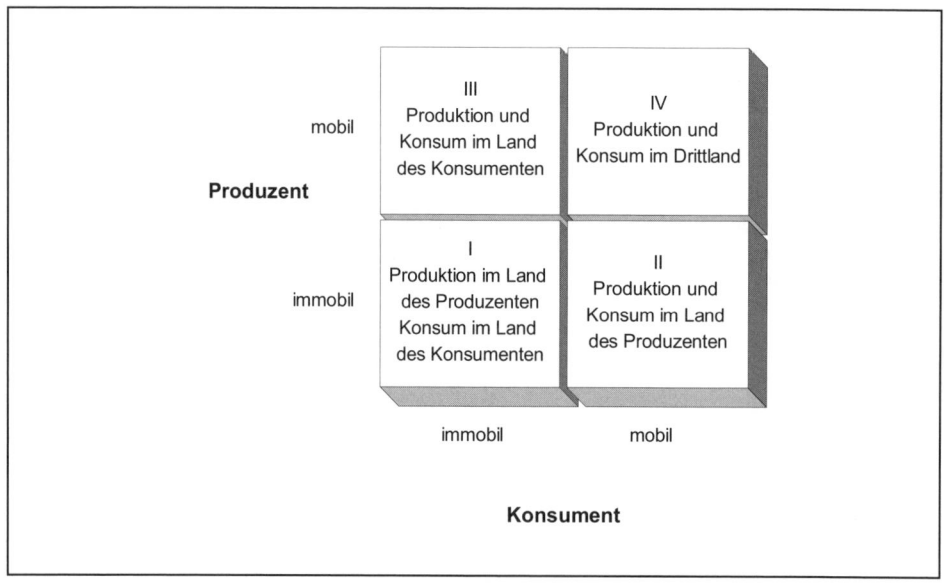

Abbildung 3: Kategorien des internationalen Austausches von Dienstleistungen
             (Quelle: Sampson/Snape 1985, S. 173; Mößlang 1995, S. 128)

Diese Klassifikation beruht nicht direkt auf den Charakteristika von Dienstleistungen, aber auf der Frage, wer von beiden Transaktionspartnern die Grenze überschreiten muss. Quadrant I beschreibt das Vorgehen, wie man es bei dem Export von Gütern kennt (grenzüberschreitender Versicherungsschutz). Im Quadrant II sind die Konsumenten bereit, die Grenze zu überschreiten. Dies ist beispielsweise im Tourismus der Fall oder bei medizinischer Betreuung im Ausland usw. Umgekehrt werden z.B. zeitlich begrenzt Mitarbeiter des Anbieters ins Ausland gesendet, um dort Dienstleistungen zu vollbringen (Quadrant III, z.B. Beratungen). Sind beide Transaktionspartner mobil (Quadrant IV), dann kommt es zu Konsumtion und Produktion im Drittland. Dieser seltene Fall ist beispielsweise gegeben, wenn eine deutsche Sprachschule in Zypern für englische Reisende Kurse anbietet (Mößlang 1995, S. 128f.).

Clark/Rajaratnam (1999) versuchen, auf Basis des internationalen Dienstleistungsmarketing eine „Meta-Klassifikation" für internationale Dienstleistungen zu entwickeln, und definieren internationale Dienstleistungen als Aktivitäten und Leistungen, die mit grenzüberschreitenden Tätigkeiten gekoppelt sind und eine Auseinandersetzung mit der fremden Kultur verlangen. Sie unterscheiden zwischen den folgenden Servicebereichen:

■ International Contact Based Services: Dies sind reine Dienstleistungen, die vom Anbieter im Ausland produziert werden.

■ International Vehicle Based Services: Der Produzent muss nicht anwesend sein, da Kommunikationsmittel wie E-Services, TV oder Radio verwendet werden können.

■ International Asset Based Services: Eine ständige Präsenz im Ausland wird verlangt. Das heißt, es müssen Direktinvestitionen im Ausland getätigt werden, die vom Heimatmarkt aus kontrolliert werden.

■ International Object Based Services: Das sind reine Dienstleistungen, die auf Trägermedien gespeichert und ähnlich wie Sachgüter behandelt werden (z.B. DVDs) (Clark/Rajaratnam 1999).

Als letzter Ansatz sei hier die Klassifikation von Patterson und Cicic (1995) genannt, die auf empirischer Basis vier Cluster von internationalen Unternehmen bilden. Abbildung 4 zeigt deren Matrix.

■ *Standortungebundene professionelle Dienstleistungen* (Quadrant I in Abbildung 4) sind durch einen geringen Face-to-Face-Kontakt gekennzeichnet und sind nicht materiell. Die Präsenz des Anbieters ist nicht ständig gefordert und es wird nur ein relativ geringer Kontakt zwischen Anbieter und Nachfrager vorausgesetzt. Daher sind diese Leistungen – wie beispielsweise bei Marktforschungsdiensten – leicht standardisierbar.

■ *Standortgebundene Dienstleistungen*, die stark individualisiert sind (Quadrant II), weisen einen hohen Interaktionsgrad zwischen Produzent und Konsument auf. Hierunter fallen beispielsweise Unternehmensberatungen. Eine häufige oder ständige Präsenz des Anbieters im Ausland wird hier gewöhnlich vom Dienstleistungskunden gefordert.

■ *Standardisierte Dienstleistungspakete* weisen einen hohen Sachgüteranteil auf. IT-Leistungen, standardisierte Fernausbildungen oder CDs fallen z.B. in diese Kategorie (Quadrant III).

■ Die so genannten *Value-Added Services* (Quadrant IV) erfordern wiederum einen sehr hohen Interaktionsgrad und sind abgestimmt auf individuellste Kundenbedürfnisse. Hierzu gehören zum Beispiel spezialisierte Fachausbildungen.

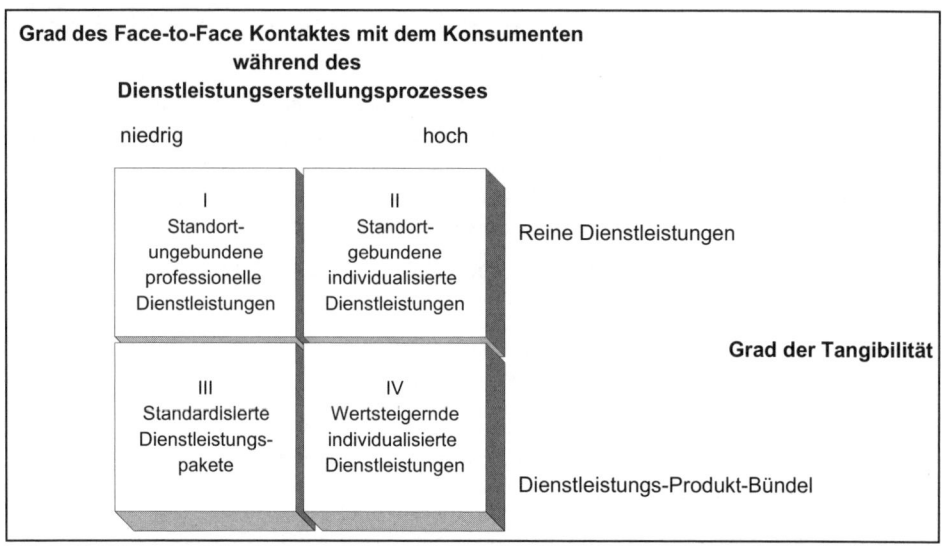

Abbildung 4: Dienstleistungsklassifikation nach Patterson/Cicic
              (Quelle: Patterson/Cicic 1995, S. 67)

Wie oben dargestellt, gibt es starke Übereinstimmungen zwischen den verschiedenen Klassifikationsversuchen. Aus wissenschaftlicher Sicht sind der Sinn und die Absicht solcher Klassifizierungen offensichtlich, jedoch wird sich die Praxis fragen, wozu diese Diskussion der Kategorisierung im Sinne einer späteren Formulierung von Erklärungsansätzen geführt wird. Der Dienstleistungsunternehmer sieht sicherlich Optionen und Grenzen der Internationalisierung seiner Dienstleistung, dennoch fehlen konkrete Handlungsempfehlungen oder Implikationen zur Internationalisierung. Als strategische Entscheidungshilfe können obige Klassifikationen hingegen interpretiert werden, zeigen sich doch dem Unternehmer zumindest geeignete Fragestellungen zum internationalen Wachstum entsprechend der anvisierten grenzüberschreitenden Dienstleistung.

Die vorgeschlagenen Typologien haben aber nur eine schwache Aussagekraft für die Erklärung des Verhaltens individueller Dienstleister. Sie haben sich aus der Diskussion um die Liberalisierung des Dienstleistungsverkehrs entwickelt und sind daher als eher makroökonomischer Beitrag zur Dienstleistungsinternationalisierung zu interpretieren (Vandermerwe/Chadwick 1989, S. 81; Mößlang 1995, S. 129). Andere Beiträge über das Internationalisierungsverhalten von Dienstleistungsunternehmen konzentrieren sich besonders seit den 1990er Jahren stärker auf die unternehmerischen Motive internationaler Markteintrittsstrategien von Dienstleistungsunternehmen in den verschiedensten Branchen (Engwall/Wallenstal 1988; Erramilli 1990; Erramilli/Rao 1993; Hellman 1996; Lovelock/Yip 1996).

Die hier diskutierten Klassifikationen haben in jüngsten wirtschaftspolitischen Diskussionen eine hohe Bedeutung: Das oben erwähnte GATS-Abkommen unterscheidet vier typische Erbringungsarten des Dienstleistungshandels. Hierzu zählen:

(1) Grenzüberschreitende Lieferungen,

(2) Konsum von Dienstleistungen im Ausland (z.B. im Tourismus),

(3) kommerzielle Präsenz im Ausland und

(4) zeitweise Migration von Dienstleistungserbringern.

Das bedeutet, GATS erstreckt sich nicht mehr nur auf den klassisch grenzüberschreitenden Handel, sondern gleichermaßen auf ausländische Direktinvestitionen und befristete Arbeitsmigration. GATS ist somit ein Handels- und Investitionsabkommen, denn schließlich fließen mehr als 50 Prozent der weltweit getätigten ausländischen Direktinvestitionen in die Dienstleistungsindustrie. Im Zuge der teilweise heftig geführten GATS-Diskussion spielen Dienstleistungsklassifizierungen eine entscheidende Rolle. Zum Beispiel betrifft ein wichtiger Streitpunkt die Frage, ob E-Commerce und digitale Produkte als Ware, Dienstleistung oder Hybrid klassifiziert werden soll. Je nachdem fallen diese Leistungen unter das GATT- oder GATS-Abkommen (Deutscher Bundestag 2002).

3.2 Internationalisierungsprobleme von Klein- und Mittelunternehmen im Tourismus

Es ergeben sich für Dienstleistungsunternehmen im Wesentlichen drei Strategien. Zunächst kann eine Dienstleistungsunternehmung dem Kunden ins Ausland folgen. Eine Vielzahl von Unternehmen folgen beispielsweise Unternehmen des güterproduzierenden Gewerbes nach Übersee. Banken und Versicherungsgesellschaften sind typische Branchen dieser Gattung (Li 1994). Aber auch im Tourismus finden sich typische Beispiele für die „Customer Follower Strategy". So folgten z.B. in den 1970er und 1980er Jahren nordamerikanische Fast-Food-Unternehmen U.S.-amerikanischen Touristen ins Ausland. Eine andere Art der Internationalisierung ist die Reaktion auf Aktionen der konkurrierenden Unternehmen, wobei dieses Verhalten nur bei Produktionsbetrieben festgestellt werden konnte (Björkman/Kock 1997). Unternehmen gehen dabei ähnlich vor wie ihre Konkurrenten, folgen diesen in spezifische Auslandsmärkte und nutzen signifikant deren Markteintrittsstrategien (Engwall/Wallenstal 1988). Dahinter verbirgt sich risikominimierendes Verhalten. Drittens sind internationalisierende Dienstleistungsunternehmen Market Seekers. Nachdem Unternehmen auf heimischen Märkten Erfahrungen, Knowhow und finanziellen Rückhalt gewonnen haben, entscheiden sie sich, Auslandsmärkte zu penetrieren (Erramilli 1990). Beispielhaft sei hier die erfolgreiche Inszenierung von japanischen Hochzeitszeremonien für japanische Touristen durch Tourismusunternehmer in der Schweiz genannt.

Die vorgeschlagenen Typologien der Dienstleistungsinternationalisierung sind jedoch nicht immer von hoher Aussagekraft für die Erklärung des Verhaltens individueller Dienstleister: Insbesondere im Tourismus finden sich nur wenige Internationalisierungsanstrengungen kleiner oder mittelständischer Unternehmen. Die geringe Unternehmensgröße von Tourismusunternehmen in Europa (insbesondere in den deutschsprachigen Ländern) und die damit verbundenen Benachteiligungen im Bereich der Betriebsgrößenersparnisse oder Verbundvorteilen sowie die mangelnde internationale Professionalität erweisen sich als hinderlich, wenn es darum geht, in neue Märkte zu expandieren.

Zudem lässt die Dominanz des Eigentümers in diesen Unternehmungen vermuten, dass sich gerade im unternehmerischen Bereich bzw. im Management gravierende Mängel zeigen, die eine Internationalisierung erschweren (Jenster/Jarillo 1994). Diese Probleme finden sich sowohl in der Strategieformulierung als auch in der möglichen Umsetzung der Internationalisicrung. Gerade im Bereich der Internationalisierung für Klein- und Mittelunternehmen finden sich einerseits eine Reihe von normativen Ratgebern für Unternehmer, empirische Befunde in Bezug auf die Untermauerung der innerbetrieblichen Qualifikations- oder Ressourcendefizite bleibt die Dienstleistungsmanagementliteratur indes weitgehend schuldig (vgl. hierzu z.B. Haahti et al. 1998).

Aus den obigen Ausführungen wird deutlich, dass Tourismusdienstleistungen in verschiedensten Kategorien und Phasen der Internationalisierung zu finden sind. Eine eindeutige Zuordnung wird erst möglich, wenn man die Subbranchen fokussiert. So finden sich Hoteldienstleistungen zwar meist im Cluster 2 der Klassifizierung nach Vandermerwe/Chadwick (1989), trotzdem werden auch hier Hotels mit höheren Interaktionsgraden oder mit verschiedensten Anteilsmischungen von materiellen und immateriellen Dienstleistungen in verschiedenen Subclustern zu finden sein. Grundsätzlich spiegelt sich hier das Problem der statistischen Erfassung von Dienstleistungen wider. Auch im Falle der GATS-Klassifizierung wird der Tourismus in verschiedenen Erbringungsarten zu finden sein.

Die Tourismusdienstleistung kann ebenso vielfältig sein, insbesondere wenn man davon ausgeht, dass der Tourist motiviert ist, den Wert der Dienstleistung bzw. der Produkte zu steigern und somit das Motto „Value for Money" gilt. Kundenwert entsteht schon lange vor der Nachfrage der eigentlichen Tourismusleistung. Somit finden sich viele Formen der internationalen Wachstumsstrategien bei internationalen Tourismusdienstleistungen, wie z.B.:

- Klassische Exportdienstleistungen: Im Falle von Produkten aus der Tourismusregion, die beispielsweise als Kundennachbetreuung oder Vorinformation zum Auslandskunden gesandt werden.

- Lizenzierungen, Franchising oder Joint Ventures: Ein häufiger Fall der Internationalisierung der klassischen Restaurant- oder Hoteldienstleistung.

- Auslandsdirektinvestitionen: ebenfalls nicht untypisch für internationale Hoteldienstleistungen, insbesondere in der Markenhotellerie.

Mit Blick auf die Sampson/Snapes-Klassifikation (1985) müssen Tourismusdienstleistungen im Land des Produzenten angeboten werden. Dennoch finden sich auch andere Internationalisierungsvarianten: So sind z.B. touristische Erlebniswelten im Land des Konsumenten zu produzieren (z.B. ein Tiroler Alpinpark im Norden Deutschlands). Im Falle von künstlichen Welten, die keinen Realitätsbezug haben, kann in einem Drittland sowohl produziert als auch konsumiert werden (z.B. Disney World).

Viele der abgeleiteten Internationalisierungsstrategien werden insbesondere von großen Dienstleistungsunternehmen genutzt. Der Großteil der europäischen Tourismusunternehmen zählt aber zu den Klein- und Mittelunternehmen, wobei sich hier ein völlig anderes Bild der Internationalisierung ergibt. Die Analyse des Internationalisierungsverhaltens von Kleinunternehmen schritt insbesondere seit Mitte der 1980er Jahre voran (für einen umfassenden Überblick siehe McDougall et al. 1994 und Coviello/McAuley 1999). Ein bedeutender Strang der sozialwissenschaftlichen Forschung beschäftigte sich – basierend auf den Beiträgen der skandinavischen Uppsala-Schule – mit dem Prozess der Internationalisierung (Johanson/Wiedersheim-Paul 1975; Johanson/Vahlne 1977, 1990; Andersen 1993). Diesen Ansätzen wird ein hoher Erklärungsgehalt, insbesondere für Kleinunternehmen und deren Internationalisierungsanstrengungen zugewiesen. Im Zuge dessen standen natürlicherweise die für Kleinunternehmen typischen Nach- oder auch Vorteile im Mittelpunkt des wissenschaftlichen Interesses. Auch hier soll ein Blick auf die Charakteristika von kleinen oder mittleren Dienstleistungsunternehmen im Tourismus geworfen werden, um Implikationen und normative Empfehlungen für Internationalisierungsprozesse formulieren zu können.

Klein- und Mittelunternehmen (KMU) im Tourismus sind zum einen im Nachteil gegenüber Großunternehmen durch mangelnde Skalenerträge, zum anderen leiden sie an einer zu starken Ressourcenorientierung.

Viele der Charakteristika von touristischen KMU lassen sich auf die mangelnden Betriebsgrößenersparnisse und den damit verbundenen Folgen zurückführen. Mangel an Zeit ist einer der Hauptgründe für Tourismusunternehmer in KMU, wenn man hinterfragt, weshalb langfristige Planungen ausbleiben (Peters 2004). Dieser Mangel an strategischer Orientierung und Planung resultiert jedoch in vielen Fällen aus dem aus Sicht des Unternehmers nötigen Eingreifens in operative Unternehmensabläufe bzw. in den Kundenkontakt selbst. Man versucht, durch eigenen Einsatz Betriebsgrößennachteile zu kompensieren, anstatt grundlegende Prozess-, Produkt- beziehungsweise Dienstleistungsoptimierungen vorzunehmen. In Folge und in Kombination mit weiteren Hemmnissen kommt es zu einer Reduktion der Wachstumsorientierung auf nationaler oder internationaler Ebene. Mangelnde Betriebsgrößenersparnisse können zudem zu Qualifikationsdefiziten (z.B. durch Zeitmangel) führen, die sich wiederum auf die Qualität des unternehmerischen Handelns auswirken.

Ein zweiter wesentlicher Faktor in Tourismus-KMU ist die starke Ressourcenorientierung. Konditioniert durch die so genannten Jahre des *alten Tourismus* waren die Konzentration auf den Standort, die Kernressource Natur und das Anlagevermögen die typische Wettbewerbsstrategie für Kleinunternehmen (Weiermair 1998). Besonders verstärkt wird diese Ressourcenorientierung durch den hohen Anteil von Familienunternehmen, der nicht selten zu suboptimalem Inputeinsatz und Unflexibilität in Finanzierung und Wachstum führt. Diese starke Ausrichtung auf eine Optimierung der Ressourcen ging oft mit einer Nichtbeachtung von Marktveränderungen, insbesondere im Ausland, einher. Heute steht der Unternehmer im Kleinunternehmen vor der Herausforderung, Marktnischen finden zu müssen, und so bleibt die Qualitätsorientierung die einzig sinnvolle Basisstrategie. Hierzu ist jedoch die Kundenkenntnis eine Grundvoraussetzung. Spricht man einerseits dem touristischen KMU die Kenntnis seiner Stammkunden nicht ab, so können andererseits neue potenzielle und insbesondere internationale Kundensegmente nur selten früh genug antizipiert werden.

Besonders die Frage der Qualifikation stellt sich als großer Nachteil für die Internationalisierung touristischer KMU heraus: Ein hohes Maß an Erfahrung und Know-how in Bezug auf internationale Märkte und nationales Wachstum hat durchaus positive Auswirkungen auf die Internationalisierungsbemühungen von Klein- und Mittelunternehmen (Reid 1981; Cavusgil 1984). Des Weiteren ist eine so genannte internationale Orientierung seitens der Unternehmer stimulierend für die Internationalisierungsbemühungen von KMU (Dichtl et al. 1990). Diese litt beispielsweise im alpinen Tourismus, wo stark dominante Nachfragenationen mit einem hohen Anteil an Stammkunden die Adjustierung auf neue Nachfrager in den 1990er Jahren erschwerte.

Es kristallisiert sich somit die Person des Unternehmers touristischer KMU als die Schlüsselvariable im Wachstums- und Internationalisierungsprozess heraus. Neben Qualifikationsanforderungen sind es weitere persönliche Charakteristika des Unternehmers, die eine Internationalisierung beeinflussen. Auch neueste Forschungen belegen, dass die Offenheit des Unternehmers in Kleinunternehmen gegenüber anderen Ländern und Kulturen einen starken positiven Einfluss auf den Grad von Internationalisierungsaktivitäten im KMU hat (Ellis/Pecotich 2001; Manolova et al. 2002). Das heißt, eine bestimmte positive Grundhaltung und Bereitschaft mit internationalen Partnern zusammenarbeiten zu wollen, ist eine gute Basis für grenzüberschreitende Maßnahmen und somit für die Erkundung neuer Wachstumsmärkte.

Es soll hier aber auch darauf hingewiesen werden, dass Tourismus-KMU eine Reihe von Vorteilen mit sich bringen, die unter Umständen den Schritt zur Internationalisierung unterstützen. Kleine Unternehmen sind in Bezug auf Kundenwünsche oder in Bezug auf die Individualisierung ihrer Dienstleistung enorm flexibel und (sofern der Kunde dies verlangt) haben Stärken in der Bereitstellung stark interaktionsorientierter Dienstleistungen. Des Weiteren werden KMU Improvisationstalent und in vielen Branchen Innovationskraft nachgesagt. Die Gründung neuer KMU, vor allem in Technologie- oder naturwissenschaftlichen Branchen führen zu einer Vielzahl von Marktinnovationen. Letzteres ist im Tourismus weniger der Fall, auch wenn seit dem Beginn des *neuen Tourismus* (Weiermair 2001a) durch Cluster- oder Kooperationsinitiativen und Quereinsteigern, neue Ideen und Konzepte generiert werden.

Aufgrund der geschilderten Nachteile und Stärken von touristischen KMU ergeben sich Empfehlungen für bestimmte Internationalisierungsstrategien. So bieten sich für kleine

Betriebsgrößen, die sich über Qualitäts- bzw. Marktnischenstrategien von der Konkurrenz abheben, insbesondere vertragliche Kooperationen des Markteintritts – wie beispielsweise Franchising oder Managementverträge – an. Renommierte internationale Hotelketten nutzen diese Managementpolitik als Expansionsmotor (Seitz 2002). Ebenso von Interesse können auch Direktinvestitionen in neue Länder sein: Hier sind für kleinere Unternehmen am ehesten Joint Ventures, die Bildung von Allianzen oder echte Neugründungen zu empfehlen. Durch diese Wachstumsform können zumindest typische Betriebsgrößennachteile bekämpft werden (Root 1987).

3.3 Voraussetzungen der Internationalisierung für Klein- und Mittelunternehmen im Tourismus

Die Gründe für die geringe Internationalisierung im europäischen Tourismus sind vielfältig. Im Grunde sind jene Bereiche, die als Ansatzpunkte zur Stimulation von Internationalisierungsbemühungen zu interpretieren sind, die unternehmensinternen Widerstände kleiner und mittlerer Unternehmen. Typische Problembereiche von KMU im Tourismus, die auch nationale Wachstumsbemühungen behindern, sind:

- Mangelnde Kooperationswilligkeit und die Fähigkeit, Netzwerke aufzubauen,

- Fehlendes internationales Markt- und Marketing-Know-how,

- Unternehmensinterne Barrieren gegenüber neuen Organisations- und Wachstumsformen,

- Gravierende Probleme im Bereich der Entwicklung neuer innovativer Dienstleistungen oder Produkte.

Im Zuge der Veränderung und Bündelung von Destinationen zur Stärkung der Wettbewerbsfähigkeit hat sich in der Vergangenheit gezeigt, dass insbesondere Kleinunternehmen äußerst resistent gegenüber Kooperationen sind. Misstrauen, der vordringliche Schutz des Eigentums und mangelnde Qualifikationen im Kooperationsmanagement spiegeln typische Hemmnisse der Kooperation wider und belegen im Grunde ebenso die Internationalisierungsschwäche, denn kleinere Dienstleistungsunternehmen müssen, um grenzüberschreitend zu wachsen, bereit sein, Kooperationen oder Allianzen mit anderen Marktteilnehmern einzugehen (Coviello/Munro 1995). Networking ist zudem auch nur dann möglich, wenn der internationalisierende Unternehmer detailliert um seine Stärken und Schwächen weiß und bereit ist, bisher geschützte Bereiche des (Familien-) Unternehmens offen zu legen (Coviello/Munro 1997; Berry/Brock 2004).

Der Mangel an Know-how über fremde, internationale Märkte ist nach wie vor eine der größten Hürden der Internationalisierung von touristischen KMU (Weiermair/Peters 1998; Blomstermo et al. 2004). Es zeigt sich zudem sehr oft, dass private Gründe hinter Internationalisierungsmotiven standen und weniger rationale Branchenanalysen zur Wahl des Ziellandes geführt haben (Peters 2001).

Neue Organisations- und Wachstumsformen von Dienstleistungsunternehmen prägen erfolgreiche Unternehmenskonzepte der letzten Dekade (Weiermair 2001b). Flexibilität in der Unternehmensorganisation ist jedoch nicht mit Improvisationsfähigkeit gleichzustellen. Im Gegenteil, der Kleinunternehmer sollte fähig sein, entsprechend den Marktveränderungen die Organisation anzupassen. Die Hauptgründe sich verlangsamenden Wachstums oder der Stagnation finden sich insbesondere bei kleineren Betriebsgrößen meist in der Starrheit der Organisationsanpassung. Die Unfähigkeit, rechtzeitig zu delegieren oder *Intrapreneure* zu schaffen, sowie mangelndes Know-how in der Installation von Kontrollmechanismen zur Standardisierung vormals individuellster Dienstleistungen sind typische Hürden des Unternehmenswachstums (Churchill/Lewis 1983; Flamholtz 1990). Diese Hürden finden sich verstärkt, wenn es darum geht, international zu wachsen. Auffällig ist in diesem Zusammenhang die Nichtexistenz von Franchisegebern aus typischen Tourismusländern wie Österreich, die sich im heimischen Markt einen Namen machen, aber nicht imstande sind, den Erfolg zu internationalisieren.

Schließlich seien hier noch die Probleme im Bereich der Produkt- und Dienstleistungsentwicklung angesprochen. Die Tourismusbranche gilt als eine wenig innovative, aber stark imitierende Branche (Peters/Weiermair 2002). Impulse für internationales Wachstum können jedoch nur aus kontinuierlicher Produktentwicklung erwachsen und bestehen. KMU im Tourismus haben hier insbesondere Schwierigkeiten, sich von der starken Individualisierung (z.B. durch den Kontakt des Unternehmers mit dem Kunden) und Stammkundenfixierung zu lösen und erste Standardisierungen einzuführen, die es erlauben, kontinuierlich eine Erhöhung der Ausbringung bei gleich bleibender Qualität durchzuführen (Pikkemaat/Weiermair 2004).

Um ideale Voraussetzungen zur Internationalisierung von Tourismus-KMU zu schaffen, gilt es, die obigen Probleme zu lösen. Ansonsten überwiegen die Größenvorteile der Konkurrenten und eine Internationalisierung durch echte Kleinunternehmen wird ausbleiben.

4.   Abschließende Implikationen

Aus Gründen der Globalisierung und Verschärfung des internationalen Wettbewerbs wird es insbesondere für europäische Dienstleistungsunternehmen in diversen Tourismusbranchen eine immer wichtigere strategische und somit unternehmerische Aufgabe, in diesem Wettbewerb erfolgreich zu bestehen. Dazu gehören die Fähigkeiten, einem internationalen Wettbewerb im Heimatmarkt zu begegnen und Kunden in ausländischen Märkten zu bedienen oder zumindest erfolgreich zu akquirieren. Bis dato finden sich z.B. relativ wenige erfolgreiche Franchiseunternehmen der Systemgastronomie, die sich aus deutschsprachigen Heimatmärkten internationalisierten.

Gehen wir davon aus, dass die wesentlichen internationalen Wachstums- und Wettbe-werbsbarrieren für KMUs durch mangelnde Größenwirtschaftlichkeiten, geringe Syner-gieeffekte und -qualifikationen zum einen und myopisches Verhalten der Unternehmer zum anderen entstehen, so lassen sich daraus folgende Schlussfolgerungen für Unter-nehmen, Tourismuspolitik und -forschung ableiten.

Was das myopische Verhalten von KMU im Dienstleistungs- bzw. Tourismusbereich betrifft, so sind die Kenntnisse – da es sich hier um zutiefst subjektive Sichtweisen der betrieblichen und marktlichen Realität durch den Unternehmer dreht – noch relativ ge-ring. Hier wird man insbesondere durch experimentelle Forschung das auf Internatio-nalisierung orientierte Entscheidungsverhalten von Kleinunternehmern noch mehr unter-suchen müssen (Frehse/Peters 2002). Erst wenn derartige Analysen oder Befunde vorlie-gen und wenn mehr Kenntnisse über das persönliche, intuitive Entscheidungsverhalten von *Entrepreneuren* vorliegen, können Professionalisierungsmaßnahmen öffentlicher Institutionen oder unternehmerischer Interessenvertretungen effizient bzw. effektiv sein und so Internationalisierungsversuche und -bemühungen von klein- und mittelbetriebli-chen Dienstleistern erleichtern.

Überproportionale Kosten und Risiken beim Eintritt in internationale Märkte können am besten durch privatwirtschaftlich organisierte oder staatlich geförderte Kooperationen, Allianzen oder Netzwerke reduziert werden. Ebenso werden von KMU Informations- und Marketingplattformen gesucht. Auch hier können staatliche Fördermaßnahmen an-setzen und professionelle Hilfe bieten. Das Marketingverständnis von KMU im Touris-mus geht oft nicht über Werbemaßnahmen hinaus. Insbesondere was die für die einzel-nen KMU unerschwingliche Marktforschung bezüglich des touristischen Informations-, Entscheidungs- und Konsumverhaltens in weit entfernten (Übersee-) Sendeländern be-trifft, ist deren Organisation und Finanzierung über überbetriebliche private Netzwerke oder durch die öffentliche Hand notwendig und gerechtfertigt (Peters/Weiermair 1999).

Bei allen genannten Fördermaßnahmen durch die öffentliche Verwaltung entscheidet das Prinzip des Marktversagens. Denn nur wenn Marktversagen vorliegt, lassen sich staat-liche Unterstützungs- bzw. Fördermaßnahmen vertreten.

Literatur

Aharoni, Y. (1966): The Foreign Direct Investment Process, Boston.

Andersen, O. (1993): On the Internationalization Process of the Firm: A Critical Analy-sis, in: Journal of International Business Studies, Vol. 26, No. 2, S. 209-231.

Berry, M.M.J./Brock, J.K. (2004): Marketspace and the Internationalisation Process of the Small Firm, in: Journal of International Entrepreneurship, Vol. 2, No. 3, S. 187-216.

Björkman, I./Kock, S. (1997): Inward International Activities in Service Firms – Illustrated by Three Cases from the Tourism Industry, in: International Journal of Service Industry Management, Vol. 8, No. 2, S. 362-376.

Blomstermo, A./Eriksson, K./Sharma, D.D. (2004): Domestic Activity and Knowledge Development in the Internationalization Process of the Firm, in: Journal of International Entrepreneurship, Vol. 2, No. 3, S. 239-258.

Brash, D.T. (1966): American Investment in Australian Industry, Cambridge.

Buckley, P.J. (1993): Barriers to Internationalization in the New Global Economy, in: Schmalenbach-Gesellschaft (Hrsg.): Internationalisierung der Wirtschaft – Eine Herausforderung an Betriebswirtschaft und Unternehmenspraxis, Stuttgart, S. 17-25.

Cavusgil, S.T. (1984): Organizational Characteristics Associated with Export Activity, in: Journal of Management Studies, Vol. 21, No. 1, S. 3-22.

Churchill, N.C./Lewis, V.L. (1983): The Five Stages of Small Business Growth, in: Harvard Business Review, Vol. 61, No. 3, S. 33-51.

Clark, T./Rajaratnam, D. (1999): International Services: Perspectives at Century's End, in: Journal of Services Marketing, Vol. 13, No. 4/5, S. 298-310.

Corsten, H. (1985): Die Produktion von Dienstleistungen, Berlin.

Coviello, N.E./McAuley, A. (1999): Internationalization and the Smaller Firm: A Review of Contemporary Empirical Research, in: Management International Review, Vol. 39, No. 3, S. 223-256.

Coviello, N.E./Munro, H.J. (1995): Growing the Entrepreneurial Firm: Networking for International Market Development, in: European Journal of Marketing, Vol. 29, No. 7, S. 49-61.

Coviello, N.E./Munro, H.J. (1997): Network Relationships and the Internationalisation Process of Small Software Firms, in: International Business Review, Vol. 6, No. 2, S. 1-26.

Deutscher Bundestag (2002): Schlussbericht der Enquete Kommission. Globalisierung der Weltwirtschaft-Herausforderungen und Antworten, Drucksache 14/9200, Berlin.

Dichtl, E./Koglmayr, H.G./Mueller, S. (1990): International Orientation as a Precondition for Export Success, in: Journal of International Business Studies, Vol. 21, No. 3, S. 23-39.

Dunning, J.H. (1988): Explaining International Production. London.

Ellis, P./Pecotich, A. (2001): Social Factors Influencing Export Initiation in Small and Medium-Sized Enterprises, in: Journal of Marketing Research, Vol. 38, No. 1, S. 119-130.

Engwall, L./Wallenstal, M. (1988): Tit for Tat in Small Steps: The Internationalization of Swedish Banks, in: Scandinavian Journal of Management, Vol. 4, No. 3/4, S. 147-155.

Erramilli, M.K. (1990): Entry Mode Choice in Service Industries. International Marketing Review,Vol. 7, No. 5, 50-62.

Erramilli, M.K./Rao, C.P. (1990): Choice of Foreign Market Entry Modes by Service Firms: Role of Market Knowledge, in: Management International Review, Vol. 30, No. 2, S. 135-150.

Erramilli, M.K./Rao, C.P. (1993): Service Firms' International Entry-Mode Choice: A Modified Transaction Cost Analysis Approach, in: Journal of Marketing, Vol. 57, No. 1, S. 19-38.

Eurostat (2000): Future Challenges for Services Statistics, Luxembourg.

Fitzsimmons, J./Fitzsimmons, M. (2003): Service Management, Boston.

Flamholtz, E.G. (1990): Growing Pains, Oxford.

Frehse, J./Peters, M. (2002): Das Internationalisierungsverhalten von Klein- und Mittelunternehmen in der alpinen Urlaubshotellerie als Gegenstand strategischer Konzepte und empirischer Befunde, in: Zeitschrift für Klein- und Mittelunternehmen, 2. Jg., Nr. 4, S. 254-272.

Fritz, T./Fuchs, P. (2003): Öffentliche Aufgaben unter Liberalisierungsdruck. Die GATS Verhandlungen in der Welthandelsorganisation (WTO) – eine Herausforderung für die internationale Zivilgesellschaft, Berlin.

Haahti, A./Hall, G./Donckels, R. (1998): The Internationalization of SMEs: The Interstratos Project, London.

Hellman, P. (1996): The Internationalization of Finnish Financial Service Companies, in: International Business Review, Vol. 5, No. 1, S. 191-208.

Horst, T. (1972): Firm and Industry Determinants of the Decision to Invest Abroad, in: Review of Economics and Statistics, Vol. 54, No. 3, S. 264-265.

Jenster, P.V./Jarillo, J.C. (1994): Internationalizing the Medium-Sized Firm, Stockholm.

Johanson, J./Vahlne, J. (1977): The Internationalisation Process of the Firm – A Model of Knowledge Development and Increasing Foreign Commitments, in: Journal of International Business Studies, Vol. 8, No. 1, S. 23-32.

Johanson, J./Vahlne, J. (1990): The Mechanism of Internationalisation, in: International Marketing Review, Vol. 7, No. 4, S. 11-24.

Johanson, J./Wiedersheim-Paul, F. (1975): The Internationalization of the Firm: Four Swedish Case Studies, in: Journal of Management Studies, Vol. 12, No. 3, S. 305-322.

Krajewski, M. (2001): GATS und öffentliche Dienstleistungen, in: Seattle-to-Brussels-Network (Hrsg.): GATS und Demokratie, Bonn, S. 3-4.

Li, J. (1994): Experience Effects and International Expansion: Strategies of Service MNCs in the Asia-Pacific-Region, in: Management International Review, Vol. 34, No. 3, S. 9-27.

Lingenfelder, M./Reis, T. (1998): Wettbewerbsvorteile internationaler Hotelunternehmen, in: Tourismus Journal, 2. Jg., Nr. 2, S. 189-209.

Lovelock, C.H./Yip, G.S. (1996): Developing Global Strategies for Service Businesses, in: California Management Review, Vol. 38, No. 2, S. 64-86.

Maleri, R. (1991): Grundlagen der Dienstleistungsproduktion, Berlin u.a.

Manolova, T.S./Brush, C.G./Edelman, L.F./Greene, P.S. (2002): Internationalization of Small Firms. Personal Factors Revisited, in: International Small Business Journal, Vol. 20, No. 1, S. 9-31.

McDougall, P.P./Shane, S./Oviatt, B.M. (1994): Explaining the Formation of International New Ventures: The Limits of Theories from International Business Research, in: Journal of Business Venturing, Vol. 9, No. 6, S. 469-487.

Meffert, H. (2000): Internationalisierungskonzepte im Dienstleistungsbereich – Bestandsaufnahme und Perspektiven, in: Belz, C./Bieger, T. (Hrsg.): Dienstleistungskompetenz und innovative Geschäftsmodelle, St. Gallen, S. 504-519.

Mößlang, A. (1995): Internationalisierung von Dienstleistungsunternehmen, Wiesbaden.

Nicoulaud, B.M. (1989): Problems and Strategies in the International Marketing of Services, in: European Journal of Marketing, Vol. 23, No. 6, S. 55-66.

Patterson, P.G./Cicic, M. (1995): A Typology of Service Firms in International Markets: An Empirical Investigation, in: Journal of International Marketing, Vol. 3, No. 4, S. 57-83.

Peters, M. (2001): Wachstum und Internationalisierung, Wien.

Peters, M. (2004): Business Planning Behaviour in Tourism Family Enterprises, in: The Poznan University of Economics Review, Vol. 4, No. 1, S. 74-86.

Peters, M./Weiermair, K. (1999): Internationalisierung der Hotellerie – Unternehmerische Barrieren, Hemmnisse und Chancen von Klein- und Mittelbetrieben, in: Zeitschrift für Fremdenverkehr, 1. Jg., Nr. 1, S. 14-30.

Peters, M./Weiermair, K. (2002): Innovationen und Innovationsverhalten im Tourismus, in: Bieger, T./Laesser, C. (Hrsg.): Schweizer Jahrbuch für Tourismus 2001/2002, St. Gallen, S. 157-178.

Pikkemaat, B./Weiermair, K. (2004): Zur Problematik der Messung von Innovationen bei komplexen, vernetzten Dienstleistungen – dargestellt am Beispiel der touristischen Dienstleistung, in: Bruhn, M./Stauss, B. (Hrsg.): Dienstleistungsinnovationen. Forum Dienstleistungsmanagement, Wiesbaden, S. 352-379.

Reid, S.D. (1981): The Decision-Maker and Export Entry and Expansion, in: Journal of International Business Studies, Vol. 12, No. 2, S. 101-112.

Root, F.R. (1987): Entry Strategies for International Markets, Lexington.

Safarian, A.E. (1966): Foreign Ownership of Canadian Industry, Toronto.

Sampson, G.P./Snape, R.H. (1985): Identifying the Issues in Trade in Services, in: The World Economy, Vol. 8, No. 2, S. 171-181.

Seitz, G. (2002): Internationale Expansionsstrategien in der Hotelbranche, in: Pompl, W./Lieb, M.G. (Hrsg.): Internationales Tourismusmanagement, München, S. 209-234.

UNCTAD (2002): Handbook of Statistics, Genf.

Vandermerwe, S./Chadwick, M. (1989): The Internationalisation of Services, in: The Service Industries Journal, Vol. 9, No. 1, S. 79-93.

Weiermair, K. (1998): Globalisierung: Chancen und Risiken für die österreichische Tourismuswirtschaft, in: Handler, H. (Hrsg.): Wirtschaftsstandort Österreich, Wien, S. 111-120.

Weiermair, K. (2001a): The Growth of Tourism Enterprises, in: Tourism Review, Vol. 56, No. 3/4, S. 17-25.

Weiermair, K. (2001b): Neue Organisations-, Koordinations- und Führungsprinzipien im alpinen Tourismus, in: Weiermair, K./Peters, M./Reiger, E. (Hrsg.): Vom alten zum neuen Tourismus, Innsbruck, S. 108-117.

Weiermair, K./Peters, M. (1998): The Internationalization Behaviour of Service Enterprises, in: Asia Pacific Journal of Tourism Research, Vol. 2, No. 2, S. 1-14.

Wesselius, E. (2001): GATS und die politische Macht der Konzerne, in: Seattle-to-Brussels-Network (Hrsg.): GATS und Demokratie, Bonn, S. 6-7.

Michael Lingenfelder und Peter Loevenich

Internationale Markteintrittsstrategien im Einzelhandel – dargestellt am Beispiel des Versandhandels

---

Univ.-Prof. Dr. *Michael Lingenfelder* ist Inhaber des Lehrstuhls für Marketing und Handelsbetriebslehre an der Philipps-Universität Marburg. Dr. *Peter Loevenich* ist Analyst im Bereich European Business Intelligence bei Office Depot International B.V., Venlo/Niederlande.

1. Relevanz einer grenzüberschreitenden Absatzpolitik von Versandhandelsunternehmen

Die Internationalisierung des Wettbewerbs und die Dynamik der Märkte stellen nicht nur Industrieunternehmen, sondern auch den Einzelhandel vor neue Herausforderungen (Lingenfelder 1996). Diese Entwicklung macht auch vor dem Versandhandel nicht halt: Während in Deutschland die Universalversender wie *Otto*, *Quelle* sowie *Neckermann* – im Gegensatz zu den Spezialversendern – seit Jahren unter der Kaufzurückhaltung der Verbraucher leiden, können sie im Ausland z.T. beachtliche Umsatzsteigerungen erzielen. Inzwischen steuert das Auslandsgeschäft der Otto-Gruppe mehr als die Hälfte des Umsatzes bei. Nicht ganz so international verhält es sich beim *KarstadtQuelle*-Konzern, dem die beiden Universalversender *Quelle* und *Neckermann* angehören: Hier beträgt der Auslandsanteil der Versandhandelssparte 27 Prozent, wobei vor allem im Rahmen der im Oktober 2004 bekannt gegebenen Neuausrichtung des *KarstadtQuelle*-Konzerns eine deutliche Erhöhung der Auslandsaktivitäten angestrebt wird.

Mit dieser Entwicklung einher geht die Priorisierung einer stärker international ausgerichteten Unternehmensorganisation der Versender, angefangen bei der Besetzung von Vorstandspositionen: So hat *KarstadtQuelle* kürzlich bekannt gegeben, zur Forcierung der internationalen Aktivitäten ein neues Versandhandels-Vorstandsressort „Ausland" einzurichten (o.V. 2004). Besonders eindrucksvoll ist diese Entwicklung beim *Otto*-Konzern zu beobachten, bei dem ab dem Jahre 2005 vom neunköpfigen Vorstand fünf Vorstandsmitglieder für das internationale Geschäft verantwortlich zeichnen (Jensen/ Schlitt 2004). Diese Beispiele lassen sich als Indiz dafür werten, dass die grenzüberschreitende Absatzpolitik künftig eine noch bedeutendere Rolle für deutsche Versandhandelsunternehmen spielen wird als bisher. Der vorliegende Beitrag beleuchtet verschiedene Problemfelder, mit denen Versender im Rahmen der Internationalisierung ihrer Geschäftstätigkeit konfrontiert werden, und zeigt entsprechende Lösungsansätze auf.

2. Motive der Internationalisierung

Die Entscheidung von Versendern, eine absatzpolitische Internationalisierungsstrategie zu verfolgen, kann durch unterschiedliche Motive ausgelöst werden. Ein wesentlicher Ansporn liegt zweifellos in einer dauerhaften Zukunftssicherung des Unternehmens (Krechting 1997). Zeichnet sich beispielsweise eine Sättigung des Heimatmarktes ab, wie es – wie oben bereits erwähnt – für den deutschen Versandhandelsmarkt kennzeichnend ist, wird es für einen Versender sinnvoll sein, sich im Ausland bietende Marktpotenziale auszuschöpfen. Hierbei stehen in erster Linie diejenigen Länder im Mittelpunkt des Interesses, die Wachstumschancen versprechen und sich durch eine entwik-kelte Volkswirtschaft mit adäquatem Bevölkerungs- und Kaufkraftpotenzial auszeich-nen. Durch eine Verteilung der unternehmerischen Aktivitäten auf mehrere Märkte lässt sich ferner die Abhängigkeit von einem spezifischen Markt reduzieren, indem es zu ei-nem Ausgleich politischer und/oder wirtschaftlicher Risiken kommen kann (Becker 1993). Darüber hinaus lassen sich unter Umständen saisonale Nachfrageschwankungen nivellieren, was nicht nur eine attraktive Begleiterscheinung des „Going International" darstellt, sondern letztlich zu einer Stabilisierung des Gesamtunternehmensumsatzes führt.

Neben der langfristigen Sicherung des Unternehmensfortbestandes dominieren überwie-gend gewinn- bzw. umsatzorientierte Motive die Internationalisierungsstrategien von Versendern (Krechting 1997). Durch die grenzüberschreitende Ausdehnung der wirt-schaftlichen Aktivitäten lassen sich zusätzliche Kundenpotenziale erschließen, die mit-unter ohne viel Aufwand zu einer Umsatzsteigerung beitragen. So können Versandhäu-ser heute – begünstigt durch eine weltweite Annäherung der Konsumgewohnheiten – international ähnliche Kataloge distribuieren, wodurch sich in der Konsequenz sowohl Größen- als auch Synergieeffekte, wie z.B. die Bündelung von Einkaufspotenzialen, der Know-how-Austausch von Marketingmethoden oder logistischen Erfahrungen, realisie-ren lassen (Rominski 1993, S. 16).

3. Internationale Markteintrittsstrategien des Versandhandels und ihre Determinanten

3.1 Evaluierung der Rahmenbedingungen potenzieller Eintrittsmärkte als Voraussetzung der Ländermarktselektion

Ausgangspunkt der strategischen Überlegungen zur Internationalisierung von Versand-handelsunternehmen bildet die Analyse der derzeitigen und zukünftigen Situation des Unternehmens, die sich in seinen spezifischen internen und externen Rahmenbedin-gungen konkretisiert. Während Erstere das Unternehmen an sich betreffen, lassen sich die externen Rahmenbedingungen weiter in *Umfeld* (Makro-Umwelt) und *Markt* (Mikro-Umwelt) einteilen (Nieschlag et al. 2002). Von den Resultaten der Situationsanalyse hängt es ab, welche unternehmerische Zielsetzung im Auslandsmarkt verfolgt sowie mit welchen Strategien und Maßnahmen sie realisiert werden soll bzw. kann.

3.1.1 Makroumweltbezogene Einflussgrößen

Politisch-rechtliche Rahmenbedingungen haben sowohl auf die Auswahl geeigneter Ländermärkte als auch auf die Entscheidung über die Form der Marktbearbeitung einen maßgeblichen Einfluss (Simmerl 1981). Die politische Stabilität, die im Zusammenhang mit der Wirtschaftsordnung steht, beeinflusst nachhaltig das Investitionsklima eines Landes. Daneben sind weitere Risikofaktoren wie potenzielle politische Konflikte (Aufruhr, Bürgerkrieg) bzw. Interventionen (Enteignung, Konfiszierung) in Betracht zu ziehen.

Neben den politischen Faktoren spielen auch rechtliche Rahmenbedingungen eine entscheidende Rolle bei der Auswahl geeigneter Ländermärkte, wobei insbesondere diejenigen Rechtsquellen eine außerordentliche Relevanz entfalten, die die internationale Geschäftspolitik direkt tangieren. So müssen etwa – anders als in vielen Nachbarländern – in Deutschland und Finnland tätige Versender seit dem Jahr 2000 die Portokosten für die Rücksendung von Produkten tragen, die die Kunden retournieren – z.B. auch bei Nichtgefallen (Loevenich 2002, S. 294ff.). Sanktionsmöglichkeiten zur Eindämmung der Vielretournierer sind den Unternehmen gesetzlich verwehrt. Es überrascht daher nicht, dass aufgrund dieses verbraucherfreundlichen Regelwerks die Retourenquote in Deutschland im Jahre 2002 bereits auf über 30 Prozent (1998: 24 Prozent) gestiegen ist, so dass die Portokosten mittlerweile einen beträchtlichen Kostenblock im Versandhandel ausmachen. Insgesamt verringert diese Regelung aus Sicht der Konsumenten das wahrgenommene Risiko beim Kauf im so genannten Fernabsatz (Katalog, Internet usw.) und erhöht infolgedessen dessen Attraktivität. Im Gegenzug aber wird Deutschland als potenzielles Eintrittsland für ausländische Versender allerdings uninteressanter.

Ein weiteres Augenmerk sollte – sofern vorhanden – dem gesetzlichen Regelwerk zum Ladenschluss im Zielland gelten; denn im Gegensatz zum stationären Einzelhandel ist der Versandhandel von Ladenschlusszeiten unabhängig. Auch wenn ein direkter Zusammenhang zwischen den geltenden Ladenschlussgesetzen und dem Marktanteil des Versandhandels zuweilen negiert wird (Glöckner/Kowalesky 1994, S. 54), liegt die Vermutung nahe, dass sich eine restriktive Gesetzgebung hinsichtlich der Ladenöffnungszeiten tendenziell positiv auf die Attraktivität des Versandhandels auswirkt (Krechting 1997, S. 81).

Sozio-kulturelle Rahmenbedingungen finden ihren Ausdruck z.B. in Sprache, Religion, Wertmustern, Lebensstilen und beeinflussen das Informations-, Kauf-, Konsum- und Entsorgungsverhalten von Verbrauchern (Lingenfelder 1996, S. 286). Die Sprache zählt zu den wichtigsten Bestandteilen einer Kultur und ist insbesondere für die Absatzpolitik von Versandhandelsunternehmen von einzigartiger Bedeutung. So wird beispielsweise dem gemeinsamen romanischen Einfluss zugeschrieben, dass sich in Belgien, Frankreich, Spanien sowie Portugal der Modegeschmack bzw. die Präferenzen der Kernzielgruppe des Versandhandels (Frauen im Alter zwischen 25 und 40 Jahren) ähneln (Quelle

2004a). In diesen Ländern bevorzugen Frauen eher klassische Mode, traditionell in den Farben schwarz und weiß.

Versender sind aufgrund der räumlichen Distanz zu ihren Kunden auf schriftliche bzw. mediale Angebotsformen (i.d.R. Kataloge) angewiesen, so dass die Kommunikation in der jeweiligen Landessprache erforderlich ist. Unter der Berücksichtigung, dass allein schon in einigen europäischen Ländern regional unterschiedliche Sprachen gesprochen werden (z.B. Schweiz: deutsch, französisch, italienisch; Belgien: französisch, flämisch; Lettland: lettisch, russisch), aber auch aufgrund des relativ hohen Anteils an fremdsprachigen Einwanderern, so wird schnell deutlich, welche Herausforderungen der internationale Markteintritt für den Versandhandel mit sich bringen kann. In solchen Ländern lassen sich nämlich Kostendegressionseffekte durch hohe Auflagen in Bezug auf die Katalogherstellung in wesentlich geringerem Umfang erzielen, so dass die Stückkosten des Katalogeinsatzes beträchtlich erhöht werden (Thieme 2004). Vor diesem Hintergrund lässt sich erklären, warum etwa *Quelle* 1992 in Estland zunächst mit dem deutschen Hauptkatalog eingetreten ist, dem eine estnische Übersetzungsliste beilag. In der Schweiz erscheint der Hauptkatalog aufgrund der Synergieeffekte zum deutschen sowie französischen Pendant nur in deutsch und französisch; da *Quelle* in Italien nicht präsent ist (ausgenommen einer deutschsprachigen Webpräsenz), fehlen solche Synergien, die die Herausgabe eines Hauptkataloges eigens für die italienisch sprechende Bevölkerung in der Schweiz wirtschaftlich sinnvoll erscheinen lassen.

Möglicherweise lässt sich mit Hilfe der Sprachverwandtheit erklären, warum deutsche Versender ihren Internationalisierungsprozess in den Niederlanden oder Österreich begonnen haben. Bei fremden Sprachen können zudem Probleme z.B. aus unterschiedlichen Übersetzungsmöglichkeiten resultieren oder aber auch aus mit bestimmten Wörtern verbundenen Assoziationen (Quack 1995). In diesem Zusammenhang sei auf einen weiteren Problembereich verwiesen: Das Bildungsniveau, das als ein Indikator für die wirtschaftliche Entwicklung eines Landes gilt, spiegelt sich unter anderem in der Analphabetenquote wider. Da der Versandhandel durch seine Angebotspräsentation auf die schriftliche Kommunikation angewiesen ist, muss die Fähigkeit des Lesens als unabdingbare Voraussetzung bezüglich der anzusprechenden Zielgruppe erfüllt sein.

Die Religion eines Landes bzw. eines Kulturkreises kann wie kaum ein anderer Faktor das menschliche Verhalten prägen. Während sie in westlichen Industrienationen für das Konsumverhalten des Einzelnen nur noch eine untergeordnete Rolle spielt, determiniert sie in islamischen oder afrikanischen Ländern nach wie vor die menschlichen Grundeinstellungen und damit das alltägliche Leben (Dülfer 1995, S. 276ff.). Angebote, die religiösen oder auch moralischen Wertvorstellungen widersprechen, werden demzufolge nicht erfolgreich sein. So kann beispielsweise in einigen Kulturkreisen die bildliche Darstellung von Unterwäsche im Katalog oder auf der Website als zu freizügig gelten und zu Reaktanzen bei den Konsumenten führen. Eng verknüpft mit der religiösen Weltanschauung zeigen sich auch die sozialen Beziehungen in einer Gesellschaft (Meffert/Bolz 1994). So legt die Religion vielfach die vorherrschende Rollenverteilung von Mann und Frau fest. Da der Versandhandel im Rahmen seiner Marketingpolitik i.d.R. die weibliche Bevölkerung zu seiner Hauptzielgruppe erklärt, können sich Probleme aus der vergleichsweise schwachen rechtlichen und gesellschaftlichen Stellung der Frau in buddhistischen und islamischen Ländern ergeben (Dülfer 1995, S. 328).

Aus der Analyse der *ökonomischen Merkmale* eines Landes lassen sich Rückschlüsse auf die mit einem Markteintritt verbundenen Chancen und Risiken ziehen. Für die Beurteilung der Erfolgsträchtigkeit einer zukünftigen Ländermarktbearbeitung spielen wirtschaftliche Indikatoren, wie z.B. das Bruttosozialprodukt, das Bruttoinlandsprodukt, das Volkseinkommen und dessen Verteilung, die Inflationsrate, die Arbeitslosenquote, die Kaufkraft oder die Sparquote, eine entscheidende Rolle, da sie Hinweise auf die Höhe der zu erwartenden Konsumausgaben der Bevölkerung liefern (Hünerberg 1994).

Ein Engagement auf ausländischen Märkten bedeutet zuweilen auch wirtschaftliche Betätigung in fremden Währungen, so dass bei fehlender Währungsstabilität das Risiko für Unternehmen wesentlich verstärkt wird. Insbesondere im Versandhandelsgeschäft können sich derartige Unsicherheiten negativ auswirken, weil sie die Preiskalkulation der angebotenen Waren erschweren. Da die im Katalog ausgewiesenen Preise i.d.R. für ein halbes Jahr Bestand haben, werden Versender stets bestrebt sein, das Währungsrisiko möglichst gering zu halten (Krechting 1997). Zumindest für den innerhalb der EU tätigen Versandhandel ist das Währungsrisiko mit der Einführung des Euro entfallen, was wiederum die grenzüberschreitenden Aktivitäten der Versender begünstigt.

Der Absatz auf Auslandsmärkten wird außer den bereits vorgestellten makroumweltbezogenen Einflussgrößen wesentlich durch *klimatisch-geographische* und *technische Umweltbedingungen* bestimmt. Das Klima wirkt sich maßgeblich auf die Zusammenstellung des Sortiments eines Versandhauses aus. In Staaten, in denen z.B. das ganze Jahr über subtropische Witterungsbedingungen vorherrschen, ist die halbjährliche Abfolge von Frühjahr/Sommer- und Herbst/Wintermode-Katalogen überflüssig. Umgekehrt ergeben sich zwangsläufig Probleme bei der Marktbearbeitung in jenen Ländern, die über unterschiedliche Klimazonen verfügen (z.B. Russland). Hier wird nur eine an die regionalen Klimaverhältnisse angepasste, spezifische Absatzpolitik (geographische Marktsegmentierung) erfolgreich sein können. Schließlich beeinflusst auch die Topographie eines Landes den Transport und damit die Versanddauer der bestellten Ware. Natürliche Barrieren wie Gebirgszüge, großflächige Wälder oder Seen können die Lieferzeit deutlich verlängern, was sich insgesamt wiederum negativ auf die Akzeptanz dieses Betriebstyps auswirkt.

Die Analyse der Infrastruktur erweist sich für die Beurteilung der Absatzchancen und damit für den realisierbaren Geschäftserfolg des internationalisierenden Versandhauses als grundlegend. Neben dem vorhandenen Straßen- und Eisenbahnnetz ist die generelle Verfügbarkeit über Transportmittel sowie die Dauer der Transporte und deren Kosten richtungsweisend für eine Ländermarktselektion. Ohne adäquate Verkehrsinfrastruktur könnte *Quelle* den belgischen, portugiesischen sowie spanischen Markt nicht von Frankreich aus zeitnah bedienen: Die Kundenbestellungen werden in diesen Ländern zwar

„vor Ort" entgegen genommen, die Kommissionierung und der Versand erfolgt jedoch im französischen Versandzentrum in Orleans. Von dort aus wird die Ware gebündelt in die jeweiligen Länder transportiert und dann an die Zustelldienste (Post, Logistikdienstleister) übergeben, die die Pakete an die Kunden ausliefern. Der Lieferservice dieser Zustelldienste in Bezug auf Lieferzeit, -zuverlässigkeit und/oder -flexibilität stellt für den Markteintritt von Versandhandelsunternehmen einen bedeutenden Erfolgsfaktor dar. So gilt beispielsweise die chinesische Post als äußerst zuverlässig und preiswert, wohingegen der italienische Markt durch lange Zustellzeiten gekennzeichnet war, was die Entwicklung des Versandhandels dort nachhaltig gehemmt hat (BVH 2002, S. 68).

Darüber hinaus zählt ein flächendeckendes Telefonnetz mit hoher Anschlussdichte zu den Eckpfeilern der Zielmarktkriterien, weil Bestellungen in vielen Ländern in erster Linie telefonisch, per Fax oder per Post erfolgen. Die Liberalisierung der ehemals monopolisierten Telekommunikationsbranche und die damit verbundene Einführung von Wettbewerbselementen hat in vielen Ländern zu einer deutlichen Verbesserung sowohl des Leistungsangebots als auch des Preisgefüges – insbesondere niedrigere Endgeräte- und Verbindungspreise – geführt. Da der Versandhandel immer stärker die elektronischen Medien auch als Vertriebskanal nutzt, stellt eine moderne Kommunikationsinfrastruktur eines Landes (z.B. Mobilfunknetz, breitbandige Dienste) einen zusätzlichen Erfolgsparameter dar. Vor dem Hintergrund, dass z.B. bei *Quelle* in der Slowakei inzwischen acht Prozent der Bestellungen – dies sind bis zu 6.000 Bestellungen pro Tag – per SMS eingehen, wird die Relevanz dieses Aspektes für den Versandhandel deutlich (Quelle 2004b). Nicht zu vernachlässigen ist schließlich die Medienstruktur eines Landes für die Kommunikationspolitik von Versendern. So fehlen beispielsweise in bestimmten Auslandsmärkten einige Werbeträger (wie z.B. die Beilagen in Zeitschriften), die von Versandhäusern in Deutschland häufig eingesetzt werden, so dass auf Alternativen zurückgegriffen werden muss. In Japan beispielsweise haben Werbetreibende bei einer Anzeigenschaltung in einer Modezeitschrift eine mehrjährige Wartezeit einzukalkulieren (Rominski 1993, S. 16), was wiederum gerade für den Markteintritt von Versendern besondere Bedeutung erlangt (Stichwort: Aufbau der Marken- und Unternehmensbekanntheit).

3.1.2 Ausgewählte mikroumweltbezogene Einflussgrößen

Bei der Selektion geeigneter Auslandsmärkte muss zunächst die landesspezifische *Nachfragesituation* berücksichtigt werden, allem voran die grundsätzliche Bedeutung des Versandhandels im Zielland. Einen ersten Anhaltspunkt hierzu liefert die Kennzahl „Versandhandelsumsatz pro Kopf ". Abbildung 1 stellt diese Größe im internationalen Vergleich dar. Demzufolge hat einerseits der Versandhandel in den USA sowie Westeuropa bereits eine bedeutende Stellung inne, andererseits weisen Länder wie Irland, Spanien, Italien sowie die EU-Beitrittsländer Tschechien, Slowakei und Ungarn ein großes Versandhandelspotenzial auf. Fraglich ist, inwieweit dieses Potenzial mittel- bis langfristig tatsächlich erschlossen werden kann.

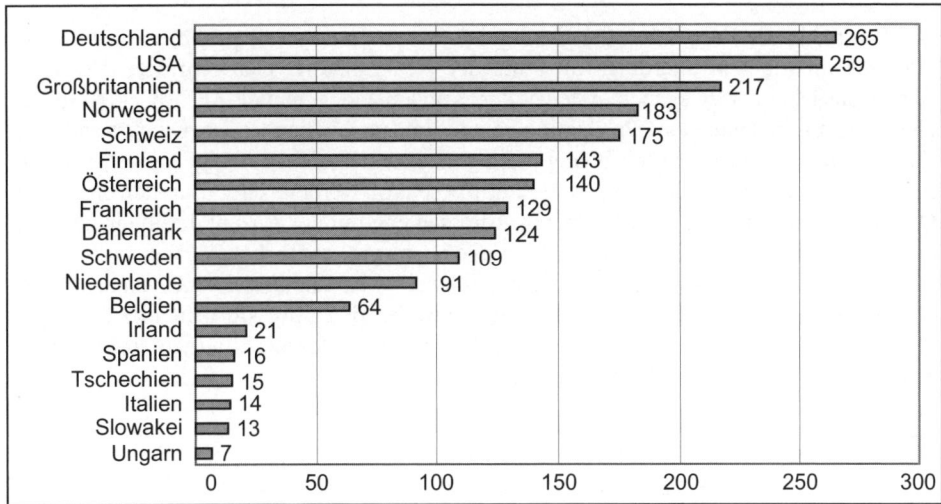

Abbildung 1: Versandhandelsumsatz pro Kopf (in EUR)
            (Quelle: BVH 2002, S. 69)

Macht man die Ähnlichkeit der Marktbedingungen am Versandhandelsumsatz pro Kopf fest und untersucht die bisherige Länderauswahl der führenden deutschen Versender, ist zwar eine Präferenz für ähnliche Auslandsmärkte erkennbar, dennoch scheinen andere Motive, wie etwa die geographische Nähe zum Heimatmarkt, einen stärkeren Internationalisierungsanreiz auszuüben. Der *Otto Versand* – außer in den skandinavischen Ländern in allen aufgeführten Ländermärkten präsent – deckt als einziges deutsches Versandunternehmen alle Triademärkte ab und folgt damit strikt seiner Strategie, vorwiegend in bedeutende, hochentwickelte Volkswirtschaften mit großem Bevölkerungs- und Kaufkraftpotenzial einzutreten (Rominski 1993, S. 14). So lassen sich beispielsweise auch die Markteintritte in Südkorea und Taiwan auf das starke Kaufkraft- und Nachfragepotenzial in diesen Ländern zurückführen.

Die Beurteilung der *Wettbewerbsverhältnisse* stellt einen weiteren Parameter für die Einschätzung der Erfolgsaussichten eines Ländermarkteintritts dar. Hierbei sind neben der Anzahl der Wettbewerber vor allem Angaben über deren Marktmacht und Marktabdeckung von Interesse. Darüber hinaus gilt die Marktsättigung eines Landes als ein Einflussfaktor für die Wettbewerbsintensität (Steinmann/Schreyögg 1993, S. 170). Eine weitere Barriere für ein Versandunternehmen im Rahmen seiner Internationalisierung stellen des Weiteren die nachhaltigen Wettbewerbsvorteile etablierter Konkurrenten in

Form fester Kundenstämme dar. Der Aufbau eines Kundenstamms ist sehr zeit- und kostenintensiv. Dieser Weg kann jedoch durch eine Unternehmensakquisition bzw. eine Kooperation mit einem lokalen Versender vermieden werden, da hierdurch entsprechende Verbraucherdaten sofort verfügbar sind und damit den Markteinstieg erleichtern.

Virulent bleibt die Frage nach der Verfügbarkeit von *Lieferanten qualifizierter Kundenadressen* im Zielland allerdings im Falle der Neugründung. Gut gepflegte Adressbestände tatsächlicher wie auch potenzieller Kunden (so genannte „Prospects") stellen einen überaus bedeutenden „Produktionsfaktor" im Versandhandel dar. Da Versender im Zuge des Markteintritts mittels Neugründung naturgemäß nicht auf Eigenadressen rekurrieren können, müssen die Adressen extern beschafft werden. Grundsätzlich hängt die Qualität der im Zielmarkt beschaffbaren Adressen eng mit der Anzahl der in einem Land tätigen Adressanbieter zusammen. Vor allem in gut entwickelten Versandhandelsmärkten wie z.B. Deutschland, Österreich, Schweiz oder Frankreich sind Akteure anzutreffen, die länderspezifische Besonderheiten etwa bei den Adressformaten berücksichtigen können. Wie aus Abbildung 2 hervorgeht, schwankt diese Zahl in den einzelnen europäischen Ländern allerdings beträchtlich.

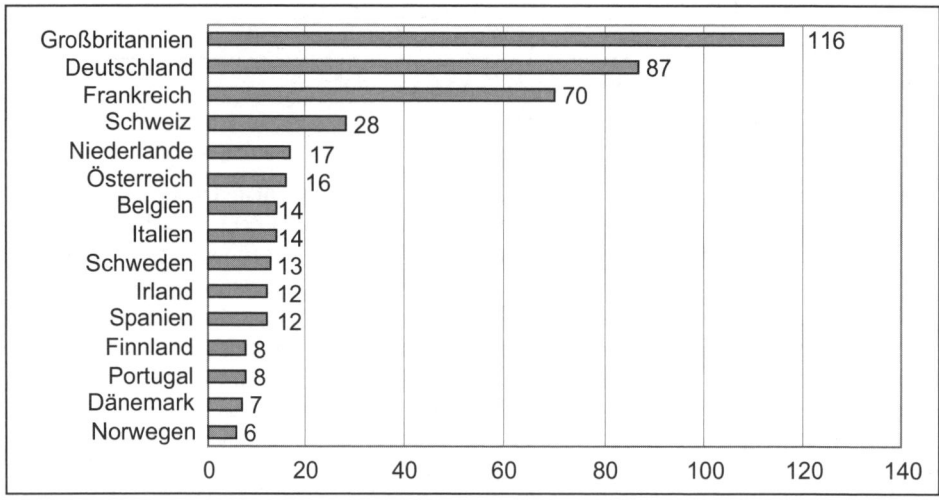

Abbildung 2: Anzahl der Adressanbieter pro Land
              (Quelle: DIRECT SUCCESS 2003, S. 10)

In vielen osteuropäischen Ländern mangelt es zuweilen an der Verfügbarkeit von qualifizierten Adressen, wenngleich verschiedene Listeigner im Begriff sind, entsprechende Adressbestände aufzubauen (Thieme 2004, S. 38). Dass sich in solchen Ländern der Markteintritt für Versandhandelsunternehmen schwieriger gestaltet als in bereits „entwickelten" Märkten, liegt auf der Hand.

Bei der Analyse der Wettbewerbssituation müssen außer der unmittelbaren Versandhandelskonkurrenz auch *andere Betriebstypen des Einzelhandels* ins Kalkül einfließen. Da der stationäre Einzelhandel den weitaus größten Anteil des Einzelhandelsumsatzes eines jeden Landes auf sich vereinigt, beeinflusst er – gerade wenn er preisaggressiv agiert – nachhaltig die Erfolgsaussichten des internationalisierenden Versenders. Empirischen Untersuchungen zufolge wird sich der Wettbewerb zukünftig verstärkt im Bereich der Service- und Kundendienstleistungen abspielen (Krechting 1997, S. 106). Dazu gehört auch, dass der gesamte Bestellprozess, beginnend bei der Katalogzustellung über die Warenauslieferung bis hin zur Bezahlung, für den Kunden so angenehm wie möglich gestaltet wird (Loevenich 2002, S. 111ff.).

3.1.3 Status Quo der Auslandspräsenz deutscher Versender

Betrachtet man zusammenfassend die bisherige Länderselektion der drei größten Versender in Deutschland, ist eine starke Präferenz für das europäische Ausland festzustellen (Abbildung 3).

Versender	Europäisches Ausland	Länder außerhalb Europas
Otto Versand	Belgien, Frankreich, Großbritannien, Italien, Niederlande, Österreich, Polen, Portugal, Schweiz, Spanien, Ungarn.	Japan, Kanada, Südkorea, Taiwan, USA.
Quelle	Belgien, Estland, Frankreich, Griechenland, Island, Italien, Kroatien, Lettland, Litauen, Luxemburg, Österreich, Polen, Portugal, Russland, Schweiz, Slowakei, Slowenien, Spanien, Tschechien, Ungarn.	Jordanien, Katar, Kuwait.
Neckermann	Belgien, Dänemark, Frankreich, Kroatien, Niederlande, Österreich, Polen, Tschechien, Schweiz, Serbien-Montenegro, Slowakei, Slowenien.	

Abbildung 3: Die Länderauswahl der führenden deutschen Versender im Rahmen ihrer absatzorientierten Internationalisierungspolitik (Stand: Juli 2004)

Die *Neckermann AG* war zunächst nur in angrenzenden europäischen Staaten vertreten, dehnt aber ihr internationales Engagement zunehmend auf entfernter liegende Länder aus. Bei *Quelle* lag der Fokus der Internationalisierung in den 1990er Jahren eindeutig auf Osteuropa, und die *Otto Handelsgruppe* hat in den 1990er Jahren ihr Ziel – wenngleich nicht ohne Rückschläge – realisiert, neben den USA und Europa auch Asien als eine weitere Säule für das Versandgeschäft zu etablieren. Generell scheint mit Blick auf das internationale Versandhandelsgeschäft in den letzten Jahren der Fokus eher auf der Konsolidierung der bereits erschlossenen Länder als auf dem Eintritt in neue Länder zu liegen.

3.2   Formen des Markteintritts im internationalen Versandhandel

3.2.1 Kooperation als Eintrittsoption

Die Motive, die ein Versandunternehmen zu einem kooperativen Auslandsmarkteintritt veranlassen, können sehr vielfältig sein. Neben ressourcenbedingten Knappheiten in Form mangelnder Personal- und/oder Kapitalausstattung, Risikobegrenzungsüberlegungen und politisch vorgeschriebenen Partnerschaften mit einheimischen Unternehmen, stellen vor allem fehlende Marktkenntnisse Gründe für eine kooperative Erschließungsstrategie dar (Perlitz 1997, S. 443ff.). Die Kooperation bietet gerade auch für kleinere, in ihren finanziellen Möglichkeiten oft begrenzte Unternehmen Chancen, ohne Kauf bzw. Gründung eines Betriebs vor Ort, international aktiv zu werden.

Anders als andere Betriebstypen des institutionellen Einzelhandels kann der Versandhandel einen Eintritt in einen ausländischen Markt auch über die Option des indirekten bzw. direkten Exports realisieren. Da der Export jedoch engen Grenzen unterliegt und sich nur in Länder empfiehlt, in denen sich das Nachfragepotenzial als gering erweist, wird diese Form der Markterschließung im Rahmen der folgenden Ausführungen nicht explizit thematisiert. Das heißt jedoch nicht, dass der Export im internationalen Versandgeschäft unbedeutend wäre. Beispielsweise erwirtschaftete die *Quelle AG* über diese Form des „Going International" einen erheblichen Umsatzanteil, bevor sie sich dann in verschiedenen Ländern zur Gründung einer eigenen Tochtergesellschaft entschloss. Dies zeigt zugleich, dass der direkte Export für eine dauerhafte und intensive Marktbearbeitung weniger geeignet zu sein scheint.

Der Eintritt in einen Auslandsmarkt kann durch die Bildung einer *strategischen Allianz* erfolgen, die mit dem Ziel eingegangen wird, durch die Erlangung gemeinsamer Wettbewerbsvorteile die Marktposition der beteiligten Unternehmen zu sichern bzw. langfristig zu verbessern. Die Partner vereinbaren zu diesem Zweck vertraglich eine wirtschaftliche Zusammenarbeit auf bestimmten Teilgebieten der Wertschöpfungskette, wobei ihre rechtliche Selbständigkeit erhalten bleibt (Welge/Al-Laham 1997). Für internationalisierende Versender wäre z.B. eine strategische Allianz mit einem im Gastland beheimateten Unternehmen denkbar, das über ausgeprägte lokale Vertriebskenntnisse verfügt. Im Gegenzug könnte das Auslandsunternehmen von spezifischen Fähigkeiten des deutschen Versenders (z.B. auf dem Gebiet der Logistik) profitieren. Da eine nachhaltige Verbesserung der Marktposition nur durch die Vereinigung der individuellen Stärken der Partner möglich ist, hierbei dem Konkurrenten jedoch Zugang zu den eigenen, wettbewerbsrelevanten Potenzialen zu gewähren ist, erweist sich die strategische Allianz in der Durchführung als eine äußerst problematische Kooperationsalternative.

Bei einem internationalen *Joint Venture* beschließen mindestens ein inländisches und ein ausländisches Unternehmen eine wirtschaftliche Zusammenarbeit in Form der Gründung bzw. des Erwerbs eines rechtlich selbständigen Gemeinschaftsunternehmens, wobei die wirtschaftliche und rechtliche Selbständigkeit der Partnerunternehmen erhalten bleibt (Perlitz 1997). Joint Venture können aus verschiedenen Motiven heraus geschlossen werden, die im Wesentlichen den allgemeinen Beweggründen für das Eingehen von Kooperationen entsprechen. Darüber hinausgehend werden Gemeinschaftsunternehmen aber auch gegründet, um in der Wahrnehmung der Ziellandbevölkerung möglichst als inländisches Unternehmen zu gelten, wodurch sich unter Umständen das oftmals negative Auslandsimage überwinden lässt; ferner existieren in einigen Ländern rechtliche Bestimmungen, die gar keine andere Form ausländischer Investitionstätigkeit zulassen. Neben diesen Vorteilen (bzw. Restriktionen) birgt eine Zusammenarbeit in Gestalt eines Joint Venture aber auch ein erhebliches Konfliktpotenzial in sich. Da die eigene Entscheidungsautonomie begrenzt wird, steigt die Abhängigkeit vom Kooperationspartner, was sich im Fall von Unstimmigkeiten negativ auf die Leitung des Gemeinschaftsunternehmens auswirken wird (Braun et al. 2000).

Die Kooperationsform des Joint Venture eignet sich für deutsche Versender vor allem in Märkten, die gemeinhin als „schwierig" gelten. In Japan z.B. erschweren fehlende Adressdateien die Kundenakquisitionen (Rominski 1993). Die Zusammenarbeit mit einem Unternehmen, das bereits über entsprechende Daten verfügt, erleichtert den Markteintritt. Staaten, die vergleichbare Marktbedingungen zu Deutschland aufweisen, werden jedoch vermutlich nicht durch einen Zusammenschluss zu einem Gemeinschaftsunternehmen erschlossen, da die zu erwartenden Vorteile die zahlreichen Nachteile voraussichtlich nicht auszugleichen vermögen.

Verschiedenen Untersuchungen zufolge stellen Joint Venture für innerhalb Europas internationalisierende Handelsbetriebe eine eher unattraktive Alternative dar (Lingenfelder 1996, S. 378ff.). Dies kann im Hinblick auf die Eintrittsformen deutscher Versender im europäischen Ausland klar bestätigt werden. Außerhalb Europas wählen grenzüberschreitende Versandhäuser die Option des Joint Venture häufiger. Deutsche Versender kooperieren vorwiegend in Ländern, deren Märkte für ausländische Unternehmen als schwer erschließbar gelten. Exemplarisch sei an dieser Stelle auf einige der vielfältigen Joint-Venture-Kooperationen des *Otto Versands* in Asien verwiesen. Außer in Japan, Indien, China und Südkorea war *Otto* seit April 1997 auch mit einem Joint Venture in Taiwan vertreten, wobei die ausgewählten Partnerunternehmen das spezifische internationale Versandhandelswissen von *Otto* mit lokalen Marktkenntnissen komplettieren. Bei allen Engagements im asiatischen Raum arbeitet *Otto* mit renommierten nationalen Unternehmen zusammen, um die Akzeptanz in den Augen der Bevölkerung zu erhöhen. Es kann von daher nicht ausgeschlossen werden, dass die Kooperationen auch aus Gründen der Kaufrisikominimierung geschlossen wurden, dennoch wird es sich hierbei sicherlich nicht um das Hauptmotiv handeln. Beispielsweise ist in China die Zusammenarbeit mit einem einheimischen Partner zwingende Voraussetzung für den Erhalt der Lizenz zum Aufbau eines Handelsunternehmens.

3.2.2 Markterschließung durch Akquisition vs. Neugründung im Gastland

Der Ländermarkteintritt in Gestalt einer Unternehmensakquisition bzw. der Neugründung eines Betriebs stellt die ausgeprägteste Form des geschäftlichen Engagements im Ausland dar. Dem Unternehmenserwerb (externes Wachstum) und der Unternehmensneugründung (internes Wachstum) ist gemeinsam, dass sie ein hohes Maß an finanziellen Ressourcen erfordern, mit einem großen Risiko verbunden sind, dafür aber auch eine uneingeschränkte Kontrolle und Steuerung der geschäftlichen Aktivität sowie die alleinige Gewinnverwendung zulassen (Hünerberg 1994, S. 118).

Die Akquisition ermöglicht einem internationalisierenden Versender einen direkten Markteinstieg. Während Neugründungen aufgrund der notwendigen Aufbauarbeiten sehr zeitintensiv sind, verschafft sich das Unternehmen durch den Aufkauf einen Zeitvorteil, da entsprechende Marktanteile unmittelbar mit erworben werden. Darüber hinaus erhält man Zugang zu heimischen Marktkenntnissen und „Kunden"-Ressourcen. Hierzu zählen vor allem hochqualifizierte Adressbestände sowie Kundentransaktionsdaten, mit denen sich innerhalb kürzester Zeit durch entsprechende Analysen (z.B. Data-Mining) überaus wertvolle Hinweise auf das Kaufverhalten und damit für die Generierung von Marktbearbeitungsmaßnahmen im Zielmarkt gewinnen lassen.

Ein bedeutender Nachteil von Akquisitionen resultiert aus der Suche nach einem entsprechenden Kaufobjekt. Becker spricht deshalb im Zusammenhang mit der Akquisitionsstrategie auch vom „Management by Opportunities", wonach aufkaufbereite Unternehmen erst auf Kaufgelegenheiten warten müssen (Becker 1993, S. 632). Ist jedoch ein Unternehmen akquiriert worden, so wirft dies in vielen Fällen das Problem der Post-Merger-Integration auf. Hier gilt es, im Extremfall zwei völlig verschiedene Unternehmenskulturen miteinander zu verschmelzen bzw. die Kultur des erwerbenden Unternehmens in das erworbene Unternehmen zu „migrieren" (Enke/Reimann 2004). Wie Erfahrungen zeigen, führt dieser Prozess häufig dazu, dass nicht wenige Mitarbeiter des erworbenen Unternehmens das Unternehmen verlassen, womit zugleich auch ein nicht unbeträchtlicher Teil des ziellandspezifischen Wissens verloren geht.

Gerade bei einem Eintritt in einen Auslandsmarkt, in dem relativ wenig Erfahrungen mit dem Versandhandelsgeschäft existieren, fehlt es jedoch meist an geeigneten Übernahmekandidaten (Krechting 1997, S. 161), so dass auf andere Eintrittsformen zurückgegriffen werden muss. Die führenden deutschen Versender haben im Zuge ihrer Grenzüberschreitungen den Markteintritt via Alleingang präferiert. Der *Otto Versand* z.B. hat im Rahmen seiner internationalen Expansion überwiegend ein externes Wachstum realisiert, indem strukturell gesunde Unternehmen, die jedoch in wirtschaftliche Schwierigkeiten geraten sind, erworben und saniert werden. Diese Strategie hat die Hamburger Versandhandelsgruppe sowohl bei der Erschließung der meisten europäischen Märkte als auch des amerikanischen Versandhandelsmarktes erfolgreich genutzt und damit letztlich bewiesen, dass eine Unternehmenseingliederung in einen bestehenden Konzern durch die Nutzung von Synergien und der Übertragung von internationalem Management-Know-how – bei gleichzeitiger Wahrung eines Höchstmaßes an Eigenverantwortlichkeit der nationalen Geschäftseinheiten – gelingen kann. Auch *Quelle* und *Neckermann* bevorzugen offenbar eine Strategie des Alleingangs, was mit der Vielzahl ihrer europäischen Tochterunternehmen belegt werden kann. So ist *Neckermann* bei allen seinen grenzüberschreitenden Engagements alleinig tätig, und auch *Quelles* Kooperationsaktivitäten beschränkten sich in der Vergangenheit bislang auf ein Joint Venture in China. Aus den Beispielen kann geschlossen werden, dass – zumindest in Bezug auf den europäischen Markt – Kooperationen eine untergeordnete Rolle spielen.

3.2.3 Erschließung von Auslandsmärkten durch den Einsatz Neuer Medien – eine Variante des „Going International"?

Seit einigen Jahren erfahren neue Medien, wie z.B. CD-ROM-Kataloge, Teleshopping via Kabel- und Satellitenfernsehen und natürlich vor allem das Internet eine wachsende Beachtung seitens der Versandhandelsunternehmen. Es stellt sich daher die Frage, ob und inwieweit der Einsatz dieser subsumierten Kommunikationsmittel den Internationalisierungsprozess eines Versenders fördern kann.

Eine Form der Warenpräsentation kann unter dem Oberbegriff des Teleshopping zusammengefasst werden. Dank der Ausstrahlung von DRTV-Spots auf länderübergreifend empfangbaren Fernsehkanälen kann es einem Versender gelingen, Zielgruppen in unterschiedlichen Ländern anzusprechen. Da die geographische Reichweite derartiger Sendeanstalten jedoch beschränkt ist, werden dem internationalen Absatz enge Grenzen gesetzt. Reine Teleshopping-Kanäle sind in Deutschland auf den deutschsprachigen Raum (Deutschland, Österreich, Schweiz) beschränkt. Sollen diese Absatzmethoden im Rahmen der Grenzüberschreitung eingesetzt werden, so wären hier die grundsätzlichen Internationalisierungsentscheidungen, beginnend bei der Länderauswahl, zu treffen.

Vor allem aber eignet sich das Internet aufgrund seiner Interaktivität für eine moderne Form des Distanzkaufes. Wie die Entwicklung im Einzelhandel der vergangenen Jahre zeigt, ist namentlich der Versandhandel dafür prädestiniert, das akquisitorische Potenzial des Internet zu erschließen. Versandbetriebe verfügen – im Gegensatz zum stationären Einzelhandel – bereits über das notwendige Know-how des Warenhandlings und -versands. Ferner stellt die Warenofferte im WWW prinzipiell nur eine Veränderung des Präsentationsmediums dar. Fraglich ist, ob die bloße Online-Präsenz gleichbedeutend mit der Internationalisierung eines Versenders ist, da die globale Verbreitung des Internet im Grunde genommen einen länderübergreifenden Zugriff auf entsprechende Unternehmensseiten erlaubt. Dieser Auffassung wird in Anlehnung an Wißmeier (1997, S. 193ff.) allerdings nicht gefolgt. Zwar ist ein Zugriff aus anderen Ländern denkbar, bei einem ausschließlich nationale Interessen verfolgenden Internetauftritt eines Versandbetriebes aber eher unwahrscheinlich.

Um international im Internet aktiv zu werden, sind potenzielle Kundengruppen in verschiedenen Ländern möglichst gezielt anzusprechen. Hierfür erweist sich neben der Web-Platzierung auch die verwendete Sprache als maßgeblich (Wißmeier 1997, S. 193). In diesem Zusammenhang sei auf die bereits oben erwähnte deutschsprachige Internetpräsenz von *Quelle* in Italien verwiesen, mit der das Unternehmen offensichtlich die deutschsprachige Bevölkerung vor allem in Südtirol ins Visier nimmt. Dieses Beispiel illustriert, dass sich das Internet durchaus für eine absatzorientierte Internationalisierungsstrategie eignet. Dabei ist jedoch zu bedenken, dass auch für das World Wide Web alle Elemente des internationalen Marketing (also nicht nur die Kommunikationspolitik) zu beachten sind: So ist das anzubietende *Internet-Sortiment* festzulegen, wobei sich in diesem Zusammenhang insbesondere die Frage bezüglich der Differenzierung bzw. Standardisierung stellt. Im Rahmen der *Preispolitik* ist zu bedenken, dass die Verbraucher gerade bei einem standardisierten Sortiment eine internationale Preisdifferenzierung nicht dulden werden. Hier stellt sich auch das Problem der Zahlungsabwicklung. Zahlreiche Publikationen (z.B. Loevenich 2002; Bauer et al. 2004) belegen jedoch, dass noch erhebliche Unsicherheiten auf Konsumentenseite bestehen, die den Internethandel behindern. Bei der *Distribution* ist zu beachten, dass die Waren trotz eines virtuellen Einkaufs nach wie vor physisch an die Kunden auszuliefern sind. Hier stellt sich die Frage, inwieweit die in Deutschland üblichen Standards (z.B. 24-stündige Lieferdauer, Hängeversand in der Konfektion) in anderen Ländern realisiert werden können.

Die Vorteile des „virtuellen", grenzüberschreitenden Markteintritts liegen auf der Hand (Wißmeier 1997, S. 197): Aufgrund der Omnipräsenz des Mediums ist keine Länderauswahl notwendig, da ein Eintritt nicht länderspezifisch, sondern global erfolgt und somit auch Kunden in Ländern gewonnen werden können, auf die im Rahmen traditioneller Internationalisierungsstrategien verzichtet werden müsste, wenn sich ein „physischer" Markteintritt als unattraktiv herausstellt (Mehta et al. 1996). Dies bedeutet allerdings nicht, dass sich die zielgenaue Ansprache von Kundengruppen erübrigt. Ferner ermöglicht diese Form des „Going International" wegen der geringen Ressourcenbindung auch kleineren und mittleren Versandunternehmen, die häufig als Spezialversender agieren, die Auslandsmarkterschließung.

Bislang folgen die führenden deutschen Versender bei ihren Internetauftritten jedoch dem Motto des „Keep it local", d.h. sie präsentieren sich *national* in denjenigen Ländern online, in denen sie ohnehin schon mit einer Tochtergesellschaft oder einem Joint Venture vertreten sind. Zwar bieten sowohl *Otto* als auch *Quelle* interessierten Besuchern ihrer deutschen Homepage mittels Link die Möglichkeit, in den virtuellen Katalogen ihrer ausländischen Tochterunternehmen zu blättern, jedoch besteht i.d.R. keine Einkaufsmöglichkeit. Ein wahrhaftig grenzüberschreitender Internethandel wird voraussichtlich erst durch die Lösung der Probleme hinsichtlich der Bezahlung, des Transports und der Verzollung der über das Internet bestellten Waren realisiert werden.

3.3 Timingstrategien des Ländermarkteintritts

Eng verknüpft mit der Länderselektion und der Wahl des institutionellen Arrangements ist die Festlegung des Timings des grenzüberschreitenden Markteintritts. Sind im Rahmen der Internationalisierungsstrategie mehrere Auslandsmärkte attraktiv, geht es um die Bestimmung der ländermäßigen Abfolge der Markteintritte.

Orientiert sich ein Versender bei seiner Grenzüberschreitung an der *Sprinkler-Strategie*, beabsichtigt er eine simultane Erschließung der für ihn zentralen Auslandsmärkte. Durch die damit einhergehende Verteilung der internationalen Aktivitäten auf verschiedene Länder reduziert sich zwar die Abhängigkeit des Versandunternehmens von einem spezifischen Auslandsengagement, gleichzeitig erhöht sich jedoch auch die Fehlinvestitionsgefahr. Ein zeitlich synchron verlaufender Eintritt lässt keine detaillierte Informationsgewinnung und -auswertung bezüglich relevanter Landesbedingungen zu, was zu einer Fehleinschätzung der Marktbesonderheiten führen kann. Die Sprinklerstrategie eignet sich vor allem für Versender, die eine schnelle Umsetzung ihrer Internationalisierungsaktivitäten anstreben. Bei einem beschränkten Budget bedeutet dieses Vorgehen jedoch gleichzeitig, dass die Marktbearbeitungsintensität gering bleiben muss (Meffert/Bolz 1994). Auch das institutionelle Arrangement unterliegt zwangsläufig finanziellen Grenzen, weshalb kapitalintensive Eintrittsformen eher unwahrscheinlich sein dürften. Demgegenüber eröffnet der Simultaneintritt dem Unternehmen unter Umständen die Möglichkeit, vor anderen internationalen Konkurrenten einen spezifischen Markt zu erschließen und somit von Wettbewerbsvorteilen zu profitieren, die nur dem Pionierunternehmen zuteil werden.

Dass der Zeitpunkt bei der Erschließung ausländischer Märkte eine entscheidende Rolle spielen kann, läßt sich an zwei Beispielen verdeutlichen: *Quelle* hatte bei seinem Markteinstieg in Spanien nicht zuletzt deshalb Schwierigkeiten Fuß zu fassen, weil dem Fürther Versandhaus die *Otto Versandhandelsgruppe* auf der iberischen Halbinsel zuvor gekommen war und bereits den größten spanischen Versender unter Vertrag genommen hatte. Auch das Scheitern von *Quelle* in Italien wird unter anderem auf das zeitlich frühere Engagement von *Otto* zurückgeführt (Schmitz/Student 1990; Glöckner 1994). Gelingt es einem Versender ferner, wichtige Absatzhelfer, wie z.B. Zustelldienste, exklusiv an sich zu binden, entstehen für Nachfolger hohe Markteintrittsbarrieren in Form erschwerter Zugangsmöglichkeiten zu den lokalen Distributionssystemen.

Folgt ein Versandunternehmen bei seiner Internationalisierung der *Wasserfall-Strategie*, werden Auslandsmärkte nacheinander erschlossen. Diese Vorgehensweise erlaubt im Rahmen der Länderselektion eine gründliche Informationssuche nach relevanten Marktdaten, wodurch der Versender den strategisch wichtigsten Erschließungsmarkt ausfindig machen kann. Durch die stärkere Fokussierung auf die Besonderheiten und Anforderungen einzelner Länder können darüber hinaus Fehlentscheidungen bezüglich der Auslandsengagements begrenzt werden. Zudem fällt die Bearbeitungsintensität i.d.R. intensiver aus als bei einer simultanen Ländermarkterschließung. Die Nachteile der sukzessiven Eintrittsstrategie liegen – abgesehen von dem oft langwierigen Internationalisierungsprozess – im Wesentlichen in der Gefahr, weitere interessante Märkte zunächst zu vernachlässigen, die zwischenzeitlich von Konkurrenten erschlossen werden könnten (Hünerberg 1994, S. 133).

Im Rahmen der Betrachtung der Internationalisierungsetappen der führenden deutschen Versender lassen sich die letzten Markteintritte des *Otto Versands* in Ostasien als Beispiele für eine Umsetzung der Sprinkler-Strategie anführen. Der Eintritt in den chinesischen, südkoreanischen und taiwanesischen Markt Mitte der 1990er Jahre erfolgte in einem Zeitraum von vier Monaten (o.V. 1997a). Diese Vorgehensweise entsprach dem Unternehmensziel, durch eine rasche Erschließung der asiatischen Märkte die Vormachtstellung im internationalen Versandhandelsgeschäft weiter auszubauen. Außer diesem Beispiel scheinen sich die deutschen Versender im Rahmen ihrer Grenzüberschreitung an der Wasserfall-Strategie zu orientieren, was unter anderem auf eine Präferenz für kapitalintensive Erschließungsformen zurückgeführt werden kann. Exemplarisch sei an dieser Stelle auf die Auslandsexpansion der *Quelle AG* in der Vergangenheit verwiesen. So hat das Fürther Handelsunternehmen zwischen 1958 und 1990 nur relativ wenige Märkte und diese in großen zeitlichen Abständen erschlossen: Österreich (1958), Frankreich (1966), Schweiz (1974), Niederlande und Belgien (1980) sowie Ungarn (1985). Ab 1990 hat *Quelle* ihre Internationalisierung deutlich forciert und in kürzeren Abständen verschiedene Auslandsmärkte (vor allem in Osteuropa) erschlossen.

3.4 Bildung eines internationalen Sortiments

Entschließt sich ein Versender, in einen neuen Auslandsmarkt einzutreten, bedarf es der Bestimmung des anzubietenden Sortiments. Hierfür stehen dem Versandunternehmen grundsätzlich alle Möglichkeiten zwischen einem vollständig national differenzierten Leistungsangebot und einem international identischen Sortiment offen (Lingenfelder 1996, S. 410). Grundsätzlich verursacht ein ausschließlich an den landesbedingten Erfordernissen ausgerichtetes Sortiment zwar aufgrund des hohen Differenzierungsgrades beträchtliche Kosten, zugleich verspricht diese Strategie jedoch eine höhere Ausschöpfung des vorhandenen Marktpotenzials: Dem Kosteneinsparungsvorteil eines vollkommen standardisierten Waren- und Dienstleistungsangebotes stehen andererseits Nachteile in Gestalt sinkender Flexibilität in Bezug auf die Reaktionsmöglichkeiten bei sich ändernden Marktbedingungen gegenüber. In der Handelspraxis bieten die grenzüberschreitend agierenden Versender i.d.R. ein Sortiment an, das sich aus einem internationalen Stammsortiment, das in allen bzw. den meisten Ländern angeboten wird, und einem länderspezifischen Sortiment zusammensetzt. Letzteres bildet ein auf den jeweiligen Zielmarkt ausgerichtetes Warenangebot mit teilweise einheimischen Produkten bzw. Marken. Konkret bedeutet dies etwa am Beispiel *Quelle*, dass in Belgien, Spanien und Portugal aufgrund des ähnlichen Konsumentenverhaltens Teile des französischen Sortiments in den Hauptkatalog des jeweiligen Landes übernommen werden; demgegenüber deckt sich in Tschechien das Sortiment zu 90 Prozent mit dem deutschen *Quelle*-Sortiment, die restlichen 10 Prozent des Sortiments bilden tschechische Produkte (Quelle 2004c). Neben der grundsätzlichen Entscheidung über das Ausmaß der Listung einheimischer Produkte ist dabei selbstverständlich auch auf nationale Besonderheiten, wie etwa die Körpergröße der Bevölkerung, zu achten. So werden beispielsweise die Bekleidungsgrößen in Asien den im Vergleich zu Europa durchschnittlich kleineren Menschen angepasst.

Beispielsweise offerierte *Quelle* im Rahmen ihres Engagements in Schanghai eine eng begrenzte Sortimentsauswahl, bestehend aus Damen- und Herrenmode, Heimtextilien, Spielzeug, kleinen Elektroartikeln sowie Fitness-Geräten, wobei insgesamt 107 Artikel auf 28 Katalogseiten angeboten werden (o.V. 1997a). Der Vergleich dieses Leistungsangebots mit der hierzulande präsentierten Produktpalette (160.000 Artikel auf 1.400 Seiten) zeigt, dass es sich offensichtlich zunächst um eine Art Testkatalog handelt. Im Gegensatz zu *Quelle* beschränkte sich das in China angebotene Sortiment des *Otto Versands* auf westliche Damenmode (internationale Business- und Freizeitkleidung sowie Wäsche), die auf 36 Katalogseiten präsentiert wurde (o.V. 1997b). Auch in Korea und Taiwan, deren Bevölkerung eine hohe Affinität für internationale Mode aufweist, spezialisiert sich *Otto* auf internationale Mode, Sport- und Freizeitkleidung, so dass die weltgrößte Versandhandelsgruppe in Asien als ein reines Textilversandhaus in Erscheinung tritt. In diesem Zusammenhang sei auf den international identischen Modekatalog „Together" von *Otto* verwiesen. Dieser – in seiner Angebotszusammenstellung vollkommen standardisierte Katalog – wird lediglich sprachlich und preislich landesspezifisch ausgestaltet und erwirtschaftet in nahezu allen Ländern der *Otto-Gruppe* einen beträchtlichen Umsatzanteil, wobei erstaunlicherweise die beliebtesten zehn Katalogartikel länderübergreifend identisch sind (Praschl 1997, S. 272). Bei dem Markteintritt in Spanien wurde *Otto* auf Anhieb mit einem Katalog Marktführer, bei dem „lediglich" die Mode-Rennerseiten aus französischen und deutschen Katalogen zusammengestellt wurden (Rominski 1993, S. 17).

4. Fazit und Ausblick

In dem vorliegenden Beitrag liegt das Augenmerk auf dem internationalen Markteintritt von Versandhandelsunternehmen. Dabei wird deutlich, dass für den Markteintritt von Unternehmen des Versandhandels eine umfassende Analyse der makro- und mikroumweltbezogenen Zielmarktbedingungen für eine Erfolg versprechende Länderselektion unabdingbar ist. Mit Blick auf die Länderauswahl wurde eine Präferenz der führenden deutschen Versender für das europäische Ausland ermittelt. Nur die *Otto-Handelsgruppe* ist in allen drei Triademärkten aktiv und – durch eine forcierte Expansionsstrategie im ostasiatischen Raum (Südkorea, Taiwan) – auch in den Versandhandelsmärkten der Zukunft vertreten.

Bei der Festlegung des institutionellen Arrangements spielen außer den landesbedingten Rahmenfaktoren, die mitunter keine Auswahl der Markteintrittsform zulassen, vor allem die Unternehmensressourcen und -fähigkeiten eine entscheidende Rolle. Im Rahmen ihrer Grenzüberschreitung bevorzugen die Versender einen Markteintritt durch Alleingang. In Bezug auf den europäischen Markt gibt es keinen feststellbaren Bedarf an Kooperationen. Außerhalb Europas wählen die Versender häufiger eine Ländererschließung über die Kooperation, wobei diese meist in Gestalt eines Joint Venture ihren Ausdruck findet. Erweist sich ein Markteintritt als ungeeignet, lassen sich mit Hilfe des Internet-Handels auch Kunden in weniger nachfrageintensiven Ländern gewinnen. Im bisherigen Internationalisierungsprozess der Versandunternehmen dominierte eine sukzessive Timingstrategie des Ländermarkteintritts. Nur die von *Otto* begonnene Erschließung der asiatischen Versandhandelsmärkte erfolgte nahezu simultan. In Bezug auf die Zusammenstellung eines internationalen Sortiments zeigt sich, dass vor allem im Textilsegment ein Trend zur Standardisierung zu beobachten ist.

Offen bleibt, inwiefern sich der Versandhandel gerade in den noch „unterentwickelten" Einzelhandelsmärkten etablieren wird. Nicht übersehen werden sollte in diesem Zusammenhang die anhaltende Dynamik beim Online-Shopping. In vielen Ländern ist das Wachstum in diesem Marktsegment nach wie vor sehr hoch, so dass es zu verfolgen gilt, ob E-Commerce als innovativer Vertriebskanal dem Versandhandel mittel- und langfristig zu einer höheren Akzeptanz verhelfen kann. Schließlich können auch innovative Logistikkonzepte (z.B. die flächendeckende Implementierung von „Pick-Up"-Stationen) beitragen, die Convenienceorientierung des Einkaufens im Distanzhandel noch weiter zu erhöhen und damit attraktiver zu machen.

Literatur

Bauer, H.H./Sauer, N.E./Becker, S. (2004): Der Beitrag der Risikotheorie zur Erklärung des Kaufverhaltens im Internet, in: Bauer, H.H./Rösger, J./Neumann, M.M. (Hrsg.): Konsumentenverhalten im Internet, München, S. 23-40.

Becker, J. (1993): Marketing-Konzeption: Grundlagen des strategischen Marketing-Managements, 5. Aufl., München.

Braun, I./Lingenfelder, M./Loevenich, P. (2000): SCA Hygiene Paper: Vorstoß in den lateinamerikanischen Markt, in: Absatzwirtschaft, 43. Jg., Nr. 7, S. 52-58.

BVH – Bundesverband des deutschen Versandhandels e.V. (Hrsg.) (2002): Versandhandel in Deutschland – eine Informationsschrift, 5. Aufl., Frankfurt/Main.

DIRECT SUCCESS (2003): Adressbeschaffung, in: Swiss Post International (Hrsg.): International Address Guide, Bern, S. 7-13.

Dülfer, E. (1995): Internationales Management in unterschiedlichen Kulturbereichen, 3. Aufl., München u.a.

Enke, M./Reimann, M. (2004): Die Auto-Mobile Corporation – Interkulturelles Management bei internationaler Post-Merger-Integration, in: Zentes, J./Swoboda, B. (Hrsg.): Fallstudien zum Internationalen Management, 2. Aufl., Wiesbaden, S. 673-684.

Glöckner, T./Kowalewsky, R. (1994): „Auf voller Klaviatur", in: Wirtschaftswoche, 48. Jg., Nr. 14, S. 54-55.

Hünerberg, R. (1994): Internationales Marketing, Landsberg/Lech.

Jensen, S./Schlitt, P. (2004): Kleiner, straffer, in: manager magazin, 34. Jg., Nr. 7, S. 36.

Krechting, M.J. (1997): Internationales Versandhandels-Marketing: eine empirische Analyse strategischer Erfolgsfaktoren international übertragener deutscher Marketingkonzepte, München.

Lingenfelder, M. (1996): Die Internationalisierung im europäischen Einzelhandel: Ursachen, Formen und Wirkungen im Lichte einer theoretischen Analyse und empirischen Bestandsaufnahme, Berlin.

Loevenich, P. (2002): Substitutionskonkurrenz durch E-Commerce, Wiesbaden.

Meffert, H./Bolz, J. (1994): Internationales Marketing-Management, 2. Aufl., Stuttgart.

Mehta, R./Grewal, R./Sivadas, E. (1996): International Direct Marketing on the Internet: Do Internet Users form a Global Segment?, in: Journal of Direct Marketing, Vol. 10, No. 1, S. 45-58.

Nieschlag, R./Dichtl, E./Hörschgen, H. (2002): Marketing, 19. Aufl., Berlin.

o.V. (1997a): Die arme Verwandtschaft läßt der Chinese nicht verkommen, in: Frankfurter Allgemeine Zeitung, Nr. 252 vom 30.10.1997, S. 29.

o.V. (1997b): Mit Otto in Fernost, in: Otto Versand GmbH & Co. (Hrsg.), Die Rampe: Zeitung für die Mitarbeiter des Otto Versands Hamburg, 32. Jg., Nr. 170/8-97, S. 1.

o.V. (2004): Karstadt Quelle baut bis zu 4000 Arbeitsplätze ab, in: Frankfurter Allgemeine Zeitung, Nr. 147 vom 28.06.2004, S. 15.

Perlitz, M. (1997): Spektrum kooperativer Internationalisierungsformen, in: Macharzina, K./Oesterle, M.-J. (Hrsg.): Handbuch Internationales Management: Grundlagen – Instrumente – Perspektiven, Wiesbaden, S. 441-457.

Praschl, P. (1997): Was macht Sie gut, Herr Otto?, in: AMICA, Nr. 3, S. 272-274.

Quack, H. (1995): Internationales Marketing: Entwicklung einer Konzeption mit Praxisbeispielen, München.

Quelle (2004a): Quelle Portugal, http://www.quelle.com/de/unternehmen/1000_laender-portraits/0400_portugal/ (Zugriff am: 04.07.2004).

Quelle (2004b): Quelle Slowakei, http://www.quelle.com/de/unternehmen/1000_laenderportraits/0600_slowakei/ (Zugriff am: 04.07.2004).

Quelle (2004c): Quelle Tschechien, http://www.quelle.com/de/unternehmen/1000_laenderportraits/0600_tschechien/ (Zugriff am: 04.07.2004).

Rominski, D. (1993): Synergieeffekte durch Internationalität?, in: Absatzwirtschaft, 36. Jg., Nr. 8, S. 14-17.

Schmitz, W./Student, D. (1990): Verzettelter Versender, in: Wirtschaftswoche, 44. Jg., Nr. 52/53, S. 118-119.

Simmerl, J. (1981): Die Gestaltung des internationalen Absatzsystems: eine empirische Darstellung, München u.a.

Steinmann, H./Schreyögg, G. (1993): Management: Grundlagen der Unternehmensführung: Konzepte – Funktionen – Fallstudien, 3. Aufl., Wiesbaden.

Thieme, J. (2004): Konsumflaute in Deutschland: Raus ins Ausland!, in: Direkt Marketing, 40. Jg., Nr. 5, S. 37-40.

Welge, M.K./Al-Laham, A. (1997): Erscheinungsformen und betriebswirtschaftliche Relevanz von Strategischen Allianzen, in: Macharzina, K./Oesterle, M.-J. (Hrsg.): Handbuch Internationales Management: Grundlagen – Instrumente – Perspektiven, Wiesbaden, S. 553-578.

Wißmeier, U.K. (1997): Internationales Marketing im Internet, in: Jahrbuch der Absatz- und Verbrauchsforschung, 43. Jg., Nr. 2, S. 189-213.

Holger Luczak, Katrin Winkelmann und Hendrik Hoeck

Internationalisierung von industriellen Dienstleistungen: Bestandsaufnahme und Entscheidungsunterstützung

Univ.-Prof. Dr.-Ing. Dipl.-Wirt.-Ing. *Holger Luczak* ist Geschäftsführender Direktor des Forschungsinstituts für Rationalisierung e.V. (FIR) an der RWTH Aachen und Inhaber des Lehrstuhls sowie Direktor des Instituts für Arbeitswissenschaft (IAW) der RWTH Aachen. Dipl.-Ing. *Katrin Winkelmann* ist Wissenschaftliche Mitarbeiterin und Dipl.-Ing. *Hendrik Hoeck* war bis September 2004 Wissenschaftlicher Mitarbeiter im Bereich Dienstleistungsorganisation am FIR.

1. Industrielle Dienstleistungen vor dem Hintergrund der Internationalisierung

„Go Downstream" fordern Wise und Baumgartner (1999, S. 133) und zielen damit auf das Dienstleistungsangebot von Investitionsgüterherstellern. Wie viele andere Autoren regen sie an, das Geschäft mit industriellen Dienstleistungen wie Inbetriebnahme, Instandhaltung oder Beratung auszubauen und die Dienstleistungspotenziale, die sich aus der Nutzung von Investitionsgütern ergeben, durch ein konsequentes „Downstream Management" zu erschließen (Potts 1988, S. 32; Hertweck 2002, S. V; Luczak/Hoeck 2004, S. 73f.).

Aus Anbietersicht lassen sich verschiedene *Nutzenpotenziale des industriellen Dienstleistungsgeschäfts* gegeneinander abgrenzen (Baumbach 1998, S. 30ff.):

▪ Differenzierungspotenzial: Der Wettbewerb im Investitionsgüterbereich ist unter anderem durch reife Märkte und eine Angleichung der angebotenen Produkte in Hinblick auf Qualität und Technologie gekennzeichnet (Hertweck 2002, S. 1). Das Angebot von industriellen Dienstleistungen kann wesentlich zur Differenzierung vom Wettbewerb und damit zur Stimulierung des Produktgeschäfts beitragen (Homburg/ Garbe 1996, S. 31; Frese et al. 1999, S. 883f.).

▪ Markt- bzw. Ertragspotenzial: Durch industrielle Dienstleistungen können eigenständige Erträge erwirtschaftet oder sogar eigene Märkte geschaffen werden (Baumbach 1998, S. 34). Häufig liegen die Renditen im Dienstleistungsgeschäft wesentlich über denen des Produktgeschäfts (Wise/Baumgartner 1999, S. 133).

▪ Kundenbindungspotenzial: Dienstleistungen können in zweierlei Hinsicht zu einer höheren Kundenbindung beitragen (Homburg/Garbe 1996, S. 32): Zum einen ist das Commitment zu berücksichtigen, das von zufriedenen Kunden ausgeht. Zum anderen kann auch durch andere Faktoren, wie durch rechtliche (z.B. Wartungsverträge) oder technische (z.B. Schnittstellen) Gegebenheiten, eine kundenbindende Wirkung erzielt werden. Eine höhere Kundenbindung kann sich nicht nur positiv auf das Dienstleistungs-, sondern auch auf das Produktgeschäft auswirken (Baumbach 1998, S. 35f.; Steven/Schade 2004, S. 544).

▪ Informationspotenzial: Durch den ständigen Kontakt mit dem Kunden, der charakteristisch für Dienstleistungen ist, kann der Investitionsgüterhersteller zahlreiche Informationen sammeln. Diese können in der Produktentwicklung und -verbesserung oder im Vertrieb von großem Nutzen sein (Baumbach 1998, S. 38f.).

▪ Beschäftigungspotenzial: Das Produktgeschäft ist häufig zyklisch und/oder unregelmäßig. Das Angebot von industriellen Dienstleistungen kann zur Glättung der Ressourcenauslastung (z.B. saisonale Dienstleistungsangebote) und der Umsätze (z.B.

langfristige Wartungsverträge) beitragen (Homburg/Garbe 1996, S. 32; Baumbach 1998, S. 39).

1.1 Downstream-Management als Treiber der Internationalisierung

Investitionsgüterhersteller, die der Aufforderung von Wise und Baumgartner (1999) folgen und die skizzierten Nutzenpotenziale erschließen wollen, sehen sich verschiedenen Herausforderungen ausgesetzt. Eines der wesentlichen Probleme liegt – wie im vorliegenden Beitrag gezeigt wird – in der Internationalisierung des industriellen Dienstleistungsgeschäfts.

Industrielle Dienstleistungen werden von Investitionsgüterherstellern anderen Unternehmen angeboten, um die langfristige Gebrauchsnutzung der hergestellten Produkte (wieder-) herzustellen, sicherzustellen oder zu erhöhen (Frese et al. 1999, S. 888f.; Luczak/ Hoeck 2004, S. 76). Damit zielen sie auf die installierte Basis, also auf die Gesamtheit aller in Nutzung befindlicher Produkte (Wise/Baumgartner 1999, S. 134; Luczak/Hoeck 2004, S. 74). Typische industrielle Dienstleistungen wie Montage, Instandhaltung oder Ersatzteilversorgung haben einen starken Produktbezug, erfordern dementsprechendes Know-how und werden fast immer am Standort des Produktes erbracht (Steven/Schade 2004, S. 553). In der Regel wird dies durch den Einsatz innovativer informationstechnischer Lösungen (wie z.B. Telekooperation, Teleservice oder Augmented Reality) nicht wesentlich geändert.

Die starke Internationalisierung der Investitionsgüterindustrie – im deutschen Maschinen- und Anlagenbau lag der Exportanteil im Jahre 2003 bei etwa 70 Prozent (FTD 2004) – führt jedoch zu einer internationalen Verteilung der installierten Basis. Die Forderung „Go Downstream" impliziert daher für das industrielle Dienstleistungsgeschäft den Imperativ „Go International".

Hierzu müssen jedoch Entscheidungen hinsichtlich der Gestaltung des internationalen Dienstleistungsnetzwerkes getroffen werden. Internationalisierungsentscheidungen haben neben der Bestimmung eines Zielmarktes für industrielle Dienstleistungen und der Auswahl einer geeigneten Internationalisierungsform auch die konkrete Ausgestaltung der internationalen Leistungserbringung zum Inhalt (DIHT 2001, S. 17f. und S. 22f.; Eden 2002, S. 41f.).

Der vorliegende Beitrag widmet sich diesem Problemfeld in zweierlei Hinsicht: Im zweiten Teil des Beitrags werden die Ergebnisse einer Feldstudie zum derzeitigen Stand der Internationalisierung industrieller Dienstleistungsnetzwerke vorgestellt. Im dritten Teil des Beitrags wird ein Konzept zur Unterstützung von Internationalisierungsentscheidungen beim Aufbau und der Ausgestaltung internationaler Dienstleistungsnetzwerke vorgeschlagen.

1.2 Zur Betreuung der installierten Basis und der Bedeutung internationaler Märkte

Bei einer systematischen Untersuchung der Internationalisierung von industriellen Dienstleistungen interessiert zuerst die Ausgangssituation des industriellen Dienstleistungsgeschäfts:

■ Erstens ist – durchaus kritisch – zu klären, inwieweit die in der Managementliteratur zu findende Forderung, möglichst an der gesamten installierten Basis Dienstleistungen zu erbringen, sinnvoll ist. Hierzu ist zu untersuchen, in welchem Umfang Investitionsgüterhersteller ihre installierte Basis derzeit bewirtschaften.

■ Zweitens ist zu prüfen, welche Exportmärkte von Bedeutung für deutsche Investitionsgüterhersteller sind, um hieraus Implikationen für Internationalisierungsentscheidungen ableiten zu können.

■ Und drittens ist zu ermitteln, welches die relevanten Faktoren für die erfolgreiche Erbringung von industriellen Dienstleistungen im Ausland sind.

Hierauf aufbauend ist eine Bestandsaufnahme der Internationalisierung des industriellen Dienstleistungsgeschäfts vorzunehmen, die dann vor dem Hintergrund der erfassten Ausgangssituation zu bewerten ist.

Von November 2003 bis Januar 2004 wurde eine Feldstudie unter dem Titel „Expertenbefragung Servicemanagement" durchgeführt, um die oben genannten Aspekte zu beleuchten (Hoeck/Kutlina 2004). Insgesamt wurden 1.035 Fragebögen an Serviceleiter und Geschäftsführer in Unternehmen des deutschen Maschinenbaus verschickt. Dabei wurden bereits bestehende Adressenbestände des Forschungsinstituts für Rationalisierung e.V. (FIR) an der RWTH Aachen genutzt. 93 Unternehmen aus verschiedenen Branchen sendeten ausgefüllte Fragebögen zurück, so dass eine als zufrieden stellend zu bewertende Rücklaufquote von ca. 9 Prozent erreicht wurde (Hoeck/Kutlina 2004, S. 8). In Hinblick auf Unternehmensgröße, Branchenzugehörigkeit und regionale Verteilung entsprach diese Stichprobe der bekannten Grundgesamtheit.

1.2.1 Die Bewirtschaftung der installierten Basis

Die installierte Basis der hergestellten Produkte determiniert das maximal zu erschließende Dienstleistungspotenzial (Potts 1988, S. 35; Steven/Schade 2004, S. 553f.). Damit ist der Erfolg des Dienstleistungsgeschäfts auch daran gebunden, an welchem Anteil der installierten Basis regelmäßig Dienstleistungen erbracht werden können (Hoeck/Kutlina 2004, S. 53).

Der Erfolg des industriellen Dienstleistungsgeschäfts wurde im Rahmen der durchgeführten Feldstudie anhand folgender ertragsorientierter Indikatoren, die in ähnlicher Form auch schon von Mann (1998, S. 523ff.) verwendet wurden, erfasst:

- Umsatzsteigerung im Dienstleistungsgeschäft,
- Renditesteigerung im Dienstleistungsgeschäft,
- Verhältnis der Umsatzsteigerung im Dienstleistungsgeschäft zur Umsatzsteigerung im Produktgeschäft und
- Verhältnis der Rendite im Dienstleistungsgeschäft zur Rendite im Produktgeschäft.

Anhand dieser Indikatoren wurde anschließend eine hierarchische Clusteranalyse durchgeführt, die zu zwei unterschiedlichen Clustern führte (Hoeck/Kutlina 2004, S. 47f.): Es konnten im Dienstleistungsgeschäft „erfolgreiche" (72 Fälle) und „weniger erfolgreiche" (19 Fälle) Investitionsgüterhersteller unterschieden werden. Der überraschend große Unterschied im Umfang der beiden Cluster ist in ähnlicher Weise auch bei der von Mann durchgeführten Befragung zu beobachten (Mann 1998, S. 538ff.).

Dem Ziel, möglichst an der gesamten installierten Basis Dienstleistungen zu erbringen, stehen in der Praxis zwei Hindernisse entgegen: Zum einen muss die installierte Basis „bekannt" sein, d.h, es müssen Informationen darüber verfügbar sein, bei welchen (potenziellen) Kunden sich welche Produkte gegenwärtig befinden. Insbesondere wenn gebrauchte Produkte exportiert und damit in andere Dienstleistungsmärkte verlagert werden, kann es zu Problemen bei der Verfolgung der installierten Basis kommen. Zum anderen müssen die eigenen Dienstleistungsangebote in Konkurrenz zu anderen potenziellen Dienstleistern vertrieben werden. Dabei sind die Vertriebsaktivitäten naturgemäß nicht immer von Erfolg gekrönt. Es lassen sich also eine „*Bekanntheitslücke*" und eine „*Vertriebslücke*" unterscheiden, die in der Summe das nicht erschlossene Dienstleistungspotenzial darstellen.

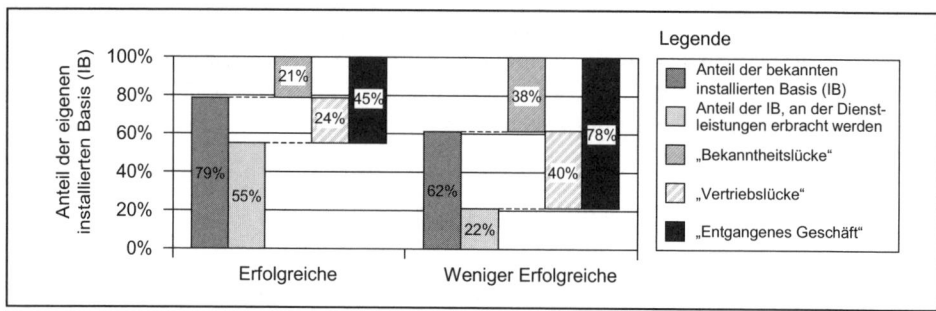

Abbildung 1: Unterschiede in der Bewirtschaftung der installierten Basis bei „erfolgreichen" und „weniger erfolgreichen" Unternehmen

Eine Analyse der Bewirtschaftung der installierten Basis bei „erfolgreichen" und „weniger erfolgreichen" Unternehmen führte zu aussagekräftigen Ergebnissen (Abbildung 1). Bei im Dienstleistungsgeschäft erfolgreichen Unternehmen beträgt die „Bekanntheitslücke" 21 Prozent, die „Vertriebslücke" 24 Prozent. Demnach werden immerhin an 55 Prozent der installierten Basis Dienstleistungen erbracht.

Bei im Dienstleistungsgeschäft weniger erfolgreichen Unternehmen sind diese Anteile wesentlich höher. Hier beträgt die „Bekanntheitslücke" 38 Prozent, die „Vertriebslücke" sogar 40 Prozent. Lediglich 22 Prozent der installierten Basis werden mit Dienstleistungen bedient.

1.2.2 Bedeutung internationaler Märkte

Um zu prüfen, welche Märkte im Rahmen von Internationalisierungsentscheidungen besonders untersucht werden müssen, wurde im Rahmen der Studie die derzeitige Marktpräsenz (Abbildung 2) der befragten Investitionsgüterhersteller erfasst. Diese wurde der derzeitigen und zukünftig erwarteten Marktbedeutung (Abbildung 3) gegenübergestellt.

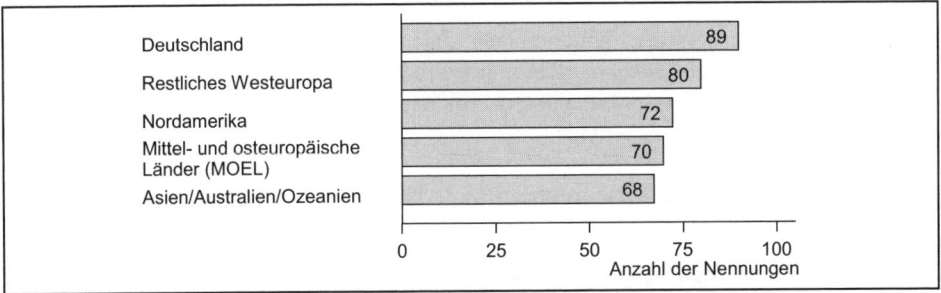

Abbildung 2: Derzeitige Marktpräsenz der befragten Unternehmen

Die nationale und internationale Marktpräsenz spiegelt die strategische Ausrichtung eines Unternehmens wider. Fast alle befragten Unternehmen sind in Westeuropa präsent, worauf Nordamerika als traditionell wichtiger Absatzmarkt folgt. Immerhin 70 bzw. 68 der befragten Unternehmen sind auch in den mittel- und osteuropäischen Ländern (MOEL) und in Asien präsent. Insgesamt deutet die Marktpräsenz der befragten Unternehmen auf einen vergleichsweise hohen Internationalisierungsgrad hin, was als typisch für die deutsche Investitionsgüterindustrie anzusehen ist (FTD 2004).

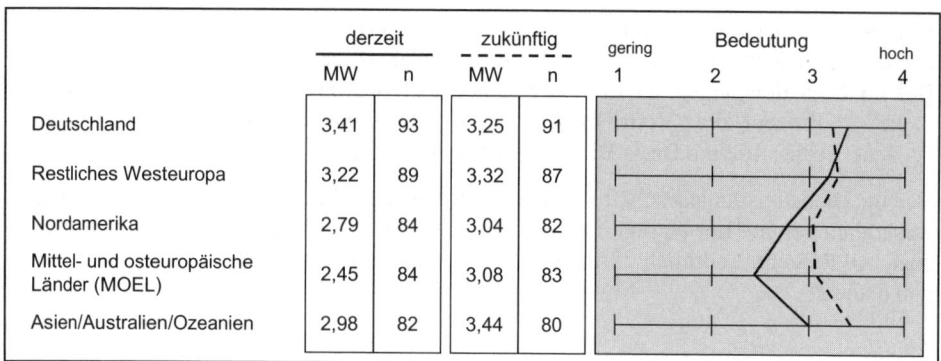

	derzeit		zukünftig		gering	Bedeutung		hoch
	MW	n	MW	n	1	2	3	4
Deutschland	3,41	93	3,25	91				
Restliches Westeuropa	3,22	89	3,32	87				
Nordamerika	2,79	84	3,04	82				
Mittel- und osteuropäische Länder (MOEL)	2,45	84	3,08	83				
Asien/Australien/Ozeanien	2,98	82	3,44	80				

Abbildung 3: Derzeitige und zukünftige Bedeutung ausgewählter internationaler Märkte

Derzeit haben traditionelle Märkte wie Deutschland, das übrige Westeuropa und Nordamerika die größte Bedeutung für die befragten Investitionsgüterhersteller. Für die Zukunft wird jedoch erwartet, dass die asiatischen und die westeuropäischen Märkte die höchste Bedeutung haben werden. Der höchste Bedeutungszuwachs ist allerdings für die mittel- und osteuropäischen Märkte (MOEL) und Asien zu verzeichnen. Im Vergleich dazu wird erwartet, dass der deutsche Stammmarkt leicht an Bedeutung verliert.

Nach Meinung der befragten Unternehmen sind die Märkte in Mittel- und Osteuropa sowie in Asien also als *Zukunftsmärkte* anzusehen (Eden 2002, S. 45f.). Doch gerade dort ist die derzeitige Marktpräsenz noch vergleichsweise niedrig.

1.2.3 Erfolgsfaktoren für das internationale Dienstleistungsgeschäft

In der Literatur werden verschiedene mögliche Erfolgsfaktoren für das internationale Dienstleistungsgeschäft genannt. Auf einer strategischen Ebene ist zum einen zu diskutieren, inwieweit sich Unternehmen im Zuge der Internationalisierung auf eigene Kernkompetenzen fokussieren oder auch Engagements eingehen sollten, die außerhalb der eigenen Kernkompetenzen liegen. Zum anderen ist festzulegen, in welchem Umfang generell lokale Partner in ein internationales Dienstleistungsnetzwerk eingebunden werden sollen.

Auf einer untergeordneten Ebene können weitere Erfolgsfaktoren identifiziert werden, die bei der konkreten Ausgestaltung eines internationalen Dienstleistungsnetzwerks berücksichtigt werden müssen. Diese beziehen sich vor allem auf die Frage, welche Anforderungen an die Potenziale innerhalb des Dienstleistungsnetzwerkes zu stellen sind, die es zur Sicherstellung der Leistungsfähigkeit vorzuhalten gilt (Steven/Schade 2004, S. 553). In der Literatur wird betont, dass die Verfügbarkeit von lokalen, qualifizierten

Mitarbeitern sowie der sprachliche und kulturelle Zugang zum Kunden von großer Bedeutung für den Erfolg in internationalen Märkten sind (O'Farrel et al. 1999, S. 54).

Schließlich ist die Lokalisierung der Dienstleistungspotenziale von großer Bedeutung. Da industrielle Dienstleistungen in der Regel beim Kunden erbracht werden, ist die geographische Nähe zum Kunden, die Dienstleistungsergebnisse wie z.B. Reaktionszeiten maßgeblich beeinflussen kann, ein wesentlicher Faktor bei der Ausgestaltung eines Dienstleistungsnetzwerkes.

Die genannten Erfolgsfaktoren korrespondieren naturgemäß miteinander. So können qualifizierte Mitarbeiter, die internationalen Kunden sprachlich und kulturell nahe stehen, häufig durch Kooperationen in ein internationales Dienstleistungsnetzwerk eingebunden werden. Die Fragen, in welchem Maße überhaupt Kooperationen eingegangen werden sollen und was derzeitige und zukünftige Kernkompetenzen in einem internationalen Dienstleistungsnetzwerk sind, sind jedoch wiederum von strategischer Natur.

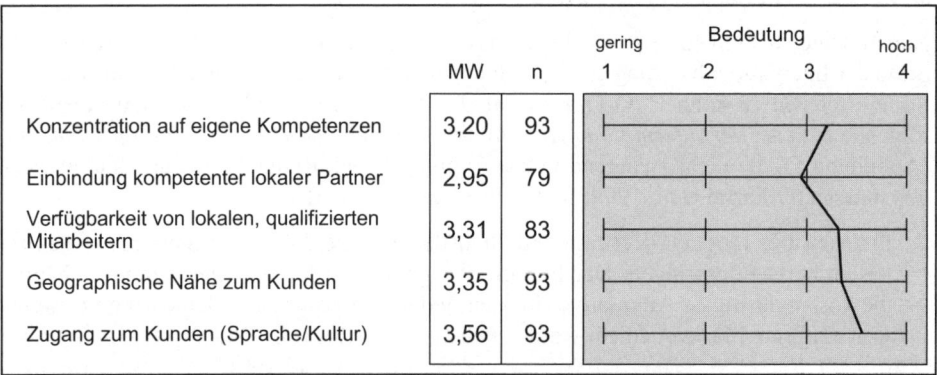

Abbildung 4: Bewertung ausgewählter Erfolgsfaktoren für industrielle Dienstleistungen in internationalen Märkten

Im Rahmen der durchgeführten Feldstudie wurde allen genannten Erfolgsfaktoren eine vergleichsweise große Bedeutung beigemessen (Abbildung 4). Als wichtigster Erfolgsfaktor auf operativer Ebene wurde der sprachliche und kulturelle Zugang zum Kunden (Mittelwert 3,56) angesehen, gefolgt von der geographischen Nähe zum Kunden (Mittelwert 3,35) und der Verfügbarkeit von lokalen und qualifizierten Mitarbeitern (Mittelwert 3,31). Auf strategischer Ebene sahen es die befragten Unternehmen als wichtig an, sich im Zuge der Internationalisierung auf eigene Kernkompetenzen zu konzentrieren (Mittelwert 3,20). Gleichzeitig wurde als vergleichsweise wichtig beurteilt, kompetente lokale Partner in ein internationales Dienstleistungsnetzwerk einzubeziehen (Mittelwert 2,95).

2.   Bestandsaufnahme der Internationalisierung industrieller Dienstleistungen

2.1 Möglichkeiten der Internationalisierung von industriellen Dienstleistungen

Grundsätzlich existieren verschiedene Möglichkeiten der Internationalisierung. Eine theoretische Grundlage für die Beschreibung möglicher Internationalisierungsformen liefern z.B. Stufenmodelle der Internationalisierung (O'Farrel et al. 1999, S. 24ff.). Stufenmodelle postulieren, dass die Internationalisierung von Unternehmen evolutionär in aufeinander folgenden Phasen vorangeht, wobei Unternehmen ihr internationales Engagement stufenweise ausbauen. Die Internationalisierung beginnt demnach mit dem Export von Leistungen und kann bis zu Direktinvestitionen im Ausland führen (O'Farrel et al. 1999, S. 24f.; Eden 2002, S. 45f.).

Neuere Untersuchungen zeigen jedoch, dass es keine zwingende Voraussetzung ist, eine Stufe der Internationalisierung erfolgreich absolviert zu haben, um eine hierauf folgende Stufe erreichen zu können (O'Farrel et al. 1999, S. 27). In der Praxis treten vor allem folgende *Formen der Internationalisierung von Vertrieb und Dienstleistungsgeschäft* auf (Abbildung 5), die nicht zwingend in einer vorgegebenen Reihenfolge durchlaufen werden müssen (O'Farrel et al. 1999, S. 25; DIHT 2001, S. 22ff.):

- Erstens ist es möglich, Vertrieb und Dienstleistungsgeschäft vom Stammhaus aus zu leisten bzw. zu erbringen. Der Export ist – gerade für kleine Unternehmen – häufig die kostengünstigste Alternative. Er kann jedoch zu großen Problemen führen, wenn weit entfernte Märkte bedient werden sollen (DIHT 2001, S. 22f.).

- Zweitens können Händler eingeschaltet werden, die den Vertrieb und/oder das Dienstleistungsgeschäft übernehmen. Diese lose Form der Zusammenarbeit stellt häufig den ersten Schritt bei der Erschließung eines neuen Marktes dar. Dem Vorteil der Kosteneffizienz steht jedoch häufig der Nachteil des mangelnden Durchgriffs auf den Endkunden gegenüber (DIHT 2001, S. 24).

- Drittens können feste Kooperationen mit Unternehmen am Zielmarkt eingegangen werden. Durch die eher langfristige Bindung an den Kooperationspartner besteht die Möglichkeit, gemeinsam Skalenvorteile zu erzielen, ohne allzu große eigene Ressourcen aufbauen zu müssen. Hieraus ergibt sich jedoch der Nachteil einer möglichen Abhängigkeit vom Kooperationspartner (DIHT 2001, S. 24).

- Und viertens bietet sich auch die Möglichkeit, in Form einer Direktinvestition eine eigene Niederlassung am Zielmarkt zu etablieren. Dem Nachteil der vergleichsweise hohen Kosten und der großen Ressourcenbindung steht hier der Vorteil der lokalen Präsenz gegenüber (DIHT 2001, S. 26).

	Export	Händler	Kooperation	Niederlassung
Grad der Ressourcenbindung	Kaum Unterschied zum Inlandsgeschäft	Gering	Eher gering, abhängig von Koordinationsaufwand	Hoch
Kosten des Engagements	Niedrig, vor allem Reisekosten	Geringe Kosten	Eher gering	Häufig hoch, abhängig von der Größe der Niederlassung
Möglichkeiten der Kontrolle	Hoch	Gering aufgrund mangelnden Durchgriffs	Abhängig von vertraglicher Regelung	Hoch, durch Eingliederung in eigene Organisation
Unternehmerisches Risiko	Gering	Gering, evtl. Risiko aufgrund mangelnder Kontrollmöglichkeit	Richtet sich nach der Abhängigkeit vom Kooperationspartner	Hoch

Abbildung 5: Formen der Internationalisierung und ihre Bewertung
(Quelle: in Anlehnung an DIHT 2001, S. 27)

2.2 Stand der Internationalisierung von Dienstleistungs- und Vertriebsnetzwerken

Da die installierte Basis und damit das Sachgutgeschäft das Dienstleistungsgeschäft determiniert (Steven/Schade 2004, S. 553f.), liegt es bei einer Bestandsaufnahme der Internationalisierung des Dienstleistungsgeschäfts nahe, gleichzeitig auch die Internationalisierung des Produktvertriebs zu untersuchen. Das internationale Vertriebsnetzwerk bestimmt, wie ein Produkt in einen internationalen Markt gelangt. Aufgabe des Dienstleistungsnetzwerkes ist es dagegen, die international verteilte installierte Basis über ihren gesamten Lebenszyklus hinweg zu begleiten (Steven/Schade 2004, S. 544f.). Es liegt also auf der Hand, dass Vertriebs- und Dienstleistungsnetzwerk eines Investitionsgüterherstellers nicht vollständig isoliert voneinander gestaltet werden dürfen; sie sollten vielmehr aufeinander abgestimmt sein.

Dementsprechend wurde im Rahmen der durchgeführten Feldstudie die derzeitige und geplante Gestaltung des Vertriebs- und Dienstleistungsnetzwerkes für den „traditionellen" westeuropäischen und nordamerikanischen Markt sowie für die Zukunftsmärkte Asien und MOEL erfasst (Hoeck/Kutlina 2004, S. 18f.).

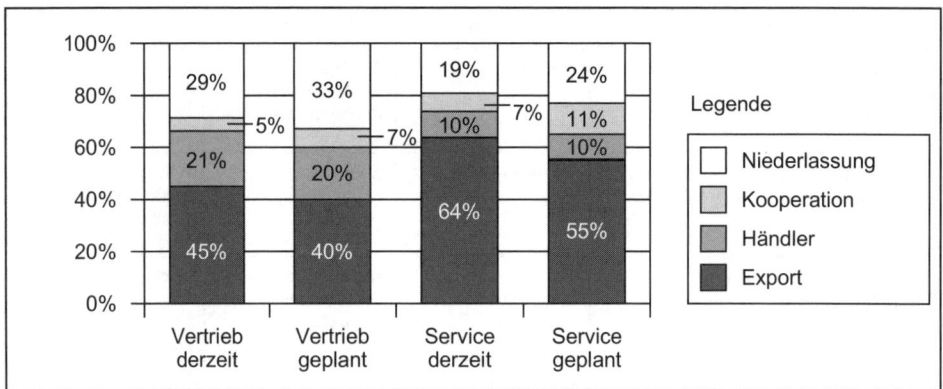

Abbildung 6: Derzeitige und geplante Internationalisierung in Westeuropa

In Westeuropa (Abbildung 6) erfolgt der Produktvertrieb bei 45 Prozent der befragten Unternehmen auf dem Wege des Exports, 21 Prozent nutzen Händler und immerhin 29 Prozent der befragten Unternehmen verfügen über eigene Niederlassungen. Bis auf eine leichte Erhöhung des Niederlassungsanteils zu Lasten des Exportanteils sind für die Zukunft keine wesentlichen Änderungen des Vertriebsnetzwerks geplant.

Mit Blick auf das Dienstleistungsgeschäft lässt sich feststellen, dass 64 Prozent der befragten Unternehmen ihre industriellen Dienstleistungen derzeit exportieren, also vom Stammhaus aus erbringen. 19 Prozent der Unternehmen nutzen eigene Niederlassungen, um Dienstleistungen vor Ort zu erbringen. Damit zeigt sich derzeit eine deutliche Diskrepanz zwischen Vertriebs- und Dienstleistungsnetzwerk.

Allerdings sind Änderungen in der Gestaltung des Dienstleistungsnetzwerkes geplant. Zukünftig wollen nur noch 55 Prozent der befragten Investitionsgüterhersteller ihre industriellen Dienstleistungen exportieren. Ein steigender Anteil der befragten Unternehmen plant, die installierte Basis zukünftig über Kooperationen und eigene lokale Niederlassungen zu betreuen.

Der für Investitionsgüterhersteller wichtige nordamerikanische Markt (Eden 2002, S. 61) wurde von den befragten Unternehmen schon frühzeitig erschlossen. Ein Zeichen dafür ist, dass immerhin 56 Prozent der Unternehmen dort über eine eigene Vertriebsniederlassung verfügen (Abbildung 7). Ansonsten erfolgt der Vertrieb über Händler oder vom Stammhaus aus. Zukünftig planen sogar 62 Prozent der Unternehmen, ihre Produkte über eigene Niederlassungen zu vertreiben.

Das Dienstleistungsnetzwerk ist – auch dies ist als Zeichen für einen schon lange erschlossenen Markt zu deuten – dem etablierten Vertriebsnetzwerk weitgehend angeglichen. 50 Prozent der befragten Unternehmen erbringen ihre Dienstleistungen über eigene Niederlassungen in Nordamerika. Der Anteil von Kooperationen und Händlern ist relativ gering. 29 Prozent der befragten Unternehmen wählen derzeit den Weg des Dienstleistungsexports und erbringen ihre Dienstleistungen in Nordamerika vom deutschen Stammhaus aus.

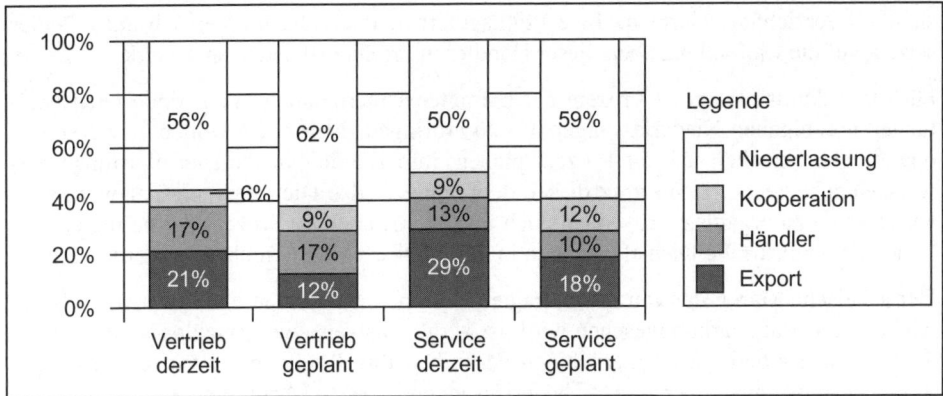

Abbildung 7: Derzeitige und geplante Internationalisierung in Nordamerika

Dem nordamerikanischen Markt stehen die mittel- und osteuropäischen Länder (MOEL) als einer der beiden Zukunftsmärkte gegenüber (Abbildung 8). Der mit 42 Prozent sehr hohe Händleranteil im Vertrieb zeigt, dass die Erschließung dieses Marktes gerade begonnen hat. Für die Zukunft planen 28 Prozent der befragten Unternehmen, eigene Vertriebsniederlassungen in den MOEL aufzubauen und den Vertrieb vom Stammhaus aus zurückzufahren. Der Händleranteil soll allerdings gleich hoch bleiben.

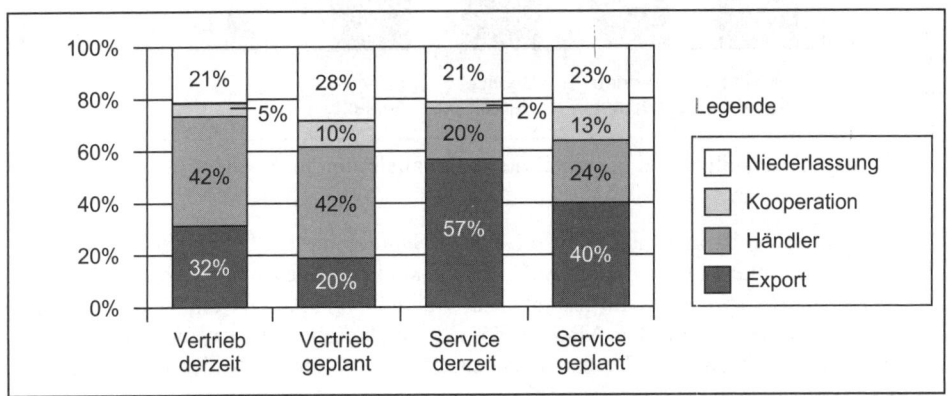

Abbildung 8: Derzeitige und geplante Internationalisierung in den MOEL

Das derzeit etablierte Dienstleistungsnetzwerk unterscheidet sich deutlich vom Vertriebsnetzwerk: 57 Prozent der befragten Unternehmen erbringen ihre Dienstleistungen vom Stammhaus aus. Es lässt sich mutmaßen, dass dieser hohe Exportanteil im Dienstleistungsgeschäft auf den hohen Händleranteil im Vertrieb zurückzuführen ist. Offensichtlich verzichten zahlreiche Investitionsgüterhersteller, die im Vertrieb auf Händler setzen, auf die Einbindung eben dieser Händler in ihr Dienstleistungsnetzwerk.

Für die Zukunft planen 23 Prozent der befragten Unternehmen, industrielle Dienstleistungen von eigenen Niederlassungen aus zu erbringen, 13 Prozent wollen verstärkt Kooperationen eingehen und 24 Prozent planen, ihre Händler in ihr Dienstleistungsnetzwerk einzubeziehen. Doch trotz dieser Bemühungen, das Dienstleistungsnetzwerk stärker regional zu organisieren, wollen auch in Zukunft noch 40 Prozent der befragten Unternehmen industrielle Dienstleistungen in den MOEL vom Stammhaus aus erbringen.

Der asiatische Markt, der von den befragten Unternehmen derzeit und in Zukunft als der wichtigste Absatzmarkt angesehen wird, ist vergleichsweise weit erschlossen. Immerhin 41 Prozent der befragten Unternehmen vertreiben ihre Produkte, 34 Prozent erbringen ihre Dienstleistungen über eigene Niederlassungen in Asien (Abbildung 9).

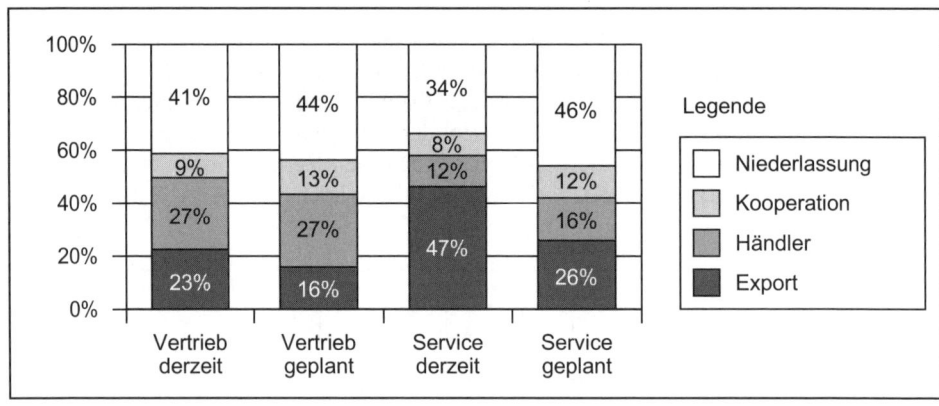

Abbildung 9: Derzeitige und geplante Internationalisierung in Asien

Doch gleichzeitig ist auch in Asien ein hoher Händleranteil (27 Prozent) im Vertrieb festzustellen, dem ein hoher Exportanteil im Dienstleistungsgeschäft (derzeit 47 Prozent) gegenübersteht. Trotz eines insgesamt sehr viel höheren Anteils an Niederlassungen scheint also auf den asiatischen Märkten derzeit ein ähnliches Muster wie in den MOEL vorzuliegen. Vertriebs- und Dienstleistungsnetzwerke sollen auch hier in Zukunft nur teilweise angeglichen werden.

2.3 Bewertung der Ergebnisse und abgeleiteter Handlungsbedarf

Die Ausgangssituation des industriellen Dienstleistungsgeschäfts, die im Rahmen der durchgeführten Feldstudie erfasst wurde, lässt sich wie folgt zusammenfassen:

(1) Mit Blick auf das übergeordnete Ziel des Downstream-Managements lässt sich feststellen, dass die Forderung, an einem möglichst großen Anteil der installierten Basis Dienstleistungen zu erbringen, grundsätzlich sinnvoll erscheint. Damit ist jedoch die Notwendigkeit zur Internationalisierung gegeben.

(2) Im Zuge der Internationalisierung ist darauf zu achten, dass sowohl die „Informationslücke" als auch die „Vertriebslücke" geschlossen wird bzw. bleibt. Es müssen geeignete Maßnahmen ergriffen werden, damit der Kontakt zu den Kunden und der international verteilten installierten Basis nicht verloren geht.

(3) Als Zukunftsmärkte werden Asien und die mittel- und osteuropäischen Länder (MOEL) angesehen. Handlungsbedarf ergibt sich aus der vergleichsweise geringen Präsenz auf diesen Märkten.

(4) Nach Einschätzung der befragten Unternehmen ist es von großer Bedeutung für den Erfolg des internationalen Dienstleistungsgeschäfts, mit lokalen, qualifizierten Mitarbeitern in geographischer und sprachlich-kultureller Nähe zum Kunden zu agieren. Dies erscheint auf den genannten Zukunftsmärkten jedoch wesentlich schwieriger als auf traditionellen Märkten wie Westeuropa oder Nordamerika.

Die Bestandsaufnahme der derzeitigen und zukünftigen geplanten Internationalisierung in den traditionellen Märkten Westeuropa und Nordamerika zeigt, dass Dienstleistungs- und Vertriebsnetzwerke derzeit weitgehend aufeinander abgestimmt sind. Der vergleichsweise hohe Anteil von Dienstleistungsexporten in Westeuropa und die dadurch bestehenden Diskrepanzen zum Vertriebsnetzwerk lassen sich eventuell durch die geographische Nähe zum Stammmarkt erklären. Obwohl Änderungen in Vertriebs- und Dienstleistungsnetzwerken geplant sind, die insgesamt auf eine höhere regionale Präsenz zielen, erscheinen die Strukturen auf beiden Märkten relativ gefestigt.

Im Vergleich dazu zeigt sich in Asien und in den MOEL eine deutlich andere Situation, die jedoch einige Gemeinsamkeiten erkennen lässt. Auf beiden Zukunftsmärkten bestehen große Diskrepanzen zwischen Vertriebs- und Dienstleistungsnetzwerk, so dass es problematisch erscheint, den für das Dienstleistungsgeschäft notwendigen Kontakt zur installierten Basis zu garantieren. Charakteristisch für beide Märkte ist ein großer Händleranteil im Vertrieb, der mit einem entsprechend hohen Anteil von Dienstleistungsexporten korrespondiert.

Für die Zukunft ist geplant, die Präsenz auf den Zukunftsmärkten zu erhöhen. Sowohl in Hinblick auf das Vertriebs- als auch auf das Dienstleistungsnetz wollen die befragten Unternehmen höhere Stufen der Internationalisierung erklimmen. Der Anteil an Dienstleistungsexporten soll sowohl in Asien als auch in den MOEL stark zurückgehen. An-

stelle dessen sollen eigene Niederlassungen aufgebaut sowie Händler und Kooperationspartner in das internationale Dienstleistungsnetzwerk integriert werden.

Die skizzierten Ergebnisse zeigen, dass Unternehmen derzeit und auch zukünftig vor
zahlreichen Internationalisierungsentscheidungen stehen. Im Hinblick auf die steigende
Bedeutung des industriellen Dienstleistungsgeschäfts erscheint es notwendig, diese Internationalisierungsentscheidungen zu unterstützen.

3.   Unterstützung von Internationalisierungsentscheidungen

Zur Vorbereitung und Ausgestaltung von Internationalisierungsentscheidungen ist eine
mehrphasige Vorgehensweise zu empfehlen (DIHT 2001, S. 16). In Anlehnung an gängige Managementkonzepte (z.B. Bleicher 1996, S. 80f.) wird eine Teilung in eine strategische und eine operative Entscheidungsphase gewählt; die normative Ebene der Unter-
nehmensverfassung, -politik und -kultur dagegen ist nicht Gegenstand der Entscheidungsunterstützung. Inhalt der *strategischen Entscheidungsphase* ist es, mögliche Zielmärkte hinsichtlich ihrer Attraktivität zu untersuchen, sinnvolle strategische Stoßrichtungen in diesen Märkten zu bestimmen und denkbare Internationalisierungsformen für bestimmte Dienstleistungsangebote einzugrenzen.

In einer nachgelagerten *operativen Gestaltungsphase* werden die ausgewählten Kombinationen aus Zielmarkt, Leistung und Internationalisierungsform detailliert betrachtet.
Im Vordergrund steht die konkrete Ausgestaltung der Leistungserbringung in einem internationalen Dienstleistungsnetzwerk. Dazu werden mögliche Varianten der Leistungserbringung, die sich z.B. aufgrund der involvierten Netzwerkpartner (z.B. Art und Anzahl möglicher Partner) und der Aufgabenverteilung unterscheiden, generiert und anschließend bewertet.

Ein auf diesen Vorüberlegungen aufbauendes Konzept zur Unterstützung von Internationalisierungsentscheidungen, das mögliche Methoden für die strategische und die operative Entscheidungsphase vorschlägt, wird im Folgenden dargestellt. Dieses Konzept zur
Entscheidungsunterstützung wird am Forschungsinstitut für Rationalisierung e.V. (FIR)
an der RWTH Aachen im Rahmen des Forschungsprojekts ServNET entwickelt. Das
Projekt ServNET (Fördernummer 14005 N) wird über die Arbeitsgemeinschaft industrieller Forschungsvereinigungen „Otto von Guericke" e.V. (AiF) vom Bundesministe-
rium für Wirtschaft und Arbeit (BMWA) finanziell gefördert.

3.1 Strategische Entscheidungsphase

Die vorgeschlagene strategische Entscheidungsphase lehnt sich naturgemäß an Prozesse der strategischen Unternehmungsplanung an. Die in der Literatur zu findenden Phasenmodelle zur strategischen Planung (z.B. Hahn 1997, S. 36; Hammer 1998, S. 164; Steinmann/Schreyögg 2000, S. 157) sind jedoch vor dem Hintergrund der zu treffenden Internationalisierungsentscheidungen zu konkretisieren.

Als Zielvorgabe gehen in den strategischen Entscheidungsprozess die Nutzenpotenziale des industriellen Dienstleistungsgeschäfts ein, wie sie in Abschnitt 1 dargestellt wurden. Die Konkretisierung der Problemstellung und die Identifikation einer Notwendigkeit zur Internationalisierung des Dienstleistungsgeschäfts wurden bereits in Abschnitt 2 diskutiert. Aufgabe in der anschließenden Suchphase ist die Identifikation möglicher Zielmärkte und Leistungsangebote, die dort erbracht werden sollen (Hinterhuber 1977, S. 26). Dabei ist festzuhalten, welche Märkte mit welchen Leistungen bereits bedient werden und welche Märkte und Leistungen potenzielle Erweiterungen darstellen.

Das mögliche Dienstleistungsprogramm umfasst verschiedene Dienstleistungen, die abhängig sind von den Lebenszyklusphasen, in denen sich die zugehörigen Sachgüter befinden. Beispielsweise spielen zu Beginn der Produktnutzung Montage, Inbetriebnahme und Schulung eine große Rolle, während der Nutzung des Produkts stehen Instandhaltung, Ersatzteilversorgung und ggf. Umrüstung im Vordergrund und am Ende der Produktnutzung werden Leistungen wie Demontage und Entsorgung nachgefragt (Casagranda 1994, S. 245ff.; Borrmann 2003, S. 19f.; Steven/Schade 2004, S. 545f.).

Durch die Aufnahme der möglichen Märkte und Leistungsangebote ergeben sich verschiedene Markt-Leistungs-Kombinationen (Hinterhuber 1977, S. 160f.). Diese Kombinationen lassen sich verschiedenen *strategischen Stoßrichtungen* zuordnen (Casagranda 1994, S. 187ff.; Abbildung 10):

- *Optimierungsstrategie*: Innerhalb bereits bedienter Märkte mit einem bestehenden Leistungsangebot kann die Wahl einer alternativen Erbringungsstruktur der Qualitätsverbesserung der bestehenden Leistungen dienen und die Ausgangsbasis für spätere Stimulierungs- oder Penetrationsstrategien sein (Casagranda 1994, S. 189). So kann z.B. mit einer Optimierungsstrategie das Ziel verfolgt werden, die Reaktionszeit bei Wartungsleistungen in einem bestehenden Auslandsmarkt zu verkürzen.

- *Stimulierungsstrategie*: Die Übertragung von erprobten und bewährten Dienstleistungen auf neue geographische Regionen bzw. Abnehmergruppen bietet ein hohes Synergiepotenzial und wird häufig mit dem Ziel verfolgt, Marktanteile zu gewinnen. Voraussetzungen für einen erfolgreichen Markteintritt sind jedoch eine hohe Qualität und ein hoher Reifegrad der bestehenden Dienstleistung(en) sowie die Aussicht, diesen Standard auch im neuen Markt und vor dem Hintergrund differierender Kundenanforderungen realisieren zu können (Casagranda 1994, S. 193f.). Ein Beispiel ist die

Ausweitung von Instandhaltungsleistungen auf einen Markt, der bisher nur mit den Dienstleistungen Montage und Inbetriebnahme bedient wurde.

■ *Penetrationsstrategie*: Mit der Penetration wird das bestehende Dienstleistungsangebot in bereits bedienten Märkten ausgebaut und erweitert. Abhängig von Kundenerwartungen und spezifischen Charakteristika des Marktes werden neue Dienstleistungen angeboten (Casagranda 1994, S. 195f.). Beispielsweise kann die Altersstruktur der installierten Basis in einem bestehenden Markt das zusätzliche Angebot von Entsorgungsleistungen sinnvoll erscheinen lassen.

■ *Diversifikationsstrategie*: Bei gleichzeitigem Eintritt in einen neuen Markt und dem Angebot neuer Leistungen spricht man von Diversifikation (Casagranda 1994, S. 196ff.). Ein Beispiel für Diversifikation ist die Entscheidung eines Anbieters, in einem von ihm bisher nicht bedienten Markt die Entsorgung von Maschinen von anderen Herstellern anzubieten, obwohl er auch in bereits bedienten Märkten bisher keine Entsorgungsleistungen anbietet.

	Bereits bediente Märkte	Neue Märkte
Bestehende Leistungsangebote	Optimierungsstrategie	Stimulierungsstrategie
Neue Leistungsangebote	Penetrationsstrategie	Diversifikationsstratgie

Abbildung 10:   Systematik dienstleistungspolitischer Wachstumsstrategien
(Quelle: in Anlehnung an Casagranda 1994, S. 188)

In einer anschließenden Bewertungsphase werden die Markt-Leistungs-Kombinationen der verschiedenen strategischen Stoßrichtungen mit unterschiedlichen Internationalisierungsformen in Verbindung gebracht und in eine Portfolioanalyse eingeordnet. Dabei steht in einem ersten Schritt die allgemeine Attraktivität des Zielmarktes im Vordergrund. In einer generellen Attraktivitätsanalyse wird zunächst die globale Umwelt des Zielmarktes untersucht, d.h., dass sowohl Bedrohungen und Chancen für das Dienstleistungsgeschäft abzuwägen als auch generelle Aspekte wie ökonomische und technologische Entwicklungsrichtungen oder soziokulturelle und gesamtgesellschaftliche Gegebenheiten zu berücksichtigen sind (Corsten 1998, S. 27ff.; Steinmann/Schreyögg 2000, S. 158). Ergebnis dieser Analyse ist eine qualitative Aussage zur generellen Marktattraktivität. Im Falle einer bereits zu diesem Zeitpunkt festgestellten allgemeinen Unattraktivität des Marktes sollte von einer weiteren detaillierten Analyse von den in diesen Zielmarkt fallenden Optionen abgesehen werden.

Bei ausreichender genereller Attraktivität des Zielmarktes wird im nächsten Schritt die Kombination aus Markt und Leistung analysiert. Diese spezielle Attraktivitätsbewertung umfasst eine spezifische Umweltanalyse, in der die Branchen- und Marktstrukturen näher untersucht werden. Casagranda (1994) hat allgemeine Kriterien zur Beschreibung der Marktattraktivität für industrielle Dienstleistungen konkretisiert. Er unterscheidet dabei die Kriteriengruppen Serviceniveau, Marktwachstum und Technologisches Niveau (Casagranda 1994, S. 181f.):

- *Serviceniveau*: Hierunter fallen z.B. Eintrittsbarrieren, Schutzfähigkeit des Know-hows, Wettbewerbsverhalten der Konkurrenz oder Zugang zu Top-Kunden (Casagranda 1994, S. 181f.). Insbesondere sind auch die Kundenerwartungen zu berücksichtigen, die international stark differieren können (Bruhn 2002, S. 412).

- *Marktwachstum*: Hier sind das konkrete Marktwachstum und -volumen für die betrachtete Leistung und die Stellung im Marktlebenszyklus von besonderer Bedeutung (Casagranda 1994, S. 181f.). Ausschlaggebend für das Marktwachstum ist der bereits erfolgte und der zukünftig zu erwartende Sachgutabsatz in diesem Markt, da dieser die installierte Basis und damit die Dienstleistungsbedarfe determiniert (Steven/ Schade 2004, S. 554f.).

- *Technologisches Niveau*: In diesem Zusammenhang sind vor allem die Möglichkeiten zur Weiterentwicklung, zum Anwendungsumfang und zu den Anwendungsarten der Technologie und die Systemkomplexität zu berücksichtigen (Casagranda 1994, S. 181f.). Dabei ist auch die Verfügbarkeit der allgemeinen technologischen Möglichkeiten, die Voraussetzungen für das Angebot bestimmter Leistungen darstellen, zu überprüfen (z.B. Telekommunikationsinfrastruktur als Voraussetzung für das Angebot von Teleservice-Leistungen).

Als Ergebnis liegt eine qualitative Attraktivitätsbewertung der verschiedenen Markt-Leistungs-Kombinationen vor. Die anschließende Analyse der Wettbewerbsposition geschieht für jede dieser Kombinationen vor dem Hintergrund unterschiedlicher möglicher Internationalisierungsformen (vgl. Abschnitt 2.1). Kriterien für diese Bewertung sind beispielsweise die jeweils mit den verschiedenen Internationalisierungsformen verbundene Marktstellung bzw. Ertragsstärke, Investitionsintensität oder Standortstärke (Casagranda 1994, S. 185). Dabei ist besonders zu beachten, wie sich die verschiedenen Internationalisierungsformen für eine Markt-Leistungs-Kombination auf diese Kriterien unterschiedlich auswirken. Ergebnis ist eine qualitative Bewertung der Wettbewerbspositionen möglicher Internationalisierungsformen für unterschiedliche Markt-Leistungs-Kombinationen.

Mit den vorliegenden Bewertungen von Marktattraktivität und Wettbewerbsposition können die Kombinationen aus Markt, Leistung und Internationalisierungsform in eine Portfoliomatrix eingetragen werden (Abbildung 11).

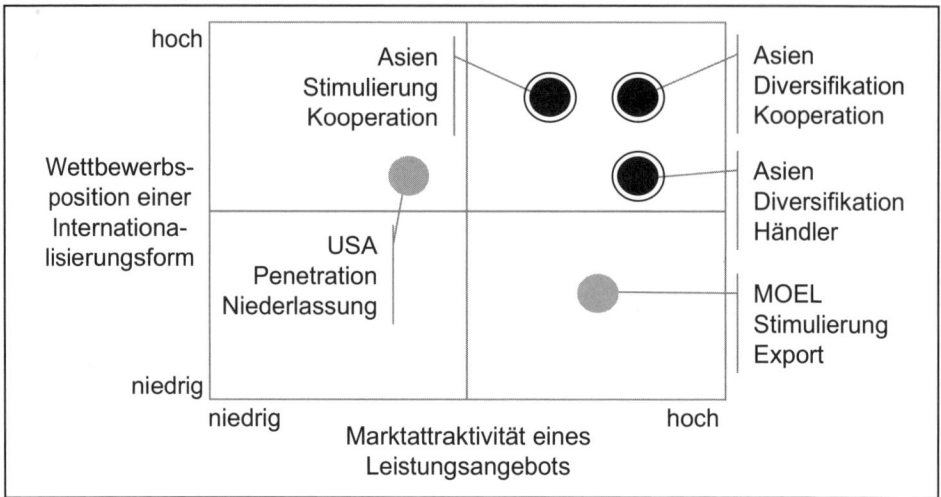

Abbildung 11:   Mögliches Ergebnis der strategischen Entscheidungsphase:
                Portfoliomatrix für Kombinationen aus Markt, Leistung und
                Internationalisierungsform

Als letzter Schritt der strategischen Entscheidungsphase wird auf Basis der Portfolioanalyse eine Auswahl Erfolg versprechender Kombinationen aus Markt, Leistung und Internationalisierungsform vorgenommen. Damit liegen – als Gesamtergebnis des strategischen Entscheidungsrahmens – die in der operativen Gestaltungsphase weiter zu untersuchenden Kombinationen vor.

3.2   Operative Gestaltungsphase

Auch die operative Gestaltungsphase folgt den Phasen von Planungs- und Entscheidungsprozessen. Eingangsgrößen für diesen Prozess sind zum einen die Kombinationen
aus Markt, Leistung und Internationalisierungsform als Ergebnis der strategischen Entscheidungsphase und zum anderen als Zielvorgabe strategische Ziele für das industrielle
Dienstleistungsgeschäft, die aus den strategischen Nutzenpotenzialen abgeleitet sind.

Die operative Gestaltungsphase soll für ausgewählte Kombinationen aus Markt, Leistung
und Internationalisierungsform die Ausgestaltung der Leistungserbringung konkretisieren. Dabei stellt sich sowohl die Frage nach den an der Leistungserbringung Beteiligten
(z.B. Art und Anzahl möglicher Partner) als auch nach der möglichen Aufgabenverteilung einzelner Prozessschritte.

Die Problemstellungsphase umfasst daher zwei wesentliche Aufgaben: Einerseits müssen für die einzelnen Dienstleistungen Referenzprozesse bestimmt werden, die als Basis für die Aufteilung von Leistungsabschnitten dienen. Hierzu wird z.B. auf den Arbeiten von Borrmann (2003) und Kallenberg (2002) aufgebaut, die für unterschiedliche industrielle Dienstleistungen Referenzprozesse definiert haben (Kallenberg 2002, S. 78ff.; Borrmann 2003, S. 71ff.). Die zweite Aufgabe besteht darin, aus den strategischen Zielen relevante Bewertungskriterien abzuleiten. Relevant bedeutet in diesem Anwendungszusammenhang, dass die Kriterien durch die unterschiedlichen Alternativen der Leistungserbringung zu beeinflussen sind. Des Weiteren sollten die Kriterien so weit operationalisiert sein, dass sie für die Analyse und Auswertung mit einem Modellierungstool geeignet sind.

Im zweiten Schritt, der Suchphase, werden mögliche alternative Erbringungsstrukturen generiert. Aufbauend auf den Referenzprozessen für die jeweils betrachteten Dienstleistungen werden unterschiedliche Varianten der Ausgestaltung der Aufgabenteilung entwickelt und in einem Modellierungstool abgebildet. Beispielsweise werden für die Leistung *Wartung* im Markt *Asien* und der Internationalisierungsform *Kooperation* Alternativen gebildet, die unterschiedlich viele Kooperationspartner umfassen und sich auch darin unterscheiden, welcher Partner welchen Teil der Gesamtleistung erbringt.

Um diese unterschiedlichen Ablaufstrukturen bzw. Erbringungsprozesse in Dienstleistungsnetzwerken abzubilden, ist beispielsweise die Methode der Petri-Netze besonders geeignet, da sie es ermöglicht, einfach Alternativen zu generieren, Konflikte (z.B Ressourcenengpässe) zu berücksichtigen, zeitliche Abläufe darzustellen sowie Ressourcen und Material (d.h. Kosten) abzubilden (v. Steinaecker 2000, S. 32ff.). Des Weiteren bieten Petri-Netze die Möglichkeit der Simulation und der Auswertung nach bestimmten Parametern (z.B. Zeit) (v. Steinaecker 2000, S. 32ff.).

Als Ergebnis dieses Schrittes liegen in einem Modellierungstool abgebildete alternative Erbringungsprozesse für eine bestimmte Kombination aus Markt, Leistung und Internationalisierungsform vor.

Im letzten Schritt werden die Analyse- und Simulationsmöglichkeiten des Modellierungstools genutzt. Die unterschiedlichen Alternativen werden mit dem Tool ausgewertet und das Ergebnis vor dem Hintergrund der aus den Zielen abgeleiteten Kriterien interpretiert. Mit dieser Bewertung ist die operative Entscheidungsphase abgeschlossen.

Abbildung 12 zeigt einen Überblick über die strategischen und operativen Entscheidungsphasen: die Zielvorgaben für beide Phasen und die einzelnen Teilschritte mit den jeweiligen Zwischenergebnissen.

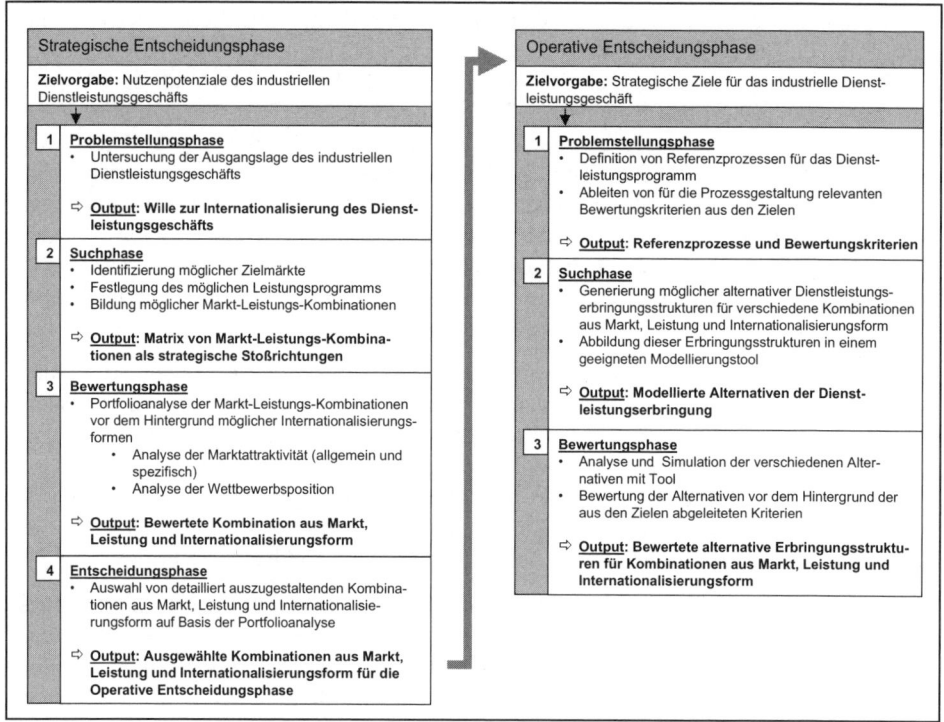

Abbildung 12:   Konzept für eine zweistufige Vorgehensweise zur Unterstützung von
                 Internationalisierungsentscheidungen

4.   Zusammenfassung und weitere Handlungsbedarfe

Als Ergebnis der vorgeschlagenen Entscheidungsunterstützung liegen für ein aus strategischer Sicht Erfolg versprechendes Leistungsangebot auf einem attraktiven Markt sowohl qualitativ als auch quantitativ bewertete Varianten der Leistungserbringung im
Rahmen einer sinnvollen Internationalisierungsform vor. Die Unterteilung der Vorgehensweise in eine strategische und eine operative Planung entspricht den Ebenen von
Planungs- und Kontrollsystemen (Frese et al. 1996, S. 350f.), die jeweiligen Teilphasen
sind allgemeinen Planungs- und Entscheidungsprozessen entlehnt.

Die einzelnen Schritte sind für den speziellen Anwendungszusammenhang der Internationalisierung industrieller Dienstleistungen angepasst worden. So berücksichtigt beispielsweise die Marktattraktivitätsanalyse der strategischen Entscheidungsphase die ins-

tallierte Basis der Sachgüter im Zielmarkt, da diese den Dienstleistungsbedarf beeinflusst.

Die hier konzipierte Vorgehensweise ermöglicht es Unternehmen, Internationalisierungsentscheidungen umfassend vorzubereiten, dabei unterschiedliche Planungsebenen zu berücksichtigen und eine fundierte Grundlage für die Auswahl einer Alternative zu generieren.

Zur Detaillierung des vorgestellten Konzeptes bestehen insbesondere noch weitere Handlungsbedarfe auf der operativen Ebene hinsichtlich der Ableitung relevanter Bewertungskriterien und der Auswahl und Ausgestaltung eines Modellierungstools, das den Anforderungen an Abbildungs- und Auswertungsmöglichkeiten entspricht. Erste Hinweise auf mögliche Ansätze wurden im vorliegenden Beitrag bereits identifiziert, die in einer weitergehenden Betrachtung zu konkretisieren sind. Des Weiteren sind die Auswirkungen bestimmter Charakteristika unterschiedlicher Dienstleistungen auf ihre Internationalisierungsmöglichkeiten detaillierter zu untersuchen.

Literatur

Baumbach, M. (1998): After-Sales-Management im Maschinen- und Anlagenbau, Regensburg.

Bleicher, K. (1996): Das Konzept Integriertes Management, 4. Aufl., Frankfurt/Main.

Borrmann, A.F. (2003): Service-Controlling für produzierende Unternehmen, Aachen.

Bruhn, M. (2002): Internationales Marketing von Dienstleistungen, in: Krystek, U./Zur, E. (Hrsg.): Handbuch Internationalisierung, Berlin u.a., S. 407-436.

Casagranda, M. (1994): Industrielles Service-Management: Grundlagen, Instrumente, Perspektiven, Wiesbaden.

Corsten, H. (1998): Grundlagen der Wettbewerbsstrategie, Stuttgart.

DIHT (Hrsg.) (2001): Services going abroad: Internationalisierung von Dienstleistungen, Berlin.

Eden, H. (2002): Kleine und mittlere Unternehmen im Prozess der Internationalisierung, in: Krystek, U./Zur, E. (Hrsg.): Handbuch Internationalisierung, Berlin u.a., S. 35-80.

Forschner, G. (1988): Investitionsgüter-Marketing mit funktionellen Dienstleistungen: Die Gestaltung immaterieller Produktbestandteile im Leistungsangebot industrieller Unternehmen, Berlin.

Frese, E./Lehnen, M./Valcárel, S. (1999): Leistungsindividualisierung im Maschinenbau – Eine wettbewerbsstrategische Analyse, in: Schmalenbachs Zeitschrift für betriebswirtschaftliche Forschung, 51. Jg., Nr. 9, S. 883-903.

Frese, E./Hahn, D./Horváth, P. (1996): Managementsysteme, in: Eversheim, W./Schuh, G. (Hrsg.): Hütte: Produktion und Management – Teil 1; Betriebshütte, Berlin u.a., S. 3-42 bis 3-93.

FTD (2004): Maschinenbau wächst stärker als erwartet. Financial Times Deutschland, http://www.ftd.de/maschinenbau (Zugriff am: 07.06.2004).

Hahn, D. (1997): Strategische Unternehmensführung – Grundkonzept, in: Hahn, D./ Taylor, B. (Hrsg.): Strategische Unternehmensplanung – Strategische Unternehmensführung: Stand und Entwicklungstendenzen, 7. Aufl., Heidelberg, S. 28-50.

Hammer, R. (1998): Unternehmensplanung: Lehrbuch der Planung und strategischen Unternehmensführung, 7. Aufl., München.

Hertweck, A. (2002): Strategische Erneuerung durch integriertes Management industrieller Dienstleistungen, Frankfurt/Main u.a.

Hinterhuber, H.H. (1977): Strategische Unternehmensführung, 1. Aufl., New York.

Hoeck, H./Kutlina, Z. (2003): Leistung ohne Leistungs-Portfolio? Definition einer Leistungssystematik als Voraussetzung für die strategische Planung im Service, in: Unternehmen der Zukunft, 4. Jg., Nr. 1, S. 12-13.

Hoeck, H./Kutlina, Z. (2004): Status quo und Perspektiven im Service 2004. Ergebnisse der Expertenbefragung Servicemanagement, Aachen.

Homburg, C./Garbe, B. (1996): Industrielle Dienstleistungen als Managementherausforderung, in: IO Management Zeitschrift, 65. Jg., Nr. 6, S. 31-35.

Kallenberg, R. (2002): Ein Referenzmodell für den Service in Unternehmen des Maschinenbaus, Aachen.

Luczak, H. (Hrsg.) (1999): Servicemanagement mit System: Erfolgreiche Methoden für die Investitionsgüterindustrie, Berlin u.a.

Luczak, H./Hoeck, H. (2004): Planung von Dienstleistungsprogrammen anhand des Produktlebenszyklus, in: Bruhn, M./Stauss, B. (Hrsg.): Dienstleistungsinnovationen. Forum Dienstleistungsmanagement, Wiesbaden, S. 73-96.

Luczak, H./Hoeck, H./Kutlina, Z. (2003): Lebenszyklusorientiertes Dienstleistungsportfolio. Mehr Transparenz im Dienstleistungsangebot von Investitionsgüterherstellern, in: Zeitschrift für wirtschaftlichen Fabrikbetrieb, 98. Jg., Nr. 9, S. 443-446.

Mann, A. (1998): Erfolgsfaktor Service: Strategisches Servicemanagement im nationalen und internationalen Marketing, Wiesbaden.

O'Farrel, P.N./Scheuer, M./Schmidt, E.M. (1999): Internationalisierung von Unternehmensdienstleistungen, Essen.

Olivia, R./Kallenberg, R. (2003): Managing the Transition from Products to Services, in: International Journal of Service Industry Management, Vol. 14, No. 2, S. 160-172.

Potts, G.W. (1988): Im Servicezyklus steckt Profit, in: Harvard Manager, 11. Jg., Nr. 2, S. 100-104.

Sontow, K. (2000): Dienstleistungsplanung in Unternehmen des Maschinen- und Anlagenbaus, Aachen.

Steinmann, H./Schreyögg, G. (2000): Management: Grundlagen der Unternehmensführung, 5. Aufl., Wiesbaden.

Steinaecker, J. v. (2000): Ein Informationsmodell zur Modellierung und Planung von netzwerkartigen Produktionsstrukturen, Heimsheim.

Steven, M./Schade, S. (2004): Produktionswirtschaftliche Analyse industrieller Dienstleistungen, in: Zeitschrift für Betriebswirtschaft, 74. Jg., Nr. 6, S. 543-562.

Wise, R./Baumgartner, R. (1999): Go Downstream. The New Profit Imperative in Manufacturing, in: Harvard Business Review, Vol. 77, No. 5, S. 133-144.

Zborschil, I.A. (1994): Der technische Kundendienst als eigenständiges Marketing-Objekt: Besonderheiten, Probleme und Gestaltungsmöglichkeiten eines dienstleistungsspezifischen Kundendienst-Marketing, Frankfurt/Main u.a.

Peter Eberl und Björn Franke

Internationalisierung via Internet –
Was kann man von Ebay lernen?

PD Dr. *Peter Eberl* ist Vertreter des Lehrstuhls für Personalmanagement und Organisation an der Universität Siegen. Dipl.-Kfm. *Björn Franke* ist Wissenschaftlicher Mitarbeiter am Lehrstuhl für Personalwirtschaft an der Universität Paderborn.

1. Einleitung

Für die meisten Unternehmen stellt die Globalisierung der Märkte eine besondere Herausforderung dar. Um Wettbewerbsvorteile zukünftig realisieren zu können, sehen sich viele Unternehmen geradezu einem Internationalisierungsdruck ausgesetzt. Aufgrund veränderter technologischer Rahmenbedingungen, insbesondere hinsichtlich weltweiter Kommunikationsmöglichkeiten, stellt sich für viele Unternehmen schon seit langem weniger die Frage nach dem „ob" der Internationalisierung, sondern vielmehr nach dem „wie" (Levitt 1983; Porter 1986; Goshal 1987). Unternehmen stellen dabei Überlegungen zur Internationalisierung auf verschiedenen Ebenen an. Solche Überlegungen können sich z.B. auf die Verlagerung von Produktionsstätten ins Ausland, die Sicherung der Rohstoffbasis in anderen Ländern oder auf die Erschließung neuer nationaler Märkte beziehen. Die Verbreitung des Internet ermöglicht vielen Unternehmen neuerdings einen vermeintlich schnellen Zugang zu globalen Märkten. Ein Internetauftritt stellt aber für sich alleine genommen noch keine ausreichende Internationalisierungsstrategie dar (Yip 2003). Es gilt vielmehr grundsätzlicher zu überlegen, wie das Medium „Internet" sinnvoll in eine Internationalisierungsstrategie integriert werden kann. Für Dienstleistungsunternehmen ist die Markteintritts- und Marktbearbeitungsstrategie in für das Unternehmen neuen nationalen Märkten von zentraler Bedeutung.

Gerade Dienstleistungsunternehmen wie Banken, Immobilienmakler, Partnervermittlungen, Jobagenturen usw. profitieren mittlerweile in ihrer Geschäftätigkeit intensiv von den Möglichkeiten, die sich durch das Internet bieten. Für diese Unternehmen stellt sich in besonderem Maße die Frage nach der Rolle des Internet bei der Internationalisierung. Eines der Unternehmen, dessen Erfolg mit der Verbreitung des Internet überhaupt erst möglich wurde, ist das Unternehmen Ebay, dessen elektronische Auktionsplattform als Paradebeispiel für ein in verschiedenen nationalen Märkten erfolgreiches Dienstleistungsangebot via Internet betrachtet werden kann. So ist Ebay mittlerweile in 28 nationalen Märkten tätig, die zu den umsatzstärksten E-Commerce-Märkten weltweit gehören.

Der vorliegende Beitrag beschäftigt sich mit den Möglichkeiten einer internetgestützten Internationalisierungsstrategie von Dienstleistungen. Dazu wird zunächst die Bedeutung des Internet für die Internationalisierung von Dienstleistungsangeboten aufgezeigt. Daran anknüpfend wird vor dem Hintergrund des ressourcenbasierten Ansatzes der Strategielehre „Reputation" als zentrale strategische Ressource charakterisiert. Am Beispiel von Ebay wird gezeigt, wie Reputation systematisch für den Markterfolg in anderen Ländern aufgebaut werden kann. Dem Beitrag liegt eine retrospektive Betrachtung des Eintritts von Ebay in den deutschen Markt zugrunde. Abschließend werden grundsätzliche Empfehlungen für die Internationalisierung von Dienstleistungen gegeben.

2. Die Bedeutung des Internet für die Internationalisierungsstrategie von Dienstleistungsanbietern

Die Frage nach den Charakteristika von Dienstleistungen – etwa im Vergleich zu Sachleistungen – ist in der Literatur umfänglich diskutiert worden (z.B. Hübner 1996; Meffert/Bruhn 2003), wobei eine eindeutige Abgrenzung vor allem dadurch erschwert wird, dass Sachleistungen häufig und immer stärker mit Dienstleistungen (etwa Wartung, Service usw.) verbunden werden (Hilke 1989). Diese Diskussion soll an dieser Stelle nicht weiter vertieft werden, sondern im Folgenden wird vereinfacht davon ausgegangen, dass im Falle von Dienstleistungen das Produkt (das selbst erstellt oder mit dem gehandelt wird) im Kern einen im Wesentlichen immateriellen Charakter aufweist und der Kunde bei der Leistungserstellung zu einem gewissen Grad integriert ist (Engelhardt et al. 1992, S. 34ff.).

2.1 Grundsätzliche Einsatzmöglichkeiten des Internet

Das Medium „Internet" spielt sowohl für Sach- als auch für Dienstleistungen eine wichtige Rolle. Dabei kann das Internet grundsätzlich zwei unterschiedliche Funktionen erfüllen. Zum einen kann es als die eigentliche Geschäftstätigkeit unterstützendes Medium eingesetzt werden, zum anderen kann die Geschäftstätigkeit selbst internetbasiert sein.

Bezogen auf die erste Funktion stellt das Internet einen zusätzlichen Vertriebskanal oder eine vertriebsunterstützende Informationsplattform dar. Die Gesamtgröße des potenziellen Marktes an Kunden steigt, da Unternehmen neue Zielgruppen ansprechen können, die sie ohne Internet nicht erreichen würden (Porter 2001). In erster Linie ist an den Vertrieb von Sachleistungen zu denken, der durch das Internet unterstützt wird. Typische Beispiele wären im deutschsprachigen Raum Unternehmen wie Tchibo oder Schlecker. Bei Dienstleistungen kann das Internet ebenfalls als unterstützendes Medium genutzt werden, wobei es hier weniger um einen eigenständigen Vertriebskanal als um das Bereitstellen einer Informationsplattform zur Vertriebsunterstützung geht. Ein typisches Beispiel wäre hier der Internetauftritt von Unternehmensberatungen.

Hat das Medium „Internet" nicht nur unterstützenden Charakter, sondern stellt die Basis für die Geschäftstätigkeit dar, lässt sich von einem reinen Internetunternehmen sprechen (Wirtz 2003, S. 52). In Bezug auf den Vertrieb von Sachleistungen wäre hier der Internet-Medienhändler Amazon als prominentes Beispiel zu nennen. Besonders interessant ist derjenige Bereich, in dem eine Dienstleistung internetbasiert angeboten wird. Dafür eignen sich naturgemäß nur standardisierte Dienstleistungen. Im Unterschied zum Vertrieb von Sachleistungen muss der Kunde bei einer Dienstleistung in die Leistungserstellung integriert werden. Ohne seine aktive Beteiligung, die über den bloßen Kauf des Produktes hinausgeht, kann die Dienstleistung nicht erbracht werden. Dies setzt sowohl einen einfachen technologieunterstützenden Integrationsmechanismus als auch ausreichend Technologieakzeptanz und -verständnis bei den Kunden voraus. Das Internet-Auktionshaus Ebay ist ein typisches Beispiel für eine solche internetbasierte Dienstleistung. Abbildung 1 fasst die vorgenommene Klassifizierung zusammen.

	Sachleistungen	Dienstleistungen
Internet als unter-stützendes Medium	**Internet als zusätzlicher Vertriebskanal** z.B. Tchibo, Schlecker	**Internet als Informations-plattform** z.B. Unternehmensberatung
Reines Internet-geschäft	**Internethandel** z.B. Amazon	**Internetbasierte Dienstleistung** z.B. Ebay

Abbildung 1: Die Rolle des Internet für Dienst- und Sachleistungen

2.2   Internetbasierte Internationalisierung von Dienstleistungen

Je nachdem, welche Rolle das Internet für die Geschäftstätigkeit spielt, ergeben sich unterschiedliche Anforderungen an den Einbezug des Internet in die Internationalisierungsstrategie. Grundsätzlich besteht ein hoher Anreiz für Unternehmen, das Internet für die Internationalisierungsstrategie zu nutzen, denn ein Internetauftritt verursacht hohe Fixkosten, aber nur geringe variable Kosten. Aus diesem Grund liegen bei der Einrichtung einer Internetplattform hohe Anfangsinvestitionen vor, die das Erreichen der Gewinnzone verzögern. Sobald diese Schwelle jedoch überwunden ist, wächst der Ertrag überproportional (Hagel/Armstrong 1997). Da zumindest eine einfache länderspezifische Anpassung der Internetseiten mit nur geringfügigen weiteren Fixkosten verbunden ist, besteht rein aus Kostengesichtspunkten prinzipiell ein entsprechender Anreiz, das Internet für die Internationalisierungsstrategie zu nutzen. Durch den Einsatz des Internet für die Internationalisierung sind somit Skalen- und Synergieeffekte realisierbar (Wirtz 2003, S. 645). Allerdings kommt dem Internet je nach Geschäftstätigkeit eine jeweils unterschiedliche Bedeutung zu.

Am einfachsten ist es, das Internet als Exportunterstützung zu nutzen. Dies ist vor allem dann sinnvoll, wenn das Internet ohnehin bereits als zusätzlicher Vertriebskanal insbesondere für global vermarktete Sachleistungen eingesetzt wird. Ein stärkerer länderspezifischer Internetauftritt wird notwendig, wenn mit länderspezifischen Produkten gehandelt wird. Je nach Geschäftstätigkeit sind entsprechende Direktinvestitionen notwendig. Ein Internethändler wie Amazon kann ohne Direktinvestitionen die logistischen Anforderungen des länderspezifischen Medienhandels nicht erfüllen. Selbst für mit Sachleistungen handelnde Internetunternehmen geht die Frage nach der Art der Internationalisierungsstrategie über die bloße Anpassung der Internetplattform hinaus.

Bei Dienstleistungen stellen sich die Internationalisierungsmöglichkeiten etwas differenzierter dar. Grundsätzlich sind Dienstleistungen nur eingeschränkt transportfähig. Zwar ist es mit den Mitteln der modernen Kommunikationstechnologie denkbar, dass etwa ein Softwareentwickler seine Dienstleistung im Inland erbringt und an einen ausländischen Kunden exportiert. Der einfache Export von Dienstleistungen ist aber in der Regel nur eingeschränkt möglich, so dass für die Erstellung der Leistung entweder vom Anbieter oder vom Kunden eine entsprechende Mobilität erforderlich ist (siehe die Typologisierung von Stauss 1995, S. 454ff.). Des Weiteren ist häufig die nationale Präsenz des Dienstleistungsanbieters ein zentrales Auswahlkriterium potenzieller Kunden. Vor diesem Hintergrund kommen für die Internationalisierung von Dienstleistungen im Wesentlichen drei *strategische Optionen* in Frage:

(1) Die Akquisition eines Unternehmens oder die Fusion mit einem Unternehmen im anvisierten ausländischen Markt, das (unter dem alten oder einem neuen Namen) als Anbieter der Dienstleistung in diesem Markt auftritt.

(2) Die Kooperation mit einem ausländischen Anbieter (z.B. in Form eines Joint Ventures).

(3) Der Eigenaufbau einer ausländischen Tochtergesellschaft.

Bei diesen drei grundsätzlichen Möglichkeiten handelt es sich nicht um sich ausschließende Optionen, sondern vielmehr sind auch Kombinationen, insbesondere was die weitere Markterschließung anbelangt, vorstellbar.

Diese Markteintrittsformen sind zunächst unabhängig vom Medium „Internet" zu betrachten. Ein auf den ausländischen Markt zugeschnittener Internetauftritt stellt hier in der Regel lediglich eine flankierende Maßnahme dar. Gerade im Zusammenhang mit internetbasierten Dienstleistungen stellt sich allerdings die Frage, ob das Internet als eigenständige strategische Internationalisierungsstrategie einen Stellenwert hat und sich damit eine vierte strategische Option für die Internationalisierung von Dienstleistungen ergibt. Diese Frage ist mit einem vorsichtigen „Ja" zu beantworten. Grundsätzlich ist es vorstellbar, dass das Internet als einzige Markteintrittsstrategie genutzt wird. Gerade wenn die Dienstleistung selbst ausschließlich internetbasiert ist, eröffnet sich die Möglichkeit, im Inland alle ausländischen Aktivitäten zu koordinieren. Aus Effizienz- und Akzeptanzgesichtspunkten erweist sich allerdings die Markteintrittsstrategie über das Internet in vielen Fällen als alleinige Form (noch?) nicht praktikabel. Effizienzgesichtspunkte spielen insofern eine Rolle, als dass selbst bei einer rein internetbasierten Dienstleistung Verwaltungstätigkeiten auf Seiten des Anbieters notwendig sind, die aus Kostengründen eine Niederlassung im ausländischen Markt erfordern. Schwerwiegender dürften aber Akzeptanzgesichtspunkte sein. So stellt sich, wie bereits oben erwähnt, die Frage, ob nicht von Seiten des Kunden eine nationale Präsenz – gerade dann, wenn das Unternehmen ein reines Internetgeschäft betreibt – zumindest in Form einer Kontaktstelle (z.B. beim Auftreten von Problemen) erwartet wird (ähnlich Wirtz 2003, S. 662). Die Akzeptanz einer Marktbearbeitung ausschließlich durch das Internet ist grundsätzlich von den soziokulturellen Rahmenbedingungen in den jeweiligen Ländern abhängig, dürfte sich aber bei zunehmender Globalisierung der Märkte tendenziell erhöhen.

Bei internetbasierten Dienstleistungen kommt dem Internetauftritt aufgrund des Geschäftsmodells in jedem Fall aber ein ungleich stärkeres Gewicht bei der Internationalisierungsstrategie zu als bei Dienstleistungen, bei denen das Internet nur als unterstützendes Medium genutzt wird. Daher sind diese Unternehmen darauf angewiesen, in ihrem Internetangebot möglichst gut länderspezifische Besonderheiten zu berücksichtigen. Dies bedeutet in der Konsequenz, dass für internetbasierte Dienstleistungen die gleichen strategischen Analyseanstrengungen notwendig sind, die generell für eine erfolgreiche Internationalisierung Voraussetzung sind, nämlich eine sorgfältige Analyse der landesspezifischen globalen und der geschäftsfeldbezogenen Umwelt (Steinmann/ Schreyögg 2000, S. 216ff.).

Den Erfolg einer Internationalisierungsstrategie allein an der Wahl der Eintrittsform in einen neuen Markt festmachen zu wollen, wäre allerdings zu einfach. Die Markteintrittsformen stellen nur generelle Internationalisierungsoptionen auf der Gesamtunternehmensebene dar, die sui generis auf der Wettbewerbsebene keinen Vorteil generieren. Der Erfolg einer Internationalisierungsstrategie muss deshalb auf grundsätzlicheren Überlegungen basieren. Da bei Dienstleistungen aufgrund der Immaterialität und der fehlenden Möglichkeit einer Qualitätsprüfung durch den Kunden vor dem Kauf ein höheres subjektiv empfundenes Risiko als mit dem Kauf von Sachleistungen verbunden ist (Meffert 1994, S. 456f.), spielen aus strategischer Sicht insbesondere Überlegungen eine Rolle, wie dieses wahrgenommene Risiko verringert werden kann. Die Reputation des Anbieters stellt hierbei einen zentralen Faktor dar, der im Folgenden vor dem Hintergrund des ressourcenbasierten Ansatzes der Strategielehre genauer betrachtet werden soll.

3. Reputation als strategische Ressource

Der ressourcenbasierte Ansatz geht davon aus, dass die Ressourcenausstattung von Unternehmen grundsätzlich unterschiedlich ist und sich aufgrund dieser Heterogenität strategische Wettbewerbsvorteile generieren lassen (Penrose 1959; Amit/Schoemaker 1993; Peteraf 1993). Ressourcen stellen alle Inputfaktoren im Produktionsprozess dar, die von einem Unternehmen kontrolliert werden (Barney 1997). Dabei kann nach Wernerfeld (1984) grundsätzlich zwischen tangiblen und intangiblen Ressourcen unterschieden werden. Für Dienstleistungen sind Letztere von besonderer Relevanz. Hierbei handelt es sich z.B. um Reputation, spezifisches Wissen, Markenimage, einzigartige Kooperationsbeziehungen und unternehmenskulturelle Faktoren. Ressourcen erhalten aber erst dann ihre besondere strategische Bedeutung, wenn sie folgende *Kriterien* erfüllen (Dierickx/Cool 1989; Barney 1991):

- Knappheit,
- Eingeschränkte Imitierbarkeit,
- Fehlende Substituierbarkeit,
- Werthaltigkeit.

Die Reputation eines Unternehmens stellt eine solche strategisch relevante Ressource dar. Reputation erfüllt insbesondere die Kriterien der eingeschränkten Imitierbarkeit und der Werthaltigkeit. Eine Reputation ist historisch gewachsen und beruht auf nicht vollständig nachvollziehbaren sozialen Wirkungsmechanismen und kann von daher nicht einfach von anderen Anbietern imitiert werden. Darüber hinaus ist Reputation bei einer Dienstleistung, die über das Internet angeboten wird, außerordentlich wertvoll, da dem Kunden kein persönlicher Ansprechpartner zur Verfügung steht und somit auch keine direkte Vertrauensbildung möglich ist.

Es stellt sich allerdings die Frage, was genau die Reputation eines Unternehmens ausmacht. Bei der *Reputation* eines Unternehmens geht es um Einschätzungen und Erwartungen der Anspruchsgruppen, speziell der Kunden. Die Reputation eines Unternehmens beinhaltet dabei im Wesentlichen zwei Aspekte. Zum einen geht es um Einschätzungen hinsichtlich der Legitimität (nicht nur der Legalität) der Geschäftstätigkeit an und für sich, der Führung des Unternehmens, des finanziellen Erfolgs, der Arbeitsbedingungen usw. Diese Einschätzungen lassen sich unter dem Begriff Unternehmensimage subsumieren. Zum anderen spielen die Erwartungen, wie sich das Unternehmen in einer bestimmten Situation verhält, eine zentrale Rolle. Hierfür sind Kriterien wie Fairness, soziale Verantwortung usw. relevant (Mahon 2002; Sandberg 2002). Reputation stellt insofern eine Kombination aus öffentlicher Meinungsbildung und konkreten Erfahrungen mit dem Unternehmen dar. Der letzte Punkt wird insbesondere von Fombrun (1996, S. 3) betont, indem er unter Reputation die Geschichte aller Erfahrungen mit einem Unternehmen versteht.

Vor diesem Hintergrund wird verständlich, dass bei internetbasierten Dienstleistungen häufig die „Follow-the-Free"-Strategie zu beobachten ist. Erst wenn eine kritische Masse an Kunden vorhanden ist, wird eine Gebühr eingeführt, die aufgrund von Wechselkosten und Kundenbindung bei dem Dienstleistungsanbieter nicht zu verstärktem Nachfragerückgang führt (Meffert/Bruhn 2003, S. 515). Diese Strategie des zunächst kostenlosen Anbietens der Leistung zielt nicht nur auf die Erreichung eines hohen Marktanteils, sondern ermöglicht gleichzeitig über Erfahrungszuwächse den Aufbau von Reputation.

Der Aufbau von Reputation geht einher mit so genannten Netzwerkeffekten. Diese beruhen auf positiven Rückkopplungsschleifen, d.h., je mehr Kunden die Dienstleistung nachfragen, desto attraktiver wird die Dienstleistung, was wiederum den Anreiz für potenzielle Neukunden erhöht und die Nachfrage verstärkt. Diese Netzwerkeffekte stellen strategische (von den Unternehmen gezielt aufgebaute) Markteintrittsbarrieren für potenzielle Neueinsteiger dar, denn sie führen zu einem „The-Winner-takes-all"-Szenario, in dem lediglich ein bis zwei Unternehmen dauerhaften Erfolg haben können (Porter 2001). Die Entwicklung derartiger strategischer Markteintrittsbarrieren ist für das reine Internetgeschäft von besonderer Wichtigkeit, da strukturelle Markteintrittsbarrieren (z.B. die Betriebsgröße) hier eine untergeordnete Rolle spielen. Insofern ist es nicht verwunderlich, dass Netzwerkeffekte gerade bei internetbasierten Märkten zu finden sind (Wirtz 2003, S. 29). Die Realisierung von Netzwerkeffekten ist ohne eine entsprechende Reputation nicht möglich. Auch vor diesem Hintergrund wird die strategische Bedeutung der Ressource „Reputation" noch einmal deutlich.

Reputation ist allerdings kontextgebunden. Die Einschätzungen und Erwartungen an ein Unternehmen, sich in einer bestimmten Weise zu verhalten, sind von den soziokulturellen Rahmenbedingungen abhängig. Diese sind letztlich für die konkreten Evaluationskriterien verantwortlich (Mahon 2002). Insofern hat die Ressource „Reputation" keine interkulturelle Gültigkeit und lässt sich nicht einfach transferieren. Selbst wenn das Unternehmen im ausländischen Markt bereits bekannt ist, ist in der Regel ein landesspezifischer Reputationsaufbau notwendig.

Die strategische Relevanz der Ressourcen stellt aber lediglich die grundsätzliche Voraussetzung zur Erlangung von Wettbewerbsvorteilen dar. Die tatsächliche Erzielung derselben erfordert darüber hinaus eine Kombination von strategischen und nicht-strategischen Ressourcen etwa mit bestimmten finanziellen Mittel oder – wie bei internetbasierten Dienstleistungen notwendig – mit technologischem Wissen, das dann zu organisationaler Kompetenz führt (Winter 1987; Rumelt et al. 1991).

Im Folgenden soll am Beispiel des Internet-Auktionshauses Ebay eine – durch entsprechenden Reputationsaufbau – erfolgreiche Internationalisierungsstrategie einer internetbasierten Dienstleistung beispielhaft nachvollzogen werden. Grundlage der Betrachtung ist der Eintritt von Ebay in den deutschen Markt.

4. Die Internationalisierungsstrategie von Ebay in Deutschland

Das Unternehmen Ebay wurde 1995 in den USA gegründet und erzielte bereits nach vier Jahren Umsatzerlöse von 224,7 Mio. USD (Ebay 1999b, S. 19). Die Geschäftstätigkeit von Ebay besteht darin, eine Auktionsplattform im Internet zur Verfügung zu stellen und damit Online-Auktionen zu ermöglichen. Ebay verwendet als Auktionsverfahren eine modifizierte Vickrey-Auktion (Vickrey 1961), bei der zwar das höchste Gebot verdeckt bleibt, aber das zweithöchste und letztlich zahlungsrelevante Gebot offen gelegt wird (ausführlicher Quitzau 2004).

Im Jahr 1999 hat Ebay damit begonnen, länderspezifische Leistungen in Kanada, Großbritannien, Australien, Deutschland und Japan anzubieten. Ebay ging dabei davon aus, dass bereits in über 200 Ländern mehr oder weniger Ebay-Nutzer existierten (Ebay 1999b S. 6). Sie entschlossen sich jedoch für eine umfassende Internationalisierungsstrategie, die deutlich über den landesspezifischen Ausbau der Internetplattform hinausging. Das Internet wurde von Ebay insofern nicht als alleinige Markteintrittsform gewählt. Eine nationale Präsenz wurde im Vergleich zu einer Bearbeitung der ausländischen Märkte von den USA aus als Erfolg versprechender betrachtet.

Vor dem Eintritt in den deutschen Markt 1999 war Ebay den meisten deutschen Internetnutzern völlig unbekannt. Dies änderte sich innerhalb eines Jahres fundamental, da es Ebay gelang, auch im deutschen Markt eine hohe Reputation aufzubauen und Netzwerkeffekte zu realisieren. Der Aufbau von Reputation in Deutschland spielte für Ebay eine zentrale Rolle, da sie ihren Erfolg in den USA hauptsächlich auf Reputation (Word of Mouth) zurückführten (Ebay 1999b, S. 2ff. und S. 41).

Zunächst kaufte Ebay, um einen deutschen Kundenstamm zu erhalten und überhaupt reputationswirksame Erfahrungen auf Kundenseite zu ermöglichen, am 15. Juni 1999 den bis dahin größten Internet-Auktionsanbieter im deutschsprachigen Raum, die „Alando.de AG". Damit war Ebay im deutschen Markt präsent. „Alando. de AG" hatte seine Dienste erst im März 1999 aufgenommen und in dieser viermonatigen Zeitspanne bereits über 50.000 registrierte Nutzer gewinnen können. Bis zum Jahresende wurde schrittweise der Übergang auf die Auktionsplattform von Ebay vorbereitet und schließlich die Internetadresse gewechselt (Ebay 1999a; 1999b, S. 21 und S. 59). Aus strategischer Sicht war die Akquisition dem Eigenaufbau überlegen, da bei steigender Wettbewerbsintensität die Zeit des Reputationsaufbaus mit den damit zusammenhängenden Netzwerkeffekten einen kritischen Faktor darstellt. Durch die Übernahme des stärksten Anbieters konnte nicht nur dessen Kundenstamm direkt übernommen werden, sondern es wurde zugleich der einzige Konkurrent um Netzwerkeffekte beseitigt. Konsequenterweise wurde dann von Ebay die oben beschriebene „Follow-the-Free"-Strategie angewandt. Erst nach Erreichen der kritischen Masse und einer ausreichenden Reputation wurden schrittweise Gebühren eingeführt (Stippel 2002, S. 55).

Konkret hat Ebay versucht, die Reputation durch verschiedene Maßnahmen gezielt aufzubauen. Diese Maßnahmen lassen sich im Wesentlichen drei sensiblen Bewertungsfeldern bei einer Auktionsbörse zuordnen:

(1) Legitimität der Geschäftstätigkeit,

(2) Fairness und

(3) Sicherheit.

Legitimität der Geschäftstätigkeit

Bereits in den USA fokussierte Ebay nicht auf Massenwerbung, sondern auf eine ausgewählte Medienpräsenz (in bekannten Fernsehshows) und Aufsehen erregende Auktionen (z.B. Versteigerung einer Ölplattform oder eines Düsenjägers), um das Augenmerk auf die Geschäftstätigkeit an und für sich zu richten (Ebay 1999b, S. I und S. 41; Stippel 2002, S. 54).

Diese Strategie wurde auf Deutschland übertragen, allerdings mit einer verstärkten „Charity"-Komponente. Bekannte Beispiele sind die Versteigerungen des VW-Käfers von Götz George inklusive Statistenrolle und von Requisiten aus dem Film „Moulin Rouge" für einen guten Zweck (Ebay 2002, S. 1). Durch diese Aktionen gelang es Ebay, sowohl das Interesse an Auktionen zu wecken („Auktionen machen Spaß") als auch gleichzeitig die Legitimität des Geschäftsmodells sicherzustellen („selbst angesehene Schauspieler machen mit").

Damit die Legitimität des Geschäftsmodells langfristig Bestand hat, überwacht Ebay die angebotenen Waren sehr sorgfältig und beendet Auktionen mit verbotenem Inhalt oder Verkaufstexten. Verkäufer, deren Auktionen häufiger durch Ebay aus diesem Grund beendet werden müssen oder die betrügen, werden von der Auktionsplattform für immer suspendiert (Ebay 1999b, S. 8).

Fairness

Bei einer Auktionsbörse hängt die Reputation des Anbieters von der Reputation der Käufer und Verkäufer ab. Ebays Reputation ist also an diejenige der Kunden gekoppelt. Reputable Käufer und Verkäufer sind für den Erfolg von Auktionen eine Grundvoraussetzung. Dies sei im Folgenden kurz erläutert.

Auktionsmärkte im Internet bieten im Vergleich zu herkömmlichen Märkten den Nachteil, dass die Transaktionspartner weitgehend anonym bleiben. Ein Mitgliedsname oder eine E-Mail-Adresse allein bieten noch keine Sicherheit gegen diese Anonymität, da diese leicht geändert werden können (Friedman/Resnick 1999, S. 2f.). Ein Käufer ist bei einer im Internet abgeschlossenen Auktion einem erhöhten Risiko ausgesetzt, da üblicherweise die erworbene Ware erst nach deren Bezahlung verschickt wird und es unsicher ist, ob und in welchem Zustand der Käufer die Ware erhält. Deshalb ist eine Zusicherung, dass der Verkäufer diese Situation nicht opportunistisch durch Veräußerung von minderwertiger Ware ausnutzt, entscheidend für die Durchführung einer solchen Transaktion (Standifird 2001, S. 281). Obwohl durch die auf der Auktionsplattform vereinbarte Transaktion ein rechtsgültiger Vertrag zwischen Verkäufer und Käufer vorliegt, ist dieser jedoch aufgrund von Kostengesichtspunkten in Relation zum Auktionswert häufig schwer durchsetzbar. Eine Ergreifung rechtlicher Schritte kommt praktisch nicht vor (McDonald/Slawson 2002, S. 633).

Weil der Verkäufer seine Ware und sein Verhalten kennt, der Käufer jedoch keine Kenntnis diesbezüglich hat und einen möglichen Betrug des Verkäufers antizipieren muss, liegen Informationsasymmetrien vor, die zu Unsicherheit führen. Wird diese Unsicherheit nicht eliminiert, wird der Käufer nicht an Auktionen teilnehmen oder aber diese Unsicherheit bei seinem Auktionsgebot durch einen Risikozuschlag berücksichtigen, der zu einer Verringerung seines Gebots führt. In der Konsequenz werden aufgrund dieser Unsicherheit lediglich durchschnittliche Auktionsgebote abgegeben. Davon sind allerdings auch Verkäufer betroffen, die sich fair verhalten und qualitativ hochwertige Waren anbieten. Diese sind wiederum nicht bereit, ihre Ware zu einem schlechteren Preis zu versteigern und verlassen den Markt. Im Ergebnis bleiben nur noch solche Verkäufer übrig, die minderwertige Waren („Lemons") anbieten, was wiederum dazu führt, dass die Käufer ihre Auktionsgebote weiter verringern, so dass in der weiteren Folge immer schlechtere Waren am Auktionsmarkt angeboten werden und dieser letztlich in seinem Bestand gefährdet ist (Akerlof 1970, S. 489ff.; Stiglitz/Weiss 1981, S. 393; Standifird 2001, S. 289).

Um diese für Ebay existenzgefährdende Rückkopplungsschleife nicht entstehen zu lassen, ist es allein aufgrund des Geschäftsmodells dringend notwendig, faire von unfairen Verkäufern differenzieren zu können. Insofern hat Ebay Auktionsregeln festgelegt und ein standardisiertes sowie leicht zu handhabendes Bewertungssystem entwickelt. So gibt es von jedem Ebay-Kunden ein Bewertungsprofil. Dieses Profil besteht aus positiven oder negativen Kommentaren und Bewertungspunkten, die andere Ebay-Kunden für bereits abgeschlossene Transaktionen vergeben haben. Die einzelnen Profile sind für jeden Kunden ersichtlich und Verkäufer mit positiver Reputation können sich entsprechend abheben. Darüber hinaus werden Verkäufer aufgefordert und von Ebay entsprechend technisch unterstützt, ihre Ware möglichst präzise zu beschreiben. Auch besteht die Möglichkeit, über E-Mail Rückfragen an den Verkäufer zu stellen. Ebay ist insofern sehr stark bemüht, die Informationsasymmetrien zwischen Verkäufer und Käufer zu reduzieren (Quitzau 2004, S. 213f.). Durch den erzielbaren höheren Verkaufspreis besteht ein höherer Anreiz für seriöse Verkäufer, an einer Auktionsplattform mit existierendem Reputationsmechanismus Waren anzubieten.

Das bereits in den USA erprobte Bewertungssystem konnte mit geringfügigen landesspezifischen Anpassungen auf den deutschen Markt transferiert werden. Ebay achtet aber nicht nur darauf, dass unzuverlässige Kunden oder gar Betrüger mit Hilfe des Bewertungssystems identifiziert werden, sondern versucht, Fairness auch in Bezug auf die Bewertung selbst sicherzustellen. So sollen im Falle einer intendierten negativen Bewertung die Transaktionspartner vor Abgabe dieser in gegenseitigen Kontakt treten und so mögliche Missverständnisse (z.B. krankheitsbedingte Verzögerung der Bezahlung oder Lieferung) auszuräumen. So wird sichergestellt, dass wirklich nur Verhalten, das nicht den Ebay-Regeln entspricht, mit einer negativen Bewertung sanktioniert wird und das Bewertungssystem aussagekräftig bleibt.

Sicherheit

Sicherheit bedeutet bei einem Internetanbieter zunächst technische Stabilität. Systemabstürze werden in der Regel nur in Maßen toleriert. Insofern beeinflusst das technische Know-how auch die Reputation. Entscheidender ist aber die Sicherheit bei der Transaktionsabwicklung. Hier existieren, wie oben bereits beschrieben, Informationsasymmetrien, die zu Unsicherheit führen. Um hier entsprechende Sicherheit zu schaffen, bietet Ebay ein Versicherungsprogramm an, das einem betrogenen Käufer einen Betrag bis zu 200 EUR mit 25 EUR Selbstbeteiligung kostenfrei zur Verfügung stellt (McDonald/Slawson 2002, S. 633). Darüber hinaus wurden ein Zahlungsabwicklungsprogramm und ein Treuhandservice eingerichtet. Für spezielle Produkte werden weitere Serviceleistungen angeboten. Speziell für über Ebay angebotene Autos wird der Gebrauchtwagencheck von ATU gegen ein geringes Entgelt angeboten, der die Qualität der Ware zuverlässig beurteilen soll. Sämtliche dieser Maßnahmen tragen erheblich zur erfolgreichen Transaktionsabwicklung bei und konnten Ebays Reputation erhöhen.

Die geschilderte Vorgehensweise in Bezug auf die Erschließung des deutschen Marktes wird von Ebay durchgängig bei der Erschließung neuer Märkte angewandt (z.B. Kanada, Brasilien, Korea, Frankreich usw.), so dass von einer systematischen Internationalisierungsstrategie ausgegangen werden kann. Das multinational (und nicht global) angelegte strategische Muster kann vereinfacht an *zwei Faktoren* festgemacht werden:

(1) Transfer der bewährten Technologie mit länderspezifischer Anpassung (z.B. Bewertungs- und Abwicklungssystem),

(2) Konzentration auf den landesspezifischen Reputationsaufbau durch

- Akquisition eines bereits bekannten Anbieters (falls vorhanden),

- Verzicht auf Gebühren, bis eine kritische Kundenmasse erreicht ist,

- Legitimierung der Geschäftstätigkeit durch medienwirksame Auktionen und

- Sicherstellung von Fairness und Sicherheit.

Gerade in Bezug auf die letzten beiden Punkte sind landesspezifische Faktoren zu berücksichtigen, denn die Kriterien zur Beurteilung von Legitimität, Fairness oder Sicherheit hängen von den jeweiligen landeskulturellen Rahmenbedingungen ab.

Die Analyse hat gezeigt, dass zwar nicht die Ressource „Reputation", aber offensichtlich das Wissen um den Reputationsaufbau in das jeweilige Land transferiert wurde. Dieses Wissen hat sich Ebay im Heimatland USA angeeignet und gezielt für die Internationalisierung eingesetzt. Das Generierungswissen in Bezug auf Reputationseffekte stellt sich insofern als strategischer Wettbewerbsvorteil von Ebay dar.

5.   Schlussbetrachtung

Abschließend sollen einige Punkte hervorgehoben werden, die für die Internationalisierung von Dienstleistungen von besonderer Relevanz sind und bei der Analyse von Ebay deutlich wurden.

Zunächst lässt sich Reputation als strategische Ressource, die bei Dienstleistungen generell für die Erlangung von Wettbewerbsvorteilen eine entscheidende Rolle spielt, charakterisieren. Dies ist vor allem deshalb der Fall, da die Unsicherheiten auf Seiten des Käufers, die durch Informationsasymmetrien bei Dienstleistungen entstehen, durch eine entsprechende Reputation reduziert werden können. Darüber hinaus kann die Reputation eines Unternehmens nicht über den Markt erworben, sondern muss selbst aufgebaut werden. Dadurch erlangt die Ressource „Reputation" letztlich ihre strategische Bedeutung. Im Zusammenhang mit Internationalisierungsstrategien stellt sich Reputation als nur beschränkt auf andere Länder transferierbare Ressource dar. Von daher ist es bei der Internationalisierung von Dienstleistungen in besonderem Maße notwendig, dem jeweils landesspezifischen Reputationsaufbau besondere Aufmerksamkeit im Rahmen der Internationalisierungsstrategie zu schenken. Eine nationale Präsenz erleichtert den Reputationsaufbau und sollte, selbst bei global vermarktbaren, internetbasierten Dienstleistungen, generell in Erwägung gezogen werden.

Der Reputationsaufbau ist bei standardisierten Dienstleistungen vom Grundsatz her leichter als bei nicht standardisierten. Dies hängt in erster Linie damit zusammen, dass das empfundene Risiko auf Seiten der Nachfrager bei einer Standardisierung geringer ist. Insofern ist es leichter, eine kritische Masse an Kunden zu erreichen. Darüber hinaus können auch die reputationssensiblen Erwartungen der Kunden besser eingeschätzt und damit adressiert werden. Vor diesem Hintergrund haben internetbasierte Dienstleistungen aufgrund der durch die Technologie erzwungenen Standardisierung zunächst einen Vorteil. Allerdings kann gerade die von den Nachfragern wahrgenommene persönliche Anonymität der Internetanbieter, die durch das Internet evoziert wird, das subjektiv empfundene Risiko bei internetbasierten Dienstleistungen auch erhöhen. Eine bloße Standardisierung der Dienstleistung kann somit den gezielten Reputationsaufbau nicht ersetzen.

Der konkrete Reputationsaufbau ist zunächst von den Spezifika der Dienstleistung abhängig. Diese beeinflussen die Bewertungsfelder der Kunden. So kann in einem Fall die Schnelligkeit der Leistungserstellung, in einem anderen Fall die Sicherstellung von Fairness oder in wieder einem anderen Fall die Sicherheit eine dominante Rolle spielen. Demzufolge ist für den gezielten Aufbau von Reputation entsprechendes Wissen über das öffentliche Image des Unternehmens und die Erwartungen der Kunden notwendig. Gerade bei neuartigen oder ungewöhnlichen Dienstleistungen, wie sie häufig im Zusammenhang mit Internetangeboten erlebt werden, fällt der erste Punkt stärker ins Gewicht. Eine hohe Reputation setzt nämlich immer eine Legitimität der Geschäftstätigkeit an und für sich voraus.

Insofern empfiehlt es sich, zunächst im Heimatland die sensiblen Bewertungsfelder durch entsprechende Kundenkenntnis zu identifizieren und zu abstrahieren. Im Rahmen der Internationalisierungsstrategie kommen dann landesspezifische Evaluationskriterien in Bezug auf diese Bewertungsfelder zum Tragen. So können z.B. die Kriterien für Sicherheit von Land zu Land stark variieren. Die bekannte Studie von Hofstede (1980) hat beispielsweise auf die landeskulturellen Unterschiede in Bezug auf den Faktor „Unsicherheitsvermeidung" hingewiesen. Aufgrund dieser landeskulturellen Unterschiede der Evaluationskriterien zur Reputationsbeurteilung kann man den Anbietern von Dienstleistungen eher eine inkrementelle Internationalisierungsstrategie empfehlen.

Insgesamt verdeutlicht die überragende Bedeutung des Faktors „Reputation" bei Dienstleistungen, warum eine erfolgreiche Internationalisierungsstrategie weit mehr als die bloße landesspezifische Anpassung des Internetauftritts beinhaltet.

Literatur

Akerlof, G.A. (1970): The Market For „Lemons": Quality Uncertainty And The Market Mechanism, in: Quarterly Journal of Economics, Vol. 84, No. 3, S. 488-500.

Amit, R./Schoemaker, P.J.H. (1993): Strategic Assets and Organizational Rent, in: Strategic Management Journal, Vol. 14, No. 1, S. 33-46.

Barney, J.B. (1991): Firm Resources and Sustained Competitive Advantage, in: Journal of Management, Vol. 17, No. 1, S. 99-120.

Barney, J.B. (1997): Looking Inside for Competitive Advantage, in: Campbell, A./ Sommers Luchs, K. (Hrsg.): Core Competency-Based Strategy, London, S. 13-29.

Dierickx, I./Cool, K. (1989): Asset Stock Accumulation and Sustainability of Competitive Advantage, in: Management Science, Vol. 35, No. 12, S. 1504-1510.

Ebay (Hrsg.) (2002): Schimanski trennt sich bei ebay von seinem VW Käfer, http://presse.ebay.de/news.exe?page=INDEX&news_id=100073&comp_id=100000 &date1=01012001&date2=21122002&h=1 (Zugriff am: 21.07.2004).

Ebay (Hrsg.) (1999a): eBay Acquires Germany's Leading Online Person-To-Person Trading Site – alando.de AG, http://pages.ebay.com/community/aboutebay/releases/ pr99.html#41 (Zugriff am: 21.07.2004).

Ebay (Hrsg.) (1999b): Annual Report 1999, http://investor.ebay.com/downloads/1999_ annual_10K.pdf (Zugriff am: 21.07.2004).

Engelhardt, W.H./Kleinaltenkamp, M./Reckenfelderbäumer, M. (1992): Dienstleistungen als Absatzobjekt, Arbeitsbericht Nr. 52 des Instituts für Unternehmensführung und Unternehmensforschung an der Ruhr-Universität Bochum, Bochum.

Fombrun, C.J. (1996): Reputation. Realizing Value from the Corporate Image, Boston.

Friedman, E.J./Resnick, P. (1999): The Social Cost of Cheap Pseudonyms, Working Paper, Ruttgers University.

Ghoshal, S. (1987): Global Strategy, in: Strategic Management Journal, Vol. 8, No. 5, S. 425-440.

Hagel III, J./Armstrong, G. (1997): Net Gain – Profit im Netz, Wiesbaden.

Hilke, W. (1989): Grundprobleme und Entwicklungstendenzen des Dienstleistungs-Marketing, in: Hilke, W. (Hrsg.): Dienstleistungs-Marketing, Wiesbaden, S. 5-44.

Hofstede, G. (1980): Culture's Consequences, Beverly Hills.

Hübner, C. (1996): Internationalisierung von Dienstleistungsangeboten. Probleme und Lösungsansätze, München.

Levitt, T. (1983): The Globalization of Markets, in: Harvard Business Review, Vol. 61, No. 3, S. 92-102.

Mahon, J. (2002): Corporate Reputation. A Research Agenda Using Strategy and Stakeholder Literature, in: Business and Society, Vol. 41, No. 4, S. 415-445.

McDonald, C.G./Slawson, V.C. (2002): Reputation in an Internet Auction Market, in: Economic Inquiry, Vol. 40, No. 4, S. 633-650.

Meffert, H. (1994): Dienstleistungsmarketing, in: Tietz, B./Köhler, R./Zentes, J. (Hrsg.): Handwörterbuch des Marketing, 2. Aufl., Stuttgart, Sp. 454-469.

Meffert, H./Bruhn, M. (2003): Dienstleistungsmarketing. Grundlagen – Konzepte – Methoden, 4. Aufl., Wiesbaden.

Penrose, E. (1959): The Theory of the Growth of the Firm, New York.

Peteraf, M. (1993): The Cornerstones of competitive Advantage: A Resource-based View, in: Strategic Management Journal, Vol. 14, No. 3, S. 179-191.

Porter, M. (1986): Competition in Global Industries. A Conceptual Framework, in: Porter, M. (Hrsg.): Competition in Global Industries, Boston, S. 15-60.

Porter, M.E. (2001): Strategy and the Internet, in: Harvard Business Review, Vol. 79, No. 3, S. 63-78.

Quitzau, J. (2004): Handeln Wirtschaftssubjekte rational? Empirische Evidenz aus Internet-Auktionen, in: Wirtschaftswissenschaftliches Studium, 33. Jg., Nr. 7, S. 412-418.

Rumelt, R.P./Schendel, D./Teece, D.J. (1991): Strategic Management and Economics, in: Strategic Management Journal, Vol. 12, No. 8, S. 5-29.

Sandberg, K.D. (2002): Kicking the Tires of Corporate Reputation, in: Harvard Management Communication Letter, Vol. 5, No. 1, S. 3-4.

Standifird, S.S. (2001): Reputation and e-commerce: eBay auctions and the asymmetrical impact of positive and negative ratings, in: Journal of Management, Vol. 27, No. 3, S. 279-295.

Stauss, B. (1995): Internationales Dienstleistungsmarketing, in: Hermanns, A./ Wißmeier, U. (Hrsg.): Internationales Marketing-Management. Grundlagen, Strategien, Instrumente, Kontrolle und Organisation, München, S. 437-474.

Steinmann, H./Schreyögg, G. (2000): Management. Grundlagen der Unternehmensführung. 5. Aufl., Wiesbaden.

Stiglitz, J.E./Weiss, A. (1981): Credit Rationing in Markets with Imperfect Information, in: The American Economic Review, Vol. 71, No. 3, S. 393-410.

Stippel, P. (2002): Wie Ebay in Deutschland den Durchbruch schaffte, in: Absatzwirtschaft, 45. Jg., Sonderheft: marken, S. 50-55.

Vickrey, W. (1961): Counterspeculation and Competitive Sealed Tenders, in: Journal of Finance, Vol. 16, No. 1, S. 8-37.

Wernerfeld, B. (1984): A Resource-based View of the Firm, in: Strategic Management Journal, Vol. 5, No. 2, S. 171-180.

Winter, S.G. (1987): Knowledge and Competence as Strategic Assets, in: Teece, D.J. (Hrsg.): The Competitive Challenge: Strategies for Industrial Innovation and Renewal, Cambridge, S. 159-184.

Wirtz, B.W. (2003): Medien- und Internetmanagement, 3. Aufl., Wiesbaden.

Yip, G. (2003): Total Global Strategy II, updated for the Internet and Service Era, New Jersey.

Tobias Specker und Johann Engelhard

Internationalisierungsprozesse von wissensintensiven Dienstleistungsunternehmen

Prof. Dr. *Tobias Specker* ist Professor für Allgemeine Betriebswirtschaftslehre und Internationales Marketing an der Fachhochschule Kiel. Prof. Dr. *Johann Engelhard* ist Inhaber des Lehrstuhls für Betriebswirtschaftslehre, insbesondere Internationales Management an der Otto-Friedrich-Universität Bamberg.

1. Internationalisierung von wissensintensiven Dienstleistungsunternehmen – Grundsätzliche Vorbemerkungen

Aktuelle Befunde zu Art und Ausmaß der Wachstumsraten im Welthandel machen deutlich, dass die über lange Zeit diagnostizierte Internationalisierungsschwäche von Dienstleistungsunternehmen der Vergangenheit angehört. In diesem Sinne belegen die diesbezüglich einschlägigen Statistiken seit Mitte der 1990er Jahre einen substantiellen Bedeutungszuwachs der Strategieoption „Internationalisierung" für diese Unternehmenskategorie (Meffert 2000, S. 504ff.; Kemper 2001). Vor diesem Hintergrund und im Bewusstsein um die intensiv diskutierten konstitutiven Merkmale von Dienstleistungen – insbesondere Immaterialität bzw. Intangibilität, Spezifität und Interaktionsintensität – erscheint eine Intensivierung wissenschaftlicher Bemühungen in diesem Forschungsfeld dringend geboten. Die damit in Ansprache gebrachte Forderung einer Entwicklung von spezifischen Internationalisierungskonzepten im Dienstleistungsbereich ist von der Überzeugung getragen, dass eben diese konstitutiven Merkmale von Dienstleistungen einem pauschalen Transfer etablierter Internationalisierungslogiken enge Grenzen setzen.

Auf der Grundlage dieser Prämisse und trotz aller bis heute geführten Kontroversen um eine allgemein anerkannte Definition des Dienstleistungsbegriffes haben sich im Schrifttum verschiedene Typologien etabliert, die (auch) als Ausgangsbasis einer tiefer gehenden inhaltlichen Analyse der Internationalisierungsspezifika von Dienstleistungen dienen und als ursächlich für die hier gewählte Fokussierung auf die so genannten „wissensintensiven Dienstleistungsunternehmen" zu erachten sind.

In diesem Sinne wird mit dem vorgenannten Begriff zunächst auf eine Differenzierung von Dienstleistungsunternehmen verwiesen, in deren Mittelpunkt die Frage nach dem dominanten Leistungspotenzial steht. Wie Abbildung 1 zeigt, wird die darunter subsumierte Gesamtheit der materiellen und immateriellen Produktionsfaktoren, über die das Unternehmen seine Leistungsbereitschaft definiert, bei dieser Kategorie von Dienstleistern vornehmlich durch eine höchst immaterielle Komponente, nämlich Wissen, konstituiert (Becker/Daniel 1999, S. 36).

Nachdem innerhalb dieses Typs von wissensintensiven Dienstleistungsunternehmen noch immer eine Vielzahl höchst unterschiedlicher Ausprägungsformen verortet werden kann, erscheint es aus verschiedenen Gründen mehr als sinnvoll, die weiteren Überlegungen auf einen Repräsentanten der so genannten *„Professional Service Firms"* (PSF) zu fokussieren: das „Consulting" bzw. die Unternehmensberatung (Müller-Stewens et al. 1999, S. 20ff.). Deren Leistungsangebot lässt sich in allgemeiner Form folgendermaßen charakterisieren: „Management consulting is an advisory service contracted for and provided to organizations by specially trained and qualified persons who assist, in an objective and independent manner, the client organization to identify management problems, analyse such problems, recommend solutions to these problems, and help, when requested, in the implementation of solutions" (Greiner/Metzger 1983, S. 7).

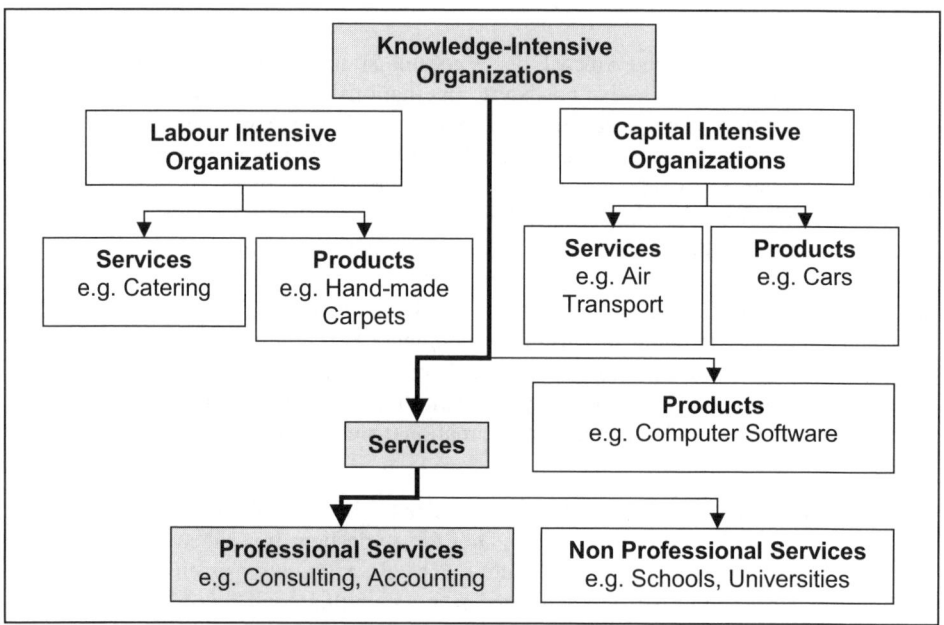

Abbildung 1: Organisationstypen von Unternehmen
(Quelle: Løwendahl 2000, S. 21)

Die damit vollzogene Selektion ist zum einen mit der Tatsache zu begründen, dass gerade in diesem Dienstleistungssegment in den vergangenen zwei Jahrzehnten eine erhebliche Forcierung von grenzüberschreitenden Aktivitäten zu beobachten war (Glückler 2001, S. 2ff.). Zum anderen wird damit der Blick auf eine weitere und überaus populäre Typologisierung von Dienstleistungen gelenkt, die in ihrem Layout internationalisierungsrelevante Aspekte unter spezifischer Bezugnahme auf das Consultingsegment explizit würdigt.

Wie Abbildung 2 skizziert, steht zunächst die von Sampson & Snape etablierte Differenzierung zwischen Anbieter- und Nachfragermobilität im Mittelpunkt dieses Ansatzes (Sampson/Snape 1985, S. 172f.). Für den hier eingeschlagenen Weg der Argumentation ist nun entscheidend, dass der Dienstleistungstypus „Consulting" als Spielart des so genannten „Foreign Earnings Trade" aufzufassen ist (Riddle 1986, S. 195; Stauss 1994, S. 14).

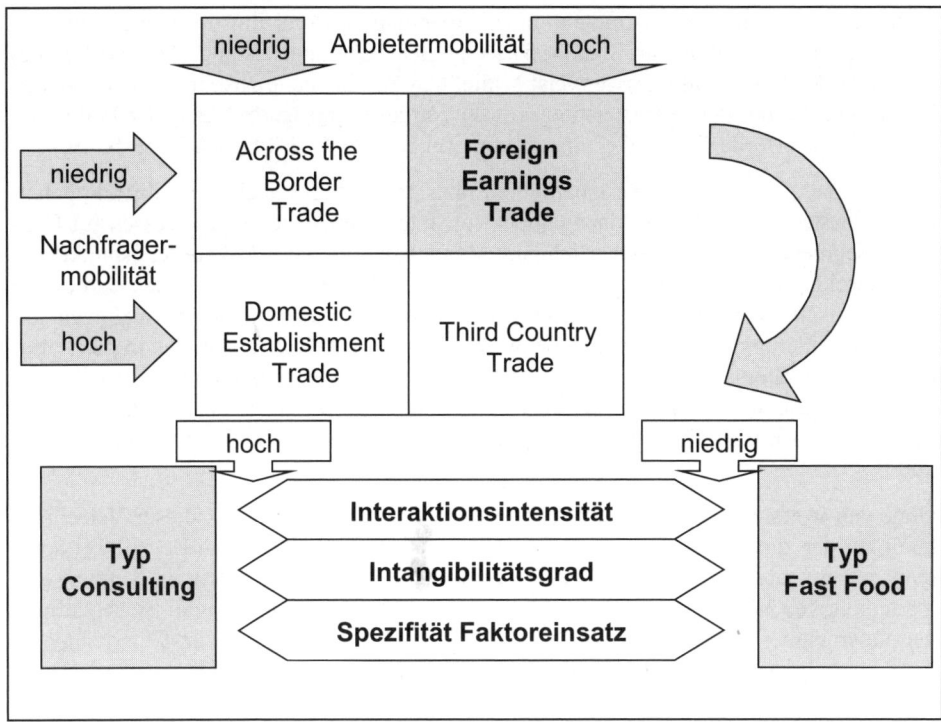

Abbildung 2: Typologisierung internationaler Dienstleistungen
(Quelle: in Anlehnung an Sampson/Snape 1985, S. 172;
Meffert 2000, S. 512)

Dienstleistungen dieses Typs gelten demnach als so genannte „*Kontakt-Dienstleistungen*", bei denen die Mobilität der Produktivfaktoren des Anbieters vorliegt und die Leistungserstellung beim Nachfrager erfolgt. Die Präsenz am für den Anbieter ausländischen Standort kann hierbei dauerhaft (Direktinvestition) oder zeitlich begrenzt (z.B. temporärer Personenexport) sein (Meffert/Bruhn 2000, S. 467; Frehse 2002, S. 45). Auf der Grundlage dieser noch recht pauschalen Charakterisierung illustriert Stauss (1994) im Rückgriff auf die oben angeführten konstitutiven Dienstleistungsmerkmale die besondere Qualität von grenzüberschreitenden Transaktionen im Consultingsektor. Diese zeichnen sich demnach durch eine insgesamt überaus starke Ausprägung in jenen Merkmalskategorien aus, mit denen die „*Sperrigkeit*" von Dienstleistungsaktivitäten im grenzüberschreitenden Austausch von jeher begründet wurde. Demzufolge lässt sich der wissensintensive Dienstleistungstyp „Consulting" zunächst durch einen hohen Intangibilitätsgrad charakterisieren, da diese überaus komplexe und abstrakte Dienstleistung eine vollständige Erfassung und Beurteilung des Ergebnisses sowie dessen Wirkungen nicht zulässt. Ein gleichermaßen hohes Niveau an Interaktionsintensität, d.h. das Erfor-

dernis einer weitgreifenden Integration des externen Faktors, illustriert ferner die begrenzten Möglichkeiten zur Standardisierung der Beratungsleistung. Die (kulturelle)
Spezifität des Faktoreinsatzes verweist schließlich auf das hohe Niveau an Anpassungs-
leistungen, die bei der Dienstleistungskonzeption aufgrund landesbezogener kultureller
Unterschiede erforderlich sind (Fugate/Zimmerman 1996, S. 37; Frehse 2002, S. 49).

Bemüht man sich nun um eine inhaltliche Präzisierung dieser noch recht abstrakt gehaltenen Überlegungen für das Management von Internationalisierungsprozessen im Consultingsegment, so herrscht sicherlich kein Mangel an konkreten Anknüpfungspunkten in
den einschlägigen Problemkategorien Marktwahl, Markteintritt und Marktbearbeitung
(Monheim 2004). Im Rahmen der hier im Weiteren zu entfaltenden Überlegungen soll
diese Verfeinerung unter Bezugnahme auf ein Themengebiet erfolgen, das in der (internationalen) strategischen Managementforschung höchste Aufmerksamkeit genießt und
gleichzeitig aus problemlogischer Sicht eine hohe Affinität zu grenzüberschreitend angelegten Consultingaktivitäten aufweist: das internationale Wissensmanagement (Bendt
2000).

Ohne den weiteren Ausführungen vorwegzugreifen, beruht die Logik dieser Verschrän-
kung auf der zunächst unkommentierten Einsicht, dass den unter dem Begriff Wissensmanagement subsumierten Fähigkeiten einer systematischen Identifikation, Nutzung und
Verteilung von Wissen eine besonders erfolgskritische Bedeutung bei der Sicherstellung
der unternehmerischen Wettbewerbsfähigkeit zugesprochen wird. Für Unternehmensberatungen hingegen verkörpert diese Forderung zunächst nichts anderes als die Basis
ihres Geschäftsmodells, versteht sie sich doch als Überträger von Handlungs- und Ori-
entierungswissen auf die Klientenorganisation (Kieser 1998, S. 205). Unterlegt man dieses Verständnis – wie im hier fokussierten Fall – mit einer internationalen Dimension, so
ist dieser leistungsbezogene Aspekt unter anderem auch durch ein organisationsinternes
Schnittstellenmanagement zu flankieren. In diesem Sinne erweist es sich als unabdingbar, die stark personalisierten Wissensbestände unternehmensintern in prinzipieller Form
zu mobilisieren.

Welche Perspektiven mit diesem Verständnis grenzüberschreitender Beratung zu verbinden sind, wurde jüngst folgendermaßen umschrieben: „Eine Herausforderung bei fort-
schreitender Internationalisierung besteht für Unternehmensberatungen einerseits darin,
den grenzüberschreitenden Transfer von Wissen ohne „Verwerfungen" durch kulturelle
und/oder institutionelle Rahmenbedingungen zu gewährleisten. Andererseits nötigt das
transnationale Wissensmanagement auch dazu, die in „Wissensprodukten" enthaltenen,
nicht expliziten Normen zu thematisieren (und zu legitimieren). Durch diese Kommunikation können Handlungsoptionen verfügbar werden, die vorher nicht im Blick waren."
(Rudolph/Okech 2003, S. 34).

Vor dem Hintergrund solcher Gestaltungspostulate für das internationale Management
von Unternehmensberatungsaktivitäten soll der im Folgenden eingeschlagene argumen-
tative Pfad verdeutlichen, dass die Bemühungen um eine theoretische Fundierung der
Internationalisierungsprozesse von Dienstleistungsunternehmen die Integration von Kon-

strukten erforderlich macht, die in der internationalen Managementforschung bislang keine oder nur marginal Berücksichtigung fanden, diese aber gleichwohl zu bereichern vermögen. Im Mittelpunkt dieser Behauptung steht ein an interkulturellen Maßstäben orientierter und deshalb inhaltlich differenzierter Wissens- und Lernbegriff.

Die hierfür zu entfaltende Diskussion nimmt ihren Ausgangspunkt in einem Abriss von Ursprüngen, Konzepten und Implementierungsbefunden des Wissensmanagements auf allgemeiner und grenzüberschreitender Ebene. Nachdem diese Betrachtung in Hinweisen auf Unzulänglichkeiten bei der Handhabung des Kulturkonzeptes mündet, erfolgt im nächsten Schritt eine ausführliche Darstellung einer Operationalisierungsalternative. Dieses Vorgehen kulminiert schließlich im Versuch der Illustration von Vorzügen eines Denkens in so genannten *„Lernstilkategorien"* bei Internationalisierungsprozessen von wissensintensiven Dienstleistungsunternehmen.

2. Wissensmanagement im internationalen Unternehmensverbund

2.1 Theoretische Hintergründe, konzeptionelle Entwürfe und empirisch generierte Befunde

Die Frage, wie es trotz Wettbewerb möglich ist, dass eine Unternehmung im Vergleich zu anderen Mitanbietern derselben Branche über eine lange Zeit erfolgreicher sein könne, hat die ökonomische Theorie schon immer beschäftigt (Rühli 1994, S. 33). Ob dieser Tradition vermag es auch kaum zu überraschen, dass dazu zwischenzeitlich eine kaum mehr überschaubare Fülle von Antworten bzw. Lösungsansätzen entwickelt worden ist (Zahn 1998, S. 395ff.).

Richtet man den Blick vor diesem Hintergrund auf entsprechend einschlägige Versuche einer inhaltlichen Konsolidierung, so kann die Dichotomisierung der so genannten Strategieparadigmen *„Market-based View"* vs. *„Resource-based View"* als wohl derzeit populärstes Redeinstrument bezeichnet werden (Knyphausen-Aufseß 1993, S. 771ff.). Ohne die darunter subsumierten Argumentationsstränge in extenso zu rekapitulieren, ist es wohl unstrittig, dass die derzeit zu beobachtende Popularität von Forschungsprogrammen zum Wissensmanagement Ausdruck einer Renaissance der ressourcenorientierten Strategielehre ist. Die dabei innerhalb des unternehmerischen Ressourcenspektrums dem Wissenskonstrukt zugewiesene Sonderstellung erscheint auch unmittelbar einsichtig: Unternehmerische Wettbewerbsfähigkeit ist demnach als das Produkt einer fundamentalen Asymmetrie von ökonomisch relevantem Wissen zu interpretieren, das sich aufgrund seiner Immaterialität als ausgesprochen erosionsstabil erweist. Konsequenterweise verkörpert die Fähigkeit einer Unternehmung bzw. ihrer Mitglieder, ökonomisch relevantes

Wissen zielorientiert zu generieren und zu instrumentalisieren – beispielsweise in Form individueller und organisationaler Lernprozesse –, eine zentrale oder gar die wichtigste Variable zur nachhaltigen Sicherstellung der Wettbewerbsfähigkeit. Im Gefolge dieser, in ihrer theoretisch-konzeptionellen Auslegung sicherlich stringenten Fassungen einer ressourcenorientierten Interpretation von unternehmerischen Wettbewerbsvorteilen präsentierte das einschlägige Schrifttum auch eine Reihe von Modellen des Wissensmanagements. Die darin in aller Regel vollzogene analytische Differenzierung zwischen Wissensakteuren, -kategorien und -arenen dient unter anderem auch dem Ziel, die aus anwendungsorientierter Sicht relevanten Gestaltungsaufgaben und Schlüsselprobleme in differenzierter Form zu erhellen (Al-Laham 2003). Zu den diesbezüglich prominentesten Ansätzen zählt dabei das Modell der Wissensspirale (Nonaka/Takeuchi 1995, S. 8ff. bzw. S. 73ff.; Nonaka 1991, S. 14ff.).

In geraffter Form können die darin vermittelten Wirkungszusammenhänge zunächst durch eine Differenzierung zwischen einer ontologischen und epistemologischen Dimension solcher Managementsysteme charakterisiert werden. Während die erste Dimension auf das Kontinuum der relevanten Akteure bzw. Wissens- und Lernebenen Bezug nimmt, verweist die epistemologische Dimension auf das Spektrum unterschiedlicher Wissenskategorien. In Anlehnung an Polanyi nehmen Nonaka/Takeuchi dort Bezug auf die Unterscheidung zwischen dem so genannten expliziten und dem impliziten Wissen. Nachdem explizites Wissen nur in geringem Maße kontextgebunden ist, demnach auch portionierbar, dokumentationsfähig, automatisierbar und relativ leicht kommunizierbar erscheint, genießt die Kategorie des impliziten Wissens a priori eine besondere Bedeutung und Aufmerksamkeit.

Auf der Grundlage dieser Aufspaltung exponieren die Autoren für ein systematisches unternehmerisches Wissensmanagement danach vier unterschiedliche Prinzipien einer so genannten Wissenskonversion (Abbildung 3).

Als originäre Grundlage im Prozess des Wissensmanagements fungiert danach der Typus der Sozialisation. Mit diesem Nukleus des organisationalen Wissensmanagements wird Bezug auf die Übertragung impliziter Wissensaspekte zwischen verschiedenen Personen bzw. der individuellen Aneignung dieser Wissenskategorie genommen.

Der sich danach anschließende Typus der Externalisierung akzentuiert das Erfordernis einer Explizierung impliziter Wissensbestände mit dem Ziel, diese einer Reflexion zugänglich zu machen. Werden die dadurch gewonnenen expliziten Wissensbestände durch Interaktionsprozesse interpersonell verknüpft, entspricht dies der so genannten Kombination. Die Erfahrungen bei der Anwendung dieses Wissens verkörpern – so die Argumentation von Nonaka/Takeuchi – schließlich den Kulminationspunkt ihres Modells: die so genannte Internalisierung. Der damit angesprochene Effekt einer so genannten *„multipersonellen Implizierung"* ursprünglich individuell fragmentierter und größtenteils amorpher Wissensbestände wird dabei auch als Grundlage eines sich selbst verstärkenden Prozesses der Wissensgenerierung entlang dieser vier Formen der Wissenskonversion interpretiert.

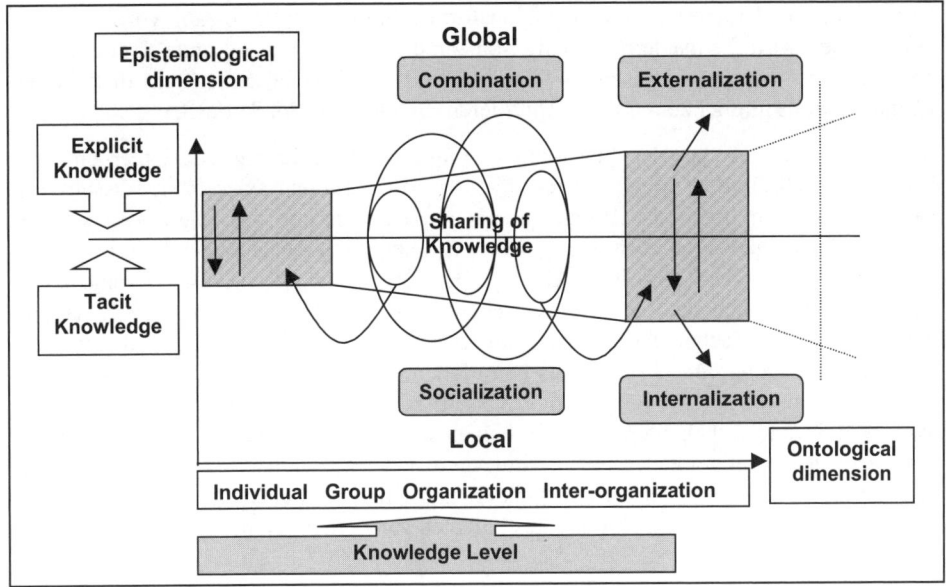

Abbildung 3: Spirale der organisatorischen Wissenserzeugung
(Quelle: In Anlehnung an Nonaka/Takeuchi 1995, S. 73)

Richtet man vor dem Hintergrund dieser Konzeptionalisierungen eines unternehmerischen Wissensmanagements den Blick auf dessen praxeologische Konsequenzen, so
mag der nachfolgende Befund verdeutlichen, dass die damit angesprochene Implemen-
tierungsperspektive mit erheblichen Problemen versehen ist: „Hinsichtlich der gezielten
Gestaltung von Lernprozessen ist eher Bescheidenheit angemessen. Organisationale
Lernprozesse lassen sich nicht erzwingen und stellen ein relativ schwieriges Unterfangen
dar, da eine Abkehr vom Status quo den Akteuren in der Regel nicht leicht fällt. Deshalb
braucht der Weg zur lernenden Organisation vor allem Zeit, die aber angesichts dynamischer Umwelten vermutlich immer weniger eingeräumt wird. Die Fähigkeit, (richtige)
Fragen zu stellen, ist dabei wichtiger, als Instrumente zu entwerfen." (Eberl 1996,
S. 230).

Interpretiert man diese Einschätzung als typische Facette der hinlänglich bekannten De-
batte zu den Unzulänglichkeiten einer Differenzierung zwischen Strategieinhalts- und
Strategieprozessforschung, so erscheint es in der Tradition einer anwendungsorientierten
Managementlehre nur konsequent, wenn gerade diese Implementierungshemmnisse in
den Mittelpunkt weiterer wissenschaftlicher Bemühungen gestellt werden (Jenner 2003,
S. 341ff.).

Im Verlauf der hierzu zwischenzeitlich vollzogenen Ausdifferenzierung dieses Strategiekonzeptes ist unter anderem deutlich geworden, dass das Bemühen um eine nachhaltige

Verstetigung der illustrierten Konversionsformen durch eine Vielzahl von Barrieren konterkariert wird. Es macht nun wenig Sinn, an dieser Stelle das gesamte Spektrum solcher Barrieren mit pathologischem Charakter und die dazu im Schrifttum diskutierten Kompensationsmöglichkeiten zu rekapitulieren (Schüppel 1996, S. 123ff.).

Vielmehr ist angesichts der hier vorgenommenen Fokussierung auf Unternehmensberatungsgesellschaften Folgendes festzuhalten: Mit den oben skizzierten Wissenskonversionsprozessen findet das Bemühen um eine Präzisierung der Logik von Consultingdienstleistungen seine Fortsetzung. Diese nehmen ihren Ausgangspunkt in impliziten Wissensbeständen der Consulting-Akteure. Auf der Grundlage dieses Leistungspotenzials manifestiert sich das Interaktionsgeschehen im Leistungserstellungsprozess dann in einer kundenspezifischen Explizierung dieses Wissens mit dem Ziel, die dadurch erzeugte Veränderung der Wissensbasis beim Klienten (extern oder intern) zu verankern, also wiederum in implizite Formen des Wissens zu überführen (Nonaka 1991, S. 14ff.). Welche Relevanz und Dichte dabei die oben ebenfalls angesprochenen Barrieren aufweisen, lässt sich in allgemeiner Form wohl kaum kategorisieren. Entscheidend ist aber, dass deren Handhabung – natürlich flankiert um den eigentlichen Leistungserstellungsprozess – die Qualitätswahrnehmung des Klienten ganz erheblich beeinflusst.

2.2   Interkulturelle Perspektiven des Wissensmanagements

Wenn im Rahmen der hier angestellten Überlegungen zum unternehmerischen Wissensmanagement zwischen einer nationalen und internationalen Dimension differenziert wird, so ist diese Unterscheidung von der Überzeugung getragen, dass die oben in allgemeiner Form angesprochenen Inhalte und Implementierungsaspekte dieses Strategiekonzeptes im Kontext grenzüberschreitender Aktivitäten durch ein erhebliches Ausmaß an Andersartigkeit geprägt sind.

Dabei ist zunächst festzuhalten, dass Lern- und Wissensphänomene im Unternehmen in der internationalen strategischen Managementforschung von jeher große Beachtung gefunden haben. Zwischenzeitlich kann ohne Übertreibung konstatiert werden, dass Konzepte der ressourcenorientierten Strategielehre in diesem Feld mehr als en vogue sind (Bendt 2000; Mahnke/Pedersen 2003). Demzufolge existieren auch eine Reihe von Theorien(-fragmenten), die einen Konnex zwischen Internationalität und Wettbewerbsfähigkeit mit Verweisen auf ein unternehmensinternes grenzüberschreitendes Wissensmanagement füllen: „A major competitive advantage of MNCs [Multinational Companies; Anm. d. Verf.] is their ability to exploit locally created knowledge worldwide." (Schlegelmilch/Chini 2003, S. 216).

Ob der oben illustrierten Implementierungshemmnisse des Wissensmanagements dürfte es nun wenig überraschen, wenn solche Interpretationen immer häufiger mit empirisch generierten Befunden konfrontiert werden, die im Ergebnis gar den Eindruck erwecken, die Wettbewerbsrelevanz von Wissensmanagementprozessen sei gerade im internationalen Kontext mit dem Odem einer „L'art pour l'art" behaftet. In einprägsamer Form vermag dies der folgende Befund vermitteln: „It is found that a substantial proportion of the observed MNC knowledge transfer transactions may be classified as „misfits" and to some extent do these „misfits" result in impaired performance of the MNCs." (Pedersen et al. 2003, S. 69).

Angesichts des aus solchen Diagnosen erzeugten Gefälles zwischen Anspruch und Wirklichkeit ist es nur konsequent, wenn die internationale strategische Managementforschung zwischenzeitlich mit einem breiten Fundus von Ursachenanalysen aufwartet (Welge/Holtbrügge 2000, S. 769ff.). Die darin vorgenommenen Akzentuierungen fallen in Abhängigkeit des jeweiligen Bezugspunktes – beispielsweise also Wissenstransferaspekte aus der Perspektive des internationalen Controlling oder der grenzüberschreitenden Marktforschung – höchst unterschiedlich aus.

Getreu dem vom „spiritus rector" der kulturvergleichenden Managementforschung Gert Hofstede ausgegebenen Motto „The Business of international Business is Culture" eint sie alle die Überzeugung, dass der Umstand der kulturellen Diversität eine entscheidende Barriere im Prozess des internationalen Wissenstransfers darstellt (Schmid 1996, S. 115ff.; Hofstede 1997). Ohne die dazu bislang erzeugten Einsichten in ihrer wissenschaftlichen Seriosität in Frage zu stellen, scheint die dabei eingeschlagene Richtung nach Überzeugung der Verfasser zu kurz zu greifen. Mit dieser Feststellung wird in erster Linie auf die etablierten Operationalisierungsansätze des Kulturkonstruktes Bezug genommen. Eben dazu häufen sich in jüngster Zeit auch kritische Stimmen, nach denen die bislang praktizierten Königswege sich als eher ungeeignet erweisen würden (Bolten 2001, S. 128ff.). Begründet wird dies mit deren Unausgewogenheit in der Kulturbeschreibung: Makroanalytische Ansätze in der Tradition Hofstedes lösen das Operationalisierungsproblem dadurch, dass mit relativ groben und eher beliebigen Dimensionen argumentiert wird, was in letzter Konsequenz zu Stereotypisierungen und Übergeneralisierungen führen muss (Osland/Bird 2000, S. 65ff.). Mikroanalytische Ansätze hingegen – beispielsweise also die Kulturstandard-Forschungen von Thomas 1991 – engen den Gegenstandsbereich zu stark ein und verirren sich in individuellen Episoden und Einzelfällen. Vor diesem Hintergrund soll im Folgenden eine Operationalisierungsalternative präsentiert werden, die in zweifacher Hinsicht gerade für Internationalisierungsprozesse wissensintensiver Dienstleistungsunternehmen ein hohes Eignungspotenzial aufzuweisen besitzen scheint: die interkulturelle Stilforschung.

In diesem Sinne vermag diese einerseits den oben genannten Balanceakt bei der Beschreibung bzw. Erklärung des Kulturkonstruktes in einer deutlich ausgewogeneren Form zu würdigen als die makro- und mikroanalytischen Ansätze (Rathje 2003, S. 1ff.). Aus methodisch konzeptioneller Sicht findet diese Einschätzung ihren Ausdruck in der Formulierung eines möglichst großen gemeinsamen Nenners in Bezug auf eine Vielzahl von individuellen Handlungs- und Äußerungsformen, die sich innerhalb einer als „Kultur" definierten Lebenswelt ereignen (Bolten 2001, S. 133ff.).

Nachdem Ergebnisse der interkulturellen Stilforschung auch in hohem Maße die Möglichkeit zu produktiven Entdeckungsreisen in fremdkulturelle Welten betonen, eröffnet dieser Zugang in substantieller Form auch die Möglichkeit der Integration einer bislang nur rudimentär erörterten Facette des Kulturkonstruktes, nämlich jenem der interkulturellen Synergien.

3. Internationales Wissensmanagement im Lichte der interkulturellen Stilforschung

3.1 Didaktische Sozialisationsprozesse und Kolbs Lernstilkonzept

Ausgangs- und Endpunkt der Konversionsprozesse von Wissen im Unternehmen bilden die impliziten Wissensbestände von Individuen.

Was aber ist bzw. wie entsteht solches Wissen? Sucht man nach Antworten auf diese scheinbar banale Frage, so präsentiert sich diese im Schrifttum meist aus einem Wechselspiel der Konstrukte Zeichen, Daten, Information und Lernen. Wissen verkörpert danach den Kulminationspunkt eines Anreicherungsprozesses von Zeichen durch Syntax (Daten), Kontext (Information) und Vernetzung (Lernen). Wissen ist somit vor allem das Ergebnis eines Lernprozesses, der sich im Kern dadurch auszeichnet, dass Informationen aufgenommen und zu einem Sinnzusammenhang verwoben, d.h. verarbeitet werden (Al-Laham 2003, S. 23ff.). Üblicherweise werden solche Minimaldefinitionen mit inhaltlich durchaus kontroversen Beiträgen aus der Lernpsychologie bzw. aus sozialpsychologischen oder gruppensoziologischen Theorien zum individuellen Lernen angereichert. Das damit verbundene Bemühen einer Erhellung und theoretischen Fundierung von Triebkräften und Verlaufsformen dieser Informationsgewinnungs- und -verarbeitungsprozesse erscheint eo ipso durchaus logisch und nach wissenschaftlichen Maßstäben auch elaboriert. Gleichwohl generiert dieser Prozess der Theoriebildung gerade in diesem speziellen Zusammenhang ein Paradoxon, das nach Überzeugung der Verfasser von entscheidender Bedeutung für die oben skizzierten Irritationen zur Realität des Wissensmanagements im internationalen Unternehmensverbund ist.

Argumentativer Kern dieser als akademischer Ethnozentrismus charakterisierten Beobachtung bildet die Tatsache, dass sich im Gefolge der wissenschaftlichen Aufarbeitung dieses Konzeptes auf Seiten der beteiligten Akteure implizite Theorien zum Wissens- bzw. Lernbegriff herausgebildet haben, die sich im Lichte der Lernrealität von und zwischen Individuen als teilweise höchst inkommensurabel und damit nur bedingt anschlussfähig erweisen. Alternativ und im sprachlichen Rückgriff auf die oben angesprochenen Dimensionen des Wissensmanagements könnte diese Beobachtung auch mit dem Begriff der *„epistemologischen Üppigkeit"* umschrieben werden.

Es entbehrt nun nicht einer gewissen Ironie, wenn dieser Einwand in inhaltlich differenzierter Form anhand eines Lernmodells verdeutlicht werden kann, dessen innere Logik auch durch jenen spiralförmigen Prozess geprägt ist, den Nonaka/Takeuchi in ihrem Konzept – wenn auch auf einer anderen Referenzebene – verwenden. Das damit exponierte Modell des Erfahrungslernens beschreibt die Entstehung von Wissen aus dem Zusammenspiel affektiver, perzeptiver, kognitiver und behavioristischer Prozesse (Kolb 1984; Rainey/Kolb 1995, S. 129ff.; Sims/Sims 1995, S. 193ff.).

Auf der Basis dieser Prämisse wird im weiteren Fortgang mit einem vierphasigen Lernzyklus argumentiert, dessen Komponenten durch eine bipolare Betrachtung von Informationserfassungs- („grasping" im Sinne von konkreter Erfahrung vs. abstrakter Konzeptualisierung) und Informationsverarbeitungsmodi („transformation" im Sinne von aktivem Experimentieren vs. reflektierendem Beobachten) konstituiert werden (Abbildung 4). Im Unterschied zur sonst recht pauschalen Handhabung dieser beiden Kategorien verdeutlicht diese Polarisierung deren tatsächliche Heterogenität und antagonistische Qualität.

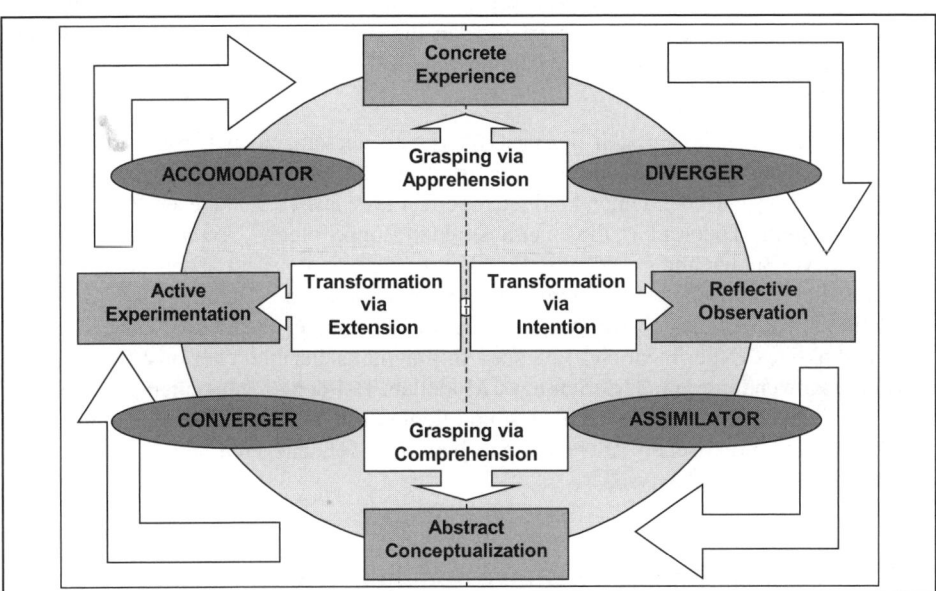

Abbildung 4: Zyklus des „Experiential Learning" nach Kolb
(Quelle: In Anlehnung an Kolb 1984, S. 42)

Von entscheidender Bedeutung ist nun, dass substantielle Lernprozesse von Individuen eigentlich nur dann gewährleistet sind, wenn diese einzelnen Phasen in ausgewogener, d.h. gleichberechtigter Form, „durchlaufen" werden. Die Zulässigkeit dieser Forderung scheint dabei mehr als plausibel: Um zu lernen, ist die Fähigkeit, konkrete Erfahrungen zu machen, a priori unerlässlich. Diese neuen Erfahrungen zu analysieren und zu reflektieren kann danach als Grundvoraussetzung einer Theoriebildungsphase betrachtet werden. Mit aktivem Experimentieren werden diese Theorien schließlich auf ihre Gültigkeit und Reichweite getestet. Typischerweise bilden die im Rahmen solcher Testprogramme gewonnenen Erfahrungen die Grundlage erneuter Informationsbeschaffungsaktivitäten, womit die Ingangsetzung des Lernprozesses auf einem höheren Niveau gewährleistet ist. Ergo endet der Lernprozess entlang dieser idealtypischen Spannweite von Informationserfassungs- und -verarbeitungsmodi nicht.

Im Verlauf der Bemühungen zur Verfeinerung seines Modells wird von Kolb aber eben diese Erwartung über die Beschaffenheit des Lernprozesses deutlich relativiert. In diesem Sinne wurde von ihm im Rahmen zahlreicher empirischer Forschungsarbeiten der Nachweis geführt, dass Individuen ob ihrer (auto-)didaktischen Sozialisation eine zum Teil sehr deutliche Präferenz bzw. Verweildauer gegenüber einzelnen Phasen dieses Modells aufweisen, aus epistemologischer Sicht also in gewisser Weise „unterernährt" sind (Noehr 1998, S. 31ff. und S. 244ff.). Im Kontext seines Modells des Erfahrungslernens verdeutlicht Kolb die Existenz solcher *„didaktischer Skripte"* durch den Begriff der so genannten Lernstile. Konturiert werden die dabei abgeleiteten vier Grundtypen durch eine jeweils spezifische Gewichtung von Informationsgewinnungs- und -verarbeitungsmodi.

In prägnanter Form lassen sich die Charakteristika der einzelnen Lernstile folgendermaßen umreißen: Die zwischen konkreter Erfahrung und reflektiver Beobachtung angesiedelten *„Divergers"* betrachten konkrete Sachverhalte aus verschiedenen Perspektiven, sind jedoch keine Theoretiker, die einer abstrakten Logik folgen. *„Assimilators"* (Domäne: reflektive Beobachtung und abstrakte Konzeptualisierung) hingegen konzentrieren sich auf die analytische und systematische Entwicklung von Theorien und Modellen durch induktive Schlussfolgerung. *„Convergers"* (Domäne: abstrakte Konzeptualisierung und aktives Experimentieren) betonen in pragmatischer und eher unsystematischer Form die Anwendung von Theorien bzw. Modellen. Bei den so genannten *„Accomodators"* (Domäne: aktives Experimentieren und konkrete Erfahrung) dominiert schließlich das Lernen aus praktischen Anwendungen bzw. die Tendenz zum spontanen Handeln anstelle der logischen Analyse.

3.2 Die (inter-)kulturelle Dimension didaktischer Sozialisation

Die Auseinandersetzung mit Lern- und Wissensprozessen hat – wie bereits angesprochen – in der internationalen strategischen Managementforschung eine lange Tradition. Angesichts der in diesem Forschungsfeld zum heutigen Zeitpunkt wohl auch unstrittigen Sensibilisierung gegenüber (inter-)kulturellen Konsequenzen der internationalen Unternehmenstätigkeit könnte man nun erwarten, dass im Rahmen dieser Auseinandersetzung das Konstrukt der didaktischen Sozialisation eine intensivere Würdigung erfahren hat.

Dass dies erstaunlicherweise nicht der Fall ist, also auch dort eine Form von akademischem Ethnozentrismus dominiert, lässt sich unter einem erneuten Rückgriff auf die bereits angesprochene Prozesstheorie der inkrementalen Internationalisierung belegen, zumal diese innerhalb der einschlägigen „Scientific Community" große Anerkennung erfahren hat (Scherm/Süß 2001, S. 63ff.).

Trotz einer zwischenzeitlich erheblichen Ausdifferenzierung des darunter zu subsumierenden Aussagensystems gelten in diesem so genannten Uppsala-Modell immer noch die personal-sozialen Merkmale eines bzw. des verantwortlichen Entscheidungsträgers als zentrale Triebkräfte der Internationalisierung. Auf der Basis dieser Sichtweise wird grenzüberschreitendes Unternehmensengagement als inkrementaler Prozess interpretiert, bei dem die Marktwahl in Abhängigkeit der wahrgenommenen kulturellen Nähe bzw. Fremdheit einerseits und die Markteintrittsform in Abhängigkeit vom damit einhergehenden ökonomischen Risiko andererseits determiniert wird (Johanson/Vahlne 1977, S. 11ff.; 1990, S. 11ff.; Engelhard/Eckert 1994, S. 3f.). Gespeist wird diese Argumentation dabei durch zwei zentrale Komponenten: Erstens die subjektiv empfundene Unsicherheit des Entscheidungsträgers gegenüber einem Auslandsmarkt und zweitens dessen diesbezüglich vorhandenes (und anwachsendes) Wissen. Ergänzt man nun diesen komprimierten Abriss des Uppsala-Modells mit der Feststellung, dass das Verhalten von schwedischen Unternehmen bei der Aufnahme und Ausdehnung der internationalen Geschäftstätigkeit in entscheidendem Maße zur Begründung dieser Theorie beigetragen hat, so stellt sich doch die Frage, ob es sich dabei um nicht mehr als ein Abbild des lokalen, also schwedischen bzw. skandinavischen Lernstils handelt.

Die Projektion der modellimmanenten Informationsgewinnungs- und -verarbeitungsmodi in den Kolbschen Lernstilkategorien legt jedenfalls eine recht eindeutige Schlussfolgerung nahe. Internationalisierungsprozesse im Verständnis der Uppsala-Theorie korrespondieren sehr deutlich mit dem Lernprofil der so genannten „Converger": Theorien und Modelle zur internationalen Unternehmensentwicklung und der damit erzeugten Beiträge zur Wettbewerbsfähigkeit werden praktisch, aber auch ausgesprochen pragmatisch angewandt.

Außer Frage steht nun, dass dieser Schlussfolgerung entgegenzuhalten ist, sie sei das Produkt einer gewissen Beliebigkeit. Zur Entkräftung solcher Einwände ist ergo der Nachweis erforderlich, dass sich solche Wechselwirkungen zwischen (national-)kulturellem Milieu und didaktischer Sozialisation auch in signifikanter Form identifizieren lassen. Das im Folgenden auszubreitende Spektrum an „Verdachtsmomenten" gibt jedenfalls Anlass, die Uppsala-Theorie als Artefakt ethnozentrischer akademischer Theoriebildungsprozesse zu betrachten.

An erster Stelle ist in diesem Zusammenhang die Studie von Hoppe (1990) zu nennen. Darin wird neben dem Versuch einer Replikation der Forschungsergebnisse von Hofstede auch explizit dass Ziel verfolgt, mögliche Wechselwirkungen zwischen dessen Kulturdimensionen und den Kolbschen Lernstilen nachzuweisen (Hoppe 1990). Im Ergebnis kulminiert dieses Bemühen im Nachweis signifikanter Korrelationen zwischen Ländern mit einem niedrigen Niveau von „Uncertainty Avoidance" bzw. in einem etwas schwächeren Ausmaß auch starker „Masculinity" und dem Lerntypus des so genannten „Accomodators" (Hoppe 1990, S. 170ff. und S. 192ff.). Korrespondierend dazu scheinen jene Länder, die sich durch eine entsprechend starke Unsicherheitsvermeidung bzw. Feminismus auszeichnen, deshalb Lernen mehr in der Form des so genannten „Assimilators" zu bevorzugen.

Richtet man angesichts dieser Ergebnisse den Blick auf die oben formulierte These, so ist es zunächst erforderlich, das landeskulturelle Profil Schwedens in den Kategorien der Hofstede Studie zu erhellen (Hofstede 1993, S. 127ff.). In Relation zu den Positionierungen aller Länder des Samples zeichnet sich Schweden danach durch ein ausgesprochen markantes Profil aus: niedriges Niveau an „Power Distance", „Individualism", „Masculinity" und „Uncertainty Avoidance". Vor diesem Hintergrund erscheinen die Ergebnisse von Hoppe in Verbindung mit der oben genannten These zunächst widersprüchlich: So erweist sich der Zusammenhang zwischen „Uncertainty Avoidance" und dem Informationsverarbeitungsmodus „Aktives Experimentieren" noch als durchaus stimmig. Völlig unvereinbar hingegen scheint diese Interaktion für die Kategorie „Masculinity". Eingedenk der wohl kaum kommentierungsbedürftigen Schwierigkeiten bei der empirischen Erhellung solcher Wechselwirkungen macht es nun wenig Sinn, über mögliche Gründe dieser Widersprüchlichkeit zu debattieren. Vielmehr mag im Rahmen dieser Studie als Resümee zunächst die Tatsache genügen, dass kulturell bedingte Lernstilpräferenzen auf einem signifikanten Niveau und in relativ homogener Form auch nachweisbar sind.

Obwohl neben dieser Arbeit noch eine Reihe weiterer Forschungsergebnisse zu nennen wären, die zu einer Erhellung dieses Komplexes beigetragen haben, soll an dieser Stelle der Hinweis genügen, dass die dort identifizierten Lernstilprofile nicht eine stereotypisierende Zuordnung widerspiegeln, sondern lediglich sozialisationsbedingte didaktische Präferenzen verdeutlichen, die den Zugang zu anderen Informationserfassungs- und -verarbeitungsmodi nicht gänzlich ausschließen (Haller 1997, 2003).

Die jüngst von Wyrik veröffentlichten Forschungsergebnisse dürften im Lichte der oben formulierten Hypothese zum vermeintlichen oder tatsächlichen Gehalt der Uppsala-Theorie als Kulminationspunkt der (inter-)kulturellen Lernstilforschung zu erachten sein: „The data, although a limited sample taken only once, indicate, that there is a strong tendency for Swedish engineering students to take a converger approach to learning." (Wyrick 2003, S. 30).

Es war und ist nun nicht das Ziel der hier angestellten Überlegungen, mit diesem Befund das Ende einer überaus populären – und im Rahmen grundlegender Überlegungen zu Verlaufsformen der Unternehmensentwicklung auch plausiblen – Prozesstheorie der unternehmerischen Internationalisierung zu proklamieren. Gleichwohl wird mit dieser Kuinzidenz aber auch verdeutlicht, dass mit solchen Spielarten von akademischem Ethno-zentrismus in der Theoriebildung zum internationalen Management aus anwendungs-orientierter Sicht ausgesprochen kontraproduktive „Kollateralschäden" einhergehen.

4.   Internationales Consulting und Lernstilheterogenität

Kehrt man vor diesem Hintergrund zum eigentlichen Ausgangspunkt der Überlegungen, also zur Frage nach den Besonderheiten im Internationalisierungsprozess von wis-sensintensiven Dienstleistungen zurück, so können die angesprochenen Vorzüge einer Lernstilorientierung für grenzüberschreitend agierende Consultingunternehmen – wie oben bereits angedeutet – in zweifacher Hinsicht verdeutlicht werden.

4.1   Qualitätsmanagement im internationalen Consulting

Das Bemühen um eine systematische Schaffung, Erhaltung und Kontrolle qualitativ hochwertiger Leistungspotenziale ist gerade für Dienstleister als condition sine qua non bei der Sicherstellung ihrer Wettbewerbsfähigkeit zu erachten. Gleichermaßen funda-mental dürfte in diesem Zusammenhang auch die Tatsache sein, dass das diesen Bemüh-ungen zugrunde liegende Qualitätsverständnis von Dienstleistungen in einem hohen Ausmaß Informationen über die vom Klienten wahrgenommenen Probleme mit dem unternehmerischen Leistungsangebot voraussetzt (Stauss/Hentschel 1994, S. 369ff.).

Rekapituliert man vor diesem Hintergrund die prototypischen Leistungsspezifika von Consultingunternehmen, so finden diese aus einer analytischen Perspektive ihren Aus-druck in zwei Kategorien: Erstens der Implementierung von Wissenskonversions-prozessen. Nachdem das damit angestrebte Ziel der Lösung organisationaler Probleme des Klienten jedoch in aller Regel von einer Reihe von Wissens- und Lernbarrieren konterkariert wird, zählt – zweitens – deren systematische Handhabung ebenfalls zur Be-ratungsaufgabe. Angesichts solcher Wechselwirkungen erscheint es wohl wenig speku-lativ, wenn unterstellt wird, dass Klienten ihre Qualitätserwartungen und -urteile von Be-ratungsleistungen entlang dieser beiden Kategorien definieren.

Inwieweit diese Zusammenhänge bei einer internationalen Perspektive von Consulting-aktivitäten eine substanzielle Erweiterung erfahren, ist sicherlich noch mehr als strittig. In diesem Sinne erwecken beispielsweise die Forschungsergebnisse von Stauss/Mang den Eindruck, als ob die dort besonders evidente Frage einer kulturellen Gebundenheit der Qualitätswahrnehmung womöglich in die Kategorie Phantomschmerz fällt (Stauss/Mang 1999, S. 329ff.).

Gleichwohl erscheint es nach Überzeugung der Verfasser aus theoretisch-konzeptioneller Sicht mehr als schlüssig, eine Integration des Lernstildenkens gerade bei dieser Dienstleistungskategorie zu forcieren. Beispielhaft illustrieren lässt sich der Nutzen dieser Forderung im Zusammenhang mit dem Thema der Wissens- und Lernbarrieren. Die dort oft vorgenommene Zuschreibung pathologischer Effekte auf Diffusionsängste oder intellektuelle Arroganz der Wissensakteure mag tatsächlich nichts anderes verkörpern als das Produkt inkompatibler Lernstile. Ergo müssen auch manche populäre Gestaltungsempfehlungen im Rahmen des Kontextmanagements – so beispielsweise auf instrumenteller Ebene – ins Leere laufen. In diesem Sinne bedarf es wohl keiner tiefer gehenden Erklärung, wenn festgestellt wird, dass mit der aus dem Lernstilkonzept ersichtlichen „Kombinationsvielfalt" von individuellen Informationsgewinnungs- und -verarbeitungspräferenzen auch ein höchst unterschiedliches Affinitätsspektrum gegenüber bestimmten instrumentellen und strukturellen Lernatmosphären einhergeht und das bei entsprechender Berücksichtigung das Qualitätsurteil der Beratungsleistung auf Klientenseite ganz erheblich prägt.

4.2   Lernstilheterogenität und Produktivitätseffekte in internationalen Beraterteams

Teamarbeit ist in Unternehmensberatungen von zentraler Bedeutung (Peterson 2001, S. 42). In ex- oder impliziter Form lassen sich die Ursprünge dieser Präferenz auf das Hawthorne-Forschungsprogramm zurückführen, soweit dort Produktivitätsvorteile durch Gruppenprozesse nachgewiesen worden sind (Stumpf 2000). Im Spektrum der hierzu entfalteten Gemengelage hat ein Aspekt besondere Aufmerksamkeit erfahren: die Wechselwirkungen zwischen der Heterogenität der Gruppenmitglieder und der Gruppenproduktivität (Thomas 1999, S. 117ff.). Ohne an dieser Stelle ausführlich auf die dazu entwickelten Typologien des Heterogenitätskonstruktes einzugehen, dürfte es wohl unmittelbar einsichtig erscheinen, dass kulturell bedingten Merkmalen von Gruppenmitgliedern besondere Aufmerksamkeit gewidmet wurde (Stumpf 2000, S. 7f.). Ob ihres profunden Forschungsdesigns verkörpert nun die Studie von Watson et al. einen Meilenstein dieser Bemühungen (Watson et al. 1993, S. 590ff.). Danach kann es als unstrittig gelten, dass die durchschnittliche Produktivitätsspannweite multikultureller Gruppen weitaus größer ist als bei rein nationalen Gruppen (Krentzel 2000, S. 43ff.).

Dieser Befund ist im Rahmen der bis hier angestellten Überlegungen aus zweierlei Gründen bemerkenswert. Erstens erweist er sich – sofern man Lernstilheterogenität in der hier praktizierten Verfahrensweise auf (inter-)kulturelle Sozialisationsprozesse zurückführt – als unmittelbar anschlussfähig an eben jene Entwicklung, die die internationale Managementforschung seit jüngster Zeit dem Konstrukt der Multikulturalität in Organisationen zubilligt (Stüdlein 1997, S. 179ff.; Sackmann et al. 2002, S. 43ff.). Zweitens unterstreicht er die grundsätzliche Zulässigkeit einer Schlussfolgerung, die –

um nochmals auf Wyrick zurückzugreifen – das Vorliegen (inter-) kultureller Synergien bis dato noch mit einem recht hypothetischen Unterton versieht: „If people on a team have different learning styles, it can yield a variety of potential approaches and solutions if they are given time to develop their thoughts. This diversity of approaches can produce synergy that may not be possible with a team of similar thinking persons. The secret is to understand the strengths that people possess, identify and control extreme positions, and blend the strengths so that every team member is allowed to contribute" (Wyrick 2003, S. 32).

Wenn nun also die Option lernstilbedingter Synergieeffekte in der organisatorischen Ausgestaltung internationaler Beratungsteams alles andere als das Produkt einer unreflektierten Sichtung populärwissenschaftlicher Managementliteratur darstellt, dann ist zu fragen, weshalb dieser deus ex machina nicht schon längst den Alltag des Wissensmanagements im internationalen Unternehmensverbund geprägt hat (Stumpf 1999, S. 192ff.).

Erste Antworten auf diese Frage finden sich in der Lektüre des allgemeinen Schrifttums zum so genannten „Synergiemanagement" (Reißner 1992, S. 127ff.). Diese macht deutlich, dass die darunter in aller Regel erwarteten überadditiven Effekte nicht auf einem Automatismus gründen. Vielmehr ist zu beobachten, dass solche Erwartungen allenfalls für eher dissynergetische Wirkungen wahrscheinlich sind, wohingegen synergetische Wirkungen ein systematisches Handeln zwingend voraussetzen. Im Zusammenhang mit der hier fokussierten Spielart des Synergiebegriffs erscheint es daher nicht unwahrscheinlich, dass diese Eigenlogiken in einem weitaus stärkeren Maße zu Entfaltung gelangen. Mit anderen Worten: Während dissynergetische Effekte im Sinne kontraproduktiver Wirkungen kultureller Heterogenität quasi selbständig eintreten, erfordert die Ingangsetzung überadditiver Wirkungen im Gruppenprozess ein aktives und systematisches Führungshandeln (Adler 2002, S. 138).

Zur Frage der konkreten Ausgestaltung dieses zwischen dissynergetischen Automatismen und synergetischen Potenzialen oszillierenden Heterogenitätsmanagements existieren nach der Bestandsaufnahme von Stumpf bislang nur höchst fragmentarische Einsichten (Stumpf 2000, S. 19ff.; Kopper 2003, S. 377ff.). Gleichwohl erscheint deren anwendungsorientierte Aggregation in robusten Gestaltungsempfehlungen auf den ersten Blick durchaus schlüssig. In diesem Sinne mögen eine adäquate Gruppenzusammenstellung, die Installierung angemessener Führungsprozesse, vorbereitende und begleitende Personalentwicklungsmaßnahmen und die Etablierung von Feedbackprozessen die Wahrscheinlichkeit einer Begründung synergetischer Teameffekte erhöhen. Von entscheidender Bedeutung dürfte jedoch bei der Instrumentalisierung all dieser Maßnahmen die Frage nach dem zugrunde liegenden Operationalisierungskonzept des Heterogenitätskonstruktes sein.

Kombiniert man vor diesem Hintergrund Stumpfs Gestaltungsempfehlungen zum Heterogenitätsmanagement solcher Gruppen mit den kulturell bedingten Lernstilprofilen, so könnte – wie von Barmeyer bereits skizziert – entlang der typischen Phasen des Projektmanagements das Denken in *„komplementären Ressourcen"* für alle Beteiligten überaus elegant präsentiert und damit auch „entmythologisiert" werden (Barmeyer 2000, S. 215ff.).

Im Mittelpunkt dieser lernstilgerechten Orchestrierung steht – wie in Abbildung 5 schematisch skizziert – zunächst die Möglichkeit, Vorzüge und Merkmale von einzelnen didaktischen Skripten der jeweiligen Akteure durch deren Positionierung in den Phasen des Projektmanagements zu verdeutlichen. Die Effekte einer solchen, auch am Lernstilkonstrukt orientierten Besetzung des internationalen Teams liegen – zumindest aus konzeptioneller Sicht – auf der Hand.

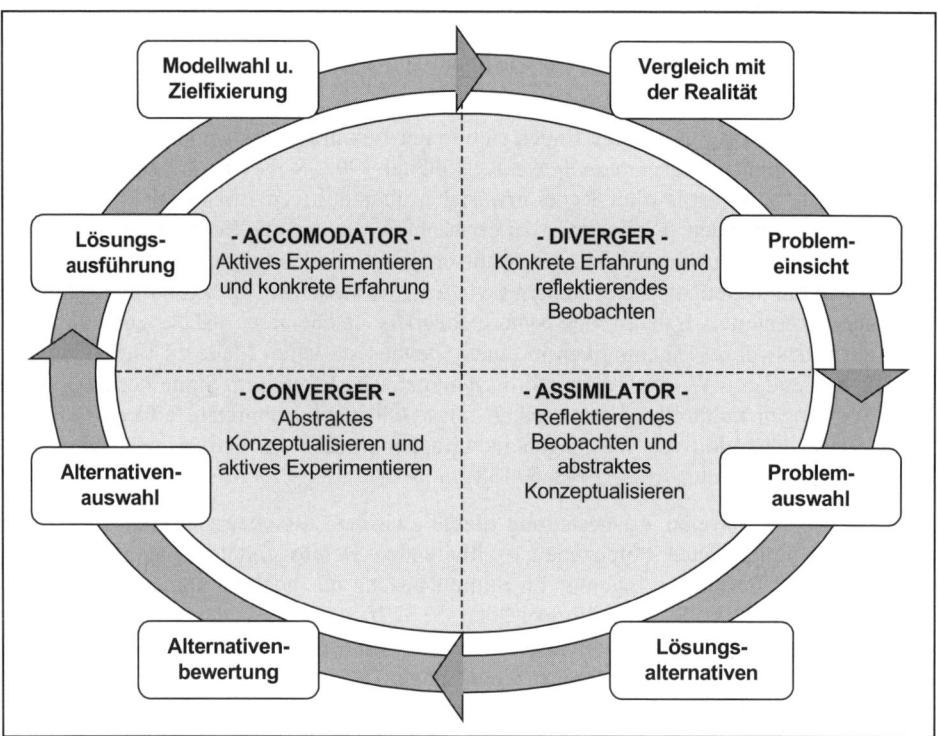

Abbildung 5: Internationale „Consultingteams" und Lernstilpluralismus
(Quelle: In Anlehnung an Barmeyer 2000, S. 239)

Vorbereitende und begleitende Personalentwicklungsmaßnahmen lassen sich anhand des Konzeptes der didaktischen Sozialisation in inhaltlich präziser Form systematisieren und auswerten. Gleichermaßen eindeutig ist der Referenzpunkt von Feedback- und Reflexionsprozessen der Gruppenmitglieder. Aus der Perspektive der Teamleitung verkörpert die Lernstilheterogenität schließlich eine operationale Basis zur Installierung angemessener Führungsprozesse.

5.   Schlussbetrachtung

Die Ausgangsbasis der hier angestellten Überlegungen bildet die Überzeugung, dass wegen der konstitutiven Merkmale von Dienstleistungen eine eigenständige wissenschaftliche Beschäftigung mit Internationalisierungskonzepten im Dienstleistungsbereich mehr als gerechtfertigt erscheint. Obwohl die zu diesem Zweck für wissensintensive Dienstleistungsunternehmen angestellten Überlegungen stark explorativen Charakter haben, dürfte sie verdeutlicht haben, dass das dadurch ausgelöste Bemühen um alternative Erklärungsmodelle an durchaus fruchtbaren Konzepten anzuknüpfen vermag.

Für den Fall des hier exponierten interkulturellen (Lern-) Stildenkens ist bei vorsichtiger Wertung jedenfalls zweierlei festzuhalten: Die bislang in der Literatur bis auf wenige Ausnahmen in recht lapidarer Form geführte Diskussion um die interkulturelle Dimension des grenzüberschreitenden Dienstleistungsmanagements erfährt durch die Integration dieses Konstruktes eine tiefer gehende Präzisierung (Mößlang 1995, S. 163). Gleichzeitig sind – wie die Diskussion zur so genannten „Uppsala-Theorie" gezeigt haben sollte – durch eine solche Emanzipation der Forschung im Feld des internationalen Dienstleistungsmanagements auch konstruktive Rückkoppelungseffekte auf bislang etablierte Konzepte der internationalen strategischen Managementforschung nicht ausgeschlossen.

Dies gilt in besonderem Maße für das Feld der dort seit geraumer Zeit intensiv diskutierten, so genannten „Fähigkeitsansätze der internationalen Unternehmensführung". So fügen sich die hierunter unter anderem subsumierten Wirkungseffekte einer polyzentrischen Interpretation des grenzüberschreitend agierenden Unternehmensverbundes doch in höchst schlüssiger Form in die spezifischen Internationalisierungslogiken von Beratungsunternehmen. Eine empirisch fundierte Klärung dieser Beobachtung erscheint jedenfalls im Rahmen weiterer Forschungsbemühungen zum internationalen Dienstleistungsmanagement durchaus sinnvoll.

Literatur

Adler, N.J. (2002): International Dimensions of Organizational Behavior, Cincinatti.

Al-Laham, A. (2003): Organisationales Wissensmanagement. Eine strategische Perspektive, München.

Barmeyer, C. (2000): Interkulturelles Management und Lernstile. Studierende und Führungskräfte in Frankreich, Deutschland und Quebec, Frankfurt/Main, New York.

Becker, W./Daniel K. (1999): Wissensintensive Dienstleistungsbetriebe, Bamberger Betriebswirtschaftliche Beiträge, Nr. 122, Otto-Friedrich-Universität Bamberg.

Bendt, A. (2000): Wissenstransfer in multinationalen Unternehmen, Wiesbaden.

Bolten, J. (2001): Kann man Kulturen beschreiben oder erklären, ohne Stereotypen zu verwenden? Einige programmatische Überlegungen zur kulturelle Stilforschung, in: Bolten, J./Schröter, D. (Hrsg.): Im Netzwerk interkulturellen Handelns – Theoretische und praktische Perspektiven der interkulturellen Kommunikationsforschung, Sternenfels, S. 128-142.

Eberl, P. (1996): Die Idee des organisationalen Lernens. Konzeptionelle Grundlagen und Gestaltungsmöglichkeiten, Bern u.a.

Engelhard, J./Eckert, S. (1994): Markteintrittsverhalten deutscher Unternehmen in osteuropäischen Ländern, Bamberger Betriebswirtschaftliche Beiträge Nr. 98/94, Otto-Friedrich-Universität Bamberg.

Frehse, J. (2002): Internationale Dienstleistungskompetenzen – Erfolgsstrategien für die europäische Hotellerie, Wiesbaden.

Fugate, D.L./Zimmerman, A. (1996): International Services Marketing: A Review of Structural Barriers, Regulatory Limitations, and Marketing Responses, in: Journal of Professional Services Marketing, Vol. 13, No. 2, S. 33-58.

Glückler, J. (2001): Internationalisierung der Unternehmensberatung – Eine Exploration im Rhein-Main-Gebiet, IWSG Working Papers 11-2001, Institut für Wirtschafts- und Sozialgeographie der Johann Wolfgang Goethe-Universität, Frankfurt/Main.

Greiner, L.E./Metzger, R.O. (1983): Consulting to Management, Englewood Cliffs.

Haller, H.D. (1997): Zur Frage der kulturellen Dimension von Identität in der Lernstilforschung. Untersuchungen über Kultureinstellungen unter didaktischer Perspektive, in: Hoffmann, D./Neuner, G. (Hrsg.): Auf der Suche nach Identität. Pädagogische und politische Erörterungen eines gegenwärtigen Problems, Weinheim, S. 153-166.

Haller, H.D. (2003): Kulturbedingte und individuelle Merkmale der didaktischen Sozialisation von deutschen und ausländischen Studierenden, wwwuser.gwdg.de/ ~hhaller/vwe.htm (Zugriff am 12.11.2003).

Hofstede, G. (1993): Die Bedeutung von Kultur und ihren Dimensionen im Internationalen Management, in: Haller, M./Bleicher, K./Brauchlin, E. (Hrsg.): Globalisierung der Wirtschaft. Einwirkungen auf die Betriebswirtschaftslehre, Bern u.a., S. 127-148.

Hofstede, G. (1997): Lokales Denken, globales Handeln. Kulturen, Zusammenarbeit und Management, München.

Hoppe, M.H. (1990): A comparative Study of Country Elites: International Differences in work-related Values and Learning and their Implications for Management Training and Development, Ann Arbor/Chapel Hill.

Hübner, C.C. (1996): Internationalisierung von Dienstleistungsangeboten: Probleme und Lösungsansätze, München.

Jenner, T. (2003): Strategieforschung zwischen Content und Process, in: Wirtschaftswissenschaftliches Studium, 32. Jg., Nr. 3, S. 341-346.

Johanson, J./Vahlne, J.E. (1977): The Internationalisation Process of the Firm – A Model of Knowledge Development and Increasing Foreign Market Commitment, in: Journal of International Business Studies, Vol. 8, No. 1, S. 23-32.

Kemper, T. (2001): Markteintritts- und Marktbearbeitungsstrategien im internationalen Dienstleistungsmarketing – eine empirische Analyse in europäischen Schlüsselmärkten, Aachen.

Kieser, A. (1998): Unternehmensberater – Händler in Problemen, Praktiken und Sinn, in: Glaser, H./Schröder, E.F./Werder, A. v. (Hrsg.): Organisation im Wandel der Märkte, Festschrift für Erich Frese zum 60. Geburtstag, Wiesbaden, S. 191-226.

Kopper, E. (2003): Multicultural Teams, in: Bergemann, N./Sourisseaux, A.L.J. (Hrsg.): Interkulturelles Management, Berlin u.a., S. 363-383.

Knyphausen-Aufseß, D. zu (1993): „Why are Firms different?“: Der ‚Ressourcenorientierte Ansatz‘ im Mittelpunkt einer aktuellen Kontroverse im Strategischen Management, in: Die Betriebswirtschaft, 53. Jg., Nr. 6, S. 771-792.

Kolb, D.A. (1984): Experiential Learning, Experience as the Source of Learning and Development, New York.

Krentzel, G.A. (2000): Multinationale Arbeitsgruppen. Implikationen für die Führung, Wiesbaden.

Løwendahl, B.R. (2000): Strategic Management Professional Service Firms, 2. Aufl., Kopenhagen.

Mahnke, V./Pedersen, T. (Hrsg.) (2003): Governing Knowledge-Processes, Special Issue 03/2003, Management International Review.

Maister, D.H. (1982): Balancing the Professional Service Firm, in: Sloan Management Review, Vol. 24, No. 1, S. 15-29.

Meffert, H. (2000): Internationalisierungskonzepte im Dienstleistungsbereich – Bestandsaufnahme und Perspektiven. in: Belz, C./Bieger, T. (Hrsg.): Dienstleistungskompetenz und innovative Geschäftsmodelle, St. Gallen, S. 504-519.

Meffert, H./Bruhn, M. (2000): Dienstleistungsmarketing. Grundlagen – Konzepte – Methoden. 3. Aufl., Wiesbaden.

Monheim, I. (2004): Internationalisierung wissensintensiver Dienstleistungsunternehmen. Untersuchungsergebnisse zu den Branchen Logistik und Automatisierung, Eschborn.

Mößlang, A.M. (1995): Internationalisierung von Dienstleistungsunternehmen. Empirische Relevanz – Systematisierung – Gestaltung, Wiesbaden.

Müller-Stewens, G./Drolshammer, J./Kriegmeier, J. (1999): Professional Service Firms – Branchenmerkmale und Gestaltungsfelder des Managements, in: Müller-Stewens, G./Drolshammer, J./Kriegmeier, J. (Hrsg.): Professional Service Firms – Wie sich multinationale Dienstleister positionieren, Frankfurt/Main, S. 11-153.

Noer, D. (1998): Die vier Lerntypen. Reaktionen auf Veränderungen im Unternehmen, Stuttgart.

Nonaka, I. (1991): A dynamic theory of organizational knowledge creation, in: Organization Science, Vol. 5, No. 1, S. 14-37.

Nonaka, I./Takeuchi, H. (1995): The Knowledge Creating Company: How Japanese Companies Create the Dynamics of Innovation, New York.

Osland, J.S./Bird, A. (2000): Beyond Sophisticated Stereotyping: Cultural Sensemaking in Context, in: The Academy of Management Executive, Vol. 14, No. 1, S. 65-79.

Pedersen, T./Petersen, B./Sharma, D. (2003): Knowledge Transfer Performance of Multinational Companies, in: Mahnke, V./Pedersen, T. (Hrsg.): Governing Knowledge-Processes, Special Issue 03/2003, Management International, S. 69-90.

Peterson, M. (2001): Wissensmanagement in der strategischen Unternehmensberatung. Erfolgsfaktoren, Methoden und Konzepte, Wiesbaden.

Rainey, M.A./Kolb, D.A. (1995): Using Experiential Learning Theory and Learning Styles in Diversity Education, in: Sims, R.R./Sims, S.J. (Hrsg.): The Importance of Learning Styles. Understanding the Implications for Learning, Course Design, and Education, Westport/London, S. 129-146.

Rathje, S. (2003): Ist wenig kulturelles Verständnis besser als gar keins? Problematik der Verwendung von Dimensionsmodellen zur Kulturbeschreibung, in: Interculture-Online Vol. 2003, No. 4, S. 1-20, www.interculture-online.info (Zugriff am: 15.11.2003).

Reißner, S. (1992): Synergiemanagement und Akquisitionserfolg, Wiesbaden.

Riddle, D.I. (1986): Service-Led Growth, New York.

Rühli (1994): Die Resource-based View of Strategy. Ein Impuls für einen Wandel im unternehmenspolitischen Denken und Handeln? In: Gomez, P./Hahn, D./Müller-Stewens, G., Wunderer, R. (Hrsg.): Unternehmerischer Wandel. Konzepte zur strategischen Erneuerung, Wiesbaden, S. 31-58.

Rudolph, H./Okech, J. (2003): Computer, Köpfe, Communities of Practice. Internationales Wissensmanagement in großen Unternehmensberatungen, in: Dörrenbächer, C. (Hrsg.): Modelltransfer in multinationalen Unternehmen. Strategien und Probleme grenzüberschreitender Konzernintegration, Berlin, S. 29-52.

Sackmann, S./Bissels, S./Bissels, T. (2002): Kulturelle Vielfalt in Organisationen: Ansätze zum Umgang mit einem vernachlässigten Thema der Organisationswissenschaften, in: Die Betriebswirtschaft, 62. Jg., Nr. 1, S. 43-58.

Sampson, G.P./Snape, R.H. (1985): Identifying the Issues in Trade in Services, in: The World Economy, Vol. 8, No. 2, S. 171-181.

Scherm, E./Süß, S. (2001): Internationales Management. Eine funktionale Perspektive, München.

Schlegelmilch, B.B./Chini, T.C. (2003): Knowledge Transfer between Marketing Functions in Multinational Companies: a Conceptual Approach, in: International Business Review, Vol. 12, No. 2, S. 215-232.

Schmid, S. (1996): Multikulturalität in der internationalen Unternehmung. Konzepte – Reflexionen – Implikationen, Wiesbaden.

Schüppel, J. (1996): Wissensmanagement. Organisatorisches Lernen im Spannungsfeld von Wissens- und Lernbarrieren, Wiesbaden.

Sims, R.R./Sims, S.J. (1995): Learning and Learning Styles: A Review and Look to the Future, in: Sims, R.R./Sims, S.J. (Hrsg.): The Importance of Learning Styles. Understanding the Implications for Learning, Course Design, and Education, Westport/London, S. 193-210.

Stauss, B. (1994): Markteintrittsstrategien im internationalen Dienstleistungsmarketing, in: Thexis, 11. Jg., Nr. 3, S. 10-16.

Stauss, B./Hentschel, B. (1994): Verfahren der Problemdeckung und -analyse im Qualitätsmanagement von Dienstleistungsunternehmen, in: Corsten, H. (Hrsg.): Integratives Dienstleistungsmanagement. Grundlagen – Beschaffung – Produktion – Marketing – Qualität, Wiesbaden, S. 369-396.

Stauss, B./Mang, P. (1999): „Culture Shocks" in Inter-Cultural Service Encounters?, in: Journal of Services Marketing, Vol. 13, No. 4/5, S. 329-346.

Stüdlein, Y. (1997): Management von Kulturunterschieden. Phasenkonzept für internationale strategische Allianzen, Wiesbaden.

Stumpf, S. (1999): Wann man von Synergie in Gruppen sprechen kann: Eine Begriffsanalyse, in: Gruppendynamik, 30. Jg., Nr. 2, S. 191-206.

Stumpf, S. (2000): Effektivität internationaler Arbeitsgruppen. Institut für internationale Kommunikation und auswärtige Kulturarbeit Bayreuth, Arbeitergebnisse aus Forschung und Lehre, Nr. 5, Bayreuth 2000.

Thomas, A. (1991): Kulturstandards in der interkulturellen Begegnung. SSIP-Bulleting Nr. 61, Saarbrüchen.

Thomas, A. (1999): Gruppeneffektivität: Balance zwischen Heterogenität und Homogenität, in: Gruppendynamik, 30. Jg., Nr. 2, S. 117-129.

Watson, W.E./Kumar, K./Michaelsen, L.K. (1993): Cultural Diversity's Impact on Interaction Process and Performance: Comparing homogeneous and diverse Task Groups, in: Academy of Management Journal, Vol. 36, No. 3, S. 590-602.

Welge, M.K./Holtbrügge, D. (2000): Wissensmanagement in Multinationalen Unternehmen – Ergebnisse einer empirischen Untersuchung, in: Zeitschrift für betriebswirtschaftliche Forschung, 52. Jg., Nr. 8, S. 762-777.

Wyrik, D.A. (2003): Understanding Learning Styles to be a more effective Team Leader and Engineering Manager, in: Engineering Management Journal, Vol. 15, No. 1, S. 27-33.

Zahn, E. (1998): Wettbewerbsfähigkeit durch strategische Erneuerung, in: Becker, M./ Kloock, J./Schmidt, R./Wäscher, G. (Hrsg.): Unternehmen im Wandel und Umbruch, Stuttgart, S. 383-410.

Tobias Specker und Johann Engelhard

Internationalisierungsprozesse von Transnational Non-Governmental Organizations (TNGOs)

Prof. Dr. *Tobias Specker* ist Professor für Allgemeine Betriebswirtschaftslehre und Internationales Marketing an der Fachhochschule Kiel. Prof. Dr. *Johann Engelhard* ist Inhaber des Lehrstuhls für Betriebswirtschaftslehre, insbesondere Internationales Management an der Otto-Friedrich-Universität Bamberg.

1. Grundsätzliche Vorbemerkungen zum Problemzusammenhang

Die Bemühungen um eine theoretische Fundierung der grenzüberschreitenden Unternehmenstätigkeit waren bis in die jüngste Zeit in ex- oder impliziter Form von der Idee geprägt, dass im Rahmen der damit vollzogenen geografischen Ausdehnung gegenüber bestimmten unternehmerischen Interessengruppen (beispielsweise staatlichen oder gewerkschaftlichen Akteuren) ein so genanntes „Arbitrage- und/oder Leveragepotenzial" geschaffen wird (Kogut 1985, S. 27ff.). Dieser Effekt – so die weitere Argumentation – ist in ganz erheblichem Maße als Nukleus internationalisierungsspezifischer Wettbewerbsvorteile zu erachten. Ein typisches Beispiel dieser Interpretation verkörpert z.B. die Verlagerung von ökologisch sensiblen Wertschöpfungsaktivitäten in solche Ländermärkte, in denen keine oder nur in geringfügigem Maße umweltschutzrechtliche Bestimmungen existieren (Fichter/Schneidewind 2000, S. 1ff.).

Diese, die wissenschaftliche Diskussion lange Zeit dominierende Position, wird zunehmend in Frage gestellt. Im Mittelpunkt dieser Einschätzung steht die gewachsene Präsenz solcher zivilgesellschaftlichen Akteure, denen es unter Nutzung spezifischer Organisationsstrukturen und Strategien (insbesondere den Einsatz der so genannten „Neuen Informations- und Kommunikationstechnologien") zunehmend gelingt, die systematische Nutzung dieser Potenziale zu begrenzen oder deren Existenz gar völlig zu beseitigen. Die damit in Ansprache gebrachte Entwicklung einer Gegenmacht in Form der so genannten *„Transnational Non-Governmental Organizations" (d.h. internationale Nichtregierungsorganisationen oder im Folgenden kurz TNGOs)* zum international agierenden Unternehmensverbund und die daraus resultierenden Interaktionsperspektiven sind in der internationalen strategischen Managementforschung bislang nur rudimentär betrachtet worden (Beisheim/Zürn 1999, S. 306ff.; Teegen 2003, S. 271ff.). Richtet man den Blick auf die Triebkräfte in der Entstehung solcher TNGOs und deren Handlungsrepertoire, so erscheint es mehr als nahe liegend, diese Entwicklung als einen Spezialfall der Internationalisierung von Dienstleistungsunternehmen zu interpretieren, der angesichts überexponentieller Wachstumsraten eine ausführlichere Würdigung verdient (Abbildung 1).

Die diese Sichtweise konstituierenden Zusammenhänge nehmen ihren Ausgangspunkt in einer zunehmend kontrovers verlaufenden Debatte um die so genannte „Globalisierung" bzw. den damit verbundenen positiven und negativen Assoziationen. Unabhängig von der Zulässigkeit und Schlüssigkeit der diesbezüglich vorgetragenen Argumente vermeintlich und/oder tatsächlich Betroffener hat diese Entwicklung ihren Niederschlag in einer wachsenden Anzahl von TNGOs gefunden, die als Sprachrohr eines teilweise recht diffusen gesellschaftlichen Unbehagens gegenüber ausgewählten Globalisierungseffekten agieren. Populäre und kaum kommentierungsbedürftige Beispiele der damit verbundenen Handlungspotenziale dürften die Kampagnen von Greenpeace im Zusammenhang mit der Versenkung der Bohrinsel Brent Spar durch den Mineralölkonzern Shell oder die Sweatshop-Initiative gegen den Sportartikelhersteller Nike durch die so genannte „Campaign for Labour Rights" verkörpern (Sachs 2000, S. 7ff.; Spar/La Mure 2003, S. 79ff.; Scherer 2003, S. 19ff.).

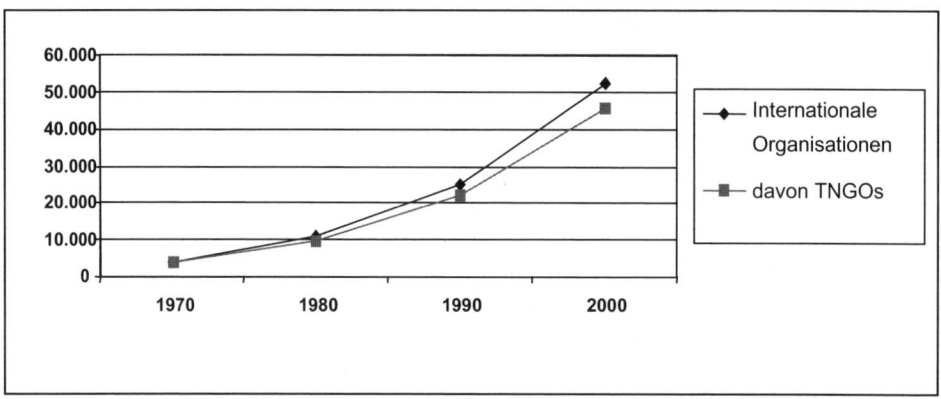

Abbildung 1: Wachstumsraten internationaler Organisationen und TNGOs
(Quelle: Yearbook of International Associations 2000/2001, S. 539ff.)

In nicht wenigen Fällen kann zum gegenwärtigen Zeitpunkt sogar konstatiert werden, dass eben diese TNGOs sich als ernst zu nehmende Akteure im bislang eher bipolar strukturierten Wirkungsgefüge von populären Globalisierungsszenarien – sprich machtlose(r) Staat(en) und machtvolle internationale Unternehmen – etabliert haben (Take 2002, S. 344ff.).

Bemüht man sich vor diesem Hintergrund um eine theoretisch-konzeptionell fundierte Begründung dieser Entwicklung, so lenkt dies den Blick auf die dazu intensiv geführte Diskussion um den Bestand bzw. die Bereitstellung von so genannten *„globalen öffentlichen Gütern"*, beispielsweise Klimaschutz, Korruptionsbekämpfung oder universalen Menschenrechten (Brunnengräber 2003, S. 26ff.; Kaul/Kocks 2003, S. 39ff.). Zu eben diesem Konnex vermerkt Scharnagel (2002, S. 76): „Internationale Nichtregierungsorganisationen [...] machen deutlich, dass durch die Internationalisierung der Wirtschaft nicht mehr nur Produzenten- oder Konsumenteninteressen berührt werden. Die Globalisierung hat dazu geführt, dass sich bestimmte Folgen (externe Effekte) wirtschaftlichen Handelns zunehmend zu universalen Problemen ausweiten können, die die Menschen außerhalb der Nationalökonomien, in denen die Verursacher beheimatet sind, mittragen müssen. Die Bereitstellung öffentlicher Güter und die Internalisierung externer Effekte, die traditionell als nationale Aufgabe verstanden worden sind, überfordern in diesen Bereichen die nationalstaatliche Rahmensetzung."

Angesichts solcher Befunde dürfte der oben angesprochene Dienstleistungscharakter von TNGO-Aktivitäten unmittelbar einsichtig erscheinen. In diesem Sinne haben es sich diese Organisationen bzw. deren Akteure zur Aufgabe gemacht, die aus ihrer Wahrnehmung heraus sensiblen bzw. negativen Globalisierungsfolgen zu identifizieren und grenzüberschreitend auch effektvoll zu popularisieren. Im Gefolge solcher Inszenierungen und dem damit verbundenen Aufbau von Expertise finden diese Dienstleistungen bei nicht wenigen dieser so genannten *„Globalisierungswächter"* ihre Fortsetzung in der Etablierung von Regeln und Kontrollroutinen mit globalem Geltungsbereich (Enderle 1999, S. 451ff.; Walk/Brunnengräber 2000, S. 157ff.). In diesem Sinne diagnostizieren beispielsweise Doh/Guay (2004, S. 7): „Nongovernmental organizations (NGOs) have been important advocates for development and adoption of [labour and environmental, Anm. der Verf.] standards and codes". Richtet man vor diesem Hintergrund den Blick auf jenes Themenspektrum der internationalen Managementforschung, das sich im Rahmen solch grenzüberschreitender Phänomene etabliert hat, so stellen sich eine Reihe von Fragen zum Management von TNGOs, die bislang nicht oder nur oberflächlich thematisiert wurden und deshalb in diesem Beitrag eine ausführlichere Würdigung erfahren sollen. Dieses Vorgehen ist dabei von der Absicht geprägt, in ausgewählter Form sowohl die Besonderheiten im Internationalisierungsprozess dieses Dienstleistungstyps als auch die damit einhergehenden Effekte für grenzüberschreitend agierende Unternehmen aufzuzeigen.

Eröffnet wird diese Betrachtung mit einem zunächst noch recht allgemein gehaltenen Diskurs, in dessen Mittelpunkt einschlägige Charakterisierungen beziehungsweise vielmehr Charakterisierungsversuche des Organisationstyps TNGO stehen. Nachdem in den Rahmen dieser Ausführungen auch die Frage nach Ursprüngen und Triebkräften des grenzüberschreitenden Engagements fällt, lässt sich zeigen, dass die Erklärungsversuche der gegenwärtig zu beobachtenden überexponentiellen Wachstumsraten von TNGOs in argumentativ höchst schlüssiger Form mit populären Konstrukten der internationalen Managementforschung korrespondieren. Verlagert man danach den Fokus der Betrachtung auf das Konstrukt des so genannten *„Being International"*, also die Frage, wie TNGOs ihre grenzüberschreitende Präsenz koordinieren, so lassen sich auch dazu eine Reihe von bemerkenswerten Auffälligkeiten verorten. Diese finden ihren Ausdruck zunächst in der Tatsache, dass TNGOs aufgrund einer noch zu erhellenden Interaktionsqualität und -intensität ihrer Mitglieder eine Form von Sozialkapital generieren, das die Einlösung ihrer spezifischen Ziele erheblich erleichtert (Teegen 2003, S. 277ff.). Diese Beobachtung erweist sich insofern als aufschlussreich, weil im Rahmen der wissenschaftlichen Debatte zur Koordinationsproblematik bei international agierenden Unternehmen gerade dieser Effekt als erstrebenswertes Ideal erachtet wird. Ergänzend dazu ist ferner festzuhalten, dass das mit der Koordinationsaufgabe verbundene Problem der Zentralisierung bzw. Dezentralisierung von Entscheidungskompetenzen bei TNGOs eine mehr als eigenwillige Beschaffenheit aufweist. Während international agierende Unternehmen diesbezüglich durch einen Pfad mit polyzentrischen Entwicklungsperspektiven gekennzeichnet sind, präsentiert sich dieser Sachverhalt bei vielen TNGOs in genau diametraler Form. Mit anderen Worten ist bei vielen dieser Organisationen derzeit das Bemühen zu beobachten, den exzessiven Polyzentrismus aus den Anfängen der grenz-überschreitenden Präsenz in gemäßigtere Formen zu überführen.

Ihren Abschluss finden die hier angestellten Überlegungen zur spezifischen Internatio-nalisierungslogik von TNGOs schließlich im Versuch einer konzeptionellen und inhaltli-chen Erhellung jener Dimensionen, die entlang der jeweiligen Interaktionsarenen mit anderen internationalen Akteuren als konstitutiv gelten können und hier mit dem Begriff des so genannten „Legitimitätsparadoxons" umschrieben werden.

2. TNGOs als ethisch-moralische Dienstleister mit globalem Geltungsanspruch

2.1 Konzepte und Probleme der Definition von NGOs

Bereits eine oberflächliche Sichtung der einschlägigen Literatur zum Themengebiet TNGOs bzw. der in diesem Zusammenhang thematisierten Aspekte macht deutlich, dass die wissenschaftliche Beschäftigung mit diesem Phänomen derzeit mehr als „en vogue" ist (Martens 2002a, S. 25ff.). Unabhängig von den darin gewählten Zugängen und je-weils erörterten Problemlagen eint die damit ins Spiel gebrachte Forschergemeinde unter anderem die Einsicht, dass die dadurch erzeugte Intensität der Diskussion nur bedingt mit einer begrifflichen Klarheit einhergeht (Roth 2001, S. 44ff.). In diesem Sinne sind Hinweise auf die Schwierigkeiten einer präzisen Definition des unter dem Begriff TNGO gefassten Phänomens Legion (Simsa 2001, S. 67ff.; Martens 2002b, S. 271ff.).

Im Bewusstsein um diese Tatsache vermag es für die hier verfolgten Zwecke zunächst genügen, auf die Überlegungen von Scharnagel zurückzugreifen, zumal darin eine Kon-solidierung unterschiedlichster Definitionsversuche vollzogen wurde (Scharnagel 2002, S. 11ff.). „Nichtregierungsorganisationen verfolgen als freiwillige, unabhängige und nicht am Gewinn orientierte private Organisationen bestimmte, altruistisch motivierte Sachziele unter der Restriktion der Kostendeckung. [...] Dabei agieren sie hauptsächlich in so genannten weichen Politikfeldern [...] wie z.B. Ökologie und Umweltschutz, Ar-mutsbekämpfung und Gesundheitsförderung, Menschenrechte, Entwicklungshilfe, Bil-dung oder Korruptionsbekämpfung. Diese Sachziele lassen sich vereinfachend als öf-fentliche Güter bezeichnen." (Scharnagel 2002, S. 21).

Ergänzend zu diesem definitorischen Grundverständnis von NGOs lässt sich ferner eine Reihe von Kategorien identifizieren, die zur Binnendifferenzierung des NGO-Phäno-mens herangezogen werden können (Abbildung 2).

Kategorie	Idealtypische Ausprägungsformen	
Kultureller Hintergrund	Übernahme originär staatlicher Aufgaben	Protest gegen den Staat
Ziele	Strukturkonservativ	Reformerisch, revolutionär
Dogmatische Ausrichtung	Erfolgsorientiert	Wertorientiert
Strategien	Kooperativ	Konfrontativ
Aktionsformen	Konventionell	Unkonventionell
Organisationsstruktur	Bürokratisch, professionell, hierarchisch	Basisdemokratisch, horizontal
Handlungsebenen	Global	Lokal
Finanzierung	Staatliche Hilfen oder private Stiftungen	Spendenorientiert
Dauer	Institutionalisiert, etabliert	Single issue, single event
Legaler Status	Zugang zum politischen Prozess	Keine demokratischen Grundrechte
Allianzpartner	Regierungseinrichtungen, substaatliche Organisationen, andere NGOs	Andere NGOs bzw. NGO-Netzwerke, Medien, ggf. Wissenschaft und Unternehmen

Abbildung 2: Dimensionen einer NGO-Kategorisierung und idealtypische
Ausprägungsformen
(Quelle: In Anlehnung an Take 2002, S. 48)

Ohne die in Abbildung 2 angeführte Kategorien- und Kombinationsvielfalt in extenso zu charakterisieren, dürfte das daraus ableitbare Universum realtypischer Ausprägungsformen verdeutlichen, dass Versuche einer terminologisch und/oder definitorisch differenzierten Präzisierung dieses Forschungsobjektes in fast zwingender Form den Eindruck einer gewissen Beliebigkeit erwecken: „Almost anything that one can say about NGO is true – of false – in at least some instance, somewhere" (Esman/Uphoff 1984, S. 58).

Bemüht man sich trotz (oder gerade wegen) dieses Befundes um eine, nach wissen-schaftlichen Maßstäben seriöse Erhellung des hier eingeschlagenen argumentativen Pfa-des, so erscheint es zunächst geboten, die oben exponierte Kategorie Handlungsebene – lokal vs. global – von NGOs einer tiefer gehenden Betrachtung zu unterziehen. Wie – so ist zu fragen – lässt sich gerade das an globalen Maßstäben und Aktionsräumen orien-tierte Layout von altruistisch motivierten Sachzielen dieser Organisationsform erklären?

2.2 Von NGOs zu TNGOs: Erklärungsversuche der Internationalisierung von Nichtregierungsorganisationen

Zur Frage nach den Gründen der Entstehung und Funktionsweise von Nichtregierungs-organisationen präsentiert das einschlägige Schrifttum – trotz seiner vergleichsweise jungen Tradition – zwischenzeitlich eine Fülle von durchaus elaborierten Erklärungs-ansätzen (Hellmann 1998, S. 9ff.; Zeitler 2000, S. 9ff.). In Übereinstimmung mit Simsa (2001, S. 66ff.) ist dabei festzuhalten, dass auf diesem Feld der Theoriebildung eine ver-stärkte Tendenz der „Blurring Boundaries" zwischen Ökonomie, Soziologie und Poli-tikwissenschaft zu beobachten ist (vgl. auch Frantz 2002, S. 51ff.). Wenn nun im Gefol-ge solcher Bestandsaufnahmen der Forschungsbemühungen zum NGO-Phänomen auch konzediert wird, dass die internationale Dimension dieser Organisationsform bislang nur eine höchst rudimentäre Beachtung erfahren hat, so erscheint es angesichts der ange-sprochenen interdisziplinären Auslegung mehr als legitim, nach potenziellen problem-relevanten Beiträgen aus dem Bereich der internationalen strategischen Managementfor-schung zu fragen (Kutschker/Schmid 2003). Manche der damit ins Spiel gebrachten Paradigmen, die als einschlägig für die Problemkategorien des Internationalisierungs-prozesses gelten, erscheinen jedenfalls eine durchaus fruchtbare Grundlage zur Erhel-lung dieser „terra incognita" darzustellen. In exemplarischer Form soll dieser Einschät-zung im Folgenden durch einen Rückgriff auf zwei, in der internationalen Management-forschung etablierte Konstrukte Geltung verschafft werden.

2.2.1 Postmoderne Facetten eines Klassikers – Levitts Globalisierungsthese und TNGOs

Dass das Schlagwort der so genannten „Globalisierung" seit geraumer Zeit als Sammel-becken zur Erklärung und/oder Begründung eines Universums von Veränderungs-prozessen in Gesellschaft, Wirtschaft und Politik dient, ist eine kaum kommentierungs-bedürftige Tatsache (Schmid 2000, S. 1ff.). Gleichermaßen unstrittig dürfte in diesem Zusammenhang aber auch die Feststellung sein, dass mit diesem terminus technicus ein zentrales Paradigma in der Charakterisierung bzw. Präzisierung von fundamentalen Handlungslogiken international agierender Unternehmen assoziiert werden kann. In diesem Sinne verkörpern die 1983 von Theodore Levitt in seinem Aufsatz „The globalization of markets" entwickelten Wirkungszusammenhänge bis heute einen Meilenstein im Spektrum jener wissenschaftlichen Bemühungen, die um eine Klärung der prinzipiellen Besonderheiten einer grenzüberschreitenden Unternehmenstätigkeit bemüht waren (Levitt 1983, S. 92ff.). Wird diese Einschätzung nun durch den Hinweis ergänzt, dass sich innerhalb der mit Fragen des internationalen Managements befassten Forschergemeinde die Stimmen häufen, die aus verschiedenen Gründen ein Ende dieses Paradigmas proklamieren, so ist dies als erster Hinweis auf den hier von den Verfassern angestrebten Erklärungsversuch der Internationalisierung von NGOs zu interpretieren (Rugman 2000, S. 15ff.).

Um die damit angesprochenen Entwicklungen in differenzierter Form darzustellen, erscheint es angebracht, sich die zentrale Prämisse dieses Modells, d.h. die globale Konvergenz von Präferenzstrukturen der Nachfrager, zu vergegenwärtigen (Levitt 1983, S. 92f.): „The global corporation operates [...] as if the entire world (or major regions of it) were a single entity; it sells the same things in the same way everywhere." Kontrastiert man nun die auf dieser Grundlage etablierte, sich selbstverstärkende Sequenz von Standardisierungs-, Zentralisierungs- und Preisvorteils- bzw. Kostenvorteilsargumenten mit Überlegungen aus dem Blickwinkel der so genannten „reflexiven Modernisierung", so lenkt dies den Blick auf eine Facette der globalen Konvergenz, die in dieser Form keinen Eingang in die Levittsche Denkwelt gefunden hat: die Emergenz der so genannten *„globalen Zivilgesellschaft"* (Wahl 2000, S. 294ff.; Weiß 2002, S. 35ff.).

Alimentiert wird der unter diesem Begriff zu subsumierende Konvergenzprozess durch ein Spektrum gesellschaftlicher Interpretationen eines sehr weit gefassten Globalisierungsbegriffes, der in seiner inhaltlichen Beschaffenheit vorwiegend negativ besetzt ist (Kumar 1998, S. 59ff.; Brand 2001, S. 881ff.). Die dabei artikulierte schiere Übermacht faktischer Gefahren – beispielsweise Arbeitsplatzverluste oder Umweltverschmutzung – und entsprechendem Expertenwissen kulminiert in einem grenzüberschreitenden Kollektivbewusstsein (Heins 2002, S. 86f.). Konsequenterweise ist dieses in seinem Kern durch ein Unbehagen gegenüber den ökologischen, sozioökonomischen und politischen Effekten der Globalisierung geprägt und findet seinen institutionellen Ausdruck in den TNGOs (Walk et al. 2001, S. 9ff.). In beispielhafter Form verdeutlichen lässt sich die faktische Relevanz dieser Überlegungen mit der folgenden Bemerkung des UNO-Sonderbeauftragten Jean Zieglers, die dieser anlässlich eines Kongresses von Attac (bekanntermaßen das Akronym für Association pour la Taxation des Transactions financières pour l'Aide aux Citoyens) – also einem der wohl prominentesten Vertreter der TNGOs – getroffen hat (Ziegler 2002, S. 90): „Eine internationale Zivilgesellschaft ist im Entstehen. [...] Ohne feste Organisation, ohne Hierarchien, ohne genaues Programm. Sie will der Globalisierung des Finanzkapitals die Globalisierung der demokratischen Rechte entgegenstellen. Ihre Macht ist die kurzfristige Mobilisierung in allen Kulturkreisen, Wirtschaftskategorien und Kontinenten. Dank Internet."

Inwieweit die mit dieser Entwicklung verbundenen Erwartungen einlösbar erscheinen, ist derzeit ein zentrales Thema der wissenschaftlichen Debatte um NGOs und die Perspektiven der so genannten *„Global Governance"* (Brand et al. 2000, S. 21ff.; Hirsch 2001, S. 13ff.; Messner et al. 2001, S. 11ff.; Curbach 2003, S. 17ff.; Scharnagel 2003, S. 113ff.). Für die hier vorgenommene Fokussierung ist jedenfalls festzuhalten, dass die Frage nach den Katalysatoren der Internationalisierung von NGOs durchaus mit den von Levitt entwickelten Überlegungen korrespondiert. Es erscheint insofern also auch keinesfalls abwegig, wenn unterstellt wird, dass die sich an die Konvergenzprämisse anschließende Thesensequenz der Standardisierung, Zentralisierung und Kostenorientierung – in inhaltlich natürlich modifizierter Form – durchaus als Bezugsrahmen zur weiteren Präzisierung der Internationalisierungslogik von TNGOs eignet.

2.2.2 TNGOs als „Born Globals" einer Weltzivilgesellschaft

Rekapituliert man die Bemühungen um eine theoretische Fundierung des Internationalisierungskonstruktes, so einte diese bis in die jüngste Zeit die Überzeugung, dass die darunter zu fassende Etablierung einer grenzüberschreitenden Präsenz von einem prozessualen Verständnis geprägt sei (Bäurle 1996, S. 65ff.). Dementsprechend waren die Versuche einer verallgemeinerungsfähigen Modellierung grenzüberschreitender unternehmerischer Engagements unter anderem auch durch das ex- oder implizite Bestreben gekennzeichnet, Pfade in den hierfür problemrelevanten Kategorien der geografischen Marktwahl und -eintrittsform zu identifizieren (Engelhard/Eckert 1994).

Es ist nun sicherlich nicht übertrieben, wenn mit dem Hinweis auf das so genannte *„Born-Global-Konzept"* behauptet wird, dass diese Gewissheiten und Überzeugungen der internationalen Managementforschung seit geraumer Zeit in erhebliche Bedrängnis geraten sind. Als hierfür originär verantwortlich können die Forschungsergebnisse von Cagusvil – bzw. dessen Interpretation einer Studie der Unternehmensberatungsgesellschaft McKinsey – erachtet werden (Cagusvil 1994). „There is emerging [...] a new breed of exporting companies, which contribute substantially to the nation's export capital. The emergence of these exporters [...] economy, reflects 2 fundamental phenomena of the 1990s: 1. Small is beautiful. 2. Gradual internationalization is dead." (Cagusvil 1994, S. 18).

Obwohl die auf der Grundlage dieser Beobachtung initiierten Forschungsbemühungen sich noch in einem eher embryonalen Stadium befinden, erscheint es mehr als angebracht, auf offensichtliche Parallelen zwischen den hier thematisierten TNGOs und dem *„Born-Global-Konzept"* hinzuweisen (Arenius 2002, S. 37ff.). Zwei ausgewählte Beispiele mögen dies verdeutlichen. So ist zum einen für die internationale Attac-Bewegung festzuhalten, dass diese sich vom Jahr der Gründung 1998 in Frankreich bis heute bereits in etwa 40 Ländermärkten etabliert hat (Eskola/Kolb 2002, S. 203ff.; Attac 2004). Zum anderen ist für die 1993 begründete NGO „Transparency International" zu konstatieren, dass deren internationale Präsenz sich mittlerweile auf etwa 100 Ländermärkte erstreckt (Marschall 2002, S. 185ff.; Scharnagel 2003, S. 143ff.; Transparency International 2004). Der Befund einer inhaltlich-konzeptionellen Verwandtschaft zwischen – zumindest manchen – TNGOs und dem *„Born-Global-Konzept"* ist nun aus verschiedenen Gründen bemerkenswert: An erster Stelle steht dabei aus einer eher chronologischen Perspektive die grundsätzliche Frage nach den Voraussetzungen und Wirkungsmechanismen einer wie auch immer gearteten Sanktionierung von Arbitrage- und/oder Leveragestrategien international agierender Unternehmen durch davon betroffene Interessengruppen. Die damit angesprochene Diskussion über so genannte „Gegenmachtstrategien" hat im Zusammenhang mit Überlegungen zur Internationalisierung von gewerkschaftlichen Aktivitäten in einem System der internationalen Arbeitsbeziehungen eine lange Tradition (Engelhard/Specker 2004, S. 945ff.). Ohne das Spektrum der hierzu relevanten Einsichten und Ergebnisse zu banalisieren, kann behauptet werden, dass die dabei zugrunde gelegte Philosophie bei der Etablierung internationaler Gewerkschaftsaktivitäten durch ein eher traditionelles Verständnis geprägt war. In diesem Sinne fand die Internationalisierung der Gewerkschaftsarbeit ihren Niederschlag in einer teilweise recht langwierigen Institutionalisierung von explizit an grenzüberschreitenden Maßstäben orientierten Organisationen. Ob und inwieweit damit die Ziele einer international ausgelegten Gewerkschaftsarbeit eingelöst wurden, ist – aus unterschiedlichsten Gründen – jedenfalls bis heute Gegenstand höchst kontroverser Diskussionen.

Die aus dem oben aufgeführten Zahlenwerk ersichtliche Dynamik des grenzüberschreitenden Engagements von Organisationen, denen ob ihrer Sachzielorientierung doch eine geradezu chronische Ressourcenschwäche nachgesagt wird, wirft hingegen die Frage auf, ob die in den Forschungsprogrammen zum *„Born-Global-Konzept"* eingeschlagenen Wege auch zur Erhellung des Internationalisierungsprozesses von TNGOs beizutragen vermögen (Schmid-Buchholz 2001, S. 270f.). Nach Ansicht der Verfasser ist dies vor allem für zwei Bereiche ausdrücklich zu bejahen: Erstens das so genannte „International Entrepreneurship" und zweitens das Konzept des so genannten „Sozialkapitals" (Arenius 2002, S. 51ff.). Nachdem letzteres im weiteren Gang der Argumentation zu den Besonderheiten von TNGOs noch Gegenstand einer ausführlicheren Diskussion sein wird, mag an dieser Stelle eine kurze Begründung der mit dem erstgenannten Bereich verbundenen Erwartungen genügen.

Dass der so genannte „Entrepreneur" mit seinen Ressourcen bzw. Fähigkeiten als zentraler Akteur beim Entwurf und der Realisation von Entwicklungsprozessen des Unternehmens zu erachten ist, verkörpert sicherlich eine Binsenweisheit im Feld der ökonomischen Forschung. Verengt man diesen Zusammenhang – wie derzeit in der Forschung zum *„Born-Global-Konzept"* – auf grenzüberschreitende Episoden der Unternehmensentwicklung, so rücken spezifischere Fähigkeiten im Sinne von Internationalisierungserfahrungen in den Vordergrund (Schmid-Buchholz 2001, S. 259f.). Die darin zum Ausdruck gelangenden Kenntnisse über Strukturen und Akteure von Auslandsmärkten sind nicht nur als ein zentraler Katalysator des insgesamt beschleunigten Internationalisierungsprozesses zu erachten, sondern nehmen – so die Ergebnisse dieses Zweiges der

„Born-Global"-Forschung – auch einen ganz erheblichen Einfluss auf die konkrete Ausgestaltung des grenzüberschreitenden Engagements (Oviatt/McDougall 1999, S. 23ff.). Dass die aus solchen Befunden ersichtliche Personifikation der Internationalisierungsmodi im Zusammenhang mit TNGOs eine durchaus fruchtbare Perspektive darstellt, zeigt ein Blick auf die Entwicklungsgeschichte der vorhin angesprochenen „Transparency International". In diesem Sinne konstatiert Miklos Marschall zur Frage nach den Hintergründen des Erfolgs dieser NGO (Marschall 2002, S. 187): „Ähnlich wie bei vielen anderen erfolgreichen NGOs ist auch der Erfolg von TI [Transparency International; Anm. d. Verf.] auf den Einsatz und die fachliche Kompetenz ihres Gründers zurückzuführen. Peter Eigen [bezeichnenderweise ein ehemals für die Weltbank in verschiedenen Führungspositionen tätiger Deutscher; Anm. d. Verf.] konnte dank seiner Ausstrahlung, Energie und diplomatischen Fähigkeiten eine Fülle kompetenter Mitstreiter werben. Außerdem gelang es ihm, Spenden für die Arbeit von TI zu sammeln und Probleme und potenzielle Konflikte innerhalb der Organisation zu überwinden."

Angesichts der sich in dieser Einschätzung abzeichnenden Mächtigkeit des Wirkungsspektrums einzelner Akteure in Form von so genannten *„Moral Entrepreneurs"* bei der Etablierung der TNGOs dürfte deutlich werden, dass eine Interpretation des Internationalisierungsprozesses von NGOs in der Tradition der Forschungsbemühungen zum so genannten *„International Entrepreneurship"* alles andere als eine unreflektierte Projektion aktueller Fragestellungen der internationalen strategischen Managementforschung darstellt.

3. Vom „Going International" zum „Being International": Janusköpfige Koordinationsperspektiven von TNGOs

Im Verlauf ihrer Bemühungen um eine theoretisch-konzeptionelle Fundierung des Internationalisierungsphänomens hat die hierfür einschlägige Forschergemeinde das Spektrum an potenziell problemrelevanten Fragestellungen höchst unterschiedlich akzentuiert. Das in der Überschrift dieses Teilkapitels gewählte Sprachspiel vom so genannten *„Going und Being International"* ist als sprachlicher – und in seiner inhaltlichen Beschaffenheit höchst aktueller – Ausdruck einer solchen Verschiebung von Interessenlagen zu verstehen. Die damit verbundene Absicht lässt sich mit den Worten Kutschkers folgendermaßen charakterisieren (Kutschker 1998, S. IX): „Die Probleme der Internationalisierung von Unternehmen haben sich gewandelt. Während die Herausforderung der internationalen Unternehmensentwicklung früherer Jahre in der Expansion zu sehen war, d.h. im Eintritt und in der Penetration neuer Ländermärkte sowie im Aufbau einzelner Wertschöpfungsaktivitäten, existiert heute in vielen Branchen das Problem, dass einzelne Unternehmens- und Wertschöpfungsteile zu wenig koordiniert agieren. Demnach stehen viele Unternehmen vor der Herausforderung, von der Expansion auf eine effiziente Integration umzusteigen."

Es ist nun schlicht unmöglich, im Rahmen des hier zur Verfügung stehenden Raumes die in dieses Themengebiet fallenden Beobachtungen und Forschungsergebnisse einer Detailanalyse zu unterziehen. Demnach mag es mit Blick auf die hier fokussierten TNGOs genügen, diese in pragmatischer Form auf die folgenden Feststellungen zu verdichten (Kutschker/Schmid 2003, S. 987ff.): Zur Realisierung des Integrations- bzw. Koordinationsgebotes im internationalen Unternehmensverbund steht den beteiligten Akteuren ein großes Spektrum von Instrumenten zur Verfügung (Welge 1999, S. 1ff.; Macharzina/ Oesterle 2002, S. 705ff.). Im Zusammenhang mit dem daraus resultierenden Problem einer problemadäquaten Bündelung dieser Instrumente gilt es zu beachten, dass dieser so genannte *„Koordinationsmix"* nicht im Widerspruch zur Forderung einer insgesamt polyzentrisch ausgelegten Führungsphilosophie steht (Kutschker/Schmid 2003, S. 332ff.). Mit dem letztgenannten Aspekt wird auf die Inhalte und Logiken der so genannten *„Fähigkeitsansätze"* des internationalen strategischen Managements verwiesen (Dähn 1996, S. 108ff.). Danach vermag gerade ein netzwerkartiges Verständnis des global agierenden Unternehmensverbundes die lange Zeit das Denken zum Internationalisierungsproblem prägende Dichotomisierung zwischen den Alternativen der lokalen Anpassung oder der globalen Effizienz zugunsten einer integrativen Sicht abzulösen (Rall 2002, S. 759ff.).

Vor dem Hintergrund dieser Ursprünge und Gestaltungspostulate des so genannten *„Being International"* ist gerade für TNGOs zu konstatieren, dass das Gros der Beobachter die Handhabung dieser Problemdimension in ganz grundsätzlicher Form mit der Frage nach den langfristigen Entwicklungsperspektiven dieses Akteurs verbinden (Flekker/Simsa 2000, S. 164ff.; Rucht 2001, S. 5ff.; Curbach 2003, S. 88ff.).

Eine solche Kopplung erscheint aus mehreren Gründen kommentierungsbedürftig: Diese nehmen ihren Ausgangspunkt in der Tatsache, dass im Zusammenhang mit der akademischen oder populärwissenschaftlichen Thematisierung von TNGOs gerade der Netzwerkbegriff das prominenteste Redeinstrument darstellt (Messner 2000, S. 28ff.; Walk 2000, S. 196ff.). Trotz einer teilweise erheblichen Spannweite der mit dieser Wortwahl assoziierten Sachverhalte lassen sich mindestens zwei Konstanten dieser Schnittmengenbildung verorten. Zum einen soll damit aus einer organisationalen Perspektive die innere Logik der Entstehung bzw. Funktionsweise von TNGOs verdeutlicht werden. Diese findet ihren Ausdruck in der Fähigkeit, ohne bürokratische Organisationen, fixierte Hierarchien und feste Mitgliedschaften entlang spezifischer Themen und Aufgaben mit unterschiedlichsten Akteuren grenzüberschreitend zu kooperieren (Roth 2001, S. 60). Zum anderen wird damit in einem mehr technischen Verständnis der Tatsache Rechnung getragen, dass gerade die jüngsten Wachstumsschübe dieser Organisationsform nur durch die Kommunikationsmöglichkeiten des Internets erklärbar sind bzw. TNGOs erst durch den Einsatz dieses Mediums substantielle Handlungsmöglichkeiten erhalten haben (Hohn 2000, S. 199ff.).

Entscheidend ist nun, dass diese beiden Facetten der Netzwerkmetapher für TNGOs im oben bereits angesprochenen Konstrukt des Sozialkapitals kulminieren (Teegen 2003, S. 277ff.). Mit diesem Verweis auf eine in der betriebswirtschaftlichen Literatur derzeit intensiv diskutierte Handlungsressource, die nach Teegens Diktion als *„Currency of TNGOs"* zu erachten ist, lässt sich die in der Überschrift dieses Kapitels angesprochene Janusköpfigkeit der Koordinationsperspektiven in eingängiger Form illustrieren.

Die in den letzten Jahren zu beobachtende Mächtigkeit der Expansion von TNGOs war und ist das Produkt eines Denkens und Handelns in Netzwerken. Das diesen Prozess fördernde Milieu findet seine Entsprechung in der organisationalen Beschaffenheit der daraus hervorgegangenen Strukturen. Deren Spezifika werden von Simsa in resümierender Form folgendermaßen charakterisiert (Simsa 2001, S. 162f.): „Erstens sind NPOs [Nonprofit-Organisationen; Anm. d. Verf.] in besonders hohem Maße organisationalen Widersprüchen ausgesetzt [...] . Besonders deutlich äußert sich dies in einer typischen Ambiguität von Zielen, in Schwierigkeiten der Erfolgsmessung und in hohen Tendenzen der Organisationsabwehr. Zweitens ist eine weitere [...] Besonderheit eine hohe Orientierung an Ideologien und Moral." Diese Eigenheiten sind – bei aller Offenheit der hierfür im Wechselspiel mit der Netzwerkmetapher denkbaren Ursache-Wirkungs-Zusammenhängen – in hohem Maße als ursächlich für die Entstehung und den Stellenwert von Sozialkapital und die darüber entfaltbaren grenzüberschreitenden Handlungspotenziale bei TNGOs zu erachten. Wenn nun – wie oben in allgemeiner Form beschrieben – Expansion (*„Going International"*) in verstärktem Maße durch Konsolidierung im Sinne von Integration bzw. Koordination (*„Being International"*) flankiert werden soll, so ist die damit einhergehende Kollisionsgefahr für TNGOs aus einer theoretisch konzeptionellen Perspektive evident. Einen beispielhaften Eindruck konkreter Facetten dieser Problemlage gibt die folgende Feststellung von Rucht (2001, S. 6): „Dabei gilt es die Balance zwischen zwei Polen zu halten: Einerseits droht das Übel, das Jo Freeman, eine US-amerikanische Feministin, die *„Tyrannei der Strukturlosigkeit"* genannt hat. Informelle Hierarchien, Filz und Willkür ersetzen explizite Zuständigkeiten und regelgebundene Entscheidungsverfahren. Werden andererseits formale Mechanismen zu stark betont, dann droht die Vereinsmeierei, bei der Organisationspatriotismus und Satzungsfragen das Handeln bestimmen."

Angesichts solcher Perspektiven dürfte es als unzweifelhaft gelten, dass die von den TNGOs eingeschlagenen Pfade zur Handhabung dieser prekären Balance ein Gravitationszentrum bei der Klärung von Besonderheiten im Internationalisierungsprozess dieser Organisationen darstellen werden. Dies gilt umso mehr, wie damit auch die im Folgenden unter dem Begriff des so genannten *„Legitimationsparadoxon"* gefassten Eigenheiten der Interaktion von internationalen Unternehmen und TNGOs eine Erhellung erfahren dürften.

4. TNGOs und Internationale Unternehmen: Interaktionsarenen aus neoinstitutionalistischer Sicht und das „Legitimationsparadoxon"

Der Hinweis auf einen engen Konnex zwischen dem Konstrukt der so genannten „globalen öffentlichen Güter" und TNGOs bildete den Ausgangspunkt der bis hier entfalteten Überlegungen zu Besonderheiten bzw. Auffälligkeiten der Internationalisierungslogik dieser Organisationsform. In diesem Zusammenhang wurde bereits auch angedeutet, dass für die TNGOs im Rahmen ihrer Bemühungen zur Identifikation und Sicherstellung globaler öffentlicher Güter die Arbitrage- und Leveragestrategien international agierender Unternehmen einen beliebten Anknüpfungspunkt bilden.

Im Bemühen um eine inhaltliche Präzisierung der damit angesprochenen Interaktionsarena zwischen international agierenden Unternehmen und TNGOs ist zunächst festzuhalten, dass diese in aller Regel mit einem grenzüberschreitenden Kampagnennetzwerk eröffnet wird (Dürr et al. 2001, S. 19ff.). Aus inhaltlicher Sicht werden diese mit Themen alimentiert, die im Rahmen internationaler Unternehmensaktivitäten schon immer als problematisch erachtet wurden, beispielsweise also Unterdrückung von Gewerkschaftsarbeit, Dumping-Löhne oder Kinderarbeit. Durch eine entsprechende mediale Inszenierung dieser Beobachtungen findet das Kampagnennetzwerk seinen Ausdruck schließlich – wie in Abbildung 3 schematisch skizziert – in einer grenzüberschreitenden Konfliktverlagerung (Lahusen 1999, S. 176ff.). Angesichts der oben unter dem Schlagwort der globalen Zivilgesellschaft erläuterten Konvergenzprozesse dürfte die gewachsene Wahrscheinlichkeit und Tragweite der damit einhergehenden ökonomischen Effekte für das international agierende Unternehmen wohl kaum erklärungsbedürftig sein.

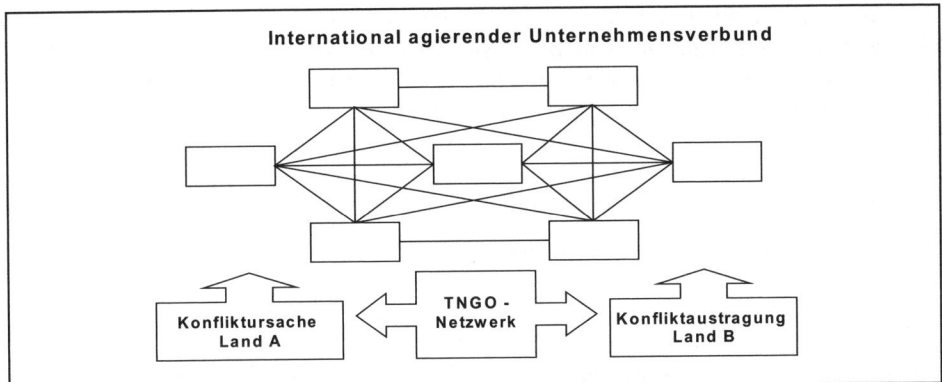

Abbildung 3: Grenzüberschreitende Konfliktverlagerung durch TNGOs
(Quelle: In Anlehnung an Berg 2003, S. 68)

Unterlegt man nun diese sicherlich noch sehr grobe Beschreibung der Entstehung von Interaktionsarenen zwischen diesen beiden Akteuren mit Überlegungen aus dem Feld des soziologischen Institutionalismus, so lassen sich eine Reihe von höchst beachtenswerten Hypothesen über die besondere Qualität und die Perspektiven dieser Interaktion identifizieren.

Von zentraler Bedeutung für den eingeschlagenen Weg ist die Tatsache, dass im Argumentationsgefüge dieser Theorie das Konstrukt der organisationalen Legitimität eine entscheidende Rolle spielt. Nach Suchmann (1995, S. 574) inkorporiert dieser Begriff „ [...] a generalized perception or assumption that the actions of an entity are desirable, proper, or appropriate within some socially constructed systems of norms, values, beliefs, and definitions." Die auf diesem Begriff aufbauende Argumentationslogik mündet schließlich in der Feststellung, dass der organisationale Erfolg respektive Fortbestand primär durch die formalstrukturelle Integration gesellschaftlich institutionalisierter Rationalitätsmythen determiniert wird, während die effiziente Steuerung und Koordination von Arbeitsvollzügen und Austauschprozessen eine untergeordnete Rolle spielt (Walgenbach 2002, S. 155ff.).

Wird dieses noch recht abstrakt wirkende Wirkungsgefüge auf die hier exponierten Interaktionsperspektiven zwischen internationalen Unternehmen und TNGOs projiziert, so lassen sich diese in komprimierter Form folgendermaßen charakterisieren: TNGOs bzw. das damit einhergehende Wirkungsspektrum zur Sanktionierung von Arbitrage- und Leveragestrategien international agierender Unternehmen ist Ausdruck einer zunehmenden Differenzierung moderner Gesellschaften. Die damit verbundene Herausbildung institutionalisierter Regeln und Anforderungen impliziert bei einer Beibehaltung dieser Internatioalisierungslogiken den Legitimitätsverlust. Ergo muss diese Entwicklung auf Seiten der international agierenden Unternehmen durch die strukturelle Integration problemadäquater Rationalitätsmythen gewürdigt werden.

Welche faktische Relevanz diese Schlussfolgerung zwischenzeitlich aufweist, wird spätestens bei einem Blick auf die gegenwärtig intensiv geführten Diskussionen über das Konzept des so genannten *„Global Corporate Citizenship"* deutlich (Post 2000, S. 27ff.). Ohne die im Rahmen dieser Debatte entfalteten Überlegungen – beispielsweise also zur Ethisierung des Unternehmens oder einer Revision des Verständnisses zum Stakeholder Management (Grabner-Kräuter 1998; Schuppisser 2002) – einer ausführlicheren Betrachtung zu unterziehen, ist deren Existenz als verantwortlich für das im Folgenden zu erläuternde Argument des „Legitimationsparadoxons" zu erachten.

Im Kern soll damit zum Ausdruck gebracht werden, dass die Frage nach der Legitimität von TNGOs – bzw. deren Repräsentanten – und den von diesen praktizierten Handlungslogiken im einschlägigen Schrifttum aus verschiedenen Gründen als ausgesprochen klärungsbedürftig erachtet werden (Gebauer 2001, S. 95ff.; Weizsäcker 2001, S. 23ff.). Für die hier vorgenommene Kopplung von TNGOs und globalen öffentlichen Gütern findet diese Kontroverse ihren Ausdruck in der Frage, ob die dabei zur Entfaltung gelangende stellvertretende Dienstleistung in ihren inhaltlichen und instrumentellen Dimensionen prinzipiell zulässig erscheint. Dass die sich damit abzeichnende Asymmetrie von Legitimitätserwartung bzw. Sanktionsmacht und Legitimitätsbasis ausgesprochen delikater Natur ist, wird deutlich, wenn man sich ferner vor Augen führt, dass TNGOs – wie jüngst von Zeitler (2000, S. 129ff.) dargelegt – bei der medialen Inszenierung ihrer Befunde über unternehmerisches Fehlverhalten im globalen Kontext in aller Regel mit Übertreibungen arbeiten.

Im Lichte dieser Beobachtungen gewinnen die oben angesprochenen Perspektiven des „Being International" von TNGOs deutlich an Kontur. In diesem Sinne erscheint es aus terminologischer Sicht durchaus schlüssig, diese Phase der Internationalisierung für TNGOs gar mit dem Begriff der Legitimationsstrategie zu charakterisieren.

Im Rahmen der damit für beide Akteure – also TNGOs und internationale Unternehmen – aufgeworfenen Frage nach der Art und Beschaffenheit ihrer Interaktionsstrategien lenkt der soziologische Neoinstitutionalismus den Blick schließlich auf das Konstrukt der Isomorphie. In einer orthodoxen Auslegung dieser Theorie wird auf Homogenisierungsprozesse verwiesen, die sich durch eine unternehmensübergreifende Institutionalisierung identischer organisationaler Praktiken auszeichnen (Millonig 2002, S. 52ff.). Inwieweit die dazu von den Vertretern dieser Theorie vorgeschlagenen Mechanismen – beispielsweise also Isomorphie durch Zwang, Imitation oder Normierung – geeignet sind, die Interaktionsperspektiven von bzw. zwischen TNGOs und international agierenden Unternehmen darzustellen, kann zum gegenwärtigen Zeitpunkt nicht beantwortet werden. Gleichwohl erscheint die damit verbundene Erwartung konstruktiver Beiträge zu diesem noch recht jungen Problemfeld der Internationalisierung alles andere als abwegig (Kostova/Zaheer 1999, S. 64ff.).

5. Schlussbetrachtung

Die gegenwärtig zu beobachtenden überexponentiellen Wachstumsraten von TNGOs sind – so die hier verfolgte Argumentation – als Spezialfall der Internationalisierung von Dienstleistungen zu verstehen. Bei aller Unterschiedlichkeit der darunter gefassten Handlungsformen kann als kleinster gemeinsamer Nenner deren Selbstverständnis als Stellvertreter einer sich an globalen Maßstäben orientierten Zivilgesellschaft gelten. In diesem Sinne ist das Selbstverständnis dieser Organisationen ex- oder implizit von der Überzeugung geprägt, durch ihr grenzüberschreitendes Engagement einen Beitrag zur Sicherstellung globaler öffentlicher Güter wie Klimaschutz, Korruptionsbekämpfung oder universaler Menschenrechte zu leisten.

Angesichts einer bislang nur fragmentarisch vorliegenden Klärung der Besonderheiten zum Prozess der Internationalisierung dieser Organisationsformen war es das Ziel dieser Überlegungen, auf dazu potenziell einschlägige Beiträge aus dem Feld der internationalen Managementforschung hinzuweisen. Die in diesem Rahmen angestellten Überlegungen bieten in ihrer Auslegung sicherlich noch erheblichen Raum für konzeptionelle und inhaltliche Verfeinerungen. Gleichwohl steht der damit vollzogene Nachweis zur Nützlichkeit eines Transfers dieser Konzepte auf das Feld der TNGOs nach Ansicht der Verfasser außer Frage.

Der im Zusammenhang mit den Überlegungen zum *„Legitimitätsparadoxon"* vollzogene Rückgriff auf Argumentationslinien der neoinstitutionalistischen Organisationstheorie ist schließlich mit der Erwartung verbunden, dass dieser im weiteren Bemühen um eine empirisch fundierte Erhellung der Internationalisierungslogiken von TNGOs als nützlicher Bezugsrahmen dienen könnte.

Literatur

Arenius, P.M. (2002): Creation of Firm-Level Social Capital, Its Exploitation, and the Process of Early Internationalisation, Helsinki University of Technology, Institute of Strategy and International Business, Doctoral Dissertation, Espoo.

Attac (2004): Erklärung und Selbstverständnis – Wer wir sind und was wir wollen, https://www.attac.de/material/selbst.php (Zugriff am: 17.08.2004).

Bäurle, I. (1996): Internationalisierung als Prozessphänomen. Konzepte – Besonderheiten – Handhabung, Wiesbaden.

Beisheim, M./Zürn, M. (1999): Transnationale Nicht-Regierungsorganisationen. Eine Antwort auf die Globalisierung, in: Klein, A./Legrand, H.J./Leif, T. (Hrsg.): Neue Soziale Bewegungen. Impulse, Bilanzen und Perspektiven, Opladen/Wiesbaden, S. 306-319.

Berg, N. (2003): Public Affairs Management. Ergebnisse einer empirischen Untersuchung in Multinationalen Unternehmen, Wiesbaden.

Brand, U. (2001): Globalisierungskritik, in: Haug, F. (Hrsg.): Historisch-kritisches Wörterbuch des Marxismus, Band 5, Hamburg, S. 881-889.

Brand, U./Brunnengräber, A./Schrader, L./Stock, C./Wahl, P. (2000): Global Governance. Alternative zur neoliberalen Globalisierung?, Münster.

Brunnengräber, A. (2003): Global Public Goods – Global Public Bads. Wer definiert sie, wer schützt sie, wer stellt sie bereit?, in: Brunnengräber, A. (Hrsg.): Globale öffentliche Güter unter Privatisierungsdruck, Festschrift für Elmar Altvater, Münster, S. 26-38.

Cagusvil, S.T. (1994): A Quiet Revolution in Australian Exporters, in: Marketing News, Vol. 28, No. 11, S. 18-21.

Curbach, J. (2003): Global Governance und NGOs. Transnationale Zivilgesellschaft in internationalen Politiknetzwerken, Opladen.

Dähn, M. (1996): Wettbewerbsvorteile internationaler Unternehmen. Analyse – Kritik – Modellentwicklung, Wiesbaden.

Doh, J.P./Guay, T.R. (2004): Globalization and Corporate Social Responsibility: How Non-Governmental Organizations Influence Labor and Environmental Codes of Conduct, in: Management International Review, Vol. 44, No. 2, S. 7-29.

Dürr, A./Fichter, M./Korthals, K./Lerch, F./Manning, S./Roberts, A./Staeglich, D./Sydow, J./Wachsen, C. (2001): Soziale Verantwortlichkeit in globalen Produktionsnetzwerken: Erkenntnisse aus der Bekleidungsindustrie. Abschlussbericht zu dem Studienprojekt „Global Manufacturing and Responsible Business Practices", http://www.polwiss.fu-berlin.de/tu/download/projekt.pdf (Zugriff am: 11.03.2004).

Enderle, G. (1999): Unternehmensverantwortung der multinationalen Unternehmen aus der Sicht von Non-governmental Organizations, in: Kumar, B.N./Osterloh, M./Schreyögg, G. (Hrsg.): Unternehmensethik und die Transformation des Wettbewerbs. Shareholder-Value – Globalisierung – Hyperwettbewerb, Stuttgart, S. 441-476.

Engelhard, J./Eckert S. (1994): Markteintrittsverhalten deutscher Unternehmen in osteuropäischen Ländern, Bamberger Betriebswirtschaftliche Beiträge Nr. 98/94, Bamberg.

Engelhard, J./Specker, T. (2004): Internationale Arbeitsbeziehungen, in: Gaugler, E./Oechsler, W.A./Weber, W. (Hrsg.) Handwörterbuch des Personalwesens, 3. Aufl., Stuttgart, S. 945-955.

Eskola, K./Kolb, F. (2002): Attac – Globalisierung ist kein Schicksal, in: Frantz, C./Zimmer, A. (Hrsg.): Zivilgesellschaft international. Alte und neue NGOs, Opladen, S. 199-212.

Esman, M.J./Uphoff, N.T. (1984): Local Organizations. Intermediaries in Rural Development, Ithaca/New York.

Flecker, J./Simsa, R. (2000): Co-ordination and Control in transnational Business and Non-Profit Organizations, in: Pries, L. (Hrsg.): New Transnational Social Spaces, London, S. 164-184.

Fichter, K./Schneidewind, U. (2000): Neue Spielregeln für die grenzenlose Ökonomie: Eine Einleitung, in: Fichter, K./Schneidewind, U. (Hrsg.): Umweltschutz im globalen Wettbewerb. Neue Spielregeln für das grenzenlose Unternehmen, Heidelberg, S. 1-11.

Frantz, C. (2002): Nichtregierungsorganisationen (NGOs) in der sozialwissenschaftlichen Debatte, in: Frantz, C./Zimmer, A. (Hrsg.): Zivilgesellschaft international. Alte und neue NGOs, Opladen, S. 51-81.

Gebauer, T. (2001): „... von niemanden gewählt!" Über die demokratische Legitimation von NGO, in: Brand, U./Demirovic, A./Görg, C./Hirsch, J. (Hrsg.): Nichtregierungs-organisationen in der Transformation des Staates, Münster, S. 95-119.

Grabner-Kräuter, S. (1998): Die Ethisierung des Unternehmens. Ein Beitrag zum wirt-schaftsethischen Diskurs, Wiesbaden.

Heins, V. (2002): Der Mythos der globalen Zivilgesellschaft, in: Frantz, C./Zimmer, A. (Hrsg.): Zivilgesellschaft international. Alte und neue NGOs, Opladen, S. 83-101.

Hellmann, K. U. (1998): Paradigmen der Bewegungsforschung. Forschungs- und Erklä-rungsansätze – ein Überblick, in: Hellmann, K. U./Koopmanns, R. (Hrsg.): Paradig-men der Bewegungsforschung, Wiesbaden, S. 9-32.

Hirsch, J. (2001): Des Staates neue Kleider. NGO im Prozess der Internationalisierung des Staates, in: Brand, U./Demirovic, A./Görg, C./Hirsch, J. (Hrsg.): Nicht-regierungsorganisationen in der Transformation des Staates, Münster, S. 13-42.

Hohn, B. (2000): Nonprofit-Organisationen im Internet, in: Schneidewind, U./Truscheit, A./Steingräber, G. (Hrsg.): Nachhaltige Informationsgesellschaft. Analyse und Ge-staltungsempfehlungen aus Management- und institutioneller Sicht, Marburg, S. 199-223.

Kaul, I./Kocks, A. (2003): Globale öffentliche Güter. Zur Relevanz des Begriffs, in: Brunnengräber, A. (Hrsg.): Globale öffentliche Güter unter Privatisierungsdruck. Festschrift für Elmar Altvater, Münster, S. 39-56.

Kogut, B. (1985): Designing Global Strategies: Profiting from Operational Flexibility, in: Sloan Management Review, Vol. 27, No. 1, S. 27-38.

Kostova, T./Zaheer, S. (1999): Organizational Legitimacy under Conditions of Com-plexity. The Case of the Multinational Enterprise, in: Academy of Management Re-view, Vol. 24, No. 1, S. 64-81.

Kumar, B.N. (1998): Ethische Aspekte der Tätigkeit und Strategien multinationaler Un-ternehmen im Lichte des „Sustainable Development", in: Lachmann, W./Farmer, K./Haupt, R. (Hrsg.): Globalisierung: Arbeitsteilung oder Wohlstandsteilung?, Marktwirtschaft und Ethik, Band 5, Münster, S. 59-96.

Kutschker, M. (1998): Vorwort, in: Kutschker, M. (Hrsg.): Integration in der internatio-nalen Unternehmung, Wiesbaden, S. IX-XII.

Kutschker, M./Schmid, S. (2003): Internationales Management, 3. Aufl., München/ Wien.

Lahusen, C. (1999): Die Organisation kollektiven Handelns – Formen und Möglichkei-ten internationaler Kampagnen, in: Altvater, E./Brunnengräber, A./Haake, M./Walk, H. (Hrsg.): Vernetzt und Verstrickt. Nicht-Regierungs-Organisationen als gesell-schaftliche Produktivkraft, 2. Aufl., Münster, S. 176-196.

Levitt, T. (1983): The Globalization of Markets, in: Harvard Business Review, Vol. 63, No. 3, S. 92-102.

Macharzina, K./Oesterle, M.J. (2002): Bestimmungsgrößen und Mechanismen der Koordination von Auslandsgesellschaften, in: Macharzina, K./Oesterle, M.J. (Hrsg.): Handbuch Internationales Management. Grundlagen – Instrumente – Perspektiven, 2. Aufl., Wiesbaden, S. 705-736.

Marschall, M. (2002): Transparency International: Ein Beispiel für erfolgreiches globales Engagement transnationaler NGOs, in: Frantz, C./Zimmer, A. (Hrsg.): Zivilgesellschaft international. Alte und neue NGOs, Opladen, S. 185-197.

Martens, K. (2002a): Alte und neue Players – eine Begriffsbestimmung, in: Frantz, C./Zimmer, A. (Hrsg.): Zivilgesellschaft international. Alte und neue NGOs, Opladen, S. 25-49.

Martens, K. (2002b): Mission Impossible? Defining Nongovernmental Organizations, in: Voluntas: International Journal of Voluntary and Nonprofit Organizations, Vol. 13, No. 3, S. 271-285.

Messner, D. (2000): Global Governance: Anpassungsdruck für Nationalstaaten und Anforderungen an Unternehmen, in: Klaus, F./Schneidewind, U. (Hrsg.): Umweltschutz im globalen Wettbewerb. Neue Spielregeln für das grenzenlose Unternehmen, Berlin, S. 61-72.

Messner, D./Hauchler, I./Nuscheler, F. (2001): Global Governance. Notwendigkeiten – Bedingungen – Barrieren, in: Hauchler, I./Messner, D./Nuscheler, F. (Hrsg.): Globale Trends 2002, Frankfurt/Main, S. 11-37.

Millonig, K. (2002): Wettbewerbsvorteile durch das Management des institutionalen Kontextes. Eine integrative Betrachtung von Institutionalismus und Strategischem Management, Berlin.

Oviatt, B.M./McDougall, P.P. (1999): A Framework for Understanding Accelerated International Entrepreneurship, in: Whright, R. (Hrsg.): Research in Global Strategic Management, Stanford, S. 23-40.

Post, J.E. (2000): Moving from Geographic to Virtual Communities: Global Corporate Citizenship in a Dot.com World, in: Business and Society Review, Vol. 105, No. 1, S. 27-46.

Rall, W. (2002): Der Netzwerkansatz als Alternative zum zentralen und hierarchisch gestützten Management der Mutter-Tochter-Beziehungen, in: Macharzina, K./Oesterle, M.J. (Hrsg.): Handbuch Internationales Management. Grundlagen – Instrumente – Perspektiven, 2. Aufl., Wiesbaden, S. 759-775.

Roth, R. (2001): NGO und transnationale soziale Bewegungen: Akteure einer „Weltzivilgesellschaft"?, in: Brand, U./Demirovic, A./Görg, C./Hirsch, J. (Hrsg.): Nichtregierungsorganisationen in der Transformation des Staates, Münster, S. 43-63.

Rucht, D. (2001): Von Seattle nach Genua – Event hopping oder neue soziale Bewegung. Vortrag auf dem attac Kongress „Eine andere Welt ist möglich", Berlin, http://www.wz-berlin.de/zkd/poem/pdf/dieter_rucht_seattle.pdf (Zugriff am: 13.07. 2004).

Rugman, A.M. (2000): The End of Globalization, London.

Sachs, S. (2000): Die Rolle der Unternehmung in ihrer Interaktion mit der Gesellschaft, Bern u.a.

Scharnagel, B. (2002): Internationale Nichtregierungsorganisationen und die Bereitstellung globaler öffentlicher Güter, Frankfurt/Main.

Scherer, A.G. (2003): Multinationale Unternehmen und Globalisierung. Zur Neuorientierung der Theorie der Multinationalen Unternehmung, Heidelberg.

Schmid, S. (2000): Was versteht man eigentlich unter Globalisierung ...? Ein kritischer Überblick zur Globalisierungsdiskussion, Diskussionsbeiträge der Wirtschaftswissenschaftlichen Fakultät Ingolstadt Nr. 144, Ingolstadt.

Schmid-Buchholz, A. (2001): Born globals – Die schnelle Internationalisierung von High-tech Start-ups, Lohmar/Köln.

Schuppisser, S.W. (2002): Stakeholder Management. Beziehungen zwischen Unternehmen und nicht-marktlichen Stakeholder-Organisationen – Entwicklungen und Einflussfaktoren, Bern u.a.

Simsa, R. (2001): Gesellschaftliche Funktionen und Einflussformen von Nonprofit-Organisationen: eine systemtheoretische Analyse, Frankfurt/Main u.a.

Spar, D.L./La Mure, L.T. (2003): The Power of Activism: Assessing the Impact of NGOs on global Business, in: California Management Review, Vol. 45, No. 3, S. 79-101.

Suchmann, M.C. (1995): Managing Legitimacy: Strategic and Institutional Approaches, in: Academy of Management Review, Vol. 20, No. 3, S. 571-610.

Take, I. (2002): NGOs im Wandel. Von der Graswurzel auf das diplomatische Parkett, Wiesbaden.

Teegen, H. (2003): International NGOs as Global Institutions: Using Social Capital to Impact Multinational Enterprises and Governments, in: Journal of International Management, Vol. 9, No. 3, S. 271-285.

Transparency International (2004): Entstehung des deutschen Chapters, http://www.transparency.de/Ueber_TI.44.0.html (Zugriff am: 17.08.2004).

Union of International Associations (2000/2001): Yearbook of International Organizations, Brüssel.

Wahl, P. (2000): Mythos und Realität internationaler Zivilgesellschaft. Zu den Perspektiven globaler Vernetzung von Nicht-Regierungs-Organisationen, in: Altvater, E./Brunnengräber, A./Haake, M./Walk, H. (Hrsg.): Vernetzt und Verstrickt. Nicht-Regierungs-Organisationen als gesellschaftliche Produktivkraft, 2. Aufl., Münster, S. 294-315.

Walgenbach, P. (2002): Neoinstitutionalistische Organisationstheorie: State of the Art und Entwicklungslinien, in: Schreyögg, G./Conrad, P. (Hrsg.): Managementforschung 12: Theorien des Managements, Wiesbaden, S. 155-202.

Walk, H. (2000): „Ein bisschen bi schadet nie": Die Doppelstrategie von NGO-Netzwerken, in: Altvater, E./Brunnengräber, A./Haake, M./Walk, H. (Hrsg.): Vernetzt und Verstrickt. Nicht-Regierungs-Organisationen als gesellschaftliche Produktivkraft, 2. Aufl., Münster, S. 196-222.

Walk, H./Brunnengräber, A. (2000): Die Globalisierungswächter. NGOs und ihre transnationalen Netze im Konfliktfeld Klima, Münster.

Walk, H./Klein, A./Brunnengräber, A. (2001): NGOs – die ‚Entschleuniger' der Globalisierung?, Einleitung, in: Walk, H./Klein, A./Brunnengräber, A. (Hrsg.): NGOs als Legitimationsressource. Zivilgesellschaftliche Partizipationsformen im Globalisierungsprozess, Opladen, S. 9-22.

Weiß, R. (2002): Unternehmensführung in der reflexiven Modernisierung. Global Corporate Citizenship, Gesellschaftsstrategie und Unternehmenskommunikation, Marburg.

Weizsäcker, E.U. von (2001): Zur Frage der Legitimität der NGOs im globalen Machtkonflikt. Ein einführender Beitrag, in: Brunnengräber, A./Klein, A./Walk, H. (Hrsg.): NGOs als Legitimationsressource. Zivilgesellschaftliche Partizipationsformen im Globalisierungsprozess, Opladen, S. 23-26.

Welge, M. (1999): Informale Steuerungsmechanismen zur Optimierung globaler Geschäfte, in: Kutschker, M. (Hrsg.): Management verteilter Kompetenzen in multinationalen Unternehmen, Wiesbaden, S. 1-24.

Yearbook of International Associations 2000/2001, Volume 4, Brüssel, S. 539ff.

Zeitler, M. (2000): Politische Ökonomie von Kollektivphänomenen. Kollektives Handeln und soziale Bewegungen aus markttheoretischer Sicht, Bayreuth.

Ziegler, J. (2002): Der Raubtierkapitalismus und seine Folgen – wo ist die Hoffnung?, in: Attac Deutschland (Hrsg.): Eine andere Welt ist möglich! Dokumentation des Attac-Kongresses vom 19.-21.10.2001 in Berlin, Hamburg, S. 80-90.

Teil B: Serviceteil

Literaturservice

Ausgewählte Literatur zur Internationalisierung von
Dienstleistungen

Ausgewählte Literatur zur Internationalisierung von Dienstleistungen

Aus der Fülle der Publikationen zur Internationalisierung von Dienstleistungen wurden besonders einschlägige und einflussreiche Veröffentlichungen ausgesucht, die ihrerseits Hinweise auf weiterführende Quellen geben. Eine vollständige Bibliographie kann an dieser Stelle nicht erfolgen.

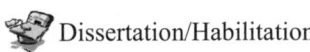 Dissertation/Habilitation   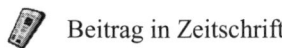 Beitrag in Zeitschrift

Internationalisierung von Dienstleistungen, allgemein

Blümelhuber, C./Kantsperger, R. (2005): Multiplikation und Multiplizierbarkeit von Leistungserstellungssystemen als Basis der Internationalisierung von Dienstleistungen, in diesem Band.

Boddewyn, J.J./Halbrich, M.B./Perry, A.C. (1986): Service Multinationals: Conceptualization, Measurement and Theory, in: Journal of International Business Studies, Vol. 17, No. 3, S. 41-57.

Campbell, A.J./Verbeke, A. (1994): The Globalization of Service Multinationals, in: Long Range Planning, Vol. 27, No. 2, S. 95-102.

Clark, T./Rajaratnam, D. (1999): International Services: Perspectives at Century's End, in: Journal of Services Marketing, Vol. 13, Nos. 4/5, S. 298-310.

Clark, T./Rajaratnam, D./Smith, T. (1996): Toward a Theory of International Services: Marketing Intangibles in a World of Nations, in: Journal of International Marketing, Vol. 4, No. 2, S. 9-28.

Dierdonck, R. van (1998): Managing Services Across National Boundaries, in: Looy, B. van/Dierdonck, R. van/Gemmel, P. (Hrsg.): Services Management, London u.a., S. 406-428.

DIHT (Hrsg.) (2001): Services Going Abroad: Internationalisierung von Dienstleistungen, Berlin.

Douglas, L.F./Zimmerman, A. (1996): International Services Marketing: A Review of Structural Barriers, Regulatory Limitations, and Marketing Responses, in: Journal of Professional Services Marketing, Vol. 13, No. 2, S. 33-58.

Dunning, J.H. (1993): The Internationalisation of the Production of Services: Some General and Specific Explanations, in: Aharoni, Y. (Hrsg.): Coalitions and Competition: The Globalization of Professional Business Services, London u.a., S. 79-101.

Edvardson, B./Edvinson, L./Nyström, H. (1993): Internationalisation in Service Companies, in: The Service Industries Journal, Vol. 13, No. 1, S. 80-97.

Frehse, J. (2002): Internationale Dienstleistungskompetenzen: Erfolgsstrategien für die europäische Hotellerie, Wiesbaden.

Giger, H. (1994): Die Internationalisierung von Dienstleistungsunternehmungen, Gießen.

Grosse, R. (1996): International Technology Transfer in Services, in: Journal of International Business Studies, Vol. 27, No. 4, S. 781-790.

Hermanns, A./Wißmeier, U.K. (2001): Internationalisierung von Dienstleistungen, in: Bruhn, M./Meffert, H. (Hrsg.): Handbuch Dienstleistungsmanagement. Von der strategischen Konzeption zur praktischen Umsetzung, 2. Aufl., Wiesbaden, S. 525-545.

Hill, W./Attiger, P./Bumbacher, U./Ziegler, F. (1995): Dienstleistungsunternehmen im internationalen Wettbewerb, Bern u.a.

Hübner, C.C. (1996): Internationalisierung von Dienstleistungsangeboten – Probleme und Lösungsansätze, München.

Hübner, C.C. (1998): Internationalisierung von Dienstleistungs-Anbietern, in: Meyer, A. (Hrsg.): Handbuch Dienstleistungs-Marketing, Bd. 1, Stuttgart, S. 542-562.

Hünerberg, R./Mann, A. (1996): Internationales Servicemarketing – Die neue Dimension im industriellen Wettbewerb, in: der markt, 35. Jg., Nr. 2, S. 95-106.

Kasper, H./Helsdingen, P. van/Vries, W. de jr. (1999): Services Marketing Management: An International Perspective, Chichester.

Mann, A. (1998): Erfolgsfaktor Service: Strategisches Servicemanagement im nationalen und internationalen Marketing, Wiesbaden.

Meffert, H. (2000): Internationalisierungskonzepte im Dienstleistungsbereich – Bestandsaufnahme und Perspektiven, in: Belz, C./Bieger, T. (Hrsg.): Dienstleistungskompetcnz und innovative Geschäftsmodelle, St. Gallen, S. 504-519.

Meffert, H./Wolter, F. (2000): Internationalisierungskonzepte im Dienstleistungsbereich: Bestandsaufnahme und Perspektiven, Arbeitspapier Nr. 136 der Wissenschaftlichen Gesellschaft für Marketing und Unternehmensführung, Münster.

Meyer, A./Chase, R./Roth, A./Voss, C./Sperl, K.-U./Menor, L./Blackmon, K. (1999): Service Competitiveness – An International Benchmarking Comparison of Service Practice Performance in Germany, UK and USA, in: International Journal of Service Industry Management, Vol. 10, No. 4, S. 369-379.

Mößlang, A.M. (1995): Internationalisierung von Dienstleistungsunternehmen, Wiesbaden.

Müller, S./Kornmeier, M. (2001): Internationalisierung von Dienstleistungsunternehmen, Schriftenreihe: Dresdner Beiträge zur Betriebswirtschaftslehre; Nr. 49/01, Dresden.

O'Farrel, P.N./Scheuer, M./Schmidt, E.M. (1999): Internationalisierung von Unternehmensdienstleistungen, Essen.

Patterson, P.G./Cicic, M. (1995): A Typology of Service Firms in International Markets: An Empirical Investigation, in: Journal of International Marketing, Vol. 3, No. 4, S. 57-83.

Riddle, D.I. (1986): Service-Led Growth – The Role of the Service Sector in World Development, New York u.a.

Riddle, D.I. (1987): The Role of Service Sector in Economic Development, in: Giarini, O. (Hrsg.): The Emerging Service Economy, Oxford, S. 83-103.

Rubalcaba-Bermejo, L./Cuadrado-Roura, J.R. (2002): Services in the Age of Globalization: Explanatory Interrelations and Dimensions, in: Cuadrado-Roura, J.R./Rubalcaba-Bermejo, L./Bryson, J.R. (Hrsg.): Trading Services in the Global Economy, Cheltenham, S. 27-57.

Samiee, S. (1999): The Internationalisation of Services: Trends, Obstacles, Issues, in: Journal of Services Marketing, Vol. 13, Nos. 4/5, S. 319-328.

Sampson, G.P./Snape, R.H. (1985): Identifying the Issues in Trade in Services, in: The World Economy, Vol. 8, No. 8, S. 171-182.

Scheer, A.-W./Schneider, K./Zangl, F. (2005): Methodengestützte Internationalisierung von Dienstleistungen, in diesem Band.

Sjoholt, P. (2002): The Internationalisation of Commercial Activities: Some Recent Theoretical Contributions and Empirical Evidence, in: Cuadrado-Roura, J.R./Rubalcaba-Bermejo, L./Bryson, J.R. (Hrsg.): Trading Services in the Global Economy, Cheltenham, S. 151-174.

Stare, M. (2002): The Pattern of Internationalisation of Services in Central European Countries, in: The Service Industries Journal, Vol. 22, No. 1, S. 77-91.

Stauss, B. (1995): Internationales Dienstleistungsmarketing, in: Hermanns, A./ Wißmeier, U.K. (Hrsg.): Internationales Marketing Management, München, S. 437-474.

Swoboda, B./Foscht, T. (2005): Internationalisierungsprozesse von Dienstleistungsunternehmen – Erklärungsperspektiven traditioneller und neuerer Prozessansätze bzw. -modelle, in diesem Band.

Trondsen, E./Edfelt, R. (1987): New Opportunities in Global Services, in: Long Range Planning, Vol. 20, No. 5, S. 53-61.

Vandermerwe, S./Chadwick, M. (1989): The Internationalisation of Services, in: The Service Industries Journal, Vol. 9, No. 1, S. 79-93.

Vandermerwe, S./Gilbert, D.J. (1991): International Services: Gaps in Needs/Performance and Prescriptions for Effectiveness, in: International Journal of Service Industry Management, Vol. 2, No. 1, S. 50-60.

Weiermair, K./Peters, M. (1998): The Internationalization Behaviour of Service Enterprises, in: Asia Pacific Journal of Tourism Research, Vol. 2, No. 2, S. 1-14.

Zentes, J./Ferring, N./Janz, M. (2001): Vertriebssysteme für nationale und internationale Dienstleistungsanbieter, in: Bruhn, M./Meffert, H. (Hrsg.): Handbuch Dienstleistungsmanagement. Von der strategischen Konzeption zur praktischen Umsetzung, 2. Aufl., Wiesbaden, S. 661-686.

Branchenbezogene Internationalisierung

Björkman, I./Kock, S. (1997): Inward International Activities in Service Firms – Illustrated by Three Cases from the Tourism Industry, in: International Journal of Service Industry Management, Vol. 8, No. 5, S. 362-376.

Claessens, S. (2000): The Internationalization of Financial Services: Issues and Lessons for Developing Countries, London.

Coviello, N.E./Martin, K.A.-M. (1999): Internationalization of Service SMEs: An Integrated Perspective from the Engineering Consulting Sector, in: Journal of International Marketing, Vol. 7, No. 4, S. 42-66.

Engwall, L./Wallenstal, M. (1988): Tit for Tat in Small Steps: The Internationalization of Swedish Banks, in: Scandinavian Journal of Management, Vol. 4, Nos. 3/4, S. 147-155.

Frehse, J. (2002): Internationale Dienstleistungskompetenzen – Erfolgsstrategien für die europäische Hotellerie, Wiesbaden.

Frehse, J./Peters, M. (2002): Das Internationalisierungsverhalten von Klein- und Mittelunternehmen in der alpinen Urlaubshotellerie als Gegenstand strategischer Konzepte und empirischer Befunde, in: Internationales Gewerbearchiv, 50. Jg., Nr. 4, S. 254-272.

Glückler, J. (2001): Internationalisierung der Unternehmensberatung – Eine Exploration im Rhein-Main-Gebiet, IWSG Working Papers 11-2001, Institut für Wirtschafts- und Sozialgeographie der Johann Wolfgang Goethe-Universität Frankfurt am Main.

Hellman, P. (1996): The Internationalization of Finnish Financial Service Companies, in: International Business Review, Vol. 5, No. 2, S. 191-208.

Krechting, M.J. (1997): Internationales Versandhandels-Marketing: eine empirische Analyse strategischer Erfolgsfaktoren international übertragener, deutscher Marketingkonzepte, München.

Lingenfelder, M./Reis, T. (1998): Wettbewerbsvorteile internationaler Hotelunternehmen aus Sicht des ressourcenorientierten Ansatzes, in: Tourismus Journal, 2. Jg., Nr. 2, S. 189-209.

Meurer, C. (1993): Strategisches internationales Marketing für Dienstleistungen: dargestellt am Beispiel des Management-Consulting, Frankfurt am Main u.a.

Moneim, I. (2004): Internationalisierung wissensintensiver Dienstleistungsunternehmen. Untersuchungsergebnisse zu den Branchen Logistik und Automatisierung, Eschborn.

Morschett, D. (2004): Servicepolitik im Export: Die Perspektive der Industriegüterhersteller, in: Zentes, J./Morschett, D./Schramm-Klein, H. (Hrsg.): Außenhandel und Internationales Marketing, Wiesbaden, S. 431-454.

Peters, M./Weiermair, K. (1999): Internationalisierung der Hotellerie – Unternehmerische Barrieren, Hemmnisse und Chancen von Klein- und Mittelbetrieben, in: Zeitschrift für Fremdenverkehr, 1. Jg., Nr. 1, S. 14-30.

Peters, M./Weiermair, K. (2005): Strategie- und Implementierungsprobleme bei der Internationalisierung von touristischen Dienstleistungen, in diesem Band.

Ramcharran, H. (1999): Trade Liberalization in Services: An Analysis of the Obstacles and the Opportunities for Trade Expansion by U.S. Law Firms, in: Multinational Business Review, Vol. 7, No. 1, S. 27-36.

Roberts, J. (1999): The Internationalisation of Business Service Firms: A Stages Approach, in: The Service Industries Journal, Vol. 19, No. 4, S. 68-88.

Seitz, G. (2002): Internationale Expansionsstrategien in der Hotelbranche, in: Pompl, W./Lieb, M.G. (Hrsg.): Internationales Tourismusmanagement, München, S. 209-234.

Sharma, D.D./Johanson, J. (1987): Technical Consultancy in Internationalisation, in: International Marketing Review, Vol. 4, No. 4, S. 20-29.

Specker, S./Engelhard, J. (2005a): Internationalisierungsprozesse von wissensintensiven Dienstleistungsunternehmen, in diesem Band.

Specker, T./ Engelhard, J. (2005b): Internationalisierungsprozesse von Transnational Non-Governmental Organizations (TNGOs), in diesem Band.

Weiermair, K. (1998): Globalisierung: Chancen und Risiken für die österreichische Tourismuswirtschaft, in: Handler, H. (Hrsg.): Wirtschaftsstandort Österreich, Wien, S. 111-120.

Zimmermann, A. (1999): Impacts of Service Trade Barriers: A Study of the Insurance Industry, in: Journal of Business & Industrial Marketing, Vol. 14, No. 3, S. 211-227.

Internationalisierungsstrategien

Fay, J. (1996): Competitive Advantage in International Services: A Resource-Based View, in: International Studies of Management & Organization, Vol. 26, No. 2, S. 24-37.

Grönroos, C. (1999): Internationalization Strategies for Services, in: Journal of Services Marketing, Vol. 13, Nos. 4/5, S. 290-297.

Hoskins, C./McFadyen, S. (1991): International Market Strategies for a Cultural Service, in: International Marketing Review, Vol. 8, No. 2, S. 40-52.

Javalgi, R.G./Griffith, D.A./White, D.S. (2003): An Empirical Examination of Factors Influencing the Internationalization of Service Firms, in: Journal of Services Marketing, Vol. 17, No. 2, S. 185-201.

Li, J. (1994): Experience Effects and International Expansion: Strategies of Service MNCs in the Asia-Pacific-Region, in: Management International Review, Vol. 34, No. 3, S. 217-234.

Lovelock, C.H./Yip, G.S. (1996): Developing Global Strategies for Service Businesses, in: California Management Review, Vol. 38, No. 2, S. 64-86.

Mathe, H./Perras, C. (1994): Successful Global Strategies for Service Companies, in: Long Range Planning, Vol. 27, No. 1, S. 36-49.

McLaughlin, C./Fitzsimmons, J.A. (1996): Strategies for Globalizing Service Operations, in: International Journal of Service Industry Management, Vol. 7, No. 4, S. 43-57.

Yip, G.S. (2003): Total Global Strategy II, Updated for the Internet and Service Era, Upper Saddle River.

Internationale Markteintrittsstrategien

Alavarez-Gil, M.J./Cardone-Riportella, C./Lado-Couste, N./Samartin-Saenz, M. (2003): Financial Service Firms' Entry-Mode Choice and Cultural Diversity: Spanish Companies in Latin America, in: International Journal of Bank Marketing, Vol. 21, No. 3, S. 109-121.

Contractor, F.J./Kundu, S.K./Hsu, C.-C. (2003): A Three-Stage Theory of International Expansion: The Link between Multinationality and Performance in the Service Sector, in: Journal of International Business Studies, Vol. 34, No. 1, S. 5-18.

Domke-Damonte, D. (1998): Interactive Effects of International Strategy and Throughput Technology on Entry Mode for Service Firms, in: Management International Review, Vol. 40, No. 1, S. 41-59.

Ekeledo, I./Sivakumar, K. (1998): Foreign Market Entry Mode Choice of Service Firms: A Contingency Perspective, in: Journal of the Academy of Marketing Science, Vol. 26, No. 4, S. 274-292.

Ekeledo, I./Sivakumar, K. (2004): International Market Entry Mode Strategies of Manufacturing Firms and Service Firms – A Resource-Based Perspective, in: International Marketing Review, Vol. 21, No. 1, S. 68-101.

Erramilli, M.K. (1990): Entry Mode Choice in Service Industries, in: International Marketing Review, Vol. 7, No. 6, S. 50-62.

Erramilli, M.K./Rao, C.P. (1990): Choice of Foreign Market Entry Modes by Service Firms: Role of Market Knowledge, in: Management International Review, Vol. 30, No. 2, S. 135-150.

Erramilli, M.K./Rao, C.P. (1993): Service Firms' International Entry-Mode Choice: A Modified Transaction Cost Analysis Approach, in: Journal of Marketing, Vol. 57, No. 3, S. 19-38.

Kemper, T. (2001): Markteintritts- und Marktbearbeitungsstrategien im internationalen Dienstleistungsmarketing – eine empirische Analyse in europäischen Schlüsselmärkten, Aachen.

Kutschker, M./Mößlang, A. (1996): Kooperationen als Mittel der Internationalisierung von Dienstleistungsunternehmen, in: Die Betriebswirtschaft DBW, 56. Jg., Nr. 3, S. 319-337.

Lunsford, D.A./Fussell, B.C. (1993): Marketing Business Services in Central Europe, in: Journal of Services Marketing, Vol. 7, No. 1, S. 13-21.

Raff, T./Billen, P. (2005): Länderauswahlentscheidung im Hinblick auf eine Internationalisierung von Dienstleistungsunternehmen, in diesem Band.

Stauss, B. (1994): Markteintrittsstrategien im internationalen Dienstleistungsmarketing, in: Thexis, 11. Jg., Nr. 3, S. 10-16.

Stauss, B. (1994): Dienstleistungstypologie und Markteintrittsstrategien im internationalen Dienstleistungsmarketing, in: Schuster, L. (Hrsg.): Die Unternehmung im internationalen Wettbewerb, Berlin, S. 213-231.

Internationales Dienstleistungsmarketing

Ahlert, D./Evanschitzky, H./Woisetschläger, D. (2005): Markenmanagement auf internationalen Dienstleistungsmärkten, in diesem Band.

Binder, P./Gierl, H. (1993): Internationale Preisgestaltung von Serviceleistungen, in: der markt, 32. Jg., Nr. 1, S. 12-21.

Bradley, F. (1995): The Service Firm in International Marketing, in: Glynn, W.J./Barnes, J.G. (Hrsg.): Understanding Services Management, Chichester u.a., S. 420-448.

Bruhn, M. (2002): Internationales Marketing von Dienstleistungen, in: Krystek, U./Zur, E. (Hrsg.): Handbuch Internationalisierung, 2. Aufl., Berlin u.a., S. 407-436.

Dahringer, L.D. (1991): Marketing Services Internationally: Barriers and Management Strategies, in: Journal of Services Marketing, Vol. 5, No. 3, S. 5-17.

Javalgi, R.G./White, D.S. (2002): Strategic Challenges for the Marketing of Services Internationally, in: International Marketing Review, Vol. 19, No. 6, S. 563-581.

Knight, G. (1999): International Services Marketing: Review of Research, 1980-1998, in: Journal of Services Marketing, Vol. 13, No. 4/5, S. 347-360.

Kothari, V. (1988): Strategic Dimensions of Global Marketing of Services, in: Journal of Professional Services Marketing, Vol. 3, Nos. 3/4, S. 209-229.

Lovelock, C.H. (1999): Developing Marketing Strategies for Transnational Service Operations, in: Journal of Services Marketing, Vol. 13, Nos. 4/5, S. 278-289.

Malhotra, N.K./Ulgado, F.M./Agarwal, J./Baalbaki, I.B. (1994): International Services Marketing, in: International Marketing Review, Vol. 11, No. 2, S. 5-15.

Nicoulaud, B.M. (1989): Problems and Strategies in the International Marketing of Services, in: European Journal of Marketing, Vol. 23, No. 6, S. 55-66.

O'Farrel, P.N./Wood, P.A. (1994): International Market Selection by Business Service Firms: Key Conceptual and Methodological Issues, in: International Business Review, Vol. 3, No. 3, S. 243-261.

Reis, T. (1999): Globales Marketing im Dienstleistungssektor. Determinanten, Ansatzpunkte, Erfolgsträchtigkeit, Wiesbaden.

Internationaler Dienstleistungshandel

Barth, D. (1998): Perspektiven des internationalen Dienstleistungshandels, Bonn.

Behofsics, J. (1998): Globalisierungstendenzen intermediärer Dienstleistungen, Wiesbaden.

Bhagwati, J. (1987): International Trade in Services and its Relevance for Economic Development, in: Giarini, O. (Hrsg.): The Emerging Service Economy, Oxford, S. 3-34.

Breuss, F. (1988): Theoretische Erklärungsansätze für den Außenhandel mit Dienstleistungen, Wien.

Breuss, F. (1990): Internationaler Handel mit Dienstleistungen – theoretische Ansätze, in: Außenwirtschaft, 45. Jg., Nr. 1, S. 105-130.

Feketekuty, G. (1988): International Trade in Services: An Overview and Blueprint for Negotiations, Cambridge.

Ferring, N. (2001): Marktbearbeitungsstrategien international tätiger Handelsunternehmen, Wiesbaden.

Giarini, O. (Hrsg.) (1987): The Emerging Service Economy, Oxford.

Hindley, B./Smith, A. (1984): Comparative Advantage and Trade in Services, in: The World Economy, Vol. 7, No. 4, S. 369-389.

Krommenacker, R.J. (1984): World-Traded Services: The Challenge for the Eighties, Dedham.

Lingenfelder, M. (1996): Die Internationalisierung im europäischen Einzelhandel: Ursachen, Formen und Wirkungen im Lichte einer theoretischen Analyse und empirischen Bestandsaufnahme, Berlin.

Lingenfelder, M./Loevenich, P. (2005): Internationale Markteintrittsstrategien im Einzelhandel – dargestellt am Beispiel des Versandhandels, in diesem Band.

Richardson, J.B. (1987): A Sub-Sectoral Approach to Services Trade Theory, in: Giarini, O. (Hrsg.): The Emerging Service Economy, Oxford, S. 59-82.

Schultz, S./Weise, C. (1999): Der deutsche Dienstleistungshandel im internationalen Vergleich, DIW Beiträge zur Strukturforschung, Nr. 180, Berlin.

Swoboda, B. (2002): Internationalisierung als strategische Option des Großhandels, in: Zentes, J./Swoboda, B./Morschett, D. (Hrsg.): B2B-Handel: Perspektiven im Groß- und Außenhandel, Frankfurt am Main, S. 147-175.

Swoboda, B./Foscht, T. (2004): Internationales Handelsmanagement, in: Gabler-Verlag (Hrsg.): Gabler Wirtschaftslexikon, Wiesbaden, S. 1550-1552.

Tesch, P. (1980): Die Bestimmungsgründe des internationalen Handels und der Direktinvestition, Berlin.

Treadgold, A.D. (1991): The Emerging Internationalisation of Retailing: Present Status and Future Challenges, in: Irish Marketing Review, Vol. 5, No. 2, S. 11-127.

Vad, T./Henten, A. (2003): The Internationalisation of Services: Trends and Barriers, in: Economic Bulletin, Vol. 40, No. 10, S. 347-350.

Winsted, K.F./Patterson, P.G. (1998): Internationalization of Services: The Service Exporting Decision, in: Journal of Services Marketing, Vol. 12, No. 4, S. 294-311.

Internationalisierung industrieller Dienstleistungen

Belz, C. (2000): Industrieunternehmen als internationale Dienstleister, in: Belz, C./Bieger, T. (Hrsg.): Dienstleistungskompetenz und innovative Geschäftsmodelle, St. Gallen, S. 430-453.

Hild, R./Hofmann, H./Ochel, W./Wilhelm, M. (1999): Marktpotenziale für unternehmensbezogene Dienstleistungen im globalen Wettbewerb, München.

Köhler, L. (1991): Die Internationalisierung produzentenorientierter Dienstleistungsunternehmen, Hamburg.

Luczak, H./Winkelmann, K./Hoeck, H. (2005): Internationalisierung von industriellen Dienstleistungen: Bestandsaufnahme und Entscheidungsunterstützung, in diesem Band.

Dienstleistungsstandards und -standardisierung im internationalen Kontext

Blind, K. (2003): Standards in the Service Sectors: An Explorative Study, Fraunhofer Institute Systems and Innovation research ISI, Karlsruhe.

Cornelissen, G. (2001): The Principles and Possibilities for the Standardization of Services, in: ISO Bulletin, Vol. 32, No. 3, S. 13-16.

Dolski, J./Hermanns, A. (2005): Internationale Marketingstandardisierung für Dienstleistungen, in diesem Band.

Gudergan, G./Hoeck, H. (2002): Dienstleistungs-Standards für globale Märkte, in: DIN (Hrsg.): Standardisierung in der deutschen Dienstleistungswirtschaft – Potenziale und Handlungsbedarf, DIN-Fachbericht 116, Berlin u.a., S. 16-36.

Haischer, M./Hoeck, H./Weiler, P. (2000): BMBF-Vorhaben „Dienstleistungsstandards für globale Märkte", in: DIN-Mitteilungen, 79. Jg., Nr. 9, S. 617-639.

Hoeck, H./Gudergan, G./Schick, E. (2001): Standards für Infrastrukturdienstleistungen: Bedarfe und Anforderungen, in: Dienstleistungsstandards für globale Märkte Newsletter, o. Jg., Sonderausgabe, Dezember, S. 1-9.

Karmarkar, U. (2004): Will You Survive the Services Revolution?, in: Harvard Business Review, Vol. 82, No. 6, S. 100-107.

Mühlbauer, H. (2001): Standards for the Service Industry – Europe as a Case Study, in: ISO Bulletin, Vol. 32, No. 7, S. 12-15.

Schwamm, H. (1996): Services – A Challenge for International Standardization, in: ISO Bulletin, Vol. 27, No. 10, S. 7-19.

Internationales Innovations- und Wissensmanagement

Bouncken, R.B./Pick, C. (2005): Ähnlich oder Anders? Einflussfaktoren durch interkulturelle Mitarbeiter bei der Dienstleistungsinnovation, in diesem Band.

Lindsay, V./Chadee, D./Mattsson, J./Johnston, R./Millett, B. (2003): Relationships, the Role of Individuals and Knowledge Flows in the Internationalisation of Service Firms, in: International Journal of Service Industry Management, Vol. 14, No. 1, S. 7-35.

Rudolph, H./Okech, J. (2003): Computer, Köpfe, Communities of Practice. Internationales Wissensmanagement in großen Unternehmensberatungen, in: Dörrenbächer, C. (Hrsg.): Modelltransfer in multinationalen Unternehmen. Strategien und Probleme grenzüberschreitender Konzernintegration, Berlin, S. 29-52.

Interkulturelle Dienstleistungskontakte und -qualität

Benkenstein, M./Stenglin, S. von (2005): Methoden zur Messung der Dienstleistungsqualität im internationalen Kontext, in diesem Band.

 Brady, M.K./Robertson, C.J./Cronin, J.J. (2001): Managing Behavioural Intentions in Diverse Cultural Environments: An Investigation of Service Quality, Service Value and Satisfaction for American and Ecuadorian Fast-Food Customers, in: Journal of International Management, Vol. 7, No. 2, S. 129-149.

 De Ruyter, K./Birgelen, M. van /Wetzels, M. (1998): Consumer Ethnocentrism in International Services Marketing, in: International Business Review, Vol. 7, No. 2, S. 185-202.

 Donthu, N./Yoo, B. (1998): Cultural Influences on Service Quality Expectations, in: Journal of Service Research, Vol. 1, No. 2, S. 178-186.

 Eriksson, K./Majkgard, A./Sharma, D.D. (1999): Service Quality by Relationships in the International Market, in: Journal of Services Marketing, Vol. 13, Nos. 4/5, S. 361-375.

 Espinoza, M.M. (1999): Assessing the Cross-Cultural Applicability of a Service Quality Measure, in: International Journal of Service Industry Management, Vol. 10, No. 5, S. 449-468.

 Furrer, O./Liu, B.S.-C./Sudharshan, D. (2000): The Relationships Between Culture and Service Quality Perceptions: Basis for Cross-Cultural Market Segmentation and Resource Allocation, in: Journal of Service Research, Vol. 2, No. 4, S. 355-371.

 Gilbert, G.R./Veloutsou, C./Goode, M.M.H./Moutinho, L. (2004): Measuring Customer Satisfaction in the Fast Food Industry: A Cross-National Approach, in: Journal of Services Marketing, Vol. 18, No. 5, S. 371-383.

Gierl, H./Praxmarer, S./Komba, L. (1998): Der Einfluß des Nationalcharakters auf die Kundenzufriedenheit und das Beschwerdeverhalten, in: Tourismus Journal, 2. Jg., Nr. 3, S. 377-399.

Herbig, P./Genestre, A. (1996): An Examination of the Cross-Cultural Differences in Service Quality: The Example of Mexico and the USA, in: Journal of Consumer Marketing, Vol. 13, No. 3, S. 43-53.

Lewis, B.R. (1991): Service Quality. An International Comparison of Bank Customers' Expectations and Perceptions, in: Journal of Marketing Management, Vol. 7, No. 1, S. 47-62.

Liu, B.S.-C./Furrer, O./Sudharshan, D. (2001): The Relationship Between Culture and Behavioral Intentions Toward Services, in: Journal of Service Research, Vol. 4, No. 2, S. 118-129.

Mang, P. (1998): Kulturabhängiges Qualitätserleben direkter Kunde-Mitarbeiter-Kommunikation, Frankfurt am Main u.a.

Mattila, A.S. (1999): The Role of Culture in the Service Evaluation Process, in: Journal of Service Research, Vol. 1, No. 3, S. 250-261.

Riddle, D.I. (1992): Leveraging Cultural Factors in International Service Delivery, in: Swartz, D./Bowen, S. (Hrsg.): Advances in Services Marketing and Management, Greenwich, S. 297-322.

Smith, A.M./Reynolds, N.L. (2002): Measuring Cross-Cultural Service Quality: A Framework for Assessment, in: International Marketing Review, Vol. 19, No. 5, S. 450-481.

Stauss, B. (1999): Management interkultureller Dienstleistungskontakte, in: Kutschker, M. (Hrsg.): Perspektiven der internationalen Wirtschaft, Wiesbaden, S. 269-304.

Stauss, B./Mang, P. (1999): „Culture Shocks" in Inter-Cultural Service Encounters?, in: Journal of Services Marketing, Vol. 13, Nos. 4/5, S. 329-346.

Sultan, F./Simpson, Jr., M.C. (2000): International Service Variants: Airline Passengers Expectations and Perceptions of Service Quality, in: Journal of Services Marketing, Vol. 14, Nos. 2/3, S. 188-216.

Sunita, B./Charmine, E.J.H. (2004): Intercultural Service Encounters: An Exploratory Study of Customer Experiences, in: Cross Cultural Management, Vol. 11, No. 1, S. 3-14.

Warden, C.A./Liu, T.-C./Huang, C.T./Lee, C.-H. (2003): Service Failures Away From Home: Benefits in Intercultural Service Encounters, in: International Journal of Service Industry Management, Vol. 14, No. 4, S. 436-456.

Wegmann, C. (2001): Internationales Beschwerdemanagement, Wiesbaden.

Winsted, K.F. (1997): Service Encounter Expectations: A Cross-Cultural Analysis, in: Journal of Transnational Management Development, Vol. 2, No. 4, S. 5-32.

Winsted, K.F. (1997): The Service Experience in Two Cultures: A Behavioral Perspective, in: Journal of Retailing, Vol. 73, No. 3, S. 337-360.

Witkowski, T.H./Wolfinbarger, M.F. (2002): Comparative Service Quality: German and American Ratings Across Service Settings, in: Journal of Business Research, Vol. 55, No. 11, S. 875-881.

Wong, N.Y. (2004): The Role of Culture in the Perception of Service Recovery, in: Journal of Business Research, Vol. 57, No. 9, S. 957-963.

Internationales Franchising

Alon, I./McKee, D.L. (1999): The Internationalization of Professional Business Service Franchises, in: The Journal of Consumer Marketing, Vol. 16, No. 1, S. 74-85.

Doherty, A.M./Alexander, N. (2004): Relationship Development in International Retail Franchising, in: European Journal of Marketing, Vol. 38, Nos. 9/10, S. 1215-1235.

Fladmoe-Lindquist, K./Jacque, L.L. (1995): Control Modes in International Service Operations: The Propensity to Franchise, in: Management Science, Vol. 41, No. 7, S. 1238-1249.

Görge, A. (1976): Die Internationalisierung von Franchise-Systemen, Göttingen.

Hoffman, R.C./Preble, J.F (2001): Global Diffusion of Franchising: A Country Level Examination, in: Multinational Business Review, Vol. 9, No. 1, S. 66-76.

Quinn, B./Alexander, N. (2002): International Retail Franchising: A Conceptual Framework, in: International Journal of Retail & Distribution Management, Vol. 30, No. 5, S. 264-276.

Welch, L.S. (1992): Developments in International Franchising, in: Journal of Global Marketing, Vol. 6, Nos. 1/2, S. 81-96.

Woratschek, H./Pastowski, S./Roth, S. (2005): Franchising als Internationalisierungsstrategie: Standortplanung für Dienstleistungsunternehmen, in diesem Band.

Internes Marketing in internationalen Dienstleistungsunternehmen

Belz, C./Schmitz, C./Brexendorf, T.O. (2005): Internationales Internes Marketing – Konsequenz einer internationalen kundenorientierten Unternehmensführung, in diesem Band.

Reckenfelderbäumer, M./Kim, S.-S. (2005): Internationale Wettbewerbsfähigkeit von Dienstleistungsunternehmungen – Ansatzpunkte für das interne Marketing, in diesem Band.

Internet und Technologie

Apte, U.M./Mason, R.O. (1995): Global Disaggregation of Information-Intensive Services, in: Management Science, Vol. 41, No. 7, S. 1250-1262.

Berthon, P./Pitt, L./Katsikeas, C.S./Berthon, J.P. (1999): Virtual Services Go International: International Services in the Marketspace, in: Journal of International Marketing, Vol. 7, No. 3, S. 84-105.

Eberl, P./Franke, B. (2005): Internationalisierung via Internet – Was kann man von Ebay lernen?, in diesem Band.

Fisk, R.P. (1999): Wiring and Growing the Technology of International Services Marketing, in: Journal of Services Marketing, Vol. 13, Nos. 4/5, S. 311-318.

Mattsson, J. (2000): Learning How to Manage Technology in Services Internationalization, in: The Service Industries Journal, Vol. 20, No. 1, S. 22-39.

Mehta, R./Grewal, R./Sivadas, E. (1996): International Direct Marketing on the Internet: Do Internet Users Form a Global Segment?, in: Journal of Direct Marketing, Vol. 10, No. 1, S. 45-57.

Wißmeier, U.K. (1997): Internationales Marketing im Internet, in: Jahrbuch der Absatz- und Verbrauchsforschung, 43. Jg., Nr. 2, S. 189-213.

Wymbs, C. (2000): How E-Commerce is Transforming and Internationalizing Service Industries, in: Journal of Services Marketing, Vol. 14, No. 6/7, S. 463-478.

Handelsbarrieren

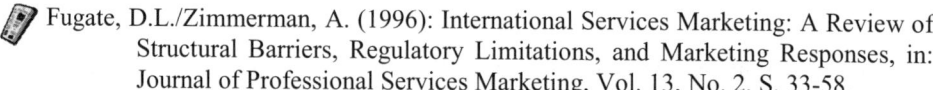 Fugate, D.L./Zimmerman, A. (1996): International Services Marketing: A Review of Structural Barriers, Regulatory Limitations, and Marketing Responses, in: Journal of Professional Services Marketing, Vol. 13, No. 2, S. 33-58.

Stephenson, S.M. (2002): Non-Tariff Barriers and the Telecommunications Sector, HWWA Discussion Paper 160, Hamburg.

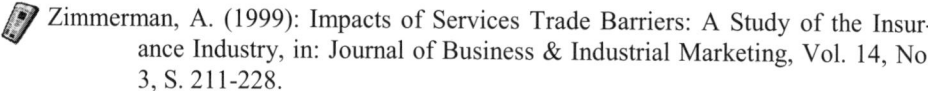 Zimmerman, A. (1999): Impacts of Services Trade Barriers: A Study of the Insurance Industry, in: Journal of Business & Industrial Marketing, Vol. 14, No. 3, S. 211-228.

Offshoring

A.T. Kearney (2004): The Real Offshoring Question, in: Executive Agenda, Vol. 7, No. 3, S. 49-55.

Agrawal, V./Farrell, D. (2003): Who Wins in Offshoring, in: McKinsey Quarterly, 2003 Special Edition: Global Directions, No. 4, S. 36-41.

Agrawal, V./Farrell, D./Remes, J.K. (2003): Offshoring and Beyond, in: McKinsey Quarterly, 2003 Special Edition: Global Directions, No. 4, S. 24-33.

Boes, A./Schwemmle, M. (Hrsg.) (2004): Herausforderung Offshoring: Internationalisierung und Auslagerung von IT Dienstleistungen, Düsseldorf.

Clement, R./Natrop, J. (2004): Offshoring – Chance oder Bedrohung für den Standort Deutschland, in: Wirtschaftsdienst, 84. Jg., Nr. 8, S. 519-528.

Colquhoun, G./Edmonds, K./Goodger, D. (2004): „Offshoring": How Big an Issue?, in: Economic Outlook, Vol. 28, No. 3, S. 9-16.

Hagel III, J. (2004): Offshoring Goes on the Offensive, in: McKinsey Quarterly, No. 2, S. 82-91.

Karmarkar, U. (2004): Will You Survive the Services Revolution?, in: Harvard Business Review, Vol. 82, No. 6, S. 100-107.

General Agreement on Trade in Services (GATS)

Altinger, L./Enders, A. (1996): The Scope and Depth of GATS Commitments, in: The World Economy, Vol. 19, No. 3, S. 307-332.

Balibrea, S. (2002): GATS 2000: The Issues at Stake, an EC Perspective, in: Cuadrado-Roura, J.R./Rubalcaba-Bermejo, L./Bryson, J.R. (Hrsg.): Trading Services in the Global Economy, Cheltenham, S. 231-250.

Fritz, T./Scherrer, C. (2002): GATS: Zu wessen Diensten? Öffentliche Aufgaben unter Globalisierungsdruck, Hamburg.

Hibbert, E. (2003): The New Framework for Global Trade in Services – All about GATS, in: The Service Industries Journal, Vol. 23, No. 2, S. 67-78.

Koehler, M. (1999): Das allgemeine Übereinkommen über den Handel mit Dienstleistungen (GATS), Berlin.

Krajewski, M. (2001): GATS und öffentliche Dienstleistungen, in: Seattle-to-Brussels-Network (Hrsg.): GATS und Demokratie, Bonn, S. 3-4.

MacDonald, K.M. (2001): Der Begriff der Dienstleistung im europäischen Binnenmarkt und WTO-System (GATS), Frankfurt am Main u.a.

Sauvé, P. (1995): Assessing the General Agreement on Trade in Services, in: Journal of World Trade, Vol. 29, No. 4, S. 125-145.

Sauvé, P./Stern, R.M. (Hrsg.) (2000): GATS 2000 – New Directions in Services Trade Liberalization, Washington.

Senti, R. (1994): Die neue Welthandelsordnung für Dienstleistungen, Zürich.

Wesselius, E. (2001): GATS und die politische Macht der Konzerne, in: Seattle-to-Brussels-Network (Hrsg.): GATS und Demokratie, Bonn, S. 6-7.

Verzeichnisse

Firmen- und Institutionenverzeichnis

Stichwortverzeichnis

Mehr wissen – weiter kommen

State of the Art des
Dienstleistungsmanagements

Dieses Handbuch greift die zentralen Fragestellungen, vor denen Dienstleister heute stehen, auf und präsentiert sie in kompakter,
fundierter und gut lesbarer Form. Berücksichtigung findet auch der Aspekt, dass Dienstleistungen und Kundenzufriedenheit nicht um
jeden Preis gemanagt werden sollten, sondern auch die Verbindung zur Unternehmens-
profitabilität im Blickpunkt stehen muss.

Manfred Bruhn,
Heribert Meffert (Hrsg.)
**Handbuch Dienst-
leistungsmanagement**
Von der strategischen
Konzeption zur praktischen
Umsetzung
2., überarb. u. erw. Aufl. 2001.
XVIII, 1007 S. mit 195 Abb.
Geb. EUR 99,00
ISBN 3-409-23593-0

Dienstleistungen
professionell vermarkten

Heribert Meffert und Manfred Bruhn vermitteln
wie Dienstleistungen professionell vermarktet
werden können. In der 4. Auflage wurden alle
Kapitel überarbeitet und um zahlreiche Praxisbeispiele erweitert. Neue Kundenstrategien,
zusätzliche Analyseinstrumente zur Messung
der Dienstleistungsqualität, neue Entwicklungen
in der Personalpolitik und eine intensivere
Auseinandersetzung mit E-Services im operativen Dienstleistungsmarketing wurden integriert. Dem Dienstleistungscontrolling wurde
ein eigenes Kapitel gewidmet. Aktuelle, kurze
Fallstudien ermöglichen dem Leser, sein Verständnis zu überprüfen.

Heribert Meffert,
Manfred Bruhn
Dienstleistungsmarketing
Grundlagen – Konzepte –
Methoden. Mit Fallstudien
4., vollst. überarb. u. erw. Aufl.
2003. XVI, 841 S.
mit 252 Abb. 57 Inserts
Geb. EUR 44,90
ISBN 3-409-43688-X

Best Practice
Dienstleistungsmarketing

Manfred Bruhn und Heribert Meffert zeigen
anhand von acht ausgewählten Best
Practice-Fallstudien aus unterschiedlichen
Branchen (wie z.B. Advance Bank, Deutsche
Post/Euro Express, Systor Gruppe, UPS)
exemplarisch auf, wie sich Unternehmen in
Dienstleistungsmärkten durch eine konsequente Kundenorientierung im Markt durchgesetzt haben.
Zum besseren Nutzen für den Leser erfolgt
die Darstellung der Fallstudien in einer ähnlichen Struktur.

Manfred Bruhn /
Heribert Meffert
**Exzellenz im Dienst-
leistungsmarketing**
Fallstudien zur
Kundenorientierung
2002. X, 394 S.
Geb. EUR 39,90
ISBN 3-409-11923-X

Änderungen vorbehalten. Stand: Januar 2005.

Gabler Verlag · Abraham-Lincoln-Str. 46 · 65189 Wiesbaden · www.gabler.de

GABLER

Mehr wissen – weiter kommen

Kunden professionell binden

"This excellent book provides rich ideas and perspectives on the art and science of building strong customer loyalty."   Prof. Dr. Philip Kotler

Die 5. Auflage wurde überarbeitet und um aktuelle Themen wie Mund-zu-Mund-Kommunikation, Key Account Management sowie Kundenwertmanagement ergänzt. Darüber hinaus werden neue Branchenbeispiele aus dem Einzelhandels-, Konsumgüter-, Finanzdienstleistungs-, Automobil- und Luftverkehrsbereich vorgestellt.

Manfred Bruhn/
Christian Homburg (Hrsg.)
**Handbuch
Kundenbindungsmanagement**
Strategien und Instrumente für ein erfolgreiches CRM
5., überarb. u. erw. Aufl.
2005. ca. 900 S.
Geb. ca. EUR 149,00
ISBN 3-409-52269-7

Der State of the Art der
Kundenzufriedenheit

Die Autoren präsentieren praxisnah und wissenschaftlich fundiert den State of the Art zum Thema Kundenzufriedenheit. Praxisbeispiele aus unterschiedlichen Branchen veranschaulichen, wie facettenreich und spannend Kundenzufriedenheit gesteigert werden kann. Die 5. Auflage wurde überarbeitet. Aktuelle Entwicklungen in Wissenschaft und Praxis wurden integriert.

Christian Homburg (Hrsg.)
Kundenzufriedenheit
Konzepte – Methoden – Erfahrungen
5., überarb. Aufl. 2003.
613 S. mit 138 Abb.
Geb. EUR 79,90
ISBN 3-409-53785-6

Kundenwertberechnung

Kundenorientierung, Kundenzufriedenheit und Kundenbindung sind bereits von vielen Unternehmen als wichtige Determinanten des Unternehmenserfolgs erkannt worden. Mehr und mehr rückt nun der Kundenwert ins Zentrum der Aufmerksamkeit. Hier werden erstmals aus unterschiedlichen Perspektiven von renommierten und kompetenten Autoren Bausteine des Kundenwerts analysiert, Berechnungsmethoden diskutiert und um Erfahrungsberichte aus der Praxis ergänzt.

Bernd Günter/Sabrina Helm (Hrsg.)
Kundenwert
Grundlagen – Innovative Konzepte – Praktische Umsetzungen
2. überarb. u. erw. Aufl. 2003.
XX, 840 S.
Geb. EUR 54,90
ISBN 3-409-41701-X

Änderungen vorbehalten. Stand: Januar 2005.

Gabler Verlag · Abraham-Lincoln-Str. 46 · 65189 Wiesbaden · www.gabler.de    **GABLER**

Mehr wissen – weiter kommen

Chancen, Risiken und Besonderheiten

Im Forum Dienstleistungsmanagement analysieren renommierte Autoren aus dem In- und Ausland die Chancen, Risiken und Besonderheiten der Internationalisierung von Dienstleistungsbranchen und zeigen Ansätze für die Bewältigung dieser komplexen Aufgabe auf.

Manfred Bruhn/
Bernd Stauss (Hrsg.)
Internationalisierung von Dienstleistungen
Forum Dienstleistungsmanagement
2005. ca. 600 S. Geb.
ca. EUR 98,00
ISBN 3-409-12664-3

Dienstleistungsmanagement aktuell

Renommierte Autoren nehmen Stellung zu folgenden Fragen: Was ist bei der Vorbereitung und Markteinführung von neuen Dienstleistungen zu beachten? Wie sieht eine Kunden- und Mitarbeiterintegration bei Innovationsprozessen aus, und wie verläuft eine Prüfung von Dienstleistungsinnovationen (z.B. Testverfahren)? Sind branchenspezifische Besonderheiten von Innovationsprozessen zu beachten?

Manfred Bruhn/
Bernd Stauss (Hrsg.)
Dienstleistungsinnovationen
Forum Dienstleistungsmanagement
2004. XII, 565 S. mit 125 Abb.
Geb. EUR 98,00
ISBN 3-409-12418-7

State of the Art mit Service-Teil

Das Jahrbuch 2003 beantwortet vielfältige Fragen zum Themenbereich „Dienstleistungs-Netzwerke": Wie kann die komplexe Aufgabe der Gestaltung von Netzwerken im Dienstleistungsbereich optimal gelöst werden? Welche Gestaltungsfaktoren, wie z.B. Strukturen von Netzwerken, Kommunikationssysteme, Informationssysteme, bieten sich an? Wie sieht ein Management von Netzwerken und die Gestaltungen von Beziehungen in Netzwerken aus? Nach welchen Kriterien erfolgt die Auswahl von Netzwerkpartnern und wie gestaltet sich eine Markenpolitik in Netzwerken? U.a.m.
Darüber hinaus wird wieder ein umfassender Service-Teil rund um das Thema Dienstleistungen geboten.

Manfred Bruhn/
Bernd Stauss (Hrsg.)
Dienstleistungsnetzwerke
Dienstleistungsmanagement
Jahrbuch 2003
2003. XII, 792 S. mit 137 Abb.
Geb. EUR 98,00
ISBN 3-409-12014-9

Änderungen vorbehalten. Stand: Januar 2005.

Gabler Verlag · Abraham-Lincoln-Str. 46 · 65189 Wiesbaden · www.gabler.de   GABLER